霸业未尽

李存勖
王者的崛起与陨落

不觉 著

BAYE WEIJIN

敦煌文艺出版社

图书在版编目（CIP）数据

霸业未尽：李存勖王者的崛起与陨落 / 不觉著. -- 兰州 ：敦煌文艺出版社，2018.11
ISBN 978-7-5468-1642-5

Ⅰ.①霸… Ⅱ.①不… Ⅲ.①李存勖(885-926)-传记 Ⅳ.①K827=432

中国版本图书馆CIP数据核字(2018)第256392号

霸业未尽：李存勖 王者的崛起与陨落

不 觉 著

责任编辑：王 倩
助理编辑：张家骝
封面设计：马吉庆

敦煌文艺出版社出版发行
地址：（730030）兰州市城关区读者大道568号
邮箱：dunhuangwenyi1958@163.com
博客（新浪）：http://blog.sina.com.cn/lujiangsenlin
微博（新浪）：http://weibo.com/1614982974
0931-8773148(编辑部) 0931-8773112(发行部)

甘肃发展印刷公司印刷
开本 710 毫米×1020 毫米 1/16 印张 26 插页 2 字数 513 千
2019 年 1 月第 1 版 2019 年 1 月第 1 次印刷
印数：1～3 000

ISBN 978-7-5468-1642-5
定价：58.00 元

序言：人生如戏

初音即是强音，众人尚未见时已是开始。这是讲述李存勖一生的故事，也是一个时代的缩影。“胜则生，败则死。”这就是他的一生，亦是这个时代的残酷规则。不过，若要让李存勖自己来喟叹其人生，或许他会更加赞同这一句吧！“人生如戏，戏如人生。”他喜欢的“戏”不只是成为后唐皇帝之后的“伶人之戏”。

他对“戏”的最终理解是：气吞山河一样的决胜千里，意气风发般的快意恩仇；成则贵为群龙之首，败则断首洒血，绝无怨言。必要时，要杀，就杀个血流成河，片甲不留；如果要忍，那就引弓不发，百忍成金。他就是喜欢这种长枪在手、快意激越的日子，喜欢与将士们一起直捣黄龙，一起攻城略地，一起感觉刀尖上的大起大落。因为这样才有意思，才有血性，才过瘾。正因为“过瘾”，我们才拉开这层层厚重的历史帷幕，上演这部时代戏。

人生的起始来源于一次被动的选择，我们不知为何而生，来自何处，去向何方。

据说，降生于人世的比例好比中大奖，最大的奖励就是即将开始一段肉身为人，精神尚不知为何的漫漫长路。在有的时空里，人堪比禽兽，有些连禽兽都不如。在后梁开平二年（公元908 年）的时代，这样的人遍布神州，在蹂躏和被蹂躏中进行着如同史前恐龙般冷血的进化。此刻，后梁刚刚取代了我们较为熟知的唐朝（公元618—907年）。我们且转过头去，对着身后唐的历史足迹，回眸一眼。

唐是我国古代历史中最为强盛、最为繁荣的朝代，历经290年，共22位皇帝。公元618年李渊建立唐朝，定都长安（今西安）。公元627年，李世民登基，开创贞观之治。唐高宗之后，武则天以周代唐，史称武周。公元705年神龙革命后恢复大唐国号，即神龙元年，太子李显、宰相张柬之、崔玄暐等大臣发动兵变，逼迫女帝武则天退位，唐中宗得以复辟。唐玄宗李隆基即位后，政治清明，经济发达，军事强大，四夷宾服，开创了全盛的开元盛世。天宝年间，全国人口达8000万之多。唐玄宗后期爆发安史之乱，国力日趋衰落，军阀藩镇割据。

公元907年，朱温篡唐，唐朝灭亡，大梁建立，从此中国了进入五代十国时期。后人为了区分战国时期的梁，南北朝时期的梁，称朱温建立的梁为后梁。朱温建立的后梁国土疆域囊括：今河南、山东，陕西、湖北，以及河北、安徽、江苏、山西、甘肃、宁夏、辽宁的大部，已成为名副其实的天下霸主。

同一时期，虽然仍有蜀、吴、吴越、闽、楚、南汉、南平等诸多势力存在，但大部分处在遥远的南方，且在名义上都已臣服如日中天的梁。唯一和梁苦苦抗衡，血战不休的势力只有在河东（今山西）的势力晋。这就是当时的天下大势。我们要说的历史就是从晋开始。

目　录

CONTENTS

第一章 晋阳破晓

王者少年

年已 24 岁的李存勖早已知晓这个时代的生存法则。虽然身为晋王李克用的亲生长子，但在他的人生里，血雨腥风的战争经历已深入骨髓。腰间锋利的刀剑，胯下桀骜的骏马，背后刚劲的大弓，全身闪耀寒光的甲片已和他融为一体，仿佛全无重量一般，看上去是如此从容。说起来此时的他正是血气方刚的年纪，随父亲多年的军旅生涯让他比后世的同龄者更显英武。他的相貌有着唐人的部分儒雅，有些不全像沙陀人，只见他双目中神光隐隐，气质豪勇中带着淡然，就知道这个青年将军有着不一般的人生历练。

在晋梁两军的大战中，或冲锋陷阵，或斩将夺旗，或独领一军与敌周旋，与父亲的义子们一般无二，穿同样的袍服，吃同样的食物，在军中得到了“善骑射，胆勇过人”的评价，但是他并不满足，因为他在乎的只是父亲对他的认可。一直以来，他习惯望着父亲宽阔的背影，自己便不停地追逐着、成长着、努力着，也许每一个男孩都是望着父亲的背影开始自己的奋斗之路。

背影本身没有太多的言语，没有太多的祝福，然而背影的存在可以让自己心理上总是少一些承担，更让你忘却了窗外的寒流，让冬天似乎转瞬即逝。父亲李克用那豪爽的身影，如同一盏不灭的指路明灯，一直指引着晋国、家族以及李存勖自己以后的路该怎么走。想到父亲近日重病不起，李存勖心中涌起一丝无奈，往事幕幕如梭，点点滴滴浮上心头。

五岁时，父亲率军凯旋途经上党（今山西长治）三垂岗，于岗上唐玄宗庙前置酒。席间伶人演奏《百年歌》，至于衰老之际，声甚悲，坐上皆凄怆。父亲慨然捋须，却指着旁边李存勖小小的身影对众将欣然笑道："老夫虽然已年暮，壮志未酬，但二十年后，他肯定和我一样在此地征战，完成我的大业！"说完，众将士纷纷响应，席间气氛热烈，但其中暗暗夹杂的疑虑、嫉妒等复杂的眼光也屡屡向李存勖投来，多半李存勖那一刻的形象已变成活生生的美味猎物，如同刚出生的小鹿一般无知无助。

"父亲对我的期望这么大，我一定要成为父亲这样的男人。"那时小小的李存勖心中便有了这个朴素的念头。孩子心中的执着有时远远胜过大人，好比不遗余力的坚持往往胜过费尽心机的取巧。世间太多的取巧让人往往忽视了重剑无锋、大巧不工这些朴素的道理。有时候，一份担子不会压垮一个年幼的孩子，而会成为他成长的力量。父子间的这份执着都默默生着根、发着芽，或许没有当年的三垂岗就没有了后面的故事。

回忆的画面再次显现，浮现的是热闹的繁华都市。勖年十一时，李克用特意遣李存勖献捷于京师，进见唐昭宗。也许是武将世家子弟的英气勃发，也许是沙陀族异于中原人士的相貌，也许是感慨于李克用家族的忠心，也许其上皆有之，再加上皇室对地方节度使的笼络。考虑到这些，唐昭宗赐予翡翠盘等名贵物什，并十分关心他们，亲切地问着类似"累不累啊？参加工作几年啦？"的问题。围在皇帝周围的官员们兴致高昂，十分激动，争相回答着君王的提问，似乎已经忘记了眼前和自己唠家常的就是大唐皇帝，唐昭宗这种貌似平易近人的风范使远道而来的拜谒者倍感亲切。

通常，对人长时间的迷恋需要一个必然要素：距离感。距离产生神秘，神秘产生美。我们有理由相信作为几千年最诱惑人的帝王称号，其核心秘法也不过如此，而偶尔的亲民会更有效地促进魅力的散发。诚如御用文人所言，皇帝是威严的，皇帝也是可爱的。当时李存勖也感受到了唐昭宗威严后面那一份"天下臣民之慈父"的情怀。

"小小年纪就气宇不凡，以后取得了成就，可不要忘记对皇家的忠诚哟！"唐昭宗娓娓道来的同时拍着李存勖的后背。那一刻，原本镇定的李存勖还真有点慌乱了，只得一个劲儿地点头,也许那就是一位"家长"带给"孩子"的"幸福感"吧。接下来的会见中,谈起李存勖,唐昭宗有些"动容"地说:"这孩子可以说是超过其父李克用的。"高度评价李存勖的同时也切实肯定了李克用的功绩。

这一次视野、眼界的开阔对李存勖来说是难得的经历。唐昭宗的肯定,让"李亚子"的别名满朝传遍。领导的"体贴"和"幽默"往往会赢得一浪高过一浪的掌声,同时,收获高瞻远瞩、慧眼造就英才的光环。我们不知道李存勖当时内心是否有取而代之的野心,但从二十年后的结果来看,此刻的召见或许已经在李存勖的心中埋下了一颗种子。

时光继续流转,回忆来到勖十二岁时。这个时候的他已经学会了如何面对现实,乱世的现实就是拼实力。李存勖有一个麻烦:他不能顶着衙内招牌轻松坐享晋王大位。因为李克用从未表示过取消义子们所拥有的继承权。也许不是每一个有继承权的人都觊觎这个显赫的位置,但人心面对巨大诱惑时的选择往往并不多。人性既复杂,也单一。面对巅峰权位的诱惑,多半如过江之鲫,高呼"同去,同去!"论起威胁人物,李存勖的十指已不足用。因为有太多人的资历、功绩和威望胜过年少的他。被唐昭宗称为相貌出众、个性独立的他在自己的书房里开始思索。迷茫中,他习惯性地打开一本书,想从中寻找答案。

没错,当你感到稚嫩缺乏阅历时,当你感觉苦恼无援时,当你需要鼓励支持时,书,人类永恒的朋友就该出现了。而李存勖正是多了这么一个不会说话的朋友,他深深地记得自己当年如饥似渴地阅读《春秋》,的情景。这个睿智的朋友讲述了从鲁隐公元年(公元前722年)到鲁哀公十四年(公元前481年)的历史。现存《春秋》,历十二代君主,计二百四十四年。历史上,司马迁对《春秋》极为推崇:"夫春秋,上明三王之道,下辨人事之纪,别嫌疑,明是非,定犹豫,善善恶恶,贤贱不肖,存亡国,继绝世,补敝起废,王道之大者也。"

李存勖细细读来,去其历史皮毛,得其政治核心。他在弓马之余,常抱着一卷书,遍访父亲帐下文臣,虚心请教其意,并亲手抄录全书,日夜研读。以致数年后,世人皆知晋王有奇儿,善骑射,通春秋也。众文臣看他的目光也越发柔和。此子虽是沙陀人,但努力接受汉统,懂经典;通晓音律,能度曲,且创作军歌以激励士气。比起晋王其他义子,那些莽夫军汉,不知好了多少,正可谓孺子可教也。文化就是那随风潜入夜,润物细无声的春雨,朦胧中渗透,不仅能影响人,也能作为纽带联系各阶层的圈子。正如现今常说的:共同的语言、意识形态都是双方沟通理解的基础。所以文化往往是一种无声的润滑剂，让其影响在不知不觉中产生。

以铜为镜，可以正衣冠；以古为镜，可以知兴替；以人为镜，可以明得失；而以书为镜，可以解不惑。李存勖对比书本，结合实际，常思考一个问题："为何父王与朱温征战多年，交手无数，大局却每况愈下？"渐渐地他总结父亲得失后，有了两项心得，一为直接原因，二为间接原因。

问题首先就在军纪败坏，忽视内政，不得民心这上面。这样的情况在全国各势力中都很普遍，晋军也不例外，但在李存勖看来，这个问题不可轻视，因为它属于主要矛盾。治病不解决根本，就是扬汤止沸、镜花水月。因为李克用的许多部属已追随他多年，在与黄巢、朱温的战斗中立功无数，所以李克用对他们十分纵容，根本无所谓法纪。平时欺侮官吏，甚至于白天骚扰百姓，酗酒赌博，到了战时更是烧杀抢掠、无所不为了。李克用却对此习以为常。

李存勖曾直言劝谏，主张整顿军纪，却被父亲斥之为无知，教训道："他们跟我征战几十年了，在军需匮乏的时候，还曾卖马自给来支持我。现在四方诸侯都在许以重赏、招募勇士，我如果整顿军纪，那将士必会人心浮动，马上就要散伙而去，我拿什么来维持局势？"李克用认为等到天下平定之后，再严肃军法不迟。李存勖却认为父亲的这种论调只会让天下百姓所摈弃，战场上虽然取得了一时胜利，但战果却很难保持，军纪不严的军队又怎么能让领地内人心归附，生产恢复呢！

其次，赏罚不明，用人不当，自断其臂，养虎为患。李克用用人过于粗豪，不辨人品优劣，多凭意气用事，常常为日后留下心腹之患。

例一，李克用任命其弟李克修为潞州（今山西长治）节度使。李克修治军、理政都很有成就，但李克用视察时却不看重政绩，反而嫌他供奉较差，怒骂斥责、棍棒打罚。李克修有理难辩，激愤之下竟气绝身亡，实在可叹！

例二，李克用又受人挑拨，斩杀了本来最为器重的李存孝。古人云：王不过霸，将不过李。霸，指的是西楚霸王项羽；将，指的就是李存孝。李存孝骁勇冠绝，天下无敌，在民间的口碑与三国时的吕布有得一拼，堪称五代第一猛将。痛失一名万夫莫敌的骁将，堪称自断左膀右臂，实在可惜！

况且，更为错误的决策还在后面。李克用先后出兵扶植李罕之和刘仁恭。两人在李克用面前卑躬屈膝，背后贪婪残暴，这两人忘恩负义举兵反叛，以致晋军丧失了潞州（失去了河东地区东南面的战略屏障）、幽州（让河东地区处于被南北夹攻，两线作战的不利地位）。从此以后，晋军战略被动，实力日趋下降，而朱温却日渐强大。这一系列错误的决策，是导致局势恶化的直接原因。

所思良久，李存勖长叹一口气，“病灶已明，可我的行医资格又在何处？”无法亲自操刀，便只有旁敲侧击；无法自医，就只有借他人之手医之，同时为自己赢得行医资格，即成为晋王。饭需一口口吃，事需一步步做。不管怎么吃、怎么做，先做人还是先做事，有三样非常重要：方向要正确，方法要适合，方式要灵活。只要有一样不对的话，就很难达成目的。对李存勖来说，方向就是要成为晋王，方法就是如何寻求足够多的支持，方式就是执行过程中的细节。这一切都需要围绕差异化竞争，分析相对优势来进行。

李存勖想来想去，首先，父亲帐下义子们骁勇善战，行事多意气。多年来晋军四面出击，正是自持武力强横，战略不当所致。在武勇相比无甚显著差距的情况下，眼光深远、智略出众之人定会格外出彩，由此获得父王对其能力的肯定，这个最为关键。不过再怎么说，血浓于水，李存勖作为李克用亲生长子是占有先机的。

其次要获得文臣系统的支持，虽然他们不掌管兵马，但代表领地内人心所向，民众安定方不会给外敌可乘之机。而且晋王义子们皆为将军，常常忽视内政，与文臣来往中有失尊重，这一点正好有助于他将这些贤才收入囊中。最后就是收服各位掌兵大将，这一点尤为不易。因为兵权相关，有其利益冲突，也存在继承人的竞争关系，这其中就涉及父王的多名义子和伯叔兄弟。这就好比火药桶，稍有不慎，就是人死国灭的爆炸性后果。不过李存勖本是武人，明白军中拳头说话的本质，只要拥有足够的实力，这些人自然会听命服从。

父王少时悍勇，动作迅捷，军中号曰“李鸦儿”，其称不雅；后一目伤，又号“独眼龙”，开始略显威势；升为将军后冲锋陷阵，出诸将之右，又被人改称“飞虎子”；其战绩武勇深入诸将之心，所以在晋军中威望极大。只要自己能像父亲一般，就能降伏大部分桀骜军将。至于一些野心勃勃、死硬到底的家伙，就看他们的造化吧。李存勖下定决心，定要朝那巅峰之位步步迈去，身为晋王亲子，他容得下别人，但别人能容得下他吗？命运这个东西，当然还是握在自己手上才是最好！多年后，李存勖回想起这一段日子尚觉得如梦如幻，那时的心思细致得不像自己。

一日，秋风飒飒，李克用穿着淡青色的袍子，在王府宴厅里敞着怀，与众将吃酒。

因数年里与朱温战事连连，常落下风，每况愈下，心中便觉有些郁闷，连叹数声，愁容满面。几杯下肚后，不时怒骂朱阿三（朱温在家中排行老三）。众将见此，面面相觑。

因李克用平日喜怒无常，霎时间人人噤声，自古大家都怕领导，纷纷做起了缩头乌龟。李克用见下面一片畏缩，更是不喜，神情不免越发冷淡。吃酒中，李存勖发觉场上有两人表现不同。

一人年纪较大，面白无须，星霜两鬓，难得的神态自若，自斟自饮，一举一动却带着隐隐的沉稳气势。此人正是可称为李存勖半个师长的张承业。张承业原是唐昭宗派在李克用军中的宦官，任职河东监军，但他和一般的宦官不同，识大体、懂内政、执法严明。所以，当朱温矫诏（假借唐昭宗的诏书）命各地的节度使杀尽当地的宦官时，李克用马上将张承业藏进寺庙，然后杀了一个死囚来顶替。在朱温灭唐以后，李克用就让张承业重新出来任职，主持晋国内政。可见李克用对其有惜才的一面，同样交情亦是深厚。张承业见李存勖目光中透着踊跃，便遥遥举杯相敬，以示鼓励。

另一个年轻人气质娴雅，相貌斯文俊朗，座次靠后，看来官位不大。其人郭崇韬，神态慵懒，他微微低头侧目，如同众人一般避过上方的眼光，这原本该是畏缩的表现，但不知怎么，李存勖觉得此人并不惧怕父王，也并不在意场面的尴尬。

李存勖微微一笑，回应张承业后，举杯大步出列，对父亲慨然道："父王莫忧，常言道，月盈则亏，盛极必衰。我们李家尽忠于王室，纵使当前势力衰微无法报效，但可称得上顶天立地、问心无愧。而朱阿三则相反，物不极则不反，恶不极则不亡。现在他已经有了篡位之心，大肆陷害忠臣，又妄称神灵暗助。依我看来，他已经走到了极点，正合此言。"

"父亲大人应当静心休养，不久以后，待他衰退之机显露，再举义兵讨伐，必可事半功倍，天下称颂，立解万民倒悬之苦。在此，孩儿谨代天下黎民百姓敬父王一杯，以表孩儿崇敬之情。"

洋洋洒洒一番话说完，一口饮尽杯中酒。话音落下不久，就有人啪啪鼓起掌来，众人应声望去，却见正是李克用，他欣然开怀，神色复振，顿时众人都放下心来。这一番话，听得张承业微微点头。后面的年轻人低头暗笑："马屁拍得也有些道理啊。"在某些人的眼中却是羡慕嫉妒恨的神色。席上顿扫清冷之气，一片歌功颂德和莺歌燕舞让大家尽兴而归。

酒后，花园内一群人正缓缓走着。当中是晋王李克用，身侧张承业从容稳健，其后李存勖亦步亦趋。今日李克用见亲儿出口成章、大局明晰且道出自己的心声，心情甚好，遂邀他们一起在花园散心，去去酒意。李克用沿着鹅卵石铺就的小径散步，若有所思。

“前日，幽州的刘仁恭遣使向我求救，说正遭朱温攻打，继元（张承业字继元）你怎么看，我是救他不救？”李克用淡淡问道。

“王上，老臣治民理政尚可，军略实非所长，此问或可集众将而问之，老臣勉力而答，或有不妥。”张承业看李克用神色安定，立刻一记皮球传回去，并不想多言。做人嘛，在自己擅长的领域里发光发热就好，避免在不熟悉的地方犯错也是立世的根本。

“你我相交多年，无须顾忌，直言无妨。”张承业见再避之不谈已不合适，便笑道：“以老臣之见，王上想必是不想救吧。”

“哦，却是为何？”

“刘仁恭归附王上时，王上待其甚厚，乾宁元年（公元 894 年），王上攻陷幽州，任其为卢龙节度使，掌管其地。没想到其人背义忘恩，不听从王上号令，反与我等交兵，王上向来疾恶如仇，当不容此人，更勿论发兵救援吧。”张承业停顿下，见李克用没有不满，接着道：“何况，费我兵粮，助一豺狼，王上定有所不甘也！”说了半天，仍是把球传回去了。

李克用停步笑道：“继元果然知我。”他转身对李存勖发问：“勖儿，可有想法吗？”

李存勖知道一个难得的机会来了，这正是一个影响父王的绝好时机，而且更能树立自己独立思考、非同一般的骁将形象。于是他大胆开口：“请问父王，朱温是不是我们最大的敌人？”

李克用一愣，他心里早就将剪除朱温当成是自己一生必做之事。原因一，必报朱温对他的“汴州上源驿伏杀”之仇；其二就是觉得除了朱温没有人能够让自己如此忌惮，多年的血战更是深深锁定此人乃毕生之大敌，必杀此贼，众将皆知。这有什么可问的呢。

“现在黄河以北，除了我们还有谁能与朱温一战？”李存勖紧接着抛出第二个问题。看着父亲思索的神情，他继续说道：“依现在情况来看，朱温基业已经稳固，南方虽有楚、南平、吴、吴越等藩镇，但自朱贼逼昭宗禅位以后，各镇屈于声势，先后已表示臣服。就天下形势而言，明面上归顺朱温的已有十分之八九，到现在黄河以北地区能和朱温坚持对抗的只有我们和幽州刘仁恭了。而这幽州（今北京及长城附近）朱温早就想吞并了，如果我们不救，日后就难有机会了。”

“图大业者不应计较小恩怨。现在刘仁恭有难，我们去解救，他一定会和我们联手，天下各镇见朱温迟迟无法平定幽州，就会心有所动，一旦时间过长，梁军补给困难，难以持久，必会退走。这正是我们河东重振雄风的良机，千万不可错过！”张承业听得一时愕然，随后露出欣赏的神色。李克用也听得入神，陷入了沉思。

当人面临选择，举棋不定时，有时候不妨这样想：如果我不做，会有什么坏处？会不会后悔？两利相权取其重，两害相比取其轻。当前者无法判断时，就想想后者，也是一条不错的道路。既然无法估计获利，索性就让自己不要后悔罢，人生无悔，亦是快事！

在李存勖与父亲的这番话中，说透了几点。

一、不救比救的坏处大。目前好歹还有刘仁恭和我们旗帜鲜明地与朱温作对。如果不救刘仁恭，他只有两个可能：第一投降朱温，第二被朱温灭掉。无论怎样，自此以后，我们就只有独立对抗朱温，再没有人可扯朱温后腿了。

二、救的意义不仅在于幽州一地，其战略意义深远。多一个幽州，就让朱温多一个不可控地区，让归附朱温不久的各藩镇以及黄河以北的魏博地区（今渤海湾至黄河以北）不会死心塌地跟着朱温走，而是继续当观风色的墙头草，保持半独立状态，为以后留下许多余味。

三、对当下局势也有实效。缓和同刘仁恭的敌对态势，达成战略同盟，一起压制朱温。在战略上很好、很长远，那么在战术上是否可行呢？在收益好的前提下，投入的风险是否很大？这对李克用来说其实是很容易想明白的事。朱温军有面对幽州武装和后勤补给的巨大压力，况且河北平原的地形很适合晋军铁骑，拥有决战的地理优势。再加以对朱温的了解，以其狡诈圆滑的个性，在这样的条件下，他定会越发谨慎。僵持的可能性大于决战，而时间有利于晋军，如此下来，朱温找不到机会，就只有撤离。一条条想明白后，李克用已心有定计。

唐天祐三年（公元906年）梁发兵，围攻幽州重镇沧州（今河北省东部）。刘仁恭大惊，调其境内凡年十五以上、七十以下男子，在脸上刺字“定霸都”。士人则刺字“一心事主”于臂，得兵十万。刘仁恭率部亲援沧州，屯兵瓦桥关与梁军对峙。梁军欲困城而下，环绕沧州城外筑高墙、挖深沟，以致城中内外援绝、断粮多日，出现人相食的惨剧。刘仁恭不断遣使李克用，乞求援兵，多日后，乃成。

李克用围魏救赵，遣将攻取梁潞州（今山西省长治一带）。刘仁恭分兵三万，两军合力，破梁军，降梁将丁会。朱温见事不可为遂下令撤离，沧州围乃解。此后，梁晋两方自相整军，一时未起战端，而刘仁恭兵力折损颇大，野心顿消，仗着独特的地理位置，无所惮后，意自满，遂渐骄奢无度，领地内秩序败坏，一日不如一日，为不久后的变乱埋下祸根。

说起来，这一点刘仁恭和三国时期的公孙瓒多有相似，同样割据幽州，同样晚期大兴土木、贪图享乐、丧失斗志。同样说着类似的话："昔天下事可指麾而定，今日视之，非我所决。今吾楼橹千重，食尽此谷，足知天下之事矣。"同样最后悲剧。这可能与幽州远离中原的地理环境有关，另外偏安心态往往在人心灰意冷后较易出现。

深层原因来源于人生三悲：一则往者之不可追；二则当下之不可留；三则未来之不可测。于是刘仁恭认为与其时时惴惴地过活，不如及时行乐。最好时间停止，画面定格，幸福恒久远，基业永流传，而不用面临无数次叵测的选择。享乐主义里面或多或少有一点主动的避世或彻底的无奈。我们可以理解，乱世中一次次的选择可成就一个光芒万丈的先人伟业，但更多的是成为无言的荒野枯骨，而时代就在一次次选择中前进。对每个人来说，现实生活从来不会一成不变，而是处于持续变化的状态，它不是变得更好，就是变得更坏。

刘仁恭躲藏起来当山大王的姿态，对李家来说就是一个好消息，外部力量的稳定，正有利于内部力量的整合。《新五代史》(欧阳修编撰)记载刘仁恭："骄于富贵。筑宫大安山，穷极奢侈，选燕美女充其中。又与道士炼丹药，冀可不死。令燕人用墐土为钱，悉敛铜钱，鑿山而藏之，已而杀其工以灭口，后人皆莫知其处。"

一幕幕闪过，倒叙结束，时间点终于与当前重合，正是后梁开平二年(公元908年)。这个时期，先后发生了几个大的事件。就在上一年，唐哀帝被废，朱温取而代之，正式称帝，建都汴京(即开封)，史称"后梁"。此过程中，朱温杀宰相崔胤，逼迫昭宗迁都洛阳，后杀昭宗及儿子于九曲池，最后在一夕内尽杀裴枢、独孤损等朝臣三十余人，投尸于滑州(今滑县东)白马驿附近的黄河，说是要让这些自诩为"清流"的官员成为"浊流"，史称此为"白马之祸"。

在幽州作威作福的刘仁恭自立燕国后，不久即被自己的儿子刘守光发动兵变，软禁了起来。刘守光先后击败父亲和兄长，手握大权后不纠父过，反而变本加厉，其荒淫和暴虐的程度是与日俱增。从此，幽州开始了更加黑暗的统治时期。

三箭之誓

晋阳城，夜已深；王府内，灯火明。处处闪动的烛光与来往穿梭的警卫显然表明此地并不安宁。一人在凉亭之中，享受着习习的晚风，淡淡的草木清香扑鼻而来，竹笛清幽委婉的乐声随着夜风流淌在花园之中。一曲终了,衣甲摩擦的窸窣声响起,李存勖矫健的身影出现在亭台转角处。郭崇韬将手中的竹笛收入腰间囊中，缓步迎了上去。不知道从什么时候开始，每当他心情烦闷或者忧虑的时候，他就喜欢抛却一切,坐在这里吹着竹笛,这总是能让他心情平静下来。

郭崇韬深知晋王急病多日不见好转,此刻传唤李存勖等人进府,定有重要嘱托。身为王府典谒(掌管宾客请见、传达和接待事务),他一看到府的几名重要人物,便知道李克用的最后时刻来临了。多日来，整个王府上下乃至全城军民都在猜测究竟谁会是继任者,而郭崇韬早已有了估计,今日到来的人则更加坚定了他的想法。按照吩咐,他一路引领李存勖至李克用的卧室后,便侧身退下,在堂下候着。今日他所引领进入卧室的只有寥寥数人,而这几人中仅有三人能靠近晋王卧榻。

第一人,外罩锦袍,内套轻甲,面目与李克用也有几分相似,正是战云蔚、击鞑靼、破黄巢,戎马多年的晋王亲弟李克宁。其人对兄长交办之事从未有所松懈,也是李克用最为信赖和倚重的亲族重臣。第二人,是前不久刚从凤翔出使返回,多年来为河东劳心劳力、主管内政后勤的张承业。而第三人最令郭崇韬关切,正是李存勖,其身姿俊挺如松、神情凝重,周身上下透着一种蓬勃的活力,仿佛浑身蕴含着爆炸般的力量,一举一动如同一只黑豹般矫健。在郭崇韬看来,李克宁任蕃汉都知兵马使(蕃汉即指少数民族和汉族,意思是各族兵马全部掌管),只要李克用不在晋阳,凡军政皆决于李克宁,此人权威日重,平日里已是威风霸气,今日尤甚。

这一夜,王府外阴暗处人影幢幢,不知有多少各家亲卫全身武装地在府外等候,若按郭崇韬得到的消息,恐怕一条街以外,不下百人携弓带剑。彼此这般忌惮,弄不好日后稍有异动,就会刀枪见血。晋阳啊,还是少不了一场腥风血雨,只不过一番内耗后,河东实力衰弱,这晋阳是姓李还是姓朱可就难说了。想起李克宁几无表情的面庞,郭崇韬更觉张承业和李存勖的脸上多了几分哀伤。这两人,哀伤之情一则为友,一则为父。叹友之早逝,唐不中兴;叹父之关爱,背影将去。

不知道从何时起,人们开始推崇面无表情,这也成了一个领导涵养的加分项。心有山川之险,遂脸便显城府之深;或者因为无知,索性便带上无表情的面具,一遮内心之无措。世人常以貌取人，若是以此论，李克宁比之李存勖继任河东之主可能性更大。

因为社会的现实告诉我们,千万不要把自己的软弱展现给别人看,凡事都只能靠自己,这便是坚硬外壳诞生的土壤。或许正是这样的社会造就了强大的个体,坚忍而深沉，在用冷漠强大自我的同时，也用对待蝼蚁般的视线蹂躏着民众。在他们眼中，人都不是人，只是工具，羊群，或者一茬茬可以收割的稻谷。

郭崇韬就被李克宁用这样的目光冷冷地扫过，背脊一阵麻凉，忍不住在堂下腹诽着。此刻的李存勖却不是这样的人，他的关注点始终是病榻上的父亲。他也坚信过去二十年来父亲始终是关注着自己的，既然他已经锻炼好了双肩，就没有理由不承担起河东大业。

众人的焦点李克用躺在软榻上，神色疲惫，看着来至榻前的三人，心中五味杂陈。眼看人生末途将近，可无数遗憾尚挂心间，只有留待后人去做，期望儿孙尚有儿孙福，家祭无忘告乃翁了。李克用用手指了指墙上挂着的弓箭。李存勖立刻取下长弓和箭袋，跪至床边奉上。李克用没有动作，淡淡地向李存勖问道："梁军势大，围攻潞州已有大半年了，李嗣昭仍在死守待援。众将劝我与梁议和退兵，若是你主事，该当如何？"

"李嗣昭是我方大将，不可不救。朱梁是我们世仇，只可将其战退，不可与其议和。现在潞州全靠一口血气坚守，一旦议和之事外传，我方军心稍有松懈，潞州必然顷刻陷落。"想到梁军，李存勖眼中闪过一丝寒光，继续道："朱梁虽气焰嚣张，但在潞州僵持已久，只能困城不攻，其必有破绽，我自当集结精锐，伺机取之，必救李嗣昭于潞州！"

李克用看到儿子眼中的决心，内心安慰，用手缓缓从箭袋中抽出一支利箭。

"勖儿，此箭你收好了，记住，朱阿三是我们世仇，我与他征战大半辈子，他如今却越发猖狂；可惜我不能亲自砍下他项上人头，以报上源驿之仇！当年我出兵助他，他却借机伏杀于我，若不是三百亲卫拼死掩护，哪还有今日的为父！可怜将士们跟随我多年，竟全部死于奸贼暗算。幸得当日雷雨相助，我才侥幸逃脱，捡了条性命。有此血仇，定不可与此贼子议和，切记！"

"孩儿明白。"李存勖双手郑重接过。张承业在旁听着这番话，默然感慨。回想起他当初在唐昭宗身旁的岁月，颇受信赖的时日历历在目。皇宫里与他知交多年的宦官早已被朱温斩尽杀绝，自己也险些死于之后的捕杀令。对于朱温，他一样深恶痛绝。为唐、为晋、为己，也誓将灭梁作为自己人生最后、也是最重要的目标。他完全理解李克用的遗憾，作为李克用多年的老友，两人的目标已完全重合，只是老友未完成的担子对年轻人来说真的是太重了。

李克用几十年来被朱温逼得处处下风，李存勖就算是虎父无犬子，又能拿领土面积、军马钱粮都倍强于河东的朱梁怎么样？眼下相持尚且如此艰难，还要破之，谈何容易！要与朱温对抗，在自己实力不济的情况下，唯一的助力就是那不可靠的盟友刘仁恭建立的燕国了。现今，两国联合起来勉强能维持战略态势上的平衡。

这时，李克用抽出第二支利箭。他看向李存勖说了一番让持重的张承业更为震惊的话。“这第二支箭，是要你扫平燕国，擒杀刘仁恭！当初，他有难来投，我待他不薄，幽州是我晋军打下的，交于他镇守，没想到此人忘恩负义，我军危难之时竟不发一兵一卒！否则为父怎么会屡败于朱温之手。勖儿，你定要杀掉此人，替我出这口恶气！”李克用说到此处，只觉得胸口郁闷，便稍作停顿。

“孩儿知晓，定要给父王出了这口恶气！”李存勖平静地答道。

张承业看看神色自若的李存勖，仿佛这孩子压根不知道此诺之不当，不由得眉头一皱，心中更是长叹。若是执意如此，岂不是再竖强敌，破朱温更是镜中水月，或许连苟延残喘亦不可得。

李克宁在床侧神情上没有什么变化。只是他心中也甚是吃惊，如按兄长吩咐，这不是自找死路么，好不容易打下的家业，就会这样愚蠢地败掉。看侄儿的神情似乎没有一点异议，他心中颇有不平：“兄长啊，你糊涂啊！原先晋阳城中都说兄终弟及，没想到你最后还是选择了自家孩儿。今天又如此交代，可见是一错再错！要扫平朱梁已是奢望，再要平幽燕，是跪在老虎面前喊恩人，自找死路！李存勖这小辈争气点或许能消灭刘仁恭，差一点的话，自家的河东说不定都会彻底丢光！”

李克用无暇顾及他人想法，喘息片刻后，径直抽出第三支箭，交予李存勖，说道：“最后，我还有一个心愿，就是征讨契丹。契丹可汗耶律阿保机原来与我结为兄弟，约好共同对付朱温。可是朱温势大，称帝以后，耶律阿保机就背信弃义，私下里与朱温交往，置当年与我的盟约于不顾。对于为父来说，这同样是一种不能忍受的羞辱。你拿着的这支箭，就是记着击败契丹，为父雪耻！”

此言一出，张承业、李克宁及堂下几人都目瞪口呆，作木鸡状。郭崇韬在堂下也听到此话，胸中激扬，心里冒出一个念头：“疯狂，实在疯狂！见过性情中人，没见过这般任性的，三箭之誓就是要出三口恶气！原来人生的繁华不过是一场疯狂的斗气。”郭崇韬没想到的是许多年后，也有人这么感叹着他。

耶律阿保机何许人也？他乃大辽开国皇帝，史称辽太祖。其人通汉语，喜欢任用有才学的汉人为谋士。在领地内部分地区置州县，立城郭，定赋税，模仿汉地的制度来管理在战争中俘掠的大量汉人。在他的改革下，契丹社会在奴隶制成分仍占重要比重的情况下，封建制成分得以迅速发展。此时他已统一契丹八部，拥兵三十万，其直属“大帐皮室军”之精锐名贯中国北方。

想到此节，卧室中，人人呼吸有些沉重。只听李存勖语声明朗：“父亲放心，孩儿记下了。”李存勖没有去想那么多，不是他不知道担子有多重，而是他一开始就没有试图去追求稳固的安全感。对他而言，周遭环境从来都没有安全过。真正的安全感，只能来自于个人的内心。父亲的要求虽然堪称奇想，可人生不正是如此方才有趣吗？但是卧室里一干人等面面相觑，皆觉结果无望，过程堪忧。

有一个常见的问题：“你是重视结果还是过程？”若答曰“重视结果”，或许行事太功利。其实人生几十年，如果一路自虐，丢弃太多美好，回首起来往往怅然若失，得失难评。若回答“重视过程”，或许又有人说虚伪。因为很多人觉得不追求结果的过程就是耍流氓，属于虚度光阴。李存勖所重视的只不过是父亲的最后愿望。信心真正的归属，在于他的内心深处，对自己命运的把控，因为最大的对手永远都是自己。

“倘若是别人定然不可能，若是我则未必不可能。”堂下的郭崇韬听到堂上对答后也是这么自负地认为，他认定信心来自于每个阶段性目标的实现。李存勖作为主公究竟如何，且看他的后续表现吧。

看着寒光闪闪的箭镞，面对父亲灼灼的目光，李存勖一字一顿地说：“父亲请放心，孩儿谨记，今生必扫燕、灭梁、破契丹，达成父王夙愿，奉箭于宗庙、光大祖业！”李克用听到这句回答，深深地看了看他，儿子坚毅的脸上透着决然。李克用这才转过脸，对着站在他床边的张承业，这个跟了他半辈子的宦官，说道：“我把这个孩子交给你了。”

说到这里，李克用几乎落下泪来。他拉着张承业的手说：“我这个儿子志向高远，希望你尽心辅佐他。”他相信张承业，他们不仅是君臣，也是朋友。这个品德高尚、个性耿直的人一定会不负所托。李克用又拉着他的弟弟李克宁说：“你这侄儿眼光深远，必能完成我的遗志。你要好好教导他，助他成功。”然后，他对堂下将领吴珙、掌书记卢质等几人，多加勉励和嘱托，言语间竟是有些恋恋不舍。

当夜，晋王薨，享年52岁。

晋阳的黑夜降临，而黎明尚未紧跟而来。几日间，李存勖即任命李克宁为马步军总管，统管日常事务。众将看来，这和以前没有什么变化，李克宁依然大权在握，李存勖空有名号，反而有无所作为之嫌。也有人认为这是心胸坦荡、放手用人、安抚旧臣的表现。落在有心人眼中，这是静观其变、韬光养晦的一种做法，不急着进行人事上的任何调整，自己多听、多看、多想，避免立刻陷入具体繁杂的事务中不得脱身。无论其他人怎么想，府中的李克宁内心充满纠结，无法安定。那夜里满心期待而去，却是如此结果，虽然也有所预料，但太大的期待让胸中的郁结难以消散。

对待功名利禄有时候也应该像女人对待男人一般，豁达之人，不问过去；睿智之人，不纠结过失。豁达和睿智的女人，才会拥有幸福。李克宁这时就像个刚被抛弃，又不知真命天子何时出现的女人一般，心理严重失衡，且带着安全感匮乏的烙印。近来，妻子孟氏和李存颢（李克用义子之一）在身边持续地游说更加使这份烙印日益刺眼。

"论功劳、威望，论资历、能力，哪一项不是你强？若不是你大哥偏心，这家主的位置本该就是你，兄终弟及，古之道也，又有哪一条不符伦常了？不为自己考虑，你也得为整个李家着想。不是我们与侄子争位，而是形势如此，不得不挺身而出。如果按照你大哥遗言行事，肯定会发生变故，李家的江山将不复存在，你可是要后悔的！再者说，从那一晚的表现来看，李存勖也不是个老实的人，他现在立足未稳时，是不会把你怎么样，可是将来他是不会放过你的，因为你的存在随时可能会威胁到他。"

"当时李存勖分明是假心假意，就是为试探叔父的意图，逼叔父说出那句话；他羽翼未丰就敢将叔父的军，以后还会有我们的活路么？常言道，先下手为强，后下手遭殃啊，叔父请三思，若有所用，侄儿定当在所不辞！以叔拜侄，理岂安乎？人生富贵，当自取之。天予不取，是要自受其祸的！"孟氏、李存颢两人的话在他脑海中时时打转。

思想决定选择，选择决定命运，我们可以选择放弃，但是我们不能放弃选择。世界上很多事情都面临选择的纠结。其实坚定了选A，不会错，坚定了选B，也不会错。AB都不选，才是错。做着A想着B，做着B又念着A才是错上加错。想来想去，李克宁决定要继续争夺王位，因为托孤那一夜，兄长的决定让他极其不爽，其后李存勖的行为让他更加添堵。那一夜里究竟还发生了什么？

时间回溯，那日下半夜。晋王府中内侍们准备着后事安排，好一片忙乱。王府中的郭崇韬将李存勖、张承业、李克宁等人接至正厅稍作安歇。一夜间，得知消息的众将都赶来探望，李存勖出面一一抚慰停当。在众目睽睽之下，李存勖对李克宁深深躬身行了一礼，将三箭奉上，郑重说道："叔父，请接下此箭！"

"存勖，你这是为何？"李克宁作疑惑状。李存勖一边环顾众将，一边答道："叔父，父亲去世前，传位于我，交由我统领河东并郑重授予此三箭，嘱咐我定要完成他的三个心愿，这些我都铭记在心。但是，我尚年轻，也没有太多资历可言，不能服众，实在是担心有负父王重托。叔父大人久随父王征战，在河东文武中，深得诸将拜服，我看还是由叔父大人您来继承大位，以保证河东大业。”一言既出，四下哗然。

李克宁脸上顿时阴晴不定，缓缓问道：“若是如此，那你有何打算？”

“我自当听从叔父的吩咐，愿做叔父帐下普通一将，一方面可以协助叔父，另一方面可以安心侍奉母亲，请叔父体谅侄儿的文弱。叔父，您看如何？”

李克宁其实很想借台阶就上，打个哈哈说，那好啊，我就勉为其难了。可是今日，兄长刚逝，尚存几分余威。几名托孤重臣都亲耳听见兄长遗命，恐有不服。况且眼见在场众将尚在一片悲痛之中，多人眼中也有愤愤之色，支持自己的又不知尚有几许。“好吧”两字如鲠在喉，硬是吐不出口。若一口回绝，诱惑就在眼前晃动，唾手可得，引得他喉咙发痒，心里阵阵悸动。李克宁面上虽无动容，心知李存勖多半所言不实，却也一时答不出声来。

这时，旁边传来一个沉稳的声音。“少主，此法不妥！先王临终前已有成命，谁也不可以违背！李克宁与我等一同接受先王遗命，怎么可能另有他图。”张承业那双明晰的眼睛看着一时不语的李克宁，透出丝丝玩味的神情，然而语气愈发坚定。在场军将中也有数人立时赞同这个说法。李克宁知道这是逼着自己表态了，在周遭这样的氛围下，他也不得不随声附和。

“这如何使得，兄长有遗言命你继位，为叔一定倾心辅助。”只是心中暗暗惋惜，只待以后再说。于是，堂上众将在托孤重臣的带领下，纷纷向李存勖表示效忠。

君臣名分，就此定下。

虽然几日过去，回想起这段情景，李克宁甚是懊恼：脸皮还是不够厚，作为政客的修为还不到家啊！这世上永远不缺站在聚光灯下将瞎话说得振振有词的人。因为不甘寂寞者大有人在，在“被人们遗忘”和“被人们臭骂”两者中，总有人觉得只有前者才会更加痛苦。李克宁在纠结、烦恼，寻找自己的定位，李存勖却正在被人教训。对他语重心长告诫的长者正是张承业。

“少主公，你现在身为晋王，就不同于寻常百姓了，你的孝顺应体现在不堕先人的基业上。这几日你只为先王守灵，仅这样根本解决不了任何问题！现在的形势十分严峻，李嗣昭还被朱温的军马层层包围。朱温一定认为先王一死，就没有了对手，便可以纵横天下。肯定地说，他根本就没有把少主公放在眼里！”

“潞州之战，朱温现在是志在必得的，而我军李存进在蔚州，李存审在朔州，李嗣恩在应州，俱被牵制，难以增援，单靠周德威老将军所部已经很难打破包围，救出李嗣昭了。现在晋阳城中又谣言四起，稍有不慎，祸变马上就会发生，到时候再想办法可就来不及了。还请少主公节哀，及时接见文武百官，以止疑虑。能守住先王创下的基业，这才是您做儿子的最大孝心啊！”

心为金玉，谏为良言。李存勖心中如此评价这位老臣。李存勖虽被教训，但心里毫无不爽，相反胸中颇感暖意，而且行张承业所劝之事正当其时。

次日一早，晋阳城百官聚集。李存勖召开了第一次由他主持的中高层干部大会，正式宣布继晋王位。会上，他重申王叔李克宁继续总揽军政事务。李存勖提拔李存璋（李克用义子之一）任军城使，兼马步都虞侯，总管晋阳城防治安，纠察部伍。李存贤（李克用义子之一）为武卫将军负责王府宿卫。其余诸将职衔依旧，各司其职，一应变化俱遣使传报下属并、汾、沁、石、忻、代、朔、蔚、应、云雁等十余州。

在蛰伏数日后，李存勖开始浮上前台。这一亮相，便让有些人愈发不平、不满、不安了起来。政治手段就算是如何千变万化，再怎么微妙复杂，到底也不过就是那么一条：胡萝卜加大棒而已。问题是谁在握大棒的这一端？谁又在大棒的另一端下战战兢兢地啃食或有或无的胡萝卜？

暗潮涌动

李克宁一出晋王府，即行召集李存颢、李存实、李存质和亲信史敬熔议事（前三人都是李克用义子）。

“看来，李存璋和李存贤都已是李存勖的人了！”李存实愤愤不平：“说好兄弟几个都借故不参加朝会的。他们倒好，先王刚走就立马去抱李存勖的大腿，得个官位，真是贱骨头！”

“我看未必，”李存颢推测道：“尤其是李存璋，与我们向来不和，恐怕早就跟李存勖穿一条裤子了。前年李存勖向先王提出严肃军纪时，他就上蹿下跳，一同鼓吹。现在他荣升晋阳军城使，主管纠察，一旦搞起内务整顿，这第一刀怕不就是落在你我头上！”

“存颢说得对！现在各部哪有军纪好的，他随便挑挑毛病，一顶帽子扣下来，闹个大不是在我们这儿，我们都得乖乖担着。日后他就是拿粪水泼我们，我们也得受着，对不对？”李存实越说越是愤恨。

“啪”的一声，李存颢借势拍案而起。“那可不成！我们随先王冲锋陷阵、赴汤蹈火，风里来，雨里去，和王叔一起一刀一枪才拿下了这半壁江山，说什么也有我们的一份，凭什么让他们平白夺了去，却来羞辱我们！”他一发狠，索性说道：“若是如此，我们索性联兵一处，一起离开晋阳罢了！”两人一来一往，唱和俱佳，明指李存璋暗骂李存勖，骂骂咧咧中渐渐升级到挥动肢体，仿佛他们二人和李克宁都受了天大的委屈，堪比屈原、比干。

史敬熔先见座上李克宁神情淡淡，也不去阻止；再看下面的李存质皱着眉头，沉默不语。史敬熔暗道不好，看来王叔是很有些想法了哦，我得说点什么，否则被当成反对派可就不大好了。

“两位将军过虑了，俗话说新官上任三把火，李存璋与李存勖有旧，升为军城使是很自然的事，李存贤管理王府侍卫也是加强安防，此举也没有什么不妥。”

话未说完，李存颢阴恻恻的声音传来：“这也自然，那也无不妥，依你之见，王叔之安危，我等之安危，可有不妥？”“王叔总领军政，李存勖为何不与王叔通报，擅用私人！无端加强王府宿卫，他李存勖防的又是何人！”

李克宁对此言甚为赞同，将目光转向史敬熔，似有不悦。史敬熔赶忙口风一变，接着道：“大人待我不薄，在下自当为大人分忧，在下现有一计可查明少主公是否对节度使大人（李克宁兼振武节度使）有所顾忌。”

这时，久未发言的李存质（职位都虞侯，从属李克宁）起身向李克宁行了一礼，语音涩然道：“王叔，侄子营中有要事尚需处理，还望先行告退。”

李存实瞪眼，怒喝道：“你这是为何？我等如此信任你，莫非你出门就到勖小子那里告密去么！”李克宁微微皱眉，目光幽冷，不知在想些什么。

李存质面有难色地道：“大家都是兄弟，我怎会如此不堪，定不会去胡说什么。好歹大家都在一口锅里刨食，存勖也是自家兄弟，想必行事不会太过。”李克宁沉吟片刻道：“存质，你在我帐下不少时日了，又是先王义子，我信得过你，你且忙去吧，他们几个的牢骚话，不听也罢。”

“谢王叔，侄儿告退。”李存质当即头也不回，径直离去。

李克宁安抚着剩余三人，接着刚才的话题问道：“敬熔，你在晋王府任职，知勖儿甚多，你且说来，我等如何未雨绸缪？”史敬熔刚从李存质的毅然告退中回过神来，整理思路道：“河东正值多事之秋，听说契丹常有小股人马犯境，大人可借此向李存勖请求兼任云中节度使，以镇契丹，割蔚、应、朔三州为属地。如此加上大人原来管辖的疆域，隐然成一方强藩……”

李克宁一边听，一边心中盘算。若身兼云中和振武两节度使，坐拥数州，便可进可退。进可逐鹿河东，乃至中原；退可远离晋阳是非，到外地自行其是，坐山观虎斗，收渔翁之利。最妙的是若李存勖不许，不仅坐实了他故意压制顾命旧臣的谣言，损了当下人望，而且忌惮之心就昭然若揭。李克宁当下拍板，按此行事。

议决，出招。

接招的李存勖内心就像夕阳的光辉，看似辉煌，可温度却越来越冷。他拿着李克宁提交的申请交予李存璋。报告上只字不提如何援救李嗣昭事项，只是要求自领蔚、应、朔三州，任云中节度使，以镇契丹。

“主公，此事万万不可答应！”李存璋看完后说道：“这分明是不满先王遗命，妄想分封在外，拥兵自重，其心不善。若是再被他分去三州，其羽翼更丰，王叔一旦势大，主公日后必有后患！”

李存勖追问：“若是不允，岂不是令当下态势越发紧张。现在正是敏感时期，我若找不出一个合理的缘由来拒绝，寒王叔心事小，寒众臣子心岂不事大？”李存璋脸上显出一种英武爽利的成熟：“先王只嘱我辅助主公，王叔要分家，我自然出手拦阻，但这等寻文摭塞的事，我这个筒子也倒不出豆子来。”

李存勖笑道：“存璋如此疲懒，我只得寻郭安时商议了。”声音还在耳边，一个青衫男子从外面走了进来，只见其人神情淡然，气度娴雅。看到李存勖，那人笑道：“我可来得正巧，算不算得上说安时，安时到呢。问别的我可不敢夸口，若是问到主公的王叔大人在想些什么，还真是问对地方了。”言语笑谈间，无有难色。

这正是不久前被李存勖提拔为中门使的郭崇韬(字安时)。李存璋见之顿时来了精神，他隐隐听过一些传言，说郭崇韬之所以被重用是因为先王侄女婿孟知祥的大力推荐。中门使有“中门之职，参管机要，权势之重，倾动天下”之称，历任中门使也是由此往往不得善终。孟知祥为前任中门使，其能力十分杰出，深受李克用看重，史评其人“参谋应变，事无留滞”。听说他这次因先王过世，就想远离中枢，避免卷入复杂事端，自愿改任马步军都虞侯。孟知祥临行前推举一人，言此人极具才华，足以顶替自己，李存勖这才放手同意。推荐的这等人物日后定伴晋王左右，怎么能不引起李存璋的极大兴趣。

李存勖当日一见郭崇韬，顿觉孟知祥举人不俗。这个与自己年岁相仿的青年虽然有些清瘦，相貌也不如自己这般英挺，但那种从容自若、温和中又带着冷漠的矛盾气质让李存勖生出惺惺相惜的感觉。尤其是今日与李存璋两人互相见礼，站在一处，一文一武，两人由内而外的英风爽气是丝毫不差。

不用说，有人的地方就会有利益之争，有了争执就会有阴谋的存在，但这世界上的谋略并不止有阴谋，还有一种堂而皇之的阳谋。当双方实力相近时，阴谋或许大行其道，因为正面作战谁都没有全胜的把握。可一旦某一方握有绝对实力的时候，他根本就不需要阴谋，在绝对的实力面前，所有的阴谋都只能是阳光下的冰雪，很快就会消融得一干二净。

“这就是王叔的阳谋。”郭崇韬细细道来：“只不过他还未握有足够的实力，这一招可算投石问路。若采用他所提此议，弊端自不必说。若是拒绝，无论用何理由都不能完全服众，众臣多半会揣测主公动机，认定主公心胸狭隘，有猜忌之心，万一以后王叔有所异动，也会被人认为是主公所逼。除此之外，拒绝此议还有一大不利。”

“莫非打草惊蛇？”李存璋插言。

“正是如此！”郭崇韬笑道：“存璋思虑灵巧，能文善武，恭喜王上有此股肱能臣。”

“莫要打趣，存璋戎马多年，一手枪术当非小可。可这些事等还当属你！”李存勖苦笑道：“你这般说来，我同意是错，不同意也是错，究竟该当如何，快快说来！”

“主公可知三国时期，曹爽借粮试司马，这一典故？”“你还卖什么关子？快与我道来！”“是是是，王上莫急，且听臣下安排，若如此如此，定叫他有如曹爽一般下场……”

郭崇韬姓名字面上的解读就是：崇尚韬光养晦。他今天表现得比较反常，这番滔滔长言是他多年不曾说过的。往日的他即使是任典谒时也是谨言慎行、沉默寡言的。他崇尚“君子敏与行而讷于言”。因为在讨论重大事情时，你讲的话别人听不听得进去，关键是看说话人在对方心中有多大的分量。够分量人家才会听，不够分量根本不会理会你。说太多还可能遭人鄙视，你算老几，无名小辈还在这里说三道四，所以他常常勉励自己，要让自己具有相当的分量，这样讲话才会被他人重视。他原先的沉默寡言实属懒得讲，讲了无用不如不讲，当然，这并不意味着他不能讲或不会讲。

一路仕途中郭崇韬也在变化。曾经他觉得高官被明正典刑是因为民怨太深、罪行上达皇帝；现在他清楚这一切都是权利斗争，公开的缘由往往都是障眼法。曾经他见九品芝麻官都畏首畏尾、诚惶诚恐；现在他即便见的是晋王本人，也知道对方同样是刀口舔血，风光到何时也是要看天的。

今日之崇韬，已非昔日之安时；明日之安时，更非今日之崇韬。有了身居代州时期的寒门苦读，有了李克修帐下身为小吏的案牍辛劳，有了王府任典谒的接往迎送，有了和李存勖不卑不亢的接触，有了孟知祥的大力推举，有了终极面试分寸的把握，终于郭崇韬也有了极好的职位。

既无交浅言深的无礼，又无寡言淡语的无味，李存勖觉得与这个人相处十分舒服，便将中门使一职放手交给了他。与郭崇韬相比较，李存勖是感性的，他喜欢你，欣赏你，便任用你。郭崇韬是理性的，当前情势告诉他，你要保住饭碗就要先保住老板。要保住老板，就要说有分量的话，做有分量的事。当他细细讲完策略，基本上他就能确定这足以奠定自己的岗位基础了。

李存勖听完后脸上宽慰了不少，但还是问了一句："若是无事便罢，若是有变，其恶不彰，本王焉能无罪加诛？"郭崇韬解释道："我不过是引了一条路，若王叔衷心效忠主公，那都是他自己的福分，自古良臣择主，这应该算是王上的本事。若是心怀二心，就看他自己作恶的程度。不仁不义之人好比脓包，久在人体，必有大患，若是其熟透，让王上一举清理干净，必可减少日后损伤，百官也会因此彻底支持主公。这路怎么走，还是看各人内心所选，我等虽有风险，但这也正是主公的机会。"

郭崇韬饮了口水，清清嗓子，接着道："晋阳城外先王的各位义子毕竟也和王上共过事，这些人也彼此牵制，相互间无法真正信任，该不会真正介入我们的纷争。我们现在已经有了大义名分和李存璋、李存贤的支持。若后面小心行事，大局已定后，他们也不会有什么反对意见，自会听从号令。目前，稳住他们就可以了，但是不可以视他们为援。"

身旁的李存璋眼里已流露出钦佩之色，心底却不由生出一丝寒意，暗道：亏得此人相助兄长。不怕狼一样的对手，就怕猪一样的队友。他终于确认了眼前这个言辞恳切、正娓娓道来的新任中门使，竟是一个洞察人心、深沉善谋的人物。于是李存璋心中决定，日后定要交好此人，无论如何不可与此人为敌。

没有多久，李克宁心里舒爽起来。因为李存勖虽然含糊，但总算是答应了他的要求。他知道李存勖心中定然恼怒，但谁叫我形势比你强呢，看来你还不想激化矛盾，打算继续使用怀柔手段，安抚一时算一时。果然小辈还是少些决断。

这时候，李存颢带来一个消息："朱温来信。"李克宁下决心脱离李存勖之后，心里也有些茫然。即使毅然野心勃勃地前行，但对朱温他也是十分警惕，来信中尽是挑拨，朱温答应他除掉李存勖后，任由他统领河东旧地，又许诺了无数富贵。虽是如此，李克宁心头也有些不快。他问李存颢对此有何看法。

“不管这封信有没有送来，”李存颢答道：“我们都要一口气径直取了晋阳！恕在下直言，李存勖继位，受宠得利者显然是李存璋、李存贤等人。”李存颢知道自己应该把话挑明，就算李克宁早已明白他的暗示，但挑明即意味着再不可能走回头路。“日后他们会借整顿军纪，重编军伍一事削弱我们的兵权，逐步掌控各地防务。这次，王叔已经彻底得罪了李存勖，安定以后就会招来清算。”

“再说，蔚州的李存进，朔州的李存审，应州的李嗣恩大概都不甘心将地盘这么轻易交给王叔，必然会推脱交接，拖上一段时日，这样越久越对王叔不利。既然李存勖现在忍痛答应了我们的要求，那他会以为我们已经满足，他就会有所松懈，不会料到我们马上就要雷霆一击！以王叔之功高，说什么也不能让这些小辈们后来居上，更不能任由他们骑在头上胡作非为。”

“若依你，河东内乱，朱温乘势来取晋阳，若何？”

李存颢一咬牙答道：“朱温应该不会来攻晋阳，潞州尚未拿下，放着后防不稳的情况，分散兵力来取晋阳，此乃兵家大忌。只要我们动作够快，设计擒住李存勖和他母亲曹氏，献给朱温，然后由王叔承继晋王，上表梁廷，愿为梁藩，这样大事可定！况且万一失败，我们便退守云中、振武，尚可积蓄力量，日后东山再起。”

李克宁抚须微笑，徐徐走到花园护栏旁，笑看一株花朵，只悠悠地说：“存勖与我也是家人，同族相残，同根互煎，教人奈何噫。”

李存颢心里骂了一句：老狐狸。假意宽解几句暂且告退。李存颢一去，李克宁即行召见帐下将校。不久后，晋阳城外数支军马换防，以加强城外治安为由悄然调动，暗自在靠近城门处驻扎，虎视李存璋的城防部队。

次日深夜，李克宁密召晋王府供职的史敬熔，重赏之。细细询问李存勖日常行为，及府内作息起居，一应安排，并许其日后必将加官晋爵。交代他继续密切关注王府内外动静。史敬熔走后，李克宁脸色更加安定，稍做歇息，便再传李存颢，李存实入府。三人商议良久，决定发动前先做一事，拔除一个不安因素，就是李存质。李克宁引用一句古话“君不密失其臣，臣不密失其身，几事不密则成害。”他有点后悔当初没有私下试探就让李存质参加聚议，如此就有了局外人窥知或猜测到一些事情的可能。特别是军马方面的调动落到有心人眼中也是一个麻烦。

在政治斗争中站错队是要万劫不复的。直至现在，很多上位者潜意识里都不会容忍一个把自己放在第二位的下属，无论这个第一位是什么。不想知情的人意外卷入导致了大祸临身，从而丢掉了性命，这是李存质的悲哀，也是历史上卷入权力漩涡中，大多数人的悲哀。

人有时候就像一只蚂蚁一样渺小卑微。永远不知道什么时候，上位者的手掌轻描淡写地随意翻转过来，顿时化为灭顶的杀机，朝着你轰然压下！如果李存质除了知情权以外，也拥有不知情权来使用，人生的曲线或许能够继续延伸。暴力工具既好用，又有效，方法简单，从肉体上抹杀敌人，彻底消除了隐患。统治者只要一用就会上瘾，没有制约就没有人会例外，况且，掌控人生死的感觉何等痛快。

李克宁安了个罪名杀了李存质，又借故调整军中将佐，一时间动作连连，无人敢出言抗拒。在晋阳众臣眼中就越发显得傲然，举手投足中充满着霸气与威严。一并军将见到他都战战兢兢，众人心中惶惶，私下忙着八卦。两人喁喁私语：

“你说，这是怎么回事，李存质什么人，是先王义子哎，说咔嚓就咔嚓了。”“唉，这不摆明现在主事的还是王叔大人么，杀鸡儆猴呢！”“这谁是鸡？谁是猴？”“你在老兄我面前装什么傻，李存质就是这鸡，至于这猴嘛，或可是晋王，或可是你我啊！”“喏喏喏，那你我只管听话就是。”

另几人喁喁：“贪污受贿、玩忽职守、勾连外敌、图谋不轨，李存质这些罪名你信吗？反正，他得罪了王叔我是信的。”“可惜了，一条汉子没死在战场上，死在自家刀下！”“杀了李存质，晋王连个反应都没有，看来这晋王也不好坐啊，窝着火吧。”“哎哎，小声点，两位还不小心！听老朽一言，我们还是眼观鼻，鼻观心吧，王叔大人可没有晋王好伺候。”

谣言四起之际，李存勖不在王府内，却在检校兵部郎中卢质的府上，郭崇韬和卢质就守候在他身边。卢质也是李克用选择的托孤重臣之一，正因从龙有功，后来累擢户部尚书知制诰，充翰林学士承旨，之后又任兵部尚书，拜太子太保。天福七年卒，年七十六。赠太子太师，谥文忠，此为后话。

此时，李存勖在其府中正跟一个浓眉星目、言谈沉稳的青年交谈。李存勖一路问来，朔州的防务是否安妥？李克宁派出接手的人是否还有疑心？这次暗自回来带了多少军马？路线、驻扎是否隐秘、稳妥等等。那青年对答十分细致，说完后，用关切的眼光注视着李存勖，似乎想看出这个兄弟当上晋王后是否有什么变化。

李存勖笑道：“存审，你让存进、嗣恩和王叔的人互相牵制，反而是好事；放你在朔州用处不大，这次潜行返回晋阳可正是时候！”

“王叔来人，手执你颁发的王命宣称接管时，我就觉得该动身回来了。”李存审答得意味深长，他接着说道：“我带回的几百人马不算多，但都是过得硬的精锐，只凭兄弟吩咐！”李存勖大喜，吩咐身旁的郭崇韬和主管城防的李存璋做好准备，安排李存审的精兵分批化装进城。郭崇韬口中称“是”，带着笑意上前接洽，心中却在暗赞：“返程出发的时机控制得恰到好处，李存审啊，可不只是个普通的将军呢。”

“为什么是王叔派人来，拿的却是李存勖的任命？为什么主上没有遣正使来履行通告？为什么李存勖连一封私信交代都没有？这些疑问，大概李存审当时都已经想通了吧。审时度势，李存审当得起这个审字呢。”

破晓一战

月上中天，史敬熔望着孤灯，心中满是犹豫。他是宦海沉浮多年的老官吏，如何看不穿李存质之死的根本原因。自从李克宁和李存颢搅在一起，他就明白最后就是要走到篡权夺位这一步了。什么李存质里通外敌被当场正法，根本就是安排杀手，暴起灭口，事后诬陷而已。堂堂大将，先王义子就这样死得不明不白，史敬熔担心起自己的下场。

有的人见过大人物，听过大人物的很多故事，但这并不代表他们能够完全了解大人物们的行事风格。准确来说，普通人根骨里依然没有摆脱底层百姓的道德评判标准。史敬熔曾主理过李克用的帐中纲纪。官员间的倾轧见得不少，越是位高权重的人在被触犯了根本利益的时候，都是丝毫不吝于展示自己贪婪阴冷的模样。只要占着一分道理，他们便能使出十分的手段，没完没了地展现无耻所可能达到的最高境界。

只是史敬熔总以为，无论是李克宁还是李存勖，终究应该还是要一张脸的，还是要在继承先王遗志反梁的前提下做事。即便面临着强烈的利益冲突，这些人攫取利益的吃相总要讲究一个度吧。无论下套的一系列手法是气吞山河，咄咄逼人还是暗藏潜流，无声无息，但也总归不至于这么狠罢！李克宁不仅做了云中节度使，还要做事做绝，谋划擒下李存勖和曹氏，献给朱温，就为了保自身太平。立场中立的李存质尚且被强力抹杀，那李存勖呢？还有支持李存勖的其他人呢，会不会趁乱全部被杀掉？

这一切血腥清算过后，总得有个交代吧。自己会不会戴上“始作俑者”的帽子，被当作弃子，扔出来平息众怒？我该怎么办？信不过李克宁，就倒向李存勖这边么？不过，李存勖太过年轻，如果直接告诉他，说不定他行事莽撞，也可能招致大乱，到那时我反而是自取其祸了。

一夜未眠，苦思冥想的史敬熔想到一个折中的办法。

清晨，他请见李存勖之母：先王曹妃，史称“后唐皇太后曹氏”。晋国夫人曹氏一身青衣，如墨的青丝只用一支荆钗簪住，容颜如玉，秀雅端丽，眉目更是秀气有如空山灵雨，令人一见便生出亲近之情。尤为难得的是其性格豁达，明辨是非，温顺贤惠，颇为李克用正妻秦国夫人刘氏所器重。

秦国夫人常对李克用说：“妾观曹姬非寻常妇人，王应厚待之。”晋王妻妾如云，且多秀丽。但在众多姬妾中，极少有人能常得李克用之宠，唯曹氏受宠不衰。李克用待人非常严厉，而且性情暴躁，身边左右随从一旦有过失之事，李克用必以严刑峻法惩处，无人敢言。唯曹氏常挺身而出，从容救谏，请求宽恕部属，众人深得其荫庇。在李克用亲信眼中，那一种温柔中带着刚强，刚强中蕴含柔情的独特气质最是令人倾心。正是因此，史敬熔虽不熟识李存勖，但李克宁背后那张冷漠无情、颠倒黑白的脸和聪颖灵慧、明礼豁达的曹氏是不可对比的。换言之，就是以王叔品牌领衔的团队没有 PK 过曹氏品牌的团队。

做人就是经营自己，经营自己就要像经营品牌一样，既要短期效应，又要考虑永久效应。在河东集团里任职多年的史敬熔当然熟悉各位关键人物的品性。看人不在一时，而在一世。不在当前对你好不好，而在此人一贯行事方式如何。一个没有底线的人不值得长期合作，因为不知道什么时候他就会变来变去把你卖了。

在中国人的人际沟通中，很重要的一点就是关系建立很难，破坏却只是一刹那的事。对李克宁来说，他没有意识到正是李存质的死一下子突破了史敬熔内心的底线，底线的触动会让关系完全消失，一下子归零。史敬熔自认不是贪得无厌的人，最多有那么一点点机会主义者的倾向。所以，他最终把身家性命押下，放在了让自己心安、信任的人一端。

历史上常说“得道者多助，失道者寡助”“人心背向，大义所在”。其实这些说法某种程度上也说明人有感性的成分，有对信任、忠诚、宽容、正义等良性因素潜在追求的一面。在那边就算有利益，也是时刻自危，在威权强压下惴惴不安。敬人者，人恒敬之。历史什么都在变，只有人性没有变，而人性从不喜欢强权。

晋王府中，言者正知无不言，言无不尽；听者沉吟无语，默然心惊。听取史敬熔的密报后，曹氏没有让他离开，而是叫人去请李克用的正室夫人刘氏前来商议，同时急传儿子李存勖来见。相比曹氏温婉中的刚强，秦国夫人刘氏就可称为女人中的智者。举两例为看官说之。

第一例，当年李克用从上源驿仓皇逃回晋阳，本来想立刻发兵报此血仇，刘氏认为丈夫与朱温同为朝廷上将（当时名义上的唐皇还在位），若贸然发兵以报私仇，反而容易被人指责：无视中央政府，擅动刀兵。失了道理，缺了大义。刘氏劝他不如将实情奏明朝廷，以便名正言顺地讨伐朱温。李克用听从了刘氏的话，立即奏报唐僖宗，罗列朱温的罪名，请求下诏讨伐。但是朝廷中也有许多大臣倾向朱温，便在唐僖宗面前为朱温开脱。唐僖宗下诏让两人和解，同时，为安慰李克用，唐僖宗又以破黄巢有功为名加授李克用为陇西郡王。

朱温为了全力对付西边的秦宗权，避免腹背受敌，也派使者登门谢罪，并送上金银物资等厚重礼物。李克用此时羽翼尚未丰满，也想兼并其他地区扩充势力，就暂时忍下了这口恶气，只是嘴上不依不饶，扬言要领兵讨伐。整件事情，因听取刘氏一言，不费一兵一卒，李克用借势受封王爵，并在朝廷出面下迫使朱温道歉，取得天下大义。这一举动使李克用的行为显得堂堂正正，行事与其他割据军阀立分高下。

第二例，晋军有一阵战事不利，李克用所部接连被朱温击溃。义子李存信劝李克用北逃契丹以保实力，李克用精神沮丧，短时间内颇为意动，夫人刘氏却劝止道："存信原是北方的牧羊人，怎么能考虑你的成败大事！大王常笑当初王行瑜弃城而逃，为其部下所杀，传首京师。弃城逃跑，好比丢弃根基，任人宰割，今天怎么却要效仿他呢？"

"大王先前曾到塞外避难，差点遇害，现在如果弃城北逃，难保也有不测之事，根本就难以保全自己，还谈什么大业！"李克用听后，如醍醐灌顶，深以为然，于是听从了刘氏的建议振作精神，收聚溃散兵马，坚强意志，激励将士，最终保住了城池。所以，妻子刘氏对于李克用的作用不可低估。出谋划策，激励丈夫，在这方面可谓中国古代女子的典范。对女人来说嫁的人是谁，很重要，因为他决定着你们一起的生活状态。对男人来说娶的人是谁，更重要，她很有可能决定着你一生的层次和高度，所以不要将就地嫁，更别违心地娶。

信息一个人接一个人地传递着，参加紧急会议的人数进一步扩大，最后曹氏、刘氏一致决定交由李存勖全权处理，无论任何决断都无条件支持。宫中的人员管控及先王亲族的安抚工作，由两位太后进行准备。得到支持后的李存勖急召张承业、李存璋进府商议，他将史敬熔密报内容告知众人。

在这里李存勖用了一点小手腕：先抑后扬，以退为进。他没有直接开口要求众人支持他先下手为强，却说道："父王临终前嘱咐我要办三件事，第一件事就是一定要灭掉朱梁。可是现在，我的叔父与弟弟们却要杀掉我去投降朱温，我实在不知道应该怎么办。我曾让位给叔父，他当时不肯接受，可现在却又想除掉我，不知道是怎么考虑的。我实在不愿意与叔父、兄弟们刀兵相见，因此我想与母亲离开晋阳，以保全性命。至于城中之事，我也只能是听之任之了，二位看如此可好？"

尽管他知道张承业是支持他的，李存璋更是铁杆兄弟，但是否支持辣手剪除王叔的势力，这一点，他必须在行动前搞清状况。这样的动作必须要十分有把握，如果强令下去，大家勉力而为，即便成功，也会让老臣事后心寒，当然李存勖心里是有些定数的。

当王叔索要云中节度使一职时，郭崇韬已经派人在晋阳城放出风声，谣言王叔妄图分封自立。没想到李克宁不经李存勖擅杀李存质，这更是让满城议论纷纷，进一步坐实了他图谋不轨的意图。现在已然到了最后一刻，有了史敬熔的证实，更是证据确凿，应当集自己所有力量行雷霆一击！

那李存勖为什么要反过来说呢？除了上面提到的因素，我们可以从人性管理上讲，但凡是人往往都喜欢自己当家做主，无论是领导还是部下，自己做主，内心更有自尊。听令行事不仅是面子的问题，违心的执行说不定会带来后患。但如果是部下发自内心，自行提出的倡议，当然会获得他们全心全意的支持，执行会更加得力。而且，李存勖站在"舍"的立场来"得"，也是让别人摸不清楚他原则的一个手法。站在不要的立场来要，就会要得合理，站在自保的立场来说话，就会凸显大义凛然。我们不知道当时李存勖是否想过那么多，但就结果来说，历史上无数政治争斗的高手都流利地运用着这些可以解释为人品，也可以解释为谋略的东西。

面对神情无奈的李存勖，张承业心中颇有几分激愤，他是真心为其担忧。

"李克宁、李存颢罔顾大义，妄想举晋国降梁，老臣决不能同意！主公母子即使不在晋阳，可又能逃到什么地方呢？无论在哪里同样是死路一条！依老臣之见，个人生死事小，先王数十载创下的基业事大，万不可让先王基业沦入仇敌之手。李克宁等既然不从先王遗命，与你为敌，他们已不再是你的亲人，而是叛贼了！"

张承业、李存璋的反应没有脱离李存勖的预料，都对其舍弃王位的话表示反对。大家都是同一个意思："先王遗命，言犹在耳，举国降梁，定然不从。"在场的人纷纷劝说李存勖：当以国事计，大义灭亲！于是会议顺理成章开始下一个议题，众人相与定计，诛除李克宁、李存颢等人。众人细细商议，得出一个干脆简练的计划：

一、由李存勖邀请李克宁、李存颢等人来府中饮酒，称有事相商，然后伺机拿下。让史敬熔假意配合逆党，故意泄露李存勖府中警卫安排，形成武备空虚的假象，诱其上门。

二、李存贤主控城防，实行外宽内紧的方针。行动当日，紧锁城门并截杀对方的出城使者，断绝李克宁与城外所属部队的联系。李存审亲率一部精锐，执李存勖手令，配合李存璋压制城外可疑部队，必要时可果断入营斩将，夺取部队控制权。

三、郭崇韬、李存璋率王府卫士保护李存勖，负责就地擒拿叛党。卢质、朱守殷等人率各府亲卫在附近街道布防，行动开始后及时支援。

四、曹氏、刘氏两位夫人安顿后宫，并准备第一时间发布懿旨声援李存勖。

这样安排下来，郭崇韬也替李存勖感到满意。经过先期的布局、造势，终于要到了收网的地步了。一切计划安顿后，他很想吟一首诗，作一幅画，或写一手快意酣畅的好字，或许，有时候上天交给你一张白纸，你就得以你最喜欢和最能代表你的字或画去填好它，杀人如写好诗，流血宛涂书画。

郭崇韬自认为不是传统意义上的君子，但也不是小人，在这样的事件中，收买、造谣、伏杀等手段都已经是常规。如果他是君子，必然斗不过对方。君子认为自己既然是君子，就应该秉持正义，坚信天理助己，往往低估了对手的手段，其实某种程度上，这是君子对自己没有尽到责任。而小人从来不说自己是小人，都自称君子，而且做出的事情表面也很像君子的作为。当我们发现他其实是伪君子的时候，他已经活很久了，开始作乱了，这时的真君子已经被他害得凄凄惨惨的了。

由此，郭崇韬给自己找到了很实用的解释方式："也许聪明和愚蠢、善和恶的分配和对待，是有欠公允的，但在死亡面前，人人都是平等的。就让你们迅速的灭亡成为大晋崛起的第一个强音吧。"当郭崇韬这么期待的时候，王叔一方也是这么看待对方的。

收到酒宴邀请后，李克宁也召开会议。听过史敬熔的报告，李克宁决定明日带亲卫入宴，全部携刀剑、穿重甲。李存实则告病不去，暗中出城掌控军队，待史敬熔假传君令骗开城门后，李存实率部入城以定大局。这个计划里面有两个关键，只要完成其中一个，就成功了大半。一是酒宴中拿下李存勖。二是李存实率军入城，一子定乾坤。

在生命中总会有某个时刻需要你下非常重要的决定。关于你的人生，做什么，怎么做。这时会有很多人愿意提供你忠告，但是记住这句话：你的生活是你自己的，不是别人的。一切选择都是:自作自受。连带两大阵营的相关人等都下了决定。一个有关生死的决定,注定了许多人今日的无眠以及未来是否长眠。

这一日的晋王府,肃冷得让人心头沉甸,门口和内里的侍卫人影稀疏。李克宁在众人的簇拥下进入王府后,忽然觉得晋王府是如此的宽阔,路过曾经警卫密布的前厅后发现明面上的人数少了两成,而且多个位置极佳的暗处并没有安排人手,他心里油然生出一种轻蔑,一路向后堂的宴厅缓步行去,一边对身旁的史敬熔耳语道:“你去安排一下存颢的人,记住,大门二门关键位置都要有人手。”史敬熔低头称是,迅速离开。

这时,李克宁已信步走到尚是空荡的宴厅前,面对一个人:李存勖。

李克宁无论再怎么端详对方,都认为眼前这人很寻常、很平凡,决比不上自己老谋深算,行事果毅。在他眼中,李存勖只不过是不合时宜,不知大体,不懂分寸,妄自接位的普通小子。李克宁心中激越,脸上杀气严霜。他所面对的只是这样的一个年轻人,除了血缘,没有什么可取之处。等都等那么久了,急也不急在于一时,是以先礼而后兵罢!

李存勖率先抱拳招呼道:“王叔,近来可好?”

李克宁挥洒自如地摆手回应:“一切都好,贤侄,也别来无恙?”

“无恙,无恙。”李存勖笑道,“至少没有人从朱温处来打扰我。”

李克宁脸色微动:“贤侄如此说来,却是何意?我接待朱梁使者只是例行公事,今日这顿酒却是为了何事?”李存勖答道:“无事不劳王叔大驾,我是想跟叔叔讨一人一事的。”

“什么人?”李克宁冷笑道,“又讨何事?”

“要的人,就是朱贼的使者。”李存勖淡定地说:“讨的事就是讨一个公道。”

“公道?”李克宁神色轻蔑。

“存质兄弟的公道。”

李克宁哈哈笑道:“我身为马步军总管,提领军政,先王在世,都是任由我处理。莫非临到现在,还反而要向贤侄事无巨细地请示不成?我看你恼的只不过是自己的事,却要公报私仇。”李存勖道:“存质大哥身为我方大将,被你冤杀,我必要讨公道回来。”

李克宁已经没有耐心纠缠:“你所谓的讨公道不过是假借名义来夺我手中的实权而已。今天这杯酒注定是闷酒,不喝也罢,本座告辞了!”

话虽如此说，李克宁身形丝毫未动。身边铁甲亲卫接到主上眼色，同时低叱一声，按刀作势向前。李存勖看在眼中，神色愈发显得冰冷，一边缓缓拔出佩剑，一边漠然道：

“晋王府是什么地方？岂任人来去自如，妄自放肆！”

“得罪了！”李克宁的几名亲卫趁李存勖身边无人，其话音未落便抢先出手。几人按军中结阵方式，刀光如匹练般连绵而来。几乎是同时，李存勖就觉察到身前涌来的无穷杀机，刀刀逼人，毫不留手。他身形闪躲间，不由得暗暗叹息一声。

几名李克宁的亲卫身形宛若飘风卷雨，侧进疾欺。李存勖大大方方地后退。一进，一退，一息未落，李克宁周边骤然冒出数十发弩箭。听到嗤嗤弓弦震动之声，李克宁和众亲卫下意识地纵身而起。当他身形跃到空中，无数弩箭向他射来！李克宁狠狠用刀拍打，极力在空中折转方向，那些飞舞的弩箭几乎是撞击在一起，狠狠扎入先前站立的地面。

从花园两边的岩石旁、深草中露出一个个翻板，各处藏兵洞中跃出数十个身穿黑色劲装，外罩软甲的精锐将士，将李克宁等人围在当中。这些战士人人手中都是横刀持弩，个个神态沉稳，足下尘土凝而不散，眼中精光闪耀，一见便知是晋军中百里挑一的好手。其中一人大约二十来岁，相貌英俊，但是双目寒光四射，浑身杀气隐而不露，只看神情气度就知道此人乃是为首之人。他手中是一杆精钢长枪，枪上横纹虎头煞气十足。

李克宁见之叹息道：“李存璋，你怎会在这里拦截于我？可是设局诱我入伏吗？可知城防要地不可暂离，万一百密一疏，有所闪失，可是得不偿失。”

李存璋朗声答道：“王叔不必多虑，李存贤已握虎符，掌控全城，想必现在早已关门落锁、吊桥高悬，任你千军万马也休想进来分毫。”

李克宁眼中寒光一闪，对着李存勖威胁道：“贤侄，如此行事，若是激起兵变，那么也未免太不爱惜将士了。”

李存勖淡淡道：“不劳王叔费心了，存审行事谨慎敦厚，甚得军心。若是存实贤弟知趣，碰上存审或可还有一条活路，若是执迷不悟，就不仅仅是爱惜不爱惜的事情了。”

李克宁此时已是大感不妙，李存实可能被李存审和李存贤联手压制。现在唯一的依仗就是李存颢在前厅布置的精兵。于是，他再度举手。身后亲卫立刻向天射出一支鸣镝，刺耳的破空声随着淡淡的轨迹划向天际。

王府上空,鸣镝响亮且清晰。这当然是暗号,也是命令。他要发动他的精兵,先行阻挡李存勖伏下的人马,就算阻得一阵子也好。只要一阵子,他便可以闯出王府,脱离当下陷阱。按照道理,鸣镝一响,立即会有回应。那应该是气吞山河、如狼似虎的卫队杀入后厅肆虐的呼喝声。就算李存颢来不及抢占有利地形,至少还有他和数百名部下会马上听令,即时做出反应。何况王府外民居内还预备有人马,也是听鸣镝为号,立时杀入接应。

可是,没有,没有回应。一声也无。在这至关重要的生死关头,他的精锐敢死之师,去了哪里!?李克宁心中气急得要骂娘,便在此际,一向意气风发的李存颢,自后方急掠而至,急报李克宁。“王叔,大事不妙,我们已经被包围了!”

“怎么!?”李克宁不敢置信。“府外街道屯有重兵,没道理一时三刻也守不住!”李克宁怒叱:“来的是什么人!?”

“好像是……李存审的边军!”

“叫史敬熔关闭王府二门,死守!”

“守……守不住了!”李存颢大骂道:“就是史敬熔这个王八蛋,调开了我布置在大门的人马,让边军杀进来的!没有府墙的依仗,我们根本挡不住啊!”

“什么!”李克宁还未及应变,却见身旁众人又骇然生怖地看着天空,仿佛恶鬼降临了一般。只见李克宁府邸方向隐隐传来厮杀的喊声,缕缕不祥的黑烟袅绕升起,纠缠在众人心里越来越觉得沉重。事实往往是残酷的,也是冷酷的。

“王叔谋反,从逆当诛!”“大家都是自家兄弟,立时反正,既往不咎!”“晋王有令,只诛首恶!”传来的一番番话语如雷贯耳,就是那些心肠如铁的李克宁亲卫也不由惊愕地望向四方出现的越来越多的人马。

片刻里,从前厅、回廊、楼阁、假山各处传来刀剑的撞击声,弓弩的弹射声,人体中刀的闷喝声,一心厮杀的怒叱声,声声入耳。一时间大量的人影闪动,纷纷向宴厅门前聚集,有血袍甲碎的同僚,也有纷至沓来的剽悍边军。李克宁面沉如霜,容貌也仿佛一下老了十来岁,周身上下更是露出绝望至极的气息。就是再懵懂的人也明白这群人大势已去,行至末路了。

事实通常也跟眼睛一样,有两种颜色构成:一面黑一面白。人生里遇上的劫就是那抹黑色。首先是要先渡得过去,要是过不去,那就什么都不必说了。在李克宁那黑白的瞳孔里,仿佛已看尽了一刹那间的成败,一瞬息间的兴亡。哪管他眼前小小江山,继续前仆后继地兴亡下去。

李克宁神色越发苍白，有些事情终究是躲不过去。他上前几步，来到阵前，面对李存勖惨然一笑，那笑容犹如昙花一现的凄凉。他一字一句道："事情到了这种地步，我还有什么话说，只求死后黄沙蒙面，遮颜去见兄长！李某既然已经四面楚歌，也不必拖他们和我做伴。"说完长叹闭眼，"哐当"一声弃剑于地，束手就缚。犹豫不定的亲卫见主将如此，也纷纷顺势丢下刀剑，剩余人马就此束手。只有李存颢等少数死硬分子尚不甘心，还想勉力突围，被李存璋凌厉出手，几回合间挑飞武器，击倒在地。众将士上前强力拿下，捆绑得可叫结实。

不多时，信息陆续传到晋王府。李存贤已经肃清街道上妄图制造混乱的反叛人员，实行全城禁闭，各府禁止人员流通串联。郭崇韬、卢质等人已率家兵攻破了李克宁府，擒下孟氏，查获谋逆书信若干。李存审则已拿下李存实，完全控制了城外几只异动部队。自此，一场变乱，尘埃落定。

公元908年，晋王叔父李克宁谋逆。其妻孟氏、先王义子李存颢等人阴谋相与，被下令悉数处斩，通告全军。这一年，李存勖24岁。他成为了晋阳城的实际执政者。祖庙前的李存勖，目光炯炯、眼神清亮。阵阵鼓声，如暮鼓敲起心里的宁静……袅袅钟鸣，似晨钟摇响神魂的清醒……

第二章 河东怒涛

孤城白刃

清晨,金色的阳光洒在原本雄伟巍峨,现今斑驳残破但依然坚强屹立的关隘上,照在萧瑟荒凉的城外荒野之间,给寒气逼人的北方清晨驱走了雾霭,带来了几丝温暖。在天尚未亮的时候,朱温匆匆赶到了潞州城外的大营。

朱温,幼年丧父,家贫,青年时不事生业,以雄勇自负,里人多厌之。参加唐末黄巢起义,屡立战功,升为大将。后叛变降唐,被唐僖宗赐名“朱全忠”。剿杀黄巢后,封梁王。现已废唐帝,自称皇帝,其王朝史称“后梁”。

潞州行营都统李思安得到通报,马上出帐迎接,同时命人去请康怀贞、符道昭两位将军。他可一点也不敢怠慢前来巡视的陛下。身为梁帝的朱温不经意的顾盼间有一种令人不敢正视的东西,举手投足里透出了一种特别的威势,凛冽的杀气和手握权柄的皇威,令人望而生畏。半年前,原本由陕州节度使康怀贞任主帅领兵八万,与魏博(今河北大名东北)兵会攻潞州。康怀贞昼夜攻城,半月不克,朱温不满。

8月初,晋军老将周德威率部来援,康怀贞遣亲骑都头秦武领兵阻击,被周德威击败，晋军顺利前进至余吾（今山西屯留西北）。朱温收到败报，因康怀贞久战无功，大怒。贬其为行营都虞侯，改由亳州刺史李思安为帅。至此也是近半年过去，潞州城头晋军大旗依然飘扬。李思安深知朱温残酷暴虐，雄勇自负，但也心思狡猾，远超常人，所以对答之间甚是小心恭敬。

朱温坐在李思安的大帐内，纹丝不动，上半身笔挺，腰挺肩平，屹立如山；看着李思安打开了一张很大的梁军驻守地图，铺放在地上。康怀贞和符道昭也借机围了上去，靠近领导，以身体语言表达对当前任务的热心和对梁帝垂询的积极应对。

“陛下请看，这就是夹城。”李思安微笑着，右手虚按在地图上潞州城外四方来回摆了两下说道：“当初康大人在潞州城外四面修建堡垒时，是颇花了一番心思的。如今困城效果日益明显，城中军民内不果腹，外无接济，整体状况已经江河日下。臣在康大人的‘蚰蜒堑’战法的基础上，增加修筑了‘夹城’。这样整个外围防线形成一个庞大的‘口’字形防御体系。”

“夹城中可屯有机动部队，随时可应对晋援军在外的冲击，并有效发动反冲锋。另外，为保证粮道的通畅，不受敌军劫掠，微臣在东南面的山口修筑了一条甬道，建寨加以保护。周德威曾率敌军昼夜轮番来犯，皆被符将军力战击退，方保无恙。”一番话说得在场的同僚都有面子，让李思安身旁的康怀贞心里暗暗夸赞，真会在合适的地方，合适的场合，说合适的话；既表达了前任主帅的成果，同僚的协助，也摆明了自己的作为。花花轿子有人抬，自然就不会互相拆台。你夸我，自然我就夸你；业绩功劳你中有我，我中有你，大家都舒心。这也是同僚间的一种互相“尊重”，所以在官场人物眼里功劳都是‘让’出来的，而不是‘争’出来的。

前线军情大体介绍完后，李思安小心地注意着朱温的双眼。朱温依然沉默着。李思安太熟悉这种眼神了，他知道这个当世枭雄的男人身体里流淌着什么样的血。不，那不是血液，而是火焰。狼一般幽幽的瞳孔，燃烧着的眼神是心里熊熊野心之火的最好诠释。已经56岁的梁帝已经由狼转变为狐狸，狐狸是狡黠的，这往往让人忽略它的凶猛。雄狐像狼一样，同样有着利齿和爪子。

朱温盯着布防图，好一阵儿，然后开口：“你们做得不错。”他笑了笑，问道：“听闻周德威曾一日数十次冲我兵营，视大军如无物，近日他可曾有什么动作？”康怀贞赶紧投桃报李出面解答，以免让李思安处于自我辩解的不利氛围。

“禀陛下，周老匹夫不知从何处得知我军征调山东（太行山以东）百姓运粮支前。屡遣轻骑断我粮运，又常摧寨拔营，有时一天与我等竟有大小几十次战斗。不过，其援军人少，骚扰虽多，但无寸进，根本无法进入潞州援助守军。况且李都统筑成夹城，已全面压制周德威所部。”好的同僚就是在问题出现之前就能互相帮助，消解于无形，完成圆场任务。有时候，当事人自己怎么说都不合适。把自己说得好了叫王婆卖瓜，自卖自夸。说得不好，会被骂白痴饭桶，无所作为。

康怀贞继续道：“昨日周德威部已经拔营而去，不留一兵一卒，必是自觉僵持年余，解困无望，又听闻陛下前来，只能望风而逃。”言辞间见缝插针，投其所好。

朱温笑笑，对这番话不置可否。他知道手下名将不少，打仗有几把刷子的军将更是无数，只是自己称帝后，威名更甚，人人都想更进一步，有个好出身，多得荣禄，荫及子孙。改元开平，定都开封后，朝中曲意逢迎的人多了不少。水至清则无鱼，人至察则无徒。朱温自认明察秋毫，心中有一本账。何人可用，何人大用，自然是不为奉承言语所动。他在意的是康怀贞话中的信息，周德威退走？他到哪里去了？

看到梁帝询问的目光，李思安连忙补充道：“据晋阳细作所称，三日前，李克宁谋反被杀，李存勖平定内乱后，传令周德威率部返回晋阳待命。”

“现今，潞州城中如何？”

“末将觉得潞州被困已久，粮草军器耗完在即。物资无补，援兵又撤，短期必克。李嗣昭与外隔绝已久，已经是强弩之末，守不了多久了。”李思安如实禀报。

朱温沉思片刻，开口道：“听闻周德威与李嗣昭素有不和，朕欲借此一用，攻心为上。立刻向潞州城中散布谣言。其一称周德威公报私仇，畏缩不前，擅自退走；其二，晋阳内乱，人心惶惶，周德威回师逼宫，李氏小儿休矣！”

“陛下英明！”三名大将齐声赞美。

“无论相信其一还是其二，潞州都会援军断绝，城内军民必然绝望，斗志崩溃！”朱温自动过滤谀美之词，继续下令：“明日招降李嗣昭，此人和周德威同是晋军名将，堪称李氏两大台柱，许他重重富贵。若是冥顽不化，后日大军一旦破城，鸡犬不留！”众将轰然应诺。然后他离开座位，长身而立，环顾几人，面色轻松道：“破潞州指日可待矣！”

在朱温看来，自己平生的劲敌李克用已经死去，其子李存勖刚刚闹出同门相残的悲剧。这一次李存勖调周德威回晋阳城，说不定会引发晋国君臣间的另一次内讧。李氏的机动兵力会在这种内斗中消耗殆尽。如果这样，他们将不会有能力再一次组织对潞州的支援。旗下的著名将领李嗣昭又长期被困，晋军众多部将既无暇来救，又心存观望。他们还能坚持多久呢？可见，河东李氏一族的擎天大柱一朝倒下，立刻就人心散乱，眼见是一日不如一日罢！

朱温心中宽慰之余，也有些感慨。自己身体也比不得年轻的时候了。对亲临战阵，鞍马劳顿的忍受比不得前些年。若是有个闪失，这大片基业会不会面临同李克用一样的问题。想着自己的几个儿子，长子朱友裕自幼善骑射，跟随自己作战，宽厚待人，很得兵士之心。可惜他早早病故，否则，现在继承人的问题就好办多了。朱温心中暗暗叹息。次子朱友文是义子，三子朱友珪荒淫无度，难成大器，只有四子朱友贞是朱温与张惠的嫡子。因为妻子张惠的原因，朱温对其有所偏爱，但是这个儿子能力有限，朱温认为不过有些小聪明罢了。所以，随着年事已高，在继承人的问题上，朱温对李克用的离世也生出一丝同病相怜的情绪。他远眺晋阳城，这一刻，狡黠的眼神也变得格外沉静。

天边云层肃穆，潞州城楼下，一阵阵急促的鼓声轰然传来。

李嗣昭一腾身从椅子上提刀起来，大步走出城楼。门口的亲卫都用紧张的眼睛望着前方。困城这么久，梁军已经有一个多月没有大举强攻了。今日战鼓震天，是什么情况？李嗣昭为了在第一时间观察到敌军动向，特意赶到城楼驻守。他看到了梁军的战旗随风飘扬，明晃晃的剑戟森严夺目，大队的步骑排成长长的队列，在激昂的鼓点指挥下，声势浩大地压了过来。潞州城的士兵们几乎在听到示警鼓声的同时，纷纷跑上了城楼，手握刀剑，准备战斗，大家疲惫的脸上依然坚毅。城墙上，晋军默默地望着敌人在城下逐步接近，所有人的心跳都随着敌人前进的步伐而神经质地跳动着。

李嗣昭慢慢看清了敌人的旗帜，他突然发现对方主营中升起了一面不同于往日的战旗，正对着自己这个方向飞扬飘荡，上面大大一个红色的“朱”字。他不禁怒喝起来。

“朱阿三，今天就让你看看河东男儿刀口上的锋利。告诉击鼓手，擂鼓整队！”他站在城墙上面色桀骜，声音虽然不大，但那股豪勇之气却突然感染了周围的战士。传令兵立即退出人群，对站在最外围的旗令兵说道：“大人有令，擂鼓整队。”

旗令兵立即跳到城墙垛子上站着，对着潞州城主楼上的鼓台打出了旗语。

“咚、咚、咚！”一阵阵闷雷般的鼓声就像从天上直击而下，炸响在每一个士兵的耳畔。内城墙下的战士们立即轻车熟路般以最快的速度集结起来。城下的梁军步步前进，他们一个个神情激奋，举臂高呼：“杀！杀！”万人整齐，一声声杀声直冲云霄，震撼天宇。李嗣昭就像没有听到梁军的呼喊，面带冷笑地站在城头，身后是跟随自己坚守孤城一年之久，身经百战的各部大将、都将、牙将。李嗣昭笑道：“朱贼胆寒，难得亲临前线，待本将先羞辱他一番！”遂传令亲兵，将事前准备好的乐手、酒具、乐器等物事一并搬上城楼来。

梁军距城三百步时，朱温微微抬手，示意大军停下。就在这一瞬间，几十个号角同时吹响，接着中军大营几乎同时喊出了地动山摇的一声吼叫：“呼！嗬！”数万人马迅速止步，在巨大的号角声中，步伐轰然地停了下来。

晋军鸦雀无声，谨慎地站在城楼上，望着敌军的动静，准备随时投入战斗。

待万人步进的尘烟落定，鼓角停音，梁军阵前一排护盾突然拉开，只见一马奔出，正是李思安。但见其人，白衣轻振，翩然如燕，霎时便距城不到百步，只见他抬手便是一箭，快如流星，正中城楼木柱，箭尾颤动不已！

亲兵取下箭上的书信，交予李嗣昭。李嗣昭面沉如水，展开一看，正是朱温劝降手书。全文言辞恳切，动之以情，晓之以理，诱之以利，劝之以诚。可是，李嗣昭丝毫没有细读的欲望，双手用力，顿时将其扯了个稀烂，扬手撒下城去，碎片宛如一小片雪花在空中飞散。

只听城下李思安朗声高呼：“晋阳内乱，援军断绝，坚守一年，已足见大义，潞州孤城，唯降可存！”李嗣昭挥挥手，城上弓手顿发乱箭，将李思安逼得一阵手忙脚乱，连连勒马后退，本来流畅的呼喝也变得断断续续。

这时，城下的梁军纷纷听到城头传来悠悠的丝竹乐声。朱温一看城头上的李嗣昭正和身后的晋军将校们互相斟酒，对饮谈笑，时而对城下破口大骂，却丝毫不理会自己的一番好意。他心中不悦，抬头冷冷地看了城头一眼，转过头去，示意回到阵中的李思安立刻攻城。李思安连忙传令各军，梁军如同一头庞然怪兽，带着无比的威势向着潞州城头扑来。

李嗣昭看到从梁军上空飘过来一片黑云，耳边似乎都能听到黑云撕裂空气的凄厉叫声。在晋军各部都将的大吼声中，盾牌手不由自主地举起盾，随即就听到了弓箭飞射而来的响声。有些负责抢修城墙的青壮百姓惊骇地大叫起来，有经验的士兵更是早早就进入了箭头的射击死角里。没有盾的士兵就像受惊的兔子似的，眨眼间就连滚带爬躲到了城墙里侧垛口根部，一个个动作娴熟的双手抱头，紧贴着墙根。主楼附近的士兵就如同惊弓之鸟，立时向早已各自准备好的地方避箭去了，一时间城墙顶上除了躲在盾牌后面的士兵，再无人迹。

黑压压巨大的黑色箭雨呼啸而来，长箭裹挟着刺耳的风雷之声狠狠地钉在门楼上，城墙上，发出骇人心魄的“咚咚”、“噼啪”的声音。有些箭因为射程不够落在了城墙外，有的因为射程太远飞出了城墙，而落在城墙上的长箭却发挥了巨大的威力。有的盾牌兵被许多长箭一起射来的巨大力量撞倒了，有的长箭射到地面上弹起来却依然劲力十足地钻进了士兵的身体里。主楼的木质顶和木质立柱，门窗上，到处都是斜插在上面的长箭。

密集的鼓点在潞州城下此起彼伏；密集的长箭在城楼上肆虐；密集的梁军步兵鱼贯缓缓推进；人头涌动的队伍中隐隐可见云梯、沙袋、冲城车等攻城器械，真是一应俱全。没有多久，城墙外传来上万士兵的叫喊声，奔跑声，以及一系列往城墙下抛掷重物的沉闷声响。接着就是被砸中人体的惨叫声。

李嗣昭从垛口望下去，梁军各部旌旗飘扬，人海如潮，颇为壮观。他在城墙主楼上，根据敌军方阵和攻城器械的布置，试图看出来敌人的意图，在估计了一下梁军箭雨强度后，判断出敌军真正的攻击要点。于是，他大声呼喊传令兵，对各部都将和指挥使下达指令。对要紧城段补充防御力量，调整城下预备兵力的集结点等等。

鼓声一声比一声猛烈。城楼上全身甲胄的士兵在各级军将的大声命令下，开始进入接战状态。梁军爬城时，密集的弓箭掩护停止了。李嗣昭发现天空上已经没有了疯狂的梁军箭雨，顿时大喊："对准云梯抬手，射击！"潞州城楼上各处顿时响起都将、牙将发令的吼声，一时间，城楼上响起大片"嘣嘣嘣嘣"的弓弦振动声，紧接着防御的箭雨呼啸而去。

梁军冒着箭雨坚决而顽强地推进到城墙下，士兵们把盾牌顶在头上，迅速架好了登城梯。由于土袋之间有间隙，云梯的脚深深地插入了土袋中，显然比放在地面上更牢固，更不容易被守城士兵推倒。梁军开始爬上云梯。

李嗣昭果断下令"密集射击！"集中射杀云梯上的敌军。一时间两军僵持，梁军云梯一架架搭起，一架架损毁。

李思安在后方看着前方艰难地推进，知道攻城器械的建造周期较长，如此下去，损耗殆尽后将极为不利，必须一鼓作气，冲上城头。他看到朱温的脸色不豫，似乎耐心在一点点地失去。于是，李思安断然下令："命令弓箭兵继续前进，盾牌兵掩护，继续射击，实行无差别覆盖射击，务必覆盖城头！""命令各队步兵，继续架设云梯，不得退后一步。""通报各部，本战实行'跋队斩'，如大将战死，所部士卒则一律斩首！"

李嗣昭在城头冷静观察，调整着弓箭队的齐射节奏，抓住时机下令，又一次将上千支长箭齐齐发射了出去。这片黑云向天空中激射而去，冲破迎上来的更为深厚的梁军箭雨，一股脑地向城墙下倾泻而去。两支军队几乎同时遭到了箭雨的巨大杀伤，双方都有大批士兵扑通地倒下。尤其是梁军无差别的覆盖射击，让两军承受箭雨的接触处短暂地引发了一阵巨大的混乱。

梁军大将刘知俊发现了李嗣昭的身影，立刻集中调来本部弓手，对其所在的垛口，发动了两轮连续齐射，长箭狂风暴雨一般，砸落到李嗣昭所在的城段上。站在李嗣昭身后的三名亲卫大惊！立即飞速跑上前，举起了盾牌。猛烈的长箭连续撞击在盾牌上，巨大的力量使得亲卫不得不双手握盾，退了一步，接踵而至的几支箭影迅速穿过了这一步带来的缝隙，慌忙补位的亲卫们只听身后一声闷喝，鲜血溅出，洒落到亲卫的衣甲上！几人脑海中顿时一阵轰鸣，立刻意识到：将军中箭了！将军中箭了！

城下梁军见敌军主将身形已倒，纷纷鼓噪大喊："李嗣昭中箭已死，快快投降！李嗣昭中箭已死，快快投降！"梁军呼声一浪高过一浪。突击步兵在弓箭手的掩护下，飞速接近云梯，然后一个个就像敏捷的猿猴，顺着长梯快速爬上起来。城头上一眼望下去满是梁军正在沿着梯子迅速接近。

云梯上，当前一人衣甲鲜明，姿貌雄杰，身形孔武有力，正是时任梁军同州节度使的大将刘知俊。刘知俊见射倒李嗣昭后，亲自带队，上千名突击士兵分成十个小队，就像冲出樊笼的猛兽一般，吼叫着杀上城头。"真不愧是'刘开道'，轮剑入敌，勇冠诸将啊！"朱温看得心喜的同时，潞州坚守一年来最大的危机也来临了。

城墙垛口上的争夺战已经开始！李嗣昭一刀就劈掉了刚刚冒出脑袋的敌兵头颅，丝毫不顾刚才插在肩甲上的箭头。所幸身旁的亲卫用身体替他遮挡了要害，所以他才没有身负重伤。听到城下梁军大声鼓噪，李嗣昭在城垛上毫不畏惧，四处奔波，努力呼喝着指挥其他守城士兵用石头砸，用檑木滚，用箭射，用实际行动来击破梁军的谣言。梁兵不断发出惨叫，从云梯上摔落下去。周围城段上的晋军弓箭手也从侧面辅助射击，为这边的防守人员减轻一点压力，而守卫在李嗣昭身边的百人队，更是拼命地上前阻击。

登城大战已经进入了白热化。空中箭矢纷飞，巨大的石块被一块块砸下，一排排檑木顺着云梯飞速滚下。敌人的攻城士兵或被长箭射杀，或被巨大的冲击力撞飞，无一幸免，或摔伤或一命呜呼，躲在城墙根下的士兵很多被沸水烫伤，受伤士兵的哀鸣声夹杂在厮杀声中，显得格外的刺耳。刘知俊将主要兵力都集中在了这里，数百士兵一大队，轮流对这段墙体发起冲击。而李思安则指挥各处梁军对四面多段城墙上的晋军展开间歇攻击，迫使其无法抽出兵力支援激战之处。但是，坚守潞州的晋军大都是精锐善战的老兵。何况经过一年的坚守，就算白纸新人也大多磨炼成了经验丰富的战士。

李嗣昭的部将们迅速察觉到梁军的意图，并利用对方攻击节奏缓急不当的时节，偷偷抽调部分官兵驰援。结果，这里十几人，那里几十人，越来越多的各处援兵涌上了堪堪要破的墙垛之处。不久之后，情势得到反转，在李嗣昭的亲自带领下，在梁军主攻的火热之地反而打得对方步步后退，他们一直在城头立不住阵脚，无法扩大占据面积。

刘知俊虽然在城头厮杀多时，杀伤许多晋军士兵，但始终无法接近李嗣昭。对不停涌来的一股股晋军也越来越有心无力，只好逐步后退，在城墙边依约挥起大旗摇动数下，等于呼叫城外井阑和弓箭队进行一波波的覆盖射击，以此阻击城墙兵道上晋军的支援。这样虽然十分危险，但这是他们撤回的唯一方法。他虎吼着一边与晋军周旋，一边指挥城头梁军拼死抵抗，其余部众纷纷尽力借云梯滑下。

晋军在城头杀得兴起，见敌将要撤，纷纷全力地吼道："斩杀主将！"

城墙下的李思安也捏着一把汗，再不撤下来，刘知俊就要完了！他们已经基本上被晋军推到墙边了。李思安一袭白袍飞驰，赶到城下最靠近刘知俊的弓箭队那里，回身举剑高吼下令："避开刘将军！集火攒射！"密集的箭雨在号令声下，向杀得衣甲透红的晋军飞射而去。李嗣昭怒吼着，制止住后面勇敢士兵的前冲。登上潞州城头的梁军精锐在损失了二百多人后，终于有一小部分人借着这波箭雨护着主将刘知俊撤退了下来。城墙上剩余的几十个梁军士兵立即就被包了饺子，全部被愤怒的晋军士兵杀死在城墙顶上。李思安在城下的阵地上，心有余悸，暗道："好险！好险！若是折了刘知俊，还不知道怎么给皇上交代。"李嗣昭指挥部队终于杀退了梁军这次凶猛无比的攻击。

惨白的太阳好像是被眼前的杀戮战场惊骇了，躲在云层后面不时露出半张脸来偷窥一下，然后又缩了回去。朱温两眼直勾勾的，冷漠地盯着血腥的战场，一言不发。这一天已经四次攻打潞州城了。他抬头望望逐渐阴暗的天空，突然回头说道："传令停止进攻，收兵回营。"

巨大的号角声慢慢地响彻了战场。梁军无数士兵迅速从战场的各个角落潮水一般地退了下去。朱温抬头眯着眼睛望着血腥的战场，看着潞州上空飘扬的李字大旗，突然说道："这个李嗣昭统兵真的不错，不愧是河东名将！"

早已将指挥权交给李思安的康怀贞，这一阵无须上场，一直在朱温左右，他赶紧上前安慰道："陛下无须忧虑，李嗣昭困兽而已，他再能打又如何？还能变出更多的人马来吗？攻城战向来就是消耗战。在双方条件对等的情况下，谁的士兵多，谁就是最后的胜利者。未来几日，我们只要通过局部战场，大量消耗对方的有生力量，就能达到绝对优势。”

朱温同意地点点头，然后又摇摇手，说：“此城士气未堕，今日害我险丧一员大将！孤城久围必破，不必打了，困之足矣。”说完，勒马回营。

李嗣昭坐在城墙垛子上，望着躺在城墙上的士兵遗骸，眼神平静但无比沧桑。整个亲卫队最初的人大半已经不在了。这是他的同袍，他的战友，但现在都已经成了记忆。战争的残酷岂能用一个血腥来概括？而且，士兵的严重缺乏已经是目前防御越来越明显的瓶颈。李嗣昭非常苦恼，现在只有指望援兵解围了。可是，已经整一年了。援军真的有吗？他不知道。为什么能坚持到今天这个地步呢？他也说不清。他只是觉得残阳红若鲜血。

潞州狂澜

晋阳城郊三十里，路途寂寥，渺无人烟。一队晋军骁骑如同旋风一般沿着大路北上，离城郭还有数里之遥时，十几个晋军斥候策马出阵，进入附近荒村里转了一圈，然后回到队中，向为首的年长将官禀报道：“村中已无人烟，屋舍尚好，可作扎营之处。”

头发有些斑白的大将牢牢坐在马上，身下军马的铁掌被砾石磨得锃亮，不安分地用蹄子刨着地面。老将望着远方的晋阳城，仿佛在回忆什么，微微伤怀地点头嘱咐道：“切不可大意，连日来颇多战事，我军已经甚为疲倦，你们需将附近村落都好生探察一遍，绝不能留下任何隐患。”斥候得令退下。

老将又对旁边的心腹副将吩咐：“随后的大军到此后，就地驻扎，不可进城。本将先进城去见见少主，没有少主的命令，你们一兵一卒都不能靠近城池。”年轻的副将连忙称是，但是神色有些失望，他勒住战马迟疑着四顾，终忍不住上前低声问道：“老将军，晋阳不正是我们的家吗？为何不许大军进城休整呢？一路奔波，将士们都很疲惫了，都已经到这里了，若是再不让进城，恐怕将士们会非常失望。况且，我们一向都只听老将军的军令，这次……”

老将军发出笑声，笑容耐人寻味：“那是以前了，以后少主的命令就是唯一的命令。”副将看看左右，然后小声说：“属下斗胆，若是少主和老将军您的命令相左，末将该怎么办？”

“不会有那么一天的。”老将军眺望远方，面如黑炭的脸色仿佛在出神。副将有些不理解。“看看这天地，是不是忽然发现天地很大，自己懂得很少。不懂事的，难道不都是孩子吗？”平日不苟言笑的老将军突然打趣。在副将的错愕间，他策马而去，在他脑海中浮现出老友李克用和他身边曾经幼小的身影。

这名身高体阔如同铁塔，面色粗砺好似山西煤炭，神情严肃可比金刚的老将军不是别人，正是被李存勖火线召回的名将周德威。他追随晋王李克用多年，不但勇猛过人，而且智谋和胆略也非常出众。因为长期驻防在边塞地区，所以军事经验极其丰富，仅凭观看烟尘便可以判断出敌人的数量。在李存勖紧急调他回朝这件事上，他又展现了很强的政治敏感度。

当了几十年的晋军大将，周德威判断，这次回朝，李存勖可能有这么两个用意：首先，看看悬兵在外的大将是否听从新主公的号令，由此来判断他是否有别样心思。若是没有，便将这支潞州附近最重要的野战兵力收归手上，这当是眼下李存勖的要点。若是有二心，便提早明确不安定因素，便于及早筹划解决。问题拖得越久，往往事态就更加严重。很多人面对问题时，往往下意识选择逃避，岂不知，越避越成问题。只要放胆面对，问题就去掉了一半。这里也可看出少主的思路明晰，行事果敢。

其次，潞州被困已久，李嗣昭危困加剧。深知前线梁军虚实，且最适合咨询的人就是自己了。看来少主已经无法忍受潞州之围久而未解的现状了。这次必会就潞州战事拿出一个新方案来。只是不知道这个方案会不会是意气用事搞出来的，这才是周德威真正的忧虑。

周德威与李克用感情深厚，是生死之交。对于李克用的遗命他已通过张承业传来的信函了解清楚。张承业也是多年的老同伴，是完全信得过的。对于晋阳的内乱，周德威也得到消息，所以在继承人方面，他从感情上完全支持李存勖。所以，他按照李存勖的意愿，火线撤退，回归晋阳城。这位胸怀坦荡又精通世故的老将表现得比李存勖希望的更加出色。他把自己的部队驻扎在晋阳城外，独自一人进城，丝毫没有戒备。周德威来到李克用的灵前，回顾几十年来的风风雨雨，说到当初两人并肩战斗的事迹，风尘仆仆的黑脸上布满悲恸，情不自禁地放声大哭。

听到周老将军单骑入城，毫不休息立即入府拜祭先王的消息后，李存勖起身走出了书房，长长呼吸了一口新鲜空气，神情顿时松弛了几分。他取下身侧挂着的一管洞箫，吹奏起来，一曲古朴乐声，低回凄切，如泣如诉，让人闻之断肠，一曲吹罢，他的神色已恢复如常。周老将军的这一举动是一种明确的支持，更是给河东诸将的一种榜样。其他无论资历、战功、威望都不及周老将军的将领们更是没有违反君臣规制的借口。李存勖心里充满了对周德威的感激。

“父王，你有这般股肱之臣，真是万幸啊，更是我李存勖之福啊！”

第二日，议事大厅里已到数人，李存勖带着郭崇韬刚到门口，便听到一个浑厚的声音在内里议论，听语气他仿佛是压低了声音，但依然响亮过人。

“梁军那帮土鸡瓦狗，刀剑盔甲都不错得很，要是给我们儿郎配上，一个来回就能打得他们屁滚尿流！”然后传来一个沉稳的声音，说道：“史建塘，别这么大呼小叫，周老将军一会儿就要过来了，恐怕又要说你信口开河。”

那个响雷一般的声音不耐烦地道：“老子不信，老将军才不会怪罪我呢，他满帐亲卫都是像老子这样的军汉，早就习惯了！”李存勖微微一笑，轻轻咳嗽了一声，举步走进大厅。郭崇韬也在后面跟上，一进来就看见几个戎装男子已经束手而立，并排站在一侧。李存勖走上主位，这几个人顿时上前拜倒见礼。只看他们浑身上下流露出的桀骜和杀气，就知道这几人乃是晋军的中坚将领。

郭崇韬仔细打量着其中四人。谈吐稳健的一人为沙陀族人，鼻挺目深，相貌俊伟却不失清秀，身材将近八尺，却是举止矫健，丝毫不显得身材巨大。另外一个身材也有八尺，豹头环眼，相貌粗豪，身影魁梧，却如一座小山一般。但此人年纪要比前一人小些，大约三十几岁。另外两人正是郭崇韬早已打过交道的李存璋、李存审。

几人恭敬地行礼问候之后，李存勖一指郭崇韬道：“这位郭中门是本王的左右手，今日与大家一同参与军议，大家不可因他文人出身之故而相轻，以后好生相处，本王对诸位都是要依仗的。”于是，几人纷纷上前见礼，郭崇韬也连忙还礼，说道：“王上言重了，在下与几位将军都是王上的臣属，不敢当这大礼。”

一番见礼中，郭崇韬心里记下，面貌清秀有几分类似李存勖的沙陀族将领是先王义子中最善战的一位：李嗣源。别号“李横冲”，所部精锐被称之为“横冲都”。（“都”是从唐末，五代至宋为止，使用过的一种军事编制单位，每都一百人，但往往不限于此，“某某都”往往成为一支精锐部队的命名方式。）相貌粗豪、声音响亮的将领是史建塘，其人勇力过人，曾与李嗣昭合攻汾州时（今山西隰县），率先登城，力擒叛将李瑭。

没多久，周德威老将军也赶到了政厅。君臣也免不了一番嘘寒问暖的关怀。寒暄过后，大家很快进入状态，军议开始，气氛变得凝重起来，潞州战况究竟如何？郭崇韬一边做着机要秘书的会议记录，一边对潞州的战况开始担忧。

数日前传来，李嗣昭中箭身亡，潞州陷落的谣言，让晋阳城中着实慌乱了一阵。直到探马传来新的消息，方才人心稍定。前线探马报来信息如下：“梁军邀战，李嗣昭登城坚守。朱贼驰书说诱百端，嗣昭碎其伪诏，箭逼使者，登城张乐。贼怒，大举攻城，嗣昭腿部中矢，密拔之，不退城楼，以安众心。将士浑不知觉，酣战如故。敌以为无功，加之一应器械损耗巨大，暂且退去，据夹城而困之。”听到此处，李存勖大赞李嗣昭无比坚韧，又庆幸他安然无恙。

接着，潜伏在梁军中的细作传回的两个重要消息，顿时吸引了军议中的所有人。第一个是：潞州梁军大营换帅，先前攻城有上佳表现的刘知俊替代李思安成为潞州行营招讨使。第二个更为重要：朱温见精兵万余攻城，稍获小胜，料潞州孤城指日可破，遂自返京师，已离开潞州大营。当知晓李嗣昭依然坚守不懈时，李存勖松了口气，而得知这两个新消息后，李存勖心里突然冒出一个念头，朱贼压着我们打了一年多，要是我们全力反击一下，他想得到吗？这个念头刚开始觉得不可能，但他越想越是不可抗拒。随着众人讨论的加深，这个想法在他心中更如刀刻般突出。

这时，周德威已详细说完一年来潞州战况细节，最后总述道：“城中固守经年，军民乏绝。满城军民皆是惧怕朱温屠城凶名，加之朱贼为人反复，所以嗣昭尚能抚恤众人上下一心，拒不投降。若是援军断绝，城中无望，支撑的这口气一旦散去，只怕潞州立失。”此话与先前李存勖接受遗命时与父亲的对答暗合。

周德威继续说道：“我奉命救援潞州，先破梁将秦武于余吾，后广撒斥候，侦查梁军粮道，屡遣轻骑以断粮运。梁军势大，不可力敌，疲敌以待时机，乃我军要务。汴将李思安围城年余，乃筑夹城，深沟高垒，内外重复，飞走路绝。不破此夹城，救不得潞州！”这夹城以深沟，土木防御墙破解了李嗣昭和周德威的内外夹击之势，内里又以甬道相连，以确保梁军后勤保障。看着周德威画出的夹城草图，众将都紧缩眉头。

正是如此，不破夹城，就万万救不得潞州。

依然是沉沉的黑色笼城。从王府高阁檐角栩栩如生的兽雕往下看，整个晋阳城如同仰卧的巨人，在安然的黑色中沉睡，偶尔远处的街巷里透出隐隐约约的灯光来。夜风微凉，一素袍青衣之人在阁上俯瞰，风扯着轻柔的纱帘缓慢地飘动。脚步声由下而上，一名书生模样的官吏拾级而上，在素袍人的背后长揖为礼。

“父王在晋阳的时候最喜欢在这里，看看自己一生经营的城池。”素袍之人没有回头，仿佛漫不经心。“据说在汴京，那边那位也有这么一座高阁。”官吏补充一句：

"已多方查实过，那位的确回汴京去了。说不定，此刻也在千里之外的高楼上遥望呢。"

"看尔起高楼,看尔酬宾宴,看尔楼塌了……"素袍之人正是李存勖,他打着拍子轻吟,笑容温和,却带着些许毫不掩饰的嘲弄,自言自语道:"且看看是谁家高楼先塌吧！朱温同样是这么想的吧,等着看我们自己垮掉……却也不想想这里是晋阳,毕竟是和他争斗了几十年的晋阳啊！就算腐朽不堪的屋子塌掉，怕也是要他亲自来踢倒才对！"

身后禀报的官吏安静地等主公吐槽完,然后继续汇报:"有密谍传报,朱温三子朱友珪有意与次子朱友文争夺太子之位。据说,这两公子在汴京闹出不少事端,这次朱温匆匆返回,可能也是因此急于回汴京安抚、坐镇。"有关重大军事决定的任何情报,包括细节,都必须及时上报。这个规矩,负责情报的官吏是清楚的。潞州的形势已经是势如危卵了,他猜想主公应该差不多下定决心了吧。

李存勖听后,嘲讽地问道:"就是那两个争先恐后把自家老婆送到他们父亲大人床上的家伙吗？"

"正是,朱友文妇王氏色美,朱温尤宠之。虽未以朱友文为太子,但朱温意常属之。"对方回答:"朱友珪为朱温亲生三子,心怀不满当然是情理之中。属下认为,朱友珪投其所好,从美妇入手,妄图博取朱温欢心,争夺储位,这不是不可能。虽然,日后必是旷古丑闻,但禽兽不如之人自然用禽兽不如的手段。归其根,溯其源,不还是因为朱温自己调养的'好儿子'么。"

李存勖听后摇了摇头:"知道他们都是废物,可毕竟是朱温的儿子,也不能太掉以轻心。尤其是朱温四子朱友贞,他的情况也要加强查探,不可懈怠！"

"遵命,属下谨记。主公,还有一事,昨日消息传来,潞州城被再次攻打,虽然敌军已被击退,但城防早已残缺不堪,恐失守在即,请主公早做决断！"

"崇韬,你说我们该当如何？"

"若是主公的军旗突然出现在潞州,我想朱温一定会大吃一惊吧？"李存勖听后没有回应,转身过去眺望远方。良久,他沉声说道:"父王戎马一生,一世英名,若我这一步走得太过拙劣,未免连累父王让后人耻笑。崇韬,你觉得我们有几分把握？"

郭崇韬目光坚定,答道:"臣只知道先王向来喜欢破而后立,以敌预料之外行事方有一线生机。若是我们大胜梁军,成功破解潞州之围,就再没有人敢质疑主公。五千精骑的奇袭完全可以做到出人预料！只要潞州大捷,能有这样彪炳后世的战绩,还什么可被耻笑的！”

“冷静说来，这一步可能是走得太急，但是，以现今的形势，我们继续固守晋阳，并无太大的好处。一旦梁军拿下潞州，便可遣大军把我们和各州分裂、割开，如果那样，我们就只能单靠晋阳的资源自给自足，兵员的补充也会困难得多。况且，潞州一失，各州守将、军心一定大乱，要么怪责主上救援不力，要么心起二意，一旦再有人在后面教唆煽动，结果只怕连晋阳也无法固守了。”郭崇韬说完长拜，“臣请王上速做决断。”

李存勖转过身来，目光阴冷，而他的瞳子极亮，仿佛燃烧的炭：“当年项羽在巨鹿破釜甑，烧庐舍，沉舟楫，持三日粮，示众有去无回，就是如此罢！霸王当年的心境，今日可算是有些体会了。”郭崇韬微笑道：“身为主公，是不该如此多愁善感的。世人记得的，只是王上做了什么，做成了什么。做成了，就成了王上的霸主之命。”

“是啊，人生真是一场戏剧，很多年以前有人演过，很多年以后还会有人继续演下去。”李存勖感慨着，说话的语调渐渐热烈：“不过，当下这一场的辉煌，就由我来泼墨吧！”“是的，臣也是如此认为的。”郭崇韬肯定地回应。两人相对而笑，目光中有坚定也有温暖。

李存勖霍然转身，甩动素袍长袖，沿着台阶噔噔而下，大声道：“按我的意思，传令三军，准备完毕后立刻报告于我！”

“得令！”郭崇韬拜领军令，一解身上的书生外袍，看也不看扔在地下，跟上了李存勖的脚步。一身黑色精炼铁甲，在月色下寒光湛然。当夜，这座城市里尽是披甲备马的人。

后梁开平二年（公元908年），李存勖离开晋阳之后，与大将周德威、李嗣源率数千晋军精骑，连夜南下，向潞州方向快速推进，每日行军达百里。沿途广布斥候，一路潜行至潞州西南方向附近的三垂岗。

四月二十九日，李存勖抵达了距潞州城四十五里的黄碾。此时的李存璋已另率一军攻晋州（今山西临汾），继遣军袭洺州（今河北永年东南）以策应晋军的奇袭部队，吸引梁军视线。导致梁军河中及陕州兵马救援晋州，无暇注意潞州周边。李存勖在听取完当地斥候们的禀报之后，摸清了梁军粮队进出的规律，就立即召集众多将领布置夜袭梁军夹城的计划。

五月一日，黄昏时分，临阵军议上，李存勖鼓励大家道：“梁军还没有察觉，现在，我们就像狼一样隐藏在他们柔软的腹下。他们一定认为我们还在晋阳忙于丧事，根本无暇出兵，所以敌军现在必然是松散懈怠的。而且，他们在低估我，这样一个年轻人刚刚接替王位就爆发内乱，肯定没有什么治国的能力，更不用说领兵打仗了，所以他们更加缺乏应有的警惕。而'怯战'的我们就偏偏在他们毫无防备的情况下来到了这里。这里，也是我五岁时伴父王同大家畅饮的地方。"

"当年，父王曾说，二十年后，我就和他一样在此地同大家并肩征战。我想，就是这一刻了！如今我们就要突出奇兵，先发制人。敌人夹城的防备并不充分，加上上万的民夫，并没有很好地管理；我们就此去打他们一个措手不及，相信一定是可以成功的。建立我们晋军的霸业与辉煌，全系于此战，让我们从此地开始吧！"

帐下众多军将都已跟随李克用多年。近几年来，晋军被梁军逼得步步后退，众人都深感憋屈不已。此时旧忆新恨一起涌上心头，加之新主公的鼓励和战功的许诺，他们瞅着梁军大营就像野狼看见了猎物一样，一个个眼睛发光，浑身充满了杀气。而且客观说来他们都认为李存勖分析得很有道理。

虽然梁军人数多于晋军十倍不止，但大多是步兵，在有心算无心的情况下，数千骑兵的冲击力真正是无上恐怖。特别是大多数梁军因为围困潞州已经一年，对偷袭的概念早已抛掷脑后。这么长时间，连周德威都打不破防线，还有什么好怕的。他们的疏忽也是必然。所以，他们绝对不会想到，有一支胆大包天的晋军，在这个梁军连营数十里，兵力占绝对上风的时候，竟然搞长程奔袭。这也是李存勖第一次可以随心所欲地指挥大兵团作战。在战略上派出支队拉扯敌人周围可能的援兵，而最关键之处，则由自己亲自上场操刀。在晋军的战史上，深入敌境实施突袭的战例是极少的。更何况，这是挽救晋军的关键一战，一旦成功，这将是一场名扬天下，载入史册的战斗。李存勖想到这里就格外兴奋不已。

数千精锐骑兵，这是他梦寐以求，渴望指挥的部队。有了这样的指挥权，他可以实现自己在脑海里想了千万遍的各式骑兵战术。经过一番详细讨论，大家都觉得，动手的时间最好定在明日凌晨、天色未亮之时。因为这时梁军大多数人还在睡梦中毫无防备；而且，这个时间还在黑夜笼罩中，三垂岗这片地域会雾气弥漫，晋军的集结和进攻都可以借助这拂晓前雾气的掩护，更容易达到出其不意的效果。

李存勖决定就在明日黎明前出击，他吩咐道："有两点要大家注意。第一，今晚不许生火，让弟兄们吃过干粮，做好准备就去休息，要好生安歇。第二，拂晓前一个时辰起床集合，集合地点各部主官决定，隐蔽地点必须由斥候事先勘察好。进攻的首要目标就是围困潞州的夹城。"然后，他开始分配人马："这次行动，我想分为三路出击。第一路，我率直辖亲军出发；第二路，由周老将军统带其旧属和晋阳城的骑兵部队；第三路，就是李嗣源所辖的‘横冲都’精锐。”

“这三路人马，得有一路作为前锋来担当尖刀突击，负责冲击夹城防守空虚的东北角，务必快速攻入夹城。另一路是次锋，负责粉碎敌人混乱中组织的抵抗。最后一路负责扩大混乱、恐慌敌军并呼应前两路的进攻。我们决定一下吧，谁来担当前锋？”李存勖话音刚落，李嗣源便立即出声：“主公，恕末将狂妄，我愿请缨担当前锋，恳请主公成全！”

李存勖凝视李嗣源一阵。自从继任王位以后，几个相熟的兄弟都改变了称呼，在公开场合都以王上、主公相称。李嗣源常年在河东外线征战，与李存勖并无太多私人交情，但他是先王义子中出类拔萃之人，在晋军将领中可与李嗣昭并称“河东双璧”。这样的人才也是李存勖需要倚重的人物。见到李嗣源称呼恭谨，李存勖心下安然，缓缓点头道：“嗣源兄弟，那半夜突击就拜托你了。前锋是雷霆第一击，最为关键，成败全在于此。若是打破了夹城，冲进去以后，不要停留，不要恋战，不用担心后路。你只需狂风急雨般攻打，尽力冲杀，自然会有人接应你的后路，我们都在后面跟着你一并突击。”

见李存勖允许，李嗣源十分高兴。他大声应道：“请主公放心，末将绝不会辜负你的期望！”然后他回顾四处，说道：“周老将军，各位兄弟们，不好意思，在下抢了这差使，这趟立功的机会，就算是你们让给我了！”周德威笑着摇头：“李横冲，拿你没办法啊！又让你快了一步，回去你可得请我们好好吃喝！”

在座诸将都是聪明人，其实都能明白李嗣源的几分心思。几个掌握军权的高级将领中，李存璋和李存审都是从龙之人，对李存勖有拥立之功，那份交情不同于旁人。周德威是在先王未发迹前就跟随的老人了，于李存勖有过长辈之谊。这次干脆利落地返回晋阳，对军权毫不留恋地表态更是说明问题。比起这些信任，常年在外的李嗣源是万万不足的。要想取得李存勖同样的信任，李嗣源目前最合适的办法就是出工出力，尽力获取业绩来证明对李存勖的忠诚，以求追平周德威等人。这种微妙的心理，大家都懂，但用不着点破。

周德威自动说：“主公，既然先锋给了李嗣源，那由老夫来担当次锋好了，攻击西北角的任务就交给我吧。”

“好，老将军经验丰富，做控场的战斗指挥最为合适。能不能扩大战果，压制敌军，让他们混乱、崩溃，这就得靠你的判断了。虽说是我策应两军进行支援，但必要时我也要听从你的指挥，战场上瞬息万变，发现什么问题，许你有专断调配前军的权力。”

周德威爽快笑道：“王上放心就是，一定没问题的。”

最后，李存勖决议兵分三路。周德威和李嗣源的两部为突前部队，李存勖亲自率领亲军居中指挥。时间就定在明日黎明时分，部队一旦到达预定位置之后，就以密集的三角锥形阵展开骑军冲锋。李存勖说得很明白，夜间天黑，梁军部队人多，我军一旦被敌人乱兵冲散，就难以再次集结。如果不能快速对敌人展开二次冲锋，部队恐怕要遭到敌人匆忙集结后的反扑。所以各部要紧紧地抱成一团，互相支援，务必保持冲击队列的完整性，保持冲击的极限速度。不能给敌人以任何喘息的机会，要连续给敌人造成毁灭性的打击，争取在最短的时间内彻底击垮敌军。诸将俱是经验丰富之人，诺然领命。

五月二日上半夜，夜色清朗。从高处俯瞰梁军营地，近十万大军，十余里连绵大营，外有壕沟、鹿角，中有夹城围护，内里营帐井然有序，一眼望不到边际。营地内有着少数的巡逻队，大部分士兵在酣然入睡。

黎明将近，月光时不时从乌云的缝隙中钻出，但因为雾气渐渐弥漫升空，皎洁的月光逐渐无法穿透空气中的迷茫水气。整个黑色外衣下的大地，都加盖了淡淡的一层朦胧。此时，晋军的营门大开，数千骑兵已经悄悄到达了预定的集结点。晋军战马的马蹄用布包裹着，骑兵身上全都是黑衣黑甲。这也是为什么李存勖的骑军后来被梁军胆寒地称为“鸦军”的缘故。在浓重的黑云下，仿佛无数压抑着呼吸的野兽潜伏着。十里外便是梁军大营，这十里看着长，但对于骑兵突击也就是一瞬间的事。

天高云黑，雾气蒙眬，杀机扑面。李存勖有种激动的苍凉感，将握三尺青锋，取敌首级，血溅三尺，快意杀人。自从晋阳城中父亲病重之后，自己好久没有遇到这么淋漓畅快发泄的机会了。他的心头燃烧着一团炙热的火，直想昂首长啸，来抒发一下胸中潜藏的躁动。

看到周德威，李嗣源两部如同两条出水蛟龙，分别咬向梁军大营西北角和东北角后，李存勖对着身后精锐大喝：“就在今夜，我军定要一举破营，全体将士，冲锋！”一声号令，就见得这支千人骑军，排成阵式，催动马匹，先是慢跑，随后慢慢加快马速，顿时，在雨夜中，立刻响起了一片闷雷般的马蹄声。李存勖所部亲卫久经战阵，又早有准备，这时虽在迷雾中，却丝毫不乱。一刻钟内，就在奔驰中建立起刀锋齐整的冲锋阵列，确是强军！这样一支精锐直直扑向了梁军守护夹城的主将所在：行营副招讨使符道昭的驻地。

值班的梁军士兵们突然感到大地开始抖动,渐渐地夹城的土墙在震颤,在发抖,仿佛整个大营都在响声中开始摇晃。黑色的迷雾中突然涌现出一群恶鬼，好似来自地府深渊，恶鬼的身后跟着呼啸喷出的是支支寒光摄人的利箭！由于夹城寨门的攻击面非常狭窄,晋军士兵挤在一堆,受到的打击往往非常惨重。但是李嗣源今天必须正面杠上,而且是不顾死伤地强攻。一次性攻击得越是迅猛,成功夺取寨门的可能性就越大,一旦突破这个瓶颈,对第二波、第三波突击而来的骑兵就会大大有利,也会迅速降低战场上的伤亡。战场上轰然间,杀声四起,喊声震天,仿佛所有的声音在一刹那得到了爆发。

李嗣源的士兵们纷纷涌向夹城寨门。晋军骑军在后来回奔驰,不断发动连番“骑射”,全力掩护在东北角各处争夺寨门的同袍。长箭在天空中穿梭,撕裂着空气,刺耳的惨叫声几乎遮盖了城下狂奔将士的脚步声。狂风暴雨般的箭矢无情落下，射在一切可接触面上,发出了无数笃笃笃的声音。梁军大营里的士兵、民夫,在惊醒中乱成一团,无数人在惨叫声,惊呼声中连续倒下,慌张的身影四处奔跑,晋军高昂的喊杀声在战场上响彻四方。

值班的梁军士兵人数不多,防守起来十分捉襟见肘,根本无力顾及四周。没用多久,部分晋军士兵已经成功翻越寨墙。他们气势如虹,从里扑向了夹城寨门,与在那里坚守的梁军士兵直接对上。李嗣源率几十名亲卫一路向前,他让亲兵高举将旗,不停地大声呼喊，给不断向前的士兵们打气。四处作战的晋军像刀切热油一般火速击溃着眼前的敌人，沿途前来阻击的梁军小队一支支都崩溃四散，这让士兵们热血沸腾,无不纵声狂呼,奋勇当先。

在距离寨门大约三十步时,李嗣源完全爆发了。“兄弟们,冲啊!!”他两刀下去就劈翻一个持枪的梁军将校,放声大吼起来。夹城内外的晋军士兵们早已杀得兴起,个体的野性被整个气势磅礴的群体更加放大，战力被高度激发。他们在李嗣源的指挥声中如同狂战士一般。梁军有盾牌又如何,劈烂就是!他们再也不管在空中来回飞射的长箭,齐声发喊,鼓足全身力气,生死不顾地冲向了紧闭的两扇夹城寨门。

中箭倒下的两军士兵，不是被飞落的礌石砸死，就是被飞奔的人群活活踩死。“横冲都”的士气随着狂啸挥舞的将军大人一起飙到了最高点。他们一起疯狂着,吼叫着,奔跑着,眼里除了门,什么也看不到了。没下马厮杀的晋军骑兵们也没有忘记自己的任务,他们顽强地一次次用尽臂力拉满长弓,让箭一支接一支地射出,长箭紧跟在冲锋士兵的身后，然后齐刷刷地越过他们的头顶，射倒挡在伙伴前方的敌兵。

“轰轰隆！”一声巨响，从夹城门洞内传出，厚实的门板四分五裂地散碎一地，此刻心悸无比的梁军士兵犹如这门板一般，完全没有了战意。

梁军副帅康怀贞在自己的营帐中突然惊醒，他听到远处爆发的厮杀声是如此巨大，顿时一跃而起，跑出帐外。他吃惊地举目向夹城方向望去。突然间，亮起的几十个巨大火堆将黑夜的大幕一把掀开！震耳的声音冲击着他的耳膜。东北角和西北角一起燃起了冲天大火！火光照亮了夜色中的潞州大营，把血淋淋的战场凸现得无比恐怖和凄惨。康怀贞站在自己的大帐处，望着黑夜里漫天火光，无奈地发出阵阵哀号。

李思安派人来告诉他，西北角那边，周德威的部队攻击得异常凶猛。虽然晋军的奇袭在接近大营时就被发现，但士兵毫无心理准备，混乱中仓促反应，损伤极其惨重！在周德威突进骑兵反复冲杀下，李思安只能勉强维持局面。而且，他断定刚接替上位的刘知俊根本无力回天。他要求康怀贞立刻率部和他合兵一处，一起从别处撤离大营！

康怀贞远远望去，大群晋军犹如一股毁天灭地的洪流。他们冲到哪里，哪里便响起了帐篷的倒塌声和士兵的惨叫声。他们撞破了军营的大门！他们砍倒了防护的栅栏！到处都是裸着半身，衣甲零碎的梁军士兵在仓皇哭叫！晋军一路放火、砸营，进攻之势如火如荼。

康怀贞心知，完了。潞州大营总帅已历任康怀贞、李思安、刘知俊三人，号令混乱，并不统一的隐患先前就已种下，在这个当口，想要将大军稳住阵脚，重整秩序，根本不可能！想到朱温那张阴晴不定的脸，康怀贞本还有着一丝犹豫。但是，当他看到晋军火龙已穿过刘知俊的中军大帐，迅速向他所在之地飞速蔓延而来时，他什么都不想管了！罢，罢，罢，待留得一命后，再上书请罪罢！罢字出口，直脚无救。康怀贞急忙收拢亲兵，在他们的簇拥下赶紧背离敌军，拍马奔逃。

夹城被敌袭！潞州城中晋军疲惫不堪，竟敢出击？当刘知俊得到消息后，第一感觉是荒谬。“还愣着做什么？还不快吹号角，示警全军！”他一脚踢翻军士，大怒喝道。传令的军士只片刻的失神，就仓皇跑起来，立刻赶去执行。听到动静的人也有迅速反应过来的，抓起刀剑就匆匆赶来，在他们跑来途中，大营中军帐那里传来了一声高昂的号角之声。平心而论，刘知俊的中军反应不能说不快。可惜这个时候，夹城寨门已经失守，晋军铁骑已经无情地开始碾压梁军的各处营盘，犹如一群饿疯了的群狼冲进了绵羊的圈栏。

混乱中一旦过了黄金时间，逃散在军营各处的士兵就无法再形成有组织的抵抗。此时，对梁军来说最重要的事情就是拖住晋军的冲击前锋。梁军还有不少营盘没有受到冲击，这时只要有强军顶上去，不惜牺牲，就能争取到时间。谁能当这中流砥柱，挽回大局？理论上，此刻的关键就在身负夹城守卫重任，又是一线大将的符道昭身上。（符道昭，淮西蔡州人，性强敏，有武略，任秦州节度使）可是，符道昭大营的官兵们同样是从熟睡中惊慌而起。正当周德威、李嗣源奔袭夹城两角的同时，李存勖已经插向了这里，他要在第一时间粉碎敌军的首要反击力量。

血火弥漫，尸山血海，符道昭双手微微颤抖。本来严整的大营各处横七竖八的全是尸体。他原本以为来犯的晋军是潞州城里的疲惫之卒，冒死突击，应该人数不多，不堪一击。没想到眼前这些明显是敢死劲卒，个个能以一当十，拼杀得十分凶猛。他仓促布置起来的防线没有多久就摇摇欲坠。他紧闭的嘴角流露出无奈的苦笑。

正当绝望中，他突然看见前方李存勖打出的旗号，后退整兵的心思陡然退去，符道昭手握大刀，回头对身后大小将校说："潞州攻略已经两年，来此地经营也有一年，眼看就要成功，没想到今夜功亏一篑！不过，我们若是击杀前面的李存勖，就可以彻底扭转局面！"说完后，便率领众人，横刀跃马，迎向晋军浪潮，来战李存勖。

这支大将亲卫部队犹如赌徒最后的疯狂。在符道昭的号令下，梁军枪兵纷纷向他靠拢，一起向前用犀利的长矛穿透冲杀而来的敌骑。两股浪潮撞到一起，犬牙交错，一时间，晋军士兵们有不少人中枪，纷纷摔落马下，随即他们就被冲上来的梁军肆意补刀而死。同时，梁军中箭的士兵在临死之前也奋力掷出手上的长矛，落在晋军群中也带起一蓬又一蓬的鲜血，双方将士的血珠尽在空中飞溅。符道昭的凶猛攻击一下给李存勖的部队在短时间内造成了很大的伤亡。梁军拼死迎敌，让李存勖所部几乎全被纠缠在这里，难以推进。随着士兵不断阵亡、倒下，晋军冲锋的势头就有可能会被完全遏制。一旦骑兵失去冲锋、分割敌军的机会，晋军就会被反包围，落入被清醒过来、恢复组织的梁军分割歼灭的境地。

这时，主帅的战斗经验就是大家生存的机会。李存勖居中策应，大声地指挥部下，从容应战。敏捷的骑兵小队，在他的指挥下，犹如灵巧的舞者。"避开敌军枪兵，中军补充两翼，把敌人挤出去。""命令李嗣源向我靠拢，侧翼扑杀，扯住那边的盾牌兵！""命令后军，往外游走骑射，射杀敌枪军，他们没有掩护！"战场各地都在进行着惨烈战斗，喊杀声震天动地。

李存勖向周围四处瞭望，望见逐步逼杀过来的符道昭，心中明白："莫非他想欺我人少,来擒贼先擒王么!”他忽然想到一个主意,向左右观察了一下,将右手中的长枪一挥,说道:“将旗就插在原地,所有人护好掌旗官,坚守此处,贴身亲卫随我来!”片刻后,符道昭的亲军与护卫李存勖大旗的兵马展开了厮杀。交战中,李嗣源所部从侧翼冲杀进来,干脆地将反击的梁军截为两段。也就在这个时候,隐藏在乱军中的李存勖突然闪电般,跃马扑向敌人最密集的中心,紧跟着的几十名贴身护卫也毫不犹豫地果断杀入。

这一小队人马杀入得正是时机。在阵型刚被李嗣源所部切断,从而变得十分混乱的梁军阵中,李存勖忽左忽右,忽进忽出,一路向梁军主将接近。梁军多数是步兵,虽然也拼死抵抗,但总是在骑兵的冲击下,如洪水冲垮墙壁般纷纷倒下,很快被李存勖破开一条血路。他们的马匹在地上的尸体或者幸存者身上践踏,腾跃,飞速而过。当李存勖冲入敌阵的时候,李嗣源、史建塘也毫不掉链子,率领着各自将士绞杀敌阵,如同几把尖刀,把梁军切得支离破碎。

终于,前线晋军突然齐齐爆发出呼喊,恍如轰雷一般!在欢呼声中,李存勖脸上带着溅洒的血迹,单手高举着符道昭的首级,在众将士的簇拥中,策马傲然而出。符道昭临死的双眼依然圆睁,一脸怒容。

晋军响亮的喝声四面传播,响彻整个混乱的战场:“符道昭已死,持械者,格杀勿论!”“放下武器,投降可活,顽抗到底,死路一条!”听到晋军喊话,固守在部分栅栏后还存活的梁军士兵如同听到了天纶玉音,彻底丧失了斗志,一片片地跪了下来,扔掉刀剑,大声喊道:“降了,降了,我们降了啊!”在一片片投降的哭喊声中,李存勖、李嗣源、周德威等晋军各部纷纷转移战场,一刻不停地向刘知俊所在的中军大营发起了全面冲击。把一众溃不成军的降兵先扔到脑后。晋军全军上下催动战骑,不遗丝毫余力,发起了最后的进攻!

当刘知俊听见各处杀声暴起后,他立刻派出传令兵,号令各营诸将向自己集结,但还没过多久,他组织起来的兵马就被冲得七零八落,连自己亲卫队也冲得立不住脚。他意图阻断晋军攻势,整顿兵马的计划完全成了泡影。刘知俊斩了一个小校,仍不能止住溃退形势,便也只好拨马出逃。他逃亡之后,梁军完全失去了指挥。这时,城内的李嗣昭也点齐人马,亲自杀出,内外配合下,梁军在潞州城下的大营很快就被彻底打破。战斗很快收尾,迅速结束。

此役,梁军大败。十万梁军被一击而溃。梁军的高级将领,副招讨使符道昭被阵斩。其余三百多名大小将校被俘,上万梁军精锐部队被歼灭,在夹城中囤积的大量粮资器械全部被晋军缴获，这可是能供十万人使用的军需物资！晋军狠狠发了一笔横财。当然，最让晋军将士高兴的是：潞州之围，终于破解！为期两年的潞州拉锯战终告结束，晋军大获全胜！当胜利终于来到的时候，战绩是如此辉煌，甚至连作为战役策划人的李存勖都感到吃惊，以致众人都不禁感慨："骑战之威，竟至如此啊！"

关于潞州之战，后世有过这样的点评：战役前期，潞州守军长期固守城池，牵制、疲惫梁军。待梁军懈怠，再以援军突然出击，出其不意，一击而胜。此战的意义对李存勖尤为重要。这既是李存勖继位以后打的第一个胜仗，也是在相当长的一个时期中，晋军第一次完胜梁军。

某种程度上，这是晋军同梁军作战态势上的一个转折点。因为很久以来，晋军在对梁军的作战中一直处于被压制的不利地位，这次胜利大幅提升了晋军的士气，一扫梁军在晋军将士心理上的沉重感。同时也唤醒了河东骑士们骄傲的尚武精神，极大加强了李存勖的个人影响力，对李氏政权的巩固尤为重要。另一方面，正是从潞州之战开始，李存勖尝到了甜头，逐渐形成了一套极具个人特色的军事指挥风格，代表了这个时代骑兵指挥的巅峰水准。

潞州之围已解，李存勖终于与李嗣昭再次相见，经过长达一年多的围困，两人碰面，都觉恍如隔世一般。当李嗣昭得知李克用去世之后，悲痛万分，与李存勖抱头痛哭。在河东军事集团里面，能征善战的将军不在少数，除去名将周德威以外，便要数两名大将最为突出，一为李嗣昭，二为李嗣源。

李嗣昭本是普通农民的儿子。一次，李克用出猎，落脚一户韩姓的百姓家，发现其房子周围树林郁郁葱翠，生气勃发与附近多有不同，心中诧异，便叫来主人询问。户主回答说家中刚生下一子。李克用意有所动，认为此子有富贵气象，就用金帛换取婴儿，让其弟李克柔养以为子，起初取名韩进通，后来才改为李嗣昭。

李嗣昭年少时就胆勇过人，曾经非常喜欢喝酒，但经李克用稍稍告诫，他便一改陋习，终身不饮。李克用见此，认定其必可大用，又喜欢他谨慎仁厚，便常常带着李嗣昭外出打仗，战斗中，李嗣昭成长很快，不久就被任用为衙内指挥使。虽然李嗣昭与李嗣源不同，他并不是李克用的养子，但他对李克用的忠诚不在任何亲族之下。这次独守孤立无援的潞州长达一年之久就完全说明了这点。在临终前，李克用也一再重申，必救李嗣昭！李存勖深刻感受到两人之间的信赖，也为自己救回股肱大将感到振奋、骄傲。君不负我，我必不负君！

李存勖重新整理防务后，任命李嗣昭继续统领潞州。这个处于晋、梁、燕三国交接之地的军事重地必须要有一个有能力，又信得过的大将驻守。李嗣昭的在潞州的威望已经不限于本地，连河东其他地区的人都在传颂着这位忠勇大将勤政护民的种种事迹。后来，李嗣昭一段时间又担任过幽州知府，上任数月后，因赶往前线将知府职位卸任；临行时，幽州人号哭不已，堵住城关挽留，就是不让离开。李嗣昭只得暂缓出发，待夜深后再悄悄离开。亦可见所辖地区百姓对他的喜爱和信任。

风织镇定

几日后，汴京（今开封）。天色渐渐变暗，细雨纷纷下落，宫人们一群群正在上灯。朱温的房中，更是点了数十支蜡烛，灯火通明。他推开窗，望着上空乌云缓缓甫移，雨点噼啪而下。他深深呼吸了一下，发出一声长叹，充满着羡慕，也充满着嫉妒："生子当如李亚子！"他是这样赞赏李存勖的。他捏起放在案几上的战报，久久地凝视着，透着万分遗憾的语气，喃喃道："看来，李氏是不会灭亡的了。李克用，你生的好儿子啊，看看我家的几个，一个个都如同猪狗一般！"

朱温真心没有预料到，潞州大军居然全军覆没，而且是崩溃得如此之快！不过，就算败一场，以大梁的实力也算不得什么，还没到伤筋动骨的地步。真正让朱温担忧的，是对方的潜力，一个如同朝阳般崛起的对手。进攻速度如此迅捷，决断如此果毅，让人实在是有些心惊。看来，当初想将河东李氏借机一举拔除的构想是过于乐观了，眼下应建立怎样的新战略，应该好好想想。千万念头在朱温脑海中运转，但是他先求问于身边一人，崇政院的敬翔。

敬翔，少时聪明过人，反应灵敏。他酷爱读书，尤其擅长写文章，曾于唐朝末年赶赴长安，参加进士考试，结果未能金榜题名。因此心情郁结，便投奔同乡王发（在朱温军中任职）。由此，敬翔就在军营中替一些不识字的将士代写家书、文件，同时也给自己解决了生活问题。无论什么时候，先解决生存问题，再求发展，都是一个男子应有的独立担当。敬翔的文笔流畅优美，通俗易懂，很受官兵的喜爱。有时，他写的一两句话竟被当成警句在军营中广泛流传。

朱温也很喜欢这些浅显通俗的警句，当听说是敬翔所写时，便召见他问道："听说先生很精通《春秋》大义，我现在有些根基了，很想学习《春秋》里边的方法来指导作战，以图更大的事业，不知道先生觉得这个想法如何？"敬翔没有盲目点赞，而是说："从古至今的用兵之道，都贵在随机应变，出奇谋而制胜。好比古代的礼俗都没有沿袭下来，变化极大，何况是用兵之道。一味学习《春秋》因循守旧，结果只能是徒有虚名而无实效；本来战场就变化莫测，百战难以百胜，再拘泥于教条，那么大王的大业也就不用指望了。"朱温听后连连点头，非常高兴在军中得到这样说实话的智谋之士。他马上让敬翔担任了军职，每逢行军打仗，敬翔都伴随左右。

时间不长，敬翔向朱温提出改换文职，因为他发觉自己不太喜欢做武官，更不可能擅长领兵，指挥作战，而做文职却是他的特长。朱温很爽快地答应了，改任他为"馆驿巡官"，专门负责文书奏章的起草工作。从此，敬翔成了朱温的重要幕僚，他的才华也有了很好的施展机会，后来便慢慢成为朱温片刻不离的心腹军师。

称帝后，朱温将昔日唐朝的"枢密院"改为"崇政院"。任命敬翔为"知枢密院事"。在唐朝时枢密院一直由心腹宦官掌管其大权，此时由敬翔任首任长官，可见朱温对敬翔极为信任。事实上，知院事一职甚至比宰相职权更重，可以先和皇帝议事于禁中，然后再向宰相宣旨施行。至于宰相的日常奏请，也要先通过崇政院送达皇帝。受此重任后，敬翔更是勤于政务，内外事务无不用心。

"陛下，李存勖此番侥幸得胜后，必会以稳固已身为首要，一段时间内应该不会有大的动作。不过此人行为果毅，断不会轻易屈尊人下，情势稍定之后，未必会继续安分。"敬翔接着说："估计河东稳固后，就会来争夺河北。若是河北各镇这些中小势力与河东勾结相连，并成一片，我军再图河东，难矣！"敬翔说到这里，沉默了。

朱温点了点头，凝看着细雨不语。时局，的确就是这样！下一次，晋梁相会，再掰手腕必然是在河北了。此次，大梁新遭大败，但其势力强大，不伤元气。为鼓舞士气，朱温亲自祭奠符道昭，及诸多阵亡将士，并收聚溃兵，抚恤将士亲属，对败将一一抚慰，不究其过。不过人生多少事又岂能预料！当时不究，秋后算账。历史上这样的例子还少吗？那么朱温会这样做吗？

败将几人日后造化各有不同，且给大家说之。

一、康怀贞逃归后，主动前往银台门待罪，朱温宽慰之，说道："夫忠臣事君，有死无二，韩信所谓'汉王载我以车，衣我以衣，食我以食，食人之禄，死人之忧'。我每思韩信此言，真忠烈丈夫耳！如丁会受我待遇之恩，不谓不至，怀黄拖紫，裂土分茅，设令木石偶人，须感恩义，一朝反噬，倒戈授人，苟有天道明神，安能容此！大凡辜恩负理，忠良不为。"朱温说这一堆，大体意思就是："你能不怕我追究罪责，将你杀头也要自己回来请罪，这样的人我怎么能忍心杀掉呢，比起丁会那样忘恩负义的人，你这样的堪称忠良啊！”于是，改授康怀贞为右卫上将军。一年后，任命为侍卫诸军都指挥使，出任陕州节度使兼西路行营副招讨使，继续得到重用。

二、李思安逃归后，朱温先作大怒状，夺其官爵。但不久又让他重新带兵，并说：“李思安当敌果敢，无出其右者，然每遇藩方择材，吾将用之，则败闻必至，如是者二三矣，则知飞将数奇，前史岂虚言哉！”好一阵夸赞！可惜的是，李思安虽生性勇猛，但智谋稍逊，每次作战，不是大胜，即是大败。乾化元年，李思安出任相州刺史，他自认不得志，无心理政，导致境内壁垒荒圮，帑廪空竭。朱温闻讯大怒，贬李思安为柳州司户，不久将他赐死于相州。这个算是自己后面表现不好，一直没有翻身，最终玩完的。

三、刘知俊逃回后也免去罪责，一年内勉力征战，因军功显著加检校太尉兼侍中，封大彭郡王。不久，刘知俊自知功益高，恐被朱温猜忌，一年后据同州叛乱。后降蜀，终被蜀王王建所忌，斩于成都。人生相似，却终各有不同。

午时，晋阳城内。

李存勖和郭崇韬两个人一身灰袍，意态闲暇，在街上逛得累了就找到一处酒楼。见底楼甚是热闹嘈杂，李存勖不禁皱了皱眉头，说着：“这里人太多了，我们上楼去。”两人跟着跑堂上得楼来，寻了个雅座，虽然隔音并不明显，但只要说话小声些，就不怕被偷听了去。上菜的速度很快，没有多久，跑堂就端着热气腾腾的酒菜上来布席。

郭崇韬看看楼下的街市感叹道：“才区区两个月，这晋阳就恢复了热闹。”说着举杯敬过李存勖。李存勖心情轻松，吃了几口菜，两人就着饭接着闲谈起来。

吃着吃着，隔壁雅间里似乎有人喝高了，议论的声音慢慢大了起来。

“听说李存璋当了军城使以后，居然斩了好几个王府牙兵里的队正，严肃军纪。新官上任三把火嘛，烧出来的就是威风！就是不知道能不能一直这样，这些牙兵对我们商人来说，全都是祸害。”一个很粗的嗓门说着。

“牙兵可都是晋王起家时用的老人，这样的人说杀就杀了，在其他军镇里面根本不可能。过来时，听说这里有专门针对牙兵设置的监察使，我是开了眼，约束这帮兵痞对百姓是真的好。前几日，出了个公告，命令各州县保举贤良之人充任官吏，治理乡里还是要靠本地人呐！没几天就有新政公布，今年善政好像特别多。”

“不是今年，就是这一阵子的事。不过，你说得也不错，像提供农具、鼓励耕作这样的条例，从黄巢之乱以来已经很多年没见过了。”

“当初，各地军头打起仗来，哪有什么军粮，抓住你，你就是军粮！每人值数百缗钱，无论官、匪，进行交易时竟以人长得肥瘠论价呐！”一老者的声音里带着寒战：“前些年，秦宗权攻陈州，曾下令掳人为食，日杀数千，腌制人尸为干粮，吃得万里无人，那可叫一个惨啊！现在有些地方还这样呢，听说最近凤翔军和梁军打起来了，我们那儿的粮商谁敢往西北去，粮商不去，数万大军吃些什么，你自己想，反正那边土里刨不出几粒稻谷。”

“现在看还是晋阳好，周边县镇都罢黜了不少贪官污吏。晋王又下令减轻百姓的租赋税收，难道这几年，都无须用兵？”

“晋王这是不干杀鸡取卵的事，只要内政清明，百姓生产恢复，用不了三年就能迅速积蓄够粮草，然后，你看他会不会用兵。河东稳定了，那就图谋河北，只是河北那边还有好几家军镇，素来桀骜，难以压服，希望到时候晋军不要损失太大，河东河北鹬蚌相争，平白让大梁得了便宜。”

说话的人中虽然不少是外地商人，但言语间隐隐为河东担忧，也带着几分倾向。这些都是好话，李存勖听得面露喜色。毕竟自从潞州之战结束后，他开始在晋阳做了很多以前不方便做的事，军政改革在一波波推进。在政治上，河东官员体系内提高了内政人员的地位；提拔来自民间的人才；严厉惩治声名狼藉的贪官污吏。在经验丰富张承业的主持下，迅速推行对农业生产、耕作恢复有利的各项措施。在各地抚恤孤儿与老人。新上任的地方官巡查乡里，为民平反冤狱、严厉打击盗贼。

李存勖倡导济民的同时也身体力行，每当路上遇到饥寒的百姓，就下马慰问。虽然他所做的不过是书上的老生常谈：“尚儒学、恤民意、信赏罚、重农桑、躬节俭、崇孝悌、慎守令之选、严廉察之责。”但这些在当时与其他诸侯有着明显不同。例如，朱温、刘守光、李茂贞等都是以武力取得了政权，所以他们就把武力看得比天还重要，而对生产漠然视之。在那个时代，真正意识到农商生产重要性的人可以说寥若晨星。当初的李克用不也是如此吗。

“今四方诸侯皆悬重赏以募勇士，吾若束之以法，急则弃吾，吾安能独保此乎！”李克用的话说出了当时各地军头的心声，他们害怕自己的军队叛离，导致自己孤立无援，因而姑息迁就不敢用纪律约束他们。更有甚者，军阀们为了达到自己目的，怂恿牙兵做尽坏事。

例如，占据蜀地的王建想占领成都称王，常诱其将士曰：“成都城中繁盛如花锦，一朝得之，金帛子女恣汝曹所取，节度使与汝曹迭日为之耳。”于是，竟闹出了这样的笑话：牙军小校韩武，多次在节度使正厅上马，牙司阻止他，韩武发怒说：“司徒（王建）许我迭日为节度使，上马何为！”因为有言在先，王建在明处也奈何他不得，只得暗地里派人将韩武刺死。所以牙兵的专横、跋扈完全是军阀惯宠出来的。

牙兵的危害性，李存勖看在眼里；农业乃立国之本，李存勖记在心里。自秦汉以来，发展农业，疏通商道，垄断盐铁，稳定社会，这本都是中原历代王朝的统治者所必须施行的。可是，在五代时期，中原大乱，各地军头并不具备治理国家的素质。如果我们再注意到李存勖并不是纯粹意义上的汉族，而是属于游牧民族的沙陀族人，这就更加凸显了他的不同之处。他实施了本该是其他汉族统治者实施的事情。

令人遗憾的是，那些本该注意到这些的人却一直在忽视。而且，我们也可以发现，李存勖受儒家的影响是多么的深刻，他已经从思想上接受了大量儒家的观点。从民间吸收人才，无论是汉族、沙陀族，还是别的民族，一律一视同仁。

我们知道现代有个指标叫"社会的垂直流动性"，即低层人民是否能进入中高阶层。较好的垂直流动性，能使社会富有活力，它能鼓励低层生活的人奋发图强进入中高阶层。相反，若社会的垂直流动性很差，会造成社会发展的停滞，和大量来自底层人民的暴力反弹。这对整个国家的统治是危险的。李存勖的军政改革，鼓励农商，鼓励生产，整顿吏员，选拔人才，这一系列措施加强了这种流动性，也大大稳定了领地内的民心，接纳呼应了来自百姓的心声。

当然，我们也要知道，古代世家子弟比寒门学子要幸运太多。天下之事，无书籍可提高眼界，无钱财可供游学，无人脉可帮扶利用，那又如何修炼自身，成就一番大事业？所以当时有知识、有能力、有声望、有背景、能出仕管理地方的人大都有着世家背景。即使这样，大量出身低微，身世平凡的汉家子弟、儒生学者在河东之地的治理中也拥有了更多的政治权利，拥有了更多发展的可能。他们能逐渐加入到治理的过程中，并对上层发出自己的声音，也对区域性生产的恢复起到了十分积极的作用。

经过两年强力的治理，河东地区民心稳固，前来依附归属的人越来越多，本地百姓开始安居乐业。军事上的胜利保证了经济的稳定发展，经济的发展反过来又为李存勖后续的军事行动提供了有力的物质保障。民政、生产上的改革是一方面。李存勖对于军队的整顿更是毫不手软，亲自来抓军队素质。为提高战斗力，李存勖制定了严格的军律。

例如，下令骑兵在见到敌人之前不准乘马，以体恤战马，蓄积马力冲锋使用。步兵和骑兵战阵部署已定时，必须保持严整的队形和阵式，不得擅动，以防止发生变乱，给敌人可乘之机。分路进军时，到达集结地的时间不得延迟，无故迟到者斩首。严厉打击违反军纪的将士，扰乱百姓者，依律严惩。后续推出的一系列整改措施收到了极大的效果。三军将士训练有素,执行效率胜过以前十倍。在此期间,李存勖还将自己的音乐才华用于军中,自写歌词,自谱曲子,让将士一起放声高唱,被称为御制军歌。无论是训练还是作战,齐唱军歌这一行动,极大地鼓舞了士气,增加了将士们同仇敌忾的归属感。

河东的李晋势力就在开平二年(公元 908 年)的改革大潮中热情洋溢地度过,又在一片祥和安宁中送走了开平三年(公元 909 年),生气勃勃地迎来了开平四年(公元 910 年)。这一年,河东改革的效果开始逐步体现。人口、粮草、金钱、军力、民心都有明显地上升。对于领地内百姓来说,整体上是可称安宁的两年。

为了保证腹地的安稳大发展,李存勖在边境的军事行动上丝毫没有放松。两年里,他命令晋军各部一边整编,一边以攻代守,轮番不停地对梁采取小规模军事骚扰。攻击是最好的防守。作为攻击方的最大好处就是自己防线的漏洞容易隐藏在对外犀利的攻击中,不为对方所察觉。李存勖不仅以攻击代替练兵,而且携带其周边结盟的军镇不停地出击,好好利用大梁漫长的疆域边界,时不时地咬上一口,耗其物资,疲其军民。

公元 908 年 6 月,李存勖与西北大地上(陕西、甘肃)割据的李茂贞、杨崇本,西南大地上(蜀中)的王建,这三镇势力成功构建起联盟,一起分兵牵制大梁。同年 9 月,李存勖遣周德威与李嗣昭进攻梁地晋州(河北石家庄附近),击败梁将尹皓。

公元 909 年 7 月,李存勖得知刘知俊(前文里猛攻过潞州的行营招讨使)率军叛梁后,亲自领军与李茂贞、杨崇本联合支援其行动,以达到不断给梁制造伤口,使其衰弱的目的。不过,以上这些都是小菜。对于厉兵秣马,摩拳擦掌已久的晋军大将来说,最为期盼的时候似乎就要来了。开平四年(公元 910 年)来自成德节度使王镕的一封信成为大家关注的要点。从信中,众人嗅到的是满满的,大战在即的味道。

王镕,10 岁时,其父王景崇去世。年幼的他就继位为成德节度使。(成德节度使:唐末“河朔三镇”之一,今河北中部)一个体弱多病的少年就这样仓促地登上历史舞台,开始承担起家族赋予的使命,正式负责领地内的管理,在四周各军镇如群狼环伺的战乱时代一步步求得生存。

在他 17 岁时,发生了一次巨变。当时幽州的割据势力是李匡威。他曾多次率兵赶赴成德境内救援王镕,一起抵抗梁军的入侵。对于这位帮助过自己的盟友,王镕一直心怀感激。终于,他找到了报答盟友的机会。

一次,趁李匡威救援王镕时,李匡威的弟弟在后方发动兵变,夺取了幽州。这一下，李匡威所部就失去了基地，变成了无家可归的流浪军。王镕当即决定，由他来供应李匡威军所需的物资，并把李匡威接到家中的梅子园居住，以长辈之礼待之，常尊称其“义父”。李匡威终日伤情感怀，对幽州之失耿耿，叹息连连。王镕常来园中，陪其饮酒歌舞，帮他尽力宽解。这一来二去，却引发了一个人的诸多心思。此人叫李正抱，乃李匡威的下属。他看到王镕年幼，身子虚弱，便献计与李匡威，与其密谋夺取王镕家业，获取成德节度使之位。李匡威获计大喜。(李匡威，绰号“金头王”，其弟造反，就是因李匡威见弟弟的妻子长得漂亮，借酒乱性，将之强奸所致。)

某日，李匡威谎称有恙。王镕不疑，到梅子园拜诣，去其侍卫，只身进入梅子园。当王镕入座之后，迎接他的却是堂后汹涌杀出的甲士。在那一刹那，王镕很震惊！比惊更深的是心里的伤。可是，对他来说，那一刻心里的感受不重要，他要面对的是：不是生，而是死。任何人遇到这种情况，多半早已死了，死得透透的。

王镕读过很多书。虽然读过很多书的人不一定就是聪明人，但能把许多书念得通透的人一般都很聪明。王镕从小就把书读得很通透，记忆力却不大好，常常读过就忘了，但忘记的是知识，记住的却是道理。因为他能读能忘，所以他人聪明，所以反应也很快。

他一眼就看见从屏风后、从梅林间冲过来的甲士。他悲痛，他震惊，但他也立即想明白了李匡威诱他前来的原因，所以他强忍，强忍自己的惊呼。可是惊惶、恐惧抑制不住地在流露，通过眼神、脸色泄露出来。只不过是这么一点儿情绪抑制不住的表情，李匡威毫不在意。他肯定了一件事：王镕已经完了，大局已定。既然敌人已快“完”了，他就要对方立即变成“不是敌人”。他认为把“敌人”彻底地变成“不是敌人”的方式只有一个：那就是把“敌人”变成“死人”。

就在这个千钧一发的危急时刻，王镕怎么办？他没有喊救命，这时喊救命等于催命。他没有百人斩的武力，由于自小体弱多病，甚至比一般人的体力还要差。他没有展现所谓风骨，这时，风骨在血淋淋的刀下没有任何作用。他没有谈条件，因为没有谈条件的资本，命悬一线，拿什么谈条件。

情急之下，王镕立刻“扑通”一声跪在地上，面朝李匡威，惊恐、恭敬地拱手说道：“请义父不必这样！成德受晋、梁侵扰多年，多亏有您的援助才没有被吞并，我们王家才得以保全。叔叔想要成为这里主持大局的人，这也正是我所希望的。”“我年幼继位，作为一个小孩子，本就不想做节度使，都是受到部下的拥戴，不得已而为之。而且，我实在不知道应该如何来表达我对您的感激，今日若要我让位与您，正是我心之所愿啊！请你一同和我回将军府，我当着您的面吩咐我的手下将校们服从您的指挥，正式把权力移交给您，怎么样？”

从这里我们也可以发现王镕的过人之处，他能在乱世有一席之地，是有其资格的。

李匡威听后，心中大动。因为他从幽州带来的军马有限，如果暴力夺权，虽然以有心算无心，又设局拿下了王镕，但还是很可能要和成德兵马一番厮杀，损失亦可能惨重。

如果王镕亲自宣布退位，一则他取了大义名分，对安定成德地方势力大有裨益。二则或可借王镕召集诸将公布之机，将成德军诸将一网打尽。李匡威看着眼前的王镕惊魂未定，相信他这样做是为了保住一条小命，也是为了保住家族所做的一番努力。虽说谈不上什么肺腑之言，但也是真情流露。在自己手心，谅他也玩不出什么花样。

细想一下，这项交易其实还挺诱人的。一个小孩能拿自己的命开玩笑吗？在李匡威看来，王镕给自己命运提交的答卷是：投降乞命。当然，如果没有墨君和，或许这就是最终的答案。不过历史上没有那么多如果。王镕准确把握了李匡威的心理，给了敌人足够的诱惑，成功把死亡的阴影推后一步。本来立死的flag，暂且得到化解，这番急智也非常人。

就在李匡威挟持王镕回成德将军府的途中，行至亲事营附近时（王镕的亲卫驻地），营中的士兵已经发现端倪，主公有些不对劲！纷纷跑出营门，紧紧跟在周围，开始喊叫伙伴！四周越来越多的成德兵开始鼓噪，街道屋顶上也出现了人影。李匡威握紧了手中的剑，告诉自己，王镕在手里就没人敢动手。等会儿进了节度使府邸，王镕宣布退位，他拿了符节大印，就无人不从了。

天色渐黑，风卷云涌，突然间，又一个变故发生了，只不过这次命运的天平是在王镕这边的。这变化之巨，连李匡威和周边卫士，也完全被震住。轰然一声，路边一幢残墙突然倒塌，大块的砖石如风飞来，夹着土块，直接砸向押送王镕的一众人等，噗噗噗一阵击中人体，砖块碎裂之声伴随着泥尘弥漫。

发动的人冒了出来，只见一袒臂大汉，眉目棱岸，肌肤若铁，犹如屠夫，赤手扑来！带起一股劲风，喉咙中嘶吼，就像是愤怒的雄狮般狂吼，吼声发出时，他已跃起。众人发觉时，此人已在眼前！这人正是墨君和——史上王镕继位之初就曾厚赏的壮士，常以皂衣赐之，号“墨昆仑”。

《太平广记·刘氏耳目记》中记载：真定墨君和，幼名三旺。眉目棱岸，肌肤若铁，年十五六。赵王镕初即位，曾见之，悦而问曰："此中何得昆仑儿也？"问其姓，与形质相应，即呼为墨昆仑，因以皂衣赐之。

墨君和落至王镕身边，一把将他从马上掳了下来挟在腋下。这时，已有两道风声，一前一后向他刺了过来。速度之快，也是他无法回避的。墨君和干脆迎上后面的那件武器，冰冷的锋刃，已刺入他的右胯。这不是要害，他不在乎。因为他已避开了前面的一击，一拳打在对方的面上。他看不见自己打中的是什么地方，他根本来不及分心去看是什么人。可是他耳朵并没有被塞住，他已经听见了对方骨头碎裂的声音。这种声音虽然并不令人愉快，可是他感觉很爽！

他的右胯中了对方一刀，刀锋几乎扎在他的骨头上，痛得要命。可是他不在乎。他已转身，反手一拳，迅如雷击，打在后面这个人的脸上，打得更重。出手的两个人当然也都是久经沙场老士兵，当即如击破的水袋软软瘫倒。周边的士兵却被吓呆了。不是被打晕了，是被吓呆了。像这种拼命的打法，他们虽然有听过，但自己碰上却没有想象得那么轻松。所以墨君和第二次狂吼时，周围人心魄为之所慑，被他抓住时机，撞飞数个士兵，挟着王镕逃了出去，逃得比中了箭的狐狸还快。

墨君和听着自己窜出去的衣带风声，他在笑，大笑。他背上、肩腿处在救人的顷刻间就受伤八处，右胯挨了一重剑，但是人却笑得开心极了。这种事他真的不在乎，一点都不在乎。他想笑的时候就笑。一个人若想笑的时候都不能笑，活着才真是没意思得很。

王镕今日遭变，被人所救，终逃得一命！他赶紧问起壮士姓名。墨君和笑言曰："砚中之物也！"（意即我是老墨）王镕心记之。事后，王镕重赏墨君和，赐以千金，赏以豪宅、良田。给他免去十次死罪的机会，还向朝廷奏封其为光禄大夫。终赵王之世，墨君和四十年间享其富贵。当时乡里，有生子或颜貌黑丑者，多云："无陋，安知他日不及墨昆仑耶？"

王镕逃出生天后，迅速纠集城中武装对李匡威进行剿杀。随后的事情没有了悬念。在自己的主场击败失去人质、兵力远低于自己的客军是理所当然的事。最后，李匡威在城中节节败退，退走于东圃，被赵人围而杀之。

次日，朝堂上，王镕素服哭于庭，对李匡威的尸首以礼安葬，又遣使通告李匡威的弟弟李匡俦。李匡俦忿其兄被杀，号称要举兵来复仇，泄其怒气，而致十疑之书质问。当然他也就是找个出兵借口而已。王镕遣记室张泽以事实答之，但李匡俦仍然下定决心要借机来犯。面对幽州军来犯,王镕无奈之下,选择了依附晋军。他依靠李克用的军事支援来抵抗周边敌对势力,维持家族在成德一带的统治。

人在一次次危机中成长,王镕发现自己作为独立的势力实在过于弱小,必须依靠大势力来生存,他必须在弱国外交中如履薄冰,艰难地保持半独立的地位。跟强者站在同一边,才是乱世生存之道。越来越熟悉政治游戏规则的王镕,在 28 岁时,精彩地完成了一次外交斡旋。

结果如下:他的长子王昭祚成为了朱温的女婿。而他自己成为朱温分封的赵王。长袖善舞的他选择了更为强大的“大梁”作为依靠。敌友关系改变了,曾经的朋友,李克用,是新的敌人。王镕的背后是气势汹汹、如日中天的大梁朝。他更没有想到的是 10 年后,他的命运将和李存勖连接在一起,届时,38 岁的他将面临朱温的压境大军,而他求助的人却只能是曾经被他抛弃的盟友:河东李晋。

开平四年(公元 910 年)冬。

对周式来说,距离上一次到晋阳已有数年。这次奉王镕之命再次来此,请求援军。他感觉到了整个城市变化许多,充满了活力。晋阳城是河东治所,是整个李晋势力的中心,更是李存勖的根基所在。现在,晋阳的人口数量、密度明显加大,城内外往来之人络绎不绝。周式到了晋阳城下,见进出商队较之记忆更多了不少,且更加井然有序,而且整个城池,透着一股纪律严明的军营肃整之气。远远望过去,城门处的守备军士,足足比往常多了一倍,军士们都全身武备,精气神十分昂扬。

“看来,百姓传言果然是真的,晋阳实力是不降反升啊!”见到这种情况,周式的神色不禁凝重了一些。心里对本次向河东求援的决定更加倾向了几分。王镕这次将周式派遣出来,也是打出了手上一张得力的牌。

十年前,即光化三年(公元 900 年),那一回,正是周式出使到朱温军中,才停止了梁军入侵的脚步,反使王镕受封赵王,化解了一次覆顶之灾。当时,朱温击败李嗣昭,从晋军营地中搜出不少王镕给李嗣昭的信件,信中谈论到很多梁军的虚实。朱温看后暴怒,亲自率军攻下傅城,焚其南关。

王镕日夜忧虑。周式当时任其判官,主动建议:“我们现在无法与梁军力争,只有以理来说服朱温。”他这般说法就是给王镕留点面子,暗示实在没法打,只有求和的意思。因为周式与朱温有旧交,又极具辩才,王镕便派他到梁军中去说服朱温。朱温见到周式后,大骂道:“我多次用书信劝告王镕,他不来归附。现在我亲自到此,才派你来,已经太晚了!况且,晋是我的死仇,王镕却与之合作,还与李嗣昭密切通信,言及我梁军虚实，此罪断不可恕！”说得怒起，一把将王镕给李嗣昭的书信扔掷地上，以示证据确凿，你休想抵赖。周式没有被吓到，却劝说道：“梁王只想得到一个镇州而已？还是想成就天下霸业呢？”

“自古以来，称霸者只会因大义而责备别人，而不会因私人恩怨而责难别人。如今天子在上，各路诸侯又各守封地，和睦共处，所以战争才得以停息，百姓才得以休养。”“昔三国时，曹操破袁绍，得到魏国将吏给袁绍的书信，他将其全部焚烧，这才是大英雄之举啊！如今梁王知道举兵无名，却以李嗣昭为借口，强行征伐，此不占天时也。况且王氏五世六公据有赵地，根基深厚，民心归一，难道偌大成德就没有英勇敢死之士吗？”

一番言语有扬有抑，或可称明贬实褒。一方面隐隐把朱温与曹操共列，点其有霸主之志，英雄之姿，暗合朱温自许。这不是拍马屁，但比马屁有更浓的奉承味道，让人更加受用。另一方面，略有威胁，点明梁军战略应在河东，对于王镕军这个小石子，饶之可得助力，硬拔倒有可能崩掉你一颗牙咯！这也是辩士在劝人时的一个套路：对谈中，要用印象深刻的方式给对方面子，他有了面子，才有见理、谈判、说利害的可能。情理、情理，通常都得先情后理。因为，在我们国家，事和人通常不是那么分得开的。只有情绪安抚好了，大家才能一起心平气和来说理。

朱温听了之后果然变得高兴，大老虎的毛被捋顺了！于是他站起来，拉着周式衣袖，对他说：“我只是在说笑而已！”这句话实在有模仿曹操风采，刻意秀一秀霸王胸襟的嫌疑。于是乎，后面的谈判，利益的交换就顺利上道。兵戈消解，双方罢兵议和。王镕继续当自己领地的大王，名义上归附朱温，并成为晋的半敌对势力。关于谈判结果，《新五代史》中记载：太祖(指朱温)大喜，起牵式(周式)衣而抚之曰：“吾言戏耳。”因延式于上坐，议与镕和。镕以子昭祚为质，梁太祖以女妻之。太祖即位，封镕赵王。

周式本次来晋阳，所负使命与上次相类。但由于数年来，王镕多次给朱温提供物资支持，对晋来说，这等行为实在谈不上友好，加之有叛晋同盟的前科，周式的外交前景，很不乐观。进城后，求见晋王未准。几日来，多次努力依然未果，周式正苦恼，该如何打通关节。突然间，却收到李存勖的帖子，请他过府一宴。

宴是夜宴，灯火阑珊处，凉风依依，沁人心脾。宴厅廊阶上站着的侍卫个个肃立，偶尔有些衣裳窸窣微响，殿前两厢，左右幔帐，地上铺着地毯。这是宴，也是会谈，更是召见。

“真想不到，王镕还会派人来求我河东，这可真是我等福音啊！”一名将军眸光闪闪,笑道。跟着有人接话:“王镕的名声,也常传到河东了,不知道这赵王当得滋味怎么样啊?”周式见其是晋王手下大将李存璋在说话,不敢怠慢,只得苦笑,据实回答:“我家主公,从来无心争夺天下,只想保家族平安,地方安靖,这赵王虽然当得战战兢兢,却也勉力维持得下去。只是,近来河北发生一事,真可谓林欲静而风不止,刀兵将起啊, 但是成德的百姓们实在是伤不起了啊。”“莫非是魏博节度使罗绍威病故一事?”郭崇韬问道。

“正是!”接到郭递过来的话,周式赶忙继续接下去:“河北三镇,我家主公踞镇州,任成德节度使(今河北省中部);王处直踞定州,任义武节度使(今河北省北部,保定附近);罗绍威踞魏州,任魏博节度使(今河北省南部、山东省北部)。我等三家虽表面归附朱温,但实则合力抗拒,以防被梁吞并。可是,罗绍威刚刚病故,朱温就派兵进驻,迅速将其收归己有,三镇立失其一。”

“上月间,朱温以讨伐幽州为名,遣杜廷隐率兵进驻河北深州,这分明是想一举吞并成德镇、义武镇啊!我在途中也遇见王处直遣来贵方的求援使者,唇齿相依,我等两镇皆愿意以晋为盟主,出兵合力抗梁,还望晋王看在广大百姓可怜的分上,尽快发兵,救我等于水火!”

话才说完,这几年被王镕势力得罪够的晋军将军们议论纷纷,斥责纷纷:“此事有诈!王镕臣服于朱温已经很久了,成德镇年年都向朱温进贡大量的财物,他们还缔结了婚姻关系,怎么可能说翻脸就翻脸!”

“末将也认为他们的联盟十分牢固,他的所谓求救一定有问题,只是为了引诱我们出兵而已!退一步说,朱贼并吞魏博也要有段时间消化,不可能这么快就暴露意图,吞并成德、义武两镇。我们应该静观其变,不宜马上出兵。”

“义武镇的使者一定是和他们商量好的,一起给我们设个套!就算是真的,凭什么我们要去救你们!这几年你们助梁还助得少么,我们为什么要消耗自己的力量去帮助一个不可靠的墙头草!往日叛晋,今日叛梁,以后呢,还叛不?墙头草,不救也罢!”

周式只得苦笑,但也不吃惊,躬身向诸将一一致歉,努力圆场,偶有几句争辩对答,也多有实情,这些李存勖都看在眼里,听了一阵儿,他漫不经心地随口问道:“你家主公还向何处求援?”周式拱手恭敬地答道:“我主万般无奈,也向幽州派遣使者了。”(即向燕王刘守光求援)李存勖“嗯”了一声,没有说话。想了想,还是没有定论,于是带着微笑,直言道:“此事且容本王思虑一番,今日当是接风洗尘,请贵使暂且宽心享用罢！”周式明白，这是告诉他，晋军内部需要一个商量过程，事情急不得。于是致敬回礼后，索性放开心事，与其他晋将诸臣，推杯把盏，赔罪不已。宴中再无要事。

当周式静待回音之际，王镕的另一个使者也抵达了幽州。刘守光正在打猎。他的谋士孙鹤得到消息后，大喜，进言说：“王镕来求救，正是天赐良机。大王建功立业的时机到了！”“为什么？”孙鹤振奋答道：“以前，我们总是为王镕臣服于朱温而感觉棘手。因为那样，我们就不得不防备两面之敌。攻朱温，王镕予之；攻王镕，朱温救之。若不攻，任由成德为朱梁持续提供物资，也不是办法。长久下来，亦是大患。”

“现在可好，他们内部产生了矛盾，互为仇敌。我们正应该加深他们之间的裂痕，朱温失一地，我们得一友，这一增一减之间，情势大有变化！如果大王这个时候发兵帮助王镕，与其合力，一定可以打败梁军。这样一来，我燕军将威震河北，河朔一带就将以大王马首是瞻！朱梁势大，已占中原；李晋骁勇，取河东与之分庭抗礼；这河北之地，就是我幽燕出去争夺天下的踏脚石啊！我们若不尽早出兵，只怕会让晋军占先！”

刘守光却回应道：“王镕屡次负约助梁，现在就让他自个儿与朱温拼命去吧！我们可以不费一兵一卒坐收渔利，看他们相互消耗，又何必出兵救援呢？”

刘守光这厮忙着鱼肉百姓，享受生活呢，他最终没有出兵。历史在这里，再次凸显了李存勖特立独行的选择。他力排众议，劝服了诸位大将。李存勖说：“王氏当初臣服于朱温，也不过是出于利害考量而已。十年前，朱梁实力正在巅峰，四处行扩张之事，我们自顾不暇，王氏投靠过去也在情理之中。在大唐王朝时期，王氏对中央还时伏时叛，何况是朱温呢！所以他对梁应该谈不上多少忠心。”

“大家，且来看看现在的形势！潞州之战后，朱贼一直在加速构筑对我们的包围网。所以，对这些小势力动手也是极为可能的。从大局来看，这样做是堂堂正正的压制性战略。先取河北，隔断我们和幽州的联系；若是让他这一步得逞，下一步他就会借地利把我们和刘守光各个击破。罗绍威一死，朱温觉得拿下魏博之地，易如反掌。他这个贪婪的性子，自然要急着吞下河北另外两块地盘，这完全符合他的个性。朱贼老了，他着急，自然等不得。行棋过于乐观，落子勉强，这就是我们再次击败他的机会！”

“联姻也不过是一种形式，王镕要的是基业，要的是性命，这尚且顾不过来，哪里还有什么心顾及子女婚姻。我们如果因此而疑心，朱温会正中下怀。所以，我决意立刻整兵出发，相救王镕！待我军与成德军合力，手握大义又在赵地，可算半个主场，天时地利俱在，一定可以打败梁军！”

十二月，冬，虽然寒风凛冽，但王镕、王处直两人都松了口气。因为晋军出动了。

开平四年（公元910年）十二月底。两股强大的军力在中国北方大地上慢慢地移动。

李存勖亲率周德威、李嗣源、李存璋、史建塘各部，尽起晋军三万，经井陉口（今河北井陉东北）迅速进入王镕领地。在赵州（今河北赵县）与义武节度使王处直的五千援兵汇合。然后，三方联兵迎向梁军。

朱温获悉晋、赵、定联兵后，即令王景仁为"北面行营都指挥招讨使"，韩勍（音：qing）为副，李思安为先锋，聚兵七万。经魏、洺（今河北永年东南）、邢（今河北邢台），杀向成德。两支大军犹如两条巨龙缓缓地靠近，互相吐着气，伸着利爪。最终，他们相聚在一处。此地，柏乡。

王景仁，梁国名将，早年与朱温为敌，曾与朱温大军十万对阵。期间，故意闭垒示怯，伺梁兵怠，毁栅而出，驱驰疾战，阵斩梁大将朱友宁。王景仁战酣退坐，召诸将饮酒，饮至兴处，再出而复战！朱温叹之，点评其人："使吾得此人为将，天下不足平也！"意思是：如果能收降此人，天下虽大，都不够他打的！对他十分喜爱，倍加推崇。

当初接到潞州大营全军覆没的消息时，王景仁同朱温的感受一样，十分震惊。李存勖刚接任王位，第一战就给了梁军当头一棒！而且还击毙了一位节度使级别的大将。这是好几年来，梁晋交锋中梁军最严重的一次失败，也是这次战役开始的隐性导火索。朱温实在忍不下这口气。临行前，他曾嘱咐王景仁："镇州的王镕，定州的王处直都是墙头草，这次最好把他们一起解决掉！我把邢、洺的军队全部交给你，外加'龙骧'、'神捷'两支精锐，他们的战具也是最好的。这次就算镇州是铁铸成的，也要给我烧化了拿下来！"

朱温心中的怒火和期待，王景仁完全明白。潞州的失败不仅是符道昭的阵亡和数万兵马的损失，还是对梁军声威的严重打击。这场本来必胜之战的失败，让梁军上下都觉得闹心。突然袭击算得了什么本事！没有什么人能在正面交锋中打败我们强大严整的梁军。

在王景仁的指挥下，各部按军略依次行动，有条不紊。重新发动全线攻势的梁军步步推进，进军都非常顺利。在深州（今河北深州市），梁军将领杜廷隐部轻易击破王镕属将石公立，并下令紧锁四门、杀尽城内守兵！深州成德军的顽抗，大大激发了梁军的杀性。另一路，丁延徽（梁供奉官）所部三千顺利进驻冀州（今河北冀州市），监管当地，伺机而动。

柏乡会猎

一场战役的决战地点，并不是单方面所能决定的。至少在双方主将的心中，都还认可这个地方才行。柏乡，就是这样一个地方。午河之北，驻扎了大量的晋军，午河之南，则是梁军连营。这条并不宽阔的小河周边，已经上演着晋军斥候与梁军巡骑的小型厮杀。

远处，一个个晋军将领的旗号逐步出现，落在王景仁的视野中。一片片旗帜随风飘扬，就像一封封战书，砸在四周梁将的心里，他们纷纷向主将请战！王景仁评估着双方的军力、士气。他意态沉稳，看着远处平缓之地上正聚集的骑兵。他们从那边交错连接的丘陵后不断地飞驰而出，迅速集结到前方几面巨大飞扬的战旗下，人数越聚越多，已经黑压压的一片。随着骑兵的增多，军阵越来越庞大，人马越来越密集，威猛雄壮的气势也越来越浓烈。凌厉骇人的杀气掺杂在令人紧张窒息的战前氛围中，慢慢地，无声无息地笼罩在柏乡午河四处的上空。

“景仁兄，什么时候开始进攻？士兵们都等急了。”李思齐大声叫道。他早想报一箭之仇了，在对面晋军汇集的压力下，也有些烦躁。梁军士气可用，对于这点，王景仁非常满意。他挥手说道：“不用急，我们步步为营。传令下去，调‘龙骧’、‘神捷’为前部，各辎重车辆连接起来形成防线，正面迎向晋军布阵。”

王景仁在午河北岸，利用上千部装满辎重的大车，纵横交错地排列成三道弧线障碍，纵深长达千步。如果骑兵冲锋而来，会被这几道障碍连续阻截，不但速度受到了极大限制，而且骑兵们也会被车阵困住，完全暴露在车阵后方梁军步兵的长矛、弓箭之下。同时他让装备堪称豪华的‘龙骧’、‘神捷’为前部，也是有心理战的意图。

这一意图被对面的周德威当即发现，他向李存勖进言：“梁贼结阵而来，我看其阵势不像为作战而设，而是专为震慑我军，炫耀武力而来。我联军素质参差不齐，乍一见到对方这衣甲鲜明，威武无比的阵势，肯定有不少人会被吓到，他们会以为梁军所有人马都这般全身护具、锐不可当。所以，若不想个办法挫其锐气，改变将士们眼中的第一印象，那我军气势就落于下风了，对今日战局不利。”李存勖对身旁将校一一望去，看见李存璋对此面显忧色，于是点名李存璋发言。李存璋犹豫中答道：“对方车阵防线部署得很长，如果强攻，部队的损失会非常大。”

李存勖笑问道:“那你认为我们应该怎么打?”李存璋摇摇头,“按这个阵势,除了硬冲,没有办法。”

“既然这样,我们也按兵不动,绝不大打。你们呀,不要只看到对方在攻心,其实我们也已经攻心在先了。不过在今日回营之前,需要有人好好地戏弄他们一下。”大家诧异地望着李存勖,不知道他这么说是什么意思,一个个迷惑不解。看着大家疑惑的眼神,李存勖转头向李嗣源问道:“嗣源,你的人马最先到达吧?”

“禀主公,我和史建塘一起抵达的,早主公小半个时辰。”李嗣源说道:“按照主公的要求,我军各部依次出现,陆续打出旗号,先分部集结,然后再汇合于此。对面的梁军看到我们的人马越来越多,就算腿不抖,心也会颤上一颤呢。”

李存勖笑着解说:“崇韬提的这个办法有意思,我们越聚越多,旗号越打越密,敌人越看心里越恐惧,心里一紧张,战还没有开打他们就先输了三分气势。没想到,梁将也不贸然出击,排开阵势,整出不少人马,兀自耍威武,我们和他们倒是瞪鼻子对眼,各演各的。”

“不过,”话锋一转,李存勖神色渐显凛然:“既然来了,就要杀杀他们的锐气。李存璋!”“末将在!”“通告全军,眼前的梁军里面有很多是来自汴京的市井小民,正是因为他们怕死,才刻意为自己置办了这些上好的盔甲,这样不计工本保命的人,哪里比得上我们百战余生的勇士!这一次,谁要是杀死敌人,夺取的东西就归谁所有,就算是价值几十万钱的盔甲、武器也一样!”“诺!”李存璋领命而去。

“周老将军,”李存勖再次点将,吩咐道:“就烦你率所部精锐,跟随探军斥候,攻击梁军阵地,专挑布防仓促,防备不足之处下手。无须强攻,多用弓箭飞射,引起敌营骚动后,一击即走;沿途可大声鼓噪,要的就是场面好看。其余各部为老将军呐喊、助威!不得擅自出击!”“得令!”众将各归队伍,鼓舞士气。

晋军中的战鼓响起,声音威武雄浑,“咚咚咚!咚咚咚!”苍劲有力的鼓点,加上千余骑兵、数千只马蹄铁掌齐齐的踏地声,常人一听,便顿觉心胆俱裂。这声响传到王景仁、李思安的耳中,就可以听出那骑军的前进速度,几乎是风驰电掣一般,而且以这样的速度,还能将骑兵冲锋的阵形保持完整。两人都自认没有这样的本事,大梁可少有这么精锐的骑军啊!想到这点,不由地心中浮生出更多压力来。

那马蹄声从东北方向逼来,却在即将接近梁军阵线的时候突然转了方向,向王景仁侧翼绕去。王景仁心中烦扰,连声催动士卒传令,让梁军大阵加速布防,巩固侧翼的防御。几乎就在王景仁的将令刚传递到侧翼的时候,周德威率领出击的晋军没有丝毫的迟滞，已冲垮了几个在大阵外围，还没来得及收拢阵型的百人小队，然后立刻掉头就走。这让后知后觉企图咬住晋骑尾巴的梁军扑了个空。面对空挡就果断杀入，冲乱敌军后就迅速撤出。若敌方阵势稳定就命众将士几番骑射，雨点似的箭矢落下，无情地伤害着防护不及的梁军士兵。

当日，两军首战，周德威身先士卒，领精骑冲击梁军的后卫、两翼；左右冲杀，出没敌阵四次，俘敌百人。王景仁因大军兵力分布于柏乡午河南岸多处，尚未完全集结，还有兵马从后方陆续赶来，所以也不想草率决战。于是他收缩大阵防线，构筑营盘对峙，多用枪兵坚守，积蓄兵力以待时机。晋梁大军于柏乡相会。初，晋军小胜。

连续几日，两军对峙，数次局部冲突都是晋军占了上风，晋军游骑来去如风，表面上压得柏乡午河北岸的梁军出不得大营几里。营中，王景仁看完李思安派人送来的文书，脸上闪过几丝怒色。

“大帅……”身旁送信的都将欲言又止。“有什么事你说。”王景仁摸着文书上的边缘，慢慢地问道，“是不是韩勍也是这个意思。”“大帅，韩副帅说，现在我军士气高昂，李将军私下里打造浮桥，擅自出击，这些举动也可以理解，都是为了我军取胜，既然可以削弱晋军实力，就谈不上什么违令。”都将低声说道。

王景仁望着手上的文书，默默地望着，神情有些黯淡。“四年前，我被杨渥所迫，不得已投奔了陛下(朱温)。陛下不因我曾斩朱友宁而获罪，反授我为宁国军节度使，委以重任。自此，我改名王景仁，以示今生不负陛下。可惜主公帐下诸位大将，资历深者，常心有不服，不以为然。平日也就罢了，但如今大军在外，仍然擅自出击，号令不一，难道他们都不知道，千里之堤，溃于蚁穴，大军的杀身之祸就在为将者的一念之间吗！”王景仁感慨一番，挥退手下，默默对着地图。

清晨时分，韩勍和李思安走进了王景仁的大帐。王景仁一夜未睡，神色有些憔悴，案几上铺满了地图。“景仁啊，”李思安不待落座，大声说道：“快些下令出击吧，儿郎们都憋坏了！我们出兵一个多月，眼看就要拿下成德了，这个时候晋军来插一杠子，我们不去报仇，待在这里磨叽？怎么对得起死去的兄弟？怎么向求战的将士们交代？”

“思安，不要乱说话。”王景仁放下文书，神情严肃地说道：“我已经想明白了，攻取成德这件事我们做得有些急躁，即使没有李存勖的晋军铁骑，我们也很难一口气打下镇州。”

李思安和韩勍闻言大惊，诧异地望着王景仁。王景仁叹了一口气，继续说道：“当初，潞州围城，我军各部分散，互相没有形成支援，结果被李存勖各个击破。今年，我们聚集在一起，看上去好像抱成了一团，实力大增，但其实不是这样的，我们依然还是一盘散沙，这才是我们真正的大患。只要大军内部派系林立，各自为政，一旦大家在战术安排、物资分配上出现分歧就很难达成统一，没有一个声音指挥，就无法形成一股力量使用，所以失败也是难免的事。”

“按照我最初的设想，我们只是名义上要攻取成德，其实是以此为饵，必要时还可暂时放弃到手的魏博地区，抽调那边的兵力过来，只留下少数人马牵制魏博军。然后我们就破釜沉舟，集中汴京以北全部主力，总计约三十万人马攻打河东，半年之内就能完全拿下！以十倍之兵，步步为营，层层推进地碾压，任凭对方花招百出，在绝对的实力面前，也毫无用处！拿下河东以后，河北三镇只会立刻跪倒在我们面前。但是，这个战略无法进行，为什么做不到？”

王景仁苦笑着说：“汴京里面的官僚各顾眼前的利益，舍不得放弃已经到手的土地、财富，只顾贪图蝇头小利，哪里想到整体的将来和发展。太多的人在蝇营狗苟，根本没有长远的打算。他们总是借口说实力不够。我倒想要问问他们，我们什么时候有过绝对足够的实力？眼前的江山完全都是靠主公和诸位将军一刀一枪打出来的，战场上从来就没有绝对的把握，难道就不去打了？”

王景仁坦诚地和两位重将沟通。“今年秋天，我在汴京反复向几位重臣进行说明，但他们都强调困难，提出各种各样不同的理由。最后，虽然在陛下的支持下同意了我的北征计划，但这个计划已经被改得面目全非了。没有人愿意舍弃自己的利益，没有人愿意破釜沉舟，没有人愿意认真地听我指挥，这就是北征的现状，很可能是我们自己打败了自己。”

韩勍和李思安低头不语，无话可说。王景仁说的都是现实，但他没有朱温的绝对权威，这也是事实。如果你驾驭不了现在的属下，造成被动的局面，责任在谁？“那大帅的意思是……”李思安迟疑了一下，改了称呼，没有继续说下去，他实在摸不准王景仁现在怎么想。“把你们偷偷跑过午河的人马撤回南岸吧。”王景仁淡淡地说道。“不过，你私自造的船，我要用一下，顺便找个机会干掉李存勖。”

是夜，晋军营帐。李存勖同时接到了两个消息。斥候传报，说午河北岸的梁军突然整队，有撤回南岸的迹象。另外，从野河上游靠近漳水河的驻军传来消息，附近有梁军活动，疑似李思安所部，正积极打造浮桥做快速渡河准备。李存勖头一下大了起来，这是怎么一回事，会不会是敌军已经改变了计划，不打算与我军在此地决战？李存勖有些担心,梁军是不是已经暗中兵分两路。目前,摆在他面前的只是其中的牵制部队,而另一支部队则已经悄悄走别的路线去进攻其他地方了?

兵法常言:“十则围之,倍则分之。”梁军在此地主力就有七万,是晋军的一倍有余,分兵奇袭不是不可能的事。如果是,那么去哪儿了呢?想下去,不仅仅是担心,简直是揪心了。李存勖坐不住了,他在灯火边上铺开地图,紧紧盯着午河上游一带。柏乡后方就是高邑,目前由王处直的部队驻守。此地也有一条野河,但地势比较开阔,适合骑兵突击,如果梁军度过野河奔袭高邑,柏乡的晋军可以快速驰援。虽然王处直的部队战力比不上晋军,但守到晋军来援,应该没有问题。顺着李存勖的思维,视线随后落在地图的另一个圆点上——赵州。高邑的东北方就是赵州,此地有筑城,由王镕的赵军驻防。

难道梁军绕道攻取这里,妄图断掉晋军后路?李存勖越想越发紧张,在他的心中还有一个可怕的猜想:梁军会不会抽调更多人马攻打自己的老家晋阳去了。如果是这样的话,下一步棋可是十分难走的。毕竟他已经把自家的主力部队都带到了这里,晋阳城的守备力量十分有限。如果李存勖没有牵制住梁军主力,而让晋阳遭受大部队攻击的话,失守可以说是必然的结果,他就会失去自己的根据地,而且还会陷入腹背受敌的绝境!但是,即便李存勖现在回军救他的晋阳,眼前的这支敌军就会咬在身后追击他们,同样狼狈不已。

李存勖不禁出了一身的冷汗。怎么办?如果真如他所想的那样,现在已经形成了一个无法挽回的败局了!李存勖越想越觉得是这样,心里焦急之时,突然想起张承业曾教导过自己:“猝然临之而不惊,无故加之而不怒,泰山崩于前而不变色,麋鹿兴于左而目不瞬,这才是君子之勇。”心里赶忙回想,当经文碎碎念,压制恐慌的情绪,好让自己尽快冷静。念着念着,慢慢心跳稳定下来与帐外卫兵巡逻的脚步声形成一种和谐的节奏。然后,他大脑飞快运转,敌人分兵何处看不出来,但敌人两军就好比两只拳头,分开后实力就变弱,如果尽快击败眼前这支敌军,另一支没了呼应,说不定就不敢继续执行远袭任务。

想到这儿李存勖眼前一亮,眼前敌军本来有在北岸稳固阵地的机会,却突然放弃回去,渡河回归南岸,莫非是决心要与自己隔河对峙么?大概是担心我军来袭,隔河有利防备。难道是因为敌军他们已经分兵,实力大幅下降,所以全军退守南岸自保。既然这样,我为何不将计就计,你怕什么就给你来什么,此刻趁你分兵后虚弱,渡河时不稳,发动全军猛攻把你们碾到河里!大好战机,就在眼前,如果不加利用,简直有负天意。

李存勖想明白此节，马上呼叫亲卫，准备全军出击。兵士得令后尚未退出军帐，这时传来一个声音："且慢！"只见一人，满身铁甲，声若洪钟，大步踏进。"主公，万万不可！"来人黑着一张脸，面色显出从未有过的凝重，正是老将军周德威。他就在李存勖那么杀气满盈、箭在弦上的时候现身，硬生生压下了这道命令，丝毫不管李存勖的脸色有多么难看。

帐内，李存勖负手站在里面，心中怒火熊熊，耳边一直响着周德威强烈反对的声音："那个破绽，是故意给你看的！我打了一辈子仗，对于破绽只相信一种，就是在战斗中暴露的才可能是真实的。仓促间、来不及掩饰的才是真正的破绽！"

"你且想想，这样的撤退完全有可能是事先计划、组织好的。如果你是王景仁，在渡河撤军的时候不会早做安排吗？你急匆匆带人过去，他的伏兵正好在夜里对我们迎头痛击！梁军有预谋，占据地形，以逸待劳，而我们呢，没头没脑的只会被击溃！"

"大战一定要沉住气，同样，打仗也不能单靠感觉。听我一言，今晚绝不能出击！如果我们在这里吃个败仗，事情就麻烦了。说不定王镕、王处直就会对我们失去信心，一旦他们有所动摇，后面的仗就当真不好打了。"

在老将军吹胡子瞪眼睛、大嗓门跳脚的劝告下，李存勖最终停止了出击的指令。但作为堂堂主君，被周德威如此直白地反对，李存勖有些下不来台，一时间怒火中烧，不发一言，转身径直走进卧帐，将周德威甩在外面，再不理会。

周德威在外愣了半晌，他从对方的语气中听出，李存勖的判断仍然是相信梁军已经分兵。即便因夜里中伏几率大，而暂停出战，但是估计他明日也要发动大军去冲击梁军阵地，这依然是孤注一掷，妄图一战定乾坤的路数啊。周德威叹了口气，自言自语道："仗不是这么打的，终究还是年轻人啊，就是沉不住气。"说罢，退出大帐，径直去找一个人。

李存勖在卧帐内来来回回走了数百步，暗骂了无数声"老匹夫！老匹夫！老匹夫！"好不容易才将情绪缓和下来，他躺在行军床上，开始认真思考起周德威的建议。突然，帐外传来声音，接着一人掀开帘子，一股寒风随着此人灌了进来。

"这都什么时候了，还在这里睡觉！你真的睡得着么？"来人踏进来第一句竟是这个。李存勖抬头一看，把正要呵斥的话赶紧咽了回去，马上从床上跳下来向来人恭敬地行了一礼。"我不是正想着嘛！"李存勖礼貌地让对方落座，他的眼睛里闪过一丝笑意，只是那种笑意在他英挺的相貌上，显得有些古怪，就像是顽皮的小子等到了某个期待的事情发生。

“让我瞎担心半天,我看你是专等我这个会走路的台阶来吧!”来人看到李存勖这副表情,也放松一笑,然后神色复归严肃:“不过,周老将军来给我讲的方略,你应该也听过了,你究竟怎么看的。他是我们晋军的老人了,也是我们最为倚仗的名将,他对战况的分析,你应该好好考虑一下。”

李存勖坐到床边,神情苦恼,慢慢说道:“我们这三方联军,比起梁军一体,说严重点可算是乌合之众了,我们应该速战速决才对。如果按照周老将军的想法,稳重行事,要拖到敌人士气低落再与之一战。我担心还没有拖到那一天,我们自己就先乱了。”“而且,梁兵比我们多出一倍多,如果他们分兵去攻我们后方的高邑、赵州,我们势必腹背受敌,到时候进退不得怎么办?所以我才想赶紧击败眼前的敌人,这样无论进退,我们都要舒服许多。”来人安静倾听。

李存勖想想,接着说:“柏乡这片地形确实也不是很理想,偷过北岸的梁军虽然背倚午河是其不利,但他们前面的地形也不宽阔,不太适合骑兵冲击,只怕打进去容易形成混战,这也是我没有坚持出击的原因。”来人轻轻皱眉,问道:“这样考虑就周全多了,前面那些疑惑,你有问过周老将军么?”

“我不正生着气嘛,怎么会想去问他这些问题。”李存勖含糊咕哝着说。来人仿佛没有发现,淡淡地说:“周老将军可跟我说过了。”李存勖眼睛一亮,赶忙说:“还望恩师告知!”来的这人不是别人,正是跟随大军,负责后勤布置、粮秣供济,沿途与镇、定两州地方官员协调合作事宜的河东内政一把手:张承业。张承业得知周德威深夜拜访,必有要事,听后,便一刻不停直闯李存勖卧帐。下面张承业转述的分析,一下奠定了柏乡战役的基调,也是晋军战略部署的原则。由此,也可看出老而弥辣的周德威可谓晋军之宝。

“梁军现在有三项优势,一是兵马众多;二是午河地形有利步兵坚守,不利骑兵冲击;三是士气高昂。我军有两项需注意:一为三方仓促合兵,战力不稳。镇、定之军长于守城,列阵野战无甚指望。我军破贼,全在骑兵身上。二为后防薄弱,尤其是高邑、赵州两地,可称我之肋腹。以上分析可是准确?”

“正是如此,那周老将军有何良策?”李存勖赶忙问道。

“某人妄图以乌合之众,取地形不利之处强攻士气高昂之师,是不是自不量力?”“咳咳咳,恩师再莫取笑,本王知错了。还是言归正传吧……”

“我军应主动后撤,退至高邑,便是良策。”张承业说出结论,顿了一顿,然后详细道："高邑一带地形平坦，适合我军用兵，还方便驰援赵州，解后顾之忧。另外镇、定两军可帮助我军据守渡口、桥梁、城塞，发挥盟军长处，让我军精锐得以蓄力。在高邑期间，可先行对峙，引诱敌军攻击，让他们屡次劳而无功，消耗其士气；同时派轻骑劫掠他们的粮草辎重，尤其是他们的军马草料，如此下来，不出一个月，定可破敌。"

李存勖听完，大喜，眼睛里满是兴奋，在帐中一跃而起，大声道："就这么办！"

开平五年（公元 911 年）正月。晋军开始频繁骚扰梁军，但这些全是掩人耳目的动作。他们一边出击，一边分批撤退，等到梁军察觉时，晋军主力已经安然转移到了高邑，筑垒坚守。柏乡对峙，梁军取得上风，在给朱温的战报上所云我军威武，逼退敌军，大军已取柏乡，准备再战高邑等等。李存勖这一行为让梁军士气高涨的同时，也给梁军统帅带来了疑惑。撤退也罢，虚晃一枪也罢，本质上都表明了一个事实：晋军在避战。他们想拖延下去。王景仁诱战没有成功，他是觉得有些可惜的。李存勖这么一个血气方刚、热爱冒险的年轻人没有上当，让他觉得遗憾。

他与韩勍从朱温的信中得到了细作传来的情报，晋军的确只有三万，这和他们战场估计的一致。不过，关于下一步行动，他们又产生了新的分歧。李思安认为，晋军不断进行的骚扰从头到尾都只是一个烟雾，这次撤退就是明证。他们不想与梁军决战，因为他们兵力明显不足。这些时日，晋军不断袭击运粮辎重队，就是想加大梁军的后勤压力，军力庞大的弱点就在于此，这样拖下去，梁军粮草不济时就得知难而退了。如果我们一直在柏乡待下去，岂不是正中晋军下怀，贻误战机！从结果看，现在晋军不是已经退到高邑去了吗？如果梁军再不出战，难道要晋军跑得了无踪迹了再出击吗？

李思安已语带嘲讽。这半个多月以来，战马粮草已经开始短缺，巡骑在与敌斥候的交锋中也不断损失，士气开始下落，这样的日子还要继续下去吗？韩勍和李思安对王景仁的指挥再次提出严重质疑。

王景仁很苦恼。是否挺进至高邑与晋军决战呢？他一直取舍不下。就士气而言，这段时间是晋军占着上风。高邑附近的地形他也派巡骑已打探清楚，其地势宽阔平坦，虽然有利于晋军骑兵发挥，但也有利于梁军大规模步兵阵型的展开，从而发挥人数上的优势。高邑附近也有一条野河，同柏乡午河类似，晋军驻扎在野河北岸，此河据柏乡三十里，半日即到。将心比心，王景仁认为如果自己是晋将，必然会依靠此河构筑防线。

据报，目前防线是由定州王处直的部队驻防。对于镇、定两州的部队，梁军是十分看不起的，二者无论组织、指挥、冲击力完全是不同量级的战力，所以能否突破防线这一点，王景仁并不担心。他令李思安多准备浮桥材料，事先制成半成品，届时可迅速拼搭而成，加快部队的渡河速度。

李思安早已按捺不住，执行力超强，火速将浮桥材料准备好以后，便再次要求出兵高邑。战或不战，是一个问题。就在王景仁反复权衡，揣摩对方意图时，在高邑盯着晋军动向的巡骑忽然快马来报："晋军来犯！"

铁林横冲

史建塘的部队快速越过高邑野河，进入柏乡地境。三百骑兵拉成长条，整齐而快速地行进在大路上。听说要去诱敌，大家神情都不紧张，因为高邑至柏乡中间的多个村庄近来都被晋军游骑占据，所以在抵达梁军大营附近以前都比较安全。

"史将军，梁军大营就在五里之外了。"一位斥候飞马赶来，停在史建塘身边禀报道。"可发现梁军巡骑？"史建塘问道。"有，但都远远先后退去，没有冲突。"

史建塘皱了皱眉，挥手示意斥候再探。史建塘并不担心自己的安危，因为在这三百骑兵的后面，还有老将军周德威的三千骑兵。这两部人马的目的都只有一个，就是负责把梁军主力诱出大营，引至高邑野河附近进行决战，在那儿有李存勖亲率的主力迎接他们。今天，梁军来去成群的巡骑却突然改了性子，不但不靠近探查，还离他们远远的。史建塘心里有点犯嘀咕，难道是想诱老子深入，把我包了饺子？虽然觉得可能性不大，但他还是命令部队悄悄加快了速度，故意和后面周德威的接应部队拉大了距离，用这个举动试探一下，看对方忍不忍得住！做诱饵嘛，就要做得像一些，你们装作没看到我，我也装作冒失鬼一个。真要是来包围我，好戏就来咯！

与梁军统帅部意见存在分歧的情况不一样，晋军的意见很一致。对于李存勖决定近期寻机决战，周德威和李嗣源等人都是坚决支持的。不仅仅是因为时机已经差不多，这还直接关系到以后成德、义武两镇的生存问题。如果能在这里消灭梁在河朔一带（指河北三镇）的全部机动兵力，梁就没有可以威胁河北的军队了。成德、义武两镇不仅以后可以安然给河东供应物资，还可以分兵给河东，在其他战线发动攻势。所以，大家都觉得抓住时机干翻梁军实在是再好不过的方案了。这个方案够简单、够粗暴。

史建塘估计了一下部队和后军的距离，心里不由得有点担心。诱敌就是这么让人心跳，想让对方人马现身，真到那一刻前，又有点害怕对方出现，好矛盾的心理活动哦。现在他盼着梁军利索点，赶快出现，结束这种小心翼翼的状态，对方却像幽灵一样，看不到影子。

"命令部队，停止前进，列队休息。"史建塘心想："你若不出来，我还就不走了呢。"他挑选在李思安大营附近停下，故意骑马跑上附近土坡，和身边士兵对着梁军大营指指点点。就在这时，从部队的后方，几个晋军斥候打马飞奔而来，一路上不停地挥着手臂，嘴里大呼小叫着。史建塘的心脏突然加速跳动起来，一种预感顿时充斥了全身，他瞪大双眼盯着越来越近的斥候，呼吸变得粗重。

"史将军在梁营附近被围。"周德威得报，他浑身透着杀气，后面是威风凛凛的三千铁骑，赶到距离史建塘一里的地方时，冷峻的脸上闪过一丝喜色。史建塘被围只是假象，意图在拖延，诱出更多梁军。梁军终于忍不住出现了。"传令下去，本队准备接战，接应史建塘。沿途驻村各队需迅速撤退至高邑野河北岸集结。"

"梁军龟缩半个多月，到底出动了。"周德威如是想。"晋军骚扰我方后勤线路大半个月，到底来正面厮杀了。"韩勍同样这么想着。他远远地看见周德威的数千军马在李思安布置的包围圈中来回穿梭，厮杀连连，不由冷笑道："视我等为无物，偏偏让你有去无回！我倒要看看你们碰上我们的'龙骧'、'神捷'又做何感想。"说罢，他一挥手，手下骁将陈思权便带着上千"神捷"精锐轻骑向晋军当头迎去。就在两军距离不到百步的时候，"神捷"军突然折转方向，避过锋芒，从侧翼逼去，陈思权带着身边的亲卫冲入了周德威的军阵。

"神捷"这支轻骑乃是梁军中最擅追杀的劲旅，长刀挥动之中，血肉横飞，周德威当即亲自断后指挥才堪堪抵住，同时下令，全军勿要恋战，以摆脱梁军纠缠为上。晋军且战且退，不停地有人中刀落马，沿途中不少兵马不停被"神捷"军一口口咬下，掉队的部伍被撕得粉碎。阵中的史建塘又羞又恼，虽然沿途村庄的陷落是计划中的一部分，但由于梁军士气高昂，追击十分迅速，倒是不少辎重被慌忙丢弃，损失也是不小。

晋军在一阵手忙脚乱中，终于甩开梁军追杀的主力，来到了高邑野河畔。这令李存勖有些惊讶，梁军的杀气如此狂放，险些将晋军的诱敌变成真正的溃败。幸亏有史建塘的勇力开路，周德威的冷静断后，方才没有造成诱敌部队的全军覆没。李存勖虽面不改色，安慰着返回的大将，但心里也悄悄松了口气。

李存勖隔河眺望，在迎风飘扬的各色战旗中看到了几面熟悉的，也有陌生的；有李思安、韩勍的,也有王景仁的。他甚至看到了王景仁本人,他骑在一匹火红的战马上,冷冷地向这边扫视辨认。晋梁两军再次于高邑隔河相对,但是这一次就不仅仅是一见解相思了。在高邑附近数里长的河岸两边,可见无数面战旗交相掩映,在此起彼伏的号叫指挥下,数不清的梁军士兵列好阵型,做好了对晋军攻击的准备。梁军的传令兵骑着战马,在河堤上下纷纷往来穿梭。

"大帅,车阵已经布列完毕。""报告,密集防御阵势已经列队完毕。""大帅,突击分队列阵完毕。" 王景仁转目四顾。七万梁军战士各自聚合成上百单位的中小型军阵,然后这些军阵又组成了一个巨大的长方形阵势。在这条野河的南岸,各个兵种的战士们按照不同的方位列队组合,错落有致,纹丝不乱。士兵们虽然因为大都步行到此,有些疲劳,但一个个精神抖擞,士气如虹。

韩勍驱马上到河岸高处,来到王景仁身边,笑着说道:"景仁兄,我们一切都准备妥当了。"王景仁指指对岸,感慨地摇摇头,对着韩勍说道:"你看,你指挥的西阵对面是李嗣源,我面对的是李存璋,李思安的东阵面对的是周德安,俱是晋军大将。晋军虽然小败,但全军静默,井然有序,军势严整,不可小视。而我们移兵到此,士卒体力已有所消耗。虽然此时全军士气依然鼎盛,但战力不可持久,要注意体恤将士,保持阵型,勿要冒进。"停顿了一下,王景仁又说道:"不知道李存勖是个什么样的人物,但是我们想着打败他,他也想着打败我们。他是年轻人,应该没有我们沉得住气,战机来临的时候,就看谁能真正把握得住。"

"他有什么了不起。"韩勍内心不服。"他们只是凭借野河阻挡,让我们无法发挥兵力优势而已,只要我们能渡过河去,大军一旦展开,晋军必败。"王景仁抬起头来,望着对面的河岸,望着那边黑压压的一片骑军,不知在担忧什么,一双眼睛显得深邃而明亮,里面看到的不是江山就是尸骨。

"传令全军。"他勒了一下马的缰绳,话语低沉,"擂鼓……出击!"几十面大小战鼓霎时间同时敲响,低沉,猛烈,浑厚,激昂,鼓声冲天而起,犹如惊涛骇浪一般惊天动地!这只说明一个问题,两军对决正式开始。

梁军抢先对着野河上唯一的一座石桥发动了凶猛进攻,攻击的一方侵掠如火,防守的一方却非不动如山。梁军这一番动作像烈火肆掠,又像巨浪覆顶,顿时就将王处直的守桥部队打得摇摇欲坠。不一刻,在一波波潮水般的冲击下,守军竟然有了动摇、退缩的迹象。李存勖默默地在河岸高处看着战况,身边还有张承业、郭崇韬等人,皆面露忧色。梁军竟然还有如此战力!

随着时间的推移，晋军一波波地增援，梁军一波波地冲击。石桥犹如绞肉机，周边的河水变得血红，桥上堆满了血肉，在连续的厮杀、冲击、践踏中，尸体大都变成了尸块。石桥仿佛变成了来自冥界，专为吞食生命的牙口。青白的砖石早已浸满血液，鲜血也变成了黑红的凝结，斑斑块块，触目惊心。中军的李存璋已经脱去了黑色大氅，露出一身黑红色的皮甲，在多次遣军增援后，他终于到了必须亲自出阵的时候了！联盟中的定州军何曾经历过如此惨烈的厮杀，后撤下来的士兵们或呕吐、眩晕或惊恐不已，他们勉强撑过了两轮梁军突击后，就损失过半，丧失斗志，不得已彻底退出前线到后面休整。

前去接管防守的李存璋立时就感受到了梁军带来的巨大压力。敌军确实强悍！很快，他的皮甲已经被敌人的鲜血溅得面目全非，长枪在吞噬了十几条鲜活的生命之后，更加耀眼夺目。李存璋身先士卒，冲杀在石桥防线的最前面，挡者披靡。他带领部伍挡住了梁军一拨又一拨的疯狂进攻。他的亲兵，侍从都是他的老兄弟，多年的战斗生涯让他们亲如家人，在战场上彼此之间的配合非常默契。他们紧紧地抱成一团，就像一块巨石，牢牢地挡在敌人的前面，坚决不退半步。冲上来的梁军都如浪拍巨岩，虽然声势惊人，但浪花四溅过后，巨石依然屹立！

对岸的敌人看到这个情况，停止了攻击，在短暂的沉寂后，出现了一支魔鬼般的部队。“黑槊龙骧军！”有人惊呼！这是人马均披铠甲的重骑兵，还有个专业点的称呼：“甲骑具装”。甲骑具装由六个部分组成：面帘、鸡颈、当胸、马身甲、搭后、寄生。“面帘”是一块狭长的金属制成的护面，上面开有眼孔，主要保护马匹面部。“鸡颈”其实是一副马颈部的护甲，由甲片缀成，前面有搭扣可以扣上。“当胸、马身甲、搭后”就是马匹前中后的大片护甲。而“寄生”比较有特点，是一个放在马尾部的向上翘的扫帚一样的东西。

身穿甲骑具装的战马，以当时灌钢法炼钢的水准，弓弩等中远程兵器很难直接杀伤它，防护力可想而知。甲骑具装的武器除了传统的弓箭长刀外，长兵器更进化成为穿透力极强的骑兵用长矛：长度达到一丈八尺的“马槊”！黑槊龙骧军，就是如此可怕的甲骑具装。

出动这种精锐中的精锐，梁军可是出了血本。李存璋有了不祥的预感。“轰……隆！”一声巨响，由“龙骧”战士组成的突击队与晋军守军在桥上撞到了一起，发出一声沉闷的响声。这声巨响盖过了战鼓声，盖过了呐喊声，响彻战场。战刀撞击声，刀刃破肉声，长矛穿透身体声，吼叫声，惨叫声，霎时间汇成震耳欲聋的轰鸣。“龙骧”的冲击无比犀利，一下子就将十数名晋军士兵撞上天空，仿佛一个人体礼花炮在空中爆发，然后噗噗噗重重落在如血的河水中，被水流冲刷而下。而更多的守军被卷入无情的铁蹄下化为肉泥，就在这短短的一刹那，桥上的晋军就被削掉了三分之一！

李存璋根本来不及吃惊，就被“龙骧”身后汹涌扑上来的敌军步兵压得几乎喘不过气来。他不知道自己杀死了多少敌人，也不知道周围有多少战友倒下，他甚至连呼喊的工夫都没有。他只看到迎面扑上来的全是杀不尽的敌人，看到鲜血飞溅，断肢横飞的敌我士兵都一个接一个地倒下，听到耳边全部都是杀声，喊声，一直没有停歇过的呐喊声。他感觉自己身上的力气正在一点一点地消失，动作越来越僵硬，越来越缓慢，他觉得自己快要支撑不下去了。伤口虽然还在不停地渗血，但他已经完全失去了疼痛的感觉。

晋军已经渐渐后退到桥头，只能勉强聚集起来用相对密集的枪阵保持几近崩溃的阵型，李存璋守在桥头的正中间，率领士兵们阻击凶狠异常的敌人。每一刻都似乎变得极其漫长，极其煎熬。不知过了多久，刺杀、格挡了多少次，眼前的敌人终于没有了，绝大多数都倒在了他脚下，还有的大概是退下去了吧。

石桥上空出一截，大约几十步长度，躺满了各种死状的躯体，鲜血汩汩。这一轮防守晋军损失极大，但竟然顶住了。李存璋四顾桥头，竟然身边只有零零散散的士兵了！他们手拿武器，带着劫后余生的表情，喘着粗气，疲惫地站在他的周围。靠后的一些人正捡起相较完整的盾牌替换掉手上几近破碎的家伙，慢慢地向他走过来。突击的一波敌军完蛋了，自己这边防守的人马也同样被打光了。怪不得现在会空场一会儿，对方大概很快就要重新聚积力量发动最后一击了吧。

李存璋想喊，想告诉士兵们又有一拨敌人即将冲上来了，但他已经喊不出来，甚至连张嘴的力气都没有。他苦笑，他常常以自己的武功而自傲，现在却被敌人杀得连说话的力气都没有。随即他发现自己连苦笑都笑不出来了。由于过度用力，他的脸部肌肉都僵硬了。他将枪扎在地上，就地坐下，赶紧恢复一下体力，并不后撤。因为他知道，喘息的时间一定不多。

果然，没有多久，对岸一排排战鼓又急促、猛烈地敲响起来，紧张而血腥的气氛顿时压得守桥的晋军士兵们几乎马上就要崩溃了。鼓槌凶狠地敲击在每一个防守士兵的心上，震撼而痛苦。

守桥的战况如此惨烈，高邑野河北岸观战的李存勖不由变色，这种情况，绝对不能退，一旦退了，立刻就是大祸。眼见李存璋岌岌可危。李存勖一咬牙，拉动自己的战马,转头对周德威说:“战况如此危急,桥头就是阵眼,必不能失!现在我率亲兵冲锋,老将军率大部队跟着冲上来。”

周德威听后大惊道:“现在梁军士气正盛,此时冲锋必然变成死战,即使胜利,我方也会伤亡巨大。梁贼跋涉三十里远道而来与我决战,纵使他们携粮草而来,也难以在战斗中进食。等到日落之后,敌人饥饿难忍,无心恋战;待其退阵之时,我们以逸待劳多时,再趁势攻击,必获全胜!”

李存勖看着乱军中那一杆奋力舞动的长枪,神色十分担忧,问道:“可是现在存璋兄弟危险了!如果石桥被梁所夺,我军就有大麻烦了,怎么办?”身旁的大将李建及早就按捺不住,他也是李克用义子之一,脸上满是毅然决然之色,单膝跪倒,大声道:“末将请命,愿率敢死营,杀退敌军,救出存璋兄弟,宁死不辱使命!”

李存勖深深看他一眼,目中多了几分暖色,拍其肩膀道:“建及兄弟,救出存璋后,退回桥头即可,本王与你压阵,若是梁军大队来围,本王必亲率卫队救你们。”李建及慨然应命,转身向部伍走去。迎面而来的就是同样心潮澎湃的手下都将们,大家的目光交汇在一起,谁都没有说一句话,但是几个男人却已经交换了千言万语。

梁军又冲上来了,他们也看出了机会,看到了希望,他们更加疯狂地奔跑着,叫喊着,恨不能肋生双翅飞将过来!这一次,敌人蜂拥直逼晋军人员已不多的桥头,李存璋站起身来,抬头看到后方大营处旗帜变动连连,估计是自家兄弟在急急调度人手来援。他扫了一下现场人手,桥上的守军早已伤亡过半,现在的防御阵势由于消耗过大,已经出现了很多的漏洞。要想后面援军赶到时,桥头还在自己这一方,他就必须从正面阻击冲上来的梁军,在接近桥中段,更为狭窄的位置坚守,为后援争取时间。李存璋看着前面桥面横七竖八躺着的残尸,还有更前方正冲过来的无数梁军。他有些动摇,但这好像是唯一的办法吧。只是待在桥头,恐怕是扛不下这一轮敌军的突击。

来吧!相信自己的感觉!李存璋念头就这么转了几下,他抿了一下干涩的嘴唇,突生几分力气,转身面对身后的士兵,放声大吼:“兄弟们,我们杀上去!跟我扛住这一波,后面援军就要到了!”李存璋一把扔掉自己破损的佩刀,拔下一柄插在敌兵尸体上的利刃,别在腰间,把长枪高举过顶,对着向自己聚集的士兵再次召唤。信任他的士兵们义无反顾,凭着直觉跟在李存璋后面,勇敢地冲向了迎面扑来的梁军士兵。敌人太多,就像一个接一个的浪头,汹涌澎湃。

李存璋长枪舞动,飞快地蚕食着敌人的生命,同时也看到自己的战友被更多的敌人吞噬。周围的战友一个接一个地倒下。他怒吼着,手中长矛准确无误地刺进一个梁军军官的身体,随即就像一条毒蛇,狡猾无比地闪动了一下,扎在了旁边敌兵的咽喉上,鲜血尚未喷出,长矛晃动间又已经扫到另外一个敌兵的胸口上。三个人几乎同时栽倒在李存璋的身旁。他抬腿踢飞了一个敌兵的战刀,转身横扫,再杀两敌。

"杀啊!"李存璋嘶哑地低吼一声,举矛迎面架住劈来的一刀。矛断!但刀未至,短矛已经扎进了敌人的咽喉。他劈手夺过战刀,顺势后扎,刺死一人。接着他就看见了一支长枪,一支黑森森的长枪,他连退两步,战刀闪躲间,再斩一人!长枪死死地盯着他,飞进的速度越来越快,李存璋再退,一脚踩在了尸体的头颅上。他控制不住身体的平衡,仰面摔倒!危急间,他大吼一声,身体在栽倒之前,对准长枪脱手掷出战刀!长枪猛然抖动,闪弹之力立即崩飞了凌空斩落的飞刃,长枪气势不减,如飞刺来!李存璋身体倒在半空中,脸上露出一丝苦笑……

一个刺耳的厉啸之声破空而至,像利箭一般刺进他的耳中,眼前的梁军将校突然脖颈爆开大片血花,一把飞斧劈断了他的血管,他和李存璋同样重重地摔倒在地上。区别只是一个死,一个生!

战马奔腾的巨大轰鸣声突然清晰起来,传进到李存璋的耳中。他听到声音了!他听到身后的战场上传来了惊天动地的欢呼声!他猛地睁大双眼向后看去。黑色,一片黑色,一片黑衣黑甲手执大斧的大汉如风扑面而来!扔出的短斧发出夺人心魄的厉啸,像闪电一般从李存璋的眼前飞过。气势如虹的李建及带着凌厉的杀气呼啸而至!终于赶上了!李存璋侧目向岸堤望去。李存勖在马上熟悉的身影不动如山。看见自家的"晋"字大旗,李存璋心神一松,顿时浑身无力,被冲上来的将士拱卫在中间,带离前线。岸堤上的李存勖看到这一幕,才放下心来。

这时,河岸两侧上下游犹如狂风暴雨一般的密集而猛烈的战鼓声几乎同时响起,震撼了全场。李嗣源派人速报,梁军东、西两阵全军压上!十余座浮桥正迅速铺设,大有毕全功于一役的架势!梁军求胜心切,已经全军动员,火力全开。他们在高邑野河以南一线拉开,阵势横亘近十余里,想要在一个十分广阔的地区里分路并进,同时渡河,令晋军防不胜防。晋军在苦苦支撑。韩勍与李思安都感觉到胜利就在前头了。他们都看出了晋军已支持不住了,但是他们的视力无论如何也看不到,就在距离梁军两翼不到五里的地方,还有两支整装待发的生力军,一直得到充分休息但未曾投入战斗的晋军牙兵。

左翼是李嗣源的"横冲都"。这是李克用于公元896年设置的精锐部队,以李嗣源掌之。史书记载:“武皇嘉其功,即以所属五百骑号曰:‘横冲都’,侍于帐下。”右翼是周德威的“铁林军”。这是于唐昭宗时期李克用置办,以周德威任铁林军使,袁建丰任铁林都虞侯,李建崇任铁林都将,俱是心腹猛将。

高邑野河畔，两军忘情厮杀。整条战线上大小十余处的浮桥附近布满尸首、残甲、破盾。梁军苦战半日,在拼命突破李建及,史建塘等晋军各部支撑的阵地后,终于险险推进到了对岸,形成一道勉强站稳脚跟的防线。

天空渐渐地转到黄昏,残阳如血,一直来回探查,盯着对面沿岸的梁军巡骑,突然面色大变,他睁大了一双眼睛,发出了一声狂呼:“将军!将军!有敌袭!”同时风中传来了晋军新的号角声。正在中军的王景仁看到日头渐渐西落,感到了不妙,眉头深锁,转头望向上游方向。野河上游南岸附近的丘陵,树木一行行排列整齐,在山风中轻轻晃动,就像无数的战士列队于丘陵之上,在山风的呼啸声中,隐隐约约传来厚重低沉的轰鸣声。

王景仁疑惑地望着远处。李思安正在紧张地四处张望。晋军已经疲惫不堪,怎么会有出击的号角声传到这里?紧接着李思安坐下的战马忽然不安起来，随即扬蹄长嘶,李思安立刻想起潞州之战被劫营的那天晚上,黑暗里传来的恐怖声音。李思安面色大变,连声高吼:“枪兵向岸堤集结!向岸堤集结!准备应战!”大量准备冲击对岸的士兵,正跑到一半,突然听到结阵的战鼓声,有些茫然失措,但随即他们就听到了战马奔腾的轰鸣声,感觉到脚下的地面在轰隆抖动。不用说也知道是晋军来了!

最前面的梁军士兵们赶忙喊叫,掉头就往回跑。在战旗和鼓声的指挥下,大家竭尽全力,迅速退回南岸集中。中军的战士就地展开队形。后军的士兵还不清楚前面发生了什么事,但看到前军士兵发疯一般往回狂奔,本能地感觉到危险。大家争先恐后地加快速度,激起体内最后一丝余力,向中军跑去。密集结阵,只有密集结阵才能对抗骑兵的冲锋。士兵们都快累瘫了,人人几乎都喘不过气来,但心中对生存的渴望,让大家无不歇斯底里地吼着、奔跑着,为自己寻找最后一线希望。部队为重结阵势,陷入了一片混乱。上万人拥挤在岸堤附近的平原上,东奔西窜,大呼小叫,乱成一团。

巨大的轰鸣声越来越大,越来越近,转瞬即至。李思安看着自己乱成一团的部队,目瞪口呆,一脸的绝望。快!这是他第二次感觉到晋军的快。太快了!上下游同时被晋军骑兵冲击,大部分的士兵还没有集中到中军形成最基本的阵势,急骤的马蹄声已经在耳边像狂风暴雨一样震响了。王景仁也没有想到李存勖如此大胆，在自己和晋军主营近在咫尺，眼看就要全面夺下野河北岸的时候，他却不知何时安排了手上最后的兵力,孤注一掷地从两翼侧后方突击自己。

难道李存勖就不担心眼前的防线完全崩溃?难道他就不怕自身陷入重围?难道他从一开始就没打算让这两只王牌部队参与防御,而是选择从远处偷偷渡河,伏兵两翼,然后隐忍到现在?只是那么多疑问没有任何用处,李存勖这一招狠辣无比,恰恰打在他的要害上。为了实现决战的目的,王景仁率全军一路跋涉三十里赶到了高邑,又激战半日,此时士兵们多是精疲力竭,部队已处于强弩之末。就在这时,李存勖的伏兵杀出来了,真是必杀的一招!

王景仁因绝望而愤怒。他高举长刀,纵声狂吼:"中军集结,由我来掩护两翼后撤!"话音未落,雄浑激昂的号角声突然响起,从耳朵直接撞击到战场上每一个人的心底,重重一击。对岸无数的晋军战士全身浴血,不顾伤痛,冲出了河岸,冲向浮桥,冲向了乱糟糟的梁军,他们全面反击了!血战了一天,同样疲劳,同样脚步沉重的晋兵居然不顾死活,前赴后继地扑了过来!他们死也要拖住梁军后撤的脚步。

王景仁几乎不敢相信自己的眼睛。他转头看向韩勍。率部正向他靠拢的韩勍一双眼睛看着前方战场,瞪得比他还大。对面李存勖的亲卫高举着帅旗,拱卫着一人从岸堤上飞奔而下,明显是向这边突击而来。李存勖是不是疯了?这个要命时候,正是主帅火急火燎地居中调度,或者轻摇羽扇做谈笑状之时,他竟然亲自杀过来了?一瞬间,对面奔驰的马队中闪亮的枪刃竟如此扎眼。

李存勖带着一片黑压压的"鸦军"冲在了最前面,李存璋、李建及紧紧地贴在李存勖的右侧。众人只有同一个信念:冲击,冲击,不停地冲击!李存勖就是中军反击的锥头。犀利的锥头。压抑了一天的他犹如嗜血猛兽一般,左挑又刺,枪下绝无幸存之人。他身旁的战士也在梁军的拼命反击下倒地,紧接着,双方后面的士兵各自不停地立刻补上。

李存勖仰首狂吼:"杀啊!"紧随其后的李存璋、李建及,压后的李存审、郭崇韬,还有许许多多的晋军战士,他们不停地挥动着武器,肆意地绞杀着,疯子一般地吼着:"杀啊!"左右两阵的各路大将周德威、李嗣源、史建塘、阎宝带着横冲、铁林两支精锐士兵,也都放声狂吼:"杀啊!"受此感染,王镕军在大将符习的带领下也呐喊着跟进呼应。吼声犹如实质的巨槌,横贯整个战场,令敌人肝胆俱裂,令战友士气如虹。

梁军步兵看见的都是杀气腾腾的骑兵,明晃晃的武器,横冲直撞像狂风一般席卷而来。感受到的都是从地面上传来的剧烈震动,杀声和轰鸣声充满了双耳,他们已经听不到任何其他的声音。战场上的气氛极度紧张和窒息,压得人无法喘气,死亡的浓厚气息紧紧地缠绕在每一个士兵的心里。在一连串惊天动地的杀声中，梁军士兵们精神阀值终于突破了临界点，心理开始崩溃了！一声声恐怖至极的尖叫，撕心裂肺的尖叫，大群大群的梁兵就像被捅开了的马蜂窝，蜂拥而散，左右两翼上万士兵的溃乱迅速导致中军也变得四分五裂起来。晋军骑队就像一颗颗巨石砸进湖面，溅射出数不清的浪花，而这些水花，弹指间，就在空中化做更为细小的水滴。梁大军已作鸟兽散了！

看到眼前混乱不堪的梁军，周德威一颗悬在嗓子眼的心顿时放了下去。他最怕突击骑军被梁军步兵死命缠上。假若梁军保持阵势严整，士气高涨，密集布阵起来，是可以誓死鏖战的。如果那样，晋军骑兵就糟糕了，定然是一番更血腥的惨胜。假如今天梁军体力没有消耗这么大，或者有部队防卫两翼后侧，恐怕我军短时间内无法将其击破。这样一来，处于中军的王景仁就有充裕的时间突破正面的野河防线，甚至包围李存勖所在的营地。还好，还好，一切如愿，梁军由于急于求胜，忙于赶路，又半日激战，在突袭下心力都严重透支。虽然现在有的梁兵还在奋力抵抗，但没有了信心的加持，在这种情况下，失败已成必然。

正如周德威所看到的，梁军各部在慌乱中，无法进行有效组织，一部分建制还在的部队也不清楚战场的整体情况，彼此之间也不清楚状况。面对冲上来的晋军，听着到处溃败的喊声，他们都各自认为，兄弟部队已经撑不住了，都在后退，只有自己的这一支还在坚持。于是，为了避免自己陷入包围，成为孤军，都纷纷后退，以免在其他部队撤走的情况下，自己成为垫背的。可是很快地，这种有组织的后退也变成无法控制的溃败。数万人的狂奔、追杀、叫喊，在高邑平原上展现的是极度混乱的场面。

残存已末路，兵败如山倒。王景仁面如死灰，心中大痛，知道大势已去。临风泣曰："北征大败，而李晋势成，从今以后再无河东之望！吾之过也！"哭完勉力杀出重围，撤向汴京。隔日，梁将杜廷隐等闻败讯，也弃深、冀州而去。梁军数月战果昙花一现，河北成德、义武所取之地俱成泡影。

柏乡之战，终。

乾化元年(公元911年)正月，柏乡之战终于落下了帷幕，晋军再次大胜。以三万之兵击溃梁军七万，毙敌两万，获战马三千匹，兵器甲仗上万，俘梁将陈思权等军官二百八十五人。河北一带的梁军主力消耗殆尽，朱温为之骄傲的精锐"龙骧"、"神捷"尽没于此。

晋军军威大盛，河北的外交形势也因此发生重大变化，王镕、王处直两镇全面倒向李存勖。梁在河北的势力退至魏博(今河北大名和山东聊城市)以南,从此无力发动北进方向上的决战。李存勖基本控制了河北地区,第一次取得了晋梁争霸中战略上的先手。后人这样点评:此战,李存勖因势用兵,以逸待劳,诱梁军先出而后击,一举歼其精锐。周德威经验丰富、判断老练,其胆识、谋略和据理力争是奠定此战胜利的基础。

梁军再次完败。败将又如何呢?汴京的朱温接见了溃退回来、一脸羞愧的王景仁,安慰他道:"吾亦知之,盖韩勍、李思安轻汝为客,不从节度尔。"尽管朱温知道王景仁的苦衷,但败绩就在眼前,不能不罚,所以仍将他罢官免职,让其归宅休养,待数月之后,才找个由头将其官复原位。这样看来,朱温作为大老板,心里那本账也是蛮清楚的。再以后,王景仁改任淮南招讨使,攻庐、寿二州,在南方为梁征战,病故后被梁末帝追赠为太尉。韩勍、李思安也相继被贬,李思安先降为相州刺史,后又被贬为柳州司户,不久被赐死。

朱温清晰地认识到自己统一北方的梦想破灭了。罗绍威之死带来的时机被柏乡大败彻底葬送。蜀、吴越、南平、南汉等各地方政权肯定暗流涌动,或许以后连表面上的臣服也将不再存在。不过,他对大局并没有那么担心。大梁的疆土、财政、军力各项优势都还在,这两次大败只是毁掉了他在有生之年统一北方,乃至统一全国的梦想,而并没有撼动国本。

朱温感觉到自己的身体越来越难以坚持下去,随着年岁增加,他快要走到人生的尽头了。现在,他重点考虑的问题不是如何与李存勖作战,他已经没有时间再去发动战争了。这次最后的尝试失败后,朱温彻底放弃了由他来终结梁晋恩怨的企图。他现在考虑的是自己死了以后,大梁国应该由他的哪一个儿子来继承?这是一个让他十分头痛,难以下定决心的问题。每次想到这儿,他都不由得感叹冤家对头李克用的好命:怎么有这么个好儿子呢!

第三章 燕幽攻略

北伐大计

为了增强大梁的外围屏障。为了保住河朔三镇的魏博地区(大梁在河北最后占据的区域),以便用来牵制晋军。为了给继承人留下一个稳定的战局、态势。朱温思虑了很久,在众多大将中挑挑拣拣,最后派出了性格最为狠辣的大将,由他担任"天雄军"的指挥官进驻魏州。此人曾经担任过五代时期最强大陆军的最高指挥官(大梁军的诸军行营马步都指挥使,即是大梁全境的马步军总司令)。

他,便是后来有"另类忠臣"之称的杨师厚。杨师厚,安徽人,早年多次加入敢死队,曾在李克用军中为普通士卒,后投奔梁军,被朱温赏识提拔成曹州刺史后,武威大盛,一发不可收拾。我们来简单看看他的战绩:在岐山大败西北凤翔军镇李茂贞。在青州独当一面,三战三捷,彻底击败平卢节度使王师范,令其投降;被遣往南方主持大局后,又在襄阳童山击败另一位五代时期优秀的武将赵匡凝,然后尽取荆襄之地,被任命为襄州节度使。

这一次,朱温用他好比下了一剂猛药,就是铁了心要在河北埋下一个大钉子。用以稳定这片战略要地，把逐步失去的政权威望、军心士气给扯回来！所以特别选用杨师厚，利用其强悍的手腕在魏博调练“天雄军”作为梁国的护院猛虎。即便是实行战略牵制，也要伺机生生咬下李晋几口肉来，以解朱温心中之痛。

说完朱温的动作，我们转向另一方。晋军胜利后，李存勖的威望再次冲到巅峰，他感受到了前所未有的拥戴！晋军上下空前团结，一片兴高采烈，全然没有了曾经的颓然。将士们坚信只要是李存勖指挥的战役就一定能获胜，哪怕敌军人数多于自己！

《把握未知的命运》一书中曾提到过人对待命运的三种状态：第一，志得意满者不在乎命运。他以为自己在命运之外，视命运如陶泥，可随意方圆。第二，逆境中挣扎的人屈服于命运，他领略到了命运之神的狰狞和冷酷。第三，真正的清醒者把握命运。他知道命运不在别处，知道种瓜得瓜种豆得豆的道理，因而小心照顾着自己的心念，清醒着自己的言行。李存勖正处在第三种状态中，他也在重新考虑他的战略。

曾几何时，脚下的土地都是属于朱温的，现在他们归附了河东，但这并不代表了以后会一直牢固地维持下去。当利益一致的时候，大家是团结的；当利益发生冲突时，又会生出许多变数。李存勖是在对手的失败中总结教训。这一次是朱温急于求成，兵逼王镕、王处直才给了自己一个和他们结盟的机会。王镕及王氏家族在这一地区有着相当的影响力，他们融合在当地，拥有着广泛的本土支持者。李存勖不想取消王氏在这一带的统治权，以免造成河东与成德、义武势力形成对立的局面。他需要的仅仅是支持，而不一定非得是直接统治。既然王氏政权是不可以取代的，那么，外交重心毫无疑问就是如何协调好双方之间的关系。

一日，王镕设宴款待李存勖，作陪的是王镕的一些重臣。有曾出使河东的周式，与晋军一同并肩战斗过的将军李宏规、符习，行军司马李蔼等人。在宴会上，作为胜利方的盟主，李存勖既表现出一定的雍容，同时也有足够的随和。席上他保持不骄不躁的淡然风度，没有一丝因援救而居功自傲的神色，这让在一旁观察他的王镕心中更加满意。宴会中，一个个穿着华丽衣衫的美丽少女，在殿前翩翩起舞，美妙的乐声一阵接着一阵。

郭崇韬作为李存勖的随行人员也在座，他不时和众人你来我往地敬酒、对饮。

“郭大人，还请再干了这杯酒！”一位青年在郭崇韬的对面，笑呵呵地举起杯盏说。郭崇韬举起手中酒杯，向对方举起示意，仰头喝下。虽已经喝了不少，脸色红润，但郭崇韬头脑其实还清醒着呢。他四周打量着王镕帐下的大臣。在宴会上看人，已经是他多年的“恶习”了。他对李宏规、符习等将领很熟悉，但对刚才敬酒的青年却知之甚少,只清楚对方是王镕的养子王德明,原名张文礼。

在酒宴中,看得出来他与王镕的长子王昭祚交情甚厚。这是郭崇韬第一次在宴会中与张文礼正面相识，可是那种熟悉感又从哪里浮上来的呢？郭崇韬不禁仔细地打量着那个青年,终于闪过一丝恍然。这个人的名字曾经在他案头的文件中出现过,那是一份军情报告。时隔一年,竟然在这里遇到了。

他脑海中,回忆起报告中相关的信息:张文礼,燕人,原是刘仁恭手下牙将,后占据沧州城叛乱。兵败后,逃到镇州,因年轻骁勇,被王镕赏识,收为义子。最近,王镕给了一份日后襄助晋军作战的成德将领名单,其中就安排有他。郭崇韬举起杯盏,慢慢自饮,眼望着案几上香气扑鼻的菜肴,心里想起的却是张文礼在宴会上长袖善舞的谈吐姿态,其实他不太像一员骁将啊!

郭崇韬琢磨着这人,刚刚从心底浮起来的那丝丝熟悉的感觉找到了由头,可能是因为在他看来，张文礼的眼中含着谦抑隐忍，哪怕是与王昭祚对饮时也有着刻意接纳的味道,但骨子里的本质是一股傲气,或者是称之为勃勃野心的东西。关于这一点,郭崇韬相信大堂上方,满是名士派头的王镕根本没有看出来。这个人有一点危险的气息。郭崇韬不由得自顾一笑,再饮一杯,如此动荡年代,如此苍茫岁月,是少不了生出这许多人物的。

席上的李存勖很用心地与王镕结纳。因为王镕的年纪是三十八岁,这时李存勖只有二十七岁;所以,李存勖有时候会采用后辈对长辈的礼节对待王镕。兴起时,甚至会亲自在席上慷慨狂歌一曲,为王镕祝酒。看到这一幕,郭崇韬暗笑自家主公,大好青年学着应酬功夫虽已是像模像样，但细微之处拿捏得还有些生硬，偶有刻意做作之嫌。

堂上气氛在李存勖和王镕合力推导下,变得越来越热烈,两方群臣亲密无比。当王镕把自己的二儿子王昭诲抱出来给李存勖看的时候，全场祝酒达到了高潮。李存勖当堂喜欢得不行,马上指腹为婚,说如果自己将来有了女儿,一定要让王昭诲给他做女婿。当然,如此客观大环境下,李晋的军事力量和恩情都摆在这儿,姿态再友善一些,盟友当然不会不乐意。李存勖的亲善行为取得了非常理想的效果,他与王氏势力结成了非常巩固的同盟。王镕自此,在有生之年一直给河东输送物资,派遣兵马听从李存勖的调遣,再无二心。而王镕这点点滴滴的持续付出,也让李存勖一直心怀感激,渐渐地与王镕的联系越加紧密,并引之为友。

乾化元年(公元 911 年)二月,李存勖定下了与王镕、王处直两镇的盟约。稳定局势后，再居留下去已无意义。于是他下达命令，全军返回晋阳。

当初，李存勖尽起精锐出战后，晋阳城里有过一阵波动，甚至流传着战败的谣言，但是城中的监察人员反应迅速，立刻行动起来！出动的不仅仅是治安衙差，甚至动用了军队进行巡街，维持着街市秩序和夜禁，并要求城中各市场店铺每日开业。一些想囤积物资和造谣生事的人往往很快被拿下查问，有通敌情况的被斩首抄家，囤积的物资得以回流市场，让人心刚刚浮动起来的居民很快安定了下来。那一阵，前线也不是没有胜利的消息传回，但是谣言太多，混合在一起，使人不敢确定。待李存勖大军回师后，一切都平静了。凯旋诸军巡城一周，然后各回驻地，看到雄壮的军队凯旋，大胜的消息迅速传遍到整个河东，领地里的人心顿时安定、稳固了下来。晋阳城里的生活很快恢复了正常。

一处酒楼小厅上，一行商人收回了视线。

"晋王果然回来了。"一群人正在窃窃私语。"据说河东军并无多少损失，还收获了上万降兵，以前孙大人希望两败俱伤，现在看来希望落空了。成德、义武两镇就这么归附河东了啊，真是太可惜了！要是他们心思再活络一点就好了。"

"不能这么说，两镇心思再活络也得考虑现在晋王的实力；况且，这次救援可一点儿虚头巴脑的都没有整，是实实在在地和朱温干了一架！要这样，还要翻脸的话，可就是忘恩负义了！失了民心，还得罪晋王，那不是自己找死吗，傻瓜才愿意呢！"有人点头接着说："还真别说，城里那些图谋不轨、造谣蛊惑的人，不统统被杀了吗？我给吴越那边的人捎了个话，城里盯得太紧了，目前不能去打探，否则容易有大麻烦，最近失踪和被抄家灭族的人实在不少。"

其中一个中年人点点头，对于这个结果他并不意外，对敌人的宽容就是对自己的残忍，同样，保护好自己是优先选择，这是人之常情。无论这几个商家背后是哪家势力站台，都不可能逼着他们去刺探信息而不顾自家性命。毕竟经商才是首要，买卖情报那都是顺手为之。

"我们都看到了，河东这三年恢复得是不错。不过屡经大战，物资消耗还是很大的，估计李存勖现在能动用的兵马，不超过四万。魏博之地还放着朱温的一只虎，为防备这只虎，新附的成德、义武两镇应该也调不出什么军马来，河东在各地也要保持一定的驻军，好慢慢巩固和消化战果。我看晋阳要发动新的攻势应该不可能。眼下还在推广大规模开荒呢，青壮劳力缺乏的很，妇女儿童都得去田间辅助劳作了，这情况啊，大规模发兵南下，或者北上，都没可能的。"有人赞同道。

但是也有人提出新的担忧:“问题是,听说幽州的那位马上要称‘大燕皇帝’了,会不会激怒晋王大兵讨伐呀?”“晋军损失不大是没有错,可是一场大战打下来也很疲惫,我认为在近期出战的可能性真的不大,再加上各种各样的政务需要恢复,新的地盘总要有一段时间消化融合。我担心的是孙大人呐,他的脾气太耿直,跟了这么位主公,实在可惜了!”

“是哦,幽州的刘守光哪里比得上晋王,你看这几年河东,按功行赏,任用贤才,惩治恶吏,宽刑减赋,河东大治啊!刘守光就是个恶徒,折磨人的法子是一个接一个地来,听说他去制造了铁笼子和铁刷,交付给幽州的刑房,不高兴就把人关进铁笼子里,然后四周点火,烘烤折磨。更骇人的是,他还命人用铁刷刷犯人的脸和身上的皮肉!天哪,我听到幽州的这套刑具就吓得不行了!”一时间,小厅内的人,纷纷出言附和。谈论中尽是对幽州前景的悲观和声讨。不过,其中作为幽州势力在晋阳的耳目还是行动起来。“不管怎样,我们还是把消息传到幽州,让孙大人决断。”

回到晋阳后,李存勖休息了几天,然后焚香沐浴,前往宗庙祭告祖宗。柏乡大败梁军,作为一大功绩,按照传统,是需要给先祖们汇报一下的。祭祀准备了黄牛白羊各一对,还有装在大盘中写就的祭文。

到了宗庙,让李存勖驻足凝看的是那三枝父亲留下的长箭,他们被取出箭囊,单独供奉在大殿上,这是“誓言之箭”。读完祭文,将其焚烧,李存勖凝神静气,陪伴着父亲遗留的箭矢,偶一抬头看着墙上高悬的大弓,怔怔发愣,一时安静。一缕缕香,随烟萦绕升起,一丝丝在空中化开,然后飘散到殿中各个角落,待香炉中尽是灰烬,李存勖方才转身离开。心里似乎安宁了不少,又似乎多了一份决心。

五月时的幽州是另一番情景。刘守光的心情正爽,因为他收到了好多信,已经好久没这样了。一封来自李存勖,称其父在世时十分赞叹燕王的武勇,虽然曾互相敌对,但对其人十分赞赏;作为后辈,李存勖称:愿和河东诸势力共同尊刘守光为“尚父”,让他作为北方反梁同盟的盟主。

另外两封来自王镕、王处直,他们对刘守光辖地千里,屯兵十万,深表羡慕,愿附晋议,尊刘守光为“尚父”,并随使者献上美女、财物,供其赏玩。还有两封信来自李嗣昭、周德威,这两位晋军大将俱称李克用过世后,天下枭雄唯朱温和刘守光耳!若刘守光不负众望,接受“尚父”称号,都愿听从他的号令,讨伐朱梁。

最后一份来自朱温,信中对其极是安抚,授之“河北兵马都统”一职,并称可自行收复河北地区,打下的地盘全归刘守光所有。同时,梁军会在南线进行军事配合,望两家合作愉快等等。

一时间，刘守光化身香饽饽，成了众人拉拢、争夺的焦点。可惜，这厮是个没底蕴的人，他看来访的使者对其十分恭敬，信中言辞极尽赞美，便误以为尊自己为"尚父"就是说明自己有当皇帝的资格。于是，他洋洋得意地问臣下们："现在天下大乱，我兵力强大，地势险要，朱温能当皇帝，我为什么当不得，你们看'称帝'怎么样？"

幽州能臣孙鹤劝说道："大王现在不可称帝！因为西边有河东李晋的威胁，北边有契丹在虎视眈眈，他们都在等待时机出兵。假如您'称帝'，他们就会以此为借口前来讨伐。虽然幽州地势险要，兵马众多，但双拳挡不住四手，做事还是谨慎一点好，否则会被他们寻隙而入。"

"大王应该爱抚百姓，安顿将士，整治军队，储存粮草财物，将我们燕地治理得井井有条，这样下去名声自然会四处远扬，到时候已训兵积粮，为政有德，则天下自服。现在若轻举妄动，恐怕会成众矢之的。我们刚刚平定内乱(指与刘守光父兄的战事)，经济上困顿不堪，现在'称帝'恐怕不是好的时机。"

刘守光听到这里，只觉得心情坏了许多，烦躁顿生，让他很是厌恶。他铁青着脸问道："那为什么这么多使者，还有来信都劝我进位尚父？"

"尚父虽然是很尊贵的称号，但毕竟也只是臣下的称号，与'称帝'做天子大不一样！大王需当心，他们是把你放在架子上烤啊！事不极则不反，恶不极则不亡。这分明是条诱你入瓮，自取其祸的毒计啊！"刘守光听得越发不顺耳，心中大怒，想道："当初孙鹤，你在我哥刘守文手下时，把沧州守得跟铁桶一般，忠心得跟一条狗一样，我后来没杀你是我仁慈，为的是好招降父兄余部，现在哪有你胡乱说话、当堂损我的份！"

于是，刘守光拍案怒道："我有幽、沧两州，辖地千里，将士十余万，就是在这燕地做一个北面天子，有何不可！有谁能阻？区区一个尚父的头衔又有屁用！"

燕王震怒，满堂胆寒！众臣纷纷跪倒，一时间，耳边皆是袍袖撩起，窸窸窣窣的跪伏之声。偌大殿上，除了孙鹤，竟无一人敢立。

孙鹤，且分说一下，这是个耿直又有政略的人，也是年初力劝刘守光派兵救援王镕的人。当初刘守光兵变，软禁父亲刘仁恭，兄长刘守文在沧州驻守，刘守文火冒三丈，召集将士们，大声哭诉道："父母辛辛苦苦将我们抚养大，没有功劳也有苦劳，自古以来哪里有儿子把父亲当成仇敌加以囚禁的！我们家出了这种孽障，我真是生不如死！"

众将士也义愤填膺，纷纷表示愿意跟随他讨伐其弟刘守光。刘守文便兵发幽州，兴师问罪。

战阵中，刘守光不敌兄长，接连败退，刘守文见得胜了，便一个人到了阵前，十分难过流着泪劝住众人大声说："不要杀我的弟弟！"没想到，刘守光暗含鬼胎，见兄长毫无防备，突然派遣手下大将元行钦（此人后来是李存勖爱将）突然袭击，擒下刘守文！

刘守文真算是不作死就不会死的典型。遂被刘守光逆转战况，大败了兄长的军队，接着挟持刘守文猛攻沧州。

这时的沧州守将就是孙鹤，十分坚韧，他拥立刘守文的儿子刘延祚为首领，率领将士坚守沧州。前后一共相持了几个月，沧州被围困得粮食吃尽，于是便出现了吃人的惨状。军士吃人，百姓吃土，驴马相遇时，便吃对方的鬃尾。当时文弱的书生外出，常常被身体强悍的人抓住杀掉当粮食吃。即便如此，沧州依然久攻不下，刘守光只得许诺不杀兄长和家人，才诱降了刘守文的儿子刘延祚。没想到，沧州一降，刘守光便残忍地将他的哥哥刘守文和儿子刘延祚一并杀死了。

孙鹤因在沧州颇有名望，加上才能出众才免于一死，但其性格坚刚有余，灵活不足；或者说，他可能已心存死志，所以这个时候，他依然毫不退缩，立在大堂上坚持劝道："沧州一战，主公对臣有不杀之恩，但今天臣不能不劝止，否则便是让燕走上灭亡的道路，对燕不利！对主公不利！"

假如换了是刘仁恭，他对于抨击自己的文官，也不是一味地镇压。有人出来劝谏时，他尽管不听，但是有时也会容忍，虽然说起来大部分行为只是为了招揽人心。可是刘守光残暴数年，淫威滔天，无人敢违逆分毫。他一怒之下，蓦地立起，嘿嘿冷笑，说着："汝是何人，容你多日，敢作此言？来人啊！"

这一喝之下，顿时有着侍卫上前，应着："在！"这顿时让整个燕廷猛地一惊，孙鹤好歹也是为你着想，直言劝谏，罪不至死吧？只听刘守光桀桀笑着："将此獠杖毙！"

"诺！"当庭，就有着军士扑了上来，将孙鹤手脚拿住，拖了下去，杖毙执行的地方离殿堂不远，寂静的大殿里，众人都听到了孙鹤凄厉的大喊："不出百日，敌兵必至！""堵了他的嘴，立刻杖死！"满堂百官浑身颤抖，无人再敢出声，平日里不曾见过这些血腥场面的幕僚，更是吓得脸色发白，双腿无力。

片刻后，惨叫声越来越低，终是寂静。侍卫上前，禀告着："王上，已杖毙！""哼！"刘守光的心情这才略略好转，憋着一股邪火的他，很快示意结束朝议。

于是，他把"尚父"称号扔到一边，开始了登基称帝的准备。终于，安排好祭天、改元一系列活动后。于乾化元年(公元911年)七月,刘守光在幽州正式称帝,自称“大燕皇帝”,史称“桀燕帝”。由于刘守光统治期间残暴不仁,因此燕国又被称为“桀燕”。

顺便八卦一下,刘守光和父亲刘仁恭反目的爆发点是什么呢?

答:《新五代史·卷三十九·杂传第二十七》记载“仁恭有爱妾罗氏,其子守光烝之,仁恭怒,笞守光,逐之。”意思是:刘仁恭有个爱妾罗氏,十分美貌,于是一天刘守光就趁老爷子不在把罗氏给“烝”了(烝,古代指与母辈淫乱),这就不用多说了。

夏日的午后,阳光十分强烈,在树荫下站着两个侍卫,神色严肃地注视着四周,执行着保护军情要地的职责。在他们身后不远,一处清雅的小阁里面,郭崇韬正在仔细翻阅各地密谍报来的动向。从中挑出可能有内在联系的信息,放归一处,以便下一步进行针对性的探查。虽然大脑一直在思考,但他总体精神上是轻松的,不时地喝上一口茶水,

经过他的评估,“燕帝”刘守光已经没救了,领地治理混乱,人员流失严重,自己手下就挖取了不少原来燕军中优秀的军事人员。现在燕军兵力看着庞大,但大都是强征进来的百姓,且不分老弱,这样的“定霸都”战力当然十分低下。加之燕各地守将内心不安,刘守光的残暴让所有人细思极恐,对于晋军暗探的渗透大都不进行深究,有些外围将领甚至还会主动接触,有意投效,这种情势就足以让晋军成功实施他们的新战略。郭崇韬很有信心,只要晋军能集中五万左右的主力部队,用不到一年的时间就足以平定燕地。

现在他最大的顾虑则是:“梁会不会发兵救燕?要救的话,会怎么救?”从往日的经验来看,出兵救燕这是毋庸置疑的,朱温的大局观并不差,还不至于做出冷眼旁观的短视行为。关键是他怎么救?由于王镕、王处直的领地隔开了梁、燕,所以朱温没有办法直接把部队派到刘守光那儿。这就是柏乡战役取胜后最妙的地方,终于创造了能让晋在地理战略上分而击之的态势。郭崇韬想到这儿,不得不佩服自家主公的战略眼光。援救王镕,真正是一步好棋。眼下这步棋也是两人思虑许久,结合大量情报做出的重要决定。

“先灭燕,再攻梁。”很多将领觉得潞州、柏乡两战后,梁军丧胆,正是对梁境全面压上,夺取疆土的时候,这个时候去打有所损耗的梁,比打远在幽州,又保存实力的燕要划算得多。可是李存勖和郭崇韬都不这么想。两人合计后,认为梁军还是具有不可忽视的实力优势。现在如果就大举南下,晋军可能面临的是一场场不得不打的攻坚战。

但如果晋军不南下,梁军在新败以后,就不会再主动与晋军进行战略决战,当然

也不会实施大规模野战，而只会转入防御态势。如果晋军进攻，他们就依仗坚城抵挡。这样一来，梁军步兵守城的优势就可以充分发挥，而且攻守易位的梁军是本地作战，后勤给养也不会成问题。晋军骑兵多，以野战、游击、突袭、掩杀为特长，攻城却是其短处。这样一场战争打下来结果会是什么呢？有可能是晋军失败，也有可能会获胜。但即便获胜，可能也是付出惨重代价的获胜。

如果再乐观一点，即便损失不大地获取一次战役的大胜，也依然无法灭亡大梁。梁，战与不战，实力就在那里，依然强大。晋军只能在很长的时间中与其一点点角力，靠着一点点地积累来改变实力差距。可是，在这漫长的时间中，刘守光可能完全无动于衷吗？如果他一旦醒悟，出兵猛攻晋军的后方，又应该怎么办呢？所以，先灭外强中干的燕，再一心和梁周旋，才是正确的方略。君臣一致，方略相合，接下来就要高度关切对手的动向了。

想到这里，郭崇韬眼眸眯起，浮现出一丝冷笑。朱温虽然眼光不俗，但未必同手下想法一致，下面人执行起来说不定效果千差万别呢。不过，梁虽暮气已显，但要变得腐朽不堪还需要很长一段时间，必须去添一把火才行。随后，郭崇韬召来了谍报部门的几名主官。“……就按我刚才所说，在汴京将这言论散播开来，务必要让这些内容早一些散布到黄河以南。”郭崇韬对着俯首听令的属下，这样吩咐着。他刚才已经说得很清楚，要在梁晋南线各地，散播晋和燕已经达成联盟，正密谋合力诱使梁出击的消息。同时又散布信息说，燕欲借梁军之力共取河北之地，为此，李存勖丝毫不敢离开晋阳。

表面上看，这是正反不同的两条信息，其实都达到了转移众人注意力的目的，无论你相信哪一条，都会削弱晋军攻打幽州的预期。让朱温和大梁群臣察觉到这一点越迟越好。说到底，大梁都城汴京现在有太多的达官贵人操心的不是国事，而只是担心在各地的田产，担心自己的安危。即使谣言最终不能阻挡朱温派遣援军的决心，也可以在执行过程中拖累梁军的反应。

为此，郭崇韬把河北两镇献给晋王的许多财物都消费掉了，大批的花费落在对梁的谍报工作上，还有汴京里一些显贵要人身上。这里面有不少人既不是梁国军方人士（晋军拉的仇恨太多，梁军不易渗透），也不是要求他们去给朱温说什么话（劝说递话这种事，风险太大，也是没有人干的）。只是要他们在传言四起的时候漫不经心地加一把力，还可以借此保障他们自己的私利，这把谣言之火，就一定能烧得更旺。

“属下定当全力以赴，请大人放心！”负责情报工作的十几名下属听得非常仔细，行礼动作亦干脆利索，飒爽有声。郭崇韬挑选的密谍主官，大都选的是面容严肃，说话简洁，心智坚毅，忠心可嘉的人，他对这类性格的人在外办事还是很放心的，于是嘱咐完后令其退下。一直看着几名下属大步走出，郭崇韬这才转过身，扭扭脖子，起来活动一下筋骨。休息中想到了自家主公的身边比较爱用相貌清俊，言辞文雅的人，不禁莞尔一笑。

他近来也听到一些风传，对自己这类主公身边的心腹近臣评价不高，贬称其为"词臣"，意指靠写华藻文辞、拍马上位的臣子。郭崇韬觉得有些地方说的也不错，自己的文辞确实写得也不错嘛，多少不也是借此才入了主公法眼，才有了今日的机会来施展自己的谋略么。如今权威日重，自己是不是也算"词臣"中的翘楚呢。想到这里，郭崇韬拿起书中夹着的一张纸，上面清逸的字体十分提神，忍不住慢声吟道：

"一叶落，搴(qiān)珠箔，此时景物正萧索。画楼月影寒，西风吹罗幕，往事思量著。"吟罢，不由欢笑起来，自语道："主公破军斩将，雄壮意豪，却做得一手好词，心思细腻处，真是妙人。"

乾化二年(公元912年)正月。晋军名将周德威率军自飞狐口东进，入燕境，袭涿州。幽州战事起。晋军从南线悄然调回大批主力部队，会同晋阳城中的精兵，共四万劲卒，在周德威的率领下如雷霆一般，向燕地扑了过去！务必在朱温有所动作之前，抢出更多时间，为拿下刘守光奠定绝对优势。作为麻痹朱温，转移其视线的关键一环，李存勖必须坐镇晋阳，以表示晋军主力尚未出动。

在秘密给大军送行的夜里，李存勖在城外久久握着周德威的手，无语胜千言。周德威知道大军出发后，晋阳城中只余五千兵马，加上周边驻防部队总计还不到一万。后方是真的空虚呀！期许如此之大，责任如此之重。李存勖沉静的微笑，信任的目光，让老将军心潮澎湃如燎原野火，恨不得顷刻间便将燕军打个飞灰湮灭，然后将主力安然带回，拱卫晋阳。

大军出发后，如离弦之箭，一路向前；沿途军情雪片一般，不停飞报至晋阳城。晋军北伐开局十分顺利。正月，燕国刺使刘知温不战而降，涿州平。同月，燕将王在思降，晋军克顺州。

二月，燕将王行方率部临阵而降，晋军士气愈发昂扬！二月下旬，晋军遇到抵抗，但举手间便击灭燕地安远军，俘燕将十余人，燕国澶州刺使陈确见大势已去，率全城百姓归降。接下来，军情更是让远在晋阳的李存勖喜不自胜，对周德威更是夸赞不已！三月，晋军过古北口，燕将李晖等二十余名军官举族而降。四月，晋军连克居庸关，陷武州。

五月，大燕皇帝刘守光实在看不下去了，遣大将单廷珪率精甲两万援营州。当燕军赶到时，营州已经被攻陷。但这时晋军各部有些脱节，一部分在城内剿杀燕军残部，巩固战果；而主帅周德威尚在城外，正好遇上了来援的燕军。一场营州遭遇战打响！单廷珪一喜，扬言必擒周德威，立起兵攻之。周德威稳定阵脚，燕军急攻未果，城内晋军已赶至。两军遂阵前大战，周德威佯败，单不察，被周德威挥身用锤击落马下，被擒。燕卒溃，被斩首五千，余大部皆降。营州之战，晋完胜。北线的晋军主力犹如高屋建瓴，将途经燕地一鼓而下，豪放囊括怀中！

正在喜报频传时，一个令人悲愤的消息传来了！梁之“天雄军”在杨师厚的率领下，出魏州，猛攻晋地南线门户枣强。历时月余，因晋无兵救援，最终陷落。因愤恨城中的顽强抵抗，杨师厚下令屠杀三日，满城不留一个活口。南线上，战火一下子蹿得如此残酷、惨烈！

时间稍微倒退一点，正月过后不久，朱温便得到了刘守光求援的请求，他很好的战略观让其做出了出兵救援的决定；但这一决定却遭到了许多文臣武将的反对，他们俱称刘守光反复无耻，救他不过是替狼驱虎而已。朱温考虑到梁军还没有从柏乡之战的失败中完全恢复过来，而且自己的身体状况越发不好。这么快又要与李存勖再来一把大战对赌？小心脏可真心受不了咯！要不折中一下？所以，朱温决定暂缓出兵，先缓和一下众臣的情绪，也借晋军消耗一下刘守光的实力再说。朱温的完美计划是在最关键的时候才出力，以此达到让“晋”和“燕”两败俱伤的目的。可是，事实让朱温再吃一惊，又一次打破了他的经验常识。

如果一个人不知道经验就是拿来打破的，说明他心态已经老了。这句话虽然说得有些中二，但这不正是年轻人最可贵的地方吗？朱温没料到的是，晋军北征的挺进速度简直就是神速！曾经剽悍的大燕军不知什么时候变得如此不堪一击！既然晋军眼看就要打到幽州城下，那么他也不能再不温不火地袖手旁观了。朱温顿时严令：杨师厚所部要不惜代价，攻下枣强，打痛李存勖！另一方面，朱温命令平卢军节度使贺德伦汇聚魏博本兵（当地原属罗绍威的兵马，罗绍威已病故）进攻修县（今河北景县）。若发现晋军势力空虚，就尽快将其拿下，乘势去攻取晋阳。

“如果李存勖舍不得调回北征主力，那你就乖乖把大本营扔给我吧！”朱温打着一手好如意的算盘。

面对朱温扎过来的尖刀，李存勖咬着牙。撤回北征部队吗？撤回周德威用以解晋阳之急,不是不可以。但这样一来就使对刘守光的攻略前功尽弃,战局就会恢复到出兵前的态势,晋军除了劳师远征,拿下几块外围燕地以外,竟然是所获无几。从一开始,这次北征的定位就与往常的战斗不一样。这不是试探性、局部性的,而是决定性,要一劳永逸解决问题的。李存勖要的就是对幽州实施一场绝对打击,来一场真正意义上的决战,要通过这一次的全力进攻,一举消灭幽州的"大燕政权",把幽州彻底变成自家统治的地区。

李存勖心里计划的是,不获得最后的胜利,我决不撤兵。可是,形势不饶人。眼下的情况刚好到了一个险峻的节点:一旦让老奸巨猾的朱温察觉到我军腹地兵力薄弱,就麻烦了!假如他让贺德伦、杨师厚合兵一处,急速来取晋阳,可如何是好?怎么办?

李存勖又一次站在人生抉择的要点上,内心在不停交战,在焦灼中判断,这一步下去,赌上的就是大家全部的未来。是的,努力很重要,但选择往往比努力更重要。人生中关键节点的判断、选择,拼的就是每个人的智慧、胆识、阅历,还有运气。苦恼的不只是李存勖。

修县,晋军营帐之内,陈设甚是简朴,除了简陋的行军床,一张木桌和坐凳之外,几乎是空空荡荡的。除了案桌上面放着几卷书册之外,这营帐和普通将校的住处几乎没有什么不同。一个三十出头的将领负手站在帐中,望着悬挂在营帐内壁上的一副地图,神色沉重。这男子相貌稳重,五官可称英武人物,一身戎装挟裹着久在军旅的沧桑。

另一人相貌粗豪,体格雄壮,年纪相仿,神色间带着一贯的淡淡嘲讽味,这玩世不恭的将军正是史建塘。他见那戎装男子久默不语,便有些不耐烦,哈哈笑道:"我的存审兄弟,还看什么呀,这一次,梁军是决计不会放过修县的,一定会过来,他们要看看我们到底有多少兵马。一旦我们露怯,他们就会幡然醒悟,直奔晋阳而去的。"

"朱贼的年纪老大了,难道他不想在有生之年把大梁的旗帜插在晋阳城头上?其实我们也一样啦,就想着哪一天能到幽州、到汴京去插上我们的大旗!如果我们一直待在这儿,修县也守不了几天的!难道回去给主公说,让老将军回来?这个话,我不愿说,也不想说,说不出口哇,我们还是主动出去打吧!"

一身戎装的李存审仔细听完,然后沉稳地回应道:"你说的我都明白,若这次让周老将军撤回,只怕再难有这么好的机会去平定幽燕了。这些时日里,郭崇韬来过信,说在幽州的各处密谍都已全部发动,在当地鼓噪、煽动、劝降,成效很好,但若是北征军无功而返,这一切优势都会化为泡影,而且日后重建燕地密谍分舵恐怕再难做到。"

“现在，王上把防守南线的重任交给你我二人，我们可不能让他失望。如果修县一失，敌人就可以向西侵入深、冀二州，同时对晋阳构成巨大威胁，战局将对我们更加不利。我们兵少，只有六千，不能以硬碰硬，当然死守城池也断无前途。我想了一个办法，主动出击！好的话也能造成声势，让梁军好好意外一下。虽然未必能成，但是我觉得这个险是值得冒的！”

史建塘搓着一双大手，大笑道：“就知道你会答应的，要我说啊，你虽是敦厚谨慎，却是我军中少有的步兵奇才呀！既然有了好办法，还不快快给俺说来！”李存审苦笑道：“建塘兄，此事成不成，还要上天助我，勿要让敌将发现才好。”

要知道，南线的一切战术动作都是为了给北线主力争取时间而制定。我们再来看看北线战况。六月末，周德威属将李信攻陷燕地莫州。至此，北征晋军彻底将“大燕”中心幽州城团团围住。

面对着晋军的进逼，刘守光做了两手动作。一则多次派遣部队突围，企图能从杨师厚那儿求来援兵；二则，刘守光声称只要李存勖派特使前来，哪怕是投降，也不是不可以，谈谈条件嘛。

周德威明白，这只是敌人的缓兵之计。刘守光并不是真心想要投降，但是幽州城是“大燕”主城，也是几百年来，大唐防卫契丹的要地。城高池深，城中滚木礌石，弩炮箭矢一应俱全，如果硬攻，会给晋军带来不可承受的损失。于是，周德威一方面将信息快马传到晋阳，表示听从晋王李存勖的安排。另一方面，他在城下揶揄起刘守光的使臣来。周德威笑道：“大燕皇帝自即帝位以来还没有搞过重大活动，怎么第一次竟然就是投降仪式咯？真是没出息啊！”调侃归调侃，警觉却没有丝毫放松，他将一支支突围的燕军部队毫不手软地全歼，打得刘守光仅以身免地逃回城中，狼狈之极。

晋军在围城期间，又先后去周围燕地劝说，燕将司全爽等十余人率队降晋。周德威在这边一步步削弱着燕军的实力。远方的晋阳，李存勖依然在苦恼。“贺德伦这上万兵马怎么对付？杨师厚又怎么办？”得到周德威的信件后，他又必须去考虑，“幽州城坚，短期内不好攻破，那么要不要劝降刘守光？”“若要劝降，派谁为特使？条件怎么个谈法？他肯定至少是要求保住性命的，那么，父亲必杀刘仁恭、刘守光的遗命怎么处置？”一时间，李存勖眼前涌现更多的问题。

枭雄殒命

博桥附近，梁军大营。贺德伦坐在大帐里面愁眉不展，他花了一个多月的时间才勉强完成和罗绍威旧部的合流。魏博地区的士卒极其桀骜，控御甚难。贺德伦有时候十分钦佩杨师厚，这位令人敬畏的同僚，到底使用了什么手段能把帐下同样来自魏博的骄兵悍将们管理得服服帖帖？除了整军，还有一个麻烦，那就是朱温一道接一道的命令，这让他更加忧虑。眼下部队尚未整合好，强令出战是没有什么把握的呀！最好别让我碰上晋军主力，贺德伦嘀咕着。

若是晋军在修县有两万精锐，自己恐怕是打不过的，按柏乡之战经验，最少我得有四万人才能打一打吧。所以贺德伦步步小心，命令阜城、衡水的部队不要冒进，以免在修县附近遭遇晋军主力，被一口吞下。贺德伦不知道晋军什么时候到来，所以打定主意，慢慢推进。在汴京的陛下和敬翔大人都给他推断过，李存勖有将主力放在北线的可能。这种冒险的举动虽然符合李家小子的个性，但仔细想想，还是觉得不靠谱，不太可能啊！晋阳城一直都是李氏的重中之重，苦心经营了多年。他们攻打幽州，只是想从刘守光身上割块肉，捞点地盘，搞些好处吧。李存勖真的敢倾巢出动，将腹心之地变成一座空城？贺德伦怎么想怎么都觉得不可能，这么做的必须是疯子！所以他十分关注探报的信息。

据细作报来，晋阳城中已派出军马来防卫修县，领头的就是李存审，这可是河东将领里面的主力大将之一。贺德伦连博桥都还没有进驻，就是为了晚一些和晋军碰面，迟一天是一天，最好等到杨师厚和他会合后，再向修县进军也不迟。有杨师厚的“天雄军”作为倚靠，贺德伦手上这几万拼凑起来的人马才有安全感嘛。若是贸然单独赶到修县，与晋军主力接战，首当其冲的味道肯定不好受。

贺德伦满脑子避战思想，对身边晃来晃去的参军突然觉得不顺眼起来，喝问道：“派去阜城和衡水的人回来了么？”参军神色不安地回答：“尚未回来，因为两地距离大概在快马两个时辰之内，一来一去，总得要到晚上才能回来吧。”贺德伦怒道：“都是废物，晋军斥候可以一日之内单人两骑从修县赶到晋阳，而我们呢，就在身边的阜城和衡水，也要花那么多时间！”“还有许副将，我让他到后军接管辎重防务，相距不过三十里，怎么这么长时间也没有派个报信的回来禀明情况？”参军见他怒气勃发，紧张地说道："或许是军务繁忙，想必稍晚就会有消息传来。"

贺德伦喝骂了几句，心中稍平，说道："传我的命令，营中诸将不可懈怠，等几日后我们到了修县，就有可能面对晋军主力。到了那个时候，就要看大家的了，出不出死力，我清楚得很！若是吃了败仗回去，我的日子固然不好过，他们一个也别想好过。"

参军打了一个冷战，赶紧建议道："将军大人，是否派人通知前军张彦一声，这两日我军即将拔营，他那里还有五千魏博兵，虽说他们三心二意，可是毕竟后面可能用得上，先让他们有所准备也是好的。"贺德伦一皱眉，他和张彦不合，只是碍着张彦那斯是魏博牙兵旧将，自己根基尚浅，无法强行并吞，但是，此刻他也知道唇亡齿寒的道理。自己在博桥以南立营，若是晋军来攻，首先遇敌的应该就是张彦所部，若是现在不去打好招呼，恐怕张彦随便找个理由就率部撤了下来。

贺德伦思忖片刻，冷冷一笑，说道："那就派人去通知他一声，告诉他切不可擅离营地！遇袭就坚守待援，若敢擅离驻地，本将必不饶他！"参军连忙答应，但是心里微微有些同情张彦。贺德伦上任带去的外地士兵在魏博当地胡作非为，贺德伦又不甚约束。张彦作为魏博人，必须为本地人出头，一来二去，几次互别苗头后，两人很快就有了龃龉。但是贺德伦有一个大大的后台，那就是朱温。因为朱温隐隐有些猜忌杨师厚，所以他只是将"天雄军"交予杨师厚统率，而将魏博当地民政和另一部分兵权分给了贺德伦。一边要依靠杨师厚出力，一边又要分人来牵制，这就是典型的中国式用人之道。

用人不疑，疑人不用在权位面前，基本只是传说。张彦作为魏博军本地的代表人物（罗绍威死后），对杨师厚和贺德伦都有天然的情绪对立和利益冲突。因为魏博人都知道朱温想彻底吞并、消化这片半独立性质的地盘。所以，他被屡次任命为先锋，表面上是委以重任，实则是沦为炮灰。张彦无奈之下，也只得想法子讨好于贺德伦，虽然贺德伦不甚领情，可是身边参军、随从等人也是沾光不少，多少对张彦有了些好感，所以参军才会想到给他通知一下军情和主将安排。

参军刚刚离去，亲卫进得帐来，禀报道："启禀将军，许副将派他的亲卫回来了。"贺德伦脸色缓和，命令道："让他进来吧。"

遂即，从帐门口走进来两个军士，前面那人贺德伦认得，乃是许副将的族人，现在是许的亲卫头目，后面那人却是有些战战兢兢的，进帐之后始终不敢抬头，显然是心中畏惧。贺德伦只道那人也是许副将的亲兵，被自己虎威所摄，便没有理会，只是问道:“许副将已经将后营辎重整顿好了吧,情况怎么样,后日可能拔营进发?”亲卫头目神色有些紧张,回话道:“启禀将军,许将军令我回报,后营辎重已整顿完毕,按照计划,后日定可随将军一同启程。”

贺德伦心中一宽,望着他身边那人,觉得有些眼生,张口问道:“此人是谁,怎么也带他进帐了?”亲卫头目有些惊惶地回答:“他是我们许将军亲卫中的高手,许大人担心晋军斥候已经潜入博桥附近,可能会截杀信使,所以令他和属下一起前来。”

贺德伦笑道:“理应如此,许副将果然细心!”然后,他转向一旁那人,问着:“你叫什么名字,既然许副将都说你的功夫不错,想必是个百里挑一的勇士,怎么看着怯生生的,来人啊!赏他一樽酒,不要这么紧张嘛。”那军士闻言似乎心中一宽,身躯放松了许多,抬起头来,双手接过酒盏,上前一步道:“多谢将军赐酒。”说罢一饮而尽。

贺德伦仔细看去,只见这军士似乎比较年轻,面庞棱角分明,身姿峻挺宛如白杨,双目开阖间寒光电闪。贺德伦心中一震,这样的气度,就是自己也不过如此!若是他曾经在军中见过此人,怎会没有一点印象?贺德伦猛地站起身来,高声道:“你绝不是许副将的亲卫,究竟是何人?”

随着他的喝声,帐外亲兵蜂拥而入,将贺德伦护在其中。他正欲令人将两人当堂拿下,就在此时,帐外一阵喧哗,声音越来越大,一个浑身浴血的探马跌跌撞撞冲了进来,扑倒在地,声嘶力竭地道:“将军,不好了,晋军夺下了前军大营,前锋已经向大营而来!”贺德伦抬起头,面上神色满是大怒,恶狠狠地望着身前两人,喝道:“你二人定是晋军奸细!来人!给我将他们拿下斩了!”

亲兵头目已经是吓得魂不附体,站立不稳。那军士却是神色不变,淡淡一笑,答道:“贺将军,在下河东马步军都虞侯李嗣肱,特来向将军致意。”帐内众人都觉得耳中轰然,这怎么可能,这不是李克修(李克用弟弟之一)之子么,怎会出现在此地?就在众人心旌动摇的时候,李嗣肱身形一晃,已经向贺德伦扑去!贺德伦心中也生出凶念,若是擒杀此人,也是得功一件!就在贺德伦“杀!”字出口,话音未落之际,突变再生!

帐外突然惨喝声四起,数十名梁军打扮的人员,纷纷抽出军刀,将帐外贺德伦的守卫砍翻一地,李嗣肱的双手各持一刀,手法纯熟,刀刀逼人;转眼间,他已经突破对方两个亲卫的拦阻,闪到了贺德伦的身前。贺德伦听到外面士兵惨叫,又是一惊,眼见被李嗣肱欺到身前。仓促中,他后退一步,赶紧拔剑抵挡。

顿时,刀剑相击,风声激荡,大帐之内杀气狂啸;李嗣肱手上动作不停,只是稳定从容地向贺德伦一步步压过去，将对方逼得无法抽身。一套双刀的基本招式，横砍、竖劈，在他手中使出却是犀利异常。刀风纯熟，走势的头尾衔接十分流畅，旁边那些亲卫就连插手也插不上，更别提围攻李嗣肱了。

贺德伦早年为滑州军牙将，屡立军功，曾累任刺史留后一职，其自身武艺也颇为精熟。可是帐外一片混乱之声，明显是有敌军来袭，心中正惊诧晋军是如何潜入到中军附近，发动攻击的。一心二用间，贺德伦顿时不敌李嗣肱。接了几招后，一个躲闪不及，右肩中刀，鲜血直流。他立时顾不得形象，呼叫援护，被几个忠勇护卫，拼了命上前抢下。

大营军士见到主将流血带伤从中军帐中慌乱跑出，帐外又满是厮杀的混乱，更觉心惊胆战，不知出了什么变故。就在这时，四野喊杀声大起，鼓角声连连，有梁军高声喊道："不好了，晋军来了！"营中一团混乱，不知多少人慌乱地奔跑、惊叫；也有将领们极力约束部下的喝骂声、斥责声。许多梁兵无心恋战，一哄而散。

史建塘看着在晋军内外突袭下弃械奔逃的梁军，高声笑道："怎么梁军这么稀松无力，若是他们的战力都是如此，恐怕用不了一年，我们就可以杀过黄河了！"

李存审面带微笑，说道："贺德伦贪财好色，就任后，只知道要求魏博当地的世家给他上贡金钱、美女，不用心整军经武，所以其部下战力不强。加上魏博士卒无心作战，前军的张彦对我们也是偷偷放水，所以侥幸赢得轻松。你若看到杨师厚麾下的'天雄军'，就知道魏博自古出强军不是虚言了。若是你这般轻敌，我可不敢再让你做先锋啊！"史建塘咧嘴一笑，赶忙憨笑道："是，在下知错，绝不敢轻敌！大将军可不要把我留在后面哇！"李存审淡淡一笑，没去理会他。

这时，李嗣肱已带人杀散中军帐附近的敌兵，向这边靠拢过来。李存审拍马过去，迎面说道："你带本部人马留在这里看守俘虏，我要立刻去突袭贺德伦的后营。"李嗣肱立刻请命："你是一军主将，不应该冲到第一线上！突袭后营，烧掉梁军辎重的事，还是交给我吧！"

李存审笑道："都交给你了，我手痒怎么办？放心吧，还是用老办法。先放回一部分俘虏，然后我们继续穿着梁军的号衣，混在溃兵中间。等到了后营，大概天也已经快黑了，喊开营门，进去以后，就立刻占据大门，开始放火。""只要我们破了贺德伦所部梁军，烧了他们的辎重，阜城和衡水的敌军就会迟疑，然后我们在各处虚张声势，说有大军在此。他们没了主心骨，自然就会畏缩不前，甚至自行退去。到时候，我们就是想以身犯险，也没机会了。"吩咐完毕后，李存审亲率三千步骑伪装成溃兵奔贺德伦后军而去。

在贺德伦的博桥大营陷落两个时辰之后,梁军后营被晋军偷袭。由于晋军在途中伏下斥候,专门负责截杀来往信使;所以关于中军被袭一事,梁后军毫不知情,也没有准备,但其守将拼死抵抗,战至夜间,后军营盘方才陷落。梁军大批辎重被焚烧一空,十数里外可见滚滚黑烟。之后,李存审、史建塘、李嗣肱各自领军攻击周边县镇。衡水梁将怯懦不敢迎战,连退数十里;而阜城梁将犹豫再三,自觉独木难支,随即连夜撤兵。至此,南线给李存勖造成压力的几万梁军退去大半,只剩下杨师厚一部,在成德节度使王镕的极力牵制下,也将脚步停止在了河北镇州。

晋阳城王府,李存勖的书房外面,一个文官匆忙进来:"报告王上! 前方传信回来,李存审率部潜行至博桥,大破贺德伦! 汴人惊乱,烧营而遁。"李存勖立刻打开书信,展开观看,脸上洋溢着按捺不住的大喜! 实际上,他正准备亲自带晋阳全部人马前往修县御敌。这下可好! 三位大将合力破了梁军攻势,南线的危机一下消失了。怎么不由得他喜出望外! 兴奋过后,李存勖想到一个重要的事。很快,一声喝令从书房内传出:"传令下去,城中所有六品以上官员,都到议事厅集中,无故不到者,斩! "

汴京,梁帝宫内。

"这个消息可是真的? 李存勖率领三万大军,已赶至博桥? "朱温听到这个消息,脸色阴晴不定,追问道。"是,主公! 这是咱们派去衡水、阜城的人送回来的情报! 李存勖亲率大军三万,已到达博桥,贺德伦大营已失,正收拢溃兵,以期再战。"听到汇报,朱温脸色变幻多时,最后哈哈一笑。"李存勖主力果然还在晋阳! 否则怎么会这么轻易就击溃了贺德伦,下一步,说不定他会顺势南下,攻打邢、洺、磁、魏各州(今河北邢台、邯郸、大名一带)。且不说贺德伦刚刚吃了大亏,便是不曾吃过败仗,单凭他手上三、四万兵马,李存勖估计还没有放在眼里。"

"着令贺德伦,因牵制晋军主力的目的已达,命尔退守魏县,主动与杨师厚所部合流,以魏博防务为主,无须出击。"朱温原本还有些担心李存勖亲率主力去攻取幽州,听到这个情报后,不由松了口气。虽然刚刚又败一场,但只要李存勖南下进攻魏博军镇,与杨师厚交手,便是一场恶战。李存勖年少成名,锐气正盛;杨师厚亦是用兵狠辣,二人都是强者。即便李存勖取得了最后胜利,与"天雄军"交战,必会损失不小;到时候,晋军也无力冲击大梁的黄河防线。或许在这段时间里,自己已经处理好了继承人的问题。朱温吩咐下去,密切注意魏博地区,若有战报,随时报与他知晓。

就在天下林林总总的势力,都将注意力放在博桥这里,以为李存勖随时会大举进攻魏博地区的时候，李存勖已率两千飞骑，一路风尘，神不知鬼不觉地冲出了古北口，前往了幽州。他下定决心要尽快解决幽州战事，越快越好！在博桥大营穿上自己盔甲四处晃悠的是身形与自己相仿的李存璋。当你们以为我在幽州的时候，我在晋阳；当你们以为我在晋阳的时候，我却在幽州……抓住一个空档，火速北上主持大局！

李存勖要的就是在朱温发现他真正目的之前，拿下幽州！如果按照刘守光开出的条件，只要自己抵达幽州，亲自许诺饶他不死，他就开城投降，若是如此，自然是可以接受的。如若不是，自己亲临幽州，也是断了燕军待援的期望；我李存勖都来了，说明晋阳那边已经搞定朱温，并无后顾之忧，坚定晋军的决心，短期内必能夺下此城。幽州战事能早一天结束就早一天吧！北方的契丹人也是不可不防的力量，他们也绝对不是“大晋”的朋友。

十月，李存勖抵达幽州。四万晋军陈兵幽州城下，一眼望去密密麻麻，晋军大营犄角相连，气度森严，单只是望去，就已令人生出不能取胜之感。刘守光站在城头，望着城下，一时陷入沉思。他身旁的心腹将领李小喜张了张口，想说些什么，却终因对方积威甚重，而勇气渐消，只得站在一旁，不敢发一言。对于这位主上，李小喜更多的是惧，纵然他有些野心，只要刘守光还活着一日，他就不敢造次。顺着刘守光的目光，李小喜将视线落在连绵数里的晋军军阵上，片片旗帜，连成了一片，此起彼伏，浩瀚如海。

“士气高昂，实力强大！”刘守光有些贪婪地望着城下军队，若是这支军队是属于他，那他所想要拥有的一切，就会唾手可得。可惜啊，这样一支军队，是属于李存勖的。这个与自己一样，割据昔日大唐帝国北方的青年，夺去了所有北方强豪的光辉。沉默了一阵，刘守光回过神来。

“幽州城中，还有多少士兵？”盯着连绵数里的大营，刘守光用沙哑的声音，低沉地问着。这声音很低，除身旁李小喜外，无第三人能听到。李小喜心中一动，看了上去，只见刘守光眸子中，似乎燃烧着一朵幽暗的火焰，他有些不好的预感，却只能老实地回答：“主公，城中尚余五千兵马。”“五千……”这数目令刘守光眸中的幽幽小火苗彻底熄灭，他一闭眼，心里叹息，自己庞大的基业、兵马，已经在这次战役中灰飞烟灭。

“现在士气如何？有多少可出城死战之人？”刘守光还有些不甘心，继续问道。“主公，城中士卒休养几日，或能恢复些许士气和战力。”李小喜想了想说着：“至于现在可出城外战的人，只怕两千都凑不起来。”刘守光听了，眼神黯淡下来，喟然长叹，仿佛用尽了气力，心里一片凄然，又看着远处，久久没再言语。

经过晋军这数月围攻，燕军多次出城激战，伤亡惨重；若是有援军到来，或许这些残余士卒凭借着城池还能迸发出一些斗志来。可是，现在李存勖亲至，听闻博桥一战中，晋军又击溃了实施“围魏救赵”之策的朱温援军。底下士兵已经泄了气，松了劲，守下去可就难了。

“主公，您是否……已决心让晋军入城了？”在这种几乎绝境的情况下，李小喜自然是想了解刘守光会做出怎样的决定，这关系到自己的生死存亡。于是李小喜吞吞吐吐地说着：“不知道主公听说过没有……今日李存勖，在城下断弓发誓，只要大王按事先约定，开城之后……”

“容我再思量一下！若李存勖派特使入城，你便说我病倒于塌，暂不能见他，拖延一天，算一天。”刘守光语气中透着不快，转身走下城楼。一路上，城墙根旁疲惫的士兵，肢断被创的伤员，他们低声的抱怨、呻吟声不断入耳，空中弥漫的冲鼻血腥气，这些东西丝毫不曾令这位燕地之主蹙一下眉头。李小喜踌躇了一下，跟了上去，心里暗暗盘算着。

劝降那日，李存勖在城下拔出一支箭来，两手用力，一折两段。“只要你出城投降，我保你一家平安。如果言不应心，让我有如此箭！”当他得知刘守光声称自己有病在身，请再宽限几天之后，李存勖冷笑着，脸上满是不屑。

刘守光这样的人也是脸皮极厚。先是要请降，好吧，我准了；你要保全全家性命，我也答应了；然后声称要我亲自来应诺，方才能相信，我也来了！现在又让下属出面推脱，说其病重理事不清，需要稍等几日；明明知道自己的谎言已被揭穿，可是，他仍旧能够面不改色地把它再重复演一遍。李存勖对此已感到厌倦，而且厌恶！你要作，那你就死去吧！他下令，翌日，部队开始总攻。

黑夜笼罩的天地之间，渐渐露出一丝鱼肚白，接着厚重的黑幕缓缓拉开，幽州的决战开始了。这一次晋军有备而来，在围困刘守光的两个月里，周德威添置了不少的攻城器械。在晋军的连续攻击下，幽州城终于快要扛不住了。就在这时，西门守将李小喜突然倒戈，开门向晋军投降。这一变乱迅速形成连锁反应，刹那间，幽州城内的燕军们彻底失去了抵抗意志，全城一片混乱，刘守光和妻子急忙换上事先准备的百姓服饰，混在四处奔散的人群中往沧州(今河北东南部)逃去。

这一天，幽州的城楼插上了“晋”字大旗，大晋几十年的宿敌终于被消灭！虽然有晋军将领要求拿下幽州后，要屠城泄愤，但是却被李存勖第一时间阻止。他迅速令人在城中恢复秩序，严肃军纪，禁止滥杀，这也是导致刘守光能在难民潮中侥幸逃出幽州城的原因之一。不过，李存勖很清楚，刘守光已经彻底完了。沧州城小贫瘠，上次燕地内乱后，城防薄弱，遣偏军一支便可旦夕而下。沧州不足惧，但是，有一样东西他必须要拿到手，当然是刘守光的项上人头！一颗能祭奠父亲，能告慰全军将士，能作为刘守光家族这多年来忘恩负义，残暴无耻的所作所为付出代价的大好人头！

乾化二年（公元912年）十二月，晋军至沧州，周德威以箭书招降，沧州守将开门归顺，燕地全境平定。同月，晋军广布游骑，于幽、沧山野间捕获刘守光及妻子，李存勖将其押往晋阳。

途经定州，王镕按照礼仪提出为李存勖接风，这是顺理成章的事情。在华丽的赵王宫中，河东和成德的将军谋臣分坐在两方，觥筹交错。身为俘虏的刘守光、刘仁恭也被添了个位置，坐在席中。同时，席上还坐着一些归降不久的燕将，他们的面色都不大好；尤其是刘仁恭、刘守光父子二人，相貌憔悴，神色恍惚，早没了往昔的强横霸气。

酒过三巡，王镕迎合李存勖的心思，提出有酒无舞太没意思，不如让被俘的大燕宫廷女乐来歌舞助兴，李存勖一听，正中下怀，当即让原燕庭女乐上来表演。燕地琴乐，曲风豪放，时激荡若奔雷，加之宴舞者，矫健婀娜，那些刚刚参与平定燕国的将领们自然是拍手叫好。刘守光听着熟悉的燕乐，恍如隔世；突然间，他浑身颤抖、哆嗦着走出席位，跪在地上，痛哭流涕地求饶。李存勖在众人面前假意安抚道："往事就别说了，世人谁都会犯错。"李存勖既不说杀，也不说饶，把话悬在半空，却又和颜悦色地对待刘守光。这是故意要给他一个希望，一根仿佛可以救他的稻草。记得谍战电影《风语》中有一句台词让人思量："有时候，绝望是一种解脱，反而希望变成了一种折磨。"

一般情况下，我们都相信人的生活中不可以没有希望，希望使人奋进，希望使我们有所期待地活着。但是上面那句冷冰冰的话，或许也有一定的道理。绝望了，什么都放下了，就也解脱了，而有时所谓的希望，在某种程度上，的确也会是一种折磨。因为希望，所以期待；因为期待，所以折磨。所以，折磨一个人不是让他一下子绝望，而是一次次给予他希望，然后再一次次地让他的希望落空，最终让他在绝望中窒息。

李存勖恨极了这对父子，正因为他们这两人，父亲才会壮志未酬，导致这十数年来与燕的交战中伤亡了无数晋军将士。这顿酒是李存勖宣扬胜利的地方，也是他折磨敌人的地方。我们不知道在押往晋阳的路上，刘守光内心有多少次挣扎、后悔；或许在内心痛苦的撕裂感中还妄图获得一线生机。最终，我们所知道的是李存勖没有饶恕这对恶贯满盈的父子。

抵达晋阳后，李存勖下令在祖庙前斩杀刘守光。刘守光如同其他祭祀用的牲畜一样，被毫无怜悯地宰杀。刘守光精神完全崩溃了，临死前他还想要拉个垫背的，于是大哭说："臣死无恨，但是叫臣不要投降的是李小喜，他这个罪人不死，臣死后也要向阎王告状去！"李存勖不发一言，只将李小喜叫来对质。李小喜瞪着眼睛，回应道："如果说这些事情都是我们属下怂恿你去做的，那么囚禁自己的亲生父亲，残杀兄长，背弃诺言杀害自己的侄子，这些也都是我教你做的吗？"

刘守光无言以对，眼见死到临头，又绝望地大叫："大王要复兴唐朝江山，成就霸业，臣善于率领骑兵作战，为何不留臣驱使为大王效力呢！"这话和三国时期白门楼曹操杀吕布一段相似。当年，吕布曾对曹操曰："明公所患不过于布，今已服矣，天下不足忧。明公将步，令布将骑，则天下不足定也。"当初绝世无双的人中吕布尚且身首异处，何况你呢！刘守光要么是太过于高看自己，要么就是急病乱投医，扯上什么算什么了，没有一丝的骨气。

此时，却有人胜过他。刘守光的妻妾二人，祝氏和李氏，虽是妇人，却颇有气节。见丈夫如此，轻轻叹息，淡淡劝道："陛下，事到如今，何必求生，徒遭屈辱耳？"说罢，不发一言，引颈就死。而刘守光仍然哀诉求饶，丑态百出，结果还是躲不得一刀，身首异处。另一个祸害，刘仁恭，数日后被李存霸（李存勖亲弟弟）押到李克用的家乡代州，李存霸在雁门刺其心血祭奠了父亲后，在陵墓前遵照李存勖的吩咐将刘仁恭斩首。

公元913年，大燕亡。燕地烽烟平息，幽沧二州被李存勖顺利收入囊中，这对朱温是一个巨大的打击。但是，此时的他已经顾不上这个了。因为他刚和崇政院的敬翔商议完一件大事，一件比河东的胜利更加重要的事情。

朱温将此事定下来以后，心里舒缓了许多，他半靠在华丽的大椅上，一位容貌出众的女人正站在朱温的身后，用着葱白玉手，轻柔地给他按摩着头部。大概是被按摩得很舒服，朱温的困意渐渐上来，他半眯着眼睛，缓缓地说："你先退下，在外间候着，朕小憩一会儿，若是友文（朱温次子，养子，甚得其喜爱）来了，就让他直接来见我。"女人温顺地称"是"退下。这个女人就是张氏，她将要改变朱温所剩时日不多的命运。

她退下后，并没有停留在外殿，她一刻不停，飞奔到了自己的老公（朱温三子，亲儿子）朱友珪的面前。她张口说出的话，让朱友珪大惊失色。"陛下已经宣召朱友文前来，欲把帝位交予他！""那我呢？""我听到敬翔曾说，可给你一郡之地，使之外任即可。"

"可恶！""陛下已经把传国玉玺交给王氏了，夫君再不决断，就要大祸临头了！"（王氏，朱友文之妻，年轻貌美，和张氏一样以儿媳之身给朱温侍寝。）夫妇两人相对而泣，张氏再劝："事急权变，何不早自为图？"朱友珪乃易衣服，微行入左龙虎军，见统军将领韩勍计事。

夜三更，阵阵冷风，从殿外吹起来，仿佛带着无限的阴冷。

"来人！"朱温突然惊醒，站在殿中，大声喊着。半晌过去了，无人应声。朱温大骇，想到睡前的张氏，他仿佛一下明白什么，连忙向着偏殿走去。这时，又有一大群人正在宫内乱哄哄地跑动，其中有宫女，有内侍，神色间，都十分慌乱。身后一群杀气凝重的甲士，迅速地分成几组向宫内四散搜索而去。随着一道身影出现在偏殿的门口处，一组甲士看清之后，身上的气息顿时紧绷起来。"嘘！"见有人想直接冲进去，为首的朱友珪心腹冯廷谔无声地拦住他们，摇了摇头，指指走过来的朱温，意思是先等着。几个人点点头，继续隐藏在角落里。直到朱温越走越近……突然之间，冯廷谔和身边甲士如同商量好的一般，猛喊一声，当头扑了上去！

"去死吧！老贼！"一名甲士手持着长刀，一刀就朝着朱温脑袋上剁下来。朱温还真是没想到，会有人在这里要杀自己，惊怒之下，险些被这一刀砍到！但他是大将军登位，戎马半生，反应迅速，这一下直接侧身就躲了过去。等到看清是冯廷谔带队后，朱温一下证实了自己的猜想，大骂道："果然是朱友珪！我疑此贼久矣，恨不早杀之，逆贼忍杀父乎！"

朱温旋柱而走，一边大骂，一边躲闪着，剑击柱者三，时间长了，他病体疲惫不支，一下摔倒，正欲起身的时候，后背突然一阵剧痛，与此同时，几乎让他窒息的疼痛感从胸口那里传来。身后，几把冰冷的刀剑已经插到了他的背上，背后全是蛇一般狠毒的目光。"老贼，去死吧！"朱温意识渐渐沉了下去，他听到的最后一句话，让他心里突然生出一种荒谬得无与伦比的感觉。自己纵横天下，翻云覆雨，最后竟死于自己亲儿子的刀下！五代时期最为出名的大梁皇帝，历史上称其狡诈程度不亚于曹操的朱温，终于倒了下去。

朱温被刀剑穿背，洞其腹，肠胃皆流，死状极惨。朱友珪得知消息后，大喜之。以被褥裹尸寝中，秘丧四日，才尽出府库，大赏群臣及诸军。同年十一月，朱温葬于宣陵，在位六年，卒年61岁。

朱友珪遣丁昭浦矫诏驰至东都（洛阳），以朱温遗命杀朱友文。他玩的也是秦二世杀兄长扶苏的套路。并以朱温语气诏曰："朕艰难创业，逾三十年。托于人上，忽焉六载，中外协力，期于小康。岂意友文阴畜异图，将行大逆。昨二日夜，甲士突入大内，赖友珪忠孝，领兵剿戮，保全朕躬。然而疾恙震惊，弥所危殆。友珪克平凶逆，厥功靡伦，宜委权主军国。”意指朱友文谋逆，全靠朱友珪忠勇护卫，但自己久病，身体不行了，于是将朱友珪立为继承人。然后，朱友珪自登其位，称其父病重不治，号令全国发丧。消息一出，一时间，天下哗然。

这一年，李存勖交回了第一支箭。他站在祖庙堂前，今年二十八岁的他周身隐隐透出森然的气息。每次进入到这里，他整个人就进入一种状态，仿佛一柄藏于鞘中的绝世宝剑，锋芒匣隐。眼见他将“誓言之箭”取下，放回箭囊中，其动作十分轻缓，透着恭敬之意，带着一种节奏、一种韵律，如同某种仪式般的凝重。

在他眼前，父亲遗留在祖庙的另外两支箭矢依然在供奉台上闪亮。正对着它们，他似乎默默地跟自己的父亲心念着什么。这时候，郭崇韬匆匆忙忙地走了进来，禀道：“王上，细作急报，汴京发生大变，朱温已死，其三子郢（音：yǐng）王朱友珪已杀父篡位。”李存勖剑眉一挑，有些兴奋道：“朱贼终于死了，立刻传令，准备议事，本王要亲自去讨伐。”

郭崇韬断然道：“王上，这样不行！你这一去，反而会让敌方形成联合，来抗击我们；如若不去，他们必有内讧，我们不如先静观其变，再找机会从中渔利。”接着，郭崇韬提醒道：“有可靠消息说，朱友珪已拜韩勍为忠武军节度使，以其弟朱友贞为东京留守，河中朱友谦为中书令。单单传回的这几条信息里面，就有值得揣摩回味的地方。”

李存勖一愣，兴致起来，示意郭崇韬继续讲下去。“朱友贞，乃朱温与正妻张惠的嫡子，朱温生前也颇为喜爱，受封均王，掌左天兴军。朱友贞常与朱友珪相斗，且与军中宿将多有联络。内乱时，其人不在汴京，事后多半会兴兵伐珪。”“我们再来说韩勍，他与这次汴京大变脱不了关系，自柏乡大败后，他在梁臣中威望大失，此时朱友珪因他支持谋逆就起用他，人心定然不安。”“其三，朱友谦是朱温义子，为人刚直，受封冀王，听闻朱友珪封赏朱友谦后就赶忙召他进京，说不定是对他十分忌惮，不如我们遣人与其接触，或有受益。”

李存勖拿着书信，听完这番，脸上神色变化很是精彩，一副“原来这里面有这么多文章哦~”的表情。他手捏在下巴上，好像有些期待，这时候，一个亲卫奔来道：“王上，诸位大人已经在大殿等候王上前去议事了。”李存勖转过神来，微微一笑，吩咐道：“告诉大家，我这就过去。另外，崇韬，你尽管放手去做，无论什么结果，对我们都有好处。”说罢，李存勖一甩袍袖，向大殿走去。他走在祖庙庭院的青石道路中，心中装的满是晋军驰骋中原的豪情。

第四章 魏博纷争

悬刀乱生

洛阳郊外，一座偏殿之内。朱友贞，面容秀美。他站在空荡荡的大殿之内，望着墙上娘亲的挂图，陷入了回忆。他的相貌从母亲这儿继承得更多一些；行为上比起朱友文要文弱一些；其人不喜妄作大言，喜与雅人儒士同游。后人称朱友贞喜弄翰墨，多作行书批旨，大者或近盈尺。其书法笔势结密，亦有王氏羲、献帖法，流传到今，览之便知，非侍书者所能及也。《全唐文》里收录有朱友贞的诏书、敕文、书信等作品二十二篇，也可见其文辞。

此刻，虽然还不到二月，天气依旧寒冷，可是朱友贞心中却燃烧着熊熊怒火。有文士属性加点的他并没有那么简单，并不像表面那样儒雅翩翩。他在富庶的洛阳可以说是一手遮天，经过他的努力，如今大梁朝安排监视他的将领要么已经被收服，要么已经被扫除。这次，父亲朱温的死去，让很多在洛阳还没有确定立场的将领们都感到了浓浓的危机，结果他们大都主动投效，所以现在的朱友贞更是没有掣肘之人。按理说朱友贞应该十分欢喜、得意才是，但是他很不高兴。因为不久前，兄长朱友珪的圣旨到了。

圣旨上面是任命他为东京留守。“需严守洛阳,不可懈怠。”要是以前,朱友贞可能还会欢喜;因为这样看来,朱友珪还不知道洛阳已经被他完全掌控,还企图给他个虚衔,羁縻在中枢之外。可是,现在朱友贞会觉得十分恼怒,凭什么朱友珪可以对他呼来喝去！朱友贞觉得自己才是理所当然的继承者。他身为嫡子,要血脉有血脉,自幼得父皇宠爱。

母亲张惠初嫁父亲时,被时人批评“门不当,户不对”。母亲张惠是宋州刺史张蕤的女儿,结婚时,朱温已经大权在握,地位显赫了,普通官宦与其大有差距。但是,母亲为人贤明有智,敢做敢言,行动有法度。每当父亲大动肝火要降罪无辜人等时,只有母亲敢于与夫碰硬,继而进言规劝,挽救无辜,所以张惠以贤良闻名朝臣之中。在朱友贞看来,父亲、母亲留下的政治资产当然应该由自己来继承。

再看朱友珪,先以自身妻子的美色诱惑朱温,再动刀兵,杀父篡位,为天下所不齿！自从朱温身边尽是朱友珪、朱友文等人刻意媚宠献上的美人之后,朱友贞就再没有得到以往父亲的温情和关注。多少次他眼睁睁看着朱友珪、朱友文在父皇面前肆意邀宠,自己明明才是嫡皇子,却因为母亲过早去世而不敢随意上前。若仅是如此,朱友贞或者会容忍下去,可是他深刻地记得,疼爱自己的母亲临死前嘱咐父亲朱温:“夫君你英武超群,别的事情我都放心,但你常常冤杀部下、贪恋酒色,这两点让我实在放心不下。所以‘戒杀远色’这四个字,请夫君千万要记住！如果你答应,那我也就放心去了……”父亲神色悲痛,郑重地答应下来。母亲死后,就连众多将士也是悲伤不已。

但是,父皇悲伤一段时间后,就恢复原样,放纵声色,忘了母亲临死前的忠言。后来,他竟然和儿媳搞在一起,并且大臣中颇有姿色的妻子也不放过。这让朱友贞格外愤恨。一怒之下,他自请为东京马步军都指挥使,离开汴京,来到了洛阳。

可是离开了皇宫之后,朱友贞才知道梁军中派系林立,倾轧激烈不亚于皇子之间的邀宠之争。一个在宫中长大,养尊处优的皇子在外地军中立足谈何容易！多少次被人明枪暗箭,多少次与人合纵连横。他变得越来越沉默寡言,凭着城府和谋略,表面上喜好儒道,但实际内心只论以权财惑人,以人制衡之道,终于在东都洛阳一家独大。可是即使如此,干系大梁社稷的夺嫡之争,朱友贞自始至终却没有丝毫机会参与。父皇眼中似乎只有朱友文、朱友珪,皇位不出乎此二人,何况,那时朱友贞的势力根本无法在汴京立足。

难道我就不是皇家的人么？难道我身上流的不是地地道道朱家的血么？这种屈辱让朱友贞下定了决心，就是身死国灭，也不能任由人主宰欺压！所以，朱温死后，朱友贞内心里就决定了有一件事必须做："举兵讨逆"。但是讨逆的第一步不是"举兵"，而是寻找关键者的支持。

将近黄昏时分，大殿的殿门开始打开迎客。两人站在门前，其中一人正是已多次和朱友贞会过面的赵岩（朱温女婿），而另外一人则戴着遮阳斗笠，一身的黑色衣袍上风尘仆仆。朱友贞欣然上前道："赵岩，这位就是魏博来的特使吧，小王（朱友贞受封均王）期望魏博来人久矣！今日得见，真是大事有望。"

那黑衣使者上前施了一礼道："王某不才，殿下礼贤下士，魏博杨公也是闻名已久。杨公常言自己被皇上从军中简拔，才有了这辈子的威名，他心中只有效忠一念。没想到皇上遇难，杨公身在外地，无法作为，常道惭愧。听赵大人说，殿下欲起兵讨逆，魏博军将上下奋起，无不效力！王某今日前来，除了代杨公致谢上次物资供给之外，也想和殿下商量许多合作事宜。"意思是：我们来谈条件咯，开个价码呗。

朱友贞道："王将军不必多礼，杨公也太谦虚了，当初若不是父皇身边小人谗言，魏博节度使一职就应该是杨公的。否则，也轮不到让贺德伦得了便宜。杨公镇守魏博一地，可谓固若金汤，前有枣强之胜，后又选敢死牙兵编组'银枪效节军'，更是威震北方！这种种功劳，小王可是不敢忘记。"这意思是：价码出来了，要节度使，给你；要扩军，要军权，一样给你！

"尤其是听闻，杨公应对朱友珪召见进京一事。杨公威武坦荡，长令小王击节而叹；不知当日详情若何，以解小王渴慕之心。"（问事是假，让对方表态是真）

黑衣使者轻声笑道："朱友珪的雕虫小技，杨公自是应付自如。当日传旨的使者走后，曾有幕僚言朱友珪以议事为名，调杨公进京，意图加害。倒是让杨公笑了。杨公说道：'我二十多年来帮先帝打天下，没有对不起朱家的地方。现在如果不去，难道就证明我有私心吗？无论是谁做皇帝，是什么样的人，我心里自然有数。他不会，也不敢把我怎么样；所以，我去不是看他，而是去看一眼先帝。此后，杨公便率军去见朱友珪，朱友珪自然十分惊惧，手足无措，根本不敢乱动。若是朱友珪像殿下这般坦荡、直率，我等又怎会心忧大梁前景！如若殿下不嫌弃，请允许我等替殿下效力。"（东西给得痛快，自然称得上坦荡、直率）特使的这番话，既有自傲，也有敲打，更有合作之意。

朱友贞听完，笑道："好啊，我们一同携手挽救大梁社稷，那是再好不过了，你们魏博多出人杰，本王真是羡慕得很，要不，王将军有机会就到我身边来，事若有成，日后就是封个节度使也不在话下,哈哈哈!”

“殿下厚爱,微臣铭记在心。关于我们的合作,不知道殿下最希望我们做到什么?毕竟魏博不完全是杨公属地,名义上还是得听贺德伦的,底下将领的心思都比较复杂,短期内也恐难以完全掌握。”

朱友贞和赵岩对视一眼,两人小声交换了一下意见,片刻后答道:“王将军说得不错,这才是要害之事。小王会冷眼旁观一阵,待我等汴京内应已定,时机成熟,小王定会亲自上京,擒拿朱友珪,处置这个杀父篡位的罪人。正是有杨公的臂助,所以小王方才不畏各路艰险,敢于举旗讨逆。”肯定了自己的方针,朱友贞也提出了需要对方配合的地方。“说起来,尚有一事确需杨公扶助。汴京附近的滑州关外,有不少军马或可支持叛逆,杨公只需遣一偏师驻守滑州,不让一兵一卒通关,便是大功!若朱友珪仅靠京中叛军,我可月余而下;到时候,魏博一地自然也只会有一个节度使。”

黑衣使者早有准备,直言道:“在下出身军旅,也不说什么冠冕堂皇的话儿,来之前杨公就有所吩咐,朱友珪身为先皇三子,我等臣属不便首发义兵;加之魏博有人掣肘,多有不妥;不过,若是殿下所需的只是这般,杨公必会应允,决计不会让滑州关外有任何变化!”那特使虽然看不出朱友贞眼色变化,但是只见对方身躯微震,就知道朱友贞心中激动。

长长地呼吸下后,朱友贞作礼说道:“有杨公襄助,大事已定!王将军如此推心置腹,小王感激不尽,你我誓约就在今日达成。”黑衣使者斩钉截铁地道:“殿下放心,盟约已成,一言为定。”与杨师厚联盟的事情敲定后,朱友贞格外欣赏和信任赵岩。因为正是赵岩提醒他:“想要成为皇帝,必须要做一件事,就是招抚魏州的杨师厚。他如果同意,此事必成;他如果不同意,即使你把朱友珪干掉,你的皇帝之位也会坐不稳当。”

历史在这一年的末尾加快了它的脚步。在无数隐密地运作下,汴京的暗流涌动,陆续传来的消息越来越有利于河东李晋。乾化二年(公元912年)。大梁冀王朱友谦(朱温义子,同州节度使,今陕西渭南一带)与郭崇韬多有接触后,从郭处得到不少汴京之变的内情,经过朱友谦自己的查证,发现朱温被朱友珪所弑,这一事件极可能是事实。

所以当朱友珪宣布继位以后,加封他为侍中,朱友谦虽然受命,但心里常愤恨不已。

而后,朱友珪遣使让朱友谦入汴京觐见,朱友谦拒绝不去。在这种情况下,经过密集渗透，大胆劝诱，郭崇韬在其主持的密谍工作上取得了重大成果：朱友谦同意归附于“晋”。这一下，有人不乐意了。朱友珪大怒，你这是妥妥的打脸啊！他不顾群臣劝阻，发兵五万，征讨朱友谦。这次领兵的主将也是熟人，韩勍（汴京之变的主谋之一）就任招讨使；康怀英为副招讨使。（这个康怀英就是潞州之战的康怀贞，之所以改名是因为后来要避讳，新梁帝朱友贞的“贞”字。）

眼看着新收的小弟要被人打，李存勖坐不住了。当初敌对的刘仁恭，我们去救了；曾经背盟的王镕，我们也去救了；现在这个朱友谦，当然更需要救！李存勖亲自率军出泽、潞以救之。这次战事《新五代史》里是这样记载的：“遇怀英于解县，大败之，追至白迳岭，夜秉炬击之，怀英又败，梁兵乃解去。”从这儿我们可以看出这一仗梁军又败了。晋军简直是追着梁军在打，“于解县，大败之”，“夜秉炬击之”，完全是一路连击、暴击！

康怀英自此败后，生平再无大战，直至去世，去世时为永平军节度使、大安尹，累加官至中书令，在那个时代，算是挺不错的善终了。李存勖的这份付出没有白费，他果断的援救行为彻底获得了朱友谦的效忠。不久，朱友谦被李存勖封为“西平王”。

乾化三年（公元913年）正月，朱友珪改年号为凤历。因为他杀父篡位的行为，后世史官将其不列入后梁皇帝正统。看着朱友珪折损实力，有人感觉时机差不多了。就在次月，朱友贞（均王）联合朱温之婿赵岩、朱温之甥袁象先、魏博军镇杨师厚等人，打起了“除凶逆，复大仇”的旗号，发动政变！杨师厚成功阻截朱友珪的滑州援兵，断其外援。袁象先则率岐变禁军数千人杀入宫中，朱友珪无法逃脱，遂命冯廷谔（心腹官吏）将他及妻子张氏（短命皇后）杀死，友珪死后，廷谔亦自杀。

一日之内，汴京再度易手。事情进行得如此顺利！朱友贞计得意满，高高兴兴前往汴京即位，接手胜利果实：大梁政权。然后下达大梁新皇帝令：追废已死的朱友珪为庶人；复用乾化年号；（因为朱温死时就是“乾化”年号，朱友贞以示继承先帝的意思）任杨师厚为魏博节度使，兼中书令，封邺王。

正如郭崇韬所料，内乱让大梁的实力和凝聚力都有了一定程度的下降。我们来对比一下：河东李晋通过柏乡之战将魏博三镇中的成德、义武两镇收到了自己的阵营，又在一年内消灭了刘守光，平定了幽州、沧州等地。晋的领地扩大了一倍不止，并且在地理位置上将契丹和大梁进行了分离，让两者沟通变得困难，让两者的联盟变得松散起来。

在短短四年中，李存勖改变了梁晋双方的争斗态势。以前，梁军常常深入李晋腹地，动辄就是几万人围攻城池的局面。现在，梁晋双方大多是在边界战区上对峙，或互有攻守，而且晋军时常处于攻势，不时主动骚扰，进攻大梁的据点。很明显，现在的“晋”已经不是几年前那个风雨飘摇的地方势力。在李存勖的带领下，已经隐隐然有和梁分庭抗礼的气势。

不过，即便如此，梁依然强大。在乾化四年（公元914年）整整一年中，晋始终无法深入大梁腹地的原因主要是有一根刺没有拔掉。这根刺就是晋梁之争的焦点：魏博。这一地区盘踞着大梁的一只虎，现任魏博节度使杨师厚。他在取得朱友贞给予的丰厚政治回报后，对现实财富的掠夺也加剧起来。现在，明显具有半独立性质的他在当地大肆发展私人武装，截留应供给梁中央的税赋，用来养兵整备。朱温死后，他再无顾忌，从“天雄军”中选拔精锐，成立了五代时期最具有战斗力的部队，堪称牙兵中的最强精锐—“银枪效节军”。

据《清异录》记载：“枪材难得十全，魏州石屋材多可用，杨师厚时，银枪效节都皆采于此”。可能是因为枪的材质较好，故称“银枪”。就是这样一支部队，让李存勖如鲠在喉，丝毫没办法在战事上取得进一步的突破。

曾经，晋军攻打刘守光之时，杨师厚的部队就在南线给予晋军重创，一度给晋阳带来了重大威胁。这支部队的力量成为晋军卧榻之侧的最大忧患。他与大梁南线战区（如河阳、宣义）部队的配合，十分有效地绊住了李存勖，给河东形成了极大的牵制，同时也给李晋潞州地区造成了两面作战的困境（潞州东侧是大梁魏博军，南侧面对大梁宣义军）。李存勖一直考虑着如何消灭杨师厚的势力，取得对魏博地区百分之百的统治权。但他还没有想出好的办法，他没有把握。南线战场上梁军驻防的兵力雄厚，而魏博战场上杨师厚的牙兵凶猛。两方协同，一正一副，一攻一守，配合无间；李存勖没有办法在短期内将任何一面的敌人击败。

“魏博军镇”这一地区的重要性是谁都可以意识到的，朱友贞还没有昏庸到任由河东全力扑杀杨师厚而不营救的地步。何况，现在的河东政权已非当初，很多危险不是非冒不可了。相比较，现在李晋也家大业大了不少，早已不是“无产阶级”，干起事情来也不能那么光棍了。而且，契丹在后，也不得不防。为此，李存勖任命周德威为幽州节度使，严防契丹。没有办法，李存勖苦苦思索，只得在战局上继续与大梁，与杨师厚相持。就在李存勖一筹莫展，除了僵持还是僵持的时候，天运再次跑来送给了李存勖一朵花，魏博的局势终于发生了变化：杨师厚死了。

乾化五年（公元915年）三月，杨师厚病故，被追赠为检校太师。杨师厚死后备受尊崇，累封为“西齐王”。其后人建庙于斤沟，以崇祀之。北宋仁宗皇祐元年（公元1049年），当地人刘昭贵请唐文馆进士陈稷为之撰文（文载明·万历《太和县志》），以示崇敬。“师厚纯谨敏干，深为太祖知遇，委以重兵剧镇，他莫能及。然而末年矜功恃众，骤萌不轨之意，于是专割财赋，置银枪效节军凡数千人，皆选摘骁锐，纵恣豢养，复故时牙军之态，时人病之。”

对于大多数人来说，人生的成功往往不在起跑线上，而在人生过程中某些关键点的把握上。这些“关键点”也就是特殊的“时机”，通常都会带来深远的影响。杨师厚的死对很多事情来说都是一个转折，会带来一系列意想不到的变化。

首先，我们来看看朱友贞的态度，杨师厚作为他上位之前的盟友，朱友贞的态度很现实，也有几分凉薄。他大喜过望，一方面追赠杨师厚为太师，另一方面下令废朝三日，与赵岩、袁象先等亲信在宫中大肆庆祝对方的死亡。搞得好像河东的大将挂掉了一般。这时的赵岩已就任大梁租庸使，兼户部尚书，平日常以勋戚自负，在他的管理下，户部贿赂公行，天下之贿，半入其门。赵岩和朱友贞一样，内心十分忌惮杨师厚，听闻他死后，也大大松了口气，收到新帝邀请，欣然前往，一同与朱友贞进行狂欢、祝贺。可谓人情翻覆似波澜，朱门早达笑弹冠。

赵岩坐在席上懒洋洋地看着那些舞女优美的舞姿，上首坐的便是朱友贞，正快乐地一杯接一杯畅饮着。微醺间，赵岩忽然想到一事，渐渐地有些坐不住了，一副神色不安，欲言又止的样子。朱友贞发觉后，一挥手让这些舞女、乐师都退了下去。他问道：“爱卿为何如此忧虑，杨师厚一死，就再无人可威胁我们了，我们君臣同乐，可永享这汴京盛世啊。”

赵岩皱眉道：“陛下，我们可是忘了一件事情，正需要妥善处理啊。”朱友贞一愣，坐直身躯道：“爱卿说的是何事啊？”

赵岩道：“陛下，过去臣总以为杨师厚是一个心腹之患，他死后，我们便可安心；其实，事不尽然，威胁来源究其根本不在杨师厚身上，而在魏博此地上。”赵岩故意说“臣以为……”，其实是借此纠正朱友贞的观念，这样说，听起来顺耳嘛，领导怎么能有错误呢，有错的都是下属。

“魏博此地从唐末以来，一直都是朝廷的心腹之患，谁拥有魏博，谁就有强兵，此一镇兵精武强，谁拥有它，谁就能割据一方。臣下担心的是虽然眼下少了一个杨师厚，但难免后继者会成为下一个杨师厚啊！”朱友贞听后，点点头道：“你说得有道理，从田承嗣开始，魏博镇的每一任节度使都是狼子野心之辈，罗绍威如此，杨师厚亦如此。赵爱卿啊，这下一任节度使的人选可要替朕好生斟酌！”赵岩因收受某人大量财物，夹袋中早已有了人选，早就想推举了。

此时，他故意将眉毛皱成一个深深的川字，装作苦苦思虑后，方道：“臣有一人，或可适任。此人既熟悉魏博军务，而又不是当地人。其领军多年已足以抵挡河东李晋，但其人才能和兵马数量却不会超过杨师厚，用这样的人既能负守土之责，也不会坐拥魏博，独大一方。”

朱友贞笑道：“如此适当之人，爱卿还不说将出来？”赵岩举荐道：“就是现任平卢军节度使贺德伦，当初先皇用他在河北也是为了牵制杨师厚，但其人手段差了许多，根本无法与杨争锋。臣一开始也没把他放在心上，现在看来，倒是个合适人选。”

朱友贞正在犹豫，毕竟魏博地区是前线关键战区，一个能力不够的指挥官可是会带来大麻烦的。这时，下首的另一个心腹判官邵赞也起身进言道（这两人早商量好，打了个配合）：“既然魏博作为一个独立的军镇，地广兵强，难以节制。任命的节度使往往都会借机割据一方，时间长了，朝廷拿他们一点办法都没有，这是大不妥当的。现在杨师厚死了，我们正应该借此机会把魏博一镇进行拆分，把现有的魏博六州（魏州、博州、相州、贝州、卫州、澶州）分成两个军镇，任命两位节度使。这样既可以分散魏博地区的力量，又可以让两位节度使互相牵制；否则，谁敢肯定，这个地区的继任者不会像杨师厚与罗绍威一样呢？”

“陛下，这样还有一个好处，就是任用两名将军，可以弥补其中一人军事才能不足的缺陷。”赵岩颔首，心中早就打定主意，两个节度使的高位，怎么也可多收一倍的钱啊。朱友贞听完神情欣喜，说道：“爱卿们说的是，只是有一事我有些不安，魏博牙兵桀骜，当地人喜欢聚众抱团，若是他们不愿听从号令，分成两支部队驻防怎么办？”

赵岩眼中闪过一丝警惕，这个可能有麻烦的锅可不背，话得留个扣子，有个余地，于是答道：“这也正是臣担忧的啊！不过，或许陛下可以遣一上将，率大军屯于魏博附近，若有变乱，立时镇压！”（赵岩心想干脆找个关系不好的‘上将’去背锅）朱友贞神色不安地道：“若选此上将，手握重兵，必须忠心不二之士方可担任。又需防魏博有变，及时弹压，其才能不可不高，爱卿可有人选啊？”赵岩等人商议半晌，推荐道：“开封尹刘寻可用。”朱友贞仔细琢磨后，满意地摆手，道：“赵爱卿真是知人善任，就是他了！”

乾化五年（公元 915 年），朱友贞依赵岩等所议，下令将魏博地区（即魏博军镇）分成两部，其中一部仍以魏州为中心，为“天雄镇”，由贺德伦出任节度使。另一部以相州(今河南安阳)为中心,节制从魏博分出的三州,为“昭德镇”,任命张筠为节度使。

原来魏博一地的金钱、物资将被均分,兵马拆分后也会有一半人迁至相州驻防。为了保证这一分化工作可以顺利进行,朱友贞派开封尹兼镇南节度使刘寻统兵七万从白马渡过黄河,随时准备对当地可能出现的反抗进行镇压。

魏博自罗绍威、杨师厚死后,又开始面临新一轮的洗牌。贺德伦心里很得意。他将作为“天雄镇”新任节度使,拥有了一块自己的领地;虽然魏博军镇被一分为二,但是这对于他来说不是坏事,而是好事。这样,他就可以把以张彦为首的不顺眼的当地将领扔到昭德镇去,逼他们离开本地。以后,这里就能打造成铁板一块,万事以他马首是瞻。贺德伦的如意算盘打得很好。可惜他和朱友贞都估计错了。他们低估了一个东西:魏博镇的“传统”。

魏博镇自唐末广德元年(公元763年)成立以来,已经二百多年,实际政权就一直是由地方势力把持,中央无法控制。通常,上一任节度使死后,下一任节度使由谁担任不是中央朝廷说了算,而是由当地握有实际兵权的人物自行接替,然后报备与朝廷,在形式上走个合法的过场而已。即使有时候当地没有一个强有力的军头,往往也是由当地势力共举一人就任魏博节度使,以保障当地豪强、门阀、家族的共同利益。

还有一个普遍的情况,就是在节度使帐下也充斥有大量代表着本地人利益的牙兵牙将。他们一方面骁勇善战,为节度使出生入死,另一方面很大程度上也挟持了节度使的意志,节度使必须为他们的利益、为本地人的利益考虑,不能做出伤害他们的决策,否则,这些牙兵牙将随时会调转刀尖,把原有的长官赶下节度使的位置。外来的人要坐稳节度使这个位置,必须具有两项条件:一、本身要有强悍的兵力,让人对这个位置不敢觊觎。二、要能摆平牙兵牙将和本地豪强的各种需求,具有均衡各方利益的政治手腕。

在之前的魏博节度使中,有一任很典型,我们拿来说一说。

公元898年(光化元年,唐昭宗时期),罗绍威(他娶了朱温的女儿)继承父亲的职位就任节度使后,曾借助朱温的兵马血洗魏博当地的势力,一夜间斩杀了魏州城里数千桀骜不驯的牙兵,才勉强稳定了他的统治。事后,罗绍威本以为牙军势力遭到严重打击,他可以成为魏博真正的主人了。可是偏偏事与愿违,牙军被残酷地消灭,这在魏博当地引起了强烈的反响。牙军虽然一向骄横无比,违反法纪,可是他们毕竟是本地人,在当地有着他们的根,有着相当的影响力。当人们发现原来强悍如斯的牙军都被节度使联合外来势力设计斩杀,就都失去了原有的安全感和信任基础。虽然罗绍威想尽一切办法安抚诸军,但是,他仍旧不能扭转本地部队与他离心离德的局面,导致魏博六州,叛乱纷起。

如果权力失衡,权力就会被滥用。人人担心、恐惧的就是这个。安全感是人天性中自然追求,不可缺少的精神需求之一。罗绍威的这一举措打破了原有的权力制衡,但是本身又缺乏足够的力量,因此一下子对局面失去了控制的能力;于是,他不得不更加借助于朱温的势力,所以他本来具有的半独立性质日渐消失。

《资治通鉴·唐昭宗天佑三年》上记载:"全忠(朱温旧名朱全忠)留魏半岁,罗绍威供亿,所杀牛羊豕近七十万,资粮称是,所赂遗又近百万;比去,蓄积为之一空。绍威虽去其逼,而魏兵自是衰弱。绍威悔之,谓人曰:'合六洲四十三县铁,不能为此错也!'"意思即:朱温在魏博的这半年中,所有的军用物资都是由罗绍威负责供应。所用粮食不计其数,就是牛、羊、猪都杀了数十万头,此外,罗绍威还花了上百万的金银进献给朱温他们。当朱温终于率部离开的时候,罗绍威发现自己多年以来费尽心机搜刮来的民脂民膏已经所剩无几了。

这就是大鱼吃小鱼,小鱼吃虾米。罗绍威苦心经营,消灭牙军,所得到的结果就是:他从牙军的附庸变为朱温的附庸,而且还赔上了数以百万的财富及魏博六州无数条人命。罗绍威为此而悔恨不已,他曾经对人这样说:"合魏博六州四十三县之铁,也不能铸此大错。"这也是成语"铸成大错"的来源。

因此,回头看来,罗绍威的政权虽然勉强维持下来,但这样处理当地牙军的办法未必可取。接下来的节度使杨师厚就不一样了。他继任后,总结了罗绍威的教训,一改罗绍威对当地势力的打压,而是加强合作,吸收本地力量,组建了"银枪效节军"。这一支精锐部队人数最多时曾达到八千人的规模,配置有最好的武器装备,拥有最好的待遇。正是这一支部队,他们不仅成为了杨师厚个人武装中的王牌,也让杨师厚面对朱友珪、朱友贞时可以毫不假以辞色。所以这一任魏博节度使让大梁汴京里的贵戚重臣大为忌惮,更让与其频频交手而屡处下风的李存勖异常头痛。在以后的表现中,我们还可以看到,在整个五代十国时期,各地层出不穷的牙军编制中,"银枪效节军"当仁不让地成为最耀眼的一支,留著于史书。

罗绍威、杨师厚两任节度使先后死去,前来接任的贺德伦满心欢喜。魏博本地人家中却是一片愁云惨淡。他们早就接到谕令,大梁帝不但要从魏博六州中分出三州组成新的一个军镇,还要把库存的财物,当地的士兵都分出一半到相州去。而且,分到相州的军士必须要迁往相州驻扎。这里的士兵都是本地人,在当地安家、生子生活了几十年,很多家庭彼此之间都有着密不可分的姻亲关系,各家的男人也并肩在这片土地上奋战多年,一起出征,一起活着回来。在这样残酷的乱世,说不准哪一天就挂了,谁愿意抛家弃子,远离故乡呢!

而且,魏博人心中也十分清楚大梁帝这一命令的潜台词是什么。他们非常担心,糟糕的事情还没有完;大梁分化、削弱他们的力量后只是第一步,下一步就会是消耗他们,或作为炮灰,或进行更恶劣的重组整编,直到他们翻不起任何浪花。

魏博兵人人都有一种大难临头的感觉,谁都不认同这道分拆的政令。谁都不愿意被分到"昭德军"去。谁都不想自己的家人、亲友,骨肉分离,背井离乡。谁都不想作为牺牲品,谁都不愿意孤立无援地去面对叵测的未来。因此,朱友贞的这道命令就在魏博被拖延着,无视着。贺德伦到任后对此感到十分不满,他日日催逼,喝骂当地牙兵尽快动身,威胁他们如果再有推脱,必杀无赦。贺德伦随身带去的数百卫士、家奴也飞扬跋扈,许多人幻想着在整编后的部伍中得个一官半职。当地的怨怒在一步步积累。

历史是偶然的,也是必然的。偶然的是一个个"事件",必然的是人心"趋势"。偶然的"事件"如果顺应"趋势",这时我们称之"大势所趋","顺应天命"。但它有时也会突然反转,改变既定的趋向。这往往被称为"倒退",或"逆天"。但是,无论怎样,历史研究中有一种因素不容易获取,不容易还原,而它正是人行为的原动力之一,无法忽视其存在,那就是"情感"。匹夫一怒,流血三尺;霸王一怒,漂橹千里。"利益"与"情感",一对伴随人终生的羁绊。

魏博人感到在自己的土地上越来越压抑,眼前的长官是如此扎眼,凭什么这些外地人指手画脚中就决定着我们每一个人的未来。终于,一日有消息传来,整个魏博的军队哗然了!刘寻的手下大将王彦章所部前锋五百人已进入魏州境内,抵达金波亭了。这意味着,传言是真的,刘寻负责镇压的七万大军竟然是真的来了!冲着我们每一个人来了!他们马上就要汹汹涌到魏博,逼着每个人违背自己的意愿做出几近自杀的选择。或者这已经不是选择,而是服从。这是一个信号,警示所有魏博士兵的信号,正有一把刀悬起,在头颅之上。

"自古乱世出英雄"其实应该这么理解:世道一乱,人心就会浮动,人心一旦浮动,就会有人利用这个揭竿而起,抓住机会成王败寇,在史书上狠狠留下一笔。不安的魏博已经拥有足够的不安人心。贞明元年(公元 915 年,朱友贞改"乾化"年号为贞明,表示纪念老爹结束,现在开始我朱友贞的纪元)三月二十九日,夜,压力终于累积到了一个阀值上。

魏博将领张彦召集军士，哭着对他们说："一直以来，我们魏博将士就因为勇猛过人而被梁人忌惮，冲锋陷阵常在第一线，分赏财物却总被排在后面，现在朱温死了，他的儿子朱友贞却变本加厉，想要通过拆分达到削弱我们的目的。""我们魏博六州的将士从来就没有被分开过，也从未有过出兵到外地镇守的先例，如果我们就这样被分开，以后肯定是死路一条。一旦拳头张开，手指就再也聚不拢了，大家就会骨肉分离，生不如死！望诸位兄弟全力支持我今天的行动！"

人心所向，其事必成！魏博将士早已对贺德伦极为不满，顿时整营轰然响应。是夜，魏州大乱，张彦发动兵变，满城血光，一夜之间贺德伦所有家奴、亲兵数百人被屠得干干净净，只留下他一人。他被逼上书朱友贞，称魏博拆分两镇一事，事不可为，望陛下收回成命。朱友贞接信后不以为意，心道你们这帮军汉无视朕的权威，朕的话是说改就能改的么，当即命刘寻大军火速进军，迅速平乱。

张彦见刘寻大军动向，立刻明白了梁帝的意图。终究事情没有了转圜的余地，他将心一横，威胁贺德伦写信给河东李存勖，说自己愿意举魏博之地归附于晋，望速速来援。贺德伦左右亲信俱被杀，已经沦为纯粹的傀儡，当即表示愿意配合，将书信一挥而就。张彦派人快马送往晋阳，心想对李存勖来说，这是如此一份大礼，晋王又会怎么感谢自己呢。

就现在看来，朱友贞拆分魏博的决定不能简单地归结为是其昏庸所致，因为从某个角度来说，这是从根本上解决魏博地区常常挑战中央权威的一个有效办法。只不过改革、调整这类东西是把双刃剑，弄得不好就沦为权利斗争的工具。我们可以发现，朱友贞、赵岩一类人并不是迂腐，不知世事，相反他们是典型的政客，拥有一定的政治手腕，对危机的处理已经习惯用单纯的政治手段来解决。而这样的手段保障的却只是个人私利，没有丝毫顾及当地民众的利益，没有考虑人心的趋向，甚至也没有去思考是否符合大梁国的整体利益，所以朱友贞等人只是平庸的政客而已。

也许有人会问，政治家和政客的区别是什么呢？前者制定规则，后者一边钻漏洞，一边维护规则。所以历史上同样是杀伐决断，同样是阴谋诡诈，但有些人是政治家，有些人却只是政客。一个拥有政客特点的人是可怕的，对民众具有极大的欺骗性。不过，他们虽然可以在所有的时间里欺骗部分的人；或者，在部分的时间里欺骗所有的人，但是，他们终究无法在所有的时间里欺骗所有的人。朱友贞或许用了一条好计，但却不是一条好的国策，选的更不是一个好的时机。这样强硬轻蔑的态度直接将张彦逼向了晋军一方。

贺德伦、张彦请降的文书火速传到了河东，递上了李存勖的案头。“什么！魏博请降？”李存勖双手紧紧按住桌面，整个人一下站了起来，他简直不相信自己的耳朵，一把从郭崇韬手上拿过文书细细看来。虽然杨师厚已经病故，但是这两年来与“银枪效节军”的交锋，让李存勖有些心烦，这是一支不花血本就无法打垮的部队。李存勖舍不得手下的精锐。他知道，以河东的实力，就算能啃下魏博，也会崩掉几颗牙齿。可是现在，这个看起来十分难对付的硬骨头，竟然在基本完整的情况下，要向自己投降了！

站在李存勖对面的还有几人。正是前来此地，与李存勖、郭崇韬汇报事务的密谍司吏员，李存勖听到这个消息时，他们也在一旁听得真切，此时面色都很是兴奋，忍不住上前补充，说道：“据查证，贺德伦确为张彦所挟持，所以请降多半是真，这是一个大好机会！我们请命在刘寻赶到魏州前去处理好受降一事。”

郭崇韬脸色平静，微微皱起眉想了想，目光抬起，说道：“事情多半是真，这个没有错；只不过，张彦其人风评不好，一向桀骜滥杀，这次变乱之夜，乱兵军纪大坏，百姓为之恐惧，让他长期待在当地，恐怕仍是祸患。不过，若是有功不赏，不在魏博给他个军头的位置，他势必怀恨，以后可能再次效仿今日之事。贺德伦私下还偷偷给我们送来消息，表示他真心希望我们接受魏博一镇，只是提醒我们勿要养狼自害，蹈他覆辙。”

李存勖听到后，笑道：“嗯，贺德伦这厮恨极了张彦，让他本来到手的天雄节度使当不成了。”“主公说的是，不过，他倒是有一句话与微臣想法相同，除乱要除根。张彦此人只是应时、因事而起，其人不可大用。微臣在魏博收到的消息中多有他借乱夺财，收买部下的事例。这样贪婪且野心勃勃的人根本不甘于久为人下。另外，‘银枪效节军’的去留也是问题，此军里俱是亡命勇悍之人，昔日阻我王师，伤我诸军甚多，若是留下，万一心怀不轨，临阵倒戈，亦是覆顶大祸！”不过郭崇韬到底心有不甘，觉得“银枪效节军”战力强横，若是就此解散，也十分可惜，最后还是笑道：“还是由主公裁定吧，留亦可，不留也行，各有好处。”

“这就是一头虎啊，着实也让我舍不得下手。”李存勖垂下头，目光深深地凝视着地图。隔了一会儿，他想到了一个办法，虽有些冒险，却的确是个不错的主意。在他思索之时，周围的这些人凝神屏气，等待着他的决定。“先让我看看这支虎狼之师吧。”李存勖抬头，目光扫视众人：“我决定亲往魏博，一看分晓。”

贞明元年（公元 915 年）四月，疾驰如风的晋军很快到达魏州附近的永济县，并传晋王谕，令魏州的张彦来见。张彦收到谕令，与心腹相商。他冷哼一声，沉声不满说："晋王看来对我一样很不放心，一不封赏于我等，二不直接来魏州，却要我去拜见。其人心胸不足以长久侍之。"

说着，张彦感慨起来，对周围心腹吐露心事："当年本将只是都头一个，屡有斩获，而副指挥使庸懦无能，却极嫉妒我，几次妄图陷害，本将心里不服，时间长了更觉愤懑，一次他逼得太紧，结果本将一怒，趁在战场上，就将他杀了。杀了之后，本将反而晋升为副指挥使，我心里欢喜；之后又屡经战事，方才当上了指挥使；却因为出身太低，就算去曲意逢迎也无法获得节度使的赏识。几次生死之战，终于让本将悟得，这上下罗网，盘根错节，若是逢迎起来，就永不得解脱，不能有一日快意。"

"哈哈，本将悟破后，发誓要以自己为刀，斩尽一切，所以本将杀罪有应得之人，尽夺其财物，朝中那些文官，着意的那些权谋，那些规矩，在遇到刀锋时，都不值一笑！本将欲以身家性命做赌注，换一生荣华富贵，这次从'银枪效节军'中精选五百敢死之士，随我同进晋军大营，看看李存勖想要做什么。"说到这里，不理众人瞠目结舌，昂天大笑，满腔快意之气。

历史是现实的述说，现实是残酷的代名词；在五代时期"现实=残酷"就是常识。因为不知什么时候，你的人生就会戛然而止。怀着以献地之功求得大富大贵心思的张彦在面对李存勖刀锋的时候，才明白什么都是虚的，什么都是没有用的。大帐外五百牙兵没有用，身边护卫没有用；面对眼前刀锋另一端的晋王，他虽然有所心理准备，但还是没有料到对方除己之心竟然如此强烈，已然到了毫不考虑后果的地步！

张彦临死也不明白。那个剑眉星目，神情冷淡，意态不羁的年轻人，那个传说为天纵之才的晋王，方才徐徐地站起身，曼声道："为魏博计，你还是留在这里罢！"语态就像一个清高儒士不想计较蝇头小利般那么不耐烦。帐后埋伏的刀光就如匹练，撕裂了身边的几名心腹。李存勖的剑已饮血，沾血的剑像突然注入了生命，狂飙式的生命，毁灭式的生命。它以它狂烈的生存来结束其他人的性命。

李存勖的眉毛已悄然被汗水交结在一起，但他的眼睛却发着光。他感觉魏博就像手中的剑一样，在铲除最大的不稳定因素后，已经被自己牢牢把握住。从利益角度来说，李存勖必须将魏博这块战略要地收归直辖，而不允许将这块地区按照王镕模式进行处理。张彦作为本地牙军的带头人，必须除掉。此人不除，一不足以平民愤，安民心；二不能将"银枪效节军"纳入晋军核心里。

在古代，地域观念、同乡观念是仅次于家族、血缘的联系，在信任缺失的时代，人们不自觉地就按照地域划分，一城一乡自发团结起来，组织起来进行战斗。好比许多大将的亲卫就完全是由自己的亲戚、子侄、老乡这些人组成。这样的部队普遍拥有更高的忠心度和战斗力，作为领头的将军也就成为这个集群利益的代表人物。正是基于这样的理由，张彦一日不死，魏博牙兵就会以他为代表继续保持半独立状态。有些朋友也许会觉得，可以考虑换将并把张彦调到更高的职位，给予丰厚的待遇。这也是一种办法。

不过，就当时的具体情况，实际却不具有操作行。试想一下，在经历过大梁安排贺德伦就任“天雄军”节度使这一换将事件以后，参与魏博变乱的牙兵们是不是已经成为惊弓之鸟？一点点风吹草动都容易触动他们自我保护的敏感神经，在这样的情况下，若再被别有用心的人利用，恐怕任何一件本来寻常的事情都容易擦枪走火，导致群体性事件爆发。到时候，本来到手的魏博又会转眼丢掉，这是李存勖不想遭遇的。

此外，张彦领来的大批亲卫，李存勖看到了，俱是雄壮善战之人，顿时十分喜爱。拥有这样的部队，任谁也无法轻易放手吧。经过开门见山的谈判，李存勖发现要通过和平手段让野心勃勃的张彦放弃手上的兵权是根本不可能的事，或者说在一两年内要对方就范是非常不现实的事，而李存勖是有时间限制的。刘寻的主力已经在魏州边境了，随着他大军的逼近，这一外在因素带来的影响和变故就越来越明显，到时候如果还没有搞定魏博，李存勖就会面临让晋军处在一个关系叵测的客场上迎战梁军主力的危险局面。他不想在大战一开场的时候，就处于一个三方互相牵制的混乱态势。如果这样，当然不是好的战略。战略上的劣势是很难用战术上的胜势来弥补的。如果想要在刘寻到来之前，搞定魏博，搞定“银枪效节军”，就不得不出奇招了。

奇招即是狠招。

因为一时的优柔寡断而让自身处于险境，这决计不是李存勖的个人风格，也不是那个时代任何一个枭雄的风格。因此，李存勖一开始就打定主意，要亲眼看看张彦，看看他究竟是为牙兵请命，率部抗争的义将，还是巧取豪夺，打算在乱世中崛起的枭将。这次会面，李存勖对张彦很失望，但因为前因后果已经考虑得十分清楚，所以，李存勖立刻狠下杀手，发动了事先的布置，当场将其诛杀。

当大帐里面传出短促的惨叫和兵刃交击声时，所有在大帐外不远处等候张彦的牙兵们都一哄而起，各拔兵器，准备自卫。同一时刻，大帐四周藏在各帐中的晋军精锐一拥而出，从四面把大帐包围起来。李存审也从人群中提剑奔出，站在前沿，沉声喝道:“不许动! 不要乱来! 这事与大家无干! ”

张彦的几个心腹头目,顿时明白,拔出武器,出言高呼,一人正骂出一句。一只羽箭像噬魂的神物一般,将半句骂声连同箭锋深深塞进了他们的咽喉,只听得接连喑哑的“噗噗噗! ”几声,几个主要头目头部,腹部,胸部纷纷中箭,几乎还没来得及惨叫,就一个接一个地被飞射而至的利箭钉翻在地,身体如同破裂的水袋,鲜血汩汩流满一地,再无声息。大帐不远处的箭楼上,浮现一批箭手,当中一员大将正挽弓冷眼望着这边。

“不许动!这事与大家无干!”一个清亮的声音再次响起,李存勖走出大帐像一头巡视领地的狮子,凛然不可侵犯,傲然不可匹敌。他给箭楼上的李嗣昭示意一切顺利,然后来到对峙的人群前方,再次开口:“各位放心,都收起家伙。”魏博的军士没有放下武器,没有人放心,但也也迟疑着,没有人主动攻击。

李存勖一摆手,让身边的护卫退后两步。他望着大家,大声说:“诸位魏博的兄弟们,你们没有做对不起我的事,我不会处罚你们。相反,你们魏博归附于我,我要感谢你们! 但是,你们自己看看,你们中有人被张彦鼓动,趁乱在城中杀了多少无辜的人,掠夺了多少人家的家产,霸占了多少百姓的妻女! 一路上都有逃亡的百姓向我哭诉。正是因为这个,我不能不杀张彦,也因为这个,我杀了张彦手下民愤最大的几个人! ”

“不过,我也认为,你们都是知错的,这个事情,就到此为止了! 所以大家放心,只要你们愿意遵守军纪,愿意跟我同生共死,我就既往不咎,从今后你们就是我的亲军护卫!现在我对你们各位绝不勉强,有人想离开我的,我绝不为难你们。但是,倘若你们愿意留在我的大旗下边,就决不许再做出这样的错事。倘若你们有人再危害百姓,挟众鼓噪,违反军纪的人有几个我杀几个,一个不饶。”魏博牙兵失了统领,心中茫然,面面相觑,一时无人应声。李存勖示意周围晋军将士退后,将武器收起。

这时,有牙兵在人群中问道:“刚才你说,将我们作为你的亲卫,可是当真?”问题一出,所有人都竖起耳朵,认真等着回答,不愿漏掉任何一个字。能不能成为亲军护卫? 这是一个关键的问题。因为自唐末以来,牙兵往往就是各割据势力禁军的先导,禁军就是牙军的发展和未来。当掌兵者稍具地方政权规模时(建国称王,或称帝),就会将牙军升格为禁军,所以,一般牙兵编制的待遇、地位远胜过普通部队,而作为晋王亲卫的牙兵,日后必然就是皇帝禁军(假如某一天,晋王升级做皇帝的话),跟随君王身侧,以保障君王的安全。这样放在身边的战士,只有信任之极的将士才可当选。刚刚才归降晋军,正被疑心变乱的魏博牙兵们能有这样的待遇么?

问一万个人，一万个人都会说：痴心妄想。三国时期，西凉平定，曹操擒下庞德后，也是让内心不服的庞德直接担任自己的亲卫，日夜在军帐外执勤，对庞德声称若想杀自己随时可来杀，这一举动让庞德感激涕零，生出“士为知己者死”的感受。不过，曹操也只是厚待庞德一人而已，可没有直接把数百名新降的还剑拔弩张、含有敌意的将士，拿来担任护卫的。当一万个人都会说“不”的时候，至少会犹豫不决时，李存勖笑了，他就是那第一万零一个。他穿着黑色的锦袍，上面血迹点点，神情却是温和的，脸上洋溢着朝气和活力，这就是新一代晋王的王者气概。

“拿酒来！”随着他的喝声，亲卫们把一坛子酒抱了出来，还拿出来一个大瓦盆，几只瓦碗，将其倒满后都放李存勖跟前。李存勖弯腰取酒，望着众多魏博牙兵说：“我李存勖率部起与河东，誓必诛除朱温，复唐安民，不论千艰万难，誓不回头！各位若愿意随我出生入死，可全部充作我身旁禁卫，共保义旗！对此，我李存勖十分感激。今后我李某倘有私心，危害各位，天地不容！”

说毕，他用剑划破指尖，滴入血后，将酒洒将在地，余下的半碗一口饮尽！全场所有人，包括李存审、李嗣昭等晋军大将都惊讶得当场愣住。在魏博牙兵们的眼中，看着李存勖身姿雄壮，意态威武，但若不是他五官特别突出，他的神态就特别诚恳、温和，随便站在那里都会给人一种英武逼人却又不侵人的感觉。

在阳光下，面对无数刀锋枪尖的李存勖生生站出了一种月光如水照缁衣般的沉静。这种沉静，幽然、缓慢地流淌入牙兵不安、烦躁的心中。也许就是从这一刻开始，这无数的牙兵付出了他们的忠诚，开始了他们的“新生”，将“银枪效节军”推向了真正的巅峰。

贞明元年（公元 915 年）四月，晋王诛彦及爪牙七人，布告其罪，而加恩牙兵内外，罪非殊死，咸赦放归，改“银枪效节都”为“帐前银枪军”。其五百人充做禁卫，不离已身。晋将大骇，牙兵大喜，奔走相告，纷纷来投，魏博渐安。

智计刘寻

魏州附近的原野上，一队队的骑兵、步兵在各自都头、军使的带领下，进行着安营扎寨的工作。就在李存勖改编“银枪效节军”，晋军迅速收纳魏博地区的这段时间里，刘寻也已经完成了七万大军的集结，前锋已挺进到了魏州境内。

在听完参军的禀报后，他一时间难以相信，李存勖能用这么短的时间就安抚好了魏博？仔细想来，李存勖先以雷霆手段除去张彦，以其首级获得被乱兵荼害的民心；然后把叛军的主力改编为自己的侍卫亲军，这样的行为不可谓不冒险。不过这样一来，魏博地区的动乱就失去了最大助力。最骁勇的兵马成为了最亲近的士兵。李存勖不损一兵一卒就获得了一个强大军镇的军民支持，这在当时不能不让人称奇，这也让刘寻不得不感叹年轻人的魄力。

从李存勖后续的命令来看，用人也是十分妥当的。李存勖在得到魏博后，任李存进（先王义子之一）为"天雄军"都部署，负责管理魏博降兵（除"帐前银枪军"以外）。李存进此人也是晋军中文武双全之将，曾历任慈、沁二州刺史，有内政管理经验，常以法为其根本，人有犯者，必依律枭首磔尸于市，因此魏博地区的军民们很快恢复了秩序，不敢轻易冒犯。

而"帐前银枪军"的指挥权，李存勖则交给了在柏乡之战中有力挽狂澜之功的李建及，他作战勇猛，性格豪爽，常把战斗获得的个人财物赏给自己手下的将士，所以这样的将领很适合率领出身牙兵的"帐前银枪军"。新领导风格和以往的牙兵将领类似，让下属更容易接受。用人是一种学问，有各种方法，但评价标准只有一个，人尽其才，各安其位。只要结果是将合适的人放在合适的位置上，就说明用人用的不错。

搞定了魏博军政要事，我们来说说一个熟人的下场。贺德伦投降后，被李存勖改任为云州节度使（山西大同附近），当然，这种水平的将领自然无法出现在晋军排位前列，河东拥有太多胜过他的优秀将领。贺德伦在之后的梁晋交锋中，因所部军心不稳，多有逃逸，表现极差；又被查出心有叛意，最后被张承业下令诛杀。

刘寻似乎在参军送来的这些信息里面寻找着什么。他清楚魏博之乱在于人心，只有收服了当地的人心，才能平定这里的动乱。他之所以佩服李存勖，是因为他想不出一个比李存勖现在所用的办法更快速、更见效的方法了。用信任来获取魏博牙兵的感激，将感激转化为忠诚，这是一个十分冒险的决定，但也是一个极其有效的决定。冒险，高效？骑兵，奇袭？是果决，还是赌性？是自信，还是贪婪？在翻看更多关于李存勖的信息档案后，刘寻坐帐中，微微叹息。

"大人，这晋军怎如此轻狂？我们才进入魏州两日，就有晋军在我们不远处隔河扎下营寨，不过数千人马，就敢明目张胆地在对面挑衅。"参军见刘寻似有不快，即上前寻个话头说道。此人就曾在数战中遭遇过晋军，碰过几次钉子，因此很是不忿。刘寻看他一眼，淡淡地说着："做你该做的事，这些气话，说来无益。"刘寻虽对此人略有不满,但想到这人是梁帝朱友贞派来此地的参军,也是其耳目之一,便不多说,只挥手让其下去。

屏退左右后,刘寻独坐在帐中,把李存勖这个生平最为陌生的对手研究来、研究去。实在是太陌生了啊,从来没有交过手;之前也没有觉得晋军里面有这么一号人物啊! 晋阳平叛,潞州解围,柏乡对决,平定幽燕,安抚魏博;这桩桩事情都是不好对付的考验,偏偏李存勖都交上了几近完美的答卷! 不简单,真不简单。刘寻左思右想,把先前跳出的几个关键词串在一起,再结合刚才参军话中的信息,慢慢想出了一套方案。他认真思索着自己这一计略的胜算,思来想去,觉得,此事成败与否,到底还是要落在李存勖自己身上。

刘寻,对自己的谋略有信心,但他不是盲目自信的人,也从不认为自己能算无遗策。五代史上把刘寻称为"一步百计"的智将,是因为他在大梁的名将序列中最以谋略著称。他的胜利多是以智取胜,深得兵法"以正合,以奇胜"的精髓。现年过五十余的他,已历尽大小数百战,能攻善守,常攻敌意料之外,而又能改变战局的要害。守如大地磐石,安然稳固,让对方无处下手。

来说说他早年事例。刘寻曾在王师范(唐末平卢节度使)军中,与朱温军兖州对战。他扮作卖油郎混入兖州城中,探查下水道位置和兵力布置。夜深后,亲自率步兵五百,衔枚潜水而入,将兖州一夕而定,全城百姓黎明醒来时,方才发现城已易帜。破城后,刘寻善待梁军主帅葛从周(朱温手下名将,后被晋封为陈留郡王)之母,照料得十分周到。而且,他在被梁军反包围,困城前夕,将城中老弱病残,妇孺儿童提前送出城外,放其一条生路;其善心、大义被当地百姓传颂一时。要知道,唐末至五代,困城常常是要吃人的,尤其是妇孺儿童多数成为口粮。

之后,刘寻被困城中许久,外无援兵,内有军心浮动,其节度副使王彦温率几十名心腹士兵弃城而逃。这个事件对刘寻来说是个极大考验,算是典型的危机处理。因为在这样紧张的局势下,如果让其他守城士兵听说高级将官都开始逃亡,一定会军心大乱,逃兵一旦有了开始就止不住,处理不好的话,不要说是守城,就是本身性命都有被反乱所杀的危险。刘寻得知消息后,立刻在城中派人悄悄宣布,王彦温以及他带走的士兵都是事先安排好的,是去执行秘密任务,没有安排的士兵一律不要动,敢擅自离城者灭族。

城里的士兵得知副节度使离城的消息后,都以为这是刘寻的安排,并没有当作是叛逃行为。刘寻的这一举动,倒是产生了一个意外效果,或许呢,这也是他内心所期待的。城中的细作将流言传递给葛从周以后，葛对王彦温反而起了疑心，最后将其杀死。结果，刘寻不仅化解了危机，反而借刀杀人，成功地实施了一次反间。

兖州之战坚守多日，刘寻与将士们同甘共苦，始终没有被梁军夺回。朱温惜才，派人劝降。刘寻回复："除非主公王师范投降，否则自己绝不投降！"后来，王师范兵败，先降于朱温；刘寻得知大势已去后，也不愿拿全城性命做无谓牺牲，他信守原先的诺言，打开城门，将兖州交给葛从周，慨然就缚。朱温得知后，叹赏其操守，颇有古人千金一诺的名士风范，命其上京面见。

从这时起，刘寻开始了在朱温手下戎马半生的名将生涯。在那个野蛮时代，他的儒雅、重诺、大义、善良也让他拥有了那个时代传颂一时的爱情佳话。得知刘寻被召上京后，葛从周也很欣喜，他十分尊敬这位对手，临行前送给刘寻骏马、裘衣等相应财物，刘寻拒之。称梁王朱温(那时还未称帝)尚未赦免自己，如果这就乘肥马着轻裘而去，实在于礼不正，也不合自己的罪人身份。因此刘寻就孑然一人，素袍一身，跟随监视的队伍骑驴进京。抵达汴京后，朱温见刘寻，素衣儒服，不卑不亢，言行进退得宜，甚是喜爱。由此被编入朱温幕府，参赞军务，渐得朱温所重。

刘寻归顺大梁后，功勋日多，后受封开封尹，兼镇南节度使，随着年岁渐大，刘寻无意介入朝堂之上的党争，才刻意慢慢淡出朝中，还乡故居。可惜，林欲静而风不止，一入江湖事，终身江湖人。终究是新帝继位，朱友珪钦点刘寻领军，刘寻不得不再出山领军，面对一个陌生而无比新锐的对手。当然，对河东而言，就眼光、智略、胆识、耐心、经验来说，这也是李存勖自晋阳起兵以来遇到的最难以应付的一个对手。

思虑多日，刘寻心里有了几分定数，他深深地叹了一口气，揉揉脑袋。他感觉累，非常累。从回到汴京后，他就没有享受过悠闲。相反，他在朱温临死前的两、三年里，都过得很悠闲，也很幸福。那几年是他人生中最为完美，最为幸福的时光；以至于现在，他一闭眼就能想起"花见羞"那淡雅出尘的眼眸，那双让刘寻刻骨铭心的眼睛。他永远都记得第一次看见"花见羞"时的感受，那是一种美丽，一种令人震撼的美丽，惊艳中带着几许恬淡的气息。当时，百战余生的他赋闲在家，一日他去买糕饼，遇上了"花见羞"，脑海里便全部都是那双既充满生气而又令人宁静的眼睛。

"花见羞"，被称作五代十国第一美女。她本是邠郴州城内王氏糕饼店家的女儿，"花见羞"并不是她的真名，只是因为她天生丽质，是那么灿烂娇艳，人们认为鲜花在她的面前也会自惭形秽，因而称她为"花见羞"。美女固然难得，但更为可贵的是她喜读诗书，常说"腹有诗书气自华。"美女一言一行中透着简朴、谦和、知理的特性就更加让街坊邻居们喜爱。她就在帮助料理家庭店务的同时,读完了不少书文,成为内外兼修的民间才女。无数达官贵人、富豪公子都想娶走这位年仅十七的美丽女子,纷纷遣人说媒撮合,一直络绎不绝。也偶有好色之徒不轨调戏,但都会激怒群情,在周围百姓的围堵下,绝讨不了好去。

可是,让人惊讶的是,这位十七岁的少女最终选择了已年过五十的老将刘寻来厮守一生。刘寻也用心呵护着这位花朵一般的女子。可惜,乱世中的别离向来不由人意,无情的战火再次燃起,他们只一起度过了不到三年的甜蜜岁月,便在一纸诏书下宣告分离。贞明元年(公元 915 年),刘寻接到朱友贞圣旨,命其整军七万,出征魏博。实在没办法,刘寻不得不去当这个"背锅侠"。

天空苍鹰掠过,旷野青天;青草随风摇动,河水潺潺。

李存勖正策马站在魏州野河岸边的一个丘陵上,看着对面的梁军营盘密密麻麻地铺开,目光中透着思虑和冷淡。几个斥候飞马赶来,拜倒在地,其中一人高声道:"启禀王上,敌军辎重营建在距此四里左右,粮草堆积如山,辎重营附近没有渡桥,距梁中军大营约三里。梁中军大营打的刘寻旗号,在这边附近有三座浮桥,随时有可能发现我们,遣军出击。还请王上及早回营,余下由我等继续打探便是。"

李存勖没有作声,只是做了一个手势,侍立在他身侧的一名帐前银枪亲卫,上前朗声道:"王上命你退下。"几个斥候同时松了一口气,恭恭敬敬地退了下去。对着日显威仪的李存勖,是很少有人能够轻松从容的。

待他退下之后,李存勖对身旁的亲卫沉声道:"你们说,刘寻堂堂名将,为什么面对我们不到五千人的军马,会选择保持对峙。如果他布置妥当后全军渡河,我们势必无法阻挡他的脚步。而这样等下去,我方主力一到,便无法将我军分而击之了。"

身旁那个亲卫犹豫了一下,先答道:"王上,也许是因为几次与我军交锋,梁军都遭大败,敌将不敢冒进;或许也是想等到我军主力来以后再进行会战,以免遭到奇袭。但不管怎么样,我军主力很快就到,来了以后,他们就没什么好日子过了。这几日,王上连日探营,看得也差不多了吧,我们还是赶快回去吧。"

李存勖想了想,说道:"刘寻号称多智,一般想得太多的人就容易瞻前顾后,就会错失战机;不过,这样有利有弊,他这样的一个人,防守起来应该是滴水不漏的。敌方巡骑一多,日后探营的机会就很难得了。今天我要再靠近看看他的辎重营。传令集合,准备随我继续前进。"亲卫心中一喜一惊,喜的是和晋王一起潜入敌营周边探营,说明王上已经完全信任他们,毫不犹豫地把性命安危交给他们这些来源于魏博牙兵的亲卫。惊的则是，随行亲卫因避免惊动敌军，带的人数不多，只有百多人，若是有个什么闪失，怎生了得。带着着矛盾的心情，亲卫连忙下去传令，心想无论怎样，随主上刀丛里来，水火里去就是。

这时，梁军大帐里面，刘寻一身轻甲正等着消息。快步走入的杨延直(杨师厚旧部，现任澶州刺史)神色振奋，边走边道："大人，今晨我们派到对岸的斥候都没有按约联系上，说不定李存勖已然来了，如果仰仗上天成全，以及大人妙算，这次能够擒杀李存勖的话，就可一战定乾坤，立下滔天大功！只要除掉李存勖，不仅河东群龙无首，就是那成德、义武两镇都定要好好考虑一下立场了。"刘寻笑道："还不知道他能不能中伏呢，我看此人过往生性弄险，领军作战时身先士卒，尤其喜爱亲自探营，就冲这个习惯，我方才定下此计。"

"不过，很多人打顺风仗的时候尚能冲杀在前，或只是在没得选择的时候才视死如归，一旦身居高位就变得怕死起来，汴京里面这样的人还少么。呵呵呵，希望这晋王继续保持优良传统，不要让我失望哦。"两人正在说着，这时，有人入帐禀报道："启禀大帅、杨刺史，昨夜布置在辎重营对岸丘陵附近的巡骑已经和晋军斥候交上手了。"刘寻精神一振，道："果然来了，我料他就要去看辎重营所在，速给对岸的孙、王两位将军传令，依计行事去吧。"

李存勖远远看到大批梁军骑军出了大营，一座浮桥突然顷刻间就搭建起来。顿时心知形迹已然暴露。既然已探看过对方大营，便应该及时撤回。不过这种事，他也遇到过，等敌军大部赶来，他们应该已经离开这里了。李存勖一挥手，在身边亲卫簇拥下，纵马奔下丘陵，向己方大营方向疾驰。正退时，李存勖眼角一跳，突然看到在自己退路上一座丘陵的后方涌现扬尘滚滚，不由心中一动，本想派人前去查看，但一想到转过丘陵后若是距离敌骑太近，只怕斥候还来不及回报就被敌军击杀了。

李存勖定睛观看了片刻，那边烟尘接近了许多，而且凝而不散，根据经验便知应是敌骑，而且马上就会转过丘陵，迎面而来。李存勖心中一惊，先前看敌军从大营出动，这样快就架桥渡河，除非是早有准备，否则只是准备浮桥都来不及。这只阻击部队出现得也恰是时候，肯定不是大营里面出发渡河的那支骑兵。看来自己是中了埋伏。想到这里，李存勖很快就冷静下来，心道，中伏就中伏吧，敌军转瞬即至，现在怎么办？自己还有百多勇士相随，气势上并不差，若是此刻还想避战而逃，必定会被敌军所乘，倒不如结阵冲杀，舍命而战。若能打掉敌军气势，说不定还能击溃眼前的敌军；要想安然而退，此刻必须先行强攻；至少也可以让敌军猝不及防，突围的机会就更多些。虽然危险，可是只有这样，才可能有更多生机，绝不能拖到后面大部梁军赶来合围。

想到就做，李存勖立刻下令变换阵型。这几年晋军经过严加整顿的效果体现了出来，训练中军令森严，任何人都不敢迟延，何况是现在，片刻间，这百余人就在放马奔驰中聚合变换，形成了前有长枪后有弓箭、马刀的锋矢阵。骑兵阵形刚刚形成，敌骑就转出丘陵，震耳欲聋的马蹄声越发夺人心魄，卷起的沙尘滚滚中，梁军埋伏的铁骑三千，人如虎、马如龙，簇拥着两将，两翼伸张，意图合围，隐隐有将李存勖这区区百人一口嚼碎之势。面对如此强敌，晋骑毫无惧色，纷纷义无反顾地跟着李存勖向梁军军阵冲去。

李存勖高呼道："都随我来，生死一搏！"说罢当先持枪向梁中军冲去。他本就是聪明人，一见梁军人马数量，就知道万万想不到的事情发生了，这突然冒出的数千军马绝对是一个针对他设下的陷阱，若不死战，那是别想生离此地了。刚刚归附的魏博牙兵们显示出了惊人的实力。这只改编后的"帐前银枪军"选拔的都是极为善战之人，在人生十多年的战斗生涯中，他们磨炼出了许多杀戮的技巧，还有铁石一般的心境。他们勇敢地面对多于他们几十倍人数的敌人，保护着李存勖在敌军阵中冲杀。魏博牙兵骨子里的剽悍和勇猛驱使他们一往无前，无惧无畏。

李存勖这百来名晋骑，以铁锥阵形，象尖利的锥头一样扎进了梁军的心脏。这支聚在一起的锐利铁锥以惊人的速度刺进了梁军的骑兵阵势里，接着一凿而下，越冲越发深入，随着一路血浪翻滚，梁军士兵纷纷落马，这铁锥竟隐隐约约有将梁军埋伏的铁骑一破两开之势。刘寻的两位心腹将校急上前厮杀，王副将在前阵，孙副将在后阵，指挥士兵疯狂地反扑，意图将这支铁锥一截两段。

李存勖根本不理睬敌人的战术意图，他只想将敌阵撕裂开来，他只管带着骑兵疯狂地向前冲杀，将敌军冲个对穿，然后扬长而去就算完成了逃亡的目的。没有人能顾及身边太多的人，只能专注于眼前刺来的长枪，闪躲，然后长刀挥劈，闪躲，再挥劈！在一次次突刺、闪躲中，每个人都忘我地瞪大眼睛专注着眼前，尽最大力气，最大速度做着这些简单、基础但救命的动作。救自己的命，要对方的命。

双方骑兵在魏州无名丘陵上酣呼鏖战，异常的血腥残酷。每一次飞驰中都有人体被割裂，血溅如水龙头般地喷出显得格外恐怖。"绝不能让梁军迟滞自己的速度，一旦让梁军大营出来的援兵围上就是死路一条。"李存勖的念头非常清晰。虽然情势紧张，但他一旦上了战场，就不自觉变得异常兴奋，没有多久，身上就满是扬尘、血迹，而眼睛却变得愈发明亮，就如同被春水洗过的利剑那般洋溢着清明锐利的意味。他奋力砍死一个冲向自己的骑兵，终于透过人缝看见了敌军中心的将领。

“杀！往前杀！前面就是敌军将领！”李存勖用力抹去脸上的鲜血，纵声大吼，“杀了他，杀了他！阵就破了！”士兵们为之一振，杀到头了，好得很啊！随身的亲卫也打马加速，越过李存勖的马头，喊叫着举枪前刺。战斗更加激烈了，亲卫骑兵们全都进入了冲刺状态，整队人马的速度猛然加快。吼声，杀声，惨叫声，刀枪的撞击声，战马的嘶鸣声，霎时间充斥了整个梁军将领的周围！李存勖指着对面梁将大笑道：“梁贼，看我取你首级！”边说边手起刀落，连斩数人，冲到了距离敌将十几步的地方。

孙副将冷冷一笑，将手弩举了起来。这是他担任阻击任务时常备用的武器，用此消灭了无数冲到眼前的悍将。李存勖见之，赫然一惊，急声吼道：“你且放来看看！”话音未落，三发弩箭发出惊心动魄的厉号，呼啸而来！李存勖想都不想，翻身滚落马下，同时一刀插进马臀。战马被李存勖一刀刺中，吃痛凌空飞起；三支弩箭瞬间全部射进战马体内，直没入肉，只剩箭羽在外颤抖！

战马发出一声惨嘶，用尽最后一点力气，一头撞向了孙副将。孙副将躲闪不及，连人带马被撞个正着。坐下战马顿时狂嘶一声，被跃驰过来的坐骑撞得横飞而落，重重倒在地上，一命呜呼。孙副将也被巨大的冲击力撞得凌空飞起，在空中翻滚了几下之后，“咣当”摔落在地下。他惨呼一声，张嘴就喷出一口鲜血，当即昏厥过去。晋王亲卫见状群情激奋，杀得更加凶狠了。几名晋军骑兵旋风一般扑杀了上来。这些人如狼似虎，面目狰狞，以无比强悍的攻击力，硬生生将李存勖身边的梁军砍倒。李存勖在几个士兵的掩护下，飞速跳上一匹亲卫舍命让出来的战马，冲出了梁军后阵！幸运杀出敌阵的李存勖身边只剩下寥寥的数十人，三分之一不到，人人带伤，全身浴血。

后面刚刚率部杀到的杨延直愤怒地看着前面逃逸的李存勖，而更远处正迎向李存勖的晋军大旗已然清晰，从旗号上看是李存审出动骑营，迅速来援。时机已然不在！杨延直脸上的肌肉不由自主地抽搐起来。终究被这些顽强的“帐前银枪军”挡住了伏杀。这一次王副将阵亡，孙副将重伤，这就是以百多名牙兵对抗大梁三千伏兵的结果。杨延直对魏博牙兵眼下的战力感到惊惧，由此更加佩服故去的上司杨师厚，也明白了大帅刘寻按兵不动，以寻找最佳战机的策略。这样的部队的确不是只靠蛮力能彻底消灭的。只是可惜，终究还是错过了一次千载难逢的机会。

远处，奔驰而来的晋军大队骑兵发出一声震天欢呼，因为他们已经把李存勖安然地包裹在内，并发现本来意图追击的梁军像潮水一般向后散去。晋军铁骑簇拥着他们的王和幸存的卫士像飓风一般呼啸而去，不像是中伏，反倒像是胜利者昂然归营。

几日后，王檀(大梁保义军节度使)和刘寻在帐中下棋。

“李存勖自上次中伏以后，就再没有来探过营，也没有什么动作，是不是有什么别的企图？”王檀问着。“李存勖是个有胆气的人，我们隔河扎营也是小心起见，就是防备他突然来袭营。”刘寻轻轻放下一子，缓缓说道：“不过，我知道他留在这儿，心里最忌惮什么。”

“哦，刘兄莫非已有定计？”

“上次让他来探营，其实我有两个目的，其一，若能设伏将其擒杀，自然最妙。如若不成，就看这其二，李存勖观我大营、辎重规模后，必认定我主力尽皆在此。确实不错，当日我七万大军都在此地；但是他万万料不到，就从伏杀失败的那日起，我就开始分兵前往晋阳，意在袭取他的老巢。通常，人刚刚从生死一线的险境中逃离出来，都会惊魂未定，本能地要安安神，行动会趋于保守，不会贸然进行下一步的决断。而且，即使李存勖对生死不以为然，他也会被手下大将劝阻不能再涉险探营，现在已经过去几日了，明日我就率亲卫骑营，加速赶去与奇袭军会合，争取在那小子反应过来之前就拿下晋阳！”

王檀听后，大吃一惊，顿时拜服道：“刘兄洞察人心，堪称神算，行为又果决至极，实在让兄弟佩服！晋军大营这两日颇为安定，他们定然不防我军已暗中分兵，妙哉！妙哉！”

刘寻微笑道：“夸赞实不敢当，给你说个要事，明日我出发后，此地大营由你统领，只要命巡骑严加防范，扑杀晋军斥候，加固营寨即可。大营里物资武备，全然充足，足够你使用。假如晋军来袭也无妨，只要坚守十余日，等晋阳遇袭的消息传来，此地晋军军心必然大乱，到那个时候，李存勖就控制不住他手下将士了，军无战意，破敌就在顷刻之间！”王檀听完，信心十足，欣然表示配合。

这是一个阳光灿烂的日子，温暖的太阳，湛蓝的天空，洁白的云朵，和煦的微风，配上起伏不停的小丘陵，让人心旷神怡。李存勖和亲卫在大营外纵马狂奔，享受一下大战前的一刻轻闲。

“王上，好马就是好马，适应能力真强。”亲卫用力拍拍李存勖新配坐骑矫健的身躯，连声夸奖道。“你们的战马现在适应得怎么样了，失去战马的亲卫都补配好了吗？”李存勖一边擦着头上的汗，一边笑着问道。

亲卫点点头，答道：“都配好了，新战马都运来了。昨天听辎重营说，这两天不像刚来的几天，四处都是梁军巡骑，随时都要担心被打劫。”说到这里，亲卫脸上浮现一丝悲色：“可惜，王大和赵二都死了，要是他们看到新换的坐骑，不知有多开心！”李存勖没有说什么，用力搂着亲卫的肩膀，心里一阵酸酸的。他长长地吁了口气，说道：“想开点，人终究都会死的，尤其是男儿沙场搏命，早晚而已。”

“你这几天在外面当斥候干些什么？”李存勖觉得有点沉重，转换着话题问道：“闲了还在射鸟？”亲卫笑道：“大王莫笑，昨日我们兄弟发现一个好去处，此地下游五里，对岸有一座梁军军营，附近林中尚余不少鸟儿，有时候他们营中军旗上都有大鸟停留，我们觉得以后就去那周围打猎最好，射几只鸟雁回来给大伙儿打打牙祭。”

李存勖听着，心里有些奇怪。“军旗上都有鸟儿……还有……梁军斥候变少了？”他越想越不对劲。想着想着，李存勖冒出了一身的冷汗，赶紧下令回营。心中浮起了和柏乡之战一样的担心，暗暗急道：“早就听说过，刘寻用兵，称得上是一步百计。他是不是把我军在这里稳住，而却偷偷分兵另有所图？哎呀！每次都是梁军人多，最怕他们分兵了。轻敌了，这次我轻敌了！”

轻敌有时候是致命的。李存勖没有把自己的担心透露出来，他现在最怕的就是刘寻已经去偷袭他的晋阳。急急派去下游查探的晋军部队迅速冲进了对岸这个蹊跷的营盘，门口的梁兵一哄而散，晋军进去后才发现，这里已经没有什么梁兵了。营中有不少草人安在各处，有的草人套着衣服还扎在驴背上，驴就在营中慢慢一圈圈地吃饲料，一圈圈地带着草人走动着，具体不知道有几天了。李存勖一面吃惊，一面在心里加重刘寻的分量，这真是一位善于揣摩对手的将军，他连续两步都料己之先。

显然，这一切都是刘寻早就设计好的，先是在河边设伏，即使不能俘虏李存勖，也可以给晋军一个刺激的下马威，使他们不敢过分地靠近梁军的营盘，使李存勖也不敢像以往那样近距离观察梁军。然后借着这个机会，刘寻暗中果断地把军分部队调走，让李存勖在这里隔河发呆，他却去进攻李存勖的老巢晋阳。如果李存勖的人马可以在这里被骗拖住，刘寻就有更多时间去攻打晋阳城。到那时，李存勖即使明白过来，再救晋阳城也来不及了。这样，李存勖不但失去了后方大本营，而且形成被前后夹击，腹背受敌的窘境。当年王景仁在柏乡没有实行的方案，现在刘寻不动声色地进行着。

李存勖心急火燎，立即派骑兵从后边急追，同时命诸将率大军走大路火速赶回晋阳支援。仗着晋军多骑兵，对峙的王檀无法用步兵进行有效追击，河东晋军主力安全地从魏州开拔，追着刘寻而去。可是李存勖毕竟是在刘寻之后几天才出发，能否及时赶到要看天意。这个时候,细微的差别就在运气上。运气也是实力的一种;人品才是王道。这一命题这一次在晋这边得到了正向体验。

梁军的奇袭队运气着实有些不好,沿途经过的太行山本来就地势险要,加上刘寻的部队出发以后数日里一直都是阴雨连绵,这下,就更加增大了行军的难度。为了不引起沿途城镇河东守军的注意, 刘寻选择的进军路线多是山野小路。遇上雨天后更是泥泞难行,这些原本畅通的山路成为最难行走的地方。在攀岩越岭的行军中,梁军士兵不得不极其小心,因为稍不留神,他们就会顺着雨水浸湿的山坡滑倒,落入一眼看不到底的深谷。梁军的行军速度因此大大地打了个折扣。最令刘寻难过的则是士卒因腹泻等病疫及脚肿坠亡而大量减员,比率几乎高达百分之二十。

杨延直看到刘寻接到王檀急报后,半晌没有发声,而是有点痴痴地坐着,他赶忙小声呼喊。刘寻回过神来,轻轻地叹了一口气,他望着山道边,疲惫不堪的梁军士兵,摇摇头,担忧地说道:"我们的时间不够了,王檀传消息来说,李存勖已经发现我们分兵的行动,正日夜兼程地追赶,这还是其次,最重要的是晋阳恐怕不久就会得到消息加强防卫,想趁其不防,一击而定,大概是不可能了。我们双方都是上万人的军队,晋军还有数千匹战马,整车整车地粮食马料,消耗巨大,估计李存勖和我们一样都很难支撑太长的时间。"

"你知道,这次作战最让我耗神的是什么吗?你们知道现在大军一天要耗掉多少辎重吗?"刘寻话锋一转,问着周围众将。一堆人摇摇头,作为冲锋陷阵的带队军官,他们很合格,但考虑这种问题,他们还不习惯。刘寻带着七万军队,这是一个天天都要考虑的问题,而且还是一个非常主要的问题。

自从各部队从黎阳集结准备北征以来,刘寻天天要处理大量的军务,还要和各地郡县的官吏来往公函,协调处理、后勤调度等方面的事情,忙得几乎没有空闲的时间,一天最多只能睡上两个半时辰。命令相关的地方州郡进行兵役动员,处理和执行粮饷、兵器、马匹等物资保障工作,任命部队的指挥官,忙于各部队的编制、管理、开拔。因为大梁接连两次会战的败北,野战兵力损失严重,要让这些二线驻防军成为拉出去能打的野战军,整顿工作必不可少。

刘寻以惊人的体力和内政才智,在一个多月的时间内,独自指挥和完成了七万大军的动员和集结,然后带着部队行军数百里赶到了魏博。其实,这是一个了不起的成就。虽然所有人都觉得他完成得很轻松, 但他知道这是自己有生以来可能指挥的最后一场战役。他不想给新梁帝朱友贞送去败报。他不想给自己的人生带来遗憾。所以,他鞠躬尽瘁,忠于职守。既然这次行军出乎意料的艰难,李存勖又有如神助般迅速察觉了自己分兵的战略意图。那么,继续奇袭晋阳就不是明智的想法,“奇袭”变为“强袭”就成了一种军事行为上的冒险活动,有时候也会变成一种愚蠢。刘寻可不希望在自己面对城高池深的晋阳同时,背后出现一只虎视眈眈的敌军。他一直在想着,当前情势是不是具有另一种发展的可能性。

一支从幽州出发的晋骑笼罩在淡淡的月光下默然前行,显得神秘而肃穆。周德威端坐马上,闭着双眼,好像睡着了一样,一动不动。副将一路飞奔而来,气喘吁吁。“将军,斥候来报,王上命李嗣恩(本姓骆,十五岁时就擅长骑射,李克用的义子之一)急援晋阳,李嗣恩已率百骑于昨日深夜入城,而城外尚未发现梁军。而在通往临清(今河北临西)的路上发现梁军小股部队,恐为大队前导。”周德威猛地睁开双眼。

“将军,我们只有一千骑兵,如果遇上梁军大队,必然螳臂当车。”副将一连喘了几口气,稍稍平息了一下,接着说道:“将军,你看,我们是不是继续前往晋阳协防。”周德威抬头望天,默然不语。

身边几名心腹将校闻言纷纷围了上来。“将军,如果梁军大队是刘寻所部,弄不好就有数万人,我们还是慎重为好。”副将低声说道,“李嗣恩将军到了晋阳,梁军偷袭得手的可能性就小了很多,但也不能排除他们一意孤行,实行强攻。我们进城的话,就可以让晋阳多一分保障。我们人数不多,实力不够。即使追着刘寻而去,对敌人的打击也达不到效果。”

也有别的将校补充道:“王上让老将军镇守幽州,主要是为了防备契丹人,听说契丹已经收到梁那边的出兵请求,在边境上蠢蠢欲动,已经有了不少小动作。既然这次晋阳的危机已经缓解,我们要不要返回幽州继续防备契丹。毕竟这次魏博会战,王上并没有下令让老将军参加啊!”

“老将军能提前一步看穿刘寻奇袭晋阳的企图,已经是有功了,虽然我们在附近发现梁军游骑,但也不能和他们交战,一旦被他们纠缠上来,我们就会陷入纠缠。一旦纠缠下去,就无法发挥我们这支小部队最大的效果,而且我们人数不多,一旦被敌人发现实情,就更没法子故布疑阵,造成幽州兵马回援晋阳的假象了。”一马军指挥使说得很有道理。

“在实力不够的情况下,我们冒险出击,很危险!”也有的年轻将校对撤退、避战的主张撇撇嘴,没有作声。手下一圈都看看一言不发的周德威,有人小声喊道:“将军!”周德威看看自己的部下,坚定地决定:“出击。”他环顾这支部队的几名中坚将领,发现没有一个人带有因为害怕而想退缩的神态,虽然有的人未必十分赞同他的决定,但眼神中是坚定的服从和信任。周德威点点头,他很满意,含笑地从嘴里吐出一句:“仗么,各有各的打法,且看老夫的判断!”

顺便说说李嗣恩,他在援救朱友谦(朱温义子,后归附晋)的作战中,极其悍勇,用强弓射杀多人,但自己也被敌军用槊击中嘴巴(被重武器击打,想想都疼),可他还是奋战不退。总的来说,李可用收义子的水平挺高,这江山有一半都是义子们打下来并且保住的。等到战役结束后,李存勖亲自去查看李嗣恩的伤情,深切慰问,给予勉励。李嗣恩因功晋封内衙马步都将、辽州刺史。《旧五代史》中这样评价:“嗣本、嗣恩皆以中涓之效,参再造之功,故可附于兹也。”

临清(今河北临西)是晋阳之外的一个要隘。若夺下临清就等于掐断了李存勖的供给线。虽然晋阳城里有一定的储备,但对于在外野战的上万大军来说,失去供给线就等于把咽喉交到了敌人手上。供给线的截断对于士气无疑是一次严重打击,而且对战役的走向具有不可估量的战略价值。

刘寻见直接攻取晋阳已不成,立刻将“奇袭”计划变更为“佯攻”,主力径直转向临清而去。刘寻这一步从战术上说不可谓不妙。从揣摩李存勖性格在河边设伏,趁敌惊魂未定时分兵袭取晋阳,见晋阳有备便立刻转向供给线上的要隘。刘寻的变招又快又狠,步步合乎兵法要义。“决不在无关紧要的地方分散或消耗每一份兵力。”他就像一名绝世剑客,不到最后一刻,绝不暴露自己的剑锋所向。

如果刘寻的对手只有李存勖,那么他已经赢了。至少会顺利夺下临清,取得本次魏博会战的一个战略先手。可惜,晋梁交锋是一场国战。即便是战场上的锋线对抗,也是一个指挥团队和另一个指挥团队的交锋。在团队里,就会有“神助攻”或者是“猪队友”。

在晋军这一方,老将军周德威就来了一次“神补位”。就在李存勖发现刘寻分兵袭取晋阳之前,“晋军之宝”周德威已经在幽州敏锐地嗅出了梁军的动向,他十分忧心李存勖会出现失误,便亲率一千骑兵,从幽州连夜西进,赶赴晋阳。当他到达土门(今河北获鹿)时,根据军情再次准确判断到刘寻的变招:梁军会转出太行山向东,准备抢占临清。这对刘寻来说,不得不说是一种命数。瞒得过李存勖,却没瞒过周德威。

谁又曾想到,远在幽州的周德威会莫名其妙,先知先觉地跑到晋阳附近来呢?何况,难道他就不怕契丹有什么动作?不怕事后有人推卸责任?难道他就不怕擅自出兵可能会让李存勖大怒?不怕有人谗言,说其目无王上、意图不轨?而这些,全都是大梁各地镇将绝不敢轻易触碰的严律，也是他们安身立命、明哲保身的本能。更加让刘寻没有预料到的是：周德威仅仅只有一千人马。

刘寻看着眼前的几十名伤兵，心情变得沉重。这几十名伤兵隶属前往临清的斥候小队，每个人神情委顿，奄奄一息，背后都血迹斑斑，都被尖刀划出条条伤口，狰狞地形成几个血字："贼来受死"。这是晋军把他们捕获后留下的残酷痕迹，每个回来的士兵已经算是命大了。背上翻开的肉皮和凝结的血痂都述说同一个信息：晋军已经抵达临清。梁军在继奇袭晋阳计划破产以后，突袭临清的意图也再告暴露。刘寻一边问询、安抚将士，一边安排军士将伤员带去辎重营疗伤，眼前浮现着士兵的伤口，心里开始难受，不由得痛苦地叹了口气。他已经清楚在临清等着他的是晋军宿将周德威，一名老辣果敢的名将，一个很不好对付的人。

在刘寻的心中，晋军众多大将里面有三人堪称帅才。不要说独领一偏师，就是指挥十万大军，协调各路进击，能力都绰绰有余。这三人便是周德威、李嗣源、李嗣昭。而这里面，周德威资历最深，经验最丰富，能力可以说是攻守兼备。他在幽州待得好好的，怎么说到临清就到临清了？按照常理，作为幽州节度使的周德威不可能是私自出兵，这样说来，难道一开始李存勖就打算调幽州军参加魏博会战？如果这从一开始就是一个局，那么在自己面前就有相当大的可能是幽、沧铁骑，而且是以逸待劳的幽、沧铁骑。

刘寻评估了梁军现在几万人的战力。经过长途跋涉，艰苦行军和疫病困扰；士气低落急需觅地休养恢复，当前战力至少下降了三成。以疲弱之兵打打没有重兵驻防的临清还可以，但有可能对上周德威的"铁林军"就是极大的冒险了。刘寻也不是没有想过，会不会是周德威兵力不足，故意耍诈，但因为他本身为多智之人，而多智之人做决定通常精于谋算，趋于谨慎。不到万一，不做冒险。

"诸葛平生不弄险"，刘寻也习惯如此。事情按计划出现，没有关系，甚至无事也胜过毫无来由突然冒出的好消息。因为理性的人往往觉得没有变化才是最好的变化。一切都在控制之中是他们内心的潜在追求。所以，刘寻对周德威的突然出现保持了高度警觉，对李存勖的深谋远虑，战局谋划能力的评估也一下上升到了一个前所未有的地步。因此，他思虑几番，决定放弃袭击临清的决定，退兵自保。遇不明之处先固己身。刘寻坚信，即使失去眼前的契机，以后还会有合适的机会出现。只要不犯大错，与李存勖对峙下去，自己终究能找到给对方致命一击的时机，无须像赌徒一样孤注一掷地寻求胜利。

刘寻凝神片刻，失望的情绪渐渐被他排遣出内心，他重新估量了当前形势和各军位置，整理自己的衣袖，平静地挥毫写信。不多时，便叫来亲兵，命其发往王檀（保义军节度使）和贺瑰（滑州宣义军节度使）处。刘寻在信中告知王檀，晋阳奇袭计划已终止，速率兵来与他在莘县（今山东莘县）会合，沿途需注意晋军李存审所部的位置，勿要决战，以会师为上。刘寻又命贺瑰急攻晋地贝州，务必要在自己所率大军途经此地之前将其拿下，确保主力的退兵路线畅通。最后，刘寻下令全军转向邢州，从陈宋口渡过了漳河，进驻宗城。

“李存勖，在莘县我们再决一胜负吧。”刘寻叹了口气，忙完这一切，活动了下筋骨，他从内帐中取过两只纯银的杯子、一陶罐未有开封过的酒。打开盖子，辛烈锐利的香气弥漫开来，这是汴京最好的烧酒，他将两杯斟满，一杯搁在小桌对面，那边空无一人，自己端起另一杯饮了几口，在沉默中敬了虚无的对面一杯。

晋、梁两军就像两只猛兽，你来我往，一爪一口地撕咬，但双方都没有再出全力。刘寻顺利率军自贝州（今邢台市清河县，位于河北省东南部）过堂邑，最后到达莘县（今山东莘县）与王檀军会合。在此过程中，晋军李存审夺回了贝州，而梁将贺瑰攻破了澶州（濮阳市区西南）。每一天，各地都有战报，都有变化，但也都没有决定性的战果。就这样，当刘寻主力在莘县休整时，双方再次形成了僵持。

让李存勖没有料到的是，这一对峙，就是将近半年。数月过去，刘寻吃了定心丸一般，按兵不动，仿佛只要把李存勖的主力牢牢在前线看住就完成了任务似的。李存勖心中烦躁，他隐隐一直担心着，背后的契丹会有什么动作，所以让周德威率部严守幽、沧两州。

他清楚大梁现在可以一心一意对付晋，这几年江南诸国都安心臣伏（吴、吴越、闽、楚等），或者是用心蛰伏，总之都没有对大梁用兵的意图。但是，“晋”却不能全力对付“梁”，后方的契丹一直是一个大患，不知道什么时候就有兵马入侵。况且，稳固后方需要有稳定的政策来实施，还得有一段时间来发展，才能恢复生产，收拢人心，修筑城池，巩固统治，这些都需要钱、粮、人力、时间。晋军主力如果再这样和刘寻对峙，对晋日益庞大的消耗将会变成巨大的负担。因此，李存勖近日有些焦急，一般军务都交予李存审打理，自己埋头苦思。

脚步声从外面传来，银枪亲军统领李建及捧着匣子进来。“这是郭崇韬派人从晋阳送来的书信，说是有重要消息。”“哦？”李存勖接过匣子，疾步走到灯下，翻阅起匣中的信纸。李建及见他看得认真，就静静地候在一边。那些信每一封都在末尾缀有一个花押,笔迹险峻轻灵。李建及知道那是郭崇韬的亲笔,有这样标记的书信都是和密谍传来的重要信息有关，就是不知道这次的消息是否对打破僵持，击败刘寻有所帮助。

“王上……”他欲言又止。“什么事？”李存勖也不抬头,极快地翻阅。

“听闻幽州边境不稳,契丹有动员令传出,可是真的?要是这些蛮子过来,只有周老将军在那边抵抗,真碰上契丹大军,很麻烦啊,王上不可不防,这个时期通常也是蛮子大打草谷的时候。”

“哦?”李存勖并没在意,“有这样的传言,但据探查,应该不是大规模的动员,周老将军是我军最有能力的大将,他率‘铁林军’和上万将士在那边,据守幽州坚城应该没有太大问题。”

“王上可不要掉以轻心,虽然说起来周老将军也有四万人马,但里面新兵不少,契丹可都是马背上长大的精兵呢。”

“嗯,其实我也很担心,但是刘寻怎么办,总不能说撤就撤吧?让刘寻追着撵?”李存勖忽然打断了他。说到一半的李建及被生生堵住了话语,只好点了点头。“我也是两难,打不能打,退不能退。”李存勖压住自己烦躁的心情,低低叹息一声。“建及,如果能……”李存勖猛地刹住,以手指捋平了一张卷曲的纸条凑近灯火。

李建及看见李存勖的神色陡然变得专注,在其身旁瞥了一眼,发现那是一张三指宽的字条,是那种轻薄的桑纸,皱卷成一个长不到一寸的卷子。李建及熟悉这种桑纸卷子,斥候用鸽子传递消息时,就会把这种纸卷塞在一根小竹枝里面,挂在鸽爪上。如果信息十分重要,还会加派人手,快马传报,天上、地下两线同时传递。李建及看不清楚,只好看着李存勖,期望获得一些答案。李存勖嘴角微微弯起,压抑住心中的高兴,把纸卷在灯火下烧成灰烬,然后透露出一点:“汴京有旨发往莘县了。”

“莫非就是朱友贞发给这里刘寻的？”“应该是,汴京近来朝议对刘寻十分不利,称他徒耗钱粮,罔顾大敌,消极避战,是大梁群臣里面‘蠹虫第一人’。”

“那传来的这份旨会不会把刘寻直接罢帅,还是有什么特殊的意思？”李建及有点兴奋地猜测。“我们在汴京有一点消息渠道,可还不全然清楚里面写的什么,”李存勖嘴上虽这么说,但结合其他消息,这一条圣旨多半对刘寻不利,李存勖心里已然安定了许多。

他吩咐李建及道:“去把存审叫来,我有事要议,如果一切顺利,半个月后我们就要回师晋阳了。”李存勖的话让李建及有些糊涂,不过他很快理解过来,以为李存勖半个月内有把握能击退刘寻，然后就能班师回朝。他看到李存勖信心满满的神态，心里不由得也轻松起来，疾步去叫人。其实，李存勖根本不是这个含义。

故元风雷

在李存勖对刘寻感到头疼的时候，刘寻也在头痛。刘寻在莘县的居所，不过是座宽敞的宅院，既没有清幽的景致，也没有奢华的陈设，除了在亲卫的戒备下气度森严外，再无下人。在内室之中，刘寻身穿儒袍，负手站在窗前，望着天上明月，依稀看得出曾经俊朗，轮廓挺拔的脸上已露出十分的倦容。

夜色渐深，更鼓声声，从远方的黑暗中传来，一声声摧折人心。这时，一个心腹亲卫进来禀道："大帅，随汴京使者来的谢将军在外求见。"刘寻眼中闪过一丝寒光，道："请进来。"那亲卫跟随刘寻多年，见其面容憔悴，犹豫了一下道："大帅，已经夜深，是否让其明日再来。"刘寻淡淡道："让他进来吧，无妨。"

那亲卫不再多说，连忙退了出去，过了片刻，引进来一个举止从容的中年男子。刘寻转过身去看着他，含笑道："谢先生，我想你今晚也该来了。"

来人是五代少有的儒将谢彦章，幼年是孤儿，少年时期跟随梁军大将葛从周征战。葛从周见他年幼而聪明伶俐，就认其为义子，传授兵法。谢彦章尽得其妙。其时，大梁军实力冠绝天下，诸多将领中，大将贺瑰善将步兵，而谢彦章善用骑兵，一时共称为大梁"双绝"。因其深通治军，阵法、列阵严谨齐整为诸将之冠，所以谢彦章被梁帝朱友贞加封为"排阵使"，跟随汴京传旨使者来刘寻军中查看。

谢彦章一看到刘寻，便觉心中一惊，不过是数月未见，刘寻两鬓星霜便多了不少，虽然从容冷静的气度没有什么改变，但是身上却明显多了几分倦息。细想几分，这也在情理之中，军马劳顿，呕心沥血，任谁都不敢有一分松懈。谢彦章神色肃然，上前礼行一揖道："先生这称呼实不敢当，在下拜见大帅，大帅多日劳顿才是真正辛苦了，此夜冒昧而来，是想问问后面的战事，大帅可有什么安排？"

刘寻微微一笑，问道："那么，彦章是以陛下的'排阵使'来见我，还是以刘某同僚或朋友的身份前来的呢？"谢彦章目光略有黯然，道："在下对大帅一直崇敬，今夜自然是以晚辈的身份前来，在下在汴京中没有能够阻止住种种谣言，自觉惭愧。"刘寻摇头道："这不关你的事，我率大军孤悬境外，有些言论是根本无法阻止的。"

谢彦章低头道："京中这阵流言四起，喧嚣尘上，加之段凝（郑州刺史，兼军巡使）上书弹劾大帅，更是让那些不知战事的浅薄之徒，如赵岩、张汉杰、张汉鼎等外戚一干人等推波助澜，以至于大帅被降旨受责。可惜以谢某一人之力，实在不能和外戚近臣相抗。"刘寻叹道："今年陛下亲政改元之时，我曾上献一策略，劝其息兵休战。由我进屯黎阳，渐营河南；分遣精骑，抄晋边鄙；令彼不得安，而我取其逸。以我梁国大片疆土，恢复只需三五年，军力、钱粮便可远超过河东，何必毕其功于一役！"

其实朱温放杨师厚在魏博，也是采取同类策略，只不过地点换在河北。

"惜乎，君上不纳，如今战事僵持，更不能冒进，彦章你虽远道而来，负有催战之命，亦无法让我改变心意。"谢彦章闻言，并不失望，坦言道："如今朝中已有奸佞横行，清流隐退之像，而大帅奋战多年，护得社稷黎庶平安，彦章深知。只望上天得晓，一力襄助，出现战机尽快击溃晋军，朝中谗言便会不攻自破。"

刘寻默然良久，说道："彦章，你好读史书，应该知道古来名将多半没有好下场，能够马革裹尸已经是苍天护佑了，其实大多数都是死在朝堂之争上。我起于乱世，长与行伍，前被先帝免罪拔擢，后身为大将纵横四方，已是平生恩宠。若是太平无事，我不妨学学明哲保身；若是战事不休，我便尽力周旋，不会轻易置数万儿郎于险境。纵然罢官被诬，我亦不悔。"

谢彦章只觉心中一震，内心触动，抱拳道："大帅当为将者楷模，彦章受教！"

刘寻微笑摇头："战场瞬息万变，能否取胜姑且不说，既然我无甚子女亲戚，也没什么特别挂心的。只有一女子，是我平生所爱，外表虽柔弱温婉，内里性子却是刚强无比，若是有什么变故，恐怕她不肯听劝，我修书一封，若有那么一天到来，你便代我交予她，并告知她，好好生活比什么都重要，活着的人幸福，我也会感觉到，无论在哪里，也会一样快乐。"（这当然是给"花见羞"的留言）谢彦章眼中闪过一丝泪光，胸中一阵翻涌。他知道刘寻心意已决，定然是要与晋军决一胜负了，眼下分明是将身后之事安排妥当，自然是做好以死相赴的准备。

于是，谢彦章郑重将此事承应下来，起身再拜刘寻，甚为恭敬。

谢彦章离开后，刘寻拿起梁帝让特使传来的诏书，上面这么写道："皆言仓储已竭，飞挽不充，于役之人，每遭擒掳。夙夜轸念，惕惧盈怀。"这里言辞尚还适度，纸上如见叹息。随后的几句有若力透纸背，压力扑面而来。

"将军与国同体，当尽良画。如闻寇敌兵数不多，宜设机权，以时翦朴。则予之负荷无累先人。"大意是说：如果你还当自己是大梁的将军，就应当好好谋划，趁敌兵力现在不如你，赶快发动攻击，尽快将其歼灭，这样才对得起先人。这几行字将朱友贞的焦躁之态跃然纸上，全然显出！西汉末年，王莽下诏逼大将军廉丹出兵，也不过十六字。“仓廪尽矣，府库空矣，可以怒矣，可以战矣！”却可为此类“逼战诏书”之楷模。

换了一般将领，此刻早已惶恐异常，赶忙俯首听命。刘寻却坚持自己的想法，给朱友贞回复了一封书信，有理有据。提笔开头是这样的：“臣受国深恩，忝兹阃同政，敢不枕戈假寐，罄节输忠。”以表明态度，忠心不二。接着讲述了进兵魏博以来的战况演变，“欲西取太原，断其归路，然后东收镇冀，解彼连鸡，止于旬时，再收河朔。”

“岂期天方稔乱，国难未平。才出师徒，积旬霖潦，资粮殚竭，军士札瘥，切虑仓皇，乖于统摄。乃询部伍，皆欲旋归。凡次舍经行，每张掎角，又欲绝其饷道，且据临清，才及宗城，周阳五奄，至骑军驰突变化如神。臣遂统大军，保于莘县，深沟高垒，享士训兵，日夜戒严，伺其进取。”

最后，刘寻表示敌军势大，又善骑战，我们必须稳固已身，伺机再战。“侦视营垒，兵数极多；楼烦之人，皆能骑射，未可轻谋。臣若苟得机宜，焉敢坐滋患难。臣心体国，天鉴具明！”

朱友贞收到信后，更加不满，遂遣宦官前往莘县为监军，负责汇报刘寻的每一条指令，并将其一举一动密报回京。面对监军日日催逼出战，日日问何时灭敌。刘寻淡然答道：“破敌亦不难，陛下只要给每个士兵配足十斛粮食，吃尽后，已然破敌。”

斛是古代计量单位，换算成公斤会根据具体时代的不同有所差距，大体我们可以这样衡量：十斛=十石=592 公斤。（宋代 1 市斤是 640 克。宋代 1 石合 92.5 宋斤，沈括的梦溪笔谈卷三有，“凡石者以九十二斤半为法，乃汉秤三百四十一斤也”。因此一石大米可能就有 59.2 公斤。）

朱友贞得知，大怒，于朝堂上大骂：“老匹夫要这许多粮草做甚？难道得了饥病，要吃撑了治病吗！”因此，朝野内外关于刘寻挟兵要粮，畏敌不战，心有不轨的流言尘嚣其上。

安插亲信作为监军，干预领兵大将决策，质疑主帅指令的管理模式后来被朱友贞广泛推广，对大梁各地军事指挥系统造成严重阻碍。本来在莘县的数万大军只听从一个号令，有了监军后，有人便多了无数心思。有希望服从皇命的，有相信主帅的，有迎合监军的；有想乘上峰矛盾寻求上位的，有渴望赶快立下战功讨得封赏的。当你的上级和你不合，又被你的下属察觉后，自然会涌现出一批投机分子。往往这个时候，事情本身是非黑白已经不重要了，重要的是上面的人希望怎样。刘寻面对日益增加的压力,也日益头痛;没完没了地解释,让他感到压抑,一种束手束脚的无奈。给军事外行的宦官讲道理完全得不到理解。监军只认定一条,你必须执行陛下的命令,他只负责体现陛下的意志。

有一次,刘寻为了减轻自己的压力,表明现在执行坚守的战略不仅仅是自己的选择,也是众将的选择。这是为了说明确实是局势所逼,是客观环境所致,坚守大营绝不浪战才是符合战争规律的正确应对,而且大家都这么认为。刘寻当着监军的面召开了这次军事会议,公开讨论是否应当主动出击。他本想借众将的口来堵住监军的嘴。可出乎他意料的是,有不少将领异口同声地表示,应该马上发动同晋军的会战。刘寻刚听闻时感到一阵惊愕,但监军的迷之微笑和诸将刻意的表现让他很快明白过来,心中了然。

刘寻无奈,命令亲卫给每个将领面前端来一盆清水,下军令让每人一次喝干。众将感到奇怪,纷纷表示做不到。刘寻淡淡地说道:"这一盆水尚且无法一次喝干,晋军犹如大江,又怎么能是我们一口气能全部吞下的呢。众位都懂得战场凶险,事不可为而强为之往往是要付出极大代价的。如果不想后悔的话,就要像今天这样,即使是面对本帅,也要对明显愚蠢的命令说不。我很欣慰,你们很有勇气地做到了这一点。"

众将听完神色尴尬,尽皆不语。刘寻回避着战斗,李存勖也采用了同一种方式。不同的是,一个主动避战,一个被动等待。大家都没得仗打,终于半个月后,梁军探马传来消息,李存勖因无法忍耐这种消极的日子,自己率一部分人马回晋阳去了,留下的主力部队交予李存审继续在莘县与刘寻僵持。

计划的第一步已经实现了。刘寻仔细研究过李存勖的战例,他甚至比李克用还更加了解李存勖在军事上的天赋。李存勖是一个对战场极其敏锐和兴奋的人,他能精准把握瞬息万变的战场上突破敌阵的那一个动态关键点。晋骑在他的指挥下变起阵来异常流畅,总是犹如切割热油的利刃杀入敌腹,其势所向披靡,无人能挡。而作为一个君主,他很另类,他热衷于身先士卒,热衷于在第一线厮杀,热衷于虎狼鬼魅般穿梭于战阵中,享受冒险带来的刺激。这样的将帅究竟有怎样的一颗心,他在寻求怎样的感受,怎样的人生?这样的他又怎么能忍受如同泡蘑菇一般的战争模式。无趣且无味。一个人无法违背自己天性很长的时间,尤其是站在统治阶层巅峰的人。因为能压制他们天性的世俗制约极为微弱。

这是刘寻等来的一个机会。机会尽管到来,但刘寻依然没有动作。他在观察李存审,李存审并不算是晋军里面最为杰出的将领,他谨慎敦厚,善用步兵,多年驻守晋边境，常守边关。如果把李存勖比作一只鹰，常带领机动力强大的骑兵犹如翱翔九天，对目标择机而噬。李存审就可比作一只河龟，身披厚甲，让对方无从下口，在敌久攻不下之时，突然伸出头来狠狠咬下你的一块肉来。李存勖这样的人事安排是很合适的，安排李存审来应付当前的僵持态势，正是用人其长。

不过，这也是刘寻期望的一个结果，又经过十天左右的观察，刘寻发现虽然李存勖走后，晋军防务没有丝毫懈怠，相反力量还有所集中，弃掉了附近几个偏僻的营盘，可能是考虑到晋军分兵后，需要集中兵力抗衡的因素。另外，由于营盘变动，各部安置也随之调整，晋军斥候和游骑小队的巡防路线和频次也有所变化，这两个变化是让刘寻微笑的，毕竟善领步兵的将领在骑兵的指挥经验上就有些许的不足，侧重点也有不同。

虽然这两个变化根本不足以破绽到能对李存审发动攻击，但对刘寻的需求来说也差不多够了。这样的情况大体也可以实施计划了。关键是汴京的朱友贞大概也忍耐到极限了。第二步可以落子了。因为如果再不落子，自己也许就永远失去坐在棋盘这一侧的资格了。刘寻这么想着。他吩咐亲卫叫来杨延直，讨论着具体细节。

一个新的作战计划开始浮出水面，他在一个月前就让王檀去着手安排的计划。一场更大规模，更加残酷的战斗即将开始。这也将是刘寻一生中严格意义上最后指挥的一场大战。（之后，刘寻还会打几起平叛战，包括后文中会出现的“河中平叛战”，但从战斗规模、重要性上都远不能和这次相比，所以后面的小战役对刘寻的人生来说基本只算点缀而已。）

贞明元年（公元 915 年）秋，王檀（保义军节度使）配合刘寻攻略，督军许州（今许昌），窥伺河东。月余，军备完足，王檀自领军五万，出阳地关，兵击晋阳。刘寻闻之，断然道：“可进兵矣。”连日急攻晋军大营，实则亲率主力扑向魏州。

初，晋军不疑，后存审察之，急率大军尾随追赶。沿途两军交兵大小十数仗，梁连挫晋骑，士气大振。刘寻得到王檀进逼晋阳的消息之后，一颗心放下了半截。这样的话，李存勖到底还是不敢忽视老巢安危，只能在晋阳加强防务，严阵以待。困住了李存勖的手脚，梁军在刘寻的设计下，轻易地迷惑住对峙的晋军，先一步离开了莘县。脱离李存审监视的梁军主力像潮水一般汹涌灌进了魏博境内。连日内速取相、贝、卫数州（今河南安阳，河北省东南部），前往魏州一路上的据点被梁军一鼓而下，势不可挡。

故元城是魏州境内一个比较重要的关隘。附近地形起伏较大，李存审发现梁军主力出动后，率部急追，终于趁梁军攻取魏州其他地方的时候，在这里先一步抵达，准备对梁军实施阻击。刘寻现在就驻马立于城外山坡上，望着远处被秋色染成红黄相间的山坡。他的背后，赫然是一身红色铠甲的杨延直。

“大帅，我看晋军列阵已经完毕！”眼前的晋军甚为雄壮，李存审出动了五万步兵，弓箭手、长矛手、重盾手；参差错落，层层叠叠，摆了一个固如金汤的大阵，而五千骑兵隐在步兵阵后，整个大阵之中杀气隐然。刘寻看后稍稍颔首，转头看了一眼杨延直，又看了看后面同样威武雄壮的六万大军，其中有二万五千精锐骑兵犹如钢浇铁铸，纹丝不动地等待着中军的号令，除了偶尔有骑兵轻轻安抚一下被战场肃杀气氛刺激得跃跃扬蹄的战马之外，几乎没有任何多余的动作。

刘寻感叹之余问道：“你看在此地会战如何？”杨延直笑答道：“正适合我军施展全力，我猜李存审估计也是这么想，要么击败我们，要么迟滞我们北上的速度。”

刘寻指指前方的山坡和丘陵，评论道：“这地形进行阻击战是不错，可惜他小瞧了我们。没有了李存勖晋骑主力的威胁，我们就可以不留余力，李存审却退不得，步兵一退就会溃散千里。我故意延迟行军就是要将他引上来，在这里击溃李存审的主力，为我们平定魏博扫除最后的障碍。”

梁军虽然以步兵闻名天下，但刘寻帐下的重骑破阵也已是家常便饭，而帐下的轻骑尤其在削弱敌阵、追杀溃兵、扩大战果上起着决定性作用。身后的梁军骑将早已经心痒难耐，见刘寻下令出击，都是轰然应诺，各自策马飞奔到本部军中，准备厮杀。

随着红色令旗的挥下，梁军大队骑兵犹如决堤的洪水，一路汹涌澎湃而去，其巨大的轰鸣声惊天动地，震撼山野。刘寻立于坡上，习惯了麾下气势如虹出击的他，淡然地看着阵前的厮杀。两军阵前荡漾起一波又一波的血花。梁军出击的都是骑兵。一万以上的骑兵游弋在晋军阵外，强弓硬弩不停射击，寻找着晋军的软肋，一层层地削弱着敌军的防守。这是一场硬拼实力的大战，没有丝毫取巧的余地。鲜血飞溅，染红了原野，满天飞舞的弓箭不时地带起血雨。半天的苦战，梁军面对坚韧的晋军始终不能取得满意的战绩。刘寻也是将梁军轮换成数拨上阵，双方几乎是在进行着消耗战。而到了午后，晋军的左翼因为被连续地猛烈攻击，终于有些支撑不住，梁军的攻击过于频繁，让这一面再也无法获得喘息。

就在这时，刘寻出动了全部的骑军。杨延直手持马槊，一马当先领着大梁劲骑一头冲进了晋军的左翼，两军撞击在一起，这一波次的攻击将晋军的防线再次狠狠削弱。这时，梁军步兵将领们也纷纷带着所部士卒将战线向前推进，士气高昂地压退晋军大阵,各军配合默契,大梁重骑的第一波战果明显丰厚,冲击势头在被后续的晋军抵抗减弱之后便调头远去，由大梁步军各队接替攻击。他们之间的交替攻击几乎毫无缝隙,连续的猛烈强攻终于撕裂了晋军的防线,梁军在左翼终于获得了突破,大量士兵如同潮水一般涌入晋军阵内，调头重组阵势再次扬蹄冲锋的梁骑开始了肆意残杀,晋军步兵刹那间伤亡迅速上升,阵内血肉横飞!

就在这关键时刻,晋军中军传来了号角“呜呜呜呜!”长鸣的声音,晋军左翼正抵抗得十分勉强的将士们如闻纶音，刚才正拼命抵挡梁军的步兵迅速向两侧分散、后撤。在他们身后露出了李存审压阵的五千铁骑,俱是黑色衣甲的“鸦军”。铁蹄如雷,风雷骇人!数千铁骑的冲锋,在眼下的时代里,是连神鬼都要避让的。

杨延直这一次没有让大梁骑兵使用“骑射”战术的原因,是因为冲锋、调头、重组、再冲锋这一系列动作后时间紧迫,也就没有再给弓弩提前上弦的过程,而且,晋军左翼已经被突破,这次冲杀过来,自然破阵就在眼前。他希望对方杀昏了头,不要被自己这边的冲锋给吓到,步兵四处逃散,追杀固然爽,但也没有聚集起来割草一般剪除的痛快!那种在人群里铁蹄翻滚,马踏四方的高潮才是骑军将领的最爱!对方果然没被吓到,只不过换成了一支骑军,竟同样杀上来了!这让冲锋中的杨延直很不爽。

竟然有埋伏!晋军骑兵硬生生地迎上了梁军攻击最猛烈的骑兵,两军绞杀在一起,这一刻战场的重心就在这里。杨延直和李存审都扑在犬牙交错的阵中,他们都是遇强愈强的勇将，一时之间竟然斗了一个旗鼓相当。这时大梁中军传来高亢的号角指挥声,杨延直脑中一下清醒,知道自己不该和李存审纠缠。仗着人多,他留下一部人马阻挡“鸦军”,自己将手一挥,高声呼道:“冲他们的中军!”说罢带着部下转向晋军中阵的步兵，而其他的大梁步军也娴熟地接替他留下的空缺，步骑接阵变换得自然流畅，眼见梁军骁骑如同利刃一般切入了晋中军里。这时的刘寻还没有意识到潜在的危机马上就要爆发……

他隐隐不安的地方是来自李存审的行为,现场是有那么一点点不合理的。先前李存审不到魏州依靠坚城固守，却在这里设阵，可以解释为他想凭借这里相对狭窄的地形阻击自己,迟滞己方前进的脚步。现在大军冲击之势已成,任晋军如何抵挡,都已经挡不住梁军的破阵。他不忙于收缩人马,在中军利用密度对抗强度,而在左翼这里死撑，一副死战到底的样子，李存审到底想干什么?等到杨延直的重骑杀到中军,他还有什么凭仗?身为一军主帅却出现在第一线厮杀,在左翼奔忙,这指挥大任又如何得以正确行使?难道他把自己当作第二个李存勖,加之模仿?

刘寻不知道。其实，答案很简单。因为，李存勖就在晋军中阵里，他不在晋阳，不在任何人以为他在的地方。他，就在此地，所以，此时的李存审才能放手去前线厮杀，只要稳住左翼不崩溃就算完成使命。李存勖一身黑袍下甲片闪耀，他静静地伫立在这里，看着阵前的杀浪滚滚而来，仿佛隐藏身形的猛兽，等着扑出的那一刻。在他身后就是李晋家的最大王牌，"帐前银枪军"的八千牙兵，利刃如林，寒光闪耀。

李存勖见梁军已用全力，便披挂上标志性的黑色衣甲来到帅旗之下，放眼望去，将梁军的变阵看得清清楚楚，不由动容道："好熟练的步骑配合，战法颇有借鉴之处，早就听闻刘寻麾下的步骑进退默契，今日一见果然名不虚传。"

身旁的李建及见李存勖夸赞敌军，不满地道："梁军骑兵确也精锐，不过比起我们的晋骑还是差上一分，即便是他们号称独步天下的大梁步兵也就略强于李存审统带的步军。再怎么说，我们的步兵大阵一样打得有声有色，毫不落下风，虽然敌骑战术也颇为精妙，可是比起我们的骑军，他们冲锋的气势要差很多！"

李存勖看得兴起，听着评论，也是频频点头。见杨延直的骑军杀奔中军而来，便笑道："你说得不错，不过别忘了你刚才说的，我们这就杀出去，让他们看看什么才叫冲锋！"李建及骄傲地回头，向众银枪军挥手示意，众人纷纷扯下披挂在身上的伪装，撕开包裹枪头的麻布，一时间大片黑压压的甲士马前露出了银光闪烁的枪刃，仿佛巨兽露出了牙齿的寒光。

"我们什么时候点燃木堆？"李建及拍马走到李存勖身边，跃跃欲试地问道，"中军的三个方阵要被梁军击破了。"李存勖抬头看天，下令道："点火，等狼烟升起，我们就出击。"数十个火把丢到了几个巨大的木堆上。转眼之间，火焰燎起，大火猛烈地燃烧起来。

就在故元城后附近的一处山林里，李从珂(李嗣源养子，晋军骁将)十天前就到了，正率部悄无声息地隐于其中。他调来晋阳的全部机动骑兵是为了杀敌立功的，期待着在大战中扬名天下，而不是为了藏在这人迹罕至的山林里饱受蚊虫的叮咬。他嘴里没有说，但心里已经把郭崇韬骂翻了，他不敢骂李存勖，不仅仅是李存勖作为晋王的原因。虽然李存勖年纪也不大，但武功高，而且还接连取得数场大捷，杀死了横行幽沧的燕王刘仁恭，有足够狠的战绩，他服这种狠人。而且，这个计划虽然是李存勖制定的，但伏兵地点和物资调度都是郭崇韬安排的，所以他腹诽的是郭崇韬。

作为李嗣源的养子，李从珂身形雄伟健壮，从十几岁上阵杀敌起就深受李嗣源的喜爱。同晋军将门的其他青年一样，他渴望战斗，渴望荣耀。现在故元城附近的战斗应该非常激烈了，手下数千铁骑不到故元城去参战，却窝在这山林里“养精蓄锐”，他觉得太荒唐了。他本想留在晋阳城等着与王檀大军交手，郭崇韬却说，晋阳的防卫可以速调李存璋的汾州兵来接手。为此晋王加封李存璋为大同防御使，并兼应(今山西应县)、蔚(今河北蔚县)、朔(今山西朔州)等州兵马使。而李从珂可以打个时间差，赶赴魏州参与会战。要打就要打扭转战局的大仗，李从珂高兴地听从郭崇韬的调度，来此伏击刘寻。只是没想到，一窝就是十天。

大战即将开始，他在山林边不停地抬头，观看随时有可能出现信号的天空。终于期盼的目光看到了久违的信号，李从珂满意地将视线收了回来，根据天色估计了一下时间，然后发令出击。

早就等得火烧火燎的士兵们欢呼一声，纷纷上马，把挂在马上的长枪架好，整队而出。转眼之间，冲出山谷的骑兵汇聚起来，密密麻麻，铺成一片，没有胆怯，没有畏惧，没有大战前的恐慌。大家纵马飞奔，一道道细流汇成一股波澜壮阔的洪流，一往无前地涌去。日头下，在数千铁骑扑进前方的上空，也是刚才李从珂注目的地方。三柱黑烟早已腾空而起，扶摇九天，在湛蓝色天空的映衬下，显得格外的触目惊心。

故元郊野，杀声震天。李存审布置在中军的两个五千人的军阵已经被梁军骑兵攻破，刚开始，失去防御体系的士兵们自动组成一个个小团体，凭着自己的勇敢和对梁军的仇恨誓死奋战。但是这样的抵抗终究因为折损过大，像河中的石块，坚持不了多久，就被刘寻的铁骑吞没。

大梁骑军突入中军步阵后，后续人马蜂拥而上，前锋纵马践踏，肆意射杀。李嗣源沉着地带着部分残余士兵向左后方撤退，他的副将元行钦果断带着第三个五千人的枪盾阵顶了上去。这是元行钦归顺河东后，第一次以晋军将领的身份参加大战，第一次指挥训练有素、纪律严明的精锐军队。他经过了最初的惊叹和指挥磨合之后，已经熟悉起来。前面的军阵破碎后，成百上千的铁骑迎着他的位置冲了过来。元行钦原是刘守光在幽州招揽的大将，在周德威攻取燕地时，曾与李嗣源阵前大战，两人交手共达八次。元行钦被李嗣源射中七箭，血流不止，但他毫不退缩，拔矢力战，终于射中李嗣源大腿，李嗣源战意甚浓，酣战不休，终因武勇胜过元行钦，将其击败。元行钦服之，遂降。

元行钦在故元战场上恢复了武人的骄傲，在充斥双耳的惨嚎声、叫喊声、战鼓和号角声中爆发着。他挥舞着战斧，在步军阵中，宛如中流砥柱，整个步军防御阵以他为凸出部像钉子般牢牢地扎在这片战场上，无论几波大梁骑军冲杀过来，都无法像先前那样击溃这支人马。元行钦在怒吼声中一口气砍倒了三匹敌军战马，杀死了十二个敌人。他浑身浴血，高举敌将的头颅，举斧狂呼："兄弟们，杀敌勿退！"负责冲阵指挥的杨延直也看到了元行钦，这名晋军将领悍勇无敌，如此令人注目！就见着他带着阻击步军誓死不退，而其余溃退的晋军正在他们的掩护下急速后撤。杨延直意识到这里就是当前的阵眼，必须予以拔除！他当即下令，让自己身边的骁将带一标亲卫人马杀去。梁军顿时像旋风一般狂卷而至。

"长矛抬起！杀马，先杀马！"元行钦临危不惧，一手拿斧，一手执矛，声嘶力竭地叫着，指挥着，迎着漫天乱飞的箭雨飞奔而上，绝不落于人后。士兵们被元行钦的血气所激励，无不紧随其后，奋勇当先，酣呼求战。元行钦腾空而起，左手矛犹如厉啸的蛟龙，一头扎进了侧面梁将战马的腹部，同时间右手战斧凌空劈下，将援护在梁将身侧的兵士砸得横飞而起。"扑哧"一声闷响，脑浆连同鲜血四射飘洒。中枪的战马惨嘶长叫，庞大的身躯凌空飞出数丈，轰的一声栽倒在地，尘土飞扬。

梁将连滚带爬地站起来，手中战刀狂舞，连斩三人，也是骁勇无比。元行钦高举战斧，瞪着血红的眼珠子，像一头咆哮的猛兽，追着他就杀了过去。梁将咬牙切齿，挺刀就剁。元行钦一路长啸，面对呼啸而来的战刀，视若无物，抡斧直直劈去。梁将看到对方不躲不闪，大有同归于尽之势，手中的战刀不禁滞了一下，转过刀头堪堪挡住。就在这电光火石的瞬间，元行钦再吼一声，犹如晴天一个霹雳，炸得对方骇然心惊。

"杀!！"元行钦的大斧被格挡后高高弹起，一个快速旋身后，大斧再次以雷霆万钧之势一击而下！"咔嚓"一声，顿时将梁将和他手中的战刀一起劈成了两半，人体乍裂，鲜血喷溅，刀碎人亡！场面血腥无比，惨不忍睹，尽管周围多是久经沙场的战士，但见此景者，也多有呕吐，梁军士兵更是惊骇，攻势为之一滞。

李嗣源率残部退到元行钦阵后，望着前方那人拖着血淋淋的战斧冲杀在前，身旁尽是刀光剑影，忍不住大声喝赞道："元行钦万夫莫当！真乃壮士也！此战后，吾定要将其收作心腹，即便收为义子也在所不惜！"李嗣源这么打算着。看到前方梁军攻击节奏出现变化，他猛然回头，举手指挥，高呼："齐射准备，强弓手集火，放箭！"

霎时间，万箭齐发，无数箭羽带着弧线向梁军密集之处飞去！元行钦浴血厮杀；李嗣源弓军强射；也就在同时，李存勖撕去身上的伪装，带着他的铁骑杀入了战场！一贯的战术，针尖对麦芒，擒贼先擒王！他径直冲进了杨延直所领的大梁骑军里。双方骑士立即展开了惨烈的对刺。

策马立在高坡之上，刘寻目光如炬，仔细地望着远处已经出现混乱态势的晋军军阵。

经过几次轻骑骑射、重骑破阵、步兵冲击的协同打击后，晋军已经有了不少动摇的迹象，其左翼完全处于退散状态，只是依靠李存审回光返照的骑军才没有出现最后的溃败。

“这应该是李存审最后救场的兵力了吧。”刘寻这么估计着。他看到突击晋中军的杨延直已经快杀到晋军大旗的位置了，只要将大旗砍倒，刘寻便要亲自下场，做最后的冲击，彻底将场上还在拼命试图重整阵型的晋军击垮。

刘寻在庆幸一点，他和柏乡之战的王景仁不一样。相对刘寻而言，王景仁身上“客将”的标签更加明显，刘寻的标签则是“儒将”。在他刻意的关系维护下，临阵的众将大都还是服从他的指令的，基本上做到了进退有度，只有个别将领身后依仗着朝中大佬，或在监军的授意和依仗下，执行刘寻的指令总有些折扣，或不情不愿。例如急于在战场上抢得更多的功劳，打顺风仗，不打攻坚仗；或者不按命令，及时投入到支援侧翼友军的战斗中。这让刘寻十分痛恨，当然，根本是因为晋军硬朗的战斗风格十分难啃，这也是梁军还未能彻底将其击溃的重要原因。

多年征战下来，刘寻对晋军十分了解，他看得到敌军气质的变化。过去，这是一支野蛮剽悍，打法狂野的敌军，但现在已经越来越有严整如铁的强军味道，若假以时日，则会更加难以对付。今日之战，战场形势一直在预估之中。不过，刘寻仍然觉得不安，也不知道发生了什么事情，李存审有些失常，变得异样。原本属于他稳重厚实，小心谨慎的战法却变得如此狂放。而且，这半个月以来，小战不断，大战未有；这样的局面一下被打破，本是刘寻所期待的，但里面却有那么一丝隐含的阴谋味道在他脑海中萦绕不去，这是言语无法解释的一种感觉。面对随军监军的威胁，面对日益暴走的梁帝，刘寻没有时间再去等待，只能抓住时机一战定胜负。

酣战半日，此刻正是顶顶紧要的时候，想到今日一战便可决定魏博未来的主人，刘寻立马阵前，亲自坐镇，不敢放松。忽然不知何时起，前面的军阵有了些变化，刘寻赶忙振作精神，抬头望去。只见在秋日高远的日头之下，晋中军所在处涌出一股黑色铁流正如同利箭一般向梁军锋矢阵的尖头斩来！那为首之人手举银枪，身披黑色织锦的大氅，正是河东之主：李存勖！

这一次李存勖虽仍戴了头盔，却没有将面甲合上，马如猛虎，人如骄龙，只是面寒如冰，不免少了寻常作战时的几分狂嚣。什么?！刘寻只觉得心头剧震，那一刻，他眼中只有那鲜明锐利的飒爽英姿。“那不是李存勖吗？他怎么会在这里？”就在刘寻愣神的瞬间,李存勖已经一马当先冲入了杨延直的队伍,银枪飞舞,挡者披靡!在他身后,“帐前银枪军”同声呼啸,后面的骑士张弓射箭,前面的骑士则是刀劈枪刺地冲入梁军的骑阵,那些如同暴雨一般急促的箭矢似乎长了眼睛,懂得避开晋军的身体,却无情地收取着梁军的性命。

刘寻急忙放眼细看,再是一惊!赫然发现晋军中军后升起的滚滚长烟,十分可疑!四面望去,仿佛突然间,晋军到处令旗挥舞,鼓号齐鸣!其左翼开始有序地后退着,而且赫然打出了名将李嗣源的旗号。远远的,战场的那头,一支骑军正呼啸而来,欲将在梁军疲惫之时给予最后一击,这是这些时日里,李存勖用兵的一贯战法。大地在抖动!轰鸣声越来越大,越来越猛烈,惊天动地,气势磅礴;即使没有亲眼看到,也能让人感受到骑兵那无坚不摧的庞大威力。刘寻脸色苍白,如受重击,血色褪去一般,他痛苦地呻吟一声,咬破嘴唇,没让自己愣神下去,他迅速地转向旁边的部下,声音嘶哑无比:“附近有什么可以用于阻击的地方,快点找出来……”

那一边,年轻的李从珂策马扬鞭,和士兵们一起狂呼乱叫,兴奋不已。一杆“晋”字大旗突然从天际之间横空跃出,接着数不清的骑士纵马奔腾从丘陵上涌了出来。晋军几路铁骑合围,如同滚滚洪流,以雷霆万钧之势奔泻而至。其巨大的咆哮之声,犹如惊涛骇浪一般,裂石穿云,催人心肺。战场上受到巨大冲击的梁军,其呐喊声开始减弱,越来越无力;渐渐的,整个故元战场上多了无数惊恐而战的人。梁军步兵不知道从哪里杀来的敌军,还会有多少敌军继续杀来,看着满场飞驰的晋骑,他们越来越惊慌,越来越恐惧,阵势不自觉地向后退缩。

刘寻的脸色越来越难看,自从他远远看到李存勖的出现,就好像看到鬼一样,瞬间失去了灵魂。本来正在晋军方阵内厮杀正酣的杨延直,听到巨大的冲击身,抬头向自己队伍的后腰处看去,顿时也面无人色,如遭重击。那一刻,他再也不理会身边飞舞的武器,血液飞溅到脸上都无知觉,他目瞪口呆地望着以江河溃堤之势奔泻而来的大军,眼睛内尽是绝望和无奈。刘寻心如死灰,将战场上出现的部队和旗号一个个数过来,他什么都明白了。

这是个陷阱。李存勖把他诱出了莘县,跟到了这里,再集合“银枪军”和李嗣源、李从珂、李存审所部,然后,就给了他致命一击。他现在只想知道一件事,那就是李存勖凭什么那么有把握?居然敢把晋阳城弄那么空虚,交给别人去守卫。刘寻甚至觉得自己败得毫无道理。他给李存审设的陷阱却反而成了李存勖给他的圈套。难道只是李存勖胆子大,赌运好么?当然没有那么简单,我们后面即将解密。

梁军的鼓声蓦然响起，只不过，这一次充满着惊恐和仓皇。晋军的号角声也同时响起，两军数百面战鼓、号角同时擂响吹响，如雷的鼓声、激昂的号角声直冲霄汉。看到了各路军马顺利到场，纷纷打出旗帜，李存勖心下大定。各军合击，大势已定！这一刻，不再需要指挥，不再需要调度，李存勖要做一个纯粹的骑将！他抛却了所有杂念，高举银枪冲刺，振臂长啸，如同鹰翔九天的啸声在天空中回荡。晋军将士大为振奋，也随同高声呼应，排山倒海的呼啸声震碎了梁军死博的最后一丝生机。

杀声震天。杨延直的前锋被李存勖大浪滚沙般的反冲击打得措手不及。双方各自愤怒的人流互相淹没。但是很快，梁军的旗号在各处大量地消失，杨延直的大旗也已不见，不知被困在何处厮杀。刘寻顾不得同僚的生死，他自己也备受晋军的冲击，在狂风暴雨般的混战中，他已经尽力调度各营挡住了晋军的初次扑杀，但是接连而三的冲击终究还是没有顶住，李存勖狠狠地打破了他的大营。

梁军没有顶住压力，彻底溃退，一部分人马护着监军已早早地逃去。在刘寻中军大帐的百十步之内，已经填满了晋梁两军士卒和战马的尸体，血淋淋的断肢残臂随处可见。远处，隐隐可见大获全胜的晋军士兵在阵内挥舞呼号，许多人拿着刀剑砍下梁军士兵的头颅作为自己的战绩。鲜血染红了刘寻一身，洒落了撤退的一路。所幸在亲卫的拼死保卫下，刘寻在晋军杀到眼前的最后关头，及时撤退。沿途地上皆是护卫他而战死沙场的将士鲜血。

刘寻气喘吁吁地靠在树干上，疲惫不堪，也痛苦不堪。李存勖的雷霆一击，把他“魏博攻略”的构想打了个粉碎。回想起来，先是李存勖河边中伏突围成功。接着，晋军又敏锐发觉他分兵偷袭晋阳的动作。天公不作美加上周德威的意外回援，又逼迫自己放弃了攻击临清的意图。现在，李存勖又设伏聚歼了自己的六万大军，完全把自己彻彻底底逼上了绝路。

刘寻本来想利用王檀的兵力，两路呼应，让李存勖顾此失彼，至少也能牵制晋军主力在晋阳城，以便自己先吃掉李存审所部，借此仗余威再次让梁军雄霸魏博。然而，故元城一战，所有的希望都泡汤了，随着这场惨败化作了一场血雨，消失得无影无踪了。

刘寻的亲卫小将面色惨白地跪倒在地，小声说道：“大帅，我们起身快走吧，晋军马上就要追来了。”刘寻惨然一笑，看看周围数百名甘用性命护卫自己杀出来的将士，无奈地说道：“走？我们往哪里去？”“大帅，我们到王檀将军那儿去，他还有好几万人马，我们还可以打回来。”刘寻摇摇头，垂首不语。

“大帅，如果你不到王檀将军的军中，我们就绕过澶州，直接回到汴京去。”刘寻听到此言，望着天边的云卷云舒，苦笑，他觉得自己的笑声比哭还难听。他伸手拍拍亲卫小将的肩膀，悲声叹道：“你不懂啊，你不懂啊！”小将不解地望着刘寻，安慰他道：“大帅，这几年深受陛下的恩宠和信任，陛下他不至于……”刘寻冲着他摇摇手，打断他，示意对方不要说了。刘寻慢慢地抬起头，看着遮天蔽日的大树，缓缓闭上了眼睛。他刚一闭上眼，故元战场上的惨烈厮杀就立即冲进了他的脑海。

六万梁军士兵意外地被近七万的晋军铁骑和步兵三面夹击，士气很快崩溃。晋军的长箭漫天肆虐，晋军的战刀在飞舞，晋军的长矛在厉啸，梁军士兵就像一片片的稻田被突如其来的打击割倒在地。两军的尸体堆满了整个战场，鲜血染红了山坡，染得比夕阳还要红。梁军失去希望后惨绝人寰的哭叫声依然在刘寻脑中轰隆炸响，刘寻不堪回首地长叹一声，缓缓睁开了双眼。“去黎阳。”他颤抖着嘴唇，压抑着心里无限的悲伤，说道，“我们去守住河北的最后一个据点。”

谁之失算

主战场尸横遍野，数里之外，断后厮杀的王彦章（时任大梁濮州刺史及马步军都指挥使）带着所部骑军刚刚脱离主战场。他在刘寻调度的各军中属于首屈一指的勇将。因为被前任短命梁帝朱友珪（公元912年）加封为检校司徒，所以朱友贞上台后不放心，把王彦章排挤出中央，调去当地方官。所幸他经验老到，加之武力值一流，所以在晋军大阵合围的前一刻，他率部拼死杀了出来。虽然一路上遭遇不少小股晋骑，可是对王彦章来说，这些算不得什么，他军事才能极高，战场上刚毅果决，所以这些倒霉的晋骑也都被撤退中的王彦章一一歼灭，不过他自身兵马损失也不少，就连王彦章本人也挂了彩。

为什么要来说他？因为唐末五代历史上最喜欢量产悍将，而王彦章在众多将星里也是璀璨夺目得惊人。而且，他堪称是大梁后期的定海神针，后续还会登场。他作战时常使两条铁枪，一条挂在马鞍上，一条执于手中。据说王彦章的一条铁枪就有上百斤重，冲锋陷阵的时候，马跑如飞，一条铁枪也舞得如飞一般。每战常为先锋，斩关破垒，所向无敌，大梁军中称其为“王铁枪”。

《新五代史》卷三十二中曾记载：“彦章为人骁勇有力，能跣足履棘行百步。持一铁枪，骑而驰突，奋疾如飞，而他人莫能举也。”其中“能跣足履棘行百步”是这样一个典故：当初，王彦章应募从军时，有数百人一起报名，王彦章主动对招募士兵的军将提出要求，说自己要做队长。这下刺激了其他几百人，众人都不同意，狠狠地对他说：“你王彦章是什么人，刚从山野草莽之中出来，就想跳到我们的上面做队长，你也太自不量力了吧！”王彦章听了，哈哈一笑，径直对在场所有反对他的人说：“我天生雄壮，你们确实比不上！所以才要求做你们的队长。以后一起杀敌立功，也让大家多几分活下来的可能。没想到你们这样不领情，反而咄咄乱说，看来不给你们开开眼，分个胜负，你们就不会心服口服。”

“大凡壮士都喜欢开口便言生死，但今天并没有在两军阵前，生死不是儿戏，不能拿来乱说；我就给你们看看我脚上的功夫好了！你们把铁蒺藜在地上扎满，我会光着脚在上面随便走上个三趟五趟，看看你们有谁也有这个本事？”大家开始以为王彦章是在说大话，戏弄众人，纷纷上前铺满铁蒺藜。没想到王彦章真的赤脚在铁蒺藜的上面踩来踩去，一连几趟来去自如，脚掌上没有受一点伤。数百人当场大惊失色，没有一个人敢上前效仿，都暗暗佩服不已。

这支招募的兵马正是朱温帐下。朱温听说之后，视王彦章为奇人，因此将其提拔为大将，历任行军先锋马军使、防御使、节度使、检校司空（后被朱友珪加封为检校司徒）。现被左迁为濮州刺史及马步军都指挥使，暂听从刘寻调度。

在前阵魏博改制，民情动荡时节。刘寻命他领五百骑兵，抢先进驻魏州附近的金波亭，进行防备，为贺德伦的魏博分镇计划进行推动。正是赫赫威名的他的到来，引起了魏博全体牙兵的极度不安，激化了情势，加速了张彦的叛乱。魏博兵变当夜，大股牙兵也包围了金波亭，首先就选择王彦章下榻的馆舍进行攻击。不料，王彦章惊醒后，处变不惊，一人单刀，奋勇杀出，夺马遁去，其余五百人反应不及，全部被杀。

故元败战中，他一路撤退，且行且小心。逃出几十里地后，他令军士缓行警戒，略做调息。自己停在路边，骑在马上看着斥候绘制的草图，低声嘟囔着。他此刻形貌实在有些狼狈，散发披肩，头盔早就被他不知何时弄丢了，一身战袍破烂不堪，上面沾着斑斑点点的污迹，有的是黄色的泥水，有的是红色的血迹。浑身杀气蒸腾的他让身边的亲卫不敢多言。

进军魏博的路上，王彦章一路为金波亭旧属的复仇，其霸道和强悍可让这些骄兵悍将心中既敬佩又戒惧，这个从中央贬出来的将领真不一般。要知道在这样的大败仗中，王彦章主动断后，第一时间护卫刘寻杀出合围，并亲手斩了几个挡路的晋军偏将,全灭了数支晋军游骑。在一路溃退中,他似乎忘记了自己才是势如危卵,却时而要不依不饶地狠狠回咬对手几口。转移、伪装、设伏,这种种手段,让众人见识了王彦章不亚于主帅刘寻的指挥经验,所以任凭王彦章调配,也没有人去多问一句。片刻后,王彦章胡乱搔了搔一头乱发,终于抬头道:"大家听好,我们就从战场东侧撤离去黎阳,如果路上遇到我们的溃兵,就让他们跟着我的旗号,带上几个算几个,一起走。"

王彦章心想,我一路上但凡遇到晋军斥候就都杀得干干净净,晋军就是得到情报也未必可以掌握我的行进路线。不过其他同僚就不好说了,看他们败成这样,兵马早就控制不住了,恐怕是脚踩西瓜皮,滑到哪里是哪里了。不能太高估他们,若后方几个城镇的驻军将领连撤军都撤不走,也当真是无能了。如今大帅刘寻应该也脱离战场前往黎阳了吧。

想着这些,王彦章一路奔去,众将士都是勉力支撑,极力跟进。好在王彦章部下梁骑都是百战余生的精兵,按照主将吩咐在行军中整顿军马,纵然在行进中也不像其他溃退队伍那般无序,要是换作平日里,这队人马就可以做到井然有序,千骑行进如同一人一般。整军如此,大概比起身在汴京的谢彦章也不多让了。一路下来,大梁的溃兵渐渐收拢了不少,多少保留了一些战力,纷纷向黎阳退去。

在历史上,能把大本营当作筹码,一次次全部押上进行豪赌的将帅寥寥无几。不是不敢,这个世界上傻大胆的人可并不少。而是因为,一般这样做的人通常没有资格承担如此重要的角色。无论为将、为帅乃至为君,都不是傻大胆的人能当上的。即便当上了,赌败者早早沦为飞灰;胜者也暗叹侥幸,心有余悸,下不为例。

何况,越是精于计算的军师型将领就越不敢做出这样出格的事。智者千虑必有一失,愚者千虑或有一得。这一得一失,得失之间,往往就是万劫不复,身死国灭。所以,身为一国之主的人更是决计不敢拿自己的大本营去冒险,哪怕是一丝一毫也不愿。别人不行,李存勖却可以。因为他是河东之主,也是晋军之帅。这种先天优势让他可以任性,当然任性就必然得承担后果。我们回过头去,就在李存勖设计刘寻的时日里,他的晋阳城面临了一次极大的危机。这就是李存勖一次又一次实施军事冒险所必须面对的后果。他的心脏必须强大。

大梁王檀(保义军节度使)领军三万,快速进击,已逼近晋阳。按照刘寻的计略,王檀到得正当其时。当时城无备兵,援军未至。李存勖大军在外,救应不暇,人心危惧。监军张承业大恐,计无所出,召集诸司丁匠,驱市人登城守御,欲行螳臂当车,王石俱焚之事。这其实是在刘寻失算之前，李存勖的失算。这一失算，当真是晋阳奇险！

时间点稍稍退回，故元会战前数日，魏州附近。远方的地平线上腾起一路行尘，乌黑数条长线并列，大军迤逦前行。距离大军后方的远处，有数骑赶将上来，待近处看得清楚，原来是单人数马，扬动飞尘，不停挥动一道令牌，径直奔到一杆大旗下，滚鞍落马，喊着："我是晋阳信使，求速见大王！"

"什么？王檀军三万，已占据汾桥？"片刻后，骏马上的李存勖知道了信使带来的消息，不由一怔。李存勖贵为晋王已经数年，他依然习惯身着重铠立于马上，在他身后簇拥的尽是精锐牙兵。他默不作声，远望远方，想了一会，细细问道："敌已至晋阳附近，城中可有反应？"

"大王，得知敌兵来犯，城中震恐，监军张大人急令城中青壮百姓进行集中，准备御敌，同时也遣使者速求李存璋、李嗣昭两位大人来援！"

"嗣昭在上党，存璋在汾州，怕是来不及呀！"李存勖心中变得沉甸甸的，在他看来，空虚的晋阳犹如美女琵琶半遮面，摆于面前，敌人又怎会视而不见？只不过，他没想到王檀会这样快。刚好就在刘寻挺进魏州时，他就逼近了晋阳。这两路配合得好巧！"梁军现已扼守汾河，下一步就是攻占羊马城了，逼攻晋阳竟选在此时，还真是低估了梁军的反应啊！王檀什么时候这么会抓时机了？看来王檀谋划这一战，应该是有一段时日了，否则动作不会这么快，进军如此神速。这下把我们打了个措手不及！"

"大王，我们要不要马上回师援救，晋阳不能有失啊！"周围将领纷纷说道。李存勖没有回答，沉默许久，声音有些低沉地答着："不回去了，晋阳城高池深，防御完备，就算兵力不多，尚可坚守一阵。我此次入魏博，必破刘寻，待歼灭刘寻主力，再回师夹击王檀。"说完便下令封锁晋阳传来的消息，不许众人再议。

之所以这么抉择，李存勖是这么想的。按照计略，李存审、李嗣源、李从珂各路大军都已经或明或暗地进入了魏州地界，此时李存勖若率部离开，就无法保障"故元会战"的成果。局势演变的最大可能就是：晋阳对峙，魏州对峙。形成两线同时僵持的局面。这对家底薄弱的晋军很是危险。但是，如果能先捏碎梁军一个最有力的拳头，另一个拳头或许就不攻自破了。

退一步讲，如果两军都取得战果。在魏州战场，李存勖击败刘寻，就等于完全得到魏博军镇六州之地。而在晋阳战场，往最坏处想，王檀即便攻破晋阳城，由于有李嗣昭守御上党、李存璋守大同，王檀的兵力有限，梁军根本无法扩大战果。晋阳城中李存勖经营多年，早已是人心所向，短期内梁军无法平复。只要李存勖结束魏州战事后，率主力再战晋阳，顺利夺回的可能性并不小。这样相比下来，继续执行原计划则更为有利。只不过，有些人的安危恐怕就不好说了。

这个时候，浮现在李存勖眼前的是白发苍苍的张承业和在晋阳城里许许多多熟悉的面容。假如，城守不住，他/她们会提前撤出来吧？会安然吗？想到这里，李存勖心中一痛，一时间，心里充斥着对未来的恐惧。似乎即将失去重要的东西，这种难受的感觉涌上了胸口，恨不得马上下令调头回去。李存勖深深吸了一口气，他需要好好稳定一下自己的情绪，让自己的身形更稳一些，也让自己的心更坚定一些，更要让大晋的势力在九州大地上立得更稳一些！目前对他来说，击破刘寻才是要害，这才是最紧要的！他也暗暗祈求上苍，保佑一下自己，尤其不希望王檀连夜对晋阳下手。这样的话，晋阳的极度空虚就会暴露无遗，搞不好几日内就会陷落。如果这么快崩盘，就会直接威胁到他与刘寻的决战。

只要拖过十日，李存勖相信正率领汾州兵赶往晋阳的李存璋就一定会到达！有李存璋在，晋阳就会守得住！现在城里挑大梁的就是张承业，论军事经验，张承业显然是远远比不过王檀的。而且还有一点不利，虽然晋阳城防完备，通常情况下对强行攻打的敌人是块硬骨头，但是现在内里空虚，只是不被外人所知而已。梁军远道而来，虽然也是疲军一支，但若是硬啃攻城，却未必啃不下来。晋阳能不能守住，能守住多久？就是关键了。

十天，只要十天而已。我就一定能打回去。李存勖压抑着焦急的内心，神情上保持着从容，他一路打马奔驰，沿途为各军将校打气，脑海里尽力抛开这些忧虑，沉稳地准备着几日后与刘寻的对决。天下大乱，诸侯纷争，或许这就是李存勖击败刘寻，让“大晋”迅速崛起的最好机会。这样的机会，他必须冒险。

晋阳城，乌云满天。张承业轻叹一口气，站起身来，走出书房。距离李存勖调走城中主力参加魏州会战，已过去数日。三万梁军现已向晋阳杀来，其前锋已夺取汾河渡口，为后续梁军挺进做好了准备。李存璋所部虽然已经离开了汾州，但还没有赶到晋阳，大概还要三、四日方可抵达。这几日里，城内外地下势力暗流涌动。张承业已经实行全城戒严，查出来有细作嫌疑的，都被投入大牢。

一时间，各势力的情报探子不再蠢蠢欲动，可他们不过是暂时蛰伏，潜得更深罢了。全天下，几乎所有势力，都在关注着晋、梁两军的战役。河东晋军和大梁军，都是天下强军。这次战役的两处地点，晋阳和魏州在战略上都很重要。如果这次战役能因此对参战两军都造成巨大折损的话，就再好不过了。梁晋实力齐齐减弱的话，对其他割据势力自是颇为有利。

张承业在屋外透透气,想到明日需要发布的政令,便走将回来,持笔在白纸上写着,一旁有侍从静静站立。张承业落笔苍劲有力,写完几篇后,他停手,站在案前开始思索;时而重新坐下翻阅着从晋阳所辖各府发来的文书。正当张承业处理案牍的时候,他的书房外,一个声音陡地响起:“大人!”张承业抬起头来,只见一位同样两鬓白发,星霜银丝的老者面色肃然,站在门口。

“原来是安老将军,快请进来吧!”他笑着一招手。安老将军从庭院走进书房里,行了礼便说道:“末将鲁莽,张大人一直在忙于事务,实在是冒昧打扰了!”“无妨无妨,只是看看各府发来的文书罢了,来,坐吧,老将军说说是为了何事急急而来呢?”张承业搁下笔说着,语气同往日一样,并无怪责之意。

这位老将名安金全,代北人,世为边将,骁勇果敢,善于骑射。先王李克用时为骑将,屡从征讨,也参与李存勖的潞州之战,皆有战功,曾担任过地方上的刺史,现因老病退,居于晋阳。这些老臣都曾是李克用的心腹臣子,打了大半辈子的仗,自然军事眼光老道。只要谈起军事问题,安金全就自信起来,语气也放松许多,他寻了离张承业位置较近的地方坐下,然后侃侃而谈:“大人,梁军逼近晋阳了,老夫是想知道,我们接下来有什么打算?据老夫猜测,主公只是打算用晋阳坚城牵制住王檀,为击破刘寻争取到足够的时日,以达到声东击西之效。可是我近日看来,发觉晋阳兵力远远不足,恐怕无法行使牵制重任,不知道主公到底是如何安排?张大人可否告之于老朽?老朽必定严守机密,也愿为主公计略前驱!”

大家都是老臣,张承业很了解对方,他眉头一皱,深吸一口气,答道:“安将军料想的不错,晋王此次出兵,的确是冲着刘寻主力去的。所以主公抽走了晋阳城中几乎所有的机动兵力,并急调李存璋所部来接手晋阳防务,只是没有想到梁军对沿途地形、军情早已勘查得如此清晰,进军如此神速。据报,这两日前锋已至附近的羊马城了。如今晋阳城中除了维持治安的少许部队,已经没有多余的人马了,我已经宣布全城戒严,四门紧闭,让城中青壮百姓协助守城,并在城头多立旗帜,希望起到疑兵的作用。只要能拖上十日,就无大碍了,只是目前,还是只能做做样子,只能说,随机应变吧……”

安金全听完,长身而起,果断地一抱拳,对张承业慨然说道:“老夫抱病在身,休养多日,本来不应该再自请任命。但是,今日事急,我王及众将家眷在此,晋阳乃我王大业根本之地,如一旦为敌所有,大势去矣!所以,请大人以库甲见授;我召集人马,为公备寇！”

张承业听到此言，目光炯炯地望着对方，眼中满是激赏之色，心道：先王用人果是不凡，我河东大晋无论年轻人还是老一辈，全都堪称俊杰！张承业当即同意，立时签下委任，授命属官跟随安金全前去取甲备武。安金全召率自家子弟及退闲诸将，得数百人，待得齐武具，便披甲跨马，夜出北门而去。

入夜，月色乘着空隙透云而下，映射出一条条银色的淡淡辉光。在黑暗模糊的地方，数百人伏在了一处丘陵上，正向下看望远处。一条河流，自丘陵下婉转而过，水很静很清，在丘陵上都能看出来，再近处是一个破碎的城池。

“这就是羊马城，历经几次征战，残破不堪，因为兵力不足，已经被放弃，仅余数百户而已。”安金全的家将报告着敌情：“敌军约有千人，就在此处扎营。”安金全看着远处的汾河渡口，那边飘着一些梁军旗号。他对亲信家将吩咐道：“你带几个身手矫健的儿郎去打探一下，看看渡口那边有多少驻军？其余人这就吃上干粮，不许用火，就地休息，我们子时就战。”家将抱拳接令而去，因为一旦和羊马城的梁军交锋，汾河的敌兵肯定会第一时间来援，打探一下可能到来的援兵数量是必须考量的事情。

一个时辰的时间，转眼即逝，派出去的家将已经回来了，他面色沉重，走过来汇报道：“老将军，汾河渡口果然被梁军扼守稳固，大约已有两千余人，步骑都有；如果羊马城被袭，他们小半个时辰就可赶到那里。”这时，天已经彻底黑了下来了。“再休息一个时辰，我们就出发。”安金全看了看夜空，语气坚定，毫无惧意。

这群人都是刚刚纠集起来的队伍，其中各府家将基本都是老兵。虽然个个战斗力都不弱，可若是直接正面去攻营的话，绝对是非常吃亏的，只有暗中靠近，伺机抹掉哨兵，夜袭敌营。即使这样，要在半个时辰内歼灭敌人也是十分困难的事情。安金全的打算就是一击而破，破完即走；迅速歼灭这里的敌兵，然后立刻就撤退。一来杀杀梁军的士气，二来让后续抵达这里的梁军主力摸不清晋军实力，在猜测和试探中，军事行动往往会趋于保守。如此，安金全就能为晋阳多获得至少一天的时间。夜袭时间定在子时，基本上就差不多了。

“大人，时间到了。”过了一个时辰，家将低声提醒着。“那好，所有人小心些，慢慢靠近，不许弄出声音。”安金全发布命令，几百人就渐渐在夜色的笼罩下，缓缓地靠近了羊马城。敌将驻扎的地方就在城内，这里本有着一道城墙，若是在往常，想要入城，就必须要通过城门。如今却有些不同了，多年的战乱，让这道城墙破烂不堪，已经形同虚设了。

“注意有敌兵巡查。”靠近的过程中，有家将给后面人提示。黑暗中，隐隐见得火炬，以及一些梁军士兵走来走去。“人数并不多。”安金全仔细观察了一下，果断打了个手势，顿时十几个身手敏捷的人，趁巡逻空隙，靠近残破城墙，潜入了进去。现在已近子时，大部分人早就已经困乏倦怠，酣然入睡了。

夜色下，残破的羊马城内，看起来是这样的平静。只不过，一个个尖兵分批悄悄潜入，摸掉巡逻游哨的收割行动，一步步地展开。这帮经验丰富的老兵行动干净利索，只是片刻工夫，就有十余个梁军哨兵被暗算，使一小处城墙警戒线临时出现了空缺。安金全迅速抓住机会，让后续的几百人马火速靠近敌营，要一口气冲进去。正在悄然突进时，一声惨叫忽然响起，在寂静的夜里极其尖锐扎耳！

安金全见行迹暴露，索性下令全体冲锋，众人怒吼着突入！他身后年轻一辈的子侄们也同声呼应着，随着安金全的大刀一挥，数百人加快了速度，迈过断壁残垣冲了进去。敌营中立刻就有人惊慌大喊了起来。虽然只是数百人的突入，但安金全等人各自分组，配合默契，短促的吼声之外只是闷头砍杀，这种不顾其余只管杀人的沉默，就足以让守军认清来犯的不是普通战力的士卒。仓促迎上来接战的梁军巡哨、游骑基本上一触就溃，分散的迎击无法形成战力，胆小的士兵早已魂飞魄散。

安金全带着几十名家兵，游走在厮杀外围，一旦找准机会就率领着他那队百战老兵，切入冲杀，帮助其他各府家兵杀散梁军。安金全对战术把握极佳，凡是梁军想汇集的地方，就有他的出现，然后掀起一阵腥风血雨。

杀声响起时，梁军主将猛地醒来，发现不对，一眼向城中乱起处望去。残破的城中已经如同修罗场一般，到处都是收割着生命的身影，惨叫声连连，厮杀声更是不断，他怒吼着召集人马，以一去无回的气势，带队扑了上去！一路厮杀，只几分钟，就已经砍倒数个试图趁乱袭击的晋兵。顿时，梁军本来分散无主的士兵，一时间精神大振，纷纷以守将为中心聚拢。只是一集中，军队有组织的特性就开始体现。在一开始就损失掉四分之一的兵力后，梁军依仗较多的人数堪堪抵住了安金全等人的猛袭。

“将军！将军！”家将高喊着示意，这时，城中已燃起救援用的柴堆，夜色中，熊熊火光十分醒目。“莫要管，杀光他们！”安金全毫不退缩，依旧鏖战。他率着家兵们，已经冲了上去，像一把尖刀一样，将敌军的抵抗撕裂分割开，所过之处血肉飞溅。不过，没有多久，安金全似乎感觉到什么，他停步凝神细听一会儿，突然之间脸色大变。他听出来正有一支骑兵迅速接近羊马城，蹄如奔雷，甚为急速！

来得这么快！不是要小半个时辰么！”安金全暗叫不好，一声怒吼，彻底断了撤退的念头。遇上这样的骑兵，跑也跑不掉，索性带着跟随自己血战十数载的家将们，一路戳刺砍劈，亡命地扑了上去，在前面抵抗他的梁军一时被冲得大乱，十数人连连被杀死，受伤倒地者更多。梁守将同样悍不畏死，不加思考地大声吼着："杀了他，他是敌军大将，取他首级者，重赏！"几乎同时，安金全也挥刀向前，怒吼道："儿郎们，杀了这人，这是敌军守将！"长刀所指，赫然就是火光冲天，梁将所在之处！

梁将也是久经沙场之人，凝神一听，立刻发觉了安金全不遗余力疯狂抢攻的原因，大声呼喊："莫要慌张，援军马上就到！"

"安大哥，怎么办？"一声惊呼传来，竟然是晋阳城中家在隔壁的老战友。安金全咬着牙，一边大开大合地劈砍，一边怒吼着："勿要多问，只管杀上去！"安金全全然不顾远远传来的马蹄声，奋力突进，身边剩下的半数家将也豁了出去，紧紧跟上。其余的人都在混乱中捉对厮杀，满场除了刀光就是血花。看着前方梁将怒吼着带队杀了过来，安金全觉得自己又回到从前沙场搏命的日子，全身毛孔散发着热量，直冲着四肢百骸！他低低怒吼了一声，握着刀柄，刀尖朝外，迎头而上。

"想要杀我，没有这样容易！"处于乱世之中，能当上将领的多不平庸，此梁将同样久经战阵，对形势变化掌握也非常准确。在组织队伍，稳住守势之后，就发觉己方援军将至。为扩大战果，他改变号令，命令身旁的亲卫随同自己一起出击，务必要缠住晋军，将来袭之敌杀个片甲不留。安金全看到眼前敌将，虽然不穿盔甲，却身如铁柱，面目凶恶，高举长刀，摧枯拉朽将沿途拦截的晋军击开，不断逼近自己。

就在这时，安金全敏锐地感觉到脑后的空气振动！一支羽箭闪电般从身后射来，兀厉凄啸着从自己头顶飞过，"噗"的一声闷响，扎透了一个敌兵的脑袋，将鲜血和脑浆飞溅在空中。接着，"噗噗"声不绝，耳边风声数起，一连十数名敌兵扑通倒地，一下子，敌将冲锋之势，竟然受到了压制。梁将抬头愕然地发现，奔来的数百骑竟然挥舞的是晋军旗号。

糟了！梁将大叫不好。第二波突袭而来的晋军对梁军士气造成极大打击，很快守军就没办法形成队伍了。梁军守将和剩余的亲兵们终于失去了信心，急忙改变号令，向后挥舞刀剑，慌忙杀出一条血路，只求突围活命。

从安金全身后奔驰过来顶上锋线的士兵，面对梁军仓促间射出的箭矢根本不进行闪避，直如恶狼般扑上去撕咬。安金全定神听来，才发现众军士大喊的是："昭义侍中，大军杀到！"就在一个个晋军骑兵剽悍杀入的瞬间，传来连续不断的人体被刺穿划开的声音，晋军骑将的刀，干净利索地斩杀了一个个梁军士兵，一个梁军士兵的头颅飞出，滚到了安金全的面前，他的头颅还没有完全死去，眼神和表情，透露出绝望的恐惧。

安金全在来援骑将的身上感觉到那一种沙场血战的强凝气氛，不由被那冲天而起的狂野杀气所动，于是高声问道："来者莫非是李嗣昭大人？"来将哈哈大笑，拉下面甲，勒马停住答道："安老将军，石某怎敢冒充指挥使大人，李嗣昭大人命我率五百骑，自上党朝发暮至，急援晋阳，末将夜间急行，看到这边火光，便赶来此地，来得正是时候吧！"

安金全一看，原来是李嗣昭爱将，每战必用的先锋大将石君立。安金全眼中闪过兴奋的神色，大笑道："来得正当其时！侥幸让我这把老骨头多活些时日。正巧此地不远处就是汾河渡口，驻有梁军两千余，你我二人一起把他们也拔除罢！"

石君立更是得意地笑道："石某已拿下汾河渡口，烧光渡船，准备赶往晋阳去了，没想到撞到老将军这儿打得正欢，可惜老子事先不知道，否则老子倒是愿意堵住梁贼退路，一起多杀他几个军将！"安金全听后，全身一松，疲惫感猛然袭来，心头喜道："晋阳有救矣！"

次日，王檀收到汾河渡口被袭和羊马城失守的消息，心中惊疑，详询溃兵，俱说在夜里两地同时被袭，杀来晋军无数，王檀以为晋军援兵已至，为免中伏，行动更加谨慎。

三日后，李存璋率部入城。晋阳遂安。

俄而闻刘寻军败，王檀知图晋阳无望，率汴军退走。笼罩在晋阳上空黑压压的阴云终于散去。解晋阳之危，首功当在安金全和石君立。此战对垒期间，梁军游骑每出，必为安金全所获，所以梁军斥候都对他十分忌惮，给他取了一个外号为"安五道"，意指仿如鬼将有五道之名也。（五道将军：传说中东岳的属神，掌管人的生死；而五道是指轮回五道。）之后，安金全积功，被授同平章事，任振武军节度使。石君立受李存勖喜爱，被调入中军，参与日后的伐梁大战。

随着刘寻主力被李存勖击溃，王檀攻击晋阳无果而返，这次魏博会战终于落下帷幕。以李存勖为首的晋军再次取得大胜。本次战役的回报十分丰厚，李存勖顺利地将早已望穿秋水的魏博军镇完全收入囊中。魏博一地西接太行，东连山东，南临黄河，是进可攻、退可守的战略要地。得到它后，李存勖离朱友贞所在的汴京就更近一步，大梁剩下的主要防线就是依据黄河天险构筑的阵地。

此战后，大梁朝丧失了战略主动，不得不把大量机动兵力沿河布防，突入敌占区的攻击力大打折扣。刘寻前后损失的七万主力是梁军在黄河以北的最后一支强军，好比定海神针、屋之大梁。随着他的倒塌，大梁在黄河以北的驻军完全无法抵抗晋军的攻势，原有的地盘纷纷陷落。德州（今山东陵县）、澶州（今河南清丰西），卫州、磁州（今河北磁县）、洺州（今永年东南）、邢州，相州（今河南安阳）、沧州（今河北沧州东南）和贝州（今清河西）均在一年内先后失守。

这样，黄河以北除黎阳（今河南浚县东）一地还在刘寻苦苦的坚守下尚存外，其余尽为晋军所占。这么完美的结局甚至是当初最为冒险大胆的李存勖也不敢想的。形势一片大好，顺利得一发不可收拾，让李存勖食髓知味，迷恋上了这种刀尖上跳舞的感觉。潞州之战、柏乡之战、故元之战。这三次战役的胜利累积起来，导致晋梁实力发生了变化。虽然大梁整体上还是处于优势，但是晋军从战略上开始发生了根本转变。由以前在自己境内被动抵抗的守势，即将变为对梁军咄咄逼人的主动攻势。不知不觉中历史的风向已变，李存勖就是那个站在风口等待起飞的人！

第五章 恩怨契丹

大辽崛起

魏博战事尘埃落定，战报哄传了整个汴京。官员、富绅、士子、百姓都在谈论这次发生在黄河以北的大战，舆论中隐约有指责梁帝乱政的声音。说他分拆魏博六州才是本次生乱的根本原因，还有不少议论，声讨这几年来监军乱军、外戚乱政、权贵枉法等恶行，一时间民情纷纷。朱友贞的别院却完全是另外一个世界。去年代替敬翔任崇政院使的首席辅臣李振走进了别院大门，听到内里隐隐传来的笙箫琴瑟之声。在这时节还有这兴头，李振不禁暗自惊讶。放到平日勉强算是雅兴，如今不是荒唐是什么？

李振，字兴绪，历任大梁朝检校司徒、殿中监、户部尚书。他和敬翔两人共称朱温生前的左辅右弼，是大梁朝最为杰出的谋士之一。曾作为朱温使者前往长安，独自和当时的唐宰相崔胤谋划，联合孙德昭等将领诛杀了宦官刘季述等人，拥立唐昭宗复位，为朱温挟天子令诸侯铺平了道路。当年，朱温听到李振传回的消息之后，大喜，将其从长安召回来，拉住他的手说："爱卿所谋正是我的本意，连上天都知道我的心，让你来帮助我！"从此，李振和敬翔一样成了朱温的左右手，对他的霸业起到了无法替代的作用。

不过,有一点李振和敬翔有所不同。比起大义忠直的敬翔,李振智计或有过之,但是性格刻薄寡义,为人也比较圆滑无矩。当初,李振作为朱温的全权代表,经常往来于汴州和洛阳之间,对这个行将灭亡的唐朝廷严加控制。每次李振来,都是以胜利者的姿态对朝堂中的人颐指气使,完全是一副主人的架势。对他恭敬服从的人就任意提拔,根本不按什么规章制度来做,对他不奉承,或者他讨厌的人就撤职罢黜。所以每次他来洛阳,都要有些人遭到惩处贬官。

因此,唐朝廷的人给他取了个外号叫"鸱枭"(鸱音"吃",古书上指猫头鹰,传说闻到人快死了就开始叫,被人认为是不祥之鸟)。后来,朱温篡位欲杀朝中大臣,李振由于年轻时曾几次参加科举考试没有被录取,一直当作耻辱怀恨在心,这时他就对朱温说:"这些官僚自命不凡,说自己是什么'清流',现在把他们投入黄河,让他们永远成为'浊流'罢。"朱温笑笑,允之,遂将大臣裴枢等七人投于滑州黄河。

在朱友珪短暂的统治时期,李振因善于逢迎取代敬翔成了梁臣之首,掌握了朝中大权。只是好景不长,没有多久,朱友贞上位,赵岩和外戚张汉杰、张汉鼎这两个集团更受宠信,李振很快感到大权旁落,深感危机,今日寻到时机便来见梁帝朱友贞。

李振穿过几道回廊,远远望去。只见前方亭子处有人影晃动,汉白玉雕栏石桥曲曲折折,沿途一排垂垂杨柳下摆着石桌竹椅。朱友贞正和赵岩几个人在亭中说笑。这时清风掠过,柳丝飞舞,又有美女清声弹唱。李振徐徐踱步到亭外树旁,隔水听曲。这歌声袅袅,清脆爽快,如水银泻地一样,透穿了发肤毛孔,等一曲终了,余音已尽,他才装作回过神来,拍手笑着说:"陛下真是好雅兴!"

"现在只是苦中作乐,故作从容罢了,先生过来,请这边坐!"就见朱友贞说着,又吩咐身后伺候的宫女上茶,顺手在前来上茶的美貌婢女的高耸胸脯上狠狠捏了一把。婢女顿时俏脸绯红,怯生生地看了一眼,不敢言语。朱友贞哈哈大笑,示意李振来坐。李振绕过几个椅子,在朱友贞身旁坐了,就听着朱友贞另一侧坐着的赵岩问着:"李公今日前来,想必是对这时局,有什么看法了吧?"

李振眸子中锐光一闪,笑着对赵岩点点头,然后对朱友贞说道:"微臣这次来是有两个消息禀告陛下,一则黎阳守备已经稳固,刘寻奉令回京了;二则可有一个大大的好消息传来!"

"先生说来听听。"朱友贞被勾起了兴趣。"李存勖的弟弟李存矩被杀了。"

"哦?"众人眼中一亮,听起来好像是不错的消息,河东李家多出点事才好。"李存矩现任新州团练使,杀他的是卢文进,这个人原是燕逆刘守光的将领,后来投降晋军的。""这卢文进为何要做此事?可是因降晋后没有受到封赏?""有封赏过,杀李存矩时他正担任寿州刺史之职。"

朱友贞捻着下巴上的几根胡须,还在思索这个消息为何被李振称之为一大好消息。仅仅是死个李存勖的弟弟,似乎还称不上太大的事件。顿了一顿,李振见朱友贞不语,就补充道:"主公想必明白卢文进与契丹素有交好,杀了晋王的弟弟,势必造成晋地内乱,一旦卢文进被逼急就会投入契丹一方,说不定还会引契丹南下入关。或者说,现在李存勖应该很头痛了吧,杀弟之仇不可不报,但若是引得契丹倾力来攻,怕也是惹火上身,大祸临头了!""先生真是国士!"朱友贞故作嗟叹地拍膝说道:"一言就说中了我的心思!"

历朝历代,凡立足于中国北方的政权无不顾忌东北关外的异族:契丹。这是中古时期出现在中国东北地区的一个游牧民族。自北魏开始,他们就开始在辽河上游一带活动,唐末时期他们建立了强大的地方政权。大唐灭亡的907年,契丹之主耶律阿保机建立契丹国,后改称"辽"。

"这样说来,我们是不是应该派遣使者前往契丹,游说他们出兵幽州,助卢文进一臂之力?"朱友贞自己觉得想到了一个好主意。

"遵陛下意思,微臣一定挑选合适的人选出使契丹,达成陛下意愿。"李振恭敬答道。李振通过简单的铺垫和信息传递的层次感,合适地把自己要提出的建议自然转换成了朱友贞自己的主意。于是这个合理的提议欣然地得到了"采纳"。但是接下来他的话题变得很不顺利。关于黄河防线的主将人选问题,出现了大争论。李振本想让刘寻戴罪立功,继续担任大帅,而赵岩却出面强调刘寻和叛梁投晋的冀王朱友谦有姻亲关系,不可不防。况且刘寻大败,尚要严惩,不可轻恕。

李振见朱友贞对赵岩言听计从,只能笑得苦涩,将此议作罢,心中感慨万千:"半年苦战,烽火魏博,留下的尽是士卒鲜血,将军遗恨。本想拉刘寻一把,没想到赵岩生怕担上原来举荐刘寻的责任,尽是数落刘寻抗旨避战的罪过。如此,刘寻亦被朱友贞深恨,看来复起已是无望。"

贞明二年(公元916年),李存勖想利用去年末取得的军事胜利,继续对大梁领土进行蚕食。眼下,晋国的领土囊括了原有河东诸州、燕地(幽、沧诸州)以及成德、义武、魏博三镇十余州,加上各处边境的吞并,领土面积比起几年前李存勖刚继位的时候,扩大了近三倍。李存勖的王牌牙兵"帐前银枪军"经过几次大战磨砺,已成为其野战无双、破阵攻坚的利器。以晋阳城为核心的河东旧领,经过张承业等内政官员几年的精心治理和李存璋等将领的军事改革,钱粮、武备、军队三者都到达一个全新的高度。李存勖踌躇满志,觉得正是一鼓作气,杀过黄河,直逼汴京的时机。就在他雄心勃勃,意图全力攻梁的时候,坏消息传来了。

此年春二月,卢文进叛晋,自立后攻新州,不克,转攻武州。对于卢文进的叛乱,李存勖有些无奈,此人身长七尺,状貌伟然,本是一位有才有识、深得民心、长于内政的好手。

去年,李存勖与大梁名将刘寻会战,命李存矩率兵来援,李存矩招募山后(古代地名)劲兵约数千人,并勒令民众提供马匹,若是没有马匹,当地民众需以十牛才能替得一马。这样的无理要求导致百姓们负担太重,许多人因此倾家荡产。于是,人心怨恨,而当时前线上战事紧急,死伤惨重,被招募的士兵也都不愿意南行参战。当征调的部队前行至祁沟关时,士兵们已多有愤懑。这时,李存矩不但不知安抚,还仗着自己是晋王弟弟的身份,要强纳卢文进的漂亮女儿为妾,卢文进心虽不愿,但又不敢拒绝。当夜,军中发生了叛乱,李存矩死后,卢文进抚尸大哭,现在已经不知道卢文进在事件中是主导,还是被挟裹;可事已如此,已无退路。无奈之下,卢文进被众乱军拥推为主帅,他索性一咬牙背叛河东自立,进攻新州。

李存勖虽然理解卢文进的行为,但在以武威立国的河东,这样的叛乱绝不能姑息,连谈判的可能性都不会有。只有以如山覆顶之势将其粉碎,才是给其他人树立“前车之覆,后车之鉴”的鲜明参照。李存勖的脑海里没有一丝斟酌,对于挑战自己权威的人,只有让对方化为齑粉才是最有效率的结果。他下令各地晋军,严守驻地,通力合作,联合剿灭叛军。

三月,卢文进攻武州不克,转投契丹,契丹命卢文进守卫南下要地平州。由此开始,不好的消息一个接一个地传到了晋阳,让人们感觉到,刚刚威震华北、火速崛起的“大晋”,好像到了多事之秋的时节,又要面临一场重大考验。

山雨欲来风满楼,黑云压城城欲摧。事态一步步在恶化。

贞明二年(公元 916 年),契丹八部之首,大可汗耶律阿保机称帝,定都上京(今内蒙古巴林左旗境),史称“辽太祖”。

六月,契丹遣使云州求索钱物,李存璋断然拒之,斩其来使。

七月,契丹大兵云集,围云州,李存璋固守不撤。围城多日,城中武器将尽,李存璋命将城中铁车、大钟熔铸,制为兵器,分给军士,宁死不退。

八月，契丹大将安巴坚倾塞犯边，率数万兵攻击振武军，李嗣本率部抵抗。因契丹从卢文进处学得攻城战技，多用火车、地道，昼夜急攻；城中兵少，御备罄竭，城陷。李嗣本，性刚烈，有节义，虽善战多谋，然终不敌，与其子同陷此役。李嗣本乃幽州讨伐战、故元会战之功臣，极熟边事，论功授大晋的“振武节度使”，异族常称之为“威信可汗”。手下节度使一级的大将败亡！

李存勖闻讯，大惊，急命并州、镇州、定州、魏州兵马急援幽州，令时任检校侍中、卢龙节度使的老将军周德威会聚五州兵马，出居庸关拒敌。在李存勖做出安排，稍觉安定的时候，又一个消息惊天而来，让他顿时坐不住了。

辽帝耶律阿保机亲率兵二十万，挥师南下，与周德威会战于新州东，大破之，斩首过万。周德威兵溃，退回幽州，被辽兵重重包围！另一位老将军安金全(故元会战中，羊马城之战有杰出表现)突围而出，速速请援。是役，代州刺史李嗣恩长子武八(乃李晋家族年轻一辈中骑射拔萃之人)战死当场。这秋收来临之际，契丹大军的攻势突然爆发！肆掠蔚、新、武、妫、儒五州，各州县官吏豪门望风而逃，晋军纷纷不能敌，只能死守城池不出。晋东北州郡大乱，震惊晋阳。

很明显，晋军慌了。李存矩、李嗣本虽然不是晋军中首屈一指的名将，可他们都是先王义子；而且，李嗣本还是晋军的“振武节度使”，都是位高权重，处在第一线的李氏一族，他们的死在大晋的政治生活中不能不说影响很大。而且，最给人压力的是契丹军的大举南下，这已经是多年不曾有过的情况。老将军周德威的大败，更是令所有人感到揪心。

周德威是晋军里面的首席名将，擅领骑兵会战于荒野，他帐下的“铁林军”堪称精锐中的精锐，幽、沧、镇、定、并各部援军也都是经验丰富的正规部队，竟然也都一战而溃！敌人究竟是有多厉害？晋阳满城人的心中都是沉甸甸的。契丹兵马这么厉害，怎么去打？荒野就是他们的家，马背就是他们的床，这样纯粹生活在草原中的游牧民族，深受大漠风沙吹打的强劲筋骨，河东引以为豪的骑兵优势完全体现不出来，又怎么能抗衡？

这一次，在幽州北部，晋军与契丹兵交锋，晋军数年来第一次被打得溃不成军。连耶律阿保机也没有想到当时正闻名天下的晋军竟然是如此不堪一击。“契丹”第一次建国，第一次以“辽”之名在中国广袤的北方正式展现出他们的强大。这让整个大梁、李晋和南方所有势力都为之一颤。好像，突然间，大家才发现，自己的这个邻居不知什么时候已经拥有了令人恐怖的力量。

十年前,当晋王还是李克用的时候,耶律阿保机曾经约李克用在云州相会,两人结为兄弟，共同对付大梁的朱温和燕幽的刘仁恭，但耶律阿保机终因发展战略改变而没有践约。国家与国家之间不会有永久的朋友,也不会存在着永久的敌人,有的只是永恒的利益。耶律阿保机与李晋的联合同样是以利益为基础的。当他发现大梁日益强盛,李克用在与大梁的战争中节节败退的时候,为了保证自己国家的利益,耶律阿保机放弃了与李克用的联合，转而与朱温建立友好关系，这却成了李克用久久不能释怀的奇耻大辱,所以遗命李存勖势必击败契丹,以泄其恨。

在晋、梁、燕打生打死的这些年里,耶律阿保机做了很多事。有杀戮、有阴谋、有夺权、有兼并、有劫掠,这些是契丹历代统治者都在做的事情,但耶律阿保机还是有些事情做得不同于其他契丹人。其一,他非常倾慕汉文化,通晓汉语,不仅给自己取汉姓:刘,还给自己起了汉名叫做亿。《辽史》中记载“讳亿,字阿保机”。也就是说,如果按照他的意思,历史上应该管他叫刘亿。但由于他死后发生的一系列事情,契丹皇族最终还是选择了姓耶律,连同他也被冠上了这个在他生前仅仅作为皇族代称的姓氏。不过即便如此，契丹人也还是无法隐去阿保机带领契丹民族积极学习汉民族文化的事实。

其二,改变了契丹人的生活方式,增强了本国国力。契丹族的社会生产,大致以耶律阿保机统治前后为一分界线。在此以前,主要从事游牧,辅以狩猎,过着食兽肉,衣兽皮,车帐为家的生活。五代旧史有云:“畜牧畋渔以食,皮毛以衣,转徙随时,车马为家”。游牧经济使契丹人拥有一支剽悍劲疾的武装力量。耶律阿保机主政以后,农业、畜牧业、手工业等社会生产的各个部门,均有很大发展,为契丹国东征西讨提供了物质基础。在辽国以后200多年内,农业和畜牧业始终占着主导地位。

其三,因地制宜,实行一国两制,大力发展文化。他采纳韩延徽的建策,置州县,立城郭,定赋税,模仿汉地的制度来管理在战争中俘掠的大量汉人。并健全法制,制订契丹第一部法典《决狱法》,并组织人力创制契丹文字。本着“因俗而治,得其宜”的原则,制定民族政策,中央官制分南北。《辽史》卷45记载:“(北院)以国制治契丹,(南院)以汉制待汉人”;大力吸收汉文化,仿唐代长安,修建皇都,即后来的辽上京;兴建孔庙、佛寺、道观等宗教文化建筑。正是因为耶律阿保机在争权夺利的同时,还不忘如此,做了不少有利国计民生的正事,在政治、军事、经济、文化方面都有杰出贡献,所以方名至实归,成为辽国最著名的皇帝。

说了耶律阿保机的治政,我们再来说说他用人的特别之处。归结成一句话来概括，就是他重用了三个人：韩知古，韩延徽，康默记。

没错，这三个人都是汉人。他们作为汉人，一生事辽，这是正统史家们感到尴尬的地方。说好不是，说不好也不是。说好，汉人而事“夷”，就是“汉奸”，不符传统大义。说不好，但几人明明颇有才华，对所辖的广大百姓多有善政，故意说其人品低下，能力差劣，歪曲事实也不合道理。于是乎，最好的方法是：索性不说。这是我们知之甚少的原因。

这三人里面，在历史上影响最大的当数韩延徽，几人人生历程中最具有代表性的也是他。因为韩延徽活了78岁，在辽国当了46年的政事主官。其历史地位并不亚于我朝任何一任宰相。我们从北宋司马光的《资治通鉴》，南宋叶隆礼的《契丹国志》和元代脱脱等的《辽史》中可以发现，辽朝（契丹）从建国到亡国，满打满算有215年，而韩延徽主理政务的时间就占了五分之一强。而且，这还是辽国崛起、壮大的46年间。他的故事一方面展现了中华大地的时代背景，另一方面也反映了当时因各种各样的原因以身事外的汉人内心。

韩延徽，幽州人，原是燕帝刘守光的部下。后梁乾化三年，即公元913年，32岁已是中年的韩延徽作为刘守光的使者来到契丹。那时，契丹虽已有国家雏形，但整体上还是草创之中，连年号都没有，实际上只是一个比较紧密的部落联盟。而“燕帝”刘守光在契丹人的眼中也只是一个无才无德、手段凶残的边帅。对于文明落后的民族，韩延徽自然恪守儒家“夷夏有别”的传统，不承认阿保机是和中原皇帝对等的君王，接见时，便不愿对他行跪拜礼。

《契丹国志·韩延徽传》中记载：“太祖怒其不拜，留之，使牧于野。”韩延徽充满骨气的“不拜”，结果导致阿保机大怒，将其扣留下来，扔到郊野去牧马。眼看韩延徽就要落得如同汉代张骞一般的命运，这是，一个女人出现了。她是阿保机的妻子述律氏，小名月理朵。

她劝说：“延徽能守节不屈，此今之贤者，奈何辱以牧圉，宜礼用之。”意思是：韩延徽守节不屈，说明他是个有德行的人，为什么要去凌辱他呢？应该待之以礼，对他重用。于是，“太祖召延徽语，悦之，遂为谋主，举动访焉。”从此，韩延徽入主契丹中枢，开启了他为相四十六年的崭新人生。

“召延徽语”其中说什么？无从查起，历史上没有记录。但我们从以下的记载中或许可以推测出一些东西来。“攻党项、宝韦，服诸部落，延徽之筹居多。乃请树城郭，分市里，以居汉人之降者。又为定偶配，教垦艺，以生养之。”“太祖初元，庶事草创，凡营都邑,建宫殿,正君臣,定名分,法度井井,延徽力也。”可见政绩斐然。这是韩延徽对一个新生王朝从军事、政治到经济、文化的全方位贡献。

可以想象,当年的那番对答,能让阿保机“悦之”的背后,大概是一番犹如“隆中策”一般高瞻远瞩的规划。只有这样的东西才能改变他的人生,才会催生出一个从部落联盟向更文明制度迈进的辽国。那一番“君臣对谈”对契丹的影响是深远的。不过,对于韩延徽个人来说,当时的“谈话”也许只是权宜之计。因为在不得不服务契丹的最初几年里,他是痛苦的。他一方面承担起辅佐耶律阿保机的任务,另一方面又思念着家中的母亲,无法忘记自己是个汉人,我们不难想象一个受过正统儒家文化教育的书生身在异域所受的精神折磨。他终于忍受不住了。他私自逃回了中土。

史书上曾记载韩延徽“慨然怀其乡里,赋诗见意,遂亡归唐。”可惜找不到韩延徽留下来的诗文,没有办法了解他当时的心境,我们只是从他的行动中去体会他内心的痛苦。这时,跑回来的韩延徽已经没有原来的去处,因为刘守光已经灭亡,统治燕地的是崛起中的李存勖。韩延徽思前想后,决定奔晋阳而来,为李存勖效力。

事情本来很顺利。来到晋阳的韩延徽也得到李存勖的接见和赏识,李存勖也打算把他招入自己的幕府。可是,一个叫王缄的人跳了出来,他是李存勖身边的亲信,职务是推官兼任掌书记。对于李存勖的安排,他心中不满,出于对韩延徽才能的嫉妒,王缄对李存勖打起了小报告。说韩延徽此人反复无常,不可靠。李存勖一时间就有些犹疑,遂将纳入幕府一事搁置下来。

一段时间后,韩延徽发现自己的才能无法发挥,而且周边人事情况越来越恶化,起用无望,便借口回幽州探母,离开了晋阳。《契丹国志·韩延徽传》中记载:“王缄嫉之,延徽不自安,求东归省母,遂复入契丹。”走后,韩延徽寄书信给晋王,讲述了自己不得已重投契丹的原因。信中说道:“非不恋英主,非不思故乡,所以不留,正惧王缄之谗耳。”并请李存勖照顾他的老母亲,并且承诺只要有他韩延徽在,就一定尽力阻止契丹人的大举南下。

对于韩延徽返回契丹的举动,他的朋友十分担心,问他:“你从契丹私逃出来,这样回去岂不是要被契丹大王治罪,这不是自寻死路么?”韩延徽却满怀信心地说,“彼失我,如失左右手,其见我必喜。”意思是:耶律阿保机失去他就好像没有了左右手一般,如果看到我回来,高兴都来不及,怎么会惩罚我呢。从这里我们可以看出,韩延徽对阿保机的态度是心知肚明的,自己身居高位也深受信任。所以,我们反过来看,即使这样,韩延徽也要想办法逃回中土,可见其人的价值观和内心背负的痛苦。

不过这一次，重归契丹，心境大不一样了。韩延徽在晋阳看出李存勖的犹豫和王缄的加害之意后，果断借口逃出，信中又留有将来见面的余地，处处体现出自己的存在价值。他大可称得上是智深果敢之人，未曾为李存勖所用，实在可惜！果然，如韩延徽所料。他回到契丹以后，耶律阿保机见到他时，高兴得不知说什么才好。过了半天，才拍着他的肩膀问："前一阵子你为什么跑了？"

韩延徽回答："忘亲非孝，弃君非忠。臣虽挺身逃，但心在陛下，臣是以复来。"意思是：我思念在幽州的老母亲，想回中土去看望她老人家，却担心你不同意，所以就偷偷地回乡去了。虽然身在逃，但心还在你这儿，所以我又回来了。耶律阿保机笑笑，对此再不深究，对韩延徽却是更加信任了。韩延徽的官职随后不断地上升，一直从政事令、三司使做到南府宰相。受封鲁国公，追赠尚书令。以汉人之身掌契丹国运半个世纪，对其个人才能实在发挥到了顶点。这次韩的回来，让阿保机格外兴奋。"待之益厚"，并给韩赐名"匣列"，"匣列"是契丹语，意为"复来"。

我们以此例可见，中原的混乱让不少有才之人因为各种原因逃入契丹，而耶律阿保机实行的相对开明、包容的分治文化很好地吸收了这些来自进步文明的力量，用其为助，方让契丹民族蒸蒸日上，越发强盛起来。当然，我们回头看去，耶律阿保机和"辽"的勃兴除了契丹社会内部和他个人的因素，与蒙古草原和中原地区的历史大环境也是密切相关的。一度称雄漠北统治契丹的突厥、回纥已经风光不再.而在唐末五代之际，中原政权衰微分裂，梁、晋连番恶战，自顾不暇，都给耶律阿保机的大辽登台亮相创造了前所未有的契机。倘若当时蒙古草原上已有一个强大的民族；倘若当时中原王朝之强盛统一仍如汉武帝、唐太宗之时；那么，耶律阿保机和契丹也许会如流星一闪，就此黯然失色。从历史大势这点来说，大辽的兴起"有运数存焉"，倒也说得上一点。

关于卢文进，与韩延徽，此二人相比较，其评价大不相同。卢文进因个人怨恨李存勖，在投奔契丹后数次主动招引契丹骑兵，南下攻掠幽、蓟之间，虏其人民，并且教导契丹中国兵法，契丹由此攻城战术益强。幽、燕、赵，边境再无宁日，多是拜此人所赐。不过，卢文进在多年后，自平州率众数万归附南唐，终算回归中土。（南唐与李存勖建立的后唐无关，是李昪在江南建立的政权，定都江宁，即南京）卢文进前后镇守数镇，颇有善政，兵民爱之。作为个人，卢文进也知道自己名声不佳，于是行为屈身晦迹，务为恭谨，礼接文士，十分谦虚，在就任期间从未谈及兵事，因此得以善终，以左卫上将军病逝于金陵。

各人各有归宿，常常不以你我及旁人的意志而定。历史、人生、社会、万事万物，更像是滚滚的因果流，它复杂而无始无终，无一刻不在变化，不能自我主导。在这样一条无常无我无始无终的时空流中安然走完，需要智慧，更需要天运。幽州天运又是什么呢，契丹大军就要席卷幽燕，大举南下了吗？晋阳在焦虑。汴京、荆襄、遥远的蜀中却都在拭目以待。一群割据势力坐当吃瓜群众，冷眼看戏。

夕阳时分，从幽州的城头上看见潮水般的兵锋从视野里向后方退去了。远近各处，都是升上天空的黑色残烟，城头上下点点的火焰还在燃烧，人们将尸体推下城去，将滚木、礌石等守城物件再度在城头准备好。城墙下，暗红色的鲜血与尸体交织幅一片惨烈的图画。死者与未死者混在一起，痛苦的呻吟仍在持续，然而大部分的呻吟都已变得无力。更远处的，便是带着掠夺的快意以及野心的契丹军队。

周德威站在墙头，眺望那一边的契丹军大营，大战之时，他作为主将同样也在城墙上参与了奋战，亲手斩杀了十余名契丹兵，此时身上斑斑驳驳的血迹，战袍的一角也已经被烧得焦黑。连续日夜的鏖战未歇，当看见城墙上下的无数惨状时，人的情绪早已不再是悲悯，只剩下麻木与战栗跟整片天地共鸣，内心中对死亡的觉悟与恐惧，嗜血的冲动与生存下来的心有余悸，全都会混杂在一起。

“总算是守住了，这一波契丹人也熬不住了。”望着那边可能是契丹军主帅耶律剌葛所在的方向。周德威以沙哑的声音低喃了一句。由于之前契丹军的侵袭实在太过急速，当阿保机之弟耶律剌葛、耶律迭剌打着辽帝亲征的旗号，突然出现在晋军与卢文进厮杀的战场时，晋军大为震惊，战线为之动摇，被契丹军一鼓而破。所幸晋军也是轻骑快马者居多，大部分溃兵撤回幽州城中后，才被洪水般蔓延而来的契丹军团团围住。所以，守城的众将都不知道能守住城池多久。

也正是因为心中的担忧和自觉，周德威作为名震北疆的主帅，才会在第一时间亲自冲上城墙厮杀。此时虽然历经数日夜终于等到契丹兵久攻不下，因士气下降退后，大家心中也没有因此感到轻松。好在在周德威的调配之下，无论是撤回城中的败军还是附近来援的河东诸将都已经迅速恢复了战力，在这连续多次的碰撞里，用勇气去直面了恐惧。

周德威身后将校中一人指向前方，低声道：“大将军，契丹人这次收兵，绝不会退去，估计是要花上十天半月准备器械了。接下来再做攻击，必定更加猛烈，咱们不可掉以轻心。”

“你说得很对。”周德威点了点头。“事到如今，我们也已经知晓，这次契丹人的冲击力已到了何等程度。自今日始，摆在我们面前的，唯有固守一途。诸位，此后幽州城这全城人命，都在我们手上了。”周德威拱了拱手，其余将领便也沉重地拱了拱手。周德威接着笑道：“不过，我相信晋王一定会火速来援，有我们在这里扎着根，一定会像潞州之战那样，让契丹人啃不下来，反被崩掉一嘴牙呐！据说耶律阿保机很快也会到达这里，就让他看看我们大晋男儿的气概吧！”鼓励完众将，他走下城墙。

不远处，第一时间赶来增援的李从荣（李嗣源的亲子之一）朝他这边走过来，虽然他的衣甲还没有什么破损，但无论甲胄上的灰尘还是面上的容色都能看出对方连日以来的劳累。走到面前时，李从荣拱手一揖：“周老将军，战事既然告一段落，该让我组织的青壮轮流上城去巡防了。”

周德威点了点头：“派上去吧，也该让他们看看战场上到底是怎么个死状了，告诉他们，城池若破，他们就是这个样子……契丹人虽然退后，但很难说是否佯退，另外，若契丹人再次攻城，立刻就要撤下来，换军士上去，现在他们还不抵用。”

说完周德威苦笑了一下，拍了拍李从荣的肩膀。在河东军中有很多骁勇的年轻人，若说谨慎诚实，多行动少言语的，李从荣就比较突出了，在沉着方面是要胜过不少同辈人的。而且这次，李从荣能这么快率部赶来，周德威对李嗣源这对父子是必须要承情的。周德威微微一笑，李从荣也只是答了声：“是。”

李从荣望向城墙，拍着他肩膀的周德威望向前方，幽州城接近城墙的外围房舍正在被拆除，军人与民夫忙碌地在视野当中来回奔走，更远处，城中一片片房舍延绵开去。城外的原野上，风中呼啸着满是血腥与烽烟的气息，尸体、伤者与集结的契丹大军一路延伸，等待他们的，同样是未知的命运。这是幽州坚守战的开始……

数月后，耶律阿保机负手站在大帐之外的高地上，看着远处多处残损但巍峨中透着倔强的幽州城，沉默不语。围城攻打已经有四个多月了，这座汉人的雄关依然屹立在眼前，阻挡着契丹大军的脚步。

南下之初，他对攻克幽州城抱有很大的希望。因为在这半年里，随着卢文进的投靠、指导，契丹兵的攻城手段有了大幅变化。在攻城器械上模仿中原的汉人王朝添置了冲城车、火龙车、破城锤、云梯、箭阑等多种武器。在战法上也采用了多种方法，例如以前从未使用过的“地道攻”，甚至还有一种“火油”，将其置于罐中，击破于城门，以箭引燃，可日夜焚之。这些种种手段对于生于草原、长于草原的契丹兵来说，几乎是闻所未闻，这些门道让耶律阿保机抱有一种乐观情绪，如今拥有同等技术的契丹军应该相当容易地拿下汉人的城池。

但如今,数月未下的局面让他感觉到汉人发展了上千年的城池攻防技术不是在短期内能熟稔掌握的。而且,耶律阿保机的心中对驻守在幽州的晋将周德威随着围城的时日越久评价越高。这是一个神经坚韧,心思缜密的勇将,绝不是原先那个燕幽之主“无少长皆屠之,清水为之不流”的暴虐刘守光能比得上的。

上一次大战,契丹以自身不可思议的速度,在荒野上出其不意地夹击周德威的主力。契丹各部完美的发挥了草原上聚合离散如行云流水一般的战术调度,极是顺利地击溃了晋军。本想周德威以溃败之师守一边地孤城,应当坚持不了多久,多围些日子士气便应该不行了。但是,现在看来,最初的估计是过于乐观了,围困了四个多月,耶律阿保机决定近期再组织一次攻坚行动。

“陛下,各部落首领都已到齐,在大帐候着。”禁卫不知道什么时候来到阿保机的背后,轻声喊道。阿保机建立“大辽”称帝之后,第一件事,就是以汉制称呼,并设立皇后、太子,组建宫中禁卫,编制“斡鲁朵”(宫中禁卫名),彻底废除部落选举制,确立皇位世袭。这一切变革自然会引起契丹内部传统势力的反弹,耶律阿保机一方面强力镇压,一方面利用军事和政治手段从中土获取更多的利益,用来安抚契丹内部不同的声音,所以当卢文进劝言出兵时,耶律阿保机欣然同意。制造外部矛盾,转移内部压力,是一国统治者的不二法门。何况劫掠中原本就是契丹的长期国策。

契丹大军的各部落头领陆续聚集到阿保机的大帐内。这些天里,各部落的军马利用围困幽州城的时机,向周边各处派出兵马,大肆劫掠,各部落的大小首领都获取了许多财物,大家不但没有对围城不克有所担忧,反而沉浸在作为强盗的兴奋里。各部首脑们刚刚坐到摆满丰盛酒食的案几后面,耶律阿保机的一个弟弟耶律迭剌说话了。他下辖的迭剌部势力不弱,史称“人众势强,故多为乱”。

“今天,我特意从俘虏中带来一批汉人女乐,那些击鼓跳舞的汉女姿色都很不错!大家盯着流口水的时候,自己可要挑准了,我说了,一人两个,就送给大伙了。”顿时,各部落首领们发出一声欢呼,笑闹声顿时充斥了大帐。耶律阿保机掀帘走了进来。他站在门口,缓缓扫视了帐内的众人一眼。大帐内的欢声笑语忽然间沉寂下来。

耶律阿保机治军非常严谨,不要说亵玩女乐,就是聚餐喝酒都开始明令禁止。阿保机称帝后,个人威望上升到最高点,各部落的大首领都十分害怕他。阿保机对帐内首领们稍稍点头,算是打了招呼。他缓步走到大帐中间,慢慢说道:“幽州城还悬在大家眼前,我召集大家就意味着大战迫在眉睫,各位却如此轻松,欢呼畅饮,是不是太过于轻敌了?”

迭剌红润的脸庞突然间更红了。围坐大帐内的大小首领,都有些局促不安。阿保机突然加重语气,厉声说道:“剌葛率部一直游弋在幽州城北,从不攻城!难道他在悠闲戏耍吗?”

大帐内鸦雀无声。各部首领都知道,按照传统习惯,可汗实行的是家族世选制,原本几年一改选,但耶律阿保机称帝以后,皇位变成世袭制,所以阿保机不让位,其他人便没有机会当选。为此,阿保机的几个弟弟耶律剌葛、耶律迭剌、耶律寅底石、耶律安端等一直大为不满,在底下小动作不断。同样,这也引起了阿保机的愤怒,但一直容忍着。所以各部首领不想趟这摊浑水,面对阿保机对弟弟剌葛的指责,都闭口不言。

“三天后,全力攻城。”耶律阿保机面向大帐中的大小首领,下令道:“届时,幽州北门,西门和东门,同时攻击,一举拿下幽州城!”众首领全部躬身行礼,起立应命。

三日后,当太阳升起来的时候,耶律阿保机调动契丹大军,发起了猛烈的攻城大战。皇后述律氏的弟弟阿骨只作为现场指挥。他命剌葛、迭剌分别攻击幽州西门与东门,自领三万大军重点攻击北门。一队队的士卒冲过护城河,爬上云梯,呼啸上前。为了尽早占据城墙,打开突破口,契丹大将实鲁准备亲自带人杀上去了。在生死激烈的战场上,另一处却有着不和谐的现象。

日上三竿了,剌葛才带着他的军马缓缓赶到幽州西门列阵。耶律阿保机虽然是他兄长,但剌葛希望他早点死,原本有希望担任可汗的他却因为兄长的改制彻底断送了上位的希望。而且,对于阿保机任用汉人、推广汉文的行为,他是尤其看不习惯的。不过,他清楚自己这个兄弟的手段,内心中极为忌惮。

当初,契丹其他七个部落中反对耶律阿保机改制的势力存在不少,他们以恢复旧的可汗选举制度为旗号,曾强迫阿保机退让可汗之位。阿保机表面上先交出象征可汗权威的旗鼓,答应退位,然后以退为进,设下了计谋。

阿保机对众人说:“我在可汗之位数年,下属有很多汉人,我想自己领一部治理汉城,可以吗?”众人都同意了。到了那里,阿保机率领汉人耕种,发展盐铁经济。不久,阿保机派人转告诸部落头领:“我有盐池,经常便宜供给各部落,但大家只知道吃盐方便,却不知盐池也有主人,你们应该来犒劳我和我的部下。”众人觉得有理,便带着牛和酒去了,没想到中了阿保机的诡计。阿保机布下伏兵,等众人喝得烂醉时,将各部落反对他的头领全部杀死。

所以对于阿保机这次的南下攻略,剌葛一点都不感兴趣,他在意的仅仅是能劫掠多少人口、牲畜、财物。从根本上来说，契丹很多部落首领同剌葛一样，也没有深入中土的打算。尽管他们不时地入侵边关，以他们的骑兵破坏着中国北方的农业生产。其根本的原因就在于，当时中原与北方草原上是两种截然不同的经济形态。中原是以农耕经济为主，草原则是以畜牧业为主。彼此间都保守地坚持着自己的经济、生活形态，所以这时的契丹部落头领都觉得到中原的地区生活是没有太大吸引力的。

当剌葛兴趣缺失的时候，有一骑纵马从远处驰来，是他部落的护卫。来人喘息着报告："阿骨只问你什么时候开始进攻？"

"他急个屁！"剌葛看看城东杀声大起，烟尘漫天，皱眉问道："迭剌的人动了？"护卫疑惑地点点头，说道："迭剌动手了，他说要给前面死去的族人报仇！"剌葛冷笑一声，说道："我看他报仇是假，想抢先进城抢钱、抢女人是真。不要理他。"剌葛挥挥手，说道，"他们想攻就给他攻，我们射几轮箭，装作配合他们一下就够了。"

幽州城头，晋军虽然奋力迎战，但敌人在整个城墙面上展开了攻击，攻击点又多又散，正午时分，北面城墙再次被契丹军突破！周德威属下的铁林军都将带领人马在城头一阵疯狂地砍杀，他的防守地段最早被契丹军突破了。都将连杀三人，接着就遇上了实鲁。实鲁的战刀搂头劈下，势大力沉，都将抵挡不住，被连人带刀斩成了两截。远处的周德威愤怒了，战死的都将是他的老部下，看到多年下属被杀，气得他睚眦欲裂，吼声连连。

只见周德威的大刀杀到，呼吼声里，数个契丹兵的头颅飞了起来，鲜血迸射，溅了周德威一脸。他对准实鲁连劈五刀！实鲁战刀挥动，连挡三下，随即就手忙脚乱了，他情急之下，大吼一声，一把抓过一名契丹士卒，挡在了自己身前。刹那间，契丹士兵的头颅冲天飞了起来！眼见血涌如泉的断颈后面是周德威继续劈来的大刀！实鲁大骇，顾不得甲裂盔歪，慌忙弃尸狂逃，急退入亲卫的掩护中。周德威龇牙咧嘴，恨恨地踢翻眼前的尸体，朝着契丹兵的头颅吐了一口喷到嘴里的鲜血。城墙上越来越多的军民赶来支援，他们在周德威的带领下，顽强地向前推进，北面的城墙终于收复。

北境同心

晋阳城，王府议事中。

"不能再等下去了，必须要发全军去救援周老将军，而且要和契丹狠狠地打，把他们打痛！"李嗣源缓慢而有力地说道。这个观点和其他人大不相同，李存勖稍稍皱眉，和其他将领们交换了一下眼神，大家神情谨慎，谁都没有说话，静听下文。

李嗣源看着李存勖，继续说道："大王，大家都是根据以往的经验来判断，似乎没什么问题。就过去的情况来说，契丹军不会长久围攻幽州，他们的目的通常是掠夺物资，过不了多久，抢无可抢的时候，就自会退去，但是这一次，不一样！这次他们配备了大量的攻城器械，加上卢文进熟悉幽州地形和攻防措施，契丹的胃口一定比过去来得大，他们一定想要拿下幽州城。"

"我们不能把赌注压在契丹人自己的意愿上，我们只有借助幽州守住阴山山脉这一线，借着地势阻挡契丹骑兵，我们才有成功防御的可能。一旦契丹夺取了幽州，也就打开了进出河北、河东的门户，他们数十万铁骑就可以随时在华北平原上纵横驰骋了！这种局面一旦出现，将是我们的悲哀，恐怕以后再无宁日了！"这番话说得有理，李存勖神色变得凝重起来，似乎心意有所动摇。

李存审和郭崇韬对视一眼，彼此都觉得李嗣源很有见识，头脑清醒，对幽州的形势认识得非常清楚。"周老将军忠心耿耿，为我大晋立下汗马功劳，现在孤城被围，危在旦夕，我们断然不能再像以前那样等敌人自行撤退了！主公，我愿领骑兵五千作为先锋前去援救周老将军。"李存审抢先请命。李存勖微微一笑，心道，这个想法倒对我的脾气。但是，就怕我军主力一旦和契丹交战，僵持起来或折损太大，梁军再乘机有什么大的动作，情况就非常不妙了。想到这里，李存勖沉默着下不了决心。

见状，李嗣源沉吟了一下，进一步阐述救援计划："契丹军虽然强大，但他们的作战方式里基本没有稳定的后勤，而是以剽掠补充给养。我军行军的时候则是辎重相随。假如在平原和敌人遭遇，粮草辎重被他们截走焚烧，我们就会不战自溃。为保险起见，我军最好走山路，以隐蔽我军的踪迹，出其不意地到达幽州后，再与城内的守兵会合，一同反击。若在接近幽州的途中与敌军相遇，我们就凭借阴山山脉高低不平的狭窄地形将其击溃。"

李存审很赞同地点点头，补充道："现在敌众我寡，契丹兵以骑兵居多，而我军相比则步兵为多。如果在旷野上和契丹相遇，他们就会用上万的骑兵来冲击我们的队伍，届时，步军仓促迎战就会有全军覆没的危险。如果我们先在易州（今河北易县）集结，从易州到幽州这一线，步骑兵分两路，步队以稳为上，多行山路；骑兵以快为要，隐蔽踪迹，两队一正一奇，救援之事问题应该不大。"

李嗣源见李存勖仍在犹豫，主动请命："两军相逢勇者胜！只要给我二万精骑，我定可以与周老将军合力击退敌军。"李嗣源自有想法,只不过他不便明说出来。他认为这一次的失败主要在于老将军周德威。如果不是周德威错估了契丹对叛军救援的反应,贸然将大军置于旷野与卢文进交战,也不至于在开战之初就陷入战略不利的地位。而后来,得知大队契丹骑兵来援,他又低估了敌军强大的机动性,仓促地主动退兵,以至于在归途中被熟悉地形的叛军领着契丹军大肆冲击,否则,晋军也不会这么容易地就阵型崩坏,一溃百里。

契丹之胜,一方面是因为有卢文进当"带路党",另一方面也是周老将军年纪大了,临战时的勇猛和应变已经比不上年轻时的状态了。若是他李嗣源指挥部队与契丹兵对阵,他相信安然退入幽州的胜算是很大的。

李存勖大概可以猜到李嗣源心中在想些什么。作为他的左膀右臂,李存勖很清楚李嗣源的能力,这个兄弟的军事才能简直到了自己都觉得惊叹的地步,如果李存勖可以选择对手,恐怕李嗣源是他最不愿意面对的一个。所以,当李存勖自己也对周老将军这次大败有所不甘时,自然也猜得出李嗣源类似的感受。不过呢,周德威是跟随父亲和自己多年的老臣,当得上功勋卓著,他不可以对老将军多加指责。现在,听到李嗣源这么说,契丹军不可惧!与自己的判断也有相合之处,李存勖内心里不甘心失败,跃跃欲试的念头开始占了上风。

看到众将眼中透出的战意,李存勖大为赞赏地点点头,然后对李嗣源和李存审说道:"嗣源的说法很有道理,你们在出发前,告诫所有将领约束好部下,不要暴露形迹,我们要一口气抵达幽州,不要让敌军有所察觉,反而被对方以逸待劳,迎头阻击。"李嗣源和李存审连声答应。

李存勖不再犹豫,下令:"晋军主力七万,步骑皆有,全部往河北易州集结。待到达易州后,兵分两路。一路由李嗣源、李从珂领精锐轻骑从山道捷径快速进击。另一路大队人马由李存审、阎宝领军,率步骑主力,沿山谷主道赶赴幽州城参战。"

李存勖决心要在最短时间里面,集中最精锐的力量,打痛契丹伸向中原的魔手,粉碎"大辽"攻入中原的尝试,要让契丹人知道,不付出剥皮十层的代价,休想迈过幽州一步。只有这次打痛契丹,让他们在今后数年里放弃南下的战略,才是保持局势的唯一出路。避战只能躲一时,又怎么躲得了一世!何况,若是父亲李克用在,必然是选择在沙场上快意恩仇吧!这一次,李存勖安静地坐镇晋阳,等着有可能来趁火打劫的梁军。与新生的"大辽"对阵,对抗契丹的幽州保卫战就要打响了。整个担子就完全压在了李嗣源、李存审两位兄弟的肩上。

幽州城外，契丹军的大营连绵数里。中军大帐内，各部落头领围在案几周围，看着铺在案几上的地图，正在激烈地争论着。辽帝耶律阿保机近期收到皇后述律平的连续来信，得知国内有些不稳定的动静，出于某种考虑，他便没有出席这次讨论。而迭剌在上一次的攻城战中，付出代价不小，但最终幽州城依然坚守屹立，让他彻底失去了继续强攻的欲望。

他望了一眼被阿保机授予军事大权的阿骨只，语调平缓地说道："阿骨只大人，如果我们围城的话，好像没有必要再去防备敌人的粮道了。""我同意迭剌部的意见。"乙室部落的头领也附和说道，"我们已经抓了好几个城里派出的信使，知道他们正在向河东求援，其中也在要求粮食。这说明城中确实缺粮，我们从城中得到的消息是真的。既然城里缺粮，我们围困就可以了。城都被我们团团包住了，还去截敌人的粮道干什么？城外又没有什么敌人。"

乙室部落的人刚刚说完，剌葛接着说道："阿骨只大人要求我带三万人到阴山后岭去切断敌人粮道，以防敌人援兵，这完全是强人所难！这里距离幽州城六十里，又没有什么可以劫掠的地方，我的人在那边坐着喝西北风么？我认为完全没有这个必要！既然我们知道敌人缺粮，就应该安下心来围城，让时间去消耗敌人的粮草，让饥饿去打击敌人的士气。而我们呢，就应该在幽州城附近给大军打打草谷，搜罗物资。"

"这个时候分散兵力去防备根本不存在的援兵，纯属浪费。我们无须攻城，只用五、六万人围住幽州就足够了，难道敌人还能千里迢迢运来粮草，然后飞进幽州城去？"见有多个部落头领都频频点头，剌葛说得越发大声："阿骨只大人一再要求我部落去后岭待着，是不是不相信我的部队，莫非是你因为上次攻城不利在责怪我们？"

阿骨只耐心解释道："剌葛大人言重了。幽州城缺粮是显而易见，但城中还有上万汉军，他们随时可以突围，尤其会趁我们四处打劫，兵力分散的时候。我要求你率兵驻扎在后岭，是因为那儿既可以截住敌人来援之路，也可以断掉敌人突围逃窜的路线。而且一旦汉军有援来此，发现谷口被我们驻守，必定惊惶失措，只能硬行突击。这时，只要在后岭的人拖住他们，其他各部落可以迅速赶来，将敌人堵在后岭，聚而歼之！诸位大人应该知道，在野外歼敌要比攻城杀敌轻松多了。"

剌葛摇摇头，只说："阿骨只大人，不四处打草谷，我们也没有足够的粮草啊，也围困不下去。这个事情你说得虽然也有道理，但是没有必要！经过探查，方圆百余里没有任何一支汉军，即使数百里之外都没有能威胁到我们的兵马，我觉得我们应该为部落人的整体利益进行考虑。"

乌古部的头领慢吞吞地说："我的意见和迭剌大人的一样，围住城就好了，我们最重要的是要去周边州县搜寻物资，以确保我军供应，有足够吃的用的，我们想围多久就围多久。"

"不攻城吗？"实鲁有些不满，大声问道，"围城固然是个办法，但我们也可以再集中主力打一打，看看他们会不会忍受不了选择弃城突围？"迭刺笑道："实鲁大人，攻城是假，抢功是真吧？"阿骨皱着眉头，不满地看了几人一眼，说道，"几位大人，恐怕攻城也是假，粮草告急也是假，围城更是假，抓紧时间聚财才是真吧？"

刺葛毫不在意地笑笑，没有搭话。迭剌脸上的表情则非常的暧昧。

幽州城里，风中透着瑟瑟。周德威从城楼中走出来的时候，揉了几把脸，满脸都是疲惫。城墙上全是站岗的士兵；里里外外的，是无数战斗后的痕迹，残留的血迹，火焰烧过的痕迹，被石弹砸过的痕迹。城外，契丹人的营帐延绵开去，隔着厚实的木墙，可以看到士兵在其中走动的身影。

距离上一次的大规模攻防已经结束半个月了。看起来契丹人又不得不打算做长期的困守，不再强攻。数月以来的反复攻防，反复地困守，难以想象那是何等巨大的压力，城墙数度被突破，又数度被强夺回来，好几次周德威都以为幽州城将要沦陷。在城外的耶律阿保机早已做出了幽州破城后要杀得全城鸡犬不留的威胁，但最终，这座城墙仍旧被牢牢地守在了这里。

虽然并不是每次都需要他身先士卒，作为主将操刀厮杀也是危急时刻不得已而为之。他几处受伤，身体憔悴了许多，但眼神依然如往昔般安静和坚定，那是数十年百战余生的觉悟而积累起来的东西。他远远的，安静地看着契丹大帐所在的方向，而这一刻，他其实也明白单靠幽州城里的这些人是无法生离这里的了。

这大战的几个月内，契丹一方，指挥战争的一直都不是耶律阿保机，而是其妻弟阿骨只，很多契丹的部落在攻城中并不积极，但在几个月困城的时间内，荡平了幽州城附近的所有城镇，将如今的幽州城变成了孤城一座。但它也像钉子一样，将契丹人的大军钉在了这里。旁边有人过来，是身上敷着金创药，身形消瘦的李从荣。作为一线指挥的不二人选，李从荣经历了强度极大的战场考验，身上受伤多处，不过即便如此，他的指挥能力还是能让他准确地做出防御调度，身形依然敏捷地在城头奔波，如果不是他，恐怕周德威的精力在没日没夜的攻击中坚持不下来。

"老将军，粮食已经集中点完。"李从荣道，"按现在节省的吃法，库房里基本上还有可供城里人吃大半个月的粮食，时间再长恐怕是不能够了。""足够了。"周德威笑起来，“外面虽然消息断绝，但我知道援兵一定就在路上，现在敌军也已经拖得松懈疲惫，只要援兵一到，这些契丹人就无心再战，幽州之围自然就解了。契丹人进军迅速，攻势往往强在最初，善于速胜，照我看啊，他们也拖不长久的。咳咳……你我在这幽州，跟他们耗一耗，耗到底就分胜负了。”

“晚辈有幸。”李从荣拱手笑了笑。周德威背负双手，望着天空，长长地舒了一口气，笑道：“若非此次守城，周某也不知道，自己竟然如此善于守城……能守住幽州……堪比李嗣昭了啊，哈哈哈哈！”说着说着，他的声音变得轻了一些，说到后来，想起的却是他看着死在这城墙上的许多人了，所幸，契丹的攻势越来越缓，很明显他们军心也不在此了。等到援兵到来，契丹士气受到打击，即便援军一时进不得城，但或许是可以大大缓解当前局势的。援军就等你们了啊！周德威让自己心中稍稍地放松下来，他知道，无论如何这大半个月自己继续钉住了就行。这一切，城内无论是周德威、李从荣还是众多的将校、百姓，心中都能够明白，守住了城就等于守护住了家人。

由于消息的闭塞，周德威并不知道，此时在李嗣源和李存审的带领下，作为河东最强的晋军一部，已经在日夜兼程地潜行而来。他也并不知道，这漫长的地狱也快接近了尾声。对契丹人来说，这劫掠的快意，围城的轻松，也即将被打破。

河东，晋阳城。夜深人静，只有回廊处巡逻步兵来回嚓嚓的脚步声。书房里，棋盘边的两人仿佛木雕一般，一个人捻着棋子高悬在半空，久久不落。另一人却闭着眼睛，手肘撑在小桌上，几乎要睡着了一样。烛火快要燃尽了，这步棋将落未落，已用了李存勖几乎半根蜡烛的时间。郭崇韬早已露出疲倦来，他盘面占优，实地和外势兼备，再有数子就是收网之时，李存勖苦苦经营的一片棋子将被杀得荡然无存。

“崇韬啊，我忽然想起一件事来。”李存勖把棋子放在了一旁，眼睛却还死死盯着棋盘。“主公用这样的语气，大概又是什么事难以排解了吧？”郭崇韬缓缓睁开眼睛，眼神变得清亮如水，一点也不像刚才那样昏昏欲睡。

“呵呵呵呵，”李存勖笑得开怀：“果然我的这些臣下之中，你最懂我的心意。我一直在想，就像我这片棋子一样，幽州这场战事是不是也快到行险一搏的时候了？”

“按前方陆续送回的消息，应该差不多了。按日子，我军主力应该进入了阴山山脉，如果顺利，距离幽州城大概也就在百里之间了，若是契丹的斥候仔细探查，说不定会发现我军活动的迹象。不过，大王请宽心，既然周老将军一直在幽州坚守，说明事有可为，臣料想契丹一定有些问题。据悉，契丹内部意见并不统一，所以这半年以来，攻城越发三心二意。从半年前的急攻，然后围困，一直拖到现在，这是很反常的。

按照往日，他们早该撤兵了，现在进不进、退不退的，估计他们内里依然分歧严重，所以才这么耗着。不过我们是不会让他们继续拖下去的，幽州战局是该出个结果了。”

“堂堂耶律阿保机只是贪图财货，就这般草率南下？他若是连内部这么大分歧都不在意，糊涂至此，先王当初和他沥酒结拜，是否过于高看他了？”李存勖说完，突然想到了什么，接着问道：“还有，述律平那儿怎么说的？”

郭崇韬揉了揉有些发麻的腿，起身拿出一张简报，答道：“述律氏是契丹里面的望族，族里不乏位高权重的长老，他们确实都和述律平一条心。循过去先王结义的例，主公以叔母之礼事述律皇后，当是一步好棋！加上韩延徽在那边有意撮合，述律平已然给耶律阿保机去信。韩延徽暗中转告我们，述律平一向反对出兵汉地，因为她认为汉地虽然富饶，但却是一块难啃的骨头。”

“如果与汉军长期交兵，必然导致族里穷兵黩武，长期下去会困乏不堪；若再遭遇失败，说不定就会激起部落内乱，所以还不如考虑现实一些，荡平契丹周边的小部族，吞并其土地人口，积累实力方为正途。”

“这么说，这次述律平的‘属珊军’并没有出动？”“王上说得不错。”

李存勖若有所思地点点头，摩挲着下颏，“我记得去年谍报上称契丹最精锐的部队就属阿保机的‘皮室军’和述律平的‘属珊军’，可是如此？”

“确实如此，这两支军队互为主辅，士卒待遇最高，装备也最精良。不过‘属珊军’人数略少一点，约有三万骑；‘皮室军’已经有四万余了，作为大汗亲军，并不经常动用。这一次‘属珊军’的缺阵其实很说明问题，据臣分析，有两种可能性。”

“说下去。”李存勖听的更为仔细。

“一则说明述律平确实反对南下之策，对此事极不热心，这和我们其他渠道传来的消息是一致的。二则说明契丹内部不稳，述律平自阿保机就任部落大头领以来一直紧紧跟随其身边，为他出谋划策，随他一起四处征战。南征的事情如此之大，述律平却与太子耶律图欲（汉名耶律倍）留守，必是有所防备。”

“会不会是述律平自己有什么想法？”“这个不会，因为若述律平有所异动，耶律阿保机怎么会放心将‘属珊军’全数留下，他应该是防备其他几个部落的兄弟。”

“嗯，不过，”李存勖隐隐觉得有个点被他意外抓到：“太子耶律图欲留下了，次子耶律德光呢？”“耶律德光挂名大元帅，跟随在阿保机南下的大军中。”

由于自身经历，李存勖对于诸子争位的大小事件尤为敏感，他很快发现里面的隐藏点，笑道：“莫非这趟大军过来，也是阿保机给这耶律德光借机加功勋，涨声望的？若是这样，就是在刻意栽培次子了，他的太子情况怎么样？"

"好像很不受皇后喜欢。不过据说太子天资聪颖，才华横溢，对汉学十分精熟，在契丹人里面，对阴阳、音律、医药、针灸、文章、书画算是无所不通。次子耶律德光虽然文采有限，但是武略出众，这一点很合述律平的胃口。臣估计更合她胃口的，还得数耶律德光的婚姻，他迎娶的恰恰是萧室鲁的女儿萧温，正是述律平的外孙女兼内侄女。"

"哦，原来有这等事情，你曾说过要多花些钱来收买一些人，还有些什么有趣的消息？"见李存勖来了兴致，郭崇韬就细细道来："臣还听说，契丹皇后最喜欢的不是长子，也不是次子，实际是三子耶律李胡，不过在这方面有待观察，因为听闻阿保机和皇后的喜好是完全相反的。阿保机曾经看过儿子们睡在一起时的姿势，他见李胡缩着头躲在两个哥哥后面睡着，就非常不满地评价李胡是几个儿子中最差劲的。"

"还听闻有个故事，阿保机曾让三个儿子在冰天雪地中外出砍柴取薪。次子德光不论木材干湿，急急忙忙弄了一大捆就赶了回来，是第一个完成的。长子图欲精选干燥的柴火捆扎好才返回，第二个完成。而三子李胡又怕冷又怕苦，胡乱捡了一些，一路上嫌累还丢掉了大半，拿回的柴火最少，而且是最后一个返回的。听闻阿保机因此对幼子大失所望，评价道，大儿巧，二儿诚，小儿子则连谈都懒得谈了。"

"哦，竟有这等事！呵呵，"李存勖听得兴致盎然。"这样说起来，太子图欲非但没有办法在这次入侵中取得功勋，反而只能待在后方，被述律平尽情地横挑鼻子竖挑眼，哈哈哈，这日子有多难熬，可想而知呢！"轻松了一会儿，李存勖活动完筋骨，回到座位坐下，不知又想到什么。"你看耶律阿保机真的是铁了心非要南下么？"李存勖虽然低头看着棋盘，但心里还是搁不下幽州战事，他一谈这事时声音就不自觉地变得严肃低沉。

"不知道，我们这儿没有人能够非常了解阿保机，如果他非要南下，是有这个实力的。"郭崇韬语气一转，"不过，根据我们的情报可以肯定地说，他不是一个盲目自大的人，也并不优柔寡断，他在治国上的大局观一向不错。从这个角度来看，如果我们在幽州打得漂亮，还是有一定几率让他南下的决心动摇，毕竟目前说来他的后方大有不便之处。"

"往最坏处想，若幽州失守，王处直、王镕他们会和我们继续联手么？"李存勖眯着眼睛，有些担心地问着郭崇韬。"会！包括魏博军镇在内都会在我们这一边！河东河北的人都不希望家里变成契丹人的战场。"郭崇韬说得斩钉截铁。

"嗯,大家吃个太平饭都不容易,我也不希望那样啊。"李存勖缓缓地笑了,"不过有时候呢,心里又有点想和阿保机在战场上相遇,毕竟他是父亲佩服过的人,让我看看他到底是怎样一个人,让父亲如此耿怀。"

"哎呀呀,大王这个想法最好莫要实现。如果局势真到那样,朱友贞就不会在汴京坐得住了,他一定会乘机出手。就算我们拼命击败了契丹,得到的不过是满目疮痍的河东河北,还要迎来更强的敌手。"郭崇韬故意长长地叹了口气,"对了,有消息说,汴京那边有可能让匡国军节度使谢彦章出任梁军主帅,负责黄河沿线防务。"

"哦,朱友贞手下还真是人才济济啊。"李存勖抚掌感叹。

"主公对此人格外留意,莫非以前交过手么?"

"是啊,谢彦章指挥的骑军让我有一种行云流水的感觉,其势顺畅,连绵不绝。在骑军的布阵指挥上,我从未见过比他更敏锐的攻击和缜密的防御。我没有告诉过你,在先父还在的时候,我就关注到谢彦章了。朱温的其他大将不好说,但我知道谢彦章将骑军冠绝天下的名声可不是虚的,他要是来主持黄河大营,与我对垒,可不算是好事。"李存勖在烛光下抬眼,看着郭崇韬,一阵风吹过,他黑色的眼底有如火光闪闪。

"李嗣源也评价过谢彦章,说他是一个天生的骑将,我懂的事情他都懂。"郭崇韬一时没忍住,问道:"大王对李嗣源是不是评价极高。""没错,李嗣源是父王走后,这世上我最为佩服的人。他能如此评价谢彦章的指挥造诣,我估计要找到击败谢的机会并不容易,或许会非常的难。"李存勖说到这里沉默了一会儿,声音低沉凝重。

"臣会想想办法……"郭崇韬愣了一下,才反应过来答道。他没有想到李存勖对此如此重视,于是他把衣袖、衣带整理好,一副收拾好文件就要拜别的样子。

"你这是要做什么?""王上心忧国事,微臣当尽全力,为王上分忧!不可再坐耗于一坪棋局中。"郭崇韬恭恭敬敬地行礼。李存勖愣了一会儿,终无可奈何,伸手拂乱了棋盘。他看着郭崇韬一脸微笑:"也罢,这一局算你赢。谢彦章的事,不可忘了。"

"遵命,"郭崇韬一边缓步退下,一边很给面子地曼声道,"我知道这个人出现得还不是时候,王上要留到我们跃马黄河的时候再来杀!"李存勖闻言大笑,一扫满脸的凝重。

战局联动

幽州城下,契丹人经过各种渠道已经打听到晋军主力在向易州齐聚。这让他们有了紧迫感,在接下来的时日里加紧了进攻。他们觉着如果让汉人的援军带着物资和人马进入幽州城,契丹就算再有几万人马也未必打得下这座坚城。攻城夺隘毕竟不同于旷野决战。守城的人越多,粮草越多,难度则是倍增。虽然大梁的朱友贞一再派人来联系,告之说梁军正在黄河附近集结,一旦准备完毕就可以兵进晋阳,牵制住晋军的手脚,让其无法救援幽州。如果这样,幽州便可困之而下。但攻城主将阿骨只认为汉人就是汉人,谁知道这些梁人会不会变卦,比较起来还是靠自己实在。

契丹大军在阿骨只、剌葛和迭剌的指挥下,分别发力猛攻。又攻了半个多月,城壁破损严重,汉人伤亡惨重,防御力越来越薄弱,已经快撑不住了。契丹军终于感到夺城在望了。阿骨只召集剌葛和迭剌等部落头领商议进城后的行动。根据各方面汇总来的消息,现在幽州没有任何援军,晋军主力尚在易州集结。

"经过这百多天的围困和攻城,我们总共伤亡近两万多人,这其中有三分之一是契丹人,其余都是南院汉军。"阿骨只语气沉重地接着说:"目前,根据我们的估算,幽州城里最多还剩下六千兵马,而且应该有不少伤员,再攻打数日,幽州城应该就是我们的了。"

"前几天收到探报,易州已经出现晋将李存审的战旗,我原以为他把所有的晋骑带来了。仔细查问后发现他率领的是大量步兵,还跟随着不少辎重。李存审原是汉人在云州边境留守的大将,他赶到易州又没有带大队的骑兵,说明汉人已经彻底没有救援幽州的打算了。估计他们是把易州作为固守的第二道防线。现在的问题是,待我们拿下幽州城后,是分批南下,还是一起南下攻打易州。"

阿骨只指着地图上的易州城说道:"入幽州阴山后岭,沿谷道南下数百里,这里面地形较为复杂,山势纵横,容易出现意外。而到了易州城,距离晋阳虽然尚远,但这之后的路途就顺利多了,河北平原地势平坦,铁骑可以一泻而下,毫无阻碍。"

阿骨只转头看看剌葛和迭剌,又看看众将,提醒道:"阴山山脉地势险要,驰道狭窄,我们南下时要注意各部落保持合适距离,做到可以互相支援,不要因为各军之间速度不一,造成脚程差距过大,反被晋军逐一击破。在狭窄之地若被晋军设伏包围,伤亡会极其惨重。”迭剌笑道:“阿骨只,你太小心了! 晋军不会进兵到大山野岭里面打伏击的,他们只会凭借人多的优势,依靠坚城据守。就像这里的幽州城一样,守城相比野战,对于汉人要稳妥得多。”

阿骨只摇摇头,说道:“昨天,我们得到了从易州传来的消息,那边已经聚集了不下五万的步兵,虽然骑兵还没有超过一万,但我们还是应该小心为上。”听说汉人重兵还是聚集在易州时,大帐内气氛轻松了不少,人人都觉得这里已经是胜券在握了。

“汉人就是汉人,只善于耕田种地,他们哪有那么多善于骑射的健儿! 就让他们龟缩起来让我们一个个打破硬壳吧。”“这次,我们不但可以拿下幽州城,说不定还可以占据易州,哈哈哈哈,再到晋阳去抢一把就大发了。”迭剌在帐中听得心花怒放。如果他偷偷带兵先杀到易州附近,大肆掠夺,自己部落的获益一定超过其他几部数倍。这些时日在幽州城附近的掠夺让他食髓知味。满目疮痍、日渐枯竭的幽州已无法满足需求了。迭剌隐藏住自己的心思,站起来,表面上大大咧咧,和众人一起举酒碗高祝:“拿下幽州,为皇帝贺!”

幽州阴山山脉,后岭,出了这个谷口,自山岭延续而来的险要地势随即趋为平缓,数十里之内先是一批丘陵,然后就是雄城幽州。李存审率领五万主力晋军和两万青壮民夫,共计七万人马在距离岭口数里的地方摆下了一个巨大的防守阵势。他们在谷内驰道以及驰道两侧相对开阔的地带安置了长约四千余步的大型纵深拒马阵,拒马阵内密布数万士卒。每个防守军阵的前沿架设了双层巨型盾,还有大量车阵。这些拒马、鹿角、铁车俱是李存审事先在易州准备好的,战时直接放置即可,节省了大量时间、体力,其牢固程度也远胜往日野战临时赶制的器械。

在阵势后方的一个高坡上,李存审搭建了一个木台。木台的左侧是大旗,右侧是旗令兵,前方是传令兵,后方是战鼓兵。李存审站在木台上,抬头看着天上红彤彤的朝阳,思绪万千。晋军到达此地已经休整一日。李嗣源、李从珂率领的两万精锐骑兵已经在三日前出岭而去,预计已在后岭外某处埋伏。万事俱备,只等给契丹军当头一棒。李存审相信,当契丹人发现岭内都是步兵和辎重时,一定大喜过望,认定自己救援心切乱了心智,居然会驱动没有骑兵掩护的步兵盲目来援。

“我觉得还是有些不妥。”阎宝在旁说道。他一直都在全神贯注地观察着战场布置,唯恐有什么疏漏。“你把正面的阻击阵地放在岭口附近的驰道上,有些不合适。”阎宝指着战场说道,“这个地形还是比较利于骑兵冲锋而不太利于步军阻击。你虽然在两侧山上安放有弓箭手支援,但未必能挡得住契丹人的连番猛冲。”

李存审看了一眼阎宝，问道："你真是这么想的？""对，我觉得我们有些托大了。"

阎宝毫不迟疑地说道："阻击战场应该放在后岭中段，深入一些地形狭窄才会更好。"李存审点点头，微微笑道："很好，要的就是这样！既然阎将军都认为不妥，那么契丹人肯定也这么想了。"阎宝大为诧异。

李存审走到他身边，手摸着木栏解释道："我们就是要让他们来。如果摆在岭道深处，契丹人见地势极为不利，就不会主动来攻。他们不想损耗过大，就会选择在幽州城下继续困城，那么我们这一仗后面就有极大困难。我们故意诱导契丹来攻，就是要重创他们，即便我们损失大一些也是必需的。只要大量杀伤契丹人就值，无论是阿保机还是他手下的部落头领都经不起大量损耗，因为他们舍不得拼掉自己的全部精锐，所以一旦损失超过预期，他们就要急着回领地去巩固自己的权力。"

"打痛他们，契丹人就会改变主意。到那个时候，占据幽州城对于他们来说就没有太大意义，既然不再打算南下，他们还要幽州城干什么。对于契丹来说，稳住西楼（今内蒙古自治区赤峰市巴林左旗南波罗城）内部局势才是重中之重。尤其他们部落之间还有纷争，谁都会担心自己实力受损后被借机吞并，这对称帝改'辽'的阿保机来说既是巨大的威胁也是一个难得的机会。我们想得到的事，契丹首领也会考虑到，但他们有一点是绝对想不到的，那就是我们在这儿的实力。"

李存审用马鞭拍拍自己的大手，轻松地说道，"他们会小看我们！他们以为我们的主力还在易城。打垮我们、抢走辎重、拿下幽州城，这口肥肉太大，他们舍不得松开嘴！掠夺物资，提高他刚刚称帝的声望，这些都是阿保机出兵的理由，但借机消耗其他部落的实力，也是他不能说出的目的。如今他们幽州战事顺利，肯定也看出了吞并幽燕之地的巨大利益，所以他才一改往日的作风，不惜一切代价要攻克幽州城。其他部落头领现在也是赌性十足，既然肉吃不到，汤肯定是想喝的，所以一定会忍不住来找我们赌一赌，但是由于幽州城还钉在那边，所以他们不可能把全部兵力都投入到我们这个战场来。"

"单靠我们的步兵打得过契丹人吗？"阎宝质疑道。"谁说只有我们？"李存审大笑，十分自信地点头道，"我们这数万将士进行了三个月的训练准备，五万精兵再加上李嗣源在岭外的两万精骑，其战斗力会让契丹人难以忘怀！现在，他们估计已经收到消息，开始对我们的辎重流口水了吧！"李存审笑道："就等契丹人登场了！"作为多年骑兵大将的阎宝将信将疑，还是愁眉不展，心里非常担忧。

一大早，阿骨只接到消息，迭刺私自率部半夜从幽州城下的东大营里离开了。阿骨只吃了一惊,急忙穿上衣服,同时命使者立即禀报身在后军的皇帝耶律阿保机。他自己则飞马赶到前军大营,提前赶来的实鲁、于骨里、室鲁、曷鲁等几个主要将领急忙迎了上来。

"幽州城里可有动静?"阿骨只一边匆匆上楼,一边大声问道。

"大人,还没有。"实鲁答道:"幽州城里应该也没有察觉,事情发生得很突然。迭剌一下把两万人带走了,行动很快,估计是有准备的;如果不是这样,他们要动作我们应该能察觉。如今若不是剌葛给我们传来消息,我们到现在都没有发现东大营的变化。"阿骨只爬到望楼上,举目向东看去。

营中什么都没有,一片旷野上就是蔚蓝色的天空,几片袅袅婷婷的白云,好一个安静宁谧的清晨。"大人,听剌葛说,迭剌是奔后岭而去了,他是不是想抢先冲到易州,到了那儿就能抢到好多好东西?"于骨里不满地大声说道:"幽州的汉人已经被打残了,是不是我们也调主力跟着杀向易州去?留下一支人马看着城就可以了。"

阿骨只冷笑道:"你不要在这里胡扯了!幽州城好比一根刺,只要这根刺没有拔掉,它就一直卡在我们的咽喉里!迭剌是成了精的人,什么时候应该离开他都不知道吗?他之所以有恃无恐地去抢易州,就是因为算准我们一定会为大局着想,为他看住幽州城,保住后路!"

又有人说道:"剌葛传消息来,说为了防备迭剌在岭中遇袭,他也要带人向易州去,如果万一遇上敌军,他们两军互为支援,定然不会让我等族人吃大亏。"于骨里"呸!"了一声,气得大叫:"他们是串通好的吧?都避开攻城,让我们这群蠢蛋去为一个残破的幽州城流血,而他们去易州拿好处!"

"没有了他们,我们就需要花更多力气才能拿下幽州城,等我们到易州时,他们已经把草皮翻了个底朝天了!"实鲁愤愤不平地抱怨。"陛下这两个兄弟应该好好管管了,不能老这样算计自己人!"话语一出,望楼上顿时无声,大家一起转头向说话的实鲁看去。实鲁这才发现出言不当,赶紧闭口不语。阿骨只面色阴沉,心里极度愤怒。他几乎可以肯定要不是迭剌、剌葛的任意妄为,引起其他部落也跟风,他早就带领大军拿下幽州城了。阿保机对这两兄弟不闻不问的态度让他也好生苦恼。辛辛苦苦围困了快半年,眼看即将拿下城池,竟然节骨眼上来这一出,又要重新布置兵力,安抚众将。阿骨只很是失望,愤怒,同时也在猜测为什么原先高调南进的陛下对现在的状况置若罔闻。

阿骨只生气的时候,剌葛的情绪却是很复杂。他知道迭剌的部队已经全数朝后岭进发,有这位兄弟在前面顶着,剌葛所率的三万人马与两万附从军(由其他小部落和投降的汉人组成)也可以跟着进发了。前面有迭刺开路,后面有阿骨只等部落看住幽州城,自己还有什么好担心的呢。

“今天就在这附近宿营吧。明天早上进入岭口,用不了多久我们就可以杀到易州。”剌葛的儿子赛保里对父亲请示。剌葛心思不在这里,随意挥挥手,任由他去办。一方面剌葛很得意。本次入侵,他获取了最多的奴隶和财货,但另一方面他也有些痛楚,他之所以暗中聚集势力反对自己的兄长,主要还是因为阿保机对待汉人的政策和态度让他无法接受。过去无数次,汉人以箭利甲厚的优势让他们付出了太多的鲜血,所以他从不把投靠过来的汉人当作对等的自己人,无论是汉人百姓还是将领,他都心怀仇恨。这一点在契丹很多人心里是根深蒂固的。

汉人中尤其是像韩延徽和康默记这种有学问的人,他们统治国家、治理部落都按照汉人的理解和行事方法在进行,他们对各类事情的解决办法和纯正契丹人的想法相差甚远。例如战利品的分配,军队的指挥,部落的治理,这些权利、体制都在这些汉人暗藏祸心的动作下,一步步地发生着改变,这些汉制从潜移默化的影响逐渐浮出到表面,变成公开宣布的法理,这给了剌葛很大的刺激。随着时间的推移,各种矛盾越积越多,所以他们几个兄弟和阿保机越来越疏远,越来越貌合神离。剌葛很失望。几十年的兄弟交情怎么就变得这样淡薄。这到底是谁的错?

今夜的月亮就像一块半圆形的白玉,温润而有灵气。它高高地挂在半空,把柔和的光亮撒满了整个山岭和大片的土地。阴山后岭外,两万铁骑排成了长长的阵型。士兵们神情肃穆,一个个悄无声息地站在夜风里。李嗣源松开李存进的大手,告别道:“存进兄弟,保重。”李存进用力拍拍李嗣源的肩膀,什么话也没有说,转身上马,飞驰而去。大军立即开始了移动,缓缓地分成两路。李嗣源骑在马上,默默地看着他们离开,一直到李存进带走的最后一个骑兵战士融入了黑暗,他还在一动不动地看着。这是部队到达幽州之后的第一战。

第一战就是和大约五万的敌人交锋,李嗣源感到巨大的压力。众人都说幽州大败是因为契丹人非常剽悍,他们组建的新军十分骁勇,这种传闻听得多了,心中自然轻松不起来。虽然李嗣源对这次偷袭充满了信心,但这一仗不得不以小搏大,几乎是全军压上的赌注,所以就算准备工作已近乎完全,但紧张和担心还是难免。按捺住大战前的情绪波动,李嗣源冷静评估过晋军现在的战力,如果一切顺利,击败契丹军没有问题,但他也不希望这些精锐士兵损失过于惨重。

敌军剌葛的部队中有两万多是由越兀、六奚诸族等附属民族组成，这些人虽然不是契丹的正规骑兵，但是以游牧民族的勇猛和好武的天性来说，他们的战斗力还是在平均水准之上的，至少比当年刘守光的燕军要强。刘守光的燕军里虽然也含有一些游牧部落的兵马，但那些部落大多在幽州各个州郡居住，臣服唐朝多年，有的部落已经一边放牧，一边从事农耕生产了。这些归属的部落因为不需要再入侵大唐朝，也不需要和汉人打仗，所以随着时间的推移，他们慢慢被同化了，很多人没有经过正规训练，也没有纯游牧部落的劫掠经历，充其量也就是可以在马上放放箭。这些人跟契丹骑士的战斗力相比，差距就很大了。

对李嗣源的这个计划，李存进也曾提出了警告。如此大规模的袭击，一旦偷袭行动的时间拖长，等到敌人缓过气来，战局就有可能陷入胶着，纠缠起来胜负就很难说了。李嗣源忧虑的就是这个事。李从厚策马上前，轻轻提醒道："父亲，父亲！"李嗣源悄悄吁了一口气，好像要把心中的不安和紧张统统甩掉。"出发吧。"李嗣源大声说道。他带着李从珂、李从厚两个儿子，几十个亲卫飞一般冲向黑暗，身后跟随的是黑压压的上万铁骑。晋军在幽州战场的空前大厮杀开始启动。

波澜雄壮的大战有时候给人的感觉是突如其来的。好比潞州之战，也好比当下。阴山后岭外三十里剌葛的大营里，巨大的牛角号声突然打破了整个黑夜的宁静，凄凉而急促。大营的南面，目力可及的范围内，在远处淡淡月光的映衬下，这一地，身着漆黑甲衣的骑兵集群携裹着无数星星点点的利刃寒光，犹如一片金属的浪涛席卷而来。

赛保里飞一般冲出大帐。他惊呆了，张大了嘴巴，瞪大了眼睛。他不知道这个荒无人烟的地方怎么会突然冒出一支这么庞大的骑军，他怀疑自己是在做梦。他几乎神经质地高声狂叫起来："上马！上马！"契丹人的战马就系在营帐四周，士兵们冲出帐篷就可以翻身上马投入战斗。有动作快的士兵已经跳上了马背，但随即发现自己的武器没带。有的士兵还在手忙脚乱地穿衣，更多的士兵睡眼惺忪，懵懵懂懂刚被惊醒，不知道出了什么事。从巡值士兵吹响报警的号角到袭营的晋骑冲出黑暗，仅仅一瞬！此时骑兵大军距离契丹营地最多还剩下一千余步，驻地内的士兵们根本来不及反应，更不要说阻击了。赛保里不停地叫喊着，像疯子一般在大帐之外拼命地挥舞着双手，但没有人听他的，大营已经乱成了一锅粥。

剌葛因为醉酒还躺在褥子上鼾声大作。他被几个侍从摇晃着，迷迷糊糊地醒过来。剌葛眼前迷糊着，不知道他们在说什么，只想着再睡一下。一个侍从把他从地上拉起来，对着他的耳朵大声吼道："敌人袭营了！"剌葛这才遽然清醒，眼睛瞪得滚圆滚圆的。他听到帐外传来惊天动地的轰鸣声，还有巨大的杂乱无章的叫喊声，感受到了脚下地面的抖动，越来越强烈。他突然明白过来，几步就冲出了大帐。剌葛看到远方一团火，一团燃烧的火，那是无数面火红色的晋军大旗，它在夜色里猎猎狂舞，耀眼醒目！他的心瞬间冰凉冰凉的，恐惧像一柄利剑，霎时间穿透了他的身体。

晋军铁骑在狂奔，在加速，在吼叫！这种战斗方式自从潞州之战后已经成为晋军熟得不能再熟的绝技。万马踏营，天下谁人能敌！突营骑军以李嗣源的“横冲都”为箭头；养子李从珂的部伍为左翼；亲子李从厚的部队为右翼；晋阳调拨至麾下的骑军居中，一万多骑兵以雁行冲锋队列呼啸杀至！速度，现在要的就是速度！晋军骑士们大声叫喊着，全身趴伏在马背上，身躯随着战马有节奏地上下起伏，好像他们本来就是战马的一部分。人马一体，速度越来越快，风驰电掣一般。距离敌营越来越近了，五百步，三百步，一百步！

契丹营内的士兵恐惧，慌乱，抓狂地跑来跑去。一部分动作快的人已经跳上战马掉头逃跑了。这个时候，经验老到的他们既没有勇气杀向敌人，也没有组织抵抗的时间和力量，他们现在最明智的办法就是有多远跑多远。特别是剌葛营里有很多小部落的人，他们都是在战乱中长大，所以这些人当然清楚，根本不用招呼，毫不犹豫上马就跑。营盘北面是阿骨只在幽州的大营，所以众人都纷纷打马往北，急急逃窜。

剌葛的中军在经过了最初的慌乱之后，身边的亲卫已经纷纷上马，剌葛招呼部下，吹响了集结号角。按照剌葛的判断，在易州集结的晋骑最多一万人，现在攻击他们的大概就是这部分潜伏进来的兵力，这一万多骑兵以将近两里宽的雁行阵冲过来，其纵深必然单薄。如果能够组织部队连续阻击，让敌人的攻击速度慢下来，也许可以撕开敌人的阵势，击溃敌军。而且，剌葛认为自己有个巨大的优势，他有五万人马，他的大营纵深超过五里，只要组织好缓冲，他完全有力量去挡住敌人，甚至反过来包围敌人。但是赛保里提议撤退，一部分部队阻敌，其他人趁夜立即向幽州方向撤退。他认为保持实力才是最重要的，部队打完了，将来怎么办？

剌葛觉得这个办法太保守，他认为前面就是岭区，地形复杂，迭剌的部队在里面会形成阻挡，不会有更多晋军再渗透进来，也就是说，敌人只有眼前杀进来的这一拨，只要击退他们就万事大吉。如果现在下令撤退，立即就会引发更大的混乱。大家一哄而逃，给一万多如狼似虎的敌人从后掩杀，肯定会全军覆没。

此时，晋军号角声划空而起，直冲云霄。李嗣源坐下骏马张口发出一声怪嘶，四蹄发力，矫健的身躯腾空而起，加速前冲。万马奔腾，震耳欲聋的轰鸣声几乎就要把整个刺葛大营碾为齑粉。晋军骑士们纷纷情不自禁，举枪狂吼。他们很多人在乱世中出生，在边塞的严冬和异族的劫掠中长大，在他们握着刀枪走上战场以来，这个令所有男儿热血沸腾的冲锋声就伴随着他们。这个声音深深地烙在他们的脑海里，刻在他们的心里，融化在他们的血液里。要吼，疯狂地吼，仿佛只有这样，才能解除束缚他们满腔豪气和杀气的压抑。“杀嗬！”上千个战士在高声呐喊，“杀嗬！”上万个战士在呼应，喝声带动着所有人的士气，声若惊雷，炸响在契丹营地的上空，久久不散。

“轰隆！！”一声巨响，上万匹战马踹翻栅栏，纷纷跃入了契丹大营。没有来得及避开的契丹士兵顿时被首当其冲的战马撞得横空而起，或者被活活践踏而死。赛保里带着侍从策马狂奔，他要赶到大营的右翼，集结右军士兵，结阵反击。他不停地回头观看，脸上的神色非常紧张。他看到晋军铁骑像决堤的洪水一般势如破竹地滚滚灌入，犹如疾风扫落叶一般，无坚不摧。

“快，快！”赛保里疯狂地抽打着坐下战马，恨不能一步跨到右军营地的所在。刺葛站在中军大旗之下看到自己的士兵抱头鼠窜，一个个落荒而逃，他气得破口大骂，恨不得亲自拿刀上去砍了他们。混乱中只有一小部分人马集中到了他护卫队的后面，张弓上箭，准备阻击。

刺葛焦急地向赛保里奔去的方向看了一眼，向四周怒吼道：“一群没用的卵蛋，都赶紧向我靠拢！”旁边的护卫苦苦劝道：“大头领，我们撤退吧！敌军快杀到了啊，这种状况集合根本不可能啊！”刺葛望着越来越近的晋军铁骑，看着那一面面在月光下飞舞的火红色大旗，看到自己的人马被肆意砍杀，他的怒气终于憋不住了，刺葛拔出战刀，对着狼狈逃窜的士兵们不停地高声喊着：“跟着我，跟我冲上去！”根本没有人听他的，大家往后跑得更快了。上万匹奔腾的战马汹涌扑来，上万件溅血的武器在空中飞舞，再不跑那就是找死。

晋军很快杀到！刺葛血战突前，混乱中他看到了李从珂，以为是主将，冲着他就去了。李从珂刚刚刺死一个敌人，招式用老，枪还没有拔回。刺葛飞马而来，抡刀就劈。李从珂面不改色，枪交左手，顺势拽出肩后战刀，虎吼一声，对准刺葛的大刀就迎了上去。“当！”一声巨响，刺葛虎口巨震，大刀反弹而起。

他没有想到这个将领力气如此之大，心中惊骇之间，两马交错，李从珂的枪杆已经抡起，对准刺葛的后背就狠狠砸了下去！刺葛躲闪不及，被一枪砸中后心，张嘴喷出一口鲜血。还没等他缓过气来，紧随李从珂后面的晋兵已经左右杀到，战刀轮番劈下，可怜刺葛左挡右架，口中鲜血连冒，好不容易招架住了十几刀，这才勉强逃过一劫。但他已浑身浴血,伤痕累累了。他看看身前,尸横遍野,一片狼藉,回头一看,他的亲卫已经全部被晋军吞噬,忍不住心里一痛,终于支撑不住,一头栽倒在马下。

剌葛迎面冲向晋骑的时候,汇集在中军大旗后面的契丹弓箭手也慌忙放箭,一时间也箭出如蝗。李从珂血染战袍,面目狰狞,面对厉啸而来的长箭,毫无惧色。他一手执盾,一手挥动长枪,酣呼鏖战,犹如杀神一般,所向披靡!居中指挥的李嗣源看到大旗放声急喝:“快!去砍倒大旗!”李从珂带着上百轻骑突然加速,乘隙突进,很快看到前面十几步远的地方就是敌军大旗所在,他兴奋地怒吼连连!左手盾,右手枪,又砸又刺,横冲直撞,连毙数名护旗敌兵。

几个执长刀的晋骑飞马赶过来,围着大旗迅速劈砍起来!李从珂见状,带着骑队就扎进了契丹人的弓箭兵阵列里,弓箭兵们毫无还手之力,众人发一声喊,四散奔逃。这时,剌葛的大旗轰然倒下!晋骑全军纵声欢呼!正在两翼追杀敌兵的李从厚立即收缩队伍,一边高速飞驰,一边向中军集结。李嗣源略做喘息,然后带着战意高昂的铁骑扑向了敌军右营。

赛保里赶到右军营地,将上万士兵以最快的速度勉强集结起来,但原有的建制完全被打乱,许多士兵仅仅就是简单地聚拢在一起,乱七八糟的甚至来不及穿衣。赛保里一直没有看到剌葛撤回,他心急如焚,担心父亲出了什么事,但很快他就顾不上剌葛的生死了。因为晋骑已经狂奔而至,两军相遇,杀戮再次开启。赛保里高举长刀,正要勉力指挥时,突然营地后方传来一声惊天动地的巨响。他顿时被震得呆若木鸡,面无人色,脑中一片空白。

拂晓的黑夜中,上百面战鼓同时敲响,又好像十几个惊雷同时炸响一样,其声势之浩大,气势之磅礴,令人肝胆俱裂。正面李嗣源所部士兵听到战鼓声,无不纵声欢呼。因为在赛保里右军营地后方黑压压的出现近万人,全部都是李存进的兵马。他们就像鬼魅一样,飘忽地出现在敌人的身后……赛保里平生第一次感到了极度恐惧,身边飘荡的浓烈血腥味顿时让他透不过气来,片刻的时间里,五万大军就被敌骑杀得死伤惨重,毫无还手之力!此地战事再无悬念……

黑夜下剌葛大营火光冲天。幽州城头上也开始弥漫着丝丝异样的气氛。城内墙下的空地上,几十堆柴垛剧烈地燃烧着,炙热的光芒照亮了守兵一张张疲惫的脸庞。巡值的士兵靠在城墙上,有的在闭目休息,有的在擦拭刀枪,有的在给伤口换药,有的在小声低语。蓦然,从城外的黑暗深处传来断断续续,隐约可闻的轰鸣声。城墙上的士兵顿时警觉起来,大家不约而同地走到城墙边上,望向黑漆漆的远方。轰鸣声越来越清晰，越来越巨大，士兵们仿佛感觉到了一头嗜血猛兽正在呼号而来！“擂鼓！契丹人来了！”

士兵们突然发一声喊，四面传报，幽州城在瞬间沸腾了起来。城内的士兵们纷纷冲出屋子，以最快的速度沿着左右两侧的石阶跑上了城墙。

趁夜攻来的是阿骨只的三万兵马。耶律阿保机得到幽州后岭一带剌葛遇袭的急报后，立刻命阿骨只率领人马直扑幽州城，做最后的攻城！阿保机自己则发动亲军六万，前去救援剌葛。阿骨只赶到城下后，立即开始了进攻！不足五千的守军面对城下无数敌人毫无惧色，大家视死如归，一个个义无反顾地迎了上去，只要是活着的士兵、百姓都在朝着幽州城墙上奔行而去。

而在城头上持续的厮杀，几乎已经令鲜血染红了城墙的每一处。在饱受攻击的木楼附近，一段城墙已经被飞来的巨石砸得崩塌，契丹的兵马正在往这片缺口上冲。下方的平地上，契丹骑兵的奔射箭矢覆盖了缺口两端。城墙两侧，幽州守军手持刀盾、长矛，冒着箭雨的威胁往破口处冲锋，试图填补缺口。最前方的士兵推着一辆盾车，歇斯底里地呐喊前行，箭雨时不时地将人射翻在地，后方的人群便跟上来接力。在那头，契丹的突击队已经往这边冲来。

更远一点的城墙后方，“铁林军”的大弓兵正在奋力往下方的契丹骑兵射箭，试图压制住契丹人的奔射。然而即使不时有战士从马上掉落，契丹人的骑队仍旧不离开那片地方，仍旧对墙头保持高强度的箭矢覆盖。

城墙后方，李从荣已经朝城墙下射了许久，骑队里被他确定射中的契丹将校已有十人。他是城中最出色的弓将之一，然而当他大喝着对准城下再射出一箭之后，一根箭矢刷的扎在了他的肩膀上！李从荣咬着牙关，蹲回城墙后方，满头都是因为虚弱和疼痛而落下的汗珠。他的手在没命地发抖，这一切几乎都不是因为此时插在他肩上的那根箭矢；他的手上，尤其是五根手指之上，已经皮开肉绽，全都是鲜血了，其中四根包裹了布片，仍然有鲜血浸出来，未包裹的中指血流如注，几可见骨。

他牙关忍不住打战，手指颤抖个不停，不光手上是血，肩上是血，身上也斑斑点点都是血迹，头发披散，嘴巴开合之际都是通红的血水。他吸了几口气，陡然“啊”的一声喊，反手一下用力拔出了肩膀上的箭矢，站起来，转身，“哧”地拉开了大弓，箭矢嗖地射了出去。他瞪着眼睛站在那里，待到确认箭矢射中了一名敌军将领，才又回身蹲下，“哈哈哈……哈哈哈哈……”长笑起来，笑得惨然异常。箭矢是带着倒钩的，他前面一下用力拔出来，令得肩膀上血流如注，李从荣捂着肩膀，眼泪都在笑声中流了出来。

风声呼啸，城墙内侧。无数的身影都如蚂蚁般往城墙上汹涌而去……

墙外，契丹大营，对于阿骨只来说，他是一定要拿下幽州城给阿保机一个交代的，在如此惨烈的攻城景状下，契丹人的伤亡也直线上升，但却一直在城墙缺口和城头上胶着不前。为此，他已经发过好几次脾气了，此时他站在营地内的高台上，远远地望着幽州城头，看着那激烈的战斗。不断地下达命令，随后，不断不断地下达更多的命令……

幽州城方向的火光在城楼上直冲霄汉，十几里外都能看到，那是晋军点燃木楼最后的求援信号！石君立带着三千多人纵马狂奔。这三千骑兵是李嗣源全力挤出来的兵力，在击破剌葛左大营后，李嗣源稍作整理便冲杀向赛保里所在的右大营。他成功与李存进所部形成夹击之势后，李嗣源就果断决定，让石君立急援幽州，防止契丹人狗急跳墙！

这一夜，剌葛大营、幽州城头都激战正酣！联动的对决可还不止这两处，为期半年左右的幽州战局注定要在今晚分出一个胜负！阴山后岭口，迭剌全神贯注地望着天边夜空，他在白天已经探明前方有晋军摆下阵型准备阻击自己。于是，他便下令停止前进，就地驻扎，犹豫明日是否继续前进，击溃挡路之敌。没想到夜里传来消息：岭外发生大战，应该是剌葛的大营被袭。

“我们是不是应该从这里退兵，去救援一下？”大将库古只、磨朵两人看了看天边冲天的火光，然后瞥了一眼迭剌的光脑壳，迟疑道。

“我已经号令全军，准备突击我们前方的敌人！”迭剌说道：“剌葛可有五万人，敌军如果去得少了，吃不掉他，反而会被剌葛吞掉。反过来，如果奇袭的敌军兵力较多，正好让剌葛帮我们拖住他们，我们只要抓住机会击溃眼前挡道的敌军，就是大胜！要知道，汉军援兵总共都没有多少，如果主力在剌葛那边，我们就更没有什么可担心的！”迭剌自信地说：“冲出阴山谷道，那边易州的好东西就都是我们的！”

“这样……会不会有问题？”磨朵还是有些犹豫。“不回去救援他们，剌葛会不会跟我们翻脸？还有，大汗会不会怪罪我们？”迭剌抬手摸摸自己的光脑壳，嘿嘿地笑道：“剌葛那小子一心瞅着大汗的位置，怎么会跟我翻脸，他还指望我站在他那一边呢。再说，恼了又能怎么样，我打的也是汉军，我是去断掉汉军后路！不过，你说的有一点得想想，阿保机没那么好说话！哎，老库，你说呢？”

“阿保机？”库古只抱怨了起来：“他就想扩大自己的地盘，实行汉人的法令，结果把我们都拖到了这里，进不能进，退又不让退。我看啊，我们好好捞一票才是硬道理！

至于说什么都不要紧，到最后看的还是谁的牙粗，谁的牙利，我们草原群狼终归是狼！"

"好,我看前面汉军大都是步兵,说不定敌人的主力真的都去打刺葛了,哈哈哈哈！我们立刻动身,给汉狗一个惊喜！"迭刺在自己的光头上来回抓了两下,笑嘻嘻地下了决定。

幽州城北门被阿骨只猛烈攻打，在契丹兵的疯狂冲击下，每一刻都岌岌可危。"吹响号角！告诉幽州,援军马上赶到,马上就到！"石君立马鞭狂抽,恨不能腾云驾雾,腋生双翅。十数个号角声同时响起,激昂的声音在旷野间流动,传出去很远。周德威浑身浴血,酣乎鏖战。他间或喘息中,似乎听到了从城南远处传来的号角声……一开始,他怀疑自己听错了,他摇摇脑袋,透过城墙上激烈的厮杀声,再度凝神细听。这一次,他清晰地捕捉到了援兵即将赶到的信号。霎时间,周德威疲惫的身躯里突然生出了无穷的力量,他伸脚挑起地上的长矛,举矛大吼:"兄弟们,援兵就要到了,援兵就要到了！我们的人马上就要到了！"

浴血混战的晋军士兵顿时士气大振,大家一边奋力搏杀,一边纵声高叫,叫喊声震耳欲聋。在城下指挥攻城的阿骨只突然听到城墙上传来阵阵欢呼声，心中一惊。"敌人援军来了吗？这么快,刺葛就撑不住了吗？这个笨蛋！"阿骨只心中的怒火和担心交织在一起,当即下令:"传令实鲁和各位大人,拿下幽州的最后机会只在眼前了！大家务必奋力猛攻！"

没有多久,石君立率领三千多晋军士兵及时赶到幽州城下,像潮水一般冲进了南门。石君立一边下马奔走,一边纵声吩咐:"全部人跟我来,我们直接上北城墙！"城头上到处是晋军将领竭力的嘶吼。石君立冲上城头,抬眼向城外望去,密密麻麻的全部都是披头散发的契丹兵,他们蜂拥爬上城墙,在北城头处汇合起来,沿着两道石板路,呼啸而来！附近的晋军士兵也闻声急至,借着石君立这一波强援,纷纷扑杀登城的契丹人。

城墙上的晋军士兵同样死伤惨重,尤其在契丹人的突破口处,层层叠叠至少堆满了数百具尸体。城内的士兵们眼见已到最后关头,再无羁绊,奋勇厮杀。周德威率领突前的三百亲卫已经在城墙上折损了多半。他看到石君立率部赶到，不禁振奋精神,刀指前方,鼓舞士气地大喊:"儿郎们,援军到了,援军到了！"城头上鏖战的众将士看到援军生龙活虎地杀上了城墙,顿时士气大振,无不眼含热泪,舍生忘死地呼号向前。双方士兵一个个神情激愤,面目狰狞地绞杀,每个人都像饿极了的野兽,纠缠在一起，挥刀相向。无数的生命在这短短的瞬间随着血雨腥风迅速飘散消逝……

后岭坚盾

夜色中，迭剌听到前方磨朵遇敌的号角声，眼看着一支信号箭拉出一道光线扶摇直上。他顿时明白，攻击的时刻到了！他脸上露出了一丝残酷的冷笑："走，我们捕猎去！"他脚踢马腹，率先驰出，上万契丹骑兵紧随其后。晋军这边所有部队已经严阵以待。听着驰道远处轰隆的马蹄声，许多人凝神眺望着。远远的，黑影带着点点的火光蔓延过来了，全部是清一色的契丹骑兵。夜色之中，不知道有多少骑兵在往这里冲过来，带着星星点点的无数小火光，但不多时，那光点就绵延开去了，那是骑兵在奔驰之中点燃了包上火油布的箭矢。

晋军阻击阵列前方，各队步兵肩并肩靠在了一起，盾牌举起，长枪如林，弓手挽起长弓，动作十分娴熟。李存审在易州加紧训练步兵时，对结阵操练最为看重，毕竟扩军后数万步兵的整体素质并不能算是百战精锐，然而在他的安排下，只要其中有上万的精兵就能带动起整个大阵。

箭如飞蝗，掠过夜空。并没有太多时间，契丹人的骑兵射出火箭后，面对着同样飞来的箭雨，也没有减速的意思，而在晋军阻击部队前列，步兵扎紧马步，依托工事已经挤成密不透风的一大片。军阵侧面，占据险要的弓箭队也不停地一波波齐射，黑夜中，磨朵无法看到晋军传令兵在各路阵列之间飞快地奔驰，一个个军阵随之调动。平日里若是旷野相遇，契丹人面对着铁桶一般的防御，在第一轮的射箭之后，他们的马队便要往侧面盘旋，保持距离。但在这个夜里，他们没有这样选择的余地，其中主要是地形的原因，但迭剌想要一鼓破敌的念头也是其中之一。

契丹人在黑夜里并不知道，晋军数万人的军阵一路延绵开去，更后方，一队队阵列在有条不紊地向前，预备着前方阵列被击破后的二次乃至三次、四次阻击。契丹骑兵冲过了所谓的一箭之地。这些挂着皮甲，戴着毡帽的骑兵在飞奔之中也射出了两轮弓箭，沿途少数中箭的骑兵，已经被抛在了大队的后方。双方的距离已经如此之近，两边都不存在放箭的机会了。所有人都拔出了钢刀，口中暴喝，眼神因充血而通红，上万的契丹精骑，以数骑或十数骑为一个阵列，直冲向晋军的队伍前列。这一刻，无人可以后退。

在前线指挥的阎宝瞪大了眼睛,猛地挥手:“杀!”前列,被挤在锋线上的士兵全都扎着马步,手持矛盾,望着那飞快碾来的骑兵队伍,发出歇斯底里的吼声,睚眦欲裂。战争的距离瞬间缩短为零!马队在轰然间,冲进密集的步兵阵列,一队又是一队,像是疯狂的打桩机,不断地夯进晋军里。上千的刀光在锋线上飞舞,鲜血爆裂、飞溅,战马、人都在这一条疯狂的阵线上撞成肉泥,战马上的契丹兵挥刀扑进那密集的人群里。一时间吼声如潮,对面晋军的长矛兵、刀斧兵冲过了弓箭兵,配合着盾牌兵,像潮水般迎向了契丹人。

李存审在中阵指挥着部队飞快地涌上,一层层地进行支援,稳固战线。他知道,只有当契丹人连续这样冲过来的时候,才是真正接受考验和拷问的时候。战场之事,就是看谁更加凶残,谁更加坚韧!骑兵、步兵,全都冲杀在一起,战线堪堪挡住了契丹人的第一波猛烈冲击!

李存审就着云层中透出的月光,望着前方的阵地。他更多的是靠听,靠各地的喊杀声辨别战况,敌人的距离、人数、方位。战场锋线上是双方厮杀的叫喊声,后面是晋军步兵前进的兵甲铿锵声。他不时给传令兵下达指令,鼓声也跟着指令不时地猛烈敲响,一声紧似一声。李存审的步兵军阵最外面一层是巨型盾牌兵,紧跟其后的是巨型长矛兵,再后面是刀斧兵。第二层是短盾兵,长矛兵,刀斧兵,最后面是弓箭兵。防御阵地上的无数军阵依号令、旗令、传信兵的通讯行动,指挥流畅快速,若是白日里能俯看到山岭中黑压压的一片,直让人望而生畏。

李存审知道,他多拖一分时间,岭口外李嗣源的行动就多一分胜算;同样,面对来去如风,进退自如的契丹骑兵,也只有靠李嗣源的暴风式打击才能造成对敌人的最大伤害。步军的价值就是作为坚盾拖住敌人。他所能做的就是尽自己所能,为胜利的天平多加一点点砝码。对交战双方来说,战场上每一分砝码的代价都无比惨烈。

战马长嘶几声,缓缓停下了矫健的身躯。李嗣源把手中的长枪枪尾扎到地上,索性滑到马下,顺势躺倒在地,他需要抓紧任何间隙补充体力。太累了,他带着骑兵不停地出击,不停地砍杀,浑身上下就像散了架一样酸胀疼痛,他身上的几处伤口由于剧烈地搏斗一直没有止血,渗出的血液已经染红了衣甲。但这样的辛苦是值得的!由于李嗣源所率骑军的疯狂攻击,刺葛大营已经彻底被摧毁。契丹军付出了上万人伤亡的代价,依然没有避免全面崩溃的结果,赛保里最终在两面夹击下顾此失彼,指挥一片混乱,他聚集起来的大小部落很快纷纷脱离战场,各自逃亡,刺葛右营坚持不到三刻就完全散乱了。

李嗣源现在十分兴奋，自己所部损失很少，虽然将士有些疲惫，但个个情绪高昂，尚可再战。另一方面他保持着警惕，等待着阿保机“大帐皮室军”的动向探报。“父亲，喝点水吧？”李从珂拎着装水的牛皮囊，走到了李嗣源身边，沙哑地说道。李嗣源睁开眼，缓缓坐了起来，解开头盔，后额边的长发由于沾满了血液，一缕一缕地粘在脸上。李嗣源随意把头发拢了一拢，露出那张刚毅的面孔。“你喝过了没有？”“父亲先喝吧。”李从珂递过水囊说道。李嗣源摇摇头，“你先喝，喝好了再给我。”

他转头看看四周，一部分人马在战场补刀，一部分在休息待命，他想起一事问道：“从厚跟着李存进向后岭内出发了吗？”李从珂仰头喝了几口水，抹了一把胡茬子上的血，回答道：“已经出发了，我都想跟着去呢，这下岭内的契丹人有的好看了。”

李嗣源长吁了一口气，接过水囊，望着远处的群山，心里安定了一些，对李从珂笑道：“急什么，我们这里还没完呢，你在我身边还愁没仗打么！”这时斥候来报，称有大股契丹兵接近，前锋距离已不足五里。莫非阿保机的主力来了！

岭内谷道，阻击阵地正面。晋军士兵石头悄悄地从木盾后面探出头，看了一眼前方的敌军。满地死人、死马的战场那头，契丹人正在重整队列，准备发起新一轮的冲锋。突然，几支长箭呼啸射来！石头一缩脑袋，躲了回去，“咚咚咚！”随着几声有力的闷响，长箭不分先后，几乎同时钉进了石头面前结实的木盾上。石头的心剧烈地跳动了几下。这一次，自己还能活下来吗？

他原是幽州蓟县人。过去家里穷，一天只能吃一餐野菜粥。他和家里的祖父母，爹娘，兄弟姊妹九口人一年忙到头，却吃不饱穿不暖，他不明白为什么。后来燕王刘仁恭开始拉青壮刺字，年年都在打仗，一家人连田地都没得种了，只好和村里的人一起四处逃难，躲避战祸；很快，一家人饿死了五口。最后石头和哥哥两人在地上刨了个坑，把父母埋了，跟着饥民投了晋军。他的哥哥在故元大战中战死了，之后，他自己被编入李存审所领的步军大队。后来，李存审带着他们去了晋阳，休整了一段时间，然后又开始打仗。

这次开拔到了易州，听说要打的是契丹人，这让他有些兴奋，小时候契丹人是他梦里的恶魔，能回到幽州和契丹人打是他的一个心愿。自从加入晋军后，石头发现自己不但有衣穿，有饭吃，还有一个月上百钱的军饷拿。他有时候觉得自己像在做梦，他希望这个梦一直延续下去，千万不要醒了。跟在李存审大人后面打仗，石头觉得值，就算死了也值。这位李将爷作风俭朴，没有官僚的派头。他打仗喜欢站在前面指挥，他喜欢哈哈大笑，也经常睡在军营里，他穿着和自己一样颜色的衣甲，吃着和自己一样的饭，有时候他会笑呵呵地坐在士兵中间侃大山，就好像是大家的兄长。

石头胡思乱想中，一个声音传来，“所有人做好准备！”都将弯着腰，在拒马枪后面飞跑着，一会儿又大声叫道：“契丹贼又要过来了，准备迎战！”路过这边的时候，都将拍拍石头的肩膀，继续向前跑去。石头看看躺在四周倒地死去的战友，心里一酸，欲哭却无泪。这些年，仗打得太多了，太多的战友死在了自己的身边，有相处好几年的，也有刚刚才认识的，里面各地人都有，幽州人，并州人，河东人，魏博人，还有部分中原人，死人见得太多，石头已经哭不出来了。他爬起来看着满地的遗骸基本已经分不出来谁是谁了。

这次进入到阴山大房岭的后岭段，遇到的契丹骑兵真多，多得快要招架不住了。赵副指挥使带着人马前去支援锋线，坚决阻击，正是石头所在的这个方阵，他们一路打下来，先后消耗掉了三道障碍，激战一个时辰之后，只剩下了八百多人。原本两千人的队伍现在还不到三分之一，指挥使早在第二个防御线进行阻击的时候就阵亡了，现在指挥大家作战的就是副指挥使。石头看到附近的几个方阵，最多也就剩一半人，但血战还会继续。

又一次，契丹人吹响了冲锋的号角，战马的奔腾声和士兵的呐喊声再次响起。石头背靠着拒马枪，安安静静地坐在血糊糊的地上，擦拭着手上的战刀，这是他今天用的第四把战刀。他突然想起了母亲，如果母亲知道他活到现在还没有死，一定非常欣慰。母亲最大的心愿，就是希望他们都能活下来，不论能不能吃饱饭，只要活着，就有希望。

地面的震颤越来越剧烈，轰鸣声越来越巨大，但石头好像没有听到，他神态安详，把战刀横放在腿上，伸手抓了一把地上的小草，小草上沾满了褐色的血迹，在石头的眼里，那点点血迹就像是一个个战友。他一根一根地数着，心无旁骛，耳中填满着奔腾的战马践踏草茎的声音。突然，出击的战鼓声蓦然响起！队长嘶哑的吼叫声也跟着传来。“兄弟们，站起来，快站起来！举起长矛，为了死去的兄弟，我们血战到底！”石头跟着大家一起大吼，从地上跃起，将手上的战刀稳稳地插在地面上。

契丹人的骑队呼啸而至。石头冷冷地看了一眼敌人，矮身蹲下，和战友一起抬起了放在路障树桩上的四丈拒马枪。阵中大部分的拒马枪和鹿角都是在易州制作好，随军运送而来，经过演练，石头和战友们使用已经异常熟练，这是在李存审的严令下一丝不苟执行的。“杀！”石头他们的拒马枪狠狠穿透了敌人的战马。他在战马撞上来的瞬间松开手上的长矛，身形就像一只敏捷的猎豹，劈手拔起战刀，腾空剁向了正翻滚落马的契丹骑兵。

马上的契丹人疯狂地叫喊着，他们不停地纵马飞跃障碍，冲进激烈厮杀的战场。赵副指挥使被敌人的战马撞上了半空，又被三支长矛洞穿而死。石头连杀三人，剁掉数支马腿，连滚带爬，气喘吁吁地跳入了二十步之后的第四道路障。而更多的战友被敌人截杀在二十步之内的狭窄地带。“刺杀阻击！”因地势狭窄，契丹人也分别以两千人为一个攻击队列，顽强而凶猛地持续冲杀。晋军以密集的路障为掩护，拼死抵挡，双方打得异常惨烈。

石头大口大口地喘着粗气，在后方战友的拖拽之下，很快撤到最后一道路障后进行简单的伤口包裹。后面，已经没有可以阻碍对方冲击的工事了。“骑兵呢？我们的骑兵呢？”石头趴在地上，筋疲力尽地问道。每当步兵的阻击基本上趋于崩溃的时候，布置在路障之后的骑兵就开始发起攻击，以强有力的反击打退契丹人，掩护大批步兵撤到下一个阵地。“应该马上就到了，我已经听到马蹄声了，你听不到吗？”同伴说道。石头马上以耳贴地，仔细聆听着，脸上渐渐露出了兴奋的神色。

“好多人的声音！好像是援军呢！是邢洺军么？”一个士兵抹了把脸上的鲜血，急切地问道。“不对，声音从敌军那边传过来的！但是号角吹响的却是我们的节奏？……我明白了！是昭德军，是李嗣源大人的横冲铁骑！”石头突然跪在地上，高举双手，大喜道：“是横冲骑！昭德军、天平军都来了！”

李存进带着一万昭德骑军还有李从厚的四千横冲铁骑排山倒海一般从敌阵后方冲了过来。激战再度开始，不过这一次石头知道战斗赢定了！他和战友们热烈地看着一匹匹的战马飞过眼前的树障，这是阎宝大人的骑军在全力配合，心里充满着劫后余生的狂喜。这次，又没有死掉，又可以再活一阵了！活着，真好。

如果他能从身旁不远处的望楼上看下去，就会发现，不止是阎宝的骑军，整个岭内的晋军，所有的后备力量都发动起来，势如潮水般，汹涌起伏地向前奔腾着。这一路飞奔，带着令人窒息的压力，奔行如雷，让人坚信无论是何人挡路，定会给这支铁甲骑军撕个粉碎！风中猎猎飞舞的火色战袍，头上高悬的大旗上漆黑的“晋”字，在无数长戟的包围下，更使晋军气势熊熊，彷佛无敌铁军一般令人心悸神摇。

阎宝望着满山遍野的契丹溃兵，心花怒放，一直以来紧缩的眉头终于舒展开来。“我原来担心岭内地形不足以据守，契丹人如果从前岭一拥而下，其速度和气势会非常惊人，这一战会很难打。”阎宝指着身前的拒马阵，兴奋地对主将李存审道，“没想到这个东西这么好用！”

已经来回冲杀过数次，将敌军凿穿后回阵的李从珂也感叹到:“我们都熟悉拒马,知道拒马的效果好于栅栏,却从来没有想到拒马还可以这样用,这个活动的拒马阵主意可真好！”他说的拒马,对于士兵们来说,太熟悉了,可以这样说,只要有军营的地方,就有拒马。所谓的拒马,就是用三根长木,多根短木按一定的模式捆扎成的三角型障碍物,其中一排竖木较长,斜刺前伸,顶端削尖,摆在营门或寨栅前,专门用于阻挡敌人骑兵的冲锋跨越,所以这东西叫“拒马”。

一般大军扎营的时候,为了预防敌人袭营,都要在大营四周设置几十步距离的拒马。不过,李存审的“拒马阵”又有些不同。他在岭内适合骑兵冲锋的主要地带用上大小不一的拒马,形成工事,这些拒马有高有矮,参差错落,前后不一。这样原本顺畅的空旷之处就变成了由无数个拒马障碍组成的崎岖通道，而晋军步兵们则躲在拒马阵里待机而动,伺机杀敌。不论是骑兵还是步兵,要想进阵攻击,就必须在拒马阵刻意留出的道路中穿插迂回，这样就会遭到来自前后多个方向的同时攻击。更加重要的是,当第一阵步兵崩溃时,可以迅速撤退到第二阵中,即使仓促中四散奔逃,第二阵第三阵依然不会受其影响，这些刻意打造的活动拒马也是李存审在易州准备多日的器械。

此外步兵训练中战阵以十人为一队,只要都将一声令下,士兵们在队长带领下,立刻建阵。战阵面对敌骑方向,前三名士兵下盾入地,将长枪架与盾上,末端顶在地面,两膝夹紧,双手紧握,枪尖斜刺向一人高的前方,形成枪刺拒马。中间也是三名士兵,他们用跪姿紧贴其后,双手紧握长枪,末端夹在腋下,枪尖直刺前方约一人半至两人高处，这样布阵的目的就是为了阻止敌骑的前冲和跨越。而站在最后一排的三名士兵,则持弓放箭,负责射杀正前方及左右两侧的敌骑。队长负责指挥阵势运转。每个小战阵间距一丈,各阵错落布置,虽然零散却井然有序。如果战场上有几百上千个这种小团体,就可以迫使敌骑在这些小团体之间来回窜行,从而失去强悍的反击力。

过去幽州军与契丹骑兵作战时经常遭到敌军闪电般的袭击,士兵们根本来不及利用随军车辆布置车阵阻击敌人,往往损失惨重。而且,大部分的步兵也不具备配备大量辎重车辆的条件。所以李存审才总结出营寨拒马和步兵拒马的御敌方式。将盾牌兵和长矛兵放在前面辅之工事用以阻击敌骑的冲击,用弓箭兵在后掩护射杀,再以刀斧手砍杀马腿。当然这样的残酷战斗自身伤亡也非常大，但这是野外对付骑兵的有效战法。只要在关键时刻抑制住敌人的反击,随着敌人意志的削弱、崩溃,也不是所有时刻都会出现巨大的伤亡。

"大房岭的阻击战多亏了这个办法。"阎宝望着周围的几人笑道,"步兵拒马阵威力惊人,我们可以带着它一直把契丹人赶出幽州。"

"琼美(阎宝字琼美),你说笑了。"李存审摇摇头,指着拒马阵说道,"我们砍掉了易州周边大量树木,也不过是这一次能用,如果在几万人甚至十几万人对决的大战场,你说要摆多大的拒马阵?敌人不是木头,不会每次都昏了头来硬上的。再说我们到哪里砍那么多木头?要准备多少部马车运输?还容易给人一把火烧啰!"

李存审笑道,"这个办法可一不可二,也就是阻击的时候好用一点,最好就是在这种山区里使用,也方便就地砍伐。如果在旷野或者草原作战,是万万不行的。"阎宝哈哈大笑道:"一次就一次,反正我们占了大便宜就成!"

这时传来一阵急切的马蹄声,骑手摇着一面小旗。"是我们的斥候。"李存审抬头看看天色已渐渐发亮,说道,"现在契丹两个大部落已经溃败,不知道他们的大汗亲军是不是已经出动了,我们马上收拢部队,准备向岭口出发与李嗣源汇合去!""正要看看阿保机是不是三头六臂!"阎宝对身边将士笑道,"兄弟们,今天还要接着打,一直打到幽州城下!"

这时,耶律阿保机已得到探报,后岭口附近有大队晋军列阵。他面色不变,仿佛在预料之中。"骑阵大约有五千多人,只是其后岭内烟尘大作,应该还有上万兵马。"亲信斜涅赤禀报道。

"剌葛败退了,迭剌呢?他在后岭里的人马呢?""没有联系上!他们封锁太严密,我们斥候损失不小,暂时还摸不清楚岭内的情况。"

阿保机沉吟一阵问道:"可有剌葛的新消息?"

"我们最后接到他的消息是在一个时辰前,那时他已经和赛保里会合了,正在收拢残部,看样子他们想要直接撤回草原。"斜涅赤看看阿保机没有生气,便接着道:"陛下告诉我们不要去管他们,不过他们撤退连个口信都没有报来,是不是有点……"

阿保机看了斜涅赤一眼,斜涅赤顿时明白意思,立刻住口不提。阿保机缓缓说道:"这次剌葛、迭剌损失很大,回去后,我看可以分迭剌部为二院,你斜涅赤为北院夷离堇,绾思为南院夷离堇。剌葛部亦分为二部,效仿汉制立两节度使以统之。立皇子耶律德光为天下兵马大元帅,略地蓟北。"斜涅赤赶忙拜倒,表示定不负众望。耶律阿保机眼中含笑,不再言语。

这时有消息报来,大将室鲁把骑兵停在岭口外的小山坡上,正在等候攻击的命令。耶律阿保机和斜涅赤纵马赶到坡顶,举目向岭口附近望去。

“晋军在谷口设置了许多拒马，看上去是一个阻击阵势。”室鲁用手中的马鞭指着坡下的拒马阵介绍道：“晋军把拒马用绳索相连，形成一个个的小方阵，想要把这些拒马搬开十分费力，如果强行冲击，那样战马就没了速度。”

“和拒马后的汉军肉搏，我们优势并不明显。”斜涅赤说道，“冲进去之后损失会持续加大，这种方式太狡猾了！”阿保机看了一阵，皱眉道：“晋军击破剌葛部时并没有依仗地利，也没有拒马可用，说明汉军战力同样不低，你们切不可轻敌！”

“经过一场大战，按理说现在他们的损失也不会小，会不会眼前这几千人只是虚张声势？”斜涅赤问道。

“如果他们的主力已经到了，为什么不出来堂堂布阵？现在这样摆出一副固守岭口的阵势，后面却烟尘大作，确实有故布疑阵的可能。”“这五千多人还不够我们一口吃的，我们要不要一口气吞掉他们？”“还有一种可能，就是岭内的晋军被迭剌部拖住了。迭剌部至今没有消息送来，那就是已经被晋军围住了。这五千人在这里阻击我们是要给岭内的晋军争取时间。”契丹众将纷纷议论。

“不过，根据卢文进说的，河东晋军最多只有四万骑兵，晋阳留一万，来到这里的最多三万，如果面对我们陛下亲军，他们还敢分兵伏击，岂不是肥猪到屠夫家遛弯，自找死路！我觉得他们不敢这样做！他们把主力在这里拼光了，老家还守不守？”斜涅赤疑惑地说道：“即使他们全歼了迭剌的人，我们还有六万大军在这里以逸待劳，他们不会天真地以为这五千人能挡住我们吧！”

阿保机淡淡笑道：“也许他们就是这么想的，这五千人多半是个诱饵，引诱我们深入岭内。无论怎样我们都不进去。迭剌这块肉，也足够他们消化了！传令下去让前锋在外面把这五千人吃掉，不许深入！免得汉人以为契丹人都是剌葛、迭剌那样的脓包。”斜涅赤、室鲁对阿保机借刀杀人的意图心领神会，两人交换了一个眼神，心里已经开始盘算着回去后大辽朝有哪些人的位置可以动一动了。

贞明三年初，晋秘藏精骑于大房岭中。待得时机，李嗣源夜袭剌葛部，剌葛突围而走，然已折损十之有五。迭剌欲借敌分兵之机，不退反进，与晋李存审交手，激战半夜，契丹军猛攻疲敝，晋精骑从后突入，大破迭剌部于岭内。午时，耶律阿保机见晋军合流，知得幽州无望，便命室鲁断后，收拢两部残兵，率主力退去。

至此，历时二百多日，幽州围解。

李嗣源领军进入幽州城时，周德威在城门与其相见，紧紧拉住对方的手流泪感慨，两人再次相会都觉得恍如隔世一般。此战后，李嗣源的威名更甚，尤其最后独领五千人对抗耶律阿保机大军的事迹流传四方,河东晋军里人人津津乐道,皆引以自豪。

当时阿保机的六万禁军已至,前锋万人已经在岭口列阵。晋军将士见其势大,自觉不敌,纷纷提议撤退为上。李嗣源判断此正为战役关键时刻,绝不能示敌以弱!他毫无惧色地对将士们说:“为将者,应受君命而忘家,临敌阵而忘危!我以身殉国,就在今日!诸君请看,我父子如何杀敌报国!”

他和李从珂亲率百名亲兵特意来到部队的最前面,扬起马鞭,用契丹话向对面喊道:“你们无故犯我边疆,这次晋王命我督率十万之众讨伐你们,就是要一直打到西楼(契丹王庭所在,今为内蒙古自治区赤峰市巴林左旗南波罗城),彻底消灭你们!”说完便举手示意,号令全军冲锋,自己也杀入敌阵,在万马军中如入无人之境,接连斩杀数名契丹将领。

晋军骑士大受鼓舞,纷纷舍生忘死,跟进冲杀,将契丹禁军前锋击溃。此举让契丹高级将领纷纷惊惧,一时间都不愿上前死战,只顾带队避让。多亏此举赢得时间,待到李存审的大队人马前来合流,浩浩荡荡地走出了山口向幽州城进发,最终逼退了契丹主力,让幽州全城军民避免了一次灭顶之灾。

契丹撤退回去后,耶律阿保机也是动作不断。他经过三次平叛,迅速剪除了剌葛、迭剌的势力,彻底消灭了本族的反对派,稳固了自己的统治,加强了对国内各部落的控制。不过,阿保机念及兄弟之情,并没有杀掉剌葛、迭剌,只是将其身边怂恿谋逆的亲信全部斩杀。

“首恶剌葛,其次迭剌,上犹弟之,不忍置法,杖而释之。以寅底石、安端(皆为阿保机之弟)性本庸弱,为剌葛所使,皆释其罪。前于越赫底里子解里、剌葛妻辖剌已实预逆谋,命皆绞杀之。寅底石妻涅离胁从,安端妻粘睦姑尝有忠告,并免。”此后几年中,耶律阿保机两次遣军进犯晋边境,都被李存勖麾下劲兵击退。前后两次南下都损兵折将,无功而回,阿保机见时机并不成熟,便调整了战略方向,改向西北和东北扩张。

天赞三年(公元924年),他开始征吐谷浑、党项、阻卜诸部。打算先征服北方的游牧部落,攻下东北的渤海国,消除两侧的威胁之后再向汉地用兵。

天显元年(公元926年),阿保机东征渤海国。渤海国是东北地区一个区域性的民族政权,政治和文化都在北方各民族之上,素有“海东盛国”之称,但当时其国力已经下降。阿保机集中全部兵力攻下了渤海国的西部重镇扶余城(今吉林农安),然后又围攻首都忽汗城(今黑龙江牡丹江东京城),渤海国王率领百名大臣开城投降,阿保机一统渤海全境。他将渤海改为“东丹国”,意即“东契丹国”。让皇太子耶律倍任东丹王，管理东丹事务，这样，阿保机就将大辽势力扩张到了渤海沿岸。

同时，他又在黑龙江和乌苏里江流域广置官府，实施管理，从而结束了唐末以来东北地区的分裂局面，重新实现了统一。这对当地经济和文化的发展，促进各族人民的交流都有着深远影响。这一次回师途中，阿保机病死于扶余城，终年55岁，谥号升天皇帝，庙号“辽太祖”。在有生之年里，耶律阿保机最终也没有和李存勖在战场相见过。

第六章 悲风胡柳陂

天赐杀机

由于契丹内部的矛盾，加上晋军的死战给对方带来了极大的压力，北方的强敌这一次终于被逼退了。对此，李存勖十分振奋。因为这意味着数年内契丹都不会再大举入侵，这样他就获得了一段宝贵的时间可以休养生息，然后把全部的精力放到南线，放到两代宿敌的大梁朝身上去。重赏完本次战役最重要的三个功臣：李嗣源、李存审、周德威之后，李存勖一边让部队休整，一边开始筹划新一轮对梁的攻势。现在，大梁最重要的防线就是依据黄河构筑的防御圈。黄河岸边具有战略价值的渡口就是重中之重。好比三国时期的官渡大战就是在官渡港、白马港拉开的大幕。李存勖的心思早已跟随眼神，在地图的几个目标上飘来飘去，久久舍不得离开。

转眼又是十二月，寒冬又临。从贞明二年(公元916年)契丹入侵幽州以来，大梁与河东李晋的边界安宁了不少。贞明三年契丹的退兵让远在汴京的朱友贞及梁朝高官们大为惊讶，他们本以为契丹可以多拖住李存勖两年，没想到北疆战事持续不到一年就结束了，他们忧心忡忡地过了些时日，当他们发现李存勖没有什么动作，仿佛安心在晋阳享受太平时，汴京的达官贵人们才放下心来，又开始了夜夜笙歌的生活。

这两年多，整个大梁朝没有经历大的战事，汴京仍是遍地繁华，望之一片欣欣向荣。待到冬日里，城中的人都换下了秋装，换上了厚重的冬衣，走在街上人穿得厚实，也变得臃肿起来。就是在这样让感官变得迟钝的时节，远在黄河渡口的杨刘（今山东东阿北杨柳村），一场突如其来的战斗进行得十分激烈。这座从唐朝起就在黄河上的重要渡口，已经被大梁筑城固守了许多年。有守就有攻，此刻喊杀连天，城内城外，冒起数十股浓烟，城墙被撞破，虽然梁兵拼死抵抗，阻挡着从缺口涌入的凶猛晋军，但是大势已去，已经是无济于事了。

杨刘城中一座大宅里，守将脸色苍白，看着外面，现在屋内还有着上百名亲兵在抵抗着。就是这剩下来的人马，也都是个个带伤，满脸绝望。外面奇袭破城的军队，人数并不算多，否则也不容易瞒过守军，偷渡到对岸。就是这数百人却都骁勇异常，哪是什么对岸的常驻人马，分明就是一群换装过的百里挑一的强兵。守将宅里的梁兵还在大喝抵抗着，城内各个方向上都传来了杀声，奇袭的兵马已经放大队入城了，他们正冲击着各条街道上的梁军溃兵。很显然，杨刘城已被敌人彻底攻破。

此时，大宅外面围着的晋兵，个个身材魁梧剽悍，都披着皮甲，手上身上的兵甲武器在冬日的照耀下也是寒光四射，杀气凛然。他们簇拥的正中站立着一个三十岁左右的青年，身着盔甲，眼鼻英挺，或许是几年来身居王位的洗礼，已至而立之年的李存勖也有了一种雍容的霸气，比起当年的李克用更多了几分英武。在他的身后都是禁军精锐。其中有很多都来自“银枪效节都”的牙兵，他们被李存勖收编后，重新成立了“帐前银枪军”，多了不少规矩，但这些人骨子里依然是桀骜不驯的气质，他们的身体素质，战斗经验远强于普通精锐。抵抗的梁军根本就阻挡不住这些牙兵的进攻。

没有多久，宅门那里爆发出一阵喊声，一个缺口被打开，一群人马纷纷扑入到了大宅里面。梁将趁着前厅的混战，在十几个护卫的保护下，向后院逃去。前有混乱，后有追兵，这时候的守将，哪里还有平日里的威风！“噗噗噗噗噗”血光四溅，梁军守将终归被斩于此地。“这厮也有些本事，这样的情况下，还能杀出后院。”李存勖随口评价着。

他吩咐下去，战事停后不得在城中随意烧杀，对百姓不得侵扰，将城中仓库里的物资打开取用，把大量财物优先赏赐给奇袭入城的牙兵。听到这条指令，身边的牙兵将校们纷纷欢呼起来！李存勖看着众人，面带微笑，十分惬意地享受着换装为普通将领后攻城拔寨的快乐，心里早将李存审苦口婆心的告诫扔到了一旁。

云层布满天穹，村庄和田野显得朦朦胧胧，远远望去，田野一片，道路蜿蜒延伸，令人为之精神一爽。心情略有些烦躁的贺瑰(大梁左龙虎统军，兼宣义军节度使)出得城来。清风阵阵，吹动着四处的树林，发出沙沙沙的声响。贺瑰站在一处高地上，面沉如水地看着下面军营里的操练，士兵们在练习着刺砍格挡，用的全是真刀实枪，队伍不断汇集冲杀，动作虽有节制，但依然有士兵受伤退出训练，这些情况，全部落在贺瑰在眼中。

风动不停，天上的云朵时不时地遮住太阳，周围的光线便显得有些阴沉，在贺瑰的周围，五百亲军持刀、持矛、持弓，一片肃穆，没有丝毫的说话声。此刻正午时分，本是用饭的时候，但他们并不去理会时间的推移，只是严整肃立，习惯性地警惕着四周的情况。今天贺瑰之所以来观看新兵操练，是因为他即将对阵李存勖，心中有些着急了。自从杨刘渡口被李存勖亲取后，局势对大梁就越发严峻起来。

贞明四年(公元918年)八月，晋王李存勖集中魏、幽、沧、景、邢、易、定、麟(治所在新秦，今陕西神木县北)、胜(治所在榆林，今内蒙古准格尔旗东北十二连城)、云、蔚、新、武等州及河东、魏博之兵，共约十万，途经魏州进抵杨刘，分兵抢掠郓、濮(今山东鄄城北旧城)，然后沿黄河而上，驻扎于麻家渡(今濮州境内)。曾经屡为梁军手下败将的晋军已经成长到让人咋舌的地步，河东晋军的动向已经不停给大梁朝带来极大的压力。自从潞州之战后，晋军就无法击败么？这一点，与晋军作战大半生的老将贺瑰并不认同。

贺瑰，年六十，字光远，濮阳人。性情严峻，不苟言笑，在梁军内部，威望甚高，常被人与谢彦章共称“步骑双绝”。“马数彦章，步看贺瑰”，意指骑兵指挥当属谢彦章为首，步兵指挥当属贺瑰第一。大梁朝内部甚至流传若两人合力统兵，步骑无双，可天下无敌。由于骑兵作为当时攻击首推的强力兵种，对骑兵将领的评价往往会略高一筹。

与比自己小上近二十岁的晚辈共称，贺瑰心里其实并不痛快。

面对李存勖各路的进兵态势，梁帝朱友贞很有危机感。他升谢彦章(时任匡国军节度使)为“北面行营排阵使”，率兵四万驻守濮州北行台。谢彦章到任后，屯兵行台，坚壁不战，与晋军对峙多日。朱友贞派出谢彦章后，依然不放心，这次又任贺瑰为“北面招讨使”，增兵八万，与谢彦章合力阻挡李存勖的南进脚步。

这样晋、梁双方在黄河沿线就聚集了二十多万的巨大兵力。由于增援的部队来自不同地方，统属原本不同，仓促聚兵弊端很多。贺瑰深知战场上协同配合，号令统一的重要性，所以他尽一切力量抓紧时间演练兵阵，期望在大战之时能多有几分统合。他一边看着操练，一边想着朱友贞先任命谢彦章为帅，而后才派自己增援的这件事，心中极为不满。尽管两人品级相当，但自己跟随先主平定天下的时候，谢彦章却还没有出生呢，凭什么先起用他。

朱友贞把两名节度使放到一起，又加封两人同一品级的头衔，这样的举动在贺瑰看来也是十分昏头。大军在外应该只有一个大帅，只有一个声音，你这样搞来搞去，算什么？我听他的还是他听我的？就知道搞平衡，玩权术，殊不知，在实力碾压面前，一切都是尘土。贺瑰心里默默吐槽。

这时，一个声音传来。“大帅，末将有个疑问，谢彦章的大营就在那边，为什么他在左翼这个山头没有派兵驻防？一旦正面发生战事，这个位置可是骑兵向下冲击的绝好位置。”此时贺瑰的身边，跟着的是大梁朝后期崛起的高级将领段凝（时任右威卫大将军），他一身戎装，容貌却是飘逸风流，此战他可算贺瑰的监军。因为段凝的妹妹曾是朱温宠爱的美人，段凝为人灵巧，善窥迎人意，朱温很信任他，常使监诸军。很快，段凝便在朱温的关照下平步青云起来。

他发现近日里贺瑰脸色一直很难看，觉着还是请教个问题，既补充一下自己的军事经验，又可以借此交谈一下，拉近两人关系。贺瑰也是老江湖，对待段凝这类大红大紫的新秀，他态度还是很平和的，因为他深知有些人得罪不起的道理。

史料上记载：乾化元年十二月，朱温北征，过怀州，段凝献礼甚丰。朱温大悦，过相州，相州刺史李思安献馈如常，比凝为薄（即财物比段凝献上的少），朱温怒云：“观明远（段凝字明远）之忠勤若此，见思安之悖何如！”意思是：看看人家段凝多么忠诚勤劳，就知道你做得有多差了！李思安因此获罪至死。后朱温升任段凝为郑州刺史，使监兵于河上。李振不满，廷请朱温罢之，朱温曰：“凝未有罪。”振曰：“待其有罪，则社稷亡矣！”然朱温终不罢也。

朱温在世时，连身边两大亲信之一的李振都扳不倒段凝，更何况他如今和朝中赵岩结党营私，地位更是固如磐石。贺瑰虽是军人，行事狠辣，但他也不是脑筋僵化之人，他清楚段凝和只会统兵打仗的将军们绝对不是一类人，对待起来要透着几分结纳和小心，这种人在朝堂上的价值利用好了对自己也大有裨益。

对于段凝提出的问题，贺瑰考虑后回答道：“段将军说得不错，这个山头的确是驻防的好位置，更是打探我们大营的一个好地方；不过因此也就成为我们伏击的要点。如果猜得不错，这几日谢彦章变阵频繁，兵马物资调度异常，这应该是演给对方斥候看的，诱使李存勖来此一探究竟，他若按捺不住就正中我们下怀。”“李存勖以前在探营时被王景仁伏击过，这样他还会上钩吗？”

“兵无常势，水无定行。去年十二月，他不就趁着河面结冰，亲自率数百人奇袭杨刘渡口么，此子个性使然，用此计正当使得。”“聪明反被聪明误，完全依仗勇力也是同样道理了。”段凝感慨地说着。

贺瑰看着下面的操演，将心思又转到了谢彦章身上。根据最近的消息，刘寻的姻亲朱友谦在李存勖那边受封王爵，而刘寻、朱友谦、谢彦章几人一直以来就关系密切。在贺瑰看来，谢彦章的一些举动似乎也有通敌的嫌疑。即使没有，不知道能不能借机做些文章。刘寻自魏博会战以后就被晾在一边，他小心翼翼地以罪人自处。贺瑰虽然不知道上头对刘寻最终是个什么态度，但看这个架势应该是没什么好果子吃。贺瑰认为谢彦章实在是一大障碍，要获取完整军权就必须把这个障碍除掉，因此他对段凝必须刻意交好，切不可放弃这一大助力。

要知道，他已经六十了，古人七十古来稀，越到后面晋升越是奢望，所以他必须再立旷世奇功，让整个家族在大梁朝的地位更上一层。人生苦短，怎能不让人恐惧！当然，他现在先要将人马整合出来。麾下的老兵虽有经验，可这几年伤亡率逐年增大，死一个少一个。这些援兵若不能统合好，在这两三年里，面对敌人的咄咄攻势就守不住了。对于贺瑰来说一味消极避战是懦夫干的事。真正决战时，必须要有敢打敢拼的队伍，这才是大梁威慑天下的真正本钱。不过，这些想法贺瑰当然不会说与别人知晓。

从后面的小路上，策马前来一个信使，到得此地禀报：“谢帅大营传来消息，有汴京信使传达旨意，请大人过去！”

“陛下的信使？”贺瑰眼睛猛地一亮，语带嘲讽：“原来在陛下的眼里，只有谢帅的存在啊……”身后的段凝与贺瑰分开后，若有所思，渐渐面上露出一丝喜色。这个机会，朝中的赵大人已经等得许久了。

“韬兄，我已得到消息，贺瑰已上表弹劾谢彦章，这件事对我等有利。”府内，赵岩对其私党中的一员温韬（时任义胜军节度使）提及了获知的消息，脸上神情轻松。

温韬，京兆华原（今陕西耀县）人，少为盗，先事李茂贞，后降梁，曾任耀州、崇州、裕州等地节度使，镇辖关中地区。据说，温韬出生时刚好有匪星殒落在昭陵所在地区的嵯峨山，当地传言将给唐皇陵带来灾难的人物出世了。历史上，温韬在长安做了七年行政长官，关中地区几乎所有的唐朝皇陵都被他趁战乱在其任期内盗掘过。温韬盗掘唐皇陵是有案可稽的，不论正史，还是野史，都有明确记载。

这样一个胆大妄为，极擅投机的人物，其弄权本事自不比赵岩低多少，他点头应道："此事的确对我等有利，以陛下之性情，这一次，只要谈及谢彦章与刘寻有着密切联系，陛下就会心生猜忌。你一人去便做得此事，我就不随你一同去了。""莫非你要去联络其他人上表？"赵岩问道。温韬笑而不语。赵岩知道这便是默认了："既是如此，那一同出门吧。"两辆马车一前一后出得大门，左右一分，各自离开。

赵岩来时，朱友贞正自己煮着茶，见他进来笑道："卿来了且坐好，待茶煮好，你品一品滋味。"赵岩知其喜好，寻了位置坐下，看着这外人绝难想到的场景，平日阴沉无语的梁帝会对茶道雅事如此热衷。片刻后，朱友贞将这茶煮成，虽味道不浓，但淡淡香气亦是撩人，赵岩心中一动，单是此举便猜到朱友贞当下心情不坏。

他细观茶色，闻香品评；室内茶香弥漫，静静寂寂。一身宽袍的赵岩，和身着便服的朱友贞举盏而坐，好一副闲雅姿态。赵岩手捧着茶盏，大赞其茶艺精熟，待时机成熟，话题便慢慢转向时政，他对朱友贞的习惯很清楚，话说到一定份上，就要留白，有些东西要让朱友贞自己去思量。相交多年，他岂不知此人心性？相比李存勖带来的威胁，朱友贞对掌兵大将的忌惮要严重得多。他最担心的是各镇军将拥兵自重、尾大不掉。当年杨师厚之威，朱友贞心有余悸。而且大唐的藩镇之事就是前车之鉴，对朱友贞自然大有触动。

赵岩已看过贺瑰弹劾谢彦章的奏表，其中主要提到谢彦章三项问题。其一，近日在行台的伏杀行动失败，李存勖上百近卫伤亡殆尽，仅余十数骑脱逃。这样的天作良机竟然没有克尽全功，贺瑰称谢彦章大有放水之嫌。其二，前不久，贺瑰与谢彦章巡视大营四面，见一高地，贺对谢称此高地应为屯兵之处，谢不以为然。不久，此处便被晋军所占，贺指责谢私下通敌。其三，贺瑰想要与晋军速战速决，而谢彦章坚决反对。谢认为晋军远来，士气正盛，而粮食不济，梁应严守以疲敌，贺称此策避敌误国。因此，为万全计，贺瑰上表请求拿下谢彦章，并给他前线的最高指挥权，以防战事有变。

朱友贞眸光阴冷地注视着虚空某处，谢彦章英姿勃发，贺瑰老而弥辣的形象在脑海里浮现，他手里捧着的茶盏递送到唇边浅浅酌饮。

"贺瑰的副将段凝是你推荐的人吧，有什么消息传来？"将杯盏重新放置回桌面，朱友贞目光落到赵岩身上，沉声问道："若是他人在前方却无回报，卿少不得去一封书信责骂一番。"

赵岩淡淡一笑："段副将向来处事沉稳，且又聪颖多智，陛下安插他的心思，他自是明白，只是前线大将是否有异心这等大事，他怎能妄言，其他琐事，微臣也不敢一一来烦扰陛下，只有一事，段凝提到晋军初至麻家渡时，李存勖见我军阵势森严，密谨齐整，知道谢彦章在阵中后方才没有妄动。”

“段凝一直身在贺瑰大营，怎知此事？”“段副将乃是随贺瑰老将军抵达前线后，从谢彦章大营官兵中所知。据查证，此言最初由晋军大营中流出。”赵岩摇头叹着：“陛下有所不知，这半年来汴京中广为流传，说若不是谢彦章一力在黄河阻挡晋军，只怕李存勖已经杀到城下了。”

“城中流言从半年前就有了？”朱友贞有些吃不准，“这还是从晋军营中流传出来的话，莫非有诈？难道是刻意让我们不要阵前换帅么？”

“陛下言重了，谢彦章此人平生好诗书，礼儒生，以儒将自居，平日也只与刘寻交好，往来书信，应无大碍。”赵岩笑着摇头。“何况陛下英明，已遣贺瑰前去支援，贺瑰随先主征战几十年，对梁忠心不二，有他相助，黄河防线必然安如磐石。”

话虽这么说，赵岩的脸上却暗暗浮现出笑意来。朱友贞思量着，眸子深沉。赵岩细细饮茶，没有再去紧逼，能达到现在效果已让他足够满意了。朱友贞能身达现在的地位，说明绝不是一个缺乏决断的人。现在局势演化至此，让行事多疑，且对刘寻大有恶感的朱友贞又能有什么选择。何况他还知晓了刘寻与朱友谦的关系。朱友谦已经是晋军一方的人，刘寻与其交好已大有可疑，谢彦章再与刘寻交好岂有好果子吃？怎么样对自己有利，不用去游说，朱友贞自会知晓。

赵岩当然晓得段凝的意图是什么。作为赵党的一员，赵岩也格外需要在大梁的军方势力中安插要人，直接在军中空降高官贵勋往往得不到实际的部伍掌控和拥戴。这个时候，如果有像贺瑰这样的宿将投靠就稳妥多了。有了贺瑰的照应，段凝对军权的把控力也容易提升，赵岩就有更多本钱和朝中张汉杰、张汉伦、张汉融一系的“后党”抗衡。

孙子曰：“兵者，国之大事，死生之地，存亡之道，不可不察也。”毕竟前线战局重大，关系汴京安危，这位段副将在军中做得怎么样，可不只是些许小事，无伤大雅。赵岩也不想用了一个葬送几十万大军，只会夸夸其谈的赵括之流的人物。所以将经验丰富，实力雄厚的贺瑰拉入自己派系，手握十万重兵，再辅以自己的同党段凝，一边积累资历，一边历练向上，如此可就万全了。既可以军事不乱，又要个人利益最大化。赵岩自认此事做得家国两全，朋党兼顾，当是妙手！

为了避免痕迹太重，赵岩仿佛不过是随口一说，很快便转移了话题。两人一同喝过几盏茶，闲谈中气氛越发平静下来。在心情烦躁时，赵岩显示出的轻松淡然，让朱友贞很是受用。此时的他已将心情的阴郁压制了下去。至于谢、贺换帅之事，他已有了决定，他人的清白、生死都不重要，重要的是他要确保自己的江山稳固，不要用任何一个有着背叛气息的人，哪怕是莫须有都不行。

深夜，李存勖被亲卫从睡梦中叫醒了。“大王，郭大人有紧急军情禀告！”亲卫神色焦急地说道。“李存审和阎宝大人都已经赶到了大帐。”李存勖头昏脑涨地站起来，披上衣服随着亲卫走到了隔壁的大帐，他还有迷糊地问道：“崇韬，出了什么大事？”

“恭喜王上！梁军有大变故了。”郭崇韬笑着说道，“贺瑰昨日以议事为由，骗得谢彦章及其心腹将领孟审澄、侯温裕到来，借机于帐中拿下三人，以卖国通敌为由，当即全部斩杀了！”

“好快的动作，好狠辣的手段！”李存勖浑身打了个激灵，眼睛猛地睁大，睡意霎时就没了，他简直不相信自己的耳朵，喃喃说道：“贺瑰这厮端的狠毒！”缓过神来后，李存勖环顾四周聚齐的诸位大将，大喜道：“大战在即，敌将自乱，真天助我也！”随即顾不得白日里的辛劳，连夜召开军事会议。

李存勖他们分析得出，眼前对峙的梁军主帅定然会更换为贺瑰。即便他没有梁帝授意，私杀大将，也会是如此结果。因为重兵都在贺瑰的掌握之下，梁与晋的战争还得依靠他，而且谢彦章已死，对朱友贞已经没有价值；相反，对贺瑰逼得太紧反而会引起不必要的麻烦，所以梁帝必然会正式任命贺瑰接替谢彦章与晋军作战。而谢彦章的死对梁军来说绝对是一重大损失。

从表面上看，梁军的兵力没有丝毫损耗，实力没有受到大的影响，只不过是换了一位主将而已，而实际上，这种人事上的变动伤害却是极大。谢彦章这样的名将被无故冤杀对军中各级军官的心理打击非常大，人人自危，会担心被清洗，这样内部自相恐惧的军队又拥有原来多少的战力呢。而且被杀的谢彦章、孟审澄、侯温裕三位将军，都是梁军大营中出色的骑兵将帅，他们一死，梁军中无人可以像以前一样如手臂使之地统率骑军，如此一来，梁军骑兵的战斗力就会大大地打上一个折扣，李存勖统率骑兵的战术优势因此可以得到充分地发挥。

大帐里，郭崇韬将密谍传回的飞刀交给李存勖。李存勖轻轻旋转刀柄，那刀柄却是中空的，里面塞着一张纸卷，上面写着满满的蝇头小字。“军中传言，梁帝已授贺瑰全权收编谢部，贺瑰决意合兵一处，并向四面州府索粮，今日午后他们行动已经开始。”看完上面的情报，李存勖神色忧喜交加，他无声地将纸卷递给周围大将们，手指轻轻敲击着铺展地图的桌案，似是陷入了沉思之中。隔了一会儿，李存勖抬起头毅然道："谢彦章一死，贺瑰新并其军。如此一来，梁军定然人心不安，此正是我等最好机会，若此时全军出击，我军取胜就会轻易许多，若是待其粮至，战事持久，更不知要到何日。"

众将摩拳擦掌，群情激昂，大有战意。独有周德威在一旁皱眉道："贺瑰向来用兵老道，梁军步兵众多，若是坚守营寨不出，我军强攻定然导致伤亡巨大，如此奈何？"李存勖此时仿佛当年潞州之战一般，脑海中冒出一个大胆的军事计划。

他眼睛里闪着光，自信地说道："如此正好，若他们龟缩不出，我们主力就直接逼向汴京！那是朱友贞所在，贺瑰胆子再大，再沉得住气也不敢坐视不理，一定会引军来援。这样一来，我们就可以迫使贺瑰离开自己的大营，然后找机会将其一举击破！此时梁军内部脆弱，军心不稳，若是旷野决战，贺瑰无法严密控制各军，一旦我们利用骑军占据战局优势，他们一定会有大量部队崩溃，脱离战场，我们就可大功告成！"李存勖越说越是兴奋。

周德威沉思片刻，还是觉得不妥，再次劝道："梁军虽然陡失上将，但是兵力依然在我们之上，何况作战这么多年，我没有听说过不管敌军主力，直扑敌人京城的。我们如果贸然深入敌境，身后留着敌军主力，这是十分危险的冒险行为，战局只要稍有不慎，我们身处敌军腹地，四面受敌，供给极易中断，就会招致全军覆灭！"

周德威的意思是指：进袭汴京本是险招，何况还有数万未战之师在晋军身后相持，不可预料的因素太多。晋军一旦起兵深入梁境，贺瑰的部队的确不得不去救应都城，可是那时候的情况就和现在逼敌出战的情形大不同了。当李存勖回身再与贺瑰决战的时候，自身是处在大梁的腹地，身后可能出现大梁各处赶来的援军。在变幻莫测的战场，晋军将有可能受到围攻！在这种大决战中出现过多的不可控因素，会十分不利。为将者制定计划的关键应该是尽力去把握自己能够掌控的，尽量减少不可测因素所占的比重，可是李存勖却盲目乐观，无视风险。

李嗣源在一旁默默点头，他与周德威两人四目相对，心意一致，他恭敬地开口劝道："周老将军虽是谨慎，但说的也确有道理，敌军兵力不下十万，贺瑰也是梁军宿将，经验丰富，一旦我们全力南进，放他在身后可是兵家大忌啊。"

李存勖皱紧了眉头，他不是不知道周德威劝谏的合理性，他也清楚周老将军的用兵风格总体上很沉稳，若没有七、八分以上的胜算，周德威是不会赞成大举出兵的。对自己来说则是相反，突袭强攻是常做的事情，以前梁晋强弱悬殊，自己不得不冒险求战，现在自家已经有了可以和大梁叫板的实力，行动上的确可以不用过于冒险了。但是，这一次战事让他有些无法忍受，半年多的僵持，情势毫不明朗。

李存勖喜欢在战斗中痛快地与敌人拼杀，对他来说，战场是快意恩仇的地方，是充满刺激和挑战的所在。从潞州之战、柏乡之战到和刘寻的故元会战，李存勖靠着冲锋陷阵的锐气取得了最终胜利，他不太习惯于像现在这样与敌人面对面地相峙着，不能进也不能退，更不能尽情冲杀。好不容易等到谢彦章死掉的大好时机，又可以找到一个逼出对手与自己决战的方法，眼看就可以结束这种无比气闷的局面，李存勖又怎么能从心里放弃呢！越是认真考虑他越觉得成功的几率很大，逼出贺瑰，将其歼灭的念头愈发在脑海中坚固。想尽早杀入汴京，灭梁亡朱；不想让大梁潜力无穷的后勤能力发挥优势；李存勖也想尽快给父亲遗命一个完美的交代；这些浮现在脑海中的念头坚定了他的决心！

纠结了半天，李存勖最后坚决说道："就算有些冒险，我们也要抓住这个机会把贺瑰打残！"做出抉择后，李存勖随即开始部署。全军上下开始淘汰老弱残兵，留下的人依仗工事暂时驻防大营，出击的精锐人马开始准备干粮、军械。李存勖听从周德威的部分劝告，任命周德威率本部护卫辎重营，任命王府推官王缄（当年嫉妒韩延徽，将其逼走的人）整理辎重，清点物资，随周德威一同南进。周德威只得暗暗叹气，在他看来晋军走上了一条异常危险的道路。李存勖却志在必得。

自从李存勖继位以来，晋军一直大胜。先是潞州城下大败李思安，紧接着于柏乡击溃王景仁，隔年吞灭燕地，斩杀刘仁恭。随后平定魏博之乱，争得了这一块军事重地；接下来马不停蹄又大胜梁军名将刘寻，把他的八万大军打得灰飞烟灭！最令晋军士气大振的则是他们战胜了汉人一直胆怯的契丹军，先败而后胜的战绩更加坚定了晋军最终必胜的信念。在晋军将士心中，这次面对的贺瑰，不过将成为自家胜绩的一部分而已。兵法云：屡战屡胜必亡。屡战兵疲，屡胜将骄，以骄将统疲兵，不亡何待？

贞明四年（公元 918 年）十二月十九日，李存勖尽其全军精锐八万出战。卢龙军节度使周德威，昭德军节度使李嗣源，幽州军节度使李嗣昭，宣武军节度使李存审，天平军节度使阎宝，银枪效节军统领李建及，骁将李从珂、石君立等俱在出阵之列！

一时间，晋军名将云集濮州。李存勖掌虎符而御三军，威势冠于群伦，意气风发。

十九日，开拔前即令军中所有留后的将士全部回归魏州。二十一日，李存勖毁掉营寨，以示有去无回之决心，随后便率领大军甩开贺瑰主力，绕过梁军阵地直指汴京，浩荡绝尘而去！河东李氏集团有史以来最大规模的军事行动开始了！

血兮以武

贞明四年(公元918年)十二月二十三日,晋军进抵胡柳陂(濮阳东)。二十四日晨,贺瑰率主力跟踪追来,晋军此时已设栅为营。

"好,贺瑰总算中计了。"李存勖十分兴奋,"急告诸军,准备整队迎击,就此击溃他们!如果能把贺瑰全军一口气吃掉,中原就是我们的了!""王上,一口吃不掉就会骑虎难下啊!"身侧的周德威皱眉担忧道:"贺瑰步卒一向列阵严整,明显是训练多日的,多半会攻之不下,各地梁军又纷纷向这里靠拢,其敌军位置不明,一旦陷入混战,恐有大变数。"

"正好乱中取胜!我们更要抓住这个机会,趁梁军各部脱节尚未汇合时彻底拔除贺瑰这个障碍!"李存勖笑道,"怎么老将军没有信心?"周德威无语。

黑色战旗随着山上的风在士兵的头顶上卷动,如滚滚纯黑的波涛。苍白的天空下,已经涌出的数万梁军有条不紊地组成十余个集群,缓缓地移动在这片大地上,在一些视线所不能及的丘陵、树林背后还在涌出更多的兵马。周德威仔细观察后,向李存勖进言:"敌人兼程赶来,不但疲劳,而且还没有建立好营寨,而我军已有坚固的大营,守备方面不成问题,正好以逸待劳,不要马上与敌人决战。现在我军深入敌境,需要事事小心,不可轻举妄动。梁军现在是土场作战,看其士气十分高昂,不可低估,如果我们不计划周详,只凭一时之勇与敌决战,恐怕难竟全功!"

"臣的想法是,大王先按兵不动,勿要与敌厮杀;由我率小股骑兵不断出击,扰乱梁军,使其精神紧张难以抽手出来建立营寨。这样持续到天快黑的时候,敌人不但无法安营休息,甚至可能连饭也吃不上,再加上长途行军的劳累必将成强弩之末。到那时,王上再率大军与之决战,定可一举获胜!"

"这也是一种办法,不过未免太小心了!"李存勖大笑道,"老将军可知前些天在黄河边对峙时,我就一直想与贺瑰对决,可恨的是他一直避而不战;现在总算找到了机会,既然这样,我们还等什么呢?机会难得呀,如果梁军胆怯退去,岂不是辜负了上天一番美意!老将军!你从前也是以勇猛果敢闻名的,现在怎么变得这么的保守犹豫了呢?"

随后,李存勖下令:"周老将军领步卒与辎重营先行,继续向汴京进军。我为你们殿后,今日打败贺瑰后,再来与你们会合。”周德威还想再劝两句,但李存勖已经兴冲冲地拉动马缰离开,一边还笑道:“贺瑰终于离开他的乌龟壳,有胆追来,我等怎能让他失望呢!”

周德威营中一片忙碌,原本直辖的精锐“铁林军”已经被抽调入李存勖的中军里,准备着出击,剩下的步卒和辎重队一起忙碌整顿着骡马物资。十二月已是寒冬时节,风雪渐起,山野丘陵,道边营侧的草木上已泛起苍茫的霜色。营中即将出发的号角声隆隆传来,倍添周德威的愁绪。周德威正在简朴的军帐内会见一人,主客双方遥遥对坐,都未开口。

帐中燃烧的炭火青烟阵阵,时而腾起,一身黑袍的客人神色淡淡,目光却逗留在帐外的枯树上。“这全军的辎重就要开拔了,老将军也只有动身了?”客人发声打破了沉默。

“王上赐下了符印,传令辎重营先行前往汴京,不得不动身了啊!一国之主,言令如山,事到如今已难挽回了,周某只希望不负王上的托付,护得大军辎重无事,也期盼王上得胜归来。”

“老将军是股肱重臣,王上下令决战,为什么就不曾和老将军仔细商议?这番举动实在是过于冒险了啊!”话音出口,无有应答。堂中沉默许久,客人缓缓叹了口气,幽幽一句:“难道除了你我二人,偏就无人察觉到其中大患?王上一意孤行,莫非是因为‘铁林军’兵权之故?”听到此话,周德威抬起深沉的眼睛,直视来客。“这不是臣子该问的问题。既然身为大将,就更知道奉令行事的道理;嗣源应该明白我们做事的分寸。”周德威淡淡地回应。

李嗣源见周德威如此,似乎也不觉意外,于是点了点头:“贺瑰手上不下十万人马,多是转战四方的旧将,大王此战多半会很艰难,我‘横冲都’也已整顿完毕,随时准备听令出战,我在此先与老将军暂别,望此战大胜后再见!”

“好!为臣为将正当如此!”周德威手一按桌面,起身出门相送。

直到两人已经踏出军帐,站在凛冽肃杀的寒气之下,又传来李嗣源低沉不甘的声音:“若是今日……”“有些话,未必要说出口,有些命,未必由得人……”周德威说完,突然喟叹一声:“万一有变,河东军的后撤之路就要依仗你了!”李嗣源的背影顿了一下,然后点点头径直离去。

长久以来,周德威总有一种感觉,他和这个行事为人波澜不惊的同僚之间更有一种相惜的默契。送走李嗣源以后,周德威大步踏入辎重营内,营中立刻闪出了一个矫健的身影。一个满身戎装的年轻人眼睛锐利,意气风发,他急匆匆地向周德威请示道:“父亲,营中都准备好了,我们立刻出发吧!”

“嗯,”周德威淡淡地回应儿子,“好,那就出发吧。”周德威牵着坐骑的马缰,本欲上马,忽然他改变主意,对身后的儿子说道:“我们一起走走……”

年轻人尚未回答,周德威已经将马缰扔给一旁的亲兵,背着手缓步向前,一路走去,四周都是辎重营开拔启动的队列。在众多车仗骡马之中,年轻人看着父亲身披铁甲的背影,觉得其淡淡的神情下有了许多平日里不曾有过的萧索。

正所谓:本欲斜飞避弋鸿,奈何颓云见层空。

知道贺瑰主力追上来以后,晋军大营里也开始动作,陆陆续续一队队整齐的骑兵出营,在外列成阵势。一系列鼓号声从大营的各个角落里先后响起,很明显部队首脑正在频繁调动军队,发出了一道接一道的指令。远处贺瑰掌控下的梁军集群也在不停地调度着,双方都井然中透着杀气,有序中透着紧张。从广阔的天空上往下看去,大地上两军的斥候游骑纷纷往来飞驰,整个旷野里聚集的十余万人都没了平日的喧哗,最多的声响是战马的嘶鸣声,士兵奔走时的脚步声,兵甲碰撞声。贺瑰将弓弩手在阵前集中成一线,中间布置着他从谢彦章处新收编的骑队。主力步卒则在稍稍偏后的地方结成了八万人的“鱼鳞阵”,其中也采用了他最善用的车阵防御。

两军各自准备停当。晋军出击的号角声终于在万众期待中吹响了!李存勖的大军开始缓慢移动,而前锋的速度在逐渐加快,马蹄声渐渐由稀疏而渐至密集。贺瑰镇定自若地发出一条条指令。传令兵们就像久困笼中的鸟儿突然被人打开了铁窗一样,急急四散奔去。紧跟在贺瑰身后的亲兵也轮番吹出雄壮的号角声,让梁军所有人马都知道战斗已经打响!

此时,所有人都开始清楚地感觉到脚下“砰砰砰”的震动。不过片刻的时间里,墨黑如漆的大旗已经在铁蹄扬起的尘土上赫然展起!在远远长空的光亮下,旗号上的字虽然看不清楚,但贺瑰浑身一凛,在如风如雷般的铁蹄声中,他竟然听见了歌声。

“带长剑兮挟秦弓,首身离兮心不惩;”
“诚既勇兮又以武,终刚强兮不可凌;”
“身既死兮神以灵,魂魄毅兮为鬼雄!”

开始只是一人放歌长啸,唱到此一句末,竟是三军齐声地应和!

那是“鸦军”的战歌，贺瑰这么多年第一次在和晋军交战时，听到如此威武豪壮的歌声。歌词听起来口齿不清，像是那些咬字不准的人在含糊地述说，可是没有人会耻笑他们的声音，因为里面有着破云追宵的壮志雄心。对面的晋军铁骑狂风般席卷而来，高唱着埋骨沙场的战歌，纵然已经看见了梁军一方如山如林的旗帜，也没有半分退却。他们仿佛根本不在意生死，只想着这样放马奔驰，再奔驰，踏破千山万水直冲天地的边缘。

大旗怒振，上面的字号终于映入了贺瑰的眼睛，黑色旗帜的中央凝成一个白如冬雪的“李”字，在随风舒卷中浮现，正是李存勖的中军大旗。旗下就是晋军天下无双的精锐“帐前银枪军”！

“身既死兮神以灵，魂魄毅兮为鬼雄！”贺瑰轻抚腰间剑柄叹道，“与如此雄壮之军相搏，终是不负我一世为将！”“长矛兵上前，准备截击！弓箭手居中，齐射准备！”“嘱令前军铁骑，阻击准备！命令左右两翼，以弓箭掩护中军！”贺瑰大军开始在号角声的指挥下，紧张有序地进行最后的调整。双方距离三百步（大约相当于现在四百米）。

“帐前银枪军”统领李建及高举手中长矛，大声吼道：“各队雁行！加速前进！”激昂的号角声在密集的马蹄声中掀起高潮。战马飞奔的速度猛然加快，密集的马蹄声立刻有了轰鸣感。这一拨八千人的巨大队伍由李建及的亲卫集群为雁头，成人字形急速前进，在奔驰中散发着冲天的杀气！雁头越来越长，越来越犀利，远远望去，就像一把闪着杀气的利剑，随时要噬人而食。而厚重的底部却像一把铁锤的锤头，感觉只要有人拿起了把手，千斤之重的锤头就会呼啸而下，砸碎任何事物！

贞明四年（公元918年）十二月二十四日，“轰隆”一声惊天巨响，石炮、弩炮、强弓同时发射，呼啸的石块和长箭霎时布满了天空。濮阳城东郊的这片大地瞬间剧烈地抖动起来。双方士卒立时掉进了死亡的深渊。

短短时间内，一头栽倒在冷冰冰的地面变成尸体的人越来越多。虽然伤亡陡然上升，但是晋军的士气在箭雨中却几乎没有受到影响。骑奔腾云，矫健若龙；大群骑兵冲过，在身后激起了大片的雪粉尘雾。梁军的骑兵也受命出击，在大阵箭雨停当时蜂拥杀出，迎面而去！两军阵前一片雪尘，犹如雾腾云涌一般，白茫茫一片。朦胧中不断地传来铺天盖的马蹄声，淹没了那些凄厉的惨叫和摔下马背人体的沉重回响。

不止贺瑰，几乎所有身在中军的梁军高级将校都在高处观战，紧张地屏住了呼吸，那一阵又一阵惊雷般的蹄声像是踏在了众人心口上。大梁骑军正在阵前拼命阻击，每一次交错都会爆发出无数呐喊，夹杂着兵刃交击，还有歇斯底里的犹如困兽的群号声。

“看来是不行的……”沉寂中有人忧心忡忡地判断着：“晋军骑兵太多了！我们骑兵拼不过。”其实众人喉咙里有半句话没敢说出来，这都是因为梁军内乱，刚刚损失了谢彦章、孟审澄、侯温裕三位经验丰富的骑将，无论士气，还是临阵的指挥比起原来的水准都大大不如。

原先谢、孟、侯三人协领麾下骑军多年，相互配合十分默契，往往一人进攻的势头减弱之后便飘然转向，由另一人接替攻击，他们之间的交替攻击几乎是毫无缝隙。通常在这样精准连续的猛烈强攻下，最终会撕裂敌军防线，然后再一起如同潮水一般涌入敌军阵中疯狂破坏、肆意残杀。而如今前线大梁骑军虽然作战勇猛，但依然被步步压迫，骑军各队已经有了各自为战，无法协调的现象。

观战的诸将都很清楚，自己这边的骑军很快就维持不了防线，待临界点一过就会纷纷脱离战场了。仿佛回应刚才的话语似的，战场尘烟中猛然冲出了一彪兵马，正是晋军的李从珂所率骑队，他们斜斜冲开梁军骑兵的一翼，其后大股雪雾腾起，披着黑色战袍的晋军骑兵紧随不舍，齐齐向梁军步阵的面前逼来！梁军前阵各营指挥官都是经验丰富的老军官了，眼见晋骑逼近，他们纷纷怒喝：“放箭！”大蓬大蓬的箭矢划破天空落到了晋军阵中，一片人仰马嘶的惨呼声中许多骑兵在奔驰中落马栽倒，人仰马翻！但是更多的骑兵却跟着冲涌而至。他们已经不再追击败退的大梁骑军而是纷纷径直朝着梁步军阵头猛烈扑来。

晋军骑兵奔驰中还在不停挽弓放箭，箭射如雨地向对面的阵头泼去！梁军前阵一片急促的鼓点。各营指挥官声嘶力竭地大喝：“枪兵列阵！”梁军方阵的第一排全是持刀的盾牌兵，箭矢如雨点射在他们的大盾上叮叮当当作响。而在第一排刀盾兵的后面，那是并排整齐的步兵长枪方阵。他们将长枪搭在前方士兵的肩头，无数的长枪密密麻麻地探出阵头。刀枪在日头下反射着金属的寒光，整个方阵如同冰雪覆盖的地面上陡然生起了一堵由刀枪组成的钢铁墙壁。

眼见梁军严阵以待，晋军先头骑兵不再冲阵。他们在阵前斜斜划了个大弧线向侧面奔散而去，一路放箭一路向两翼转向。在飞来的漫天箭雨中，前排不少梁军士兵被箭矢射得扑通栽倒。而比起晋军骑弓来，梁军步卒的弩弓也很强劲，往往一箭命中就能把晋军骑士从马上射飞出去。一时间，箭矢横飞，飕飕飕飕的尖锐破风声几乎要刺破耳膜。

晋军轻骑兵纷纷向两翼散开向后退去，然后消失在那茫茫激荡的尘烟雪雾中。还没等梁军的前线将校们松上一口气，陡然间，某处雪雾中又猛然冲出了黑色的兵马。又一波骑士的黑色斗篷铺天盖地地展开。这一次形状狰狞的晋军重甲骑士犹如大海波涛一般汹涌而巨力无比，无数的刀剑如海涛里的雪白浪花，黑色的旌旗一面接着一面，在人群里浮涌前进，密密麻麻的人马和旗帜给人遮天蔽日的错觉。

“啊！晋军主力来了！”眼见对方骑军集群声势如此浩大，现场的梁军将领无不骇然！贺瑰在中军帅旗下将晋军的骑阵变化看得十分仔细，不由叹道：“好一支骑兵，李存勖练的好兵马！如此精锐，难怪有纵横天下的胆气。”穿着重甲在旁的段凝少了几分平日里把握人心的从容，看着战场的脸上神情肃然，也忍不住点头赞道：“晋军骑兵确实精锐，战术比我军更加精良，气势也极是强横。”

说着时考虑到贺瑰的感受，他话锋略微一转：“不过我们大梁的铁骑也不比他们差，只是刚换了统领还少些磨合。况且晋骑多是轻骑，往来自若；我们的骑兵速度不如他们，这片地形又是一马平川，最适合他们纵横；若单论冲阵交锋，他们轻骑的威力还是不如我们的重甲骑兵。就目前看来，我军重骑失去速度后，战力下降太多，还不如退出战场，以免折损太大。大人你看，现在我军骑兵不是已经避开了敌军的锋芒了么？”一番话将梁骑军因为内部清洗引发军心浮动，以致战况不利的情形轻轻带过，反而成了战术适宜，当退则退的典范。贺瑰心情复杂，没有接这个话头。

这时，贺瑰已经不断传下军令，梁军连绵不绝的大阵已经行动起来，他们仿佛化成了海洋，将晋军骑兵的洪流汇入其中。随着贺瑰连续投入兵力，众将可以清晰地看到在他的指挥下，李从珂和李建及的骑兵移动已经慢慢变得没有那么流畅了，每一次穿刺战术的效果也越来越差。战况进入了互掰手腕的阶段。为了让胜利的天平向自己这边倾斜，晋军再次出动了两万骑兵，意图从外围击穿梁军的军阵，可是这军阵却是非常坚韧，抵挡着内外的夹攻，而晋军的精锐骑兵也再次发威，一次次精准地撞击着梁军的软肋。接下来的作战简直令双方指挥官都眼花缭乱，双方的用兵方式都是精准而无情的。

李存勖指挥下的晋军进攻犀利而变化多端。贺瑰的防守用兵却是坚韧而平稳。双方几乎是有序而冷酷地消磨着生命和时间。一个时辰后，晋军依然保持着高昂的士气，全线气势逼人，大将们在各个支点每前进一分，梁军的阵线便要被压倒一片。原来连绵十几里浩荡的梁军军阵渐渐收缩变窄，不住地向后退去。

整条锋线上两军兵马的惨呼和长刀劈砍的声音传开，即使在后阵的晋军待战兵马都听得清晰。眼见晋军威武无敌如同杀神，河东、魏博、镇定各部未出战的将校们无不兴奋雀跃，满身热血澎湃。他们恨不得也随同盟军上阵厮杀一番，仿佛扒开胸膛流出热血才更爽快。看着晋军大占上风，梁军马队全线溃散，步阵也摇摇欲坠。在晋军强力打击下，梁军不得不付出惨重的伤亡勉强维持着阵型。

李存勖对这支经过边塞风雪和乱世杀场磨砺出来的悍勇部队怎能不满意。他对周围将校大笑道："如此强军，谁可抵挡！周老将军是杞人忧天了，只待今日击破梁贼，得濮阳如探囊取物耳！"李嗣源远远听到笑声，望了意气风发的李存勖一眼，只觉得心口沉重，不由得颤了一下。敌军虽落下风，但一直没有败溃，这惊人的坚韧力李存勖怎么没有看在眼里，这一场战还有得打啊！李嗣源心中有些不满。但没过多久，就有将校出声喊道："大家快往那边看！那边敌骑的旗号去向好像不大对劲啊！他们收拢溃兵后，怎么不跟别的人马一起退入大阵，反而和自己人拉开了老大一截距离？"

李存勖和李嗣源都翘首望去。只见梁军全线都在往后缩，唯有侧翼的数个军阵停下了脚步，和其他营头拉开了很大一段距离。仔细看去，战线上溃散下去的梁骑兵倒有一半以上被收拢到这个集群中。当梁军全线凹下，晋军步骑凸进的时候，这侧翼的上万兵马却不知不觉站在了阻挡晋军进行侧翼支援的线路上。

晋军的这一侧翼主要是由战力较弱的同盟军构成，包括王镕所辖的镇州军、定州军。尽管如此，来自镇、定的友军阵型严密，也无丝毫乱象，一点也没被敌军所趁的可能。敌军如此却是为何？众将心中疑惑，纷纷陷入思索。而此时在这支可疑梁军的后面，大量旗号异常涌动，突然间烟尘大起，蹄声滚滚，用心听去，声音却是越离越远……敌军这是……分兵了？在我军如火如荼的攻势下，竟然分兵了？

敌军主帅好大的胆子，利用兵力优势断然分兵！这下，观战的晋军将领们很多都反应过来，全部脸上变色。大家都是内行，也知道其中厉害，这部敌军集群与后面的梁骑军进退趋同，互相掩护。他们收拢汇集后根本就没有想来突破镇、定军的防线，相反他们看准了镇、定军防御有余，冲击力不足的特点，特意放置一部分步兵军阵在此阻隔，为后面远去的梁军骑兵断后。

那支远去骑兵的旗号自有眼尖的人识出，上面一个火红的"王"字！结合刚才锋线上的杰出表现，李存勖身边每个人心里顿时"咯噔"一下，那必然是勇冠三军的"铁枪"王彦章，瞧那远去的方向，竟然是晋军幽、蓟辎重部队行进的位置！辎重部队行路缓慢，说不定会被其追上。幽、蓟部队的主力，包括"铁林军"已全部抽调至中军，护卫辎重营且能称之为精锐的兵马不过周老将军的亲兵营而已。辎重被夺必然大势就去,而且一旦被敌军焚烧,在这万里长空浓烟滚滚,很容易被人发现,导致军心动摇!怎么办?怎么办?怎么办才好?!

李存勖一时间又惊又乱。他深吸一口气。沉淀在老将军心头的阴霾终于化成了现实。虽然没有人明说,但李存勖的直觉告诉他这是命运又一次把他推到了风口浪尖,过不去就是倾天大败。他盯着逐渐远去的王彦章的旗号,眉头紧锁,沉默不言。下面的中军将领们也觉察不妙,只见晋军大旗频频挥舞,战鼓响得更急更密,传令的游骑走马灯般在下方各阵之间飞速窜行。军令如火!众将纷纷请示李存勖,是否下令让镇、定盟军火速压上,拼死突破敌军的阻击阵。在这时光流逝如此紧迫的关头,李存勖脑海里涌现着无数的念头。

"镇、定州的部队战力不行,定然破不开阻击的梁军!如果强行让他们搏命出击,反而会乱了自己阵脚!处于中线的魏博军已经全面投放到主战场了,根本撤不回来!"

"王牌'帐前银枪军'正在前线撕裂敌中军防线,没法调用。河东的大部队现在李存审的指挥中,距离这边最远,等他赶到这里,早就没戏了!"

"贺瑰,好个贺瑰!抓的好时机。宁肯全线收缩,冒着各路人马被打散、打残的风险也要给我来这一出,你就不心痛上半场被你牺牲掉的一半骑兵?说来也是,这是谢彦章他们带出来的兵,你早就想借此清洗骑军的将校了,是不是?所以才无所谓损失,就算没了大半也要让我入彀!罢!罢!罢!我命在天,唯死战耳!"

李存勖下定决心,索性彻底不去想了,他铁青着一张脸环顾四周众将。清冷的雪尘中,众将们雕塑一般伫立着,个个脸色严峻,目光令人胆寒,彼此都没对望,众人齐齐地望向了李存勖,等着他的命令,这一刻死一般的寂静笼罩了全场。

李存勖对着梁军所在大营的高丘在空中虚劈一刀,尖锐的破风声中,刀光划破了空气,一闪而逝。他握刀而立,声音清越:"今日之战已到要害,各位都很明白,敌之辎重俱在此山,敌之贼首与我等遥望,得山者胜!此山贼已据之,吾欲与尔等同飞骑以夺之!"

"家国兴衰,有时候就如同萤火般瞬时而灭!将来如何,我不知道,但大丈夫立身处世自当恩怨分明,问心无愧,今日我有幸与诸位沙场共生死,纵然此战会有万般后果,我也绝不后悔!"李存勖深吸进一口气,呼出的气息在空气中凝成了一道白雾。他看着眼前的数十位将领,他们也在望着他,大家的表情变得平静下来,眼中闪烁着异样的光彩。

谁都知道这一战从此刻起就已经步入万分凶险的状态,李存勖传令全军各部全力出击,无须保留。所有将领需各率亲卫奔赴到最前线,亲自去拼力厮杀,争取在后方传来败报之前将此战一锤定音！每个人在这个战场的未来都变得凶吉未卜。由于出尽全力,李存勖索性取消了中军的常规编制,将每一分力量都投入到了锋刃上。这样做势必在全军战力猛烈爆发的同时也失去了对战局控制的可能。此番冲下去必然是一场浩天乱战!

风雪中众将们纷纷拉缰握枪前去冲阵，他们粗重的呼吸喷出了一道道的白气，这白气弥漫在空中,仅有的热量悲壮地散开。有些东西,只有真正的男儿方能理解,方能感受,人生意气就在于此。

贞明四年(公元 918 年)冬。李存勖率魏博之众居其中;李存审领河东军,幽蓟“铁林军”当其西;镇、定之师当其东。晋军孤注一掷,全线出击!梁军大帅贺瑰于胡柳陂严整不动,旗帜甚盛,待其而来。此战由激烈迅速转入惨烈。

“意外”是战场上的常态。这也是为什么大部分的一国之君通常把军事行动作为解决问题的最后手段。因为你有的时候真的无法预料到会发生什么。虽然战术上的胜利很难改变战略层面上造成的差距,但是如果以量累计,加之以蝴蝶效应的撬动,说不定会在两个战略层面相差并不悬殊的状况下形成逆袭。所以战争不仅是最后的手段,在某种程度上也是一种赌博。

李存勖原本对自己的作战方案极有信心。论兵力,双方人数差别不大,但是晋军有大量骑兵,其素质平均下来高于梁军。论将领,梁军大将谢彦章等人已经被贺瑰所害，在骑兵战术的制约上对晋军来说已降到了最低点。李存勖深信自己所率的骑军可以顺利击败梁军骑兵,然后再席卷梁军的步兵部队。多年的战斗生涯告诉他,骑兵在战场上的驰骋完全可以主宰一切,可以帮助他牢牢地把控战局!

可是今日战场上发生了意外。梁军完全放弃了骑军的对攻战术,甚至还放弃了对外围步兵集群的机动支援，以此来换取晋军的麻痹大意；晋军在步兵军阵中取得的优势越发明显,就会让李存勖及手下将领越发愿意将机动力量完全投入到正面战场上去。梁军的步兵军阵一个个被击溃;梁军的重步兵、重盾兵一层层延滞着晋军的马力;梁军从附近领地内调取的大量守备部队给贺瑰、段凝提供了比想象中更多的战术余裕。待时机成熟,王彦章的主战骑兵却像一支利刃,寒光闪闪地刺向了李存勖的软肋!

李存勖的战略是反常的，抛弃了稳扎稳打的传统模式，大军深入敌国领地；这样的好处是逼使贺瑰不得不正面对战，但这样做的弱点也很明显。那就是：粮道不稳。在敌境内补给不易，平日从村镇掠夺得到的物资在十万人规模的军事行动上只能算是小小的补充。因此辎重就好比是心脏一般的要害。

贺瑰的战略很清晰，不管我损失多少守备队，正面被击溃多少人马，只要击破你的辎重营，焚烧你的粮草，你就会后继无力，无法持续进攻。无论你今日取得多少战果，前面攻陷多少领土，一旦落入无饭可吃、无药可用、无物资可安军心的境地，李存勖取得的所有战果都得吐出来！甚至会全军覆没！挨饿的将士们在这样高强度、高压力的血腥战场上是撑不过两天的。

整个战场就是两个主帅意志和调度艺术的比拼，所有部队的交错混战往往是因为前一个命令下来还来不及执行，后一个指令就又到了。最后，李存勖索性彻底豁出去了，他下达了攻打梁军大本营所在山头的最终指令，他将全部希望寄托于斩首行动的成功。李存勖一声令下，晋军全阵就开始动了起来。这时中军所有将领都知道，原本打算在此决战，一举击溃梁军的意图已被贺瑰生生撕开一处大破绽。决战依然还是决战，但是梁军却意外拥有了关键的一线胜利曙光。

大风骤起，晋军令旗疯狂舞动，无声地传递着号令。大队人马从中军阵地上倾巢而出，一路上毫不恋战，直直向贺瑰大营所在的胡柳陂而来。雄浑的号角轰鸣声，发起了此役图穷匕见的大冲锋信号。一时间杀机四起，扑簌簌的漫天箭雨，抽刀持盾声撞击一片，人吼马嘶，两方喊杀声骤然齐齐响将起来。

“哈哈哈，黄毛小儿，虽然你故意把中军旗号藏在大阵里，此时方才打出；但是我早已料到你会亲自前来突袭！”这时胡柳陂上一处高台，贺瑰的笑声出现在长空中，格外刺耳。

“突袭？你错了！”李存勖目光炽热，身边亲兵纷纷奋勇向前，冲击态势如行云流水一样的两千帐前银枪骑，三千晋阳甲骑，胜、云、蔚、新、武州十二连城五千铁骑，以及中军各部大将精锐轻骑一万，合计两万骑兵，如同黑色铁流一样波澜壮阔，无数剑戟寒光流淌着碾压而来。

“我依靠的从来只是实力，阻碍者必被压为齑粉！”李存勖高声回应道。“我命令，放开马力，全军突击！”若不是到了最后关头，李存勖绝不会这样做，面对无边海洋一样的步兵大阵，马力消耗殆尽的骑兵无疑是自陷绝地，但是这一刻是扭转战局的关键，拿下贺瑰才是最重要的事。晋军趁梁军机动力上明显落后，无法灵活调度兵力及时增援胡柳陂的情形下,意图一举击破阻碍,执行斩首行动!“笃笃笃笃!”数以万计的黑色长箭横跨千米，直穿射倒大片涌上来的梁军步兵，清出一条不宽不窄的血路来。按着预案,晋军各将领率领的骑兵分队都以集弩射击,再突进冲阵。

短时间内倾泻最大火力,这是现代战争的常态,不过远在我国汉朝的全盛时期,军队就已经如此使用了。不过这种强弩的配备、射击消耗极大,甚至在强盛了数十年的汉朝国力凋敝以后，也渐渐使用不起了。万千劲弩强射的爆发性威力让梁军所有人都感到震恐！他们这才意识到:原来这才是独步北疆,让阿保机的契丹军为之心寒的鸦骑凶威么?

这里提一下,弩大概出现在春秋时。《孙膑兵法》记载弩“发于肩膺之间,杀人百步之外。”战国时韩魏两国的十二石弩可射六百步。西汉时期,由于跟北方匈奴长时间交战,作为汉军步兵对抗匈奴骑兵的利器,弩进一步得到了改善。此时在弩的“望山”上开始出现用于测距瞄准的刻度,提高了弩的命中率。接着,又有了关于连弩的记载:“因发连弩射单于,单于下走。”

东汉末年,出现了一弩五矢的连弩。汉朝郡国还组成了以弩手为主的步兵团“材官”,有的指挥官就称“强弩将军”。由于弩的发射比较费时,而且持弩的士兵又不便兼用别的武器,弩手常在其他士兵掩护下编成“上弩”、“进弩”、“发弩”等数支队伍,轮番连续发射。汉朝名将李广与匈奴作战时,在兵力悬殊的情况下,以大黄弩抵抗上万匈奴骑兵的冲锋,弩箭用完,方才兵败。所以汉代,就是弩弓发展最鼎盛的时期。

这个时代,李存勖的晋军骑兵主体是模仿胡骑传统的轻骑兵,而胡骑又有一个别称叫“控弦”,当年的匈奴国就号称“控弦百万”,被西汉、东汉两次重大打击后才彻底毁灭。由于装备成本高昂,晋军各部中“具装甲骑”的数量极少,都是作为关键时刻的突击力量使用,就算李存勖有了王镕的军费支援,又从几次大战中获取不少梁军装备,但是他组建的骑兵还是以装备弩和刀枪为主,最常用的战法是骑射加弩射,扰乱敌军军心后再行冲阵。不过比起过去，拥有更多良弩来替换弓箭可以说是鸟枪换炮了,所以李存勖主力以近万骑弩组成箭阵,集火突进,可以说是火力强度大涨!

这种弓骑兵在游牧民族中诞生,后来被多个中原王朝发扬光大。从秦帝国开始,骑马弩兵的集火规模就达到过万人以上(类似于欧洲火枪时代龙骑兵,同样是下马步射，马匹只是作为快速机动的运兵手段)，到后来蒙古骑兵的弩射规模则更加庞大。弩射骑兵的发展迅速倒不是因为重骑兵不好用,以战术而言持弩或带弓的轻骑兵能保证攻击力、机动力两项指标,遇到所谓防御力极强的铁罐子(重甲武装),直接依靠游击手段耗光对方的人马体力，然后再靠近实施重弩射击。以良弩或者复合弓的威力三十步内无论什么重甲都大有危险，但这只是假想的极端情况，实际使用中如何有效利用重骑兵的冲击力才是其优势。以战略而言就是另外一种情况了。

自从开拓了中原大地这块独有的肥沃处女地以来，中华帝国的人力和制造力资源太过充沛，被欧洲当作禁器的“十字弓”都仿佛是不要钱一样地制造出来，在几千几万甚至十万以上规模的集团大战中，强力经济支持下的配备的先进装备也堪称王道，依靠数量碾压着一切。在大规模土木工事对垒的战事中，没有重骑兵的发挥余地，在集团冲锋中局部的攻势并不一定能牵动全局，这就使得重骑兵这一类精锐逐渐成为锦上添花而非雪中送炭的兵种。所以，当李存勖带着晋军历史上规模空前的弓弩骑军，极其野蛮、强横地冲入敌阵时，给对方带来的震撼可想而知。

从弩射这一波清场后，巨大的冲撞就爆发开来。在以胡柳陂为中心的广阔战场上呈现由数十个战团组成的纠缠态势，混乱而且复杂。只见每一次人潮剧烈地碰撞都会湮灭成百上千的生命之火，那是落马或者身亡的两军士兵，但没有人敢在这个时刻分神回顾。晋军上万骑兵正在以无可抵挡的势头不断前进！而大股梁军步兵如蛆附骨般纠缠上来，以两到三倍的优势兵力不断绕前、封锁、夹击、袭阻；而这些阻击刚开始时却都在骑弩强射下如雪堆遇上沸水，几乎没能阻碍多少李存勖前进的速度。

紧接第一波冲击之后，第二个波次、第三个波次……暴风雪一样的劲射加上骑枪开道让内心无比迫切的晋将们释放着能量。他们这种要把胜利生生从敌人手上夺回，揣回自己怀中的无畏气势，在整个战场上尽皆传递、溢出，一时间军威之盛，几乎让面前的梁军窒息！

晋军万骑硬顶着山下大批步兵的围追封锁，终于突破了防线！扑上了胡柳陂，在坡地上与迎上来的守军展开又一轮拼杀。“李存勖就是冲我来的，他的目标始终都是这里。”贺瑰在主营阵台上望见晋军就要杀到这里，心下一沉。虽然有所估计，但这么快就将极力阻挡的步兵击溃还是让他有了极大的压力。

“都过一刻了，东面八个步兵阵怎么还没合围？后阵再给我联系！整备好的立刻出击，没有时间了，他们马上就要顶上去！”贺瑰憋着怒火与恐惧，回首大声催问身边已经不多的将校。“刚才那一波阻击一下就垮了四个步兵军阵，坡道又被晋贼各部进行了反封锁，东面留了一半兵力，其余正向胡柳陂增援！另外剩下的四个军阵，兵力不足不敢强行合围！”

“后方预备队刚从南面山坡绕过来，最多半刻就能赶到！”“被打散的骑军已经一半多了……聚拢了多少尚且不知，没有收到回讯。”几个将领流着汗，心忖这谢彦章的骑军都被你吞并了，搞不好一仗当炮灰，全死光光，侥幸不死的家伙谁还敢跑回来给你卖命。你不是还有看家的嫡系骑兵么，那可是利用朝中大佬的关系装备的部队啊。

贺瑰也是想到这点，面色虽然铁青，但好歹还有底牌在手。他稳定心神，下令道："胡柳陂下大都是平地，调我直属的所有骑兵坡下合围！咬住晋军各部，不得使其休息，必使其疲惫。晋军建制已经混乱，李存勖出击后就无法主持大局，我们只要咬牙撑下来，他们很快就不行了！从现在起，避战不前者，立斩不赦！"已被吞并归入贺营的骑军将校们纷纷被点将，作为叛贼谢彦章等人的属将，这时只能戴罪立功，硬着头皮接令，贺瑰的直属骑军也迅速倾巢而出。

不过，对李存勖来说，所幸的是谢彦章等人死后最关键的损失不在梁骑战力本身，而是骑战指挥体系不完整了，由心中忐忑的将领们维持着，只能是防守有余，进攻不足。由此，李存勖好似已经看出梁骑弱点，尽力不与其纠缠，分出一部阻挡，主力继续攻击胡柳陂之顶。这让贺瑰又是一拳落空般难受，一种违和感出现心头，他顿时一凛，这种感觉可是将帅大忌，怎会出现？他迅速回顾了一下战局，不愧是沙场老将，很快理出了思路。

恶战已有半日，贺瑰发现梁军的指挥也已经陷入了混乱。作为经验丰富的主将，他知道身居这个山坡的意义在于"制高点控制"，从这里可以清楚俯视大半个战场，对全局的整体把握有非常好的价值。不过现在不一样了，战场已经混乱到极致，各部战况基本依靠领军将领的个人指挥水平，晋军的火力也已全开，已不存在藏有后招的可能。胡柳陂俯瞰整个战场的战术价值有所下降，所以在有效消耗了一部分晋军实力，但依然无法阻挡住李存勖的前进步伐后，贺瑰微微叹息，有些遗憾地做出了放弃胡柳陂的决定。

名将之殇

就在贺瑰撤离胡柳陂不久，李存勖的中军精锐杀上了山头，将晋军大旗插在了原本是梁军大本营的位置，在各处厮杀尚存建制的晋军兵马纷纷向山头靠拢。李存勖立马在上，身边的将领越聚越多，人人披甲带血，心里依然焦虑，眼见山丘下，脱离战斗的梁军各步军也在整理，隐隐对山丘形成包围态势。贺瑰的旗号在下面依然醒目，尽管山丘上的大本营被晋军拿下，但梁军总帅的撤离相当及时，他们在山下重建了本阵，所以李存勖拿下胡柳陂这一战果，对梁军的士气没有造成巨大伤害。梁军此时在山下丝毫没有强行攻山的意图，贺瑰不想刺激晋军，他在山下收拢溃兵，只让各部队团团围困住李存勖就好。就看主力与辎重队已经两相分离的晋军能坚持到几时。

望着山下的重重梁军，李存勖身边的将士们面无惧色。不过，每个人心里都是沉甸甸的，如同坠了一个铅块，因为自从他们跟随李存勖以来，从没有遇到过像今天这样的局面，他们几乎还没有遇到过他们冲不溃的步兵大阵。可是今日不一样，对面的梁军步兵像是海绵般具有相当大的弹性，尽管他们可以如往日般顺利冲入阵中，但是那阵势却一直死死地纠缠着他们，怎么冲也不溃不散。

梁军从各地来援的守备队相比精锐战力要差上不少，往往冲杀两三轮即会告破，但是架不住对方人多，一面面从未听说过的各地梁将旗号不断出现，击破又收拢，再击破再收拢。众多梁将守土奋战，溃而不散的局面给晋军将领带来了极大压力；这种压力尤其在身上干粮所剩无几，辎重队存亡不知的这个前提下，几乎可以让人呼吸艰难，精神崩溃。一整天激战下来，压力、疲劳、伤痛统统袭来；从将领到士兵，两军将校人人都不好受。

残阳如血，面对胡柳陂上犹豫的李存勖，将领们纷纷提议，不如让各部先上山头，收拢散兵，等整备休息一夜后，再与梁军重新交锋。天光暗淡，在茫茫细微雪粉的飘散下，即便在胡柳陂上想看清敌军分布也基本做不到了。李存勖看看围在四周的晋军众将，一个个神情疲惫，神色凝重，显然对当下的局面极不乐观。

他抬头望天。想着扑面而来的细微雪粒后曾是湛蓝无比的晴空，那种纯净高远的蓝色让人心醉，让人可以丢掉一切烦恼，敞开心怀尽情融入到浩瀚无边的静谧和深邃中去。那是一种舍弃，一种超脱，一种飞跃。李存勖长吸一口气，笑了起来。纵是千般苦，万般难，也不过稍纵即逝；弹指一挥间，有什么不能逾越的！反正都豁出去了，我命既在我，也在天。霎时，他觉得这世上再没有什么难事，雪花后面不还是同样的天空吗？

李存勖的中军已聚拢在胡柳陂这个制高点上，周边十数里广袤原野在夜色下一望无际，待雪花渐停，这让梁军任何军力的调动都很显眼。几支梁军步骑从十里外偷偷游弋包抄，试图侧面突破晋军在那一带的兵马，断掉晋军主力的归路，这一动向立时被阎宝观察到并汇报给了李存勖。

“你们怎么看？”李存勖看着山下梁军旗号问道。

“敌军所剩的大部骑兵已随王彦章离开这里，去奔袭我们的辎重队，现在山下基本都是梁军步兵，厮杀了一整天，有马的我们尚且如此疲劳，敌军只会比我们更加疲惫！他们一定坚持不了多久。如果我们不趁现在这个优势，击破山下敌军，等到梁军骑兵回来，恐怕到时候想走也走不了了！”阎宝不忌讳对此战前景悲观的想法，直言答道。李存勖仔细思考着。

李嗣昭提出了让他更加动心的提议：“天色已晚，敌军大营刚刚重建，今夜他们的位置必不会再起变化，只要轮番骚扰让其无暇吃饭，再过个把时辰，待其疲惫达到顶点，就是个好机会！而我军马匹上多少带有些随身干粮，抓紧时间进食，稍作休整就可乘机破敌！若是今夜完全休息，敌军也会完全恢复，明日整众复来，恐怕我军优势不再，胜负就难以预料了。”这完全说到了李存勖的痛点，他担心的正是时间，是伴随着时间而来的马力消耗、箭矢消耗，毕竟骑兵为保持行动迅速，所能携带的弩矢终是有限，敌人这样不要命地纠缠，一直消耗下去或许会撑不过明日。

李存勖正欲点头，身旁的李建及跳出来，大叫：“敌军骑将不在，今日杀得好不过瘾，待会儿让我为先锋，定会摧枯拉朽一般，只为大王破敌！”李存勖喜之，这悍猛之勇正当用时！他拍着两人肩膀道：“若不是你们提醒我，今日几乎误了大事！”

李存勖决心已定，将稍作休整过的众将召集起来，做当晚的最后发言：“我很清楚，大家都很累，但是敌人比我们更累！我们现在要赶的就是时间，要打的也就是这么一个时间差！所以，帐前银枪军、晋阳甲骑跟随我正面冲击敌阵，其余每千骑为一支人马，主要负责护住两翼，一定要注意相互配合，在主战场外围来回袭扰，多用弓箭招呼。”

“集合大队后竖起王旗，向山下贺瑰旗帜所在发起总攻！李嗣昭，你率骑兵五千迂回北侧，向山下梁军主营侧翼突进，直至与我会合为止！”

“得令！”李嗣昭痛快地接下了这道非常危险的指令，这种战术意味着在关键时刻他有可能负责为大军断后，亲身吸引敌军火力。李存勖先分派各军轮流前去骚扰正面的梁军，其余人趁隙进食，不久后他在李建及、元行钦两员大将的护卫下，一路策马巡视，在各队兵马中鼓舞士气。“我们一起冲下山去，打垮梁寇，然后一起活着回家！”众将士见主帅尚且如此激昂，一时间求生求胜的欲望压倒了一切。

当晚，李存勖全军士气如虹，再次踏马下山求战。这场深夜中的战斗比起白日里的厮杀显得更加漫长，每时每刻都在爆发，冲突，追逐，绞杀。晋军以李存勖帅旗为龙头,全军呈梯次冲击,箭矢如流水般轮射,即使因为混乱而分成小股的兵马都尽力地往厮杀中心聚集,汇合,冲杀,分散,再汇合。每一支晋骑把机动力的优势都用到了极致,将配合做到了最大限度。就在这种众志成城的气势下,将士们犹如一心一体将攻势化为水银泻地一般。

而面对晋军不屈不挠的夜战,梁军主力却失去了大部分的攻击意志,作战指令在夜色混乱中往往只能传达到中层，这就使它每一个局部都以自保为主，无法应付晋军来去如风的袭击。晋骑灵活地分割着梁军并加以歼灭，这场大规模的夜战让梁兵大吃苦头，失去大队骑兵掠阵、掩护的步兵集群折损比例大大高于日间以及以往的战事。

明月升空,漠然地看着大地上的绞杀。夜战中心终于转移到了胡柳陂北面二十余里,无论是突进一方的晋军还是力图合围的梁军,双方损失都是极大,黑暗中无论是因伤还是坠马倒地的士卒幸存率都低于白天，只有胜利方才有打扫战场的权利，方才有机会救治一批英勇的伤员。战场上李存勖扫视身边的将士,突然微微一怔,夜空中不知何时又响起了将士们的歌声。

“批铁甲兮,挎长刀,与子征战兮,路漫长！”
“同敌忾兮,共死生,与子征战兮,心不怠！”
“踏燕然兮,逐胡儿,与子征战兮,歌无畏！”

纷然的马蹄声中,歌声古老苍茫,带着一往无前的勇气,让李存勖的眼睛微微湿润。

有这样无畏的将士伴随而行,我和他们中的每一个人,千千万万的人一起汇成洪流,流向的终点会是哪里呢？或许只有最后的死亡才是洪流的终点,在这之前,就让我们尽己所能地一直汹涌翻腾吧！

“报告大王,弩矢都几乎没有了！”有将领整备后报告,李存勖立刻回过神来,看着前方,他感觉到箭雨衰弱后,前方的梁军也越聚越多。“全体都有！收弩抽刀！随我来！”李存勖枪尖像往日一样高高扬起:“在此生死一线之际,吾当在先！”说完,纵马而出。

“大晋万岁！主公万岁！”晋军全体爆发出直上云霄的高喊,所有人都热血沸腾,策马跟随前去！这时,战场上四面八方都是密密麻麻的长枪刺出,互相收割着性命,而枪折的骑兵让战马奋力四踏,单手举战刀劈砍,双方滚热的鲜血流出,飞溅在身上。李存勖和贺瑰,更是各率亲卫拼杀,有时候两方都是骑兵交手,每时每刻,都有着无数将士惨叫着倒下。

两支军队在誓死拼杀中,李存勖和贺瑰一直都感受着这可怕的压力,两人的滚滚汗珠都湿透战袍。就在这时,混乱大军阵的外围上出现了滚雷般的声音。李存勖赶忙放眼望去,见着此前抄侧翼击破贺瑰主营的李嗣昭还余三千精锐,正竭力汇合,往这里杀过来!而没过多久,李从珂带着四千浑身是血的人马也从别的地方杀入了主战场!

从实际上说,这点兵力不算太多,但却是压倒梁军的最后一根稻草。在混战中的梁军都没有料到,费了九牛二虎之力维持的局面眼见就要崩溃,顿时大受打击,不少梁军忍不住聚集起来抱团防御,一些将领干脆勒马后撤。贺瑰见到,也只得不甘心地咆哮一声,只得下达收缩兵马,逐步脱离战场的命令。这一撤离,本来勉强维持围困态势的梁军阵线顿时瓦解。

李存勖看到梁军丢弃兵器,乱叫着往回逃,潮水一样败退下去,顿时仰天大笑。整个己方士气再振,梁军越发变得失控,虽然李存勖也无力再追,但终于大局已定,惨胜已然获得。随着梁军从战场上的陆续脱离,晋军铺天盖地的欢呼声四处响起。贺瑰围困失败,只得远远避开李存勖的锋芒,晋军在山下再次击破敌军中枢。

是夜,梁军终因士卒饥饿、疲惫过度,机动力上又严重处于劣势,所以夜战大溃,逃散人马无数,折兵大半。此一战,以李存勖之能,事后也觉得直杀得两腿发软,头脑眩晕,他赶紧停住脚步,向四周散出探马,速速追查辎重队的情形!

没有多久,噩耗传来:周德威战死。李存勖大惊,当即恸哭不止,待其卢质(检校郎中)率辎重营残部归来,李存勖详问败兵细节,方知周德威为保辎重壮烈牺牲。当敌大队骑兵来袭时,周德威匆忙利用运输车马布阵迎战,无奈辎重营步兵多是老弱,见敌袭凶猛,误以为大军已然战败,所以被一触即溃。只有周德威所属亲卫队力战不退,苦战多时,终与其子皆战殁与阵中。一同殉职的还有时任检校司空的王缄(前文提到过,他因嫉妒韩延徽才能,将其排挤离开)。卢质因在前队,他趁后营负责断后死战之际,带着一部分轻便物资得以逃脱。

李存勖听后,不禁潸然泪下,半晌才说道:“此一战,伏尸数万,血肉狼藉!老将军是我股肱之臣,其子也骁勇善战,本想大用,没想到却在此阵遇难!”“本以为日后君臣共享太平,有的是时间,不想老将军已然绝命……忠勇将士,死得壮烈,除老将军之外,上万将士因我乱战而死,此役我虽取胜,却于心大不忍!”说罢又大哭不止。周围众将也都泪流不止,伤心不已。

郭崇韬在旁劝道:“还请主公节哀顺变,战亡将士,可在晋阳建‘褒忠祠’,祭祀忠魂。”李存勖听了,收泪说道:“正是,定要建‘褒忠祠’,祭祀忠魂,而且要大宣忠义,以爵禄封赏众将。”又令:“此战后各队整备军务,必要令将使兵如使臂耳!”众人收拾精神,凛然听令。毕竟爵位财物是长久以来打动人心的要物。日后李存勖称帝,军中诸将一力支持也是期待爵禄再上层楼使然。

最为痛苦的一夜终于过去,清晨阳光照下,十数里的主战场上满目疮痍。李嗣源所率骑兵这才匆匆赶到与李存勖会合,昨日大混乱之时,李嗣源所部与中军失散,一时得不到李存勖的消息,只得率队击溃眼前敌军,天色变暗后为避免中伏,李嗣源便脱离战场,整拢溃兵。今日回到主战区一眼看上去,就是大片大片的尸体。很明显,梁军损失极其惨重,也无力再战。本次大战已然结束,大规模的杀戮终于完全停止,只剩下打扫战场的人。

整个主战场上弥漫着一股惨烈的气氛,每个活下来的新兵都似乎脱胎换骨,染上了一种特有的气质,说不清是沉稳、沧桑还是杀气。几个明显是“帐前银枪军”的将校,更是不停在死尸群中一路巡查,身上沾满了血腥。他们抬头看人的眼睛都是冷冷的,虽然疲惫但还透着凶猛。这种眼神,这种气氛,顿时使向来桀骜的“横冲都”亲卫都感到心里一窒。

李嗣源觉察到这熟悉的气息,使他心中暗叫不好,大王身边的亲卫们似乎有些怨气,有着某种针对性的变化。他熟悉战阵,自然对战场非常了解,一路看去就知道昨夜的凶险,李存勖带着这批汉子真是拼着一股极悍的血气杀出来的。这次血战的规模之大,梁军俘虏之多,李嗣源对突击战的意见有了改观。李存勖不仅杀出了重围,还击溃了几乎山下所有的梁军,并最终取胜!李嗣源心中,顿时将对李存勖的评价提升到了最高。

他定了定神,翻身下马,向李存勖所在的高丘走去,但是没走几步,一个声音让他分神。这声低低的惨叫是一个濒临死亡的梁兵发出的,眼神里充满了迷茫和渴望,这是求生的本能,看年纪这梁兵还不满二十,他喉咙发出了含糊的声音。这时一个银枪卫上前,抓住他的头发,在其脖子上用刀子就是一割,然后传来一声闷响,同时伴随着这梁兵最后一声痛苦的嘶鸣……这种声音令人心悸,敌兵的喉咙鲜血飞溅,身体在地上最后地抽搐着,鲜血不断从他的脖子上流淌了出来。这景象就算是身经百战的李嗣源，也觉得惨然，他深吸了一口气，继续向高丘行去。

在高坡的大帐附近，李存勖正在扫视着四方，身边满是亲兵，不知道为何，李嗣源一眼看过去就觉得面无表情的李存勖有些可怕，带着某种熟悉的冷酷气息。“拜见大王！末将率部前来汇合。”李嗣源行跪礼。身后几排晋王亲卫以及数名将校都偷偷互相交换了一下眼神，脸上带着复杂的神情。

李存勖面容有些阴沉，目光凌厉地扫视着李嗣源，片刻之后，骤然怒道：“李嗣源，你说你为何来迟了！”

“这个……昨日一片混乱，大战中夜色太深，马和人不见其路，待末将杀出来已然寻不见王上的所在……末将……知罪！”李嗣源本想抗辩，觉得自己有些委屈，但是才一抬头，就看见了上面冷眉冷面的李存勖，而且他猛地发觉，李存勖周围的将领中竟然没有一个人敢吭声出来缓和气氛，不由得心中一跳，立刻将错处自承了下来。

实际上他觉得自己并不算来迟，昨日战况过于混乱，率队暂时脱离战场也是常情。只是现在李存勖身为晋王，主上呵斥不可急于去辩白，何况李存勖又不是无能之帅，此时又是盛怒之时。如果在当下战场惨胜的大王面前当场顶撞，结果如何，李嗣源不用想也知道，更让他果断下决心低头认错的，就是李存勖的这一战犹如火中取栗，没想到最后竟然赢了！尽管付出的代价巨大，但最终结果不得不让李嗣源暗赞几分，也暗叹几分。这服软也是情理之中的事。

“哼！李嗣源，你身为我军重将，居然擅自脱离战场延误战机，你是不是认为我已经死了！你要率军到哪里去？”李存勖越数落，心中怒气越大，想到死去的周德威，李存勖一阵阵心中暗痛，忍不住怒道：“你这是失职之罪！此次我方虽然大胜，但军纪不可乱，本应严处！不过念在李从珂(李嗣源之子)一直在本王身边日夜奋战，你的过失方可抵消一二。现在正是用你之时，让你戴罪立功，可知否！”李存勖见他服软，严厉地说着。

“诺！”李嗣源立刻答道。见他应下，李存勖坐下，指着地图对众将下令：“此次大战敌我损失俱大，皆无法再战。除留心小股游骑袭扰外，不必担心梁军主力了。此地毕竟是敌占区，不可久留，各部整备完毕后就立即出发，全部退回渡口。”

“李建及、李从珂，你们二人整顿一下亲卫骑兵，等会就随我一起出发。李存审、阎宝负责整顿步队，余部务必在今日午前开拔。”李存勖说完，将准备祭祀所用的烈酒双手端起，倾洒于地，长叹道：“此役痛失老将军，吾之过也！日后必将重临此地，再祭英灵！”

三日后，晋军全部退回河北魏州，梁军亦撤回汴京，双方皆无力再战，罢兵回朝。

胡柳陂之战就此宣告结束。许多年后，毛泽东曾在《旧五代史》中看了此战的全过程后写道："胡柳陂正面突破不成，乃从东向南打大迂回，乘虚而入，卒以成功。"当毛读《通鉴纪事本末》有关此役的记载时，又写下"此役必不可少"的批语。言下之意指李存勖偏师深入，如逆水行舟，不进则退，稍有迟缓就可能前功尽弃，他拼死连夜突击，使梁军惊溃大败，可称果断英勇之举！

胡柳陂之战先败后胜将李存勖在军中的个人魅力拉到顶点，许多将士将这一仗的胜利结果归功于晋王的天命所归以及无敌的英勇。但是，理性看来这一战晋军虽击退了大梁军，歼敌数万，但自己也损失士卒过半，更加重要的是周德威也死于混战之中，这是晋军莫大的损失。周德威可以说是河东头号重将，是高统率型的宿将，类似于后来明朝的徐达一般，是那种有他在军士就会很安心的人物。

李存勖视张承业和周德威为左膀右臂。张承业主抓内政，周德威主抓军事；有些"内事不决问承业；外事不决问德威"的味道，而且从日后看来，周德威和张承业是李存勖后唐王朝的奠基石，他存在的意义已经超过了单纯的军事层面。周德威的死导致在李存勖身边能有巨大影响力的人只剩下了张承业一人，为后来李存勖权力无有制约，滥用帝权伏下隐患。

我们为什么要强调权力制约呢？因为当权者往往掌握生死大权，所以他们容忍的尺度通常都很小，这是帝王、独裁者们的通病，几乎没有人能够摆脱这个病症，唯一能够制约权力者的，就是实力、力量。无论在个人能力，还是威望上，周德威是足以和张承业一起形成这种制约的。只有在实力支撑下的约束才叫制约；只有在制约支撑下的劝谏才有效果。

后世总结起来，李存勖的这次作战其实是非常冒失的。晋军长途奔袭，需要充分发挥机动作战的优势来削弱梁军，可是随着战事发展演变为和梁军步兵集群的阵地战，这显然背离了最初的战略计划。晋军的战斗力的确是非常强悍，但是梁军在保卫家乡的思想指导下也提升了不少战力，所以这一仗打得非常惨烈。李存勖在战场上虽然最终获得了胜利，但却损失了大量有生力量而无法后续攻击，并且还损失了重将周德威，本质上相当于作战计划破产了。所以说为帅者不能被眼前的利益所蒙蔽，从而违背战略制定的初衷。

当然，自始至终能坚持这一点是非常不容易的，因为人天性贪婪，一直能战胜内心的欲望几乎是不可能的。在战场上做到这点更是重要，主帅的一个决定关系着成千上万将士们的生死，所以一个成功的主将往往是在关键时刻能保持冷静、理性的人。当然客观一点来说，至少这样的人成为优秀统帅的概率会高出不少。

李存勖南下进攻大梁腹地的计划虽然落空了，但他在地理上的最大战果是取得了军事重地“德胜渡”的控制权。他命令李存审在黄河渡口两岸建起了两座堡垒，被称之为“德胜南城”与“德胜北城”。这里成为晋军进攻大梁腹地的前哨。只要南城一日在晋军手中，梁军就无法阻拦晋军渡过黄河天险。

李存勖在人事上进行大幅调动。由于老将军周德威阵亡，他将最得力最信任的将军李嗣昭派到了幽州，接替周德威，担负起守备幽州，防御契丹人的重任。同时他任命李存审为内外蕃汉马步军总管，成为晋军内仅次于李存勖的最高军事统帅，担负起伺机向南进攻大梁的重任。此外，李存勖特意升迁周德威次子周光辅为岚州刺史，以示安慰。李存勖自己则率兵返回晋阳休养。一方面他知道晋军这一次损失不小，需要长时间的休整；另一方面，他内心也是满满的挫败感，于是带着满身疲惫，回去后就给自己放了个长假。

在晋阳休养的日子里，李存勖彻底变成一个爱玩的青年，彻底放松着自己，整日听戏，打猎、赌钱，厚赏伶人这些给他带来欢乐的人。由于出手阔绰，他原有每月的花费明显不足，很快就变得拮据起来。大家都知道要找刺激，要找乐子，这些都需要钱。但是身为晋王的李存勖没有那么多私房钱，而晋国的内政大当家是张承业，李存勖知道从他手上几乎要不到什么钱。作为一个一心为国、对自己忠心耿耿的老臣，李存勖也不好意思纯粹因为玩乐就去找对方要钱，既需要消费，又不想听唠叨，怎么办？李存勖想了个办法。

一天，李存勖邀请张承业来饮酒。席间，李存勖让自己的孩子起舞助兴，小孩子舞剑完毕，张承业作为长辈总该重重赏赐些什么。没想到，张承业和颜悦色地夸奖了一番小孩，最后只解下自己腰上的玉带作为奖赏。这算什么嘛，太抠门了！李存勖不高兴了，指着钱库的方位说道：“这里面生锈的铜子都有无数了，孩子没有钱花，师傅就多给他一些吧。玉带并不是什么值钱的东西！”（给一个玉带，你让我怎么好意思去变现换钱啊！）

张承业躬身道歉道：“小郎君为我歌舞，臣已经拿出自己俸禄买的玉带还报。国库之物是要支援三军作战所用的，臣不敢用公物当私物随便送人。”李存勖一下被堵得说不出话来，脸瞬间便拉了下来，借着酒劲就要发飙。

没想到，张承业抢先一步，继续侃侃而言：“臣这条命本来就是先王所救，所以从不为其他人谋财，省钱都是为了大王的基业，如果大王硬要用国库的财物赏赐别人，对老夫来说也没什么，只不过财尽兵散的时候，就无力回天了。”李存勖见其语气讥讽，听后大怒，回头对侍从说：“去给我取宝剑来！”

张承业胆大，索性上前拉住李存勖的袖子，流着泪说：“老臣受先王托孤之命，发誓为本朝效力诛杀梁贼，如果今天因为给大王节省国库财物而被斩，那我死也无愧于先王了！请大王您亲自动手吧！”

席上大将阎宝赶紧上来拉开张承业的手，让他退下，张承业骂道：“你当初和梁贼朱温同流合污(意指阎宝曾为朱温部将，后投奔晋)，现在本应尽心效忠我王，何来阿谀奉承献媚我主！”说完便挥拳打了过去。

席间大臣厮打，王上发怒，早有侍从报与太后知晓。太后赶来现身，身为孝子的李存勖不得不立马“酒醒”，不由得当即向母亲告罪，又双手奉酒向张承业道歉：“我今天贪杯多喝了些酒，冒犯了师傅，太后责怪我是对的，请师傅痛饮两杯酒，替我求点情分，原来我的过失吧！”说完，李存勖连饮四杯，以表歉意。张承业“哼”了一声，毫不退缩，以一个诤臣的形象挺到最后，始终不接受这杯道歉酒。

第二日，太后领着李存勖亲临张承业府上慰问，张承业方才将此事带过。不过，张承业作为内政大臣并不总是这样和李存勖顶着做事，有时他也颇讲策略。卢质(就是胡柳陂之战中逃得一条命的检校郎中)是内政理事的好手，张承业比较欣赏他的办事能力，不过此人有个大大的缺点：嗜酒。比嗜酒更糟糕的是他还喜欢发酒疯。比发酒疯更糟糕的是，他喜欢大骂李存勖的那些将军兄弟都是匹夫之徒。李存勖耳闻此事后很是恼火。

张承业怕卢质日后吃亏，一天他看李存勖心情很好，便找了个机会故意愤愤说：“卢质总是无理取闹，臣请大王杀掉他算了，省得他再让大王的诸位兄弟难堪！”李存勖一听，这怎么能行，赶忙劝说：“我现在正招贤纳士，开创霸业，卢质处理事务明顺通理，师傅怎么能这么说呢？”

张承业见李存勖上了钩，便正色道：“大王既然这样说，可见心胸之宽阔，那么天下就真的没什么问题了！”这番赞美让李存勖心里乐不可支，从此后，卢质虽然有时放肆一些，李存勖却总是能容得下他，即便有人告状也没有借故对其加害，因为见着卢质，李存勖就仿佛看到自己宽厚的胸怀一般。李存勖任性的部分被控制在适当的范围以内，这都是张承业谋划的功劳。

第七章 黄河争霸

战事如棋

休养的日子总是过得很快，就在李存勖和张承业闹闹停停的日常中，转眼就到了贞明五年四月(公元919年)。自从德胜渡口落到李存勖手中，晋军在出兵上就占据了绝对主动，可以经常分兵出击，袭扰大梁的领地，所以李存勖一直不用为前线战事发愁。

当敌人不用发愁的时候，就是你觉得头疼的时候了。斗争的现实就是：你若没有设计，便会在别人的设计中。

德胜渡口距离大梁京城只有二百多里的路程，贺瑰发现这样僵持下去不是办法，德胜渡口在敌人手中带来的威胁极大，他无法容忍这里存在着一个晋军南下的便捷通道。贺瑰十分清楚，若他可以拿下德胜南城，晋军的所有作战方案就成了泡影。他完全可以凭借德胜南城进行固守，与在德胜北城的晋军隔河对峙，从而限制住晋军最为自豪的骑兵，让晋军最强悍的兵种无用武之地。

于是贺瑰整顿兵马后，决心要给晋军一点压力，不能让李存勖的日子太好过了。

由此,他拉开了“黄河渡口争夺战”的序幕。没有人料到这一场战斗将会演变成一场旷日持久的战役,双方你来我往,反复拉锯长达三年。

德胜南城内,李存审营房。时值大雨,天色昏暗,就算是白天,营中一些要紧的地方也已点燃了灯烛。李存审此刻靠坐在胡椅上,手里捧书而看。外面时不时传来的喊杀声,并没有让他感到紧张。虽然德胜渡的骑兵不多,而且基本都在外劫掠,但他麾下的步兵防御起来也自认滴水不漏。德胜南城虽是新筑小城，但一开始就是作为军事要塞存在的，墙比起一般的城寨要高而且厚重，所采用的石材都取自极为坚固的岩块,石材间涂抹上粘浆,缝隙之间,几无钻入之处。这样的城墙,就是用上投石车,也能抵抗上一阵,不至于很快垮塌。德胜南城中,武器齐备,粮食储备充足,更有河岸北城呼应,想靠强袭拿下,几无可能。有着如此坚固的防御,李存审自然镇定。很快这场攻防战,演变成了困城战,一晃就是半个多月。

“现在已是五月底,初夏时节,黄河水量正是饱满期,城外梁军久围不下,士气必然下降。再说贺瑰数万人的粮草,供应起来也是耗费巨大,估摸着他要比我们头痛数倍。”想到这些,李存审的心情甚至还不错。南城因为城小,驻兵有限,李存审为防兵士困在小城中,易生疲惫;而且他考虑到后勤补给压力的问题,于是他将部分兵士转移至河岸对面的北城进行休整,待梁军攻势加紧,再速速过河增援,不过他自己一直身在南城,盯着梁军的一举一动。

“困城困了半个多月,贺瑰还真是不死心,到现在还不撤兵。原先还担心他造出上百辆投石车来破了我城,不过造车也不是那么容易的事,凭他手上这几台,先轰上个半年吧，我们也可以时时修补城墙，他可有这个耐性？眼见王上就要从晋阳出兵了,梁军再这样费力也是白做工！”李存审此刻毫不担忧,反而觉得对方千万不要见情况不妙,就匆匆撤兵了,不然李存勖来了还真以为是我在大惊小怪。李存审觉得能在南城拖住贺瑰的数万人马,消耗大梁国力,是为日后灭梁做着准备,这一天虽然还似乎很遥远,但已经不是当年的遥不可及了。

“外面的梁军还在攻城么？”李存审看着刚刚跑来的将领问道。

“回禀将军,梁军只发射了几轮石砲,就退了下去。”将领欠身禀报。

“很好,这样下去,就是再过三个月,也没有什么用处,让他们瞎忙去吧,只要士兵不靠近城墙,就不必理会他们。”李存审微微一笑,对这情况很是满意,不过小心谨慎是他的习惯,他仍嘱咐道:“排查城内,及时组织城墙修补,不可因此而大意！”关于谨慎这一点,他对李存勖喜欢亲临战阵的冒失行为十分担忧,虽然多次劝说过,但李存勖总是不当回事，而且笑说他是个婆婆嘴，丝毫进不到脑中。他对这个兄弟终究也是无奈得很。李存审嘱咐完，将领正要退下，突地只听厅外，一阵嘈杂声响传来。

李存审眉头微微皱起，站起身来。一名步卒飞奔进来，到了厅中，翻身拜倒："启禀将军，在下方才在城楼望哨亲眼所见，梁军突然逼近城墙！而且在河中央一下子出现了十数艘巨船，横列在一起，他们撞毁我军河中哨船，已经将我们与北城的联系切断了！"听到这兵士的禀报，李存审脸色虽然未有变化，但心里骤然一凛。他立刻去登城察看。

远远望去，只见黄河中央，上百艘大小船只正停锚江上，其中一只楼船最是巨大坚固，船头竖着一面大旗，上面是一个大大的"贺"字。船上甲士林立，周围十多艘大中型战船将楼船护在中央，每艘战舰上都蒙盖着牛皮，垒上短墙，战舰横列连接，顿时在江面上形成一座气势逼人的楼船长城。这样看来，北岸的晋军根本无法克服"水面长城"的隔阻进行救援，南北两城的联系被彻底切断。

在李存审的记忆中，大梁可没有在对晋的战争中使用过这么多水军，这一次，想必梁军是势在必得了！这楼船制造极难，诸项工艺累时上月，并且大梁多是将其用在南线对吴越的战事中。这些笨重的巨舰从河道驶来费事费力，没想到在北国争雄中，居然调来了南线的一部主力水军。

在无法与北城取得联系的情况下，南城的补给被切断，士气受到打击。李存审经历过无数残酷的战斗，对此并不焦急，但作为优秀的统帅，对战事的前景要有更多的准备。他也清楚晋军是无法打造出如此规模的战舰的，而且众多熟练的水手，在水上纵横自如的水军也是大晋根本无法获得的。

看来这场战事没有那么简单就结束呢，就算南城坚固，梁军一时攻克不下，那一个月，两个月或者半年呢，城里的储备恐怕支持不了那么久吧？看到河面上的楼船队列后，李存审本来轻松自如的神情渐渐隐去，换之的是凝重的神色。

"传令下去，城楼上再增一营人马，同时增派人手，加紧熬煮粪汁，推送石块到城楼上！哨楼立刻打出旗号，让我们潜伏在城外的哨探直接前往晋阳，将此间情况速速报与王上知晓！运粮来此的民夫也暂时回不去对岸，立刻编入后备队，准备加紧修补城墙。"李存审说完，便率亲卫前往军士营地，他知道是该出面及时鼓舞士气的时候了。

五月底，已临近夏天。初夏的天气，总的说来温暖宜人，阵阵暖风拂过，让人身心舒适，若没有那弥漫在空气中，与风纠缠在一起的血腥味道，还真是不错的一天。

德胜北城外，晋军阵营里，骑马于大军之中的李存勖，眼睛一眨不眨地望着远处的情景。梁军楼船很大，真的很大，这河面上的防御，真的强到了让人愤慨的地步！晋军船舰无论怎么试图过河都会被这可移动的“水上长城”所拦阻，所截杀。没有多少时日，晋军就在这些尝试中损失了过半的船只。可是，越是这样，李存勖就越是斗志高昂，想到若是将来拿下大梁将其收入囊中，这样的巨舰还有不少驰骋在南国的江面上，届时平定吴越诸势力会发挥出多大的作用？想到这里，李存勖的眼睛里充满了神采。

“主公，早就听闻楼船防御远胜艨艟、斗舰，寻常舰船与之放对犹如螳臂挡车，火箭火石击之，多是无用！之前还不信差距这样之大，如今亲眼所见，还真是让人惊叹啊。”郭崇韬的声音在一旁响起。他同样是穿着战甲，一改往日文士模样，骑着一匹枣红色的战马，在李存勖的身旁一同望着远处的战事。

李存勖缓缓说道：“我们所余的舰船不多，这一次出击必须击沉中心的楼船，铁烙锥你运抵了多少？如果效果好是最好，若不足，多用大瓮木桶，里面装满柴草，浸满油料用以辅助，‘火攻船’未必不是一个好办法。”

“主公所言极是，铁烙锥的威力已尝试过了，一个、数个乃至数十用于江面水战确实嫌火力不足，不过臣这次运来的足有上千个，威力大是不凡！另外依据主公吩咐，大瓮、木桶、油料都已准备齐全，主公请放心。”

解释一下，北宋《武经总要》对类似手榴弹状的炸弹称为“铁烙锥”。日本沿袭此称呼为“焙烙玉”。铁烙锥是指在陶罐型容器中填入火药，点燃导火线投掷向敌人的类手雷武器。陶器上有绳子，通过圆形摆动利用离心力投掷，是以杀伤人员为主的武器。同时它爆开后会引燃附近的木质结构，也类似于后来的烧夷弹，亚洲东部各国在西洋大型火炮技术尚未引入之前，这种掷弹型兵器在攻城战和海战中多次使用。

原本船只都是木造的，此类武器比起冲击力为主的大炮，更有效地发挥了火药的燃烧作用。在吴宇森执导的电影《赤壁》中，东吴大将甘宁将其投掷上石墙，在墙面上形成一片火幕的那个场景就是此类武器的展现。另一方面，当时水战主要还是依靠接舷战、白刃战来决胜负。

此外当时欧洲的帆船大都是为满足外海的航行设计，而我国古代水战主要发生在江、河、湖以及近海的水面上，所以更加特殊化。这类战舰船体上建造了很大的类城墙结构，因此向建筑体不断地投掷爆炸物、燃烧物的战术通常更加有效。为了击破贺瑰在黄河河面上建立的“水中长城”，李存勖不得不采用这种近乎敢死队的办法，这种方式需要冒极大的风险,执行行动的将领不得不在自己陌生的水面舰船上战斗,还可能面临葬身火海、被重重敌军包围等多种情况,说九死一生也不为过。

“究竟何人可担此重任呢?”李存勖有些拿不定主意,而且这样陷入绝地的任务如果分派给一个心理准备不足的将领,也无法达到预计的效果,从一开始就会有失败的可能。郭崇韬则还有更多的考虑:高级将领如果收到这种敢死任务,悲观一些的人甚至会认为王上已经舍弃自己了。无论什么花言巧语、高官厚禄都弥补不了一个事实,我需要拿你这条命去牺牲,去换取胜利!如果是这样的思维,士气一开始就会被悲观绝望所笼罩。想到这里,郭崇韬不禁建议:“大王,请将不如激将,若何?”李存勖笑道:“正该如此!”

次日,李存勖在德胜北城的高台上擂鼓聚将。此处可遥望江上贺瑰水师楼船,其船高三丈,一色丹漆,上中下三层,房室俱备,樯帆林立,十余艘大中型战舰横列江上,加上上百艘小船,威势连连。大批晋军重将簇拥在李存勖身边,铁血亲卫分布高台四处,虽人数众多,除了指挥的号令,却是鸦雀无声,一股凛然之意凝聚。由此可见,李存勖的威势是越来越雄厚了。

高台中央却是堆着小山一般的金银绸帛,数十人都无法将之一举搬空。对着江面看了一阵,李存勖转头与众人说:“十日前,南城的氏延赏突破梁军哨探截杀,冒死回来,他带回李存审的一句话,人在城在,必不负晋军威名!这十日我们再也没有收到南城的消息,这都是因为梁军的水师,正是他们阻隔了与我们血肉相连的兄弟!”李存勖用手遥指道:“今日谁若能破此敌舰,突破封锁,我就将这些赏赐给他!”

众将看着金光灿灿,规模惊人的财物,都颇为振奋,忍不住小声议论起来。郭崇韬出列,朗声道:“敌船虽首尾相连,船坚身巨,气势极盛,但大舰总数不过十余艘,铁锁连接后进退缓慢,可用火攻破之!主公,今日顺风,可选勇士驶百数小船,船上装满火油柴薪,迫近敌舰,顺风放火,加之我军已备足上千铁烙锥,即便梁军铁锁上有活扣,可锁可松,也躲不了这等火器!”

“说得好!只不过俗话说:千军易得,一将难求,这领军将领非得豪勇无双之人才可,只怕此时再选拔,恐难得之!”这话一下让身旁一人待不住了,他身披重铠,执槊出列大呼道:“梁、晋一水所隔尔,何必再行选拔事!我愿率麾下三百壮士,为王破之!”

另一人也慨然出列跪倒请令:“末将亦愿同往!”李存勖一看,正是胡柳陂之战中锋锐无量的两员猛将,李建及和石君立,不禁大是满意,勉励道:“此战极是艰难,全赖将士用命！你们只管放手前行，我为两位击鼓助威！一旦梁军楼船着火，我便率大队人马前来接应！”随即下令：“令帐前银枪军调一千精锐交于二位，今日爱卿定要助我破此水阵！”一声令下，晋军战船百余艘，载精锐一千余，扬帆而上。

这时，正是上午，两岸诸山隐隐可见，只见天上乌云弥漫，河上水面汹涌，河水奔流甚急，远处大树生在河畔也仿佛仰首眺望，大风吹得旗帜猎猎作响。不多时，战鼓轰隆，声震河面。晋船顺风而行，梁军处于下风，又横列不动，梁楼船周围护卫船只纷纷来挡。只见李建及手持大斧，依靠小艇灵活而动，勇猛攻击，所到之处锐不可当；石君立见此也不多让，跳上敌舰，直从船头杀到船尾，一时之间，梁军小船纷纷败退，阻挡不住。

梁军水师前军将领立刻命三艘大舰脱离连接，率领众多小船重组防线，迎头阻击。双方激战中，李建及立在船首上，虽流矢飞石窜动，不为所动，只管呵斥士兵厮杀，又令后面水手勿要轻易点火，务必听令行事，只要继续划桨前进，再令弓弩连发，只杀得江水翻腾，血染湖面！

此时梁军旗舰上的统领是段凝，他抬头看着满天的羽箭，从容自若地站在楼船之上，实在是因为晋船太小，即使将士再如何勇猛，也绝无杀到眼前的可能。看看眼前混乱的河面，他站得有些累了，很想有张椅子坐下，不过考虑到鼓舞士气，于是坚持直直地站在那里。已经打了将近半个时辰了，晋军也没有再增兵，看样子也就这样了吧。倒是这半个多月里贺瑰一直攻取南城不下，不会是故意拖延战局想借此要挟朝廷吧？段凝心中不由忐忑不安，莫非贺瑰已经看出朝中对他不满，他会不会这两日就来找我谈谈条件？

正在段凝心中盘算的时候，水军副将在其身后汇报道：“大人，末将观察，敌军这支水军应该不是仓促组建的，他们水手的动作都有训练，虽然还赶不及我军精锐的水准，但已经是不错的了。末将在吴越驻守时曾得到情报，据闻当地门阀和北方某势力有所合作，当时末将并没有特别留意，现在想来他们应该早就和李晋有所勾结。这样看来必须提防敌军会使用吴越水军的常用战法，小心他们备有火弩，这不得不防！末将现在才想起来，致有这样的疏漏，还请大人恕罪！”

段凝摆摆手道：“事已至此，多说无益，我看他们虽然突破我军前阵，但也是强弩之末了，到现在都没有使用火器，应该是没有那等物事。不过那持大斧的敌将原本并不擅长水战的吧，怎么会踏船如平地，杀法如此凶狠，他究竟是何人？”段凝身后的幕僚上前回答道：“此人应该是李存勖的亲军统领李建及，另一将当是石君立，此二人皆是李氏众将中万夫不当之人，连皇上都知晓此二人骁勇，当年先皇也对他们多次赞叹不已！”

段凝一听，突发一念，若是将其二人擒杀，哪怕只拿下一人，定然是上达天听的大功，他越想越是心动，看着远处李建及奋战的身影，他眼中闪过寒芒，说道：“想不到此人竟然水战也如此勇悍，真是难得！若是能够擒杀此人，那么这一战我们就算有些损失，也是值得的。”

段凝看李建及几次冲击，几乎就要突破前船阻挡，不由对副将低声道：“可不可以将他放过来，然后拼上数艘舰船，将他擒杀？此人乃是李晋猛将，又是此战首领，若是能够生擒或斩除此人，晋军士气必然大挫，到时候黄河之上完全就是我军的天下了。”水军副将为难地道：“战事难料，若是多有舰船损失，只怕贺帅怪罪下来，卑职担当不起。”段凝笑道：“只要擒杀此人，有何损失我一力承担便是！”

水军副将脸上露出宽心的神色，得令后挑选了一艘斗舰作为自己的座船，他在上面频频挥动手中旗帜指挥起来。不多时，李建及感到压力变小，似乎敌军并没有力战到底，他没有多想，只全力向前，果然顺利地冲破了梁水军的防线，杀入了楼船本阵，他惊喜地率军冲去，命自家船上水军统统用上了火箭，一时之间河上烟火缭绕，梁军二十余艘大小船只都被点着！

李建及杀得顺利，带动了许多晋军战船纷纷从那个缺口中穿越过去，那些战船本来渐渐陷入梁军船阵，如今见到机会，都索性一股脑向前冲去。在即将迎上段凝所在的巨舰时，李建及脸上露出杀机，一声令下，这些晋船好像失去控制一样纷纷向两边飙射，混乱无序地向梁军的大舰们冲去，丝毫没有避让！

船上的水手在短时间里纷纷将铁烙锥全数掷出！砸在敌船的樯橹、帆布、桅杆上引发了一系列的爆燃！接着他们点燃了船上的油瓮、柴薪，然后跳水逃生！敢死的将士则口含白刃，跳到敌船上厮杀！顿时，段凝四周的数艘梁军艨艟以及百余艘小船都陷入了火海，这些火船也将他团团困住。

前后不过一刻，情势就已大变！爆炸声、喊杀声、惨呼声盈于天地间，整条大河上随眼望去，到处都是飘浮未沉的残船死尸，数里江水为之尽红。段凝一见之下，神色惨白，知晓中了晋军奸计，匆忙中他下令旗舰立刻拔锚顺流而下，脱离战场！而正在厮杀的前军无法即时转舵回头，见主将下令回援，只得强行转向，这时候，后续向前杀上实现合围的梁军舰船已经横阻在水面上，指挥混乱的战船冲过烟火之后正好撞在回撤的艨艟上。

火船上的晋军敢死队们齐齐掷出火罐，那些梁船被迫和晋军火攻船交错在一起，也被烧得烈焰冲天，将前后错乱的大半梁军斗舰困在了火海当中。晋兵好不容易得到机会，此刻全部杀红了眼，拼命地跳船冲上，活路只在前方！哭喊声，惨号声，艨艟斗舰被击碎的闷响充斥着现场。人潮中，卷起惨烈的喧嚣，只是片刻，船上的血水，就浸湿了甲板，并且不断流下，不时有着血肉肢体从船上跌落下去。敢死的晋军被这燃烧的火气催发战力，这些大半来自魏博的"帐前银枪军"将士身上明明已经多处负伤，却仍然悍勇无比地战斗。楼船上的梁军也拼死抵抗，这些梁军虽然都是经过严格挑选，属于最善战的水军，但还是被北地精锐的亡命气势所震慑，被杀得节节后退，几乎就要抵挡不住了。

这时候那梁水军副将见全阵大火熊熊，视线被烟火严重阻隔，原本还在斗舰上勉力支撑，希望段凝将未中伏的后军战舰速速调来支援。谁知不多时从后面传来凄厉的撤退号角声，他一听只觉得心底冰凉。前军、中军已经陷入混乱，即便他有心整理战局，但单靠自己已然是不行的了。眼看着对岸晋军又有舰船开来，虽然大都是小船，但数量不少，蜂拥而至，明显给梁军各船形成了即将被晋军包夹的极大压力。水军副将知道若是只靠自己再战下去，必然无幸，只得下令退兵，弃掉大部分着火的艨艟，带着勉强还能指挥上的船只仓皇退去！

梁军战船速度超过晋军，不多时一部分已狼狈地脱离战场，消失在晋军视线之外。李建及见敌军已经退走，连忙下令打扫战场，收罗俘虏，留下的梁水军几乎全部战死，他们的奋勇也让晋军将士心中感佩，这一战，梁军损失了七艘艨艟，十二艘斗舰，小船无数，主舰楼船也被重创，而晋军也损失了许多船只。虽然比较起来，晋军也谈不上大胜，但是晋军上下却都是一片欢声笑语。因为这次梁水军被以骑兵著称的晋军击溃，其封锁黄河，隔绝南北两城的计划破产。有了和北城的联系，固守南城就完全可以做到，晋军陆战有足够的信心让梁军吃瘪。

贺瑰见此情景，知道继续围攻德胜南城有害无益，遂主动撤兵到行台(今山东甄城县东北)驻扎。"黄河渡口争夺战"第一回合，晋军主帅：李存勖；梁军主帅：贺瑰；战局结果：以晋军打破梁军水上封锁，取得胜利而告终。

李存勖虽然解了德胜南城之围，可是他也不敢对贺瑰的部队贸然发起进攻，他还清楚地记得在胡柳陂的交锋。贺瑰这员老将是一个极其强硬的对手，李存勖在上一次战役中侥幸获胜，现在的他是无论如何也不想再来一次大冒险了。贺瑰这次主要的损失是一支精锐水师，他的步兵主力并未受损，在这个时候大举进攻贺瑰，李存勖也没有战而胜之的把握。思之再三,李存勖没有动手,他选择了对峙。

一个月后,有一个连李存勖也不曾想到的事情发生了:贺瑰病故。贺瑰从德胜退回行台之后,感觉到来自于各方面的巨大压力。战局没有改观,部伍士气低落,朱友贞对他也越发不满,朝中非议甚多。他心情抑郁,借酒消愁,于当年八月病故,终年 62 岁,死后被封赠为侍中。如此梁军又失去了一个优秀的统帅。

李存勖松了口气,不过他轻松的心情没有能持续多久,消息传来,梁帝朱友贞任命开封尹王瓒接替了贺瑰的职务,任“北面行营招讨使”。贞明五年十月(公元 919 年),梁晋于德胜渡短暂的相峙如烟花般消失了。第二回合开始,这一次是王瓒对战李存勖。

王瓒,乃原河中节度使王重盈之子,唐天复元年(公元 901 年)归附于朱温,其后历任诸卫大将军、兖华两镇节度使、开封尹,权位不可谓不重,但对于李存勖来说这些没有什么意义,王瓒对他来说就是个完全陌生的敌手。因为王瓒过往的职属都远离晋地,在此之前,王瓒并没有和晋军有过直接交锋,他的战术、性格、胆略,手法,李存勖都没有直接感受过。这是一场从陌生中摸索然后到彼此熟悉的对局。在后续的两个月间,梁、晋双方大小百余战,互有胜负;一段时间过后,李存勖感觉把握到了王瓒的一些特性,还有战斗的节奏。其人治军严整,军纪严明,梁军北面行营的十万大军在他手中很快变得令行禁止,行止有度了许多。不过李存勖认为他的军事才能也就到此为止了,王瓒此人虽严于军法,但机略应变,非其所长。

在这样评估过对手后,李存勖吃到了第一个苦头。王瓒用行动很给力地给李存勖上了一课,他亲自率五万大军,从黎阳渡过黄河,进攻晋的澶州、魏州,前部直杀到顿丘(现河南濮阳的清丰县)。李存勖以为王瓒是要进行军事冒险,与自己对付贺瑰时采用的是同一种战术,即深入敌境迫使敌人的主力部队与其决战。正面杠,谁怕谁呀!所以李存勖毫不迟疑地调动主力部队迎了上去。

可是王瓒只是虚晃一枪,他的目的就是吸引晋军的主力,却又不与之决战,利用晋军主力走后,前线防守薄弱的机会,在距德胜城上游十八里的杨村,夹河两岸修建了两座坚固的大营。目的达到后,王瓒果断地保存实力,不战而退。李存勖到这时才发现自己上当了!在杨村,王瓒以浮桥联系南北二营,就像晋军的德胜双城一样防守得异常严密。他以一种新的挑战姿态面对着李存勖的部队。他的行动已经表明,如果李存勖的部队敢从德胜南城出动,进攻汴京;他的部队也就敢于从杨村北营出发,进攻晋阳!

战局一下子变得异常复杂起来。李存勖不得不对战局重新进行思考,他以前的设想都被王瓒目前的行动打乱了。以前是这样的,李存勖只要守住德胜南城,就可以在与梁军的战斗中一直处于主动;可是现在却不然,如果晋军自德胜渡口南下的同时,梁军自杨村北营向上反向突击,形势对晋军是更加不利的。因为晋国的腹地毕竟不如大梁的腹地宽广,各自深入对方的腹地作战而不理会敌人对自己后方的进攻,这样打下去吃亏的一定是晋;而且,杨村还是在德胜城的上游,就是双方对峙的话,地理占优势的也是梁军。

李存勖无奈地发现,以前是贺瑰不得不与他争夺德胜南城,现在却是他要与王瓒争夺杨村北营。仔细考虑后,李存勖决心稳健为上,步步为营。首先是在德胜南北城间搭建浮桥,并扩大德胜北城,他要先使自己立于不败之地,再对杨村渡发起进攻。

王瓒也明白李存勖的心意,他不能让李存勖实现这种作战方案。现在梁军有杨村北营,可以渡河与晋军相争,梁军不再必须进攻德胜南城,他们可以从杨村过河后迂回进攻德胜北城。于是,王瓒派兵对德胜北城发动骚扰性进攻,目的就在于使李存勖没有机会坚固德胜北城。双方就在这一次次交锋中,李存勖和王瓒从"相识"走到了"相知"然后继续"相杀"。

按捺不住的李存勖决心要来个精心准备的奇袭,以打破目前的平局。他花费多日探清,杨河渡梁军浮桥已然建成,距离其五十里之地的潘张正是其屯粮之地。李存勖没想到的是,这一次劫粮他险些没有回得来。他中的埋伏不是一般的深,王瓒的伏兵一层接一层地杀出,若不是石君立一力断后,元行钦(此时已改名为李绍荣,不过沿用旧名,以便各位看官熟悉)贴身保护,一路拼命护驾,或许李存勖就已经命丧当场了!

突出重围的李存勖看着鲜血狼藉的元行钦和身旁狼狈不堪的将士们,歉疚沮丧加悲痛地检讨道:"都怪本王不好,若不是急于烧掉敌军粮草,也不会让各位身陷重围了。"元行钦有气无力地瘫倒在马上,半晌才道:"不知道石兄弟怎样了!"心里一阵疼痛。

石君立很不幸地被王瓒的层层伏兵包裹,他见身边将士已然不多,心知不免,高声呼道:"众将士,我等和梁结下血仇无数,若是被敌人俘虏,就是千刀万剐也不能偿罪,不若拼个一死,也免得落入敌手,受尽羞辱!"言罢,也不闪避对面刺过来的马槊,一伸手紧紧将那条马槊夹在腋下,一斧将对方头颅削去,然后伸手将那人尸首提到自己马上高高举起,喝道:"有敌无我,死战求生!"然后刀斧用力,将那具尸身斩裂,鲜血五脏溅落，将石君立身上染成血红。梁军大哗，晋军残部却是将心中血勇尽皆激发出来，跟在石君立后面，冲破了面前的阻碍，切入了王瓒所在中军！

发出诸将向前加强攻击的指令后，退到大旗之下的王瓒深深地呼吸了一口冰冷的空气。由于他是大门阀的世家子弟，自小就地位甚高，直面危险的局面并不是特别多，而且这许多年都没有上阵杀敌了，可是这次担任梁军主帅的他在军事指挥上也是可圈可点，在乱世中谁都在生死边缘徘徊过！方才石君立和他麾下的大斧队猛攻他中军的那一刻，王瓒还是真切地感觉到了什么是生死须臾，万军中直取上将头颅的豪勇。

看看困兽犹斗的石君立等人，王瓒心中不但生不出怒意，反而多添了几分赏识，这些年来在大梁各地不是没有见识过猛人勇将，可是像石君立这样一身武艺过人，意志坚定，忠诚不二的却是不多见，若不是为了给李存勖保住一条活路，一直坚持断后死战不退，王瓒也不会有机会将此人困住。

没有多久，王瓒麾下各军合围，终于确立了这一仗梁军的最终胜利，虽然残余晋军已经结成圆阵固守，但是没有援军，石君立败亡已经是板上钉钉的事情！眼看厮杀又持续了一阵，天色已经渐渐昏暗，王瓒担心石君立趁夜突围，又增调来了兵马，在四下点燃火把，将战场照得通明，晋军已经只剩下寥寥的数百人，王瓒更是控制了进攻的节奏，不愿意破坏了全歼敌军的计划。

梁军在外摆了一个圆阵，慢慢地消磨着晋军的生命。围困的战圈越来越小，王瓒体恤士兵体力，更是命令梁军轮流上阵，晋军不得休息，越发疲惫，只要圆阵一破，就是全军覆灭之时，可是在石君立的呼喝坚持下，这支晋军残部居然还未丧失战力。立在阵心，石君立嘴唇干裂，身边的骑士也只剩下百余人了，自从他领军以来，还没有过这样的惨败。可是从他的眼中却看不到失意和忧惧，只是往常一样的杀意深处多了一分无奈和绝望。

王瓒看得心中敬佩，对身边幕僚们道："这样一支铁军，至今仍然不肯屈服，真是难得，就是我大梁也罕见这样的兵马，你们说本帅招降如何？"心腹幕僚犹豫了一下，劝道："大帅，石君立杀人太多，深为我军将士所恨，只怕招降不宜！"

王瓒想了一想答道："我也知道这石君立杀我无数将士，勇名冠于李晋，和我们大梁已算血仇。不过本帅实在爱惜他的人才，况且陛下也耳闻其勇名，极想劝其归降，我决意将他擒下交予陛下处置，其余晋将若有生擒的，与石君立一并押往汴京处理！"传令一下，梁军骑兵在火光掩映下齐向晋残军逼去，这时候天上的乌云散尽，明月疏星无情地映照着残酷的战场,注视着石君立所部最后的争斗。这一次劫粮奇袭,晋军完败,损军数千,李存勖侥幸得脱。大将石君立被俘,被献往汴京。

汴京大殿上,大梁群臣侧立。朱友贞得知擒下石君立及多名晋军将校,大喜立见之,在殿中劝降,许诺不仅性命可保,而且必将其重用。石君立慨然曰:“败军之将,难与议勇,如欲将我,我虽真诚效命,能信我乎? 人皆有君,吾何忍反为仇人哉! ”意思是:败军之将,有什么可以称得上豪勇的? 我即便答应投效你们,你们梁人又能真正相信我么? 况且每个人都有自己真正愿意效力的主公, 我又怎么忍心把过去的主公当作仇寇呢! 其余被俘晋将也坚持不降。

朱友贞遂下令将其余诸晋将全部斩杀,但对石君立手下留情,将其下于牢中,不时仍忍不住遣人去说降,石君立始终不为所动。直到同光元年,李存勖即将攻破汴京前一日, 梁帝朱友贞方才下令将石君立杀之。可惜一代猛将就在曙光来临的前一刻最终遇害,令人叹息。当然这是后话,在这里提前交代一下。

对王瓒来说,这是他第一次担任主帅和李存勖对局,他面对的是晋地最为显赫的将星:李存勖本人。王瓒能将战局打成这样已属难能可贵,特别是五代史上的三个开国皇帝都曾差点死在他的手上, 这也不能不说算是一个小小的奇迹了。李存勖这一劫过去,另外两人石敬瑭(后晋开国皇帝)、刘知远(后汉开国皇帝)的劫难就接踵到来,此时这两人身份尚是晋军重将,石敬瑭还是李嗣源的女婿,时任晋军左射军使。

某日,石敬瑭与刘知远领军同梁军作战,却不想也陷入重重包围之中,两人俱是骁将,正在呼喝酣战,杀出重围的这个紧要关头,覆盖石敬瑭坐骑的马甲却不慎断裂,导致马鞍不稳,于是他从马上被抛甩下来。刘知远果断将自己所乘马匹让给石敬瑭,然后自己换上断甲之马为其殿后。也亏得大运, 二人方逃得一命, 也为晋军留得元气。

这一系列的交锋,让李存勖越发不敢小看王瓒,他全力用心与之周旋,终于在年底迎来了破敌时机。十一月,王瓒进兵戚城,与李嗣源接战,被李嗣源所败,梁将李立被擒。李存勖依据王瓒的稳健风格,知其必然会屯兵杨村北城,命其手下仔细打探粮草信息。

十二月,汴京城中暗探传来情报,再结合战场斥候消息,李存勖判断出梁军大部粮草将从汴京沿河而下,运抵此处。李存勖一方面安排步骑各五千,准备劫粮,同时也调动大军,进入预定大战的位置。劫粮当日,晋军俘获辎重车辆数千,王瓒得报,速速来救,未曾想遭遇晋军主力,不得已王瓒只好结阵河曲,以待援兵,不想晋军早有预料，一战败之。王瓒仓促间与晋决战，数万兵马被李存勖打得四分五裂，几乎仅以身免，他乘小舟北渡方才得脱。此战后，梁军失去杨村北城，只得聚众守卫南城。

当日，晋军获马千余匹，俘斩万级，晋军乘胜拿下周边的濮阳。濮阳位于德胜渡口南面，这样对于固守德胜又多了一个战略要点。这一败再次让汴京的朱友贞震怒。没有多久，朱友贞对王瓒失去耐心，下令召回。他派来了梁军黄河大营的第三任统帅：戴思远。命他领兵驻屯于黄河南岸阻止晋军南下。

“黄河渡口争夺战”第二回合宣告结束，李存勖虽然有些损失，但依然取得了阶段性胜利。在上一回合结束的铃声刚刚敲响的同时，第三回合就悄然开场了。这个开场十分平静。曾任大梁本州节度使、天平军节度使的戴思远来到军中，他没有像王瓒那样一上任就表现出一副咄咄逼人的气势，他只是继续着保守的作战方略，夹河布营，与晋军对峙。李存勖一时弄不清戴思远的意图，不敢轻易进兵。前段时日喊杀喧嚣的黄河两岸一下子沉寂下来。当局内僵持时，推动情势的往往是局外的事情。

贞明六年，也就是公元 920 年，这一年，发生了一件让朱友贞闹心的事。梁之河中节度使朱友谦（现已暗通李存勖，尚未公开叛梁）出兵袭取了同州（今陕西大荔），赶走了忠武节度使程全晖，并上表梁帝要求任命自己的儿子朱令德为“忠武军留后”。这个行为基本上可以将其定性为拥兵作乱，所以朱友贞闻讯暴怒，当然下旨不准。

就实际来说，作为朱温义子的朱友谦同大梁朝廷若即若离的关系，朱友贞在继位的时候就感受到了，而且这种公开的半叛乱行为在那个时代并不罕见。朱友贞如果从策略上进行考量，就完全没有必要把朱友谦的路堵死。当然，如果这个时候的大梁是一个完全统一的王朝，或者集权在一个极其强力的人物身上，例如朱温，或许这种寸步不让的决断也不是不可以。封建独裁体制的本质是掌权者往往依据自己的欲望，而不是依据策略来行事，当然更不会管什么天理。朱友谦让梁帝的面子下不来，这刺激得朱友贞大怒不已，所以他严厉拒绝了朱友谦的请求。

果然，朱友谦见梁帝不肯加封，就转而投靠了李存勖。在这个问题上，李存勖动作却是十分的利索。对于李存勖来说，不管是河中五州（今山西省西南部）还是同州，那都是大梁的地盘，所以在那里的节度使谁愿意当谁就当，因为这属于梁国的内乱，李存勖巴不得他们越乱越好。于是在接到朱友谦的请降信后，李存勖立即批准，为了尽快将生米煮成熟饭，更是以墨敕（即不经加盖印章就正式任命官员）委任朱友谦其子朱令德为“忠武军节度使”。当朱友贞冷静下来为自己的行为后悔，想正式加封朱令德的时候，他才发现朱友谦父子已经彻底倒向李晋了。

一个月后，朱友贞命刘寻统领兵马，讨伐朱友谦。当年五月，刘寻率领感化节度使尹皓、静胜节度使温昭图，还有从贺瑰大营调来的段凝(庄宅使)一起出兵同州。刘寻感到很烦恼，因为他和朱友谦是儿女亲家，打赢了，亲家会满门抄斩；打输了，自己又过不了皇帝那一关。他之前败于李存勖后被朱友贞免去了“北面行营招讨使”的职务，并罢黜了他的平章事，被降为亳州团练使，后来因平叛有功才又被封为泰宁节度使。

不过，这一次他实在没有战意。刘寻带着大军走到陕州(今河南三门峡市)时，竟然驻军不走了，同时修书一封，遣使送到朱友谦手里，劝说朱友谦易帜，回归大梁，如果这样做，刘寻保证朱友谦继续当他的节度使，不会剥夺他的兵权，并以自家人口吻保证一个月不进攻同州，要朱友谦好好思量一下。这一个月里，刘寻信守承诺，丝毫没有进军。时间很快过去了，刘寻失望地发现，对方完全没有回音，他只好率军包围同州。

就在准备大举进攻的时候，一场小股部队的接触战给他带来了更加焦虑的信息。朱友谦一支二百人的部队竟然击溃了梁军的一个千人队。河中军的战力什么时候比得过梁军的主力部队了？何况才区区二百人？仔细查探后，这二百兵只是打着河中军旗号的晋军精锐，梁军前锋不知道这里面混有晋军，还当河中军一样厮杀，结果被打得大败，竟一路溃逃到了刘寻的大本营前，直到大本营派了千骑出战，才将这二百晋军击退。

刘寻发现李存勖这次派到河中的是一个非常豪华的救援团，不仅精锐兵马数万，其中要有蕃汉马步总管李存审、昭义节度使李嗣昭、帐前银枪军都将李建及、慈州刺史李存质这些享誉一时的大将，可见李存勖对河中军镇非常重视。刘寻的老部下们还都记得前次进军魏博的大战。当时梁军总数不下十万人马，可是一场大战下来，数万人埋骨晋地。从那时开始，刘寻麾下的梁军就对晋军有一种避战心理。刘寻意识到自己的一念之仁使自己错失了在晋援军到来之前解决河中之乱的最好时机。他不得已，只得就近屯于朝邑(今陕西省大荔县朝邑镇)。晋军与梁军在河中一地相峙。

这时发生了一个历史小故事，可以反映当时朱友谦家的投机心态。河中地盘不大，此时大军聚集，钱粮消耗巨大，造成当地物价飞涨，通货膨胀非常严重，又因为河中一直是大梁属地，所以军民反梁的态度也不坚决，时间一长，人心不稳。朱友谦的几个儿子就劝道：“老爹，咱们河中地盘虽小，但好在还有安邑、解县这两座盐池，日子过得也算舒服。可自打叛梁以后,引来这么多军队,搞得现在城中居民快连糠都吃不上了。依我们看,不如咱们还是再回归梁去,早点让这两支大军滚蛋算了。”

朱友谦听罢大怒,呵斥道:“胡说,你们这几个孩子简直就是鼠目寸光!晋王为了我们,派遣大军来此为我们解围,你们怎么能让我再叛变回梁去呢?难道在你们眼里,我是那种反复无常的小人吗?而且如果按你们说的那样做,等晋军一撤,朱友贞要杀我,我再叛梁的时候,晋王还会再次出兵帮我吗?”几个儿子这才恍然大悟,连忙点头称是,不敢再提易帜归梁之事。多亏朱友谦智商在线,否则几个傻小子必然断送家族前途。

八月,李存审分兵攻打华州(今陕西华县),陷其外城。八月末,晋军逼近刘寻大寨,梁军出击,大败,刘寻退守罗文寨(在华州东罗文渠上)。相持半个多月后,李存审发现梁军战意低落,便对李嗣昭商量:“穷兽犹斗,我们勿要把刘寻逼得太紧。不如放开一条出路,让他们撤走,我们再从后追击便好。”

李嗣昭也觉此话有理,于是晋军兵退沙苑。刘寻自知此战必不能胜,他一直在寻找合适的退路,当他发现晋军驻扎的防线主动地让出一处破绽时,即便知道这是圈套,但也不能不走了。既然继续战斗是没有指望的,倒不如接受一些小的损失,保障主力平安撤退好了。刘寻率部乘夜撤走,晋军直追杀到渭水边,小有斩获。河中之战就此结束。

河中之围解除后,朱友谦对李存勖十分感激,接受晋封的“西平王”,自此再也没有叛变过。河中兵力虽然不是很强,但却有安邑、解县这两座号称聚宝盆的盐池,所以其后在经济上对李存勖有一定的贡献。

祸在腹心

同年,洛阳一处官宅内,布置得很简单,很干净。时值秋老虎,天气还是有些闷热,屋外池塘的鱼儿也不时跳出水面。刘寻无心观赏,他正在屋内,与随行的官员整理军中资料。自从河中撤军后,刘寻自觉战越打越窝囊,十分羞愧,向朱友贞上书称老告退,自愿交出兵权,来洛阳养病。

这几天刚刚交接大小事宜,正处于收尾阶段。外面有些湿热,大概是因为即将无事一身轻的缘故,刘寻倒觉得屋内凉爽不少。屋中有一个矮小案几,上面摆放着茶水点心,长条案几上有着笔墨纸砚以及一些书卷。在旁边的香炉里还燃着香,让整个房间内飘散着具有醒神作用的淡淡香气。刘寻的下手位置上也摆放着两个坐榻，上面坐着两个低品级的官员。二人正翻阅着杂乱的军情文报，整理出重要的卷宗让刘寻再过过目,然后就可将剩余的这些集中交予接替的统领。

就算来到洛阳,刘寻有时也常思索着梁晋两军的情况,总结这几年来对晋作战的心得,对晋军战力不断提升的原因进行分析。虽然他睡眠的时间比原来多了不少,但戎马多年的身体还是经常显露出几分疲倦。即便房间内弥漫着醒神的香气，也有着困意袭来了。

“今日张大人还未过来么？”刘寻放下手中的毛笔,揉揉脑袋问着另外二人。

“张大人尚未到府,或许有事耽搁了。”年长一点的官员答道。张大人指的是张全义,他任“西京留守”一职,算是梁帝亲信之一。咳嗽了几声,刘寻感受着身体上的痛苦,内心却平静下来,即使皇帝派人监视也无妨了,退下来将心中战略整理出来,担子就由后面的人去挑吧。咳嗽声有些加剧,让两位官员面面相觑。

这几日,两人与刘寻朝夕相处,很是熟识,知道刘寻身体欠安,年长的官员便直接劝他先去休息,待张全义来时,再去叫他。“两位好意,我心领了,这点咳嗽,无妨,无妨,有些公务需要和张大人当面说说,时间不多,尚且让我再想想。”刘寻苦笑一声,摇了摇头。两个官员听完,正色向面前坐着的刘寻行了一礼,以示尊敬。刘寻轻叹一声,只是让他们二人坐下,没有多说。

作为百战余生的大将,刘寻对权利本身不甚看重,但是却注意自己的声誉。现在所做的一切,俱是自愿,他对大梁的感情也很复杂。几十年风风雨雨,在朱温帐下一路奋战,经历过无数坎坷,也眼看着朱温打下了偌大地盘,爬上了皇帝的位置。虽然他知道自己被朱友贞所不喜，甚至有人说他河中之败在于通敌，但是他只是苦笑以对,并无反意。

一生中,最峥嵘的岁月,几十年心血,都投入进了这场天下博弈上,不知不觉,皱纹已爬满脸庞,白发染霜。这场以天下世人为棋盘的博弈,结局究竟怎么样,它关系着无数黎民百姓的命运,更关系着众多梁将臣属未来的命运。不过这一切,他已经不想继续为结果而奋斗了,让一切都随风去吧。刘寻的内心感受,别人自是不知,不过这种淡然处之的态度,越发让那两个官员敬佩。

整理工作,还在继续。府外,却有一人,身后跟着几名军士,正刚刚跨步进来。即将西落的阳光笼罩了半个天空,红色正浓,倾洒到地上,院内晚风将此人的青袍吹得阵阵拂动。他面庞上,眼睛里,都有着岁月走过的痕迹,这正是西京留守,统管洛阳的张全义。张全义在迈进主院时,不禁抬头望向天际。他手握着一份指令,阵阵苦笑。

“刘寻内外勾结……逗留养寇,俾俟援兵……鸠杀之!”他知道,根据皇帝密令,刘寻的路,已经走到了尽头。虽然心里明白自己只是奉命行事,但是张全义还是有着难以言喻的苦涩。说他没有是非区分,那是假的,可是京城方面的旨意,让他无从抗拒。天威难测,做的这些事,造的这些因,最后结出怎么样的果,张全义心里大有忧虑。站在地上,望着天上的朵朵浮云,飘向火红的夕阳附近。天地之间,哪处是自己归处,他不知道。刘寻今日的结果,估计刘寻自己也无法预料到吧。

张全义整理了一下心情,对紧随的将校淡淡地说道:“就让亲卫待在院内吧。若是有变,注意我的信号!”“诺!”将校领命下去。不一会,府外已经有百名士卒备弩按刀,以防生变。

张全义进来时,刘寻所在的屋内,两个官员已将杂事处理完毕。“你们先去歇息吧。”张全义抬头看了他们一眼,见这二人也是劳累,“好好保重,身体垮了就是真的垮了。”刘寻出声。那二人也的确是困倦难忍,听到两位大人的吩咐,便退出了这个房间,回转去自己的居所。

此时房间内,熏香燃得正旺,淡淡的香气弥漫开来,让人的头脑不至于昏昏沉沉,即便是身体再疲倦,也能坚持下来。张全义找个软榻坐下,和刘寻就着一些当前局势谈了起来。在张全义看来,梁军众将中,在大局观上谨慎多智者,无疑当是刘寻为首。当下梁帝帐下的文官,虽不乏老臣,更有能吏,但那些都是吏员谋士,却不知兵;知兵者,却不懂谋略;既懂战略,知兵又有谋略,却往往不是朱友贞的心腹。能看透朱友贞心思, 又多智的莫过于敬翔和李振这两个辅佐先皇多年的人吧, 可惜他们终究也算不得新帝的亲信。

谈得越多,张全义越觉得在战事的分析上,刘寻绝对是老谋深算,细心谨慎,每做大事必会先获取大量情报,再抽丝剥茧,一步步地推算谋划。此刻看着刘寻言行中的淡然从容,兼有身为武将的厚重沉凝,他心中更觉悲哀。再怎么精通军略,再怎么淡泊名利,再怎么功劳赫赫,却连自身也保不住。

王道之事,唯在于王,刘寻自然生死不由己。不自觉间,两人交谈不少,刘寻按了按眉心,有些疲惫,感觉喉咙发干。拿起杯盏准备饮之,却发现杯内早已空了。“我去让人取茶水,多饮两杯吧,正好我也感到有些口舌发干。”张全义看到这一幕,主动站起身,说着。刘寻见此,微微点头:“有劳了。”张全义随后步出房门,刘寻开始书写几份要点。

过了不一会，张全义从外面走进来，在他手中，捧着一个木托盘，托盘上摆放着两只杯盏。刘寻看到他进来，一脸倦容地将手中毛笔放下。张全义走到刘寻面前，先将其中一盏茶放于自己所用的案几上，又将另一盏递与刘寻。因十分口渴，刘寻接过杯盏之后，放于唇边，略吹了一吹，随即饮了几口。张全义见其饮下，便借故离开。

之后，刘寻微闭着双眼，半是放松地靠坐着，继续思索着洛阳的防务布局。正想着，突觉鼻孔内有水流下来，刘寻抹了一把。在眼前摊开，却是一手的血！刘寻怔怔地看着，似乎一时不明白发生了什么事，但只是片刻后，他就腹中剧痛，全身颤抖，顿时他仰天大笑起来。

"哈哈哈哈……原来我就是这样的结局！"不想自己，辛苦几十年，却落得这样下场。想起之前，还想着让梁帝高居九重，垂裳治天下，心中愤懑与痛苦再也控制不住，只是到这个地步，他反而无比清明。才是片刻，眼睛耳朵里，都有血流出来，眼前一片鲜红。按照记忆，他摸到了还没有喝完的茶杯，哆嗦地取来，笑着流泪："臣先走一步，且看你何时跟来！哈哈哈哈哈！"一仰脖，刘寻把余下的茶也一股脑地吞了下去。然后端坐着，双手搭在椅子上，神态平静，眼睛合上，七窍中各有鲜血垂下，就此寂静不动。

贞明六年(公元920年)，刘寻被害。刘寻生前曾对诸将说过："主上深居宫中，不知军事，只相信无知众人的议论。用兵关键在临机制变，不可固执成见，现在晋军强盛，出战一定不利，奈何！"一时之言被朱友贞所忌，并听信尹皓和段凝等人谗言，趁刘寻自解兵权之际，命西京留守张全义将其毒杀。

刘寻死后，婢仆星散，人称五代十国第一美女的花见羞，年仅二十余，带着一名婢女和一个老仆，为丈夫刘寻依礼营葬，并在墓庐守节，生计十分黯淡。人们时常见到花见羞穿着洁白的衣裙，踯躅在刘寻的墓旁，杂树生花，风吹袂起，有如仙子临风，遗世独立。城中富户人家多有遣媒说合，希望娶她为妾的，却均遭到她的拒绝。

花见羞并不是她的真名，只是因为她天生丽质，是那么灿烂娇艳，人们认为鲜花在她的面前也会自惭形秽，因而称她为"花见羞"。当年花见羞就像鲁迅笔下的豆腐西施一样吸引着许多少年郎一天到晚在糕饼店前打转，只为了看一看她的美貌。但花见羞与豆腐西施相比有一项截然不同，就是她知道，美貌固然得自天生，神情气质却必须依靠后天的造诣来培养。"腹有诗书气自华。"她在帮助料理店务的同时，颇喜读书，从识文断字到知书达理，这为她以后的人生旅程打下了良好的基础。

后来，年仅十七岁的花见羞同意了年近花甲刘寻的迎娶，老夫少妻居然恩爱异常，可是乱世无情的战火却吞噬了幸福的婚姻，他们只度过了约两年的甜蜜时光。在家乡父老的潜意识中，花见羞已成为“花神”之类的尊贵形象，代表着美好和风骨，偶有好色之徒图谋不轨，必激怒群情，结果都讨不了好去。所以“花见羞”在乱世中安心守着刘寻的墓庐，一天天过着平淡、平静、平常的日子。待到后面，我们会再提到她。

贞明六年（公元920年）十一月，也就是梁、晋河中之战结束后的三个月左右。上天似乎看完河中的大戏还不过瘾，想了想决定给李存勖也添个堵吧。这一次，麻烦从李存勖的铁杆盟友王镕开始。

镇州，赵王宫，王镕高居上座，郁郁不乐。

他手下宦官李弘规和亲卫将领苏汉衡突然联手，两人带领手下在一日内冲进王镕在外游玩的行宫中，斩杀了王镕的另一名亲信宦官石希蒙。这个骇人听闻的消息当即让王镕乖乖就范，不得已听取了李弘规的劝谏，老实地回到镇州，答应不再事佛求仙，炼制丹药，大搞排场，四处游玩。王镕本来就没有什么雄心壮志，自从“成德军”成为李存勖的忠实盟友，随着晋军的节节胜利，大树底下好乘凉，王镕也就再不用害怕受到大梁的欺负。他的日子过得非常踏实，也非常满意，这种腐化堕落，追求享受的作风才是他生活的意义。老板如此做派自然搞得领地内摊派太多，浪费巨大。于是两个主持内政的手下就产生了分歧。

宦官李弘规是个务实的人，实在是看不下去了，便劝王镕道：“大王，晋梁两军正夹河血战，晋王常常亲冒矢石，累得满头大汗，全心都在国事战事上，可王上一天到晚游山寻仙，动辄数千人相随，沿途百姓负担太大，苦不堪言，我等还需积累军资以供晋军，若是如此奢华铺张让晋王知道了，可是对大王不利啊！再者说，眼下世道太乱，大王出游远离军府，万一要是有奸人在后作乱，闭关相拒，到时候可如何是好！”

王镕一听，说得有理，本来心动，想要打道回府。可是石希蒙却不这么认为，他是王镕最为宠信的宦官，而且与李弘规向来不和。石希蒙劝谏王镕，说李弘规表面上忠心耿耿，其实暗地里蓄养死士，妄图谋反，他现在劝你回去恐怕是没安好心。王镕听完，犹豫起来，很快改变主意，决定不回镇州。

李弘规知道这件事后非常愤怒，一气之下才组织人马兵谏。虽然事后，李弘规没有做任何变动，权力依然交还给王镕掌控，也没有对王镕进一步防范，依然一副忠心耿耿的模样。我们从这里可以说李弘规实在是一个很天真的人。他竟然认为自己有理，一心为公，事情做到这个份上就可以了。是的，石希蒙和王镕是没有什么亲属关系，所以王镕根本上是不会很在意的，死了也就死了。但是你李弘规这样的反叛动作会不会让你的老板惊呆呢？这些天送到王镕桌案上的都是检举石希蒙的文卷，说其违反乱纪、奸猾纵恣、暴戾无道，诛杀正是顺应天理。可是让王镕纠结的恰恰是李弘规本人。

王镕勉强看了一阵报告之后，心里愈发地恼火。李弘规无视自己的权威，竟然擅杀大臣，自己的面子往哪里搁？今日杀得了石希蒙，明日就有胆来取自己的首级！这种人太血腥了，就知道杀人，一点头脑都没有，留在身边太危险！万一有一天自己的所作所为得不到臣下的许可，他们是不是会联合起来杀掉我？王镕想到这里，心里骤然紧张起来，不禁深深呼吸了几口气。他望着朝堂下议事的大臣们，嘴角浮起一丝冷笑。哼！你们不让我高兴，我就不让你们快活，你们想谁死，就谁死；那我要谁死，谁就更不得不死！不是说"君要臣死，臣只有去欲仙欲死么"？王镕软弱的性格深处，隐藏着冷酷和狂暴即将合体的快意。

当夜，王镕密令其长子王昭祚（节度副使）和义子张文礼（此时已改名为王德明，本书继续使用原名）包围了李弘规和苏汉衡的府宅，将二人诛杀，并灭其满门。次日，王镕一不做二不休，同意王昭祚、张文礼的提议将李弘规、苏汉衡亲属数十家全部牵连进来，统统斩杀，家产悉数充公。这一下，镇州人心大乱，一场腥风血雨的大清洗在众多贪婪之人的推动下四处肆虐。

混乱之中，必有枭杰。就像当年魏博之乱一般，一个人站了出来，迅速将李弘规的部下千余人悄悄收拢起来，然后振臂一呼，对王镕反戈一击，趁他在府中举行佛道活动的时候，直直杀将进去。这一下，王镕和王昭祚当夜立死，一夜间，王家举族几乎全灭。其姬妾侍女数百人死于投井、大火和乱军中，王家满门落得同李弘规、苏汉衡一般下场！这个枭杰就是张文礼。

"令公命我尽坑尔曹，我念尔十余年荷戈随我，为家为国，我若不即杀尔，则得罪于令公；我若不言，又负尔辈。"这番话就是张文礼当夜举兵时的煽动之词。有了乱兵拥戴，张文礼借势上位，史称其"骤居人上，行步动息，皆不自安。出则千余人露刃相随，日杀不辜，道路以目。"可见其人以阴谋得其位后心中的惶恐。

王镕满门只有两人未被杀，一人就是王昭祚的老婆：梁国普宁公主，有了她，张文礼可以借此向大梁卖好，寻求庇护。另一人是王镕次子王昭诲，当年十余岁，一名忠心死士将其藏在隐蔽洞穴中，叛乱结束后，将王昭诲的头发剃去，让他披上僧人的衣服，又托一湖南人李震将其藏在茶笼中，辗转带到了湖南，方才脱离险境。后来王昭诲在南岳出家为僧，改名为崇隐。多年后，受原王镕手下大将符习的上表举荐，朝廷封王昭诲为考功郎中、司农少卿。后周显德年间，王昭诲任少府监，总算是难得地平安过完一生。

话头拉回来，张文礼一方面暗自通梁，预留退路；另一方面，他也派人向李存勖报告，说自己平定赵地内乱，请晋王封赐他接任"成德军节度使"。而且，张文礼打听到李存勖已从前线回到晋阳，这阵子满朝上下正在讨论李存勖是否称帝的大事。为了迎合李存勖的心理，张文礼主动上表劝进，称晋王称帝上顺天意，下承民心，全篇皆是奉承之言，恨不得将自己举双手双脚的赞成之态当面展示。

晋王宫，李存审和李嗣昭应命进了一处宽敞的书房，见到了李存勖，都开始行大礼。

李存勖这时穿了一件浅黄色宽袖长袍，顶上戴着一顶王冠，见两人进来，显得很随和，站起来走动几步，打量着说着："都很精神嘛，听说你们河中之战时都很辛苦，议论军情常到深夜才休息。"李存审和李嗣昭见李存勖神态从容亲切，不由都心中松了口气，说着："主公，臣等戎马经年习惯了，不碍事，为报效主公，这点苦不算什么。"

"还是要注意身体。"李存勖一笑，没有立刻上座，从案桌上抽出几封折子，递给他们，说着："你们看看。"数月未见，态度一如以前，两人彻底放心了，取了折子看完就变色道："这些狂徒！如此迂腐！"

这些折子是一些地方上的读书人上书，对李存勖即将称帝的事，或者劝说，或者大骂。李存勖却回到座位上，心平气和地端茶一啜，说着："也没有什么，他们说的都是君臣之道，都是正理，只是却不知时务，不知天命，不必多理。"话虽这么说，语气中还是透着些不快。

李存勖的心中早就存在着一个梦想，他要成为象唐朝皇帝一样的人。那是他十一岁进京觐见唐昭宗时就留在心里深处的印记。皇家的威仪，皇家的气势，一呼千万人所应，那才是大丈夫应该坐的地方！自从其父李克用在晋阳割据以来，李家从来就不曾宣称过自己是独立的王朝，他们一直是以唐王朝地方官员的身份出现的。即便是李存勖也一直在名义上坚称是唐王朝赐封的晋王。他手下的将军大臣们的官职也都是唐朝的地方官职。在朱温篡位以后，李氏一直在以唐朝属官的身份与朱温作战，名义上讲是要恢复被朱温篡去的唐朝，重立李家的天子。

可是李存勖心中却是另外一种想法。我们李家三代人血战下来的江山凭什么要一个外人来坐？若是让李唐后人来坐皇位，他凭的是什么，仅仅是那虚无缥缈的所谓高贵血统？以后，我能坚持忍着对一个傀儡日日行臣属之礼么？况且，朱温尚能称帝，我为什么不能呢？李存勖要自称唐皇时，就已料到，这晋地内必会有人不满。再怎么样历经动荡，大唐王朝毕竟上百年，效忠旧唐的人总是有的。自称唐皇，欲将中原一统，在有些人眼中，自然和朱温一样，属于造反无异。可这些人应该是少数，唐末藩镇割据都数十年了，能对皇帝有忠心的人不会太多。即便反对者中也有不少是墙头草，只要自家战局像这几年一样有利，国内也蒸蒸日上，治理有术，这些质疑声自会渐渐消去。

李存审和李嗣昭听了，心里一阵激动，这就是要称帝立制了！不想才数年时间，李存勖就能登上帝位！眼见天下纷乱，但是能称帝的人少之又少，若能抢着先机，王图霸业，富贵高位就在眼前。李嗣昭定了定神，也知道这次李存勖意欲称帝，惊讶者有之，赞叹者有之，唾弃者有之，欲前来投奔者有之。他建议说："主公，这些议论，不可不理，若是给人串通了，形成了声势，就不好了。"

李存审也同样说道："臣附议，这种事还是不能任由他们乱讲。"李存勖笑道："我这几日分别召见诸位重臣，倒不是为这些愚笨之人，主要看看这件大事(指称帝)大家还有什么看法。近日蜀地、吴地势力都有信来，皆是劝进之言，说若是继帝位，复唐号，他们一力支持，必立刻上表臣服。"

"这是好事啊！恭喜主公！"李存审和李嗣昭起身贺喜。

"这其实算不得什么，蜀、吴之地偏远，一篇表章当不得真，最多好听些罢了……这事先放着，这次召你们回来，还有别的要紧事。"

"你们且看看这篇，"李存勖将张文礼的表章交给两人。"依我心意，张文礼实乃背弃恩主的小人，不可不除。"李存勖斟了一杯酒喝下，有些感慨地说着："当初王公在世曾劝我千金之子，坐不垂堂，身为晋王不可在战场上亲历厮杀。那个时候，我笑答，定天下者非百战何由得之，安可深居帷房以自肥乎？这句话我作为自励，也时常记起，没想到我这个整日打打杀杀的还在，他整日养身求仙的却先去了。"

李存审宽慰道："王公多年经营赵地，年岁也渐高，何况世事纷乱，命数也实在难说。不过自结盟以来，他一直助晋良多，实在有些可惜。"听到这里，李存勖有些恨意，想要立时讨伐张文礼。

李嗣昭见状沉吟片刻，劝道："张文礼罪大恶极，必不可恕。不过现在我们正与梁军僵持，不适宜两线树敌，免给敌军可乘之机；朱梁的河中之乱就可谓前车之鉴。我们不如暂时答应了张文礼的请求，先假以安抚，使他不至与我们为敌。待解决梁军主力后，再将其剿灭。”这是很中肯的意见，李存勖想了想，觉得不错。于是忍下一口气，传令正式任命张文礼为“成德军留后”。

这里大家可以注意一下，批准的职位是“留后”，而不是张文礼希望的“成德军节度使”。李存勖当时没有仔细考虑。他没有想到这一个小小的细节，可能源自他当时小小任性不满的情绪，但它的“蝴蝶效应”造成的后果极其深远。

张文礼极为敏感、猜疑，有时候这也是一种直觉，一种乱世生存的能力。从李存勖所任命的官职名称上，张文礼就已经意识到，李存勖对自己忌恨入骨，决不会原谅他，现在之所以不对镇州发起进攻，只是因为晋军都投入到与梁军作战的主战场上去了。一旦李存勖腾出手来，他很可能会被秋后算账，一点不留余地。为了保证成德军在镇州的独立地位，张文礼暗中派人与契丹联系，同时还派出使者赴梁，对朱友贞说：“我已经与契丹取得联系，请求朝廷发精兵相助，与契丹南北夹击李晋，我率成德军在镇州居中策应，若此，李存勖定大败无疑。”

镇州张文礼叛乱的消息传到大梁后，满朝上下欢欣鼓舞。敬翔更觉振奋，立刻上书朱友贞道：“河北之乱，是天赐我大梁复兴之机，陛下应立即出兵以应张文礼之请，不然晋人不可复破矣！”朱友贞凭感觉也知道这是个好机会。当年李存勖就是利用河北魏博内乱的机会，毅然出兵，并在柏乡打败了梁军，这才在河北站稳了脚跟。而今天大梁在河北的势力已经荡然无存了。此时，晋又恰逢镇州内乱，这个情景跟当年李存勖出兵魏博前几乎一模一样，所以朱友贞也很想利用这个机会赌上一把，一旦赢了，就可以完全扭转目前梁军的颓势。

然而，朱友贞毕竟不是李存勖，李存勖具有从无数战事中锻造出来的经验和个性。朱友贞缺乏武人的刚毅果决，这么大的事他不敢随便拿主意，只好去找亲信商量。想来想去，便问计于心腹赵岩（现任租庸使）。

赵岩此时正与徐州温韬，庄宅使段凝等人联合与张汉鼎、张汉杰等戚党争权，根本无心考虑出兵的事情。在他看来多一事不如少一事，兵凶战危的，何必冒险。于是赵岩很坚定地说：“陛下不要听敬翔他们那些老糊涂瞎出主意了，现在晋军主力集于黄河边上，我军尽全力对峙犹感不支，哪有力气分兵去救张文礼？若要分兵，又派谁去放得了心？况且张文礼不过是个首鼠两端的小人，他现在只求自保，就是把他救下来又与我大梁何利啊！”一番话，道出了梁朝现在的困境，全面防御的结果就是处处需要兵，处处需要人，处处需要钱粮物资。加之朱友贞一向用人没有耐心，王瓒一战不利便被撤下，刘寻如此功高也被毒杀，放眼看去国内竟是良将难寻。

平心而论，赵岩这番见解也不是一点道理都没有，但他这番见解类比起当初李存勖出兵救王镕，魏博平乱这些事例来看，就大大不如了。放在相对稳定的时期或许还是老成谋国的中策，但在此时晋梁相争的战略要点，关键时期上，这番话当为下论。好比《棋经十三篇》中曾总结："宁失一子，勿失一先。"乱世争锋，有时候要的就是一口气，一股杀气，步步杀机地坚持到最后。在大梁一场场大战败下来，先机尽失的当下，若再图一个稳字，当然是翻盘无望。可是赵岩在朱友贞这儿的影响力非比寻常，朱友贞听后觉得有理，便决定不予出兵。其后任敬翔百般哀求，朱友贞都不予理会。眼睁睁看着一个大好机会就此过去。

就在张文礼四处煽风点火，想将梁和契丹一起绑上自己战车的时候，时间也匆匆划过，很快迎来了后梁龙德元年(公元 921 年)。

年初，天气寒冷，晋阳王府中李存勖正在泡澡。一桶桶热水，带着湿润的水汽不断倾倒在澡池中，漂浮的木盆里还有着温热的醇酒和烤好的牛肚条、羊脊条等，很能消除疲惫。李存勖觉得是要好好享受一下，才能化解掉张承业带给他的烦恼。

就在数日前，张承业听说李存勖在准备称帝之事，顿觉忧心，进宫劝谏李存勖道："大王一家世代忠于唐朝皇室，救其患难，屡立大功！所以老臣三十余年来为君王聚财养兵，为的只是消灭朱梁逆徒，恢复大唐江山而已！现在河北地区刚刚平定，朱梁政权仍在，大王就想称帝，这可不是我们出兵征战的本意啊！如果这样做的话，就失去了大义的名分，天下诸侯可能都不会与我们同盟了。搞不好这些年来的辛苦就要前功尽弃了！"

"我劝大王还是应该先灭朱氏贼寇，报先王深仇，然后南扫吴，西取蜀，澄清宇内，合为一家！再寻访唐室后人而立之。到了那个时候，就算唐高祖、太宗复生，又安能居于大王上位乎？老臣无他志，只是当年身受先王大恩，欲助大王成就万年之霸业耳！"

李存勖没有想到一直忠心耿耿的张承业却说出这番反对称帝的话语，这给了他不小的压力。虽然李存勖很不满，但是张承业在晋国是老资格了，面子还是要给的，李存勖对此也只能先打打太极，他既不能同意张承业的说法，也不好意思把自己的真正意图给张承业坦白。在张承业的一腔热血忠诚面前，李存勖感到为难，所以他只是含糊应道："这也不是我的本意，可是大家都这么劝我，众心难违，也是一件为难的事情。"

几番下来，张承业看出来李存勖是铁了心要称帝了，顿时伤心欲绝，伏地号啕哭道:“诸侯血战,本为唐皇,今王自取之,误老臣矣!”哭罢便不再和李存勖说话,郁郁而回,一两月间便一病不起了。

不久,李存勖得到张承业病故的消息,虽然他也为之感到惋惜,但更多的是感觉少了许多压力。所以在这当口忙于称帝的李存勖没有意识到张承业的死对于他来说是一个多么巨大的损失。从此,他失去了一个重要臂助,一个能为他打理好根据地的人。要知道就算百战创下的巨大基业,若没有人能很好地管理,也很快会烟消云散。

自古创业艰难,守业也同样并不轻松。我们用理性的现代眼光来看,当时中国也就是这么一种混乱的局面,谁有钱,有地盘,谁就可以供养得起军队,而一旦有了强大的军队,他想称什么王什么帝就是他自己的事了。希望李存勖称帝的可不仅仅是他自己一个人。至少李存勖手下的将军们在这个问题上的想法与李存勖本人是一致的。从将领们的私利角度上来说,现在唐王朝已经不复存在了,如果他们继续打着唐王朝的旗号,相对于已经称帝的“梁”,他们的官职地位都远远逊色。只有将李存勖捧上皇帝的宝座,他们才可以因此加官晋爵。

因为李存勖是以唐王朝所封的“王爵”身份自居的,所以在大晋领地,有很多地区总是由李存勖来兼领当地的节度使,这就让他手下将军们的权力受到了相当大的限制。如果李存勖称了“帝”,这种情况就会有所改观,从来没有身兼数个节度使职位的皇帝,所以这意味着地方节度使的职权自然就会交到诸位将军们的手中。这样就会有更多的将领拥有自己的辖区。在割据盛行的时代,地方军头想的也都是割据。即便是在欣欣向荣的李晋国内,将领们也会认为多拥有兵马、权力是一种更强有力的保障。

李存勖何尝不明白其中的道理,不过他自信在自己的率领下,可以将各地军将聚拢在“晋”的大旗下,成就一生的霸业。在实施称帝行动的初期,李存勖曾对众将说道:“从前王镕也曾经写信给我,劝我说唐朝已经灭亡了,应该自立为帝。可是先父曾经对我说过:‘从前天子幸石门的时候,我发兵诛叛臣,威震天下。在当时,我如果挟天子以令诸侯,也做出逼皇帝禅让的事来,又有谁能制止我呢?只不过我家世代忠孝,这种事情我是誓死也不愿意做而已。希望你日后以兴复唐朝为己任,不要效仿他人自己称帝。’先父的话我牢记在心,这种建议实在是我最不愿意听到的。”

当然,这番话李存勖说得有口无心。称“帝”是李存勖最愿意听到的,他只不过是在用这种方式试探麾下的将军们对此有何想法。将军们也都是聪明人,他们也看清楚了李存勖的心思,而且无论从公从私他们同样觉得这是一件好事,完全符合大家的利益,也符合河东军事集团的利益。于是乎,不断地有人上书劝进。当然他们可以想出各种各样的冠冕堂皇的理由。李存勖虽然表面上没有答应部下的请求，可是他已经命令相关部门制造皇帝所用的物品了。

这件事渐渐地传到了民间，就出现了“传真和尚献国宝”的小插曲。据说，当年黄巢杀入长安的时候，并没有得到唐皇的传国玉玺，从那个时候开始，这颗象征皇权的玉玺就下落不明了。后来不知如何辗转，由传真和尚的师傅得到了这件无价之宝并暗中珍藏了四十年。当这个东西传到传真和尚手中时，他不知道这就是传国玉玺，以为是一块十分平常的玉石而已，所以想要拿出去卖。有的人认出后告诉他这是传国玉玺，于是他就把这件宝物进献给了李存勖。

得到这块玉玺后，李存勖的臣下们纷纷道贺，并说这是他继位称帝的吉兆。纵观史书，每一个开国皇帝继位之前都会出现大量的吉兆，比起那些复杂的设计来，李存勖的“传真献宝”实在是一个十分简单的把戏。反正大家都需要，自然不会有人去分辨真假。换句话说，如果李存勖愿意相信它是真的，也就没有人敢去分辨是真是假。此后，李存勖是真命天子的消息就在民间广泛地传播开来。李存勖并不加以禁止，因为他需要这个流言，这是他称帝必备的舆论基础。

平叛折翼

就在李存勖称帝之事一步步进行的时候，在“晋”的镇州军大营里却弥漫着愤怒和恐惧的气息。这支上万人的镇州兵以都将符习为首，下有将佐三十余人，一大早就忙着请见晋王。事情源自新任的“成德军留后”张文礼，他对这支在外支援晋军作战的军队很不放心，觉得符习等将领曾是王镕的亲信，想要解除他们的兵权。于是张文礼派使者来李存勖这儿，说想让这三十多名将校回到镇州，由他另派将领随晋军出战，明眼人一看就知道，这很大概率是张文礼想把这些人弄回去除掉。符习等人听说了此事，知道一旦回去必死无疑，急忙请见李存勖，伏地跪泣，称张文礼狼子野心，请晋王看在他们这些年来为晋国征战的份上，千万不要遣送他们回去。

“哼，好一个张文礼！真是不识抬举！当我是小孩子么！”李存勖将手里的请调函狠狠地甩在了地上，就砸在符习的身前。见晋王发怒，符习等人越发屏住呼吸，连大气都不敢出一口了。不过，他们心里顿时浮起一丝希望。

“本王已给了张文礼职位！想不到他背后依然勾结朱梁，现在当面还要来玩这一手,以他一州之地,又当真挡得住本王的大军!”李存勖杀气腾腾地说。郭崇韬提供的消息也证实了张文礼勾结朱梁的各种小动作,这让李存勖更加恼火。在他看来,镇州军的战力跟晋军主力完全不是一个级别,张文礼要是诚心归附,或还可以保留爵位和官职,现在这样只有被晋军灭亡,连性命也不可得。李存勖踱了几步,赫然转身决断:“我与赵王同盟讨贼,义犹骨肉,没想到镇州一夕之间祸生肘腋,本王心里非常难过。你们要是还顾念着赵王恩情,愿意带兵去为他报仇的话,本王可以出兵帮助你们!”

符习等人早先见李存勖将张文礼委任为“成德军兵马留后”,心里猜度这是因为晋军正在和大梁黄河苦战,不愿分兵讨伐镇州,所以十分害怕李存勖会用他们的人头去安抚张文礼。此时听到李存勖这个说法,符习等众将一并大喜,立刻抱拳,大声应道:“故使(指王镕)曾赐我等宝剑,使之攘除寇敌。我等自闻变故以来,痛心疾首,冤愤无诉,尝欲挥剑自刎,又考虑到无益于死者,今晋王念及故使辅佐之勤,有意为他老人家复仇申冤,我等不敢有烦霸府之兵,愿率所部径回镇州,剪此凶獠,以报王氏累世之恩,虽死无恨!”

这群镇州将佐俱是群情激愤,纷纷表示必定死战,夺回赵地。李存勖听其回答,也颇为感动,立即任命符习为“成德军兵马留后”,率部讨伐张文礼,李存勖为求一战而胜,又命阎宝(晋之天平军节度使)、史建瑭(相州刺史)率兵自邢洺北上,前往助之。

龙德元年(公元 921 年)八月,史建塘率晋军攻克赵州(今河北赵县),镇州平叛战正式开场。李存勖这次出兵不管是在道义上,还是在实际利益上,看起来都是正确必要的。因为成德军实力向来不强,张文礼的个人能力也不是很突出,再加上他是叛乱者,在赵地根基不深,而晋军准备得又非常充分,兵力优势明显,参与讨伐的又是一流的大将。所以在这么多有利条件之下,晋军应该能够轻松取得这场战争的胜利。可是,任谁也想不到,这会是一场噩梦的开始。

一开始战事进行得很顺利。张文礼病疽腹,及闻史建瑭攻下赵州,惊悸而卒。赵地叛乱的罪魁祸首在正戏开场的时候就出乎意料地挂了。接下来登场的是一个名不见经传的人,正是他成为叛乱者的中心。换个立场来说,他也是创造了奇迹的人,或者是上天一时眷顾的人。这人就是张处瑾,张文礼之子。

张文礼死后,张处瑾秘不发丧,与心腹韩正全力备战,继续领导叛军与晋军对抗。史称“军府内外,皆不知之,每日于寝宫问安。处瑾与其腹心韩正时参决大事,同谋奸恶。初,文礼疽未发时,举家咸见鬼物,昏暝之后或歌或哭,又野河色变如血,游鱼多死,浮于水上,识者知其必败。”从上文我们可以看到,张处瑾的局面也很不好,甚至连“咸见鬼物……游鱼多死”的天兆都预之不祥。可是事实并没有那么简单，战争的变数从这一刻就开始了。

龙德元年九月，晋军渡过滹沱河，围困镇州。九月十日，晋军大将史建瑭领军攻城，身先士卒，不避矢石，力战半日，不幸被冷箭射伤，当晚便因伤重医治无效，死于军中。晋损一大将。

史建瑭其父史敬思，人称“白袍将”，当年在上源驿为保李克用逃生，孤身断后，壮烈身亡，从此以后史建瑭就备受李克用的关注。身为将门虎子的史建塘继承了父亲遗志，投身沙场，为晋军屡立大功。梁晋潞州大战、柏乡大战、魏州大战都有他的身影，特别是在后梁乾化二年（公元 912 年），朱温为了牵制晋军进攻幽州的兵力，命梁军主力攻入河北，也是史建瑭带着敢死士兵混进梁军大营制造混乱，这才将梁军迷惑，导致犹豫不定，错失战机。史建瑭死时只有 46 岁，正是年富力强的时候，李存勖得知消息后，痛心不已，决定亲自带兵攻打镇州，为史建瑭报仇。张处瑾听说晋王亲征，十分害怕，派人请降。李存勖决意复仇，不允受降，执意攻打。

与晋军在德胜城对峙的戴思远在听说李存勖离开这里去镇州平乱后，他立刻发动攻势，欲借机拿下一城，不料被李存审探知消息，与李嗣源设伏戚城，将其大败之，戴思远损兵二万，梁军退去，不敢再战。在这里我们又要叹息一次，如果李存勖能专心拿下镇州，后续很多事都不会发生了！只不过世事都有自己的运行规律，完全不以个人意志为转移。很可惜的是李存勖围攻镇州不过十天，就出现了新的意外。

契丹铁骑攻入卢龙军地界，并在十二月围困了卢龙军的治所幽州，权知军府事李绍宏据城死守，急遣使向李存勖求援。我们前面说过，契丹内部关于南下攻略也有很多不同意见，耶律阿保机的老婆述律平曾说：“我们契丹有西楼羊马之富，其乐不可胜穷也，何必劳师远征？我听说晋王用兵，天下莫敌，万一要是战争失利，那就徒惹天下人耻笑了。”这时的耶律阿保机对内的控制已经十分稳固，对这番话有了不同的回答，大概意思是：“中原很富很友善，到处都是汉奸，我相信最后的胜利一定是属于我们的。”于是不听述律平的劝告，决计出征。

汉奸有很多么？没错，这一次的汉奸简单交代一下，头号汉奸就是张文礼，他写给契丹的求救信是引发这一仗的契机，但他并不是最能打动耶律阿保机的人，顶多算是个由头。引发这次契丹军南下的关键人物要落在定州军阀——王处直（义武军节度使）的身上。大家看到这儿可能会很疑惑，王处直和王镕不一直都是晋军的同盟么？在李存勖风雨飘摇的时候尚且没有背盟，怎么这会儿反起了异心呢？问题就在这里，恰恰就是因为晋的崛起和强大让他越发不安。

我们且来细说一下。王处直的哥哥是王处存，王处存是个比较讲忠义的军阀，而且王处存又是李克用的铁哥们，所以定州义武军一向以来都是晋军的死党。但是王处直和他哥哥不一样，他的头脑比较灵活，考虑问题也就比较复杂，他一直认为定州（今河北定县）和镇州都是依附于晋国的两个小藩镇，那么这两个藩镇之间就应该是唇亡齿寒的关系。换句话说有镇州才有定州的存在。所以等张文礼杀了王镕之后，王处直非但不想为这个老哥报仇，反而极力劝说李存勖放过张文礼，好保留成德军这一半独立势力的存在。如果成德军被李存勖剿灭、吞并了，那么下一步被收拾的恐怕就是定州义武军了。

王处直的这个劝说，李存勖当然是不会同意的，结果王处直表面上不敢抗争，但却想了个阴招，那就是引外力对抗李存勖，这样就能保住镇州，同时也就等于保住了自己。他的这个思路和当年魏博罗绍威的思路一样，结果下场也好不到哪儿去。魏博因为引入朱温势力而导致内乱，那么，王处直会考虑引入梁军么？我们且看看他的对应吧。

王处直的做法与张文礼一样，所不同的是他对大梁不加考虑，直接叫儿子王郁引契丹兵入境。估计他这时已经对梁不太看好，觉得梁没有足够的实力来牵制李存勖。我们从后来戴思远发动的攻势很快就失败的结果来看，王处直的判断是正确的。汉奸没想到的是自己是汉奸，但儿子却未必有同一想法。

王处直有两个儿子，王郁是亲生的。在老爹答应将节度使位置留给自己后，王郁积极地和卢文进（前文有提及，他现在是契丹山北八军的统领，五代史中投靠契丹的著名汉奸）联系，然后通过卢文进将邀请契丹进兵的意思传达了过去。另一个是养子，叫王都。王都一听说养父将嗣位内定传给王郁，心里大不平衡。

正好此时定州军中对王处直引契丹南下这件事情非常不满。在定州军将们看来，自己的地盘要维护是没错，但弄个野蛮的异族来算个什么事。说不定自己肉没吃上，整锅汤都被弄没了。契丹的名声极差，借道来定州也会祸害自家，而且大家都会戴上一顶汉奸的帽子，在家乡父老面前抬不起头，所以王处直手下将领们纷纷表示异议。这种情况被王都果断利用，借大家的不满情绪收拢军心，趁机作乱，一下将王处直及其妻妾全部抓到，囚禁起来，并将王处直在定州的子孙、心腹全部斩杀。不久，王处直就愤恨而死，不过这对当地的百姓来说也算死得正好。

王都搞定王处直后，便立即派人向李存勖说明了情况，大意就是说王处直狼心狗肺，出卖定州，自己坚决跟他划清界限，并且已经把他大义灭亲了，请求晋王能够谅解。书信传到李存勖那儿，李存勖大喜，难得一个好消息，当然不会拒绝王都的请求，马上将其封为“义武军节度使”。

有人欢喜就有人怒。耶律阿保机听到这个消息后十分恼火，亲自率军直扑义武军境内。王都自知无力与契丹抗衡，又急忙向李存勖求援。对于契丹的入侵，李存勖当然不敢掉以轻心，只好弃镇州叛军不顾，转而挥师北上，迎战契丹。当时天下两大最杰出的军事统帅似乎又有了一次巅峰对决的机会。

我们在对决开始前理清一下晋军情况。李存勖现在面临的恶劣态势是多线作战。第一，黄河德胜渡有戴思远统率的梁军主力，李存审、李嗣源部与其对峙。第二，镇州有张处瑾的叛军，阎宝、史建塘（已战死）、符习部正在讨伐。

上一次晋军与契丹的对决（幽州之战）虽然是晋军取得了胜利，但某种程度上那是耶律阿保机在战局不利的情况下主动收兵撤退的。契丹人是经历了一次战败，可是他们的军事实力并没有因此而受到致命打击。而现在耶律阿保机已经是漠北草原上毫无争议的唯一主人了，与之相比，李存勖的局面还没有那么舒服，至少他要不断地与梁作战。在多线分兵作战的大局下，这一次晋军迎击契丹的兵力必然低于上一次。

契丹这几年为了南下攻略，也做了不少改变，虽然全力攻略中原不是契丹一族的共识，但时不时地咬上一口肉，都是契丹贵族喜闻乐见的。为了方便侵掠，耶律阿保机先是任命卢文进为幽州留后，后来又升他为“卢龙节度使”。卢文进了解中原地区的情况，他常驻在平州。这里距幽州不远，他可以随时探听到中原的有关消息。当他一旦发现防守北境的晋军有漏洞时，卢文进就立即率领由契丹与奚族士兵组成的骑兵联队入侵。

奚族与契丹族有着相同的族源，也同样处于游牧生活中，他们的战斗力一点也不弱于契丹人。同样，他们进入幽州境内的目的也不是占领，而是掠夺。当晋军大规模部队赶来时，卢文进与他的山北八军早就驰出塞外，回到草原中的平州去了。卢文进的这种骚扰战术使晋军疲于奔命，晋军在北边一直就紧绷着弓弦，而契丹人的主力骑兵却一直在以逸待劳，等着李存勖国内发生意外。现在，机会来了，契丹还会像上次那样轻易退走么？

后梁龙德二年（公元 922 年）正月十三，李存勖兵抵新城（今河北省正定县）。刚一扎营，就有探马来报，称契丹前锋已经到了新乐（今河北省新乐市），并渡过了新乐境内的沙河，已至南岸。李存勖又问有多少人，探马回报道：“远远看去，契丹军旌旗蔽日,羊马成群,具体人数难以统计,估计十万以上。"

新城距新乐只有十几里的路程,鼻子好的都能闻见膻味了。契丹人来得真快!这一战究竟如何来打,一路上李存勖还没有想好。这一次他不得不亲自北征,是因为他希望能迅速解决契丹这边的战事。令李存勖略感安慰的是,镇州叛军实力有限,有阎宝看住,大概不会有什么问题。不然的话,他可就处于危难之中了。原本出兵前,李存勖派王思同(神武都指挥使)率兵进驻狼山,他希望晋军还来得及守住最后一道山口。因为与契丹骑士在平原上对冲厮杀,损失可能要来得巨大许多。李存勖实在不想再来一次胡柳陂式的胜利了,不过现在显然是不行了,契丹人怎么来得这么快!李存勖忍不住吐槽。

没有多久,帐帘再次掀开,寒风呼啸,炭火火苗"呼"的一下冲向李存勖。正在低头沉思的李存勖骇然心惊,猛地抬起头来。一个浑身汗透的斥候半跪在地上,气喘吁吁地说道:"禀报大王,大事不好!据报,梁将戴思远已领五万大军从杨村渡过黄河,似有攻打魏州(今河北大名)之意!"听到此消息,身边几名将领中有人甚至当即跳了起来!

李存勖最怕的也是这个,为防戴思远趁机作乱,他曾设计狠狠地揍了戴思远一顿,斩杀梁军两万余人。然而梁军虽然是受了重创,但反攻倒算之心竟然未死,难道这次戴思远又不甘寂寞发动五万大军,过黄河准备偷袭魏州?这就非常要命了,因为魏州这个地方,自从后梁贞明元年(公元915年)那场河北大乱以后,就一直是晋军在前线的后勤总基地,这是个不能丢的地方。

火盆边的郭崇韬这时挥挥手,轻轻笑道:"慢慢说,不要慌。这消息也报给李存审了吧?""是的,大人!已一并传给李存审、李嗣源两位将军!"

"今日可有德胜渡的急报传来?""禀大人,未有任何急报!""哦……"郭崇韬没有再说话。这时,几名将军询问完戴思远的异动详情后,沉不住气了,都觉得现在晋军是腹背受敌,危机四伏,就纷纷劝李存勖道:"大王,契丹倾国而来,我军寡不敌众,还是应该先回师魏州以救根本之地。要是连这样都不行,干脆连镇州也不打了,直接从井陉关撤回河东守好老家最为重要!"

李存勖刚听到消息时心头也涌上一阵阵绝望,怎么事情都凑一起了。现在跟随自己快速挺进的精锐只有五千左右,面对数十倍于自己的契丹兵马,敌人是如此的不可战胜和强大。难道就这样将辛辛苦苦的血汗之地舍弃么?李存勖缓缓走出大帐,手握刀柄,站在漆黑的夜色里,任由凄冷的寒风吹过面颊,侵入骨髓。一阵锥心的伤痛慢慢起自李存勖心底深处，渐渐扩散到全身，然后一丝一丝地袭入了他的脑海。

"我是李家的后裔，这江山社稷是我李家的基业。我不能眼睁睁地看着它一点一点地被侵蚀，一点一点地被碾成齑粉，我要拯救它！将来我还要中兴大唐！"他抬头遥望着深邃的夜空，默默地祈祷着。"父亲，保佑我，保佑你的孩子赶走契丹，守住这份基业。"他蓦然高举双手，仰天长啸。帐内的将领面面相觑，只有郭崇韬露出了会心一笑。

次日，军帐议事，众将都知道了梁军异动，人人都有些慌乱。众将提议："契丹人现在是起倾国之兵南下，我军兵少，寡不敌众，况且梁兵即将发起进攻，我们应该放弃北边，回救魏州，保住根据地，再作打算。""应该放弃对魏博叛军的进攻，把部队全部调到北边，与契丹人决战！现在不仅是南北两路同时受敌，而且镇州还存在着叛乱，在这里我们很难战胜。不如放弃太行山以东地区，保存实力，退回到井陉关以西的老根据地，死守河东，以观其变。"果然，众将的提议没有太多变化。

此时郭崇韬知道自己应该说些什么了，来改变当前情势。他看着一直默不作声的李存勖，环顾众将，大声道："契丹人南下，还是同往常一样，他们来也不是为了长期占领我国的疆土，只不过是为了掠夺一些财物而已。契丹人也不可能是真心地来解镇州叛军之围，最多算是趁火打劫罢了。契丹兵越多，他们的物资就越不足。这意味着军队数量越多，对于物资的需要量越大，这里的战事就越不能持续太久，也就无法长期攻击我们。这样的他们只能依靠劫掠，当发现我们在这里拖着他们，让他们无法获得大量补给时，他们就会萌生退意！"

"最近大王新破梁军，威震夷夏，我军士气正盛，加之大王又亲征到了这里，敌人也一定胆寒三分。只要我们大败敌军的先锋，让契丹人感觉到后面极可能仗仗都是硬骨头，他们很可能就失去战意，主动撤走了。苟挫其前锋，必远遁矣！"郭崇韬这番话让李存勖听了非常鼓舞。

这时，早上赶到此地的李嗣昭（昭义节度使）也一力主战，慨然说道："而今大敌当前，有进无退，大王若稍萌退志，军心必乱无疑！"李嗣昭的这句话使李存勖想起了周德威。上一次契丹人杀入幽州，两军临阵，周德威如果不是主动退兵，被契丹人追杀，可能也不会败得那么惨。

所以这番话李存勖深以为然，遂对众将说道："帝王之兴，自有天命，契丹其如我何！吾以数万之众平定山东，今遇此小虏而避之，何面目以临四海！"此句为《资治通鉴》中的原话，李存勖话中"帝王之兴，自有天命"与"何面目以临四海"这两句，这都是皇帝的口气，从这儿明显可以看得出，李存勖称帝之心已经尽览无遗。大概从这些话语中也让郭崇韬把握李存勖的心态有了更多的参照。

“今遇此小虏而避之,何面目以临四海!”李存勖把三十万契丹大军称为“小虏”,这个口气非常狂,但是也非常长自家志气,从这里明显感觉到在李存勖的心里,是不怕契丹的。也就是说,在血与火战斗洗礼中成长起来的李存勖对于契丹“大辽”没有半点恐惧。此番话一出,诸将顿时明白,此战必打!

议决,李存勖便亲率五千骑兵出新城北上迎敌。没想到,事情正是如此凑巧,契丹前锋军也正向南行军,两军相对而行。李存勖幸运地提前发现对方,抢先在途中一片树林中设伏,待契丹人马靠近,李存勖突然打出王旗,前后伏兵杀出!

契丹军没想到直接碰上的是晋王本部!前阵毫无防备中被一举击溃,李建及驱赶溃兵乘势击穿了契丹前锋军牙里果(耶律阿保机第四子,宫人萧氏所生)的兵阵。李存勖凝视着战局,看着牙里果的旗号被斩断,整个人消失在阵中,他很高兴地大笑,这就是今日敌军指挥官的水准了,牙果里指挥有误,契丹的前锋军就完全覆没在此。对于这样的机会,李存勖当然是不可能放过的,他立刻挥军继续掩杀过去。

契丹兵更加恐慌,一个个抱头鼠窜,被晋军一路追杀到沙河北岸。这时,更多的契丹部队正在渡沙河,被自己的上万溃兵一冲,立即乱了阵脚。他们的部队一半在河南岸,一半在北岸,北岸眼看着南岸危急,却没有办法相救。南岸的部队一开始就被溃兵弄得混乱,加上河滩沙石上骑兵的移动力发挥不出来,很快就被随后杀到战场的晋军彻底歼灭。南岸幸存的契丹兵纷纷退向北岸。河桥很窄,大量契丹人被迫跳水,很多人在混乱中都淹死在河中。这一仗,晋军大获全胜,斩首可达数千,并擒获了耶律阿保机之子牙里果。

此时耶律阿保机的车驾正在定州附近,两军相距约八十里,非常接近。契丹败兵逃回来之后,急忙向耶律阿保机报告,说遇到了晋军的主力,而且还是李存勖亲自上阵。耶律阿保机忙问有多少人马,败兵当然不可能说清,只得说:“漫山遍野,不可胜计。”耶律阿保机听罢大惊,担心李存勖乘胜进军,急忙传令解了定州之围,连夜率兵撤到定州东北五十里处的望都(今河北望都县)。

正月十七日,晋军杀到望都。李存勖延续了上一阵敢打敢拼的作风,依靠精锐的“帐前银枪军”与李嗣昭的神配合,正面击破了奚王秃馁所率的五千骑兵。这一次秃馁败得也很彻底,连营盘都丢给了晋军。当李存勖知道耶律阿保机来援后,方才匆匆撤离。夺回营盘的耶律阿保机骑在马上,目瞪口呆。营地内到处是一堆堆的尸体,残肢断臂散了一地,土地上满是鲜红,一股股血腥味飘散,还传来一阵阵伤员的惨叫和哭泣声。耶律阿保机脸上露出一丝不忍之色，在各处视察一番后，感觉到士气已极其低落，如果勉强再战，一旦再有失利恐怕自己也扼制不住溃势，无可奈何下他只好带着主力退往易州（今河北易县）。

很快，李存勖的天运再次到来。易县周边连日以来天降大雪，平地雪深数尺，契丹人粮草告急，大量马匹处于冻饿境地，耶律阿保机自知无力再战了。一日，他神情凝重，举手指天，对属下感叹道："这是老天不让我来这里啊！"遂下令撤军。李存勖知道契丹人多势众，也不愿与其再战，便率军在后方尾随，走走停停，就这么一路把契丹大军"押送"出境。

耶律阿保机回漠北草原去了。在与李存勖的两次较量中，他都是一个撤退者，他带着挫折感沮丧地回去了，却不知道李存勖对他也有赞叹之意。契丹军退走以后，李存勖曾到他扎营的地方观察。只见地上还留着契丹人扎营用的蒿草，有曲有直，回环往复，都是仔细剪过一样的整齐。虽然契丹军已经离开了，可是那些蒿草还是整整齐齐地安放着，并无散乱。

李存勖见此忍不住叹息道："阿保机的营盘也扎得如此严整，军法严明竟然达到这个地步，这是我们也还到不了的标准啊！"耶律阿保机对于李存勖的相惜之情虽然没有文字留下来，但终其一生，他也没有再对中原发动大规模入侵。虽然其后双方的边境也谈不上绝对安宁，但那些战争的规模都降到了很低的程度，这也基本上可以看成是耶律阿保机对李存勖表示出的重视。若不是李存勖展现的战力和决心，岂能让边境平静下来？所以无论什么时代，要让人真正从内心里面尊重你，实力和坚强的意志是最好的办法。

这一次和契丹交锋，是李存勖与契丹的最后一次对阵。对于父王李克用留下的遗命，一则灭燕，李存勖已经完成。二则击败契丹，李存勖虽然并没能做到直取西楼，犁庭扫穴，灭掉"辽"，但是他在五年之内取得对契丹的第二场胜利，同上一次一样，晋军都是在多线作战的不利局面下赢得的胜利，而且是以弱击强，这个已属难能可贵了。这一次胜利让不可一世的"大辽"皇帝耶律阿保机，终其一生，不再南下攻略中原。李存勖以此战绩，也足以告慰李克用的在天之灵了。

北边终于平静了下来。魏州战场和镇州战场就成了新的焦点。当李存勖在与契丹对阵的时候，留守在德胜渡的李存审、李嗣源都接到了戴思远图谋魏州的消息。商议中，李存审说："戴思远知道契丹入侵的消息后，猜大王会抽调兵力前去抵挡，所以他趁我们手头兵力吃紧，试图进取魏州；不过，我觉得我们两个人都是能独当一面的大将，不如我们分两路防守，即使兵力不足，短时间内应无大碍。”

李嗣源也有同感，非常时期用非常方法这已经是晋军的传统了。两人决议停当，李存审驻守德胜渡；李嗣源驻守澶州，负责阻击梁军。戴思远很快发现魏州有备，不可轻取，心想既然晋军分兵守魏州，那么德胜城的兵力就会进一步被削弱，所以戴思远也调整了主攻方向，他亲自统兵进攻德胜渡。

梁军发精锐五万，以长壕围困德胜南城，昼夜猛攻！而李存审据城死守。李存勖得到德胜城危急的消息时，他已经顺利解决了契丹入侵的问题。他担心李存审的安危，加之德胜城重要的战略位置，所以李存勖不得不放弃对镇州讨伐军的增援，亲自去解德胜之围。

戴思远见到李存勖的大军回救德胜渡，便主动地烧营撤退。他很清楚，在这种情况下没有必要与晋军决战。如果李存勖去镇州平叛，他就对德胜渡动手。李存勖只要再挥兵来救，戴思远就坚壁不出，把晋军主力牵制在这里，使镇州的叛军有机可乘。这样让晋军持续陷入两线作战的被动局面。他计划让李存勖左右为难，疲于奔命，再拖一段时间，等到合适的时候再与晋军主力决战。精于用兵的李存勖也识破了戴思远的诡计，他不再离开德胜渡战场，而是把进攻镇州的任务完全寄托在大将阎宝的身上。

此时晋军围困镇州已经长达半年了，早些时候，阎宝将滹沱河决口，引河水将镇州环城围住，以断镇州与外界的联系。到了此时，镇州城内早已断粮，随时都有可能破城，所以阎宝在接到李存勖的将令之后，并没有把镇州平叛当作多么难办的一件事情，所以也就没有格外小心，结果事情就在这当口突然出现了意外。

后梁龙德二年(公元 922 年)三月二十五日，镇州城突然有五百名士兵出城打探。阎宝想来个轻松点的全歼，故意放他们出来，可是这批叛军却乘机向困城的长壕发起了进攻。这时，阎宝犯了一个致命的错误，他太轻敌了！他没有意识到，这次战斗是叛军的决死反扑，他们是在做最后一次的垂死挣扎！随后增援的叛军部队达到几千人。当阎宝发现敌军拼死的意志爆发出惊人的战力时，一切都来不及了！晋军来不及集中于缺口应敌，长壕被叛军集中力量拿下一个缺口，生死相搏的张处瑾率部杀入阎宝大寨四处纵火。晋军猝不及防，全军溃败，阎宝控制不住局势，只好带着败兵退到赵州(今河北赵县)，具书向李存勖请罪。晋军平叛功亏一篑！

军报传到德胜，李存勖十分失望，这是自史建塘战死镇州后，叛军第二次狠狠地打上他的脸。因为阎宝对战败负主要责任，李存勖将阎宝“北面行营招讨使”的职务解除。关于撤职，阎宝当然也能理解，可这一次的错误实在犯得太低级，阎宝自觉羞愧难当，不久之后便疽发于背，郁闷地病死了，时年六十岁。

后来在同光初年，李存勖追赠阎宝"太师"之职，晋天福年间，追封他为太原郡王。阎宝在朱温时代就与葛从周、丁会等人齐名，在李存勖时代也是属于元老级的大将了。他的死让李存勖更加伤痛。李存勖至此下定决心，一定要拿下镇州，为晋军雪耻！

善守者必然知道守者之弱点。李存勖这次派出了定军神针，潞州大战中打出奇迹般守城记录的李嗣昭（昭义节度使兼中书令）。李嗣昭与周德威齐名，朱温在世时对其十分忌惮，他是晋军中王牌级别的将领，几乎所有人都认为这一次，镇州叛军的末日到了。李嗣昭自到镇州讨伐军大营，就很快取得连胜，将叛军重新逼回了城中。

某日，刀长空划过；血长空溅射；头长空飞起。镇州出城打粮的一千名叛军人头落地，血溅荒野，他们被李嗣昭设伏，全数斩杀。就在李嗣昭打马回营的途中。"嗖"的一声，一枝长箭，破空而至，仿似从亘古里射了出来。箭飞过处，树叶飞激！箭射李嗣昭的同时，一破墙后扔出许多土包，烟尘后人影疾闪急行，有刺客！

五条大汉一人持大弓，四人手拿兵刃，全是叛军服饰。他们幽灵般杀入李嗣昭身边，仿佛本是这条道上的幽灵，陡然聚啸涌现；只在寒刃闪动中，四人已突击到李嗣昭身侧！第五人依然在后方瞄准，准备下一次的射击。四人眼中带着狂喜，因为李嗣昭头部已然中箭，血流如注！眼看可以将李嗣昭手刃斩杀，几人已经忍不住要高声欢呼了！

就是这一刻，四人耳边传来一声箭啸，远处的第五人惨叫一声，翻身倒地！紧接着，近身第一人腰腹被李嗣昭铁枪洞穿，肚肠流了一地，当即死去！第二人才到马侧，便被狂怒的战马踢爆头颅，如同破裂的酒袋，软软倒下。第三人被马刀从肩胛劈到胸口，血喷狂涌，死状极惨。冲上来的第四人稍有迟疑，便被四处焦急扑上的晋军战士乱刀砍死。完成这一切后的李嗣昭，用完了所有力气，倒在了呼喊他的将士怀中。原来李嗣昭发现箭囊无箭后，一怒之下直接拔掉头上的敌箭，开弓正中刺客弓手咽喉。

当夜，李嗣昭伤重不治，壮烈身亡。李嗣昭身为晋地柱石级别的大将，曾独守潞州多年，威震华北。在唐末五代的多事之秋，他一生征战无数，表现出杰出的智勇才干。其权任幽州知府期间，勤于政事，法度严明，为百姓所厚爱。这是晋军在镇州损失的第三员大将。李嗣昭的死让李存勖悲痛欲绝，连着多日，茶饭不思。事情到了这个地步，就更没有什么好说的了。李存勖下达了拒降令，绝不接受镇州任何人的投降！

他要杀光叛军，为李嗣昭、阎宝、史建塘报仇！他调来振武节度使李存进为新一任“北面行营招讨使”，吩咐他尽早攻破镇州，手刃张处瑾！

称帝兴唐

李存进带着一股血气，进军飞速，很快便抵达了东垣渡，这里距离镇州城已经不远了。他见士卒体力消耗很大，便下令就地扎营，但此地土质松软，无法筑垒，只能伐木为栅。李存进作为李克用养子之一，也是作战勇悍的晋军大将，他想着这几日便要大军压上，全力扑城，也就没有必要做一个十分坚固的据点来长期使用。遂传令下去全军驻扎东垣渡，砍伐树木做成基本的栅栏形成寨墙即可。

第二日，他命令骑兵大队先向镇州进发，自己在本营处理一些军务后再跟上。此时，本营里面剩余的部队已然不多，而且大部分都在外放牧军马。李存进根本就没有想到，被打了数月的残破镇州城里还有敢出来偷袭的可能。可是事情就是这么发生了，战争的诡秘就在这里，有时候不可能中偏会诞生可能。

如果把出身换在晋梁，张处瑾也会是个有名的大将吧。李存进犯下的两个错误被张处瑾幸运地抓住了。第一，主力骑兵在外，留守人马松懈。第二，东垣渡大寨因地质原因，建得并不坚固。

这一次，张处瑾命其弟张处球集合了城中全部机动力量，率军七千做亡命一击。各自出击的两军主力在镇州城外异道而过，未能相遇，张处球顺利抵达东垣渡口，一见大寨毫无防备，立刻下令全军突击！当李存进突然发现敌军大队正向大营冲来时，那一刻他惊呆了！望着远处迅速接近的叛军，感受着地面传来的震动，李存进的心情异常沉重，为什么每次在关键的时候都会输给叛军？这次稳操胜券的一局又出了问题。张处瑾抓住了他的要害，让他极其被动。留守部队来不及集结，被叛军逼得仓促应战，我们是遭到上天背弃了吗？

李存进一看大营里面也就剩数百左右的亲兵，心下一横，提刀上马，振臂大喊应战。他已经犯了错，就不能一逃了之。身为先王义子丢不起这个人，如果今天战死这里，那也算是给错误付出代价了！李存进这个念头在心里呼啸而过。

“烧狼烟发消息，让主力回援！让大营里的人都赶往渡桥，卡住那儿就还有一线希望！”李存进一边传令下去，一边拨转马头，径直往桥头赶去。仓促之下，他身后只有百余人披挂整齐地跟上。大营四处还有人正慌忙地准备上阵,他必须要赢得时间!他对身边的这些将士大声喊道:“渡桥的防守就交给后面赶来的人，我们必须迎着敌阵冲上去!”

“嗬!嗬!”一声接一声的怒喝,表明了身边战士的意志。这支人数极少的部队奔驰的速度突然加快,战马的呼哧呼哧声清晰可闻。李存进的亲卫提醒他,“将军,风太大,会影响上箭!”李存进挥动长枪疯狂地大笑起来:“不射了,痛快杀吧!”

对面叛军首领张处球已经看出来，迎面而来的一小股人马中似乎有晋军大将,如果能生擒其人,或许可以改变李存勖拒不受降的局面吧。于是,他取消了攒射,亲率精锐前去擒拿。双方相距一百步,都没有等到对方的利箭飞来。双方相距五十步,张处球和李存进同时看见了对方。两人的眼中除了战意,除了仇恨,共有的是绝望和悲哀。

张处球知道打退这一拨晋军还会有下一拨。只要李存勖不接受投降,这场残酷的战事就必须打下去,作为叛军没有选择,只有打到灰飞烟灭的地步才可以停息。镇州已经坚持不了多长时间了，每一次都是在死亡的边缘熬过来的。而现在已经是极限了,这一次就是孤注一掷中的孤注一掷,或许这就是唯一生存的机会所在!对,置之死地而后生!

李存进同张处球一样,也是这么想的,面对死亡的威胁多少次都过来了,不是么!叛军中冲在最前面的士兵突然之间恐惧了，好像看到了死神从对面的队伍中冲出来,对着他们露出了一个凄惨的微笑。双方瞬间轰然接触!张处球的人马由于速度不够,马匹、军士在数月的疲劳下早没有了往昔的巅峰实力,冲击力自然小了许多。而李存进的百余铁骑速度上基本达到了最高的状态，遇到什么就撞飞什么，当真是遇人撞人,遇鬼撞鬼,在死亡前上演最后的酣畅淋漓。杀入敌阵的晋骑感觉就像奔进了一条死亡之路,这条路上有无数的刀光剑影,凶神恶煞,仿佛根本就没有尽头,仿佛这条路上全部都塞满了人,杀不尽杀,没有活人可以跑出这条死亡通道。

李存进手上的长枪就像一条喷吐着舌信的毒蛇,他上挑下刺,左挡右划,却依旧能骑在马上高速奔跑。他后面的士兵没有他那么好的武功,随着叛军人数密度增加,不是被砍死栽倒马下,就是被长矛洞穿腹部,偶尔也会遭到长箭的射杀,接着就被奔马踩踏得不成人形了。

厮杀中每个晋骑都觉得自己走近了死亡,在眼前飞舞的都是对方的兵刃;左边的敌兵一刀刺来,接着右边的敌兵跟着砍下一刀,还没有来得及喘气,随后而来的敌兵又是左一刀右一刀地劈来，根本没有反应的时间！夹杂着还有长枪随时从不同的方向刺来，死亡笼罩着这片被敌军团团包围的区域。

李存进在抵挡了无数件兵器的砍杀之后，突然发现自己冲回到了桥头，身边的将士已经没有一个人了。他在冲出敌阵的最后时刻中没有杀死一个敌人，因为他只能防守，防守，再防守，敌人的兵器一件接着一件，无穷无尽，从头到尾都是毫无节奏地连续劈下，劈下，再劈下，好像就没有中止的时候。李存进手忙脚乱，虽然现在还活着，但还不如死去。他已身受重伤，被砍中了十几刀，全身鲜血淋漓，疼痛欲死。战马早就抵挡不住连续劈下的重击，冲出来后就四肢软瘫，跪倒在地。李存进痛得昏厥过去，一头栽倒在马下。闭眼前看到的最后一幕是，桥头飘扬着他的大旗，还有呐喊杀出，朝他跑来的同袍将士！这一闭眼，就再也没有睁开……

因为李存进的突入，为晋军在桥头的汇集赢得了时间，大营在岌岌可危中始终没有被攻破。进军途中的主力骑兵也闻讯返回，对叛军两面夹击。张处球的七千叛军随后被会合的晋军吞噬。他们就像秋天的落叶一般，被一阵狂风卷起，尔后满天飞舞，飘散到战场的各个角落，化作一堆沃土之肥。只有张处球侥幸逃离战场，一人回城。

这一仗虽然晋军最终取胜，但也损失了镇州战役以来第四位上将。时任晋军蕃汉马步副总管、振武节度使的李存进，就此陨落。此消息传出，李存勖十分悲愤，追赠李存进为太尉。李存勖发动的这场平叛战争，历时已一年之久，晋军不但没有取得胜利，而且因此接连失去了四位大将(按时间顺序)：史建瑭(澶州刺史，外御骑军都将)、阎宝(天平军节度使)、李嗣昭(昭义节度使兼中书令)、李存进(蕃汉马步副总管、振武节度使)。

李存勖怎么也想不明白，即便是契丹的十万铁骑，也不能伤他的亲信爱将们分毫，怎么面对一个小小的镇州，竟然会将事情搞成这个样子？李存勖对张处瑾的愤怒达到了极点。他思虑再三派出了他手上行事最为低调，做事最为谨慎的名将，也是他最为信任的大将：晋军的蕃汉马步总管李存审。任命他为“北面招讨使”，继续进攻镇州。

李存审率军刚至镇州，张处瑾就派人前来请降。李存审清晰地记得李存勖悲痛至暴走的模样，知道投降绝不可能接受，根本不用报与大王知晓，只是传令下去，将城团团围住。后梁龙德二年(公元922年)九月末，镇州城的叛军已经顽强地坚持了一年多的时间。这座城池外墙斑驳破损，虽然屡次被晋军猛攻，但因晋军一向多骑兵而少步卒，多野战而少攻坚。镇州城又多次被张处瑾加固，所以这座位于原赵地核心的重城依然以强攻难破的姿态屹立在恼怒的晋军眼中。

随着城里将校战死的越来越多，张处瑾也不得不启用城内豪绅世家的势力来协助防守。另一方面他也采用扣押人质的方式来加强内部控制，他将世家的武装和自己的部将结合起来，用亲信加以监察，尽力维持着坚守的态势。依仗修补加固过的城墙，能多活一天是一天，对于投降之路被彻底关闭的张处瑾来说，他实在没有更多的选择。而城内被张处瑾绑上反叛战车的世家大族们则起了别的心思。

晋阳城内一间布置得十分清雅的书房。天花板和墙壁裱了桑皮纸，舒适的坐榻，左右全是书架，木案上摆着砚纸笔，屋里搁着个小火炉，方便煮茶，休息时可以饮上几口。郭崇韬赶到时已经是下午，来到里面一眼看见李存勖，就疾趋几步行礼。

“不必了，起来吧，瞧着眼圈发暗，没有睡好吧？”李存勖说着摆了摆手。郭崇韬坐下道：“这几日汇总各方情报，熬了些夜，不打紧的。”说着时的声音就有些嘶哑。李存勖心里有些感动，嘱咐道：“你勤于政事是很好，不过也要注意身体。”

郭崇韬谢过后，开始禀报：“卫州有些乱子……”说起来这个跟李存勖的用人失误有些关系，郭崇韬当然不会直白地表达。卫州（今河南辉县）刺史李存儒，原名“杨婆儿”，本是优伶出身，因为颇有一把子力气而从军。李存勖一直比较喜欢戏剧，觉得这样的人在戏剧圈里也算是难得的人才，就将其封为卫州刺史。结果此人上任以来，好事不干，就知道敛财，把守城的士兵都派出去征税。这年八月，大梁庄宅使段凝与步军都指挥使张朗趁着夜色，渡过黄河来袭击卫州。当时卫州连守城士兵都没有，结果梁军大摇大摆地进了城，并将李存儒抓获。其后不久，段凝又与戴思远一起，攻陷了淇门、共城、新乡等州县，这一带储有的军需物资也都落入了梁军的手中。

“周边县城得了消息，已经哗然。臣以为，这是大事的关键时候（大事是指李存勖称帝），需速调军马收复失地，平复人心。依臣看来，我大军一到，梁军就会自行撤退了，费不了太多功夫。”

李存勖听了问道：“这是为何？”郭崇韬笑道：“段凝所任官职为‘庄宅使’，这就是给朱友贞管理私产的官位，以一个敛财发迹的小人而担当前军重将，这样的用人尺度，实在不可谓不大了！朱友贞以亲信为将，而不考虑其他，自然是取败之道。”

李存勖听着，想到自己任用李存儒一事，好像也有点“尺度过大”的样子，不禁有点惭愧，只好回道：“孤知道了，不过还是要密切监督黄河渡口的情况，别让他们在关键时刻给孤捣乱。”

“是，臣必尽全力，做到无有罅漏。万一臣有疏忽，误了大事，还请王上责罚。”

"嗯,"李存勖点点头,沉吟片刻,说着:"你办事,孤还是放心的!嗯,这茶不错,你且尝尝,给你半斤带回去提提神。"李存勖说着,又将一本案几上的公文拿过来,交与他看。郭崇韬脸色稍变,李存勖就察觉了,示意他开口。郭崇韬说道:"王上,李存审在镇州宣称允许受降,这好像和王上初衷不符啊,这将在外……"

李存勖一笑,截断话头说道:"你要说什么孤知道,不要在这些地方用心。他这个人就是心比较软,说孤继位之前屠城不祥。况且张处瑾来降,他是拒了的,如果能少损些儿郎拿下镇州也没什么不好,存审是孤过得命的兄弟,知道了么!"郭崇韬眼睛一转,立刻一躬身,干脆的答应:"是!"李存勖淡淡地说:"今日就到这里吧,你多日劳累,回去后也别忙了,养好精神明日再议事吧!"郭崇韬再一躬身,笑着告退。

镇州城墙上满是云梯,几千人在蜂拥攻城,喊杀连天。城上滚木呼啸而下,顿时又有上百士兵跌落摔伤。看到前方的战情,李存审面色如常,毫无忧虑。众将看着前线伤亡加大,都有些犹豫,这样不计伤亡的扑城是不是应该停下来,但屡屡回头后眼见旗号如常,将令未有更改,不由都咬牙指挥着一部部兵马继续投入战斗。突然之间有声音传来,"大将军,城上飘出降旗了!"李存审放眼望去,果然见到了城楼上挥动的白旗,心中大定。果然不出所料,城里人心早乱,只要充分展示攻城的决绝和强横的实力,就能让敌人内部不安的因素加速发酵。城里的人在绝地挣扎了这么久,早就应该谈不上忠心了。这座赵地都城他只攻打了半天,太阳还没有落山,就要攻陷了。

李存审并不感到自豪,毕竟这是承受晋军四轮攻击后的疲惫之城。"命令他们打开城门!"李存审扫看了一眼,现在城外晋军士气高昂到极点,只要城门一开,里面就算有什么埋伏,一冲进去也统统废了。听到了喊话,投诚的叛将李再丰不再犹豫,立刻开城。城门一开,早有准备的八百骑兵,在主将的带领下就冲了进去。

眼见城门易手,不少镇州将校丢下武器,当即跪伏在地,请降声响成一片。转眼间,城中就平定了大半。个别死忠张处瑾的部队很快被杀得一干二净。虽然李存审有些鄙夷开城投降的人,但正是这些人才让自己一方的人顺利取胜。他不禁想,要是当初阎宝、李嗣昭也攻心为上,或许镇州早就拿下了吧。感叹归感叹,李存审要求严格禁止杀俘,杀了降者,以后还有谁会主动投降。当然张文礼、张处瑾一族例外,必要杀之后快,既是给晋王,也是给战死的同袍一个交代。

后梁龙德二年(公元 922 年)九月二十九日,镇州城破。经上报回复后,李存审将张处瑾、张处球兄弟、家人及亲信党羽全部斩首。张文礼的尸首被从坟墓里挖出来碎成万段。对镇州活下来的人来说,庆幸的是李存审从头到尾都没有下达屠城令,他们终于脱离了一年多以来在生死线上煎熬的痛苦历程。李存勖对叛军的追责也没有扩大,这同朱温动辄屠城的行为形成了鲜明对比。他也没有忘记寻找王镕的遗体,找到后将其重新厚葬,以向当地人民表示,他对故友、盟友的友善以及对叛军复仇的告终。李存审本就是晋军数一数二的大将,此战后,被李存勖加封为“侍中”。

因为李嗣昭的战死,幽州防卫契丹的重任从周德威、李嗣昭的手中就传到了李存审的肩上。李存审又兼任幽州卢龙节度使,担起守卫北面边疆的重任。对李存勖来说,有李存审在北面防卫契丹,他睡觉都安稳许多,这是幸事。对李存审来说,如此名将自此脱离了争夺中原,一统河山的主战场,却是一桩憾事。

这里,我们提前交代一下,李存勖称帝后,朝中很多文官诋毁李存审,认为他对统一中原的战事没有功劳,不应封太高的官位。对此,李存勖力排众议,升迁李存审为“中书令”及“检校太师”,开府仪同三司,赐食邑千户,封当朝“忠烈扶天启运”功臣。在李存勖看来,手上能抵挡住契丹,不让“大辽”这把达摩克利斯之剑落下的人物也只有李存审一人而已,所以无论怎么厚赏都不为过。

镇州平定后,李存勖也任命了一批新的地方官:符习任“成德节度使”;乌震任“赵州刺使”;赵仁贞任“深州刺使”;投诚的李再丰任“冀州刺使”。符习接到赐封后不敢接任,他认为自己实在难以胜任。他对李存勖推辞道:“故主王镕才刚刚下葬,我作为他的老部下,应该为他服丧,等到丧事完毕,再回来听命。”

符习是清醒的。他知道成德不仅是强大的藩镇,而且是出了名的容易发生叛乱的地方,经过了这样一场动乱以后,李存勖一定会对这里更加小心。身为外系将领,做这里的节度使,稍有不慎就会受到李存勖的猜疑,那样后果反而不堪设想。所以当他给王镕送葬回来以后,就请求李存勖自己兼领“成德军节度使”。李存勖同意了,他也明白符习的意思,这种行动本身也表明了符习对他的忠心。

李存勖也不想让对自己忠心的人得不到应有的报偿,所以他想到要从成德军中分出一部,另外成立一个义宁军,任命符习做“义宁军节度使”。符习再次推辞:“魏博尚武,民风强悍,一直以来都属于霸府,不可分之。我希望大王把朱梁下辖河南之地封一镇给我,我自己率兵去攻占它,才可安心领受。”于是李存勖任命符习为“天平节度使”,兼“东南面招讨使”,攻略河南。

这次叛乱历时一年多,经过无数波折,终于过去了。当初谁都没有想到,这一场平叛战争对晋军造成了如此巨大的损失。这种损失绝不小于李存勖深入梁地,与贺瑰在胡柳陂决战所付出的代价。这是一场残酷的战争。也是很多人永远也不愿意回忆起的一场战争。

清除了一个难搞的脓包，李存勖就在平定叛乱的喜悦中加快了脚步，准备登基称帝了。当李存勖在战场上冲杀的时候，他需要的是能征惯战的悍将，可是当他即将成为万人之上的皇帝时，他却发现自己实在是缺乏懂朝仪，知进退的手下了。没有庞大的文官系统怎么管理朝廷要务，没有文官亦步亦趋的朝堂礼仪，怎么能显示出皇帝的尊严？于是李存勖要求各地的军将为他寻找李唐王朝的旧臣，因为他们都熟知朝仪与典故，可以马上恢复昔日王朝的宏大排场，这是李存勖与能征惯战的将军们所做不到的。

准确地说，朝堂的权力是掌握在文臣手中的。朝堂对于这些刀头舔血的将军们来说是一个充满了陌生感的地方。好比原李氏大唐朝，好比现朱氏大梁朝，太多的朝堂最终沦为文官弄权的战场。通常来说，朝臣要对付一个朝中无人的边将，他们实在有太多的手段了。甚至不用皇帝，或者大佬如何授意，光凭文官系统那个混蛋的官僚惯性，“公事公办”就能把戍守边疆的将士们搞得求生不得，求死不能。不过，这时的李存勖还意识不到这一切，这时的晋阳朝堂还没有能主宰天下的大权。换句话说，各位军镇大将犹如猛虎，都没有到自己进入笼子，并把锁笼的钥匙主动递过来、交出来的地步。

李存勖搞“登基”更多的是需要一个仪式，一个节点，一个象征。权利需要象征，金钱需要象征，成功也需要象征！不是么，过去的人，现在的人不都是在追求这些共同的东西，也追求着这些象征么？没有这些，怎么体现我们的与众不同？李存勖的心理其实这会儿就这么简单。这个仪式、节点、象征的关键就是要足够宏大，要有足够的排场，要高规格，高品位。

李存勖的“求贤令”一下，朱友谦就推荐了一个人：前大唐礼部尚书苏循。此人一到魏州见李存勖时，马上就表现出与众不同的作风。当他见到李存勖下榻的府第时，苏循立即停下来，下马叩拜，并说这有个名目叫“拜殿”。见了李存勖，苏循很熟练地行着复杂的君臣大礼，叩拜称臣。

次日，他又向李存勖进献精美大毛笔三十支，名目是皇家礼仪用品，其名“画日笔”。李存勖为此十分高兴，马上就给苏循高官厚禄。所以史称苏循“性阿谀，善承顺苟容，以希进取”。从苏循的举动中，李存勖才真正地体会到做皇帝的乐趣。可是李存勖对此的反应，无疑助长了后唐臣僚们的阿谀之风。当这种不良风气在官场中蔓延开来的时候，也就是一个政权开始腐烂的时候。这都是李存勖称帝的副作用。

后梁龙德三年(公元923年)二月,李存勖开始建立文官中枢。他在四镇节度判官中甄选,欲选用两人为左右宰相。当时呼声最高的就是卢质(河东节度判官),他就是上文交代过的,张承业在世时刻意在李存勖面前巧妙加以保护的下属。张承业欣赏的文官还有错的么,这个出错概率自然是很小。

卢质早年曾做过唐朝的秘书郎,后来在李克用手下任河东节度掌书记,资历很老。说起来,他对李存勖也有从龙之功,当上一任晋王李克用在选接班人时,曾征询手下人的意见,那时卢质和张承业就一起力荐李存勖。此人不仅如前文说过品格不错,而且到了这个时候,他的政治意识已经成熟,做事做人比以前低调许多。他这次对宰相一职坚决推辞,他一方面坚持不就任,另一方面也向李存勖推荐了两个人,豆卢革(义武节度判官)和卢程(河东观察判官)。李存勖便将这两人任命为左右宰相,又将卢质任为礼部尚书,其余中枢的重要任命也统统敲定。

后梁龙德三年(公元923年)四月,一切准备工作都已就绪,李存勖便在魏州牙城之南设坛祭天,敬告上天,正式即皇帝位。改元“同光”,定国号为“大唐”,同时大赦天下。

中枢朝廷的文臣主要任命如下:任命豆卢革为“门下侍郎”,郭崇韬、张居翰为“枢密使”,马绍宏为“宣徽使”,卢质为“礼部尚书”,冯道为“翰林学士”,张宪为“工部侍郎、租庸使”,李德休为“御史中丞”。任命官员结束后,李存勖又出台一系列地方政区变化的举措:改魏州为兴唐府,建东京。以河东为太原府,建西京。改镇州为真定府,建北都。任命皇子李继岌为“北都留守”、兴圣宫使,判六军诸卫事。

这一年,是李存勖继任晋王的第十五年。这时的他也不过三十九岁,正是处于人生黄金岁月的时期。在这十五年中,李存勖克服了无数的困难,取得了一个又一个的胜利。同时也为自己赢得了巨大的荣誉和广泛的支持,所以说他在这个时候称帝,也已经是众望所归了。

从这时开始,五代进入了历史上一个崭新的时期,史称“后唐”。史书中,后梁“龙德”年份开始被后唐“同光”所替代。晋军也改称唐军。李存勖带着自己所辖的后唐全境,共十三个节度军镇,五十个州府,意气风发地奔入自己一力开创的新时代!

第八章 鼎定中原

帝国柢柱

就在李存勖称帝后不久，天上掉下来一个好机会。同光元年（公元923年）四月底，梁郓州守将卢顺密派人来到兴唐府向李存勖投诚，称戴思远（梁北面招讨使）为了能和唐军对抗，已经将郓州守军全部调往杨村一带，此时郓州内梁军兵力空虚，不过三千，请李存勖火速派兵夺取。

李存勖看过密奏之后，有些兴奋，直觉上告诉他这是一个机会。若是奇袭成功，就能打破与梁军僵持的局面，在地理位置上重新居于优势。不过，这么大的事儿，李存勖也不能轻易拿定主意，于是找来大将们召开御前会议。郓州（今山东东平县）是天平军的镇所，也是大梁的军事要地。此处离大梁汴京（今河南开封）约有五百里的路程，从距离上看，要比目前双方对峙的德胜渡远了很多，但郓州与汴京之间，却是一马平川，其间无险可守，唐军若是能拿下郓州，就可以在这里开辟第二战场，直接威胁到大梁京城的安全。这就等于在大梁的腰腹上插进一根钉子，搞不好弄一下就会要了朱友贞的老命。所以这次奇袭是有足够诱惑力的。

但是,会议上却是一片反对的声音。理由也很充分:郓州毕竟是一座重镇。当年唐军刚攻下杨刘渡时,主力距郓州只不过是三十多里的路程,但也动不了它分毫,难道这一次就能轻易地把它打下来吗?更何况,卢顺密到底可不可信,这也是不好说的事情。结果众将讨论来讨论去,绝大多数都说不可行。甚至有人说道:“陛下刚刚登基,如果卢顺密是诈降,引诱我们中了伏,不仅损失兵马,而且会让陛下的名望大受影响,所以我们还是应该稳中求胜,从长计议。”

这些都不是李存勖想听到的,最后李嗣源果断开口:“陛下,末将觉得若是放弃的话实在太可惜了!既然戴思远在杨刘一带增兵的情况属实,那么郓州空虚的情况很可能就是真的。如果我们计划得当,甚至可以毫无损失地吃掉郓州!”此言一出,举座愕然,但这正说到李存勖的心坎上。他压抑住激动,鼓励李嗣源继续说下去。

“如果由我领军,我会用五百死士先行靠近郓州,一旦确认情况属实,出其不意立刻夺城!其他人马星夜来此固守,然后我会速报陛下,静待大军来援。如此,待梁军发觉,也已晚矣!”屋子里陷入了沉寂。李嗣源见周围一片犹豫之色,心里很清楚诸将的想法。毕竟这需要深入敌后,假如有埋伏,或者敌军拿下渡口,断绝后路,这只偏师必然是凶多吉少,有去无回。若是从前天天在刀口舔血,冒这些险也算不得什么,但是现在李存勖已经称帝,能参与这个御前会议的将军哪一个不是兵权在握的人物,现在要他们再去冒生死之险,就有些勉为其难了。但是这样的长途奇袭又不可能交给中下级将领去执行,必须要有经验老道的大将率领才能做到随机应变,提高奇袭的成功率。

李嗣源不由想起“胡柳陂之战”中,他处于稳妥起见,带兵脱离战场,结果就在李存勖最危急的时刻没有赶到其身边。虽然这并不是出于李嗣源的本意,而且李存勖也没有因此过分怪罪于他,但是李嗣源一直以来都以此事为耻,所以非常想找一个能立奇功的机会,挽回自己的名誉。于是便在此时,他果断地对李存勖自荐道:“陛下,国家连年征战,民生凋敝,苟非奇计破敌,大功何日可竟?所以请陛下让我领军五千,要是拿不下郓州,我绝不回来见你!”李存勖听后大喜,当即拍板同意!数日后,李嗣源率领出击部队在黎明的晨曦中取道杨刘渡,深入大梁境内。

这一路潜行,李嗣源心里一直紧绷着。路途太远,牵涉的环节太多,对出击的将领来说风险很大。一旦失败,自己连同这拨人马,怕是要彻底覆没了。十余日后的一个清晨,看着地平线上渐渐浮现的城墙轮廓,李嗣源稍稍松了口气,我们终于悄然抵达了。经验丰富的斥候化装成寻常投亲的百姓,在城内查探,迅速确认城内兵马不多,附近军营前的拒马并没有放下来,军营大门后也没有布置重弩和鹿角,看着进出梁兵们那轻松的表情,这并不像一座战备充分的营寨。卢顺密的信使这时也派上了大用场,通过他很容易地就联系上了城内的卢顺密,这让夺城更加有了保障。

深夜,只有依稀的星斗,在夜空中闪烁。郓州城头不断有着梁兵巡视,神色并不紧张,毕竟这里远离前线。不过,由于被抽调走不少人马,所以即便到了深夜,也有人轮流在城头巡视。没过多久,城外附近的军营里,猛地爆发出一阵喊声,同时还有火光燃起。这顿时让城上的守卫一惊。他们不知道,就在这时,李从珂已经和卢顺密里应外合打开了一座城门。跟着李从珂的已经不是十几个偷偷进城的勇士,而是五百突击战士,其他数千人马则刚刚对附近的军营展开了夜袭。李从珂在城门口取得一匹战马,一跃而上,在城中的道路上奔驰,神情轻松,因为他找回了身为骑将的畅快感。

官衙中满是火把,被惊醒的太守刘遂严脸色苍白得和纸一样,故作镇静地正召集衙兵。这时,一个兵士扑了进来,用一种难以置信的声音说道:"大人,是叛乱!卢顺密反了,他打开城门,放了唐军进来!"刘遂严顿时如被雷击一般,呆若木鸡,他嘴里嗫嚅着,似乎还想说些什么,却又说不出来。朱友贞登基后,对地方官吏进行选汰,太守、县令这一级官员大量换上了朱友贞身边亲信推荐的人,或者是善于给朝廷敛财的人。这样就造成了大量中基层官员对职位的争夺,官员之间,官民之间矛盾加大,冲突不断。就好比卢顺密这样自觉仕途暗淡,又不看好汴京未来的人,于是索性投向了李存勖,造成了郓州轻易陷落。

太守府的衙兵才坚持了片刻,大门就被"轰"的一声撞开。李从珂带着士兵一拥而入。而府衙院内,已然大乱,只听"噗噗"声不绝,一片箭雨落下,正在抵抗的十数人,立刻变成了刺猬,为首的梁军伍长被一箭毫不留情地穿胸,他张开嘴,想说什么,却最终徒然地跌翻在地。女人的惊叫声,男人的惨叫声,充满着整个府衙。很快,狼狈不堪的刘遂严就被押了上来,这时他官帽已经不见,一身官服支离破碎。

"太守大人,久违了啊!"卢顺密仰天大笑,抽出长刀,踏步上来。

"你这贼子,不得好死!"听着后面女眷的哭喊声,刘遂严自知无幸,破口大骂。

"哈哈,你只顾搜刮民财,把赵岩当你的亲爹,还说我是贼子!"卢顺密笑声停了,阴沉地低下头,说着:"你派人出去烧村逼税的时候,可曾想到今天!"刘遂严听了这话,眼睛中几乎要滴出血来,挣扎着。

卢顺密再次仰天大笑,突然之间笑声一停,刀光一闪!一个头颅飞了出去,口中还含糊喊着什么，在地上一滚，滚出了六七米，而无头尸体，还痉挛挣扎着，血如喷泉一样从脖颈处涌出！

郓州奇袭得手的消息送到李存勖的案头，这让他欣喜若狂！他忍不住挥舞着捷报，在屋里大喊："大事成矣！总管真奇人也！"(李嗣源时任蕃汉马步军副总管，此处总管正是指李嗣源)很快，郓州失守这个消息也传到了汴京，顿时满朝上下，群情震骇。梁主朱友贞更是被气得暴跳如雷，一怒之下，下令免去了戴思远"北面招讨使"的职务，传旨命副使段凝暂代。这一道命令让一个人坐不住了，他知道大梁已经到了生死存亡的关头。

如果用段凝，梁国必亡！这个人就是当时大梁高官中少有的头脑清醒的人：敬翔。这时的他已经被排挤出了权力中心，成了闲置人员。他上书自荐道："国家连年丧师，疆土日蹙。陛下居深宫之中，所与计事者皆左右近习，岂能量敌国之胜负乎？先帝之时，奄有河北，亲御豪杰之将，犹不得志。今敌至郓州，陛下不能不留意。"

"臣闻李亚子继位以来，于今十年，攻城野战，无不亲当矢石，近者攻杨刘，身负束薪，为士卒先，一鼓拔之。陛下儒雅守文，宴安自若，命名贺瑰辈敌之，而望攘逐寇仇，非臣所知也。陛下宜询访黎老，别求异策，不然，忧未艾也。臣虽驽怯，受国重恩，陛下必若乏才，乞于边陲自效。"看着这样一封自请出来做事，想挽救大局的奏章，朱友贞也有点心动。于是，他忍不住去问宠臣赵岩的看法。赵岩一直提防着敬翔，赶紧说这是敬翔心怀不满的表现，这封奏折故意表示只有依靠他们老臣才能管理好国家。朱友贞一听，原来有如此含义，顿时心生不满，就把这封奏章扔到脑后了。

敬翔深知段凝为人机巧，很会讨好，皇宫内外人际关系维护得特别好，作为主管皇家两京庄园田地的官员，仅是敛财也就罢了，但现在是国家生死一线的时刻，怎能任人唯亲，继续任他们胡来！他忍无可忍了，一怒之下，便带着根绳子，到宫内见到朱友贞道："先帝取天下时，对我言听计从！可自从陛下登基之后，我说啥你都装着没听见，现在国家的形势一天不如一天，我也老了，没有用了，不如今天就死在这里算了！"说罢取出绳子就要上吊。朱友贞一惊，急忙把他拦住。他只是不喜欢老臣出来分权而已，还不至于非要逼死这帮老臣。

此时，朱友贞心里也正觉得前线战事十分难办。于是，他便劝阻道："老相国啊，现在国家已经够乱的了，你就不要再添乱了，你有什么话就说好了，我听你的还不行嘛！"敬翔立刻说道："事急矣，非用王彦章为大将，不可救也！"这就是极力推荐了。非要朱友贞启用王彦章为前线主帅。朱友贞对王彦章的能力也有所耳闻，见敬翔如此坚持,便退让一步,索性传旨将王彦章任命为“北面行营招讨使”,取代戴思远。不过,仍以段凝为其副手。

第二天,朱友贞正式召见王彦章,当庭问他大约需要多长时间可以打败在黄河对峙的唐军。既然都说你有本事,那看你能说个一二三出来么?“三日破敌。”王彦章不动声色地答道。满朝文武闻言大笑,朱友贞也被他弄得哭笑不得,果然是个匹夫,大言不惭!从京城到黄河前线,如果走得慢一些,可能三天都到不了,谈什么三天破敌。

朱友贞也想到了另外一件事,就是当年刘寻回答破敌之期的事。刘寻当时说:“请陛下给每名士兵发下十斛粮食,等到粮食吃尽,也就可以破敌了。”一个回答是遥遥无期,一个回答是短短三天。莫非王彦章是在说反话、气话,故意讽刺发此问的人不知兵事?他可能与刘寻一样,也不喜欢人家催他作战,所以回答也是一种托词,只不过是换了一种方式。现在大敌当前,正是用人之际,朱友贞尽管心中不快,却也不便发作,只是兴致少了许多,也懒得说一些勉励的话语,就淡淡地命王彦章出发。王彦章非常淡定,他似乎没有想过,这句回答如果严格追究起来,可是有欺君之罪的。谁也不知道他在想些什么。

王彦章只用了两天的时间就赶到了滑州前线。尽管他在路上的行动出人意料地迅速,可是离他自己许下的期限也只有一天了。大家都猜测着王彦章来到部队以后将马上采取什么样的军事行动,可是令所有的人感到意外的是,他一到军中,就召集此地大营的高级将领们来赴宴饮酒。难道这一天就要这样在酒宴前度过吗?人人都在想,可是没有人问。

王彦章也知道大家都在想些什么,可是他故意对此避而不谈,只是故作糊涂地劝酒。他知道这里有许多双眼睛盯着他,有代表朝中大佬的,有同僚之间不服的,甚至还有暗通外敌的,就让你们好好看,慢慢看个够!没人知道,王彦章在赶往大营的途中就命令亲信召集旧部,在渡口集结,并发下将令暗中调度物资。这时,那儿已经有八百精锐战士,每人一套铁甲,一柄巨斧,同时还备下炼铁用的炭炉。

天色渐渐地黑了下来,王彦章大帐中的酒宴还没有散。他喝了不少酒,借口要去如厕,中途退席。一出后营,王彦章骑上早就为他准备好的战马,率领着已整队等候的上千将士,风驰电掣般地向德胜南城冲去。与此同时,他命令渡口早准备好的精锐在水师的配合下出发。船上载的是点燃的炭火炉和那手持巨斧的八百勇士。

王彦章抵达河岸后,紧勒缰绳,手中马鞭高高举起,连声大叫:“传令各部,准备攻城，快！”强劲的战鼓声、悠长的号角声四处响起。德胜南城就像一位饱经沧桑的坚甲武士，静静地坐在黄河边，神态平静地注视着这支志在必得的梁军。吊桥在城内的示警声里缓缓拉起，城门轰然关闭。王彦章剑眉微皱，眼里掠过一丝忧色。德胜南城已经变得比过去坚固许多，打下它的关键在于迅速破坏和北城之间的浮桥，中断支援。带着丝丝凉意的河风迎面拂过，平静的河面上霎时荡起层层涟漪。王彦章望着眼前清澈的河水，心中杀伐之意蓦然高涨。“传令各部，包围南城，河面即将火起，准备三面一齐攻打！”

唐军南城守将朱守殷一身酒气，在两个卫士的搀扶下，气喘吁吁地爬上了城楼。最近一段时间，朱守殷的心情非常恶劣。因为他的特长是探查他人隐私，而不是沙场血战，他觉得在这里驻防简直是浪费向上爬的机会。朱守殷早年在李存勖手下为奴，为人阴险有计谋，也有些勇力，因此受到赏识。后来，李存勖将奴仆编为“长直军”，便以朱守殷为长直军使，但并未上阵征战过。李存勖觉得他算得上忠心，便将其提升为蕃汉马步军都虞侯。

朱守殷说什么也没有想到王彦章会在这样的时间里发兵进攻，何况他还得到消息说王彦章今日刚抵达这里，正在他的大帐中与部下们一起饮酒呢！李存勖在得知王彦章就任前线招讨使以后，曾对朱守殷嘱咐过：“王铁枪个性勇决，乘愤激之气，必来唐突，宜谨备之。”此话早被朱守殷忘之脑后。

就在朱守殷发现敌袭，匆忙在城楼上张望时，突然后方江面上火光乍起，顷刻间身边城楼下的河面上已经是烈焰滚滚，阵阵黑烟向岸边涌来，浓烟弥漫，对面难见人影。河面上突击的梁军将领在木筏上击鼓，鼓声沉沉，犹如陷入绝境的野兽悲号，此刻就算没有王彦章的敢死军令，面对身后的茫茫大江，也只有一条道路可走。

黑暗中河面上燃起一堆堆的火焰，那是八百大斧队乘舟筏来到河中，他们在用大炭火炉烧裂联系南北城浮桥上的链锁。当守军发现情况不对时，链锁已经在炭火炉持续的高温中发红、变软，王彦章选拔的力士们举起利斧，一下下剁在链锁的薄弱处，很快便把粗大的链锁砍断。浮桥失去链锁的固定，迅速垮塌。德胜渡南北顷刻间就失去了联系。与此同时，王彦章率领的几千精兵在德胜南城下同时发动，乘夜猛攻。

朱守殷来南城后糊里糊涂地过了十几天，终于等到了自己最不愿意看到的一件事，王彦章兵临城下。他努力去除醉意把脑袋伸出了城墙向下张望。王彦章铁骑步卒列阵于城下，旌旗狂舞，气势如虹。

“这是谁的军队？”朱守殷含混不清地问道。“这是梁军王彦章的人马。”身旁的下属紧张地吞咽口水,凑到朱守殷身边大声说道。此刻城下战鼓齐鸣,城中唐兵奔走呼喊,纷纷上城防守,周围十分嘈杂,说话要是不用力气,对方很难听清。朱守殷没有听见,他回过头来刚想再问一遍,一股狂风吹过,顿时气息噎得他面红耳赤,张嘴就把肚子里的酒食喷了出来。吐完后朱守殷清醒了一点,他伸手擦擦嘴边的污渍,看着后方河面上浓烟大起,正欲抽调甲士乘舟增援浮桥,却见城下梁军浩浩荡荡地攻了过来。

"不好,梁军要攻城了,全数上城守备!"朱守殷惊惶地大叫起来。他叫了几声,突然想到什么,"撤,撤,快撤下去!"他带着随身的几个属官转身就跑,"梁军要射箭了,快躲,快躲!"朱守殷情急之下突然来了力气,像兔子一般沿着石阶冲了下去。天空中传来刺耳的厉啸,一批批的长箭在空中露出狰狞的本色,铺天盖地飞了过来。

当夜,唐军猝不及防,守军无备,被王彦章一鼓而克,死者过千人,南城失守。朱守殷仓惶而逃,乘小舟逃回北岸。河上铁锁已断,浮桥被毁。王彦章占领了德胜南城。从他朝廷受命,到这时候,正好是第三天。梁军士气大盛!

拿下南城次日,王彦章乘胜进攻,梁军连克潘张、麻家口、景店诸寨,声势大振。

李存勖得到消息后,大骂朱守殷道:"混帐,果误予事!"骂归骂,李存勖觉得朱守殷毕竟是自己的亲信,便将大棒高高举起,轻轻落下,最终饶了朱守殷,没有对他重罚。

李存勖从以往的交手中就知道王彦章是一名非常出色的大将。果然,事实证明了他的判断是正确的。同为这个时代杰出的军事达人,李存勖也看出了王彦章的下一步杀招,他一定会乘唐军新败,立足不稳的时候,迅速进兵杨刘渡。一旦攻克杨刘渡,唐军在黄河沿岸的重要据点就全部落入了梁军手中,梁军在战场上就会取得这几年从未有过的主动地位。黄河天险将会再一次成为梁军的屏障,唐军以后想要渡河作战就会变得和十年前一样困难。

想到这些,李存勖马上传下命令,派属将焦彦宾迅速赶到杨刘,与杨刘渡守将李周一起坚守城寨,同时他还命令朱守殷立刻弃守德胜北城,火速拆屋做筏,率部队乘筏从水路东下,增援李周死守杨刘渡。后勤人员负责将德胜北城里储备的军需物资运往澶州。

李存勖是这样评估的:既然德胜南城已经被梁军占领,那么北城也就失去了原来支援南城的意义。失去了浮桥,对岸的梁军也同样不容易取得北城。李存勖要的是南下的通道,而不是一座与梁军隔河对峙的单一城寨。现在南下的唯一通路就是杨刘渡，绝不能再出岔子。

英雄所见略同。王彦章也在德胜南城拆屋做筏，准备速攻，他要赶在李存勖的大部队到达以前夺下杨刘渡。否则，他将不再有这个机会。于是，两军很快相遇。王彦章东下的部队与朱守殷的增援部队同时出现在黄河河面上，双方都急于赶到杨刘渡，所以他们各行一边，比着行军的速度。当水面狭窄或者是河流弯道的时候，双方的木筏在水中交错相遇，黄河中央就会爆发激战。朱守殷知道这是要保命的时候，必须咬牙厮杀，不可再败。一时间，两军都在顺江而下，也同时箭如雨下，间歇的厮杀充满整个行程。常常是一排木筏接一排木筏地覆没在黄河中。一日大小数十战，互有胜负，双方兵卒落水无数。等朱守殷的部队到达杨刘的时候，人员损失几乎一半，可见其惨烈。

王彦章见未能阻挡住晋援军，于是和段凝率十万大军一起再次围攻杨刘，每日百道俱进，昼夜不息，并调来几艘巨舰，横亘河中以阻挡唐军后续部队。这个时候，杨刘的形势已经十分危急。虽说位置重要，但毕竟只是一个渡口，顶多只能建筑一个坚固点的城塞，跟那些军镇治所所在的坚城无法相比，而且原本防守的兵力也不多。数日里，多次险些就被梁军攻破城池，多亏其守将李周不避矢石，亲自上阵，与士卒悉力拒守，才勉强保住。

王彦章对杨刘猛攻数日，不克，便转而开始连营筑垒将其围困。李存勖认为杨刘对唐军来说比王彦章更重要。唐军手中掌握的对岸渡口就只剩杨刘一个，而且，李嗣源此时还在郓州，一旦杨刘失守，李嗣源的退路也就断了，所以无乱如何都要将其保住。

同光元年（公元 923 年）五月，李存勖率大军来到杨刘城寨，他发现王彦章早就对他的到来做好了准备。陆地上，围着杨刘的是一层层的深壕，既可以阻止城中守军突围，也可以阻止援军入城。李存勖与郭崇韬商议对策。

郭崇韬建议道："现在王彦章采取久围之策，其意必得杨刘。而且他修筑的阵营异常坚固，我军很难突破，他可以坐等杨刘城中粮尽，垂手而得。若我大军在此僵持，杨刘城一定失守。"

"臣有一法，请于博州以东马家口另建新城，一方面对杨刘、对郓州都是一个接应，另一方面，王彦章见我军择地南下，一定要分兵阻击，这也能分散敌人的兵力，同时把敌人拉出构筑好的阵地进行野战。不过，这个计划有个缺陷，王彦章一旦知道了我军在马家口建立城寨，一定会派部队袭击。希望陛下这几日不避伤亡，每日必去攻打敌寨，令王彦章应接不暇，只要王彦章十天没有察觉，不移军东下阻拦，我就可以完成筑城计划！”

这时的李嗣源正固守新到手的郓州，已经与大军音信不通。他最后派出的部将范延光来见李存勖，建议道：“总管大人在卑职离开前提到过，郓州得手后，杨刘渡乃是敌必取之地，若守备坚固，梁人必会困之，这时，我军应该在马家口筑城，亦可打通郓州之路。”李嗣源与郭崇韬的想法一致，不谋而合。于是李存勖命令郭崇韬率一万部队悄悄出发，去马家口筑城。李存勖则发兵进攻王彦章的大营，日夜与之苦战。

一天过去了，梁军没有异常。两天过去了，梁军没有向外派遣部队。三天过去了，王彦章仍然没有察觉。第四、五、六天过去了，梁军依然没有动静。转眼到了第七日，斥候紧急来报，意外在通往马家口方向的树林里发现了梁军大队留下的痕迹，估计已经是一天以前的了！李存勖大惊，一面火速传令大军集结，向马家口方向增援郭崇韬；一面暗暗祈祷郭崇韬一定要坚持到他的到来。

新城鏖战

郭崇韬率领的大军中有过半是筑城用的工兵，他们加入唐军不超过一年，只有大约五千人是精良的战兵。为了防止梁军突袭阻挠筑城，郭崇韬沿途布下数百名斥候，一旦发现梁军出动，向这里杀来，就沿途点燃狼烟传讯。这六天里，郭崇韬率领上万人夜渡黄河，连夜南下修筑工事，保护新渡口，昼夜不停，他时时刻刻亲临指挥，不敢掉以轻心，数日里忘记了疲劳。困极时便在行军床上打个盹，醒来时，忽然觉得裤子里很凉，一把从腿中抓出一个活物扔在地上，身边亲兵一看，却是一条蛇。史书上曾留下这样的记载，可见当时军情的紧急，竟使他劳累到蛇什么时候钻入裤腿都不知道。

在如此亡命地修筑下，第七天清晨时分，新城的主墙和部分辅墙已经修筑得差不多了。突然，巨大的狼烟从地平线上冒出，接着低沉的牛角号声沿途一声声传递了过来。随后上百把号角在工地大营的各个角落里先后吹响，数十面战旗在城塞里来回挥舞，轮换休息的士兵们都从帐篷里出来，紧张地向战旗下集结。在城塞中间的广场上堆满了各类武器，主墙上忙碌的士兵们纷纷停止施工，开始按照指令赶到广场上领取武器，一边整备一边向城墙上望来。

站在城墙上的郭崇韬已经换上了一身戎装，黑色的铠甲，黑色的头盔，清亮的长剑。他心中估计着城外蜿蜒而来的梁军速度，同时鼓舞着自家将士。参与筑城的士兵们大多数都没有参加过真正的大战，他们神情非常紧张，紧握着武器，一个个张着嘴大口大口地喘气，心脏都在剧烈地跳动。郭崇韬看着他们的表情，也想起自己刚上战场时的情景，眼前不由浮现起李存勖临敌时的淡定。

低沉的号角声也从蜿蜒而至的梁军集群里传出，在新城外响彻一片。上千名身强力壮的梁兵已经蓄势待发，其中的梁军牙将听到号角声，立即纵声大喊："上肩！"士兵们两个一组，配合默契，一个蹲在地上，另一个抓起一袋土，放到对方肩膀上。"冲！"随着又一声令下，五百多条大汉扛着土袋，狂吼着，飞快向新城跑去，在他们的头顶上方，一轮更密集的箭雨掩护着他们呼啸而过。对于并不算高大的新城主墙，一口气堆出为攻城梯作为基础的土台，这样的威胁也已足够。

王彦章带着三万五千大军将郭崇韬所部团团围住。梁军选择的主攻方向是主墙体的右侧。因为右侧主墙后的辅墙以及运兵通道所用阶梯尚未开始修筑，一旦开战只有靠主楼的兵道来对右侧进行增援。此时梁前军将领正带着部队攻打主楼，主楼上的唐军在敌军弓骑的不停射击下自顾不暇，根本没有办法帮助新城右侧部队进行防御。郭崇韬站在主墙上也看出敌人的意图，他迅速对负责右侧防务的牙将王全斌进行部署。

很快城外鼓声擂响，梁军的攻城部队开始展开阵形。弓弩兵和骑射兵开始向前推进，突击步兵每十个人一组，携带便携的登城梯；每架登城梯后边，有二十人的突击小队。这些小队士兵一手拿刀，一手拿盾，一副视死如归的样子。鼓声一声比一声猛烈，城下的敌军迅速推进，他们在弓箭的掩护下，成功地将一千多包土袋抛掷在新城墙根下，一个可以容纳十几架便携攻城梯的小平台已经形成。随后开始了主墙上的争夺，守城唐军开始用石头砸，用檑木滚，用箭还击。梁兵不断发出惨叫，摔落在地上或者他们自己筑起的土台上。

时间一分分过去，双方的伤亡都因为疲惫开始加大。在经过了初步的接触后，梁军士兵丢弃了几百具尸体，退了下去，但是很快又整队杀了上来，这样类似的冲击大潮在两个时辰中已经发动了数次，一波比一波凶狠。梁军一次次冲击越来越接近胜利，上墙的士兵也越来越多，有的甚至已经跳上墙垛，肉搏战愈发激烈。

郭崇韬直辖的队伍被梁军黑压压的弓箭手集群牢牢压制在主楼周围，根本无法去右侧支援。他的部将李彦卿几次带队试图冲过去，但都被箭雨射退。现在只有马军将领王谦的八百人在辅墙中间拼命地来回阻击。而右侧主墙上危机越来越大，更多的梁兵涌上了城头。右军牙将王全斌在城墙上死战不退，他是一名从普通悍卒升上来的牙将，武艺出众，刀光如雪，毫不含糊地架住对面敌人的长刀，一腿踹在对方的小腿骨上。敌人惨吼起来，但随即就被王全斌一个盾击狠狠劈在腰眼上，横飞了出去！王全斌一边喘息着，一边对着新城主楼竭尽全力地吼叫："来人啊！快来人啊！"

郭崇韬怎么也想不出好办法，他也实在看不下去了，再不冲过去，新城右墙就要被彻底突破了。他一把抓起地上的长盾，回身举剑高吼起来："兄弟们，冲下去吧，右墙丢了我们也完了！"郭崇韬猛然冲出主楼，迎着敌人阻击的箭雨，一往无前地率先杀了下去！一枝长箭尖啸着穿透了郭崇韬的护身甲。郭崇韬并不强壮的身躯震了一震，但他依旧顽强地往前奔跑，嘴里依旧纵声吼叫着。后面的士兵被郭崇韬的勇敢所激励，怒吼着，各自冲出自己的躲箭地点，紧紧跟随着他，飞奔而去。见上级主官如此亡命，李彦卿也率领本部的千人队不顾头顶呼啸的长箭，不计伤亡地扑杀过去。

在支援下击退这一波攻击后，王全斌大步走过来，铠甲上尽是血迹。郭崇韬迎上他，忍着自己的疼痛，关切地问道："怎么样，你还撑得住吗？""我没什么问题，就是右墙的八都兵马只剩不到一半了。"郭崇韬心中有些吃惊，没想到伤亡这么大。

"许多士兵头一次参战，临战经验不足，导致中箭伤亡过多，后面就会好一些。"身旁的李彦卿安慰道。郭崇韬一边让医官对箭伤紧急处理，一边忍痛点点头，"我们把城墙上下的人手调整一下，另外告诉士兵们，赶紧喝点水，吃点干粮，敌人等会一定还会来。"部将们纷纷答应，积极应对。

半个时辰后，梁军再次行动了，这一次敌人再一次增兵，攻击面逐渐被拉大了。东、南、西、北四面城墙上都出现了争夺战，压制唐军的梁军弓箭手怕误伤自己人，停止了射击。几个善战的唐军都指挥使，带着几都人马，趁着这个空隙，飞速向主楼所在的中段防区增援杀去，一时间城墙上敌我双方纠缠在一起，杀得血肉横飞。

郭崇韬虽然有亲兵护卫，但他一直让自己活跃在第一线，让全军都能看到自己的旗号和身影，他知道主将是骨，更是全军之胆。很快他已经杀得手脚都软了，经常硬接了敌人数刀之后，就感到有些力不从心，被震得踉跄而退，需要亲卫接力。他亲眼看到战友就在自己的面前被敌人砍倒，可自己就是没有力气举刀，没有力气冲过去救援，他深深体会到在战场上生死就是一线之隔，如此残酷的战场和就任参军时指点江山、挥洒谋划的体验截然不同！

梁军撤退的号角声再次响起，也不知道是梁军的第几次撤退了。军阵中，段凝全身披甲，握着一把寒光闪闪的战刀，看着城塞上空飘扬的唐军“郭”字大旗，恨恨地说道：“这些疯子真难对付！守将没听说过，打下城寨我要看看他，是谁竟有如此能耐。”王彦章一向看不起段凝，这次听到他对唐军将领的评价，意外同意地点点头：“没想到这守将如此血性，是条汉子。不过，这里是必争之地，只要我们拿下，在郓城的唐军就成了孤军，就是死棋一枚。我们后军三万人明早即到，一日内就可夺下此地，把这个姓郭的拼死在这里。”

郭崇韬站在几近全损的主楼上，目送梁军缓缓退回大营。今天下午的激战完全在他的意料之中，只是敌人攻击的强度实在太大了啊。郭崇韬望着四周将士疲惫的脸，眼眶中一阵湿润，低头无语。

“自己终归是谋臣当太久了，还是不习惯啊……这样的战争，这样的消耗究竟还要持续多久？这里还要流血多久，对大梁的战争还要持续多少年？”郭崇韬忍不住有一种想要迅速结束战争的冲动，这种想法是如此的强烈，明明知道这是妄想，这不理智，更不可能，可就是抑制不住去那么想，他从来没有这么渴望去结束乱世！当知道军使元啸，都指挥使汪延、王谦，还有十名都头都阵亡的消息时，郭崇韬的脸色更加难看了。他现在除掉重伤的，只有不到五千名士兵可以作战。人员损失实在太大了啊。

第八天，郭崇韬来到马家口的第八天，梁军再次开始了猛攻。唐军新兵在恐惧和悲伤过去之后，流淌在他们血液里的凶猛和仇恨被激发了出来。十几年来，梁晋彼此间的厮杀远远多于和平相处的时间。这之间的是是非非，对对错错，又有谁能够说得清。杀，除了杀就是杀。在朱氏家族和李氏家族数十年的恩怨情仇中，也只有杀这个举动能彻底了结他们两家的羁绊。郭崇韬双手高举一块大石，狠狠地对准正在飞速上爬的敌兵砸下去，今天就这样砸石头，射箭，和其他士兵一起抬着檑木往长梯上扔，已经不知道重复多少回了。

午时，当敌人撤退的号角吹响时，城墙上的唐军士兵长长地吁了一口气。难熬，血腥的一日又过去一半。唐军损失惨重，面对疯狂的敌人，防守方兵力薄弱的弱点一览无遗。唐军再次折损将近两千士兵，都指挥使一名。郭崇韬望着李存勖大营方向，嘴里不停地在祈祷援军赶快到来。按时间推算，如果不出意外，李存勖的援军应该在今天清晨就赶到了，但是为什么到现在还没有出现？

下午，段凝拿着战刀，竟然率领军法官站在城下一百步的地方督战，大有不拿下新城誓不罢休的气势。这一次更多的梁军冲上了主楼。从牙将火线晋升为步兵都指挥使的王全斌带领五十多个武功高强的士兵，就像救火队员一样，哪里出现了危急，哪里就有他们厮杀的身影。下半日的战斗简直就是巨石碾压血肉般的惨烈和难熬。

似乎过了一百年那么漫长，天色终于再次慢慢黑了下来，敌人缓缓退回到大营里。唐军士兵疲惫不堪，全部瘫倒在血水横流的城寨上，每一下喘息都是如此令人珍惜。部队的损失已经超出了底线，能够继续作战的士兵，只有不到三千人了。郭崇韬和李彦卿、王全斌几人面面相觑，默然不语。

“如果他们明天还保持这样的攻势，我们就完了。”郭崇韬悲哀地说道：“我们一旦完了，郓城的李嗣源也完了。”就在这个时候，主楼北面方向传来了密集的鼓声。主楼上的士兵先是愣住了，随即爆发出了震天的欢呼！援兵，眼睛都盼穿了的援军终于来了！士兵们突然之间兴奋起来，他们高声欢呼着，纷纷涌到主墙上，向主楼北方望去。

一个全身披挂，手执钢枪的黑甲骑士突然高举火把出现在远处的山坡顶上。那是唐军的制式铁甲！他身后黑夜里是无数明亮的火把，无数一样漆黑得发亮的铁甲！士兵们再次高呼起来，那种从绝望中被拯救的喜悦在连续的吼叫声里得到了极度释放。郭崇韬的脸色突然就由死沉如山的压抑变成了狂喜！他一下从地上站了起来！看到周围死中得生的将士毫不顾及，疯狂地捏着拳头满地打滚，或抱头狂号，郭崇韬狂喜的内心一下又变得悲伤。就在援军晚到的这一天里，已经有无数熟悉的面容再也无法看到了。

李存勖在得知王彦章率部离开后，立刻星夜突进，途中遇到王彦章的三万后军，两军发生了不少战斗，一方急着增援，另一方急着合流。唐军千赶万赶，终于于此夜赶到新城所在，李存勖见梁军将其围困得水泄不通，一时不易突破防线，便命大军沿城塞西侧列阵排开，是时唐军旌旗招展，甲胄鲜明，黑压压一眼望不到边际。

郭崇韬的城中守军望之士气大振，于城楼之上大声呼叱梁军，而梁军则为之气短，王彦章考虑到此处没有沟垒，若要与唐军铁骑野战决胜，胜负着实难以预料，只好会同抵达的后军黯然撤离，退保邹家口(今山东聊城西南)。

终于，新城围解。李存勖进城后看到各处惨状，深感侥幸，对郭崇韬大加赞赏，称“若非爱卿善守，大势去矣！”唐军成功打通了与郓城的交通线，再次从战略上压制了梁军。一个本来毫不起眼的人物在这一仗中脱颖而出，王全斌因武艺高强，作战勇猛，加之坚忍不拔，被李存勖看中，收入禁军亲卫，封列校。这时的他们都没有想到，在其中一人生命之火熄灭的最后时刻，正是另外一人在旁守护。

回到我们的主线。七月五日,李存勖领兵向南开进,准备与梁军决战。王彦章不愿力敌,闻讯便弃了邹家口,率军回到杨刘渡,继续围困杨刘城,杨刘形势变得再度吃紧。但这个时候,却发现了一件意外的事情,也就是唐军李绍荣所部在清丘驿(今濮阳东南)南遭遇梁军,并将其击败,这场不关乎全局的战事却遭到了梁军副帅段凝的另一种解读。

他认为这个迹象表明唐军主力已经从上游渡过了黄河,这是李存勖准备攻击汴京的前奏,惊恐之下,他当面指责王彦章战略失误,千不该万不该转入郓州境内,在黄河下游与唐军相持。主帅和副帅意见不合,大吵之下严重影响了梁军各级军官对这场战事的信心,很快梁军在杨刘城下再败一阵,王彦章无奈之下,率主力退守德胜渡。杨刘之围遂解,这时杨刘城中已断粮三日。

天下豪赌

唐、梁两军再次在德胜渡对峙。表面上战局似乎是平分秋色,但实际上说明王彦章的战略已经陷入了困境。自他统兵以来,王彦章的作战精髓就是一个“速”字,所有的战事都需要速战速决。在战役初期,他的这种战术是行之有效的,尤其是只用了三天的时间就攻取了德胜南城。可是在接下来的战斗中,正是他的这种战术基调使梁军不得不常常处于快速移动中。

先是从德胜南城出发,进军至杨刘,从杨刘急攻郭崇韬新筑的城塞,之后又移军邹家口,再攻杨刘,最后退走杨村,重回德胜渡。这一系列急速的战术动作,使梁军不得不抛弃许多辎重。最重要的是,士兵们的体力也已经消耗到了极点,损失于急行军中的已经近万人。对于十万人规模的部队来说,非战事减员已经接近十分之一,这可不是一个小数字。王彦章身边的段凝看在眼里,记在心上,此刻就成了他弹劾王彦章的要点之一。段凝趁战事不利之机,派人回朝散布王彦章的坏话,称王彦章是无能之辈,御敌无方,朝廷想要指望他来破敌,如同缘木求鱼。段凝暗中贿赂权臣赵岩和张汉杰,请他们帮自己向朱友贞进言。

之前,王彦章因为深恨赵岩和张汉杰在朝中乱政误国,曾在军中扬言:“等我班师回朝,一定为国家除掉这两个毒瘤!”段凝便将王彦章此话转告了赵、张二人。此二人听后对王彦章十分恐惧,也更加愤恨。赵岩声称:“我们宁可死于沙陀之手(指李存勖),也不能被王匹夫所杀!”

于是二人在朱友贞面前颠倒黑白、混淆是非,称自从王彦章和段凝一起执掌战事以来,战功大都是段凝所建,而失败都是因为王彦章的一意孤行。其实,事实很清楚,虽然当下战事又有倒退的迹象,但是王彦章的战绩十分醒目,毕竟他已经夺取了德胜渡南城,而且逼得唐军自毁德胜北城。李存勖苦心经营的战略通路已经受到重创。这也是多任梁军总帅一直想做却没有做到的事情。

不管怎样,唐军在德胜渡进可南下,退则有城可据的优势,已经被王彦章打破。这么明显的战前、战后变化,这么明显的战功,朱友贞如同睁眼瞎一般,完全看不到,他欣然地又一次采纳了亲信的谗言。朱友贞将王彦章调回京师,解除了他“北面招讨使”的职务,转由段凝接任。消息一出,反响强烈,前线将士无不愤慨。

时任梁六军诸卫事,并兼天下兵马大元帅的老将张全义,听说段凝被任命为前军统帅之后,立即不顾年老体迈,上书朱友贞道:“臣虽老朽,但也足以为国家平息北患,段凝不过是个后进之人,陛下以他挂帅,众议汹汹,恐贻国家深矣!”敬翔也上书道:“国家安危系于将帅,国事如此,陛下需谨慎!”李振一样看不下去,强烈要求朱友贞罢免段凝。

朱友贞却道:“凝未有过,岂能罢之!”李振再次长叹:“待他有过时,国已然不保矣!”梁帝朱友贞对这些苦劝置若罔闻,坚持将段凝任命为主帅,并将王彦章调去收复郓城,并派遣外戚张汉杰为监军,随时报告王彦章的动向。段凝终于成为前线大军的主帅了!李存勖听到这一消息后,忍不住笑了。故人在给自己帮忙呢。不是李存勖打败了王彦章,而是大梁的君臣们帮助他打败了驰名天下的王铁枪。

从这里我们可以看出两边最高领导人的水准,也可以看出团队的凝聚力。唐军方面只要定下了战略计划,君臣莫不坚决执行;而反观梁军朝秦暮楚,朝令夕改,而且常常临阵换将,这就犯了兵家大忌。这样的差异就导致了以下两种不同的结果:第一,即使唐军的计划不是那么完善、正确,也能在君臣的集体努力下达到很好的效果。第二,大梁则相反,即便有好的计划而不能采用,或者执行不力、无法坚持,结果适得其反。所以,好的计划要有好的执行力和坚决的意志加以贯彻,才可得到最好的效果。

如果我们回顾一下前面的发展,会发现大梁自从朱温死后,君臣之间就一直有不协调的迹象出现,因此朱友贞往往无法很好地控制住局势。比如说杨师厚拥兵自重,贺瑰擅杀大将,都是朝廷控制力不足的乱象。另外,朱友贞自己也毒杀刘寻,所以君臣内乱、相互猜忌的心态非常明显。但反观晋国内，自从李存勖登位果断平乱后，基本上没有发生过这种事情。例如胡柳陂之战是一个计划上的失误，周德威即使对此大有意见，也照样执行军务。这跟李存勖自成年以来久经沙场，在军中形成的巨大威望是密不可分的。就像敬翔曾言："李亚子自即位以来，攻城野战，无不亲当矢石。"这一点是朱友贞之辈根本无法能与之相比的。

我们再说回到段凝身上。他被任命为"北面行营招讨使"后，为了向梁帝朱友贞显示自己的才能，并为封住朝中反对者的嘴巴，便开始大张旗鼓地高调进攻。他亲率大军五万自高陵津渡过黄河，攻掠澶州，直至顿丘，摆出一副大举北伐的姿态。不过他自己知道，这些攻略计划其实只是做做样子，全都停留在形象工程的阶段上，所有这些劳民伤财，疲劳士卒的行动都为了一个目的服务：让自己的位置坐得更稳当。

当梁军准备反攻的消息传到李存勖这里后，李存勖陷入了沉思，说起来他与梁军的夹河大战，这场僵持的战局已经持续整整八年了！时间实在是拖得太长了。眼前虽然取得了一些优势，但朱梁远远没有虚弱到不堪一击的程度。这时候梁军又传来筹划反攻的消息，这样下去，这场仗不知道要打到何年何月才能结束？想到这里，李存勖连续几日召见郭崇韬，详细询问情报司关于大梁腹地的各项信息。

一日清晨，风中还带着夏日的热意，拂动着每个人的衣袍。城外，唐军一支队伍正在出发。这队伍前面有着正副使者，一律着文官服饰，后面有上百人，有的随从也衣着华美，其余兵士护卫们都衣甲鲜明，领军的武官是一名指挥使。这些人沿着官道，缓缓地向南而行，旗帜招展，队伍的目的地，就是梁军朝城所在，他们是前去代表李存勖受降的使者。

在这支受降队伍的后方，晋军的一座城头上，一群人正站在那里，他们的目光顺着这支队伍向着南方望去。其中一人身着薄甲，正是唐帝李存勖。站在他身后，有着文武几人，距离最近的是郭崇韬和李存璋。目光随着队伍延伸而去，李存璋颇有些感慨地叹着："陛下，没想到这康延孝是个识时务的人，这朝城一降，博州就好取了。"李存勖看着远处，没有说话。

郭崇韬赞同地点点头："说得不错，康延孝所部人虽不多，但多是精锐，好在他表面上听从段凝指挥要北上与我们交锋，实际却很明智地倒向我们，让我们省下了一番力气。此人早期曾效力我方，与我军有些渊源，他在书信中称朱友贞昏庸，奸臣当道，知其必亡。如此看来，投诚我们也在情理之中。"李存勖详细询问一番，了解到康延孝曾是晋将，后获罪逃往大梁，被朱温赏识提拔为左右先锋指挥使一事。这一点被郭崇韬巧妙提出，郭崇韬意指此人性格反复无常。李存勖微微一笑，即便郭不提，自己又岂会忽略。

不过呢，这也不是什么大问题，关键是大势不由人。水浅养不了大鱼，檐低容不了高人。所谓的器量，根本就是由实力决定的。放在以前，李存勖或许容不了这样复投的降将，但是现在，他已经可以包容四海，游刃有余了。如今不同往昔，唐军威镇华北，而且一直在战略上压制大梁，整个北方已无人能动摇李存勖的根本。真正能成事者，在实力允许的情况下，又岂能容不下人？只要康延孝真心归顺，又何必忌惮多疑？何况这还是一名经验丰富，深知梁军虚实，有着敏锐眼光的将领，其投诚的意义比表面上的兵力还要重要。通过他可以获知很多有价值的情报，或许这里面潜藏着什么机会也说不定啊。思及自己所写的书信内容，李存勖若有所思地望着南面。

没几日，收到召见书信的康延孝，已星夜赶至城下。此时的康延孝，一身黑色战袍，眸子幽黑，自有一种英气，一扫往日的颓废。他毕竟是有决断的人，在做出投诚李存勖的决定后，又开始焕发活力，在降地加强防御、安抚人心，一副全心全意为“后唐”考虑的模样。在李存勖眼中，康延孝的性情和才能也当得起一时俊杰。召见中，李存勖解下身上的衣袍、玉带当庭赐给他，并封康延孝为“检校司空”、“捧日军使”、“南面招讨指挥使”兼“博州刺史”，这一大堆头衔可谓厚赏。康延孝顿时大喜，在李存勖与之商谈大梁内情时，完全做到了知无不言，言无不尽。

与康延孝的畅谈令李存勖十分满意。康延孝曾道：“朱梁疆域依然广大，各地部队尚有不少，看起来好像还是很强大，可是仔细考察其国政，就知道他们一定会灭亡。梁主朱友贞十分昏庸，军国大事全部都把持在赵岩、张汉杰等奸臣手中，他们对内勾结宦官，对外广纳贿赂。国内官员品级的高下全部取决于给赵岩等人的好处有多少，与官员的才干、品德无关，亦不会考虑政绩如何。”

“段凝其人，既无勇也无智，身居要职后只知装腔作势，排除异己；克扣将士军饷，用以贿赂朝中权贵，却毫不考虑战事。况且，梁主每派出一军，都不会信任统兵的将领，而是要派遣心腹或太监作为监军。所以部队的行动，主帅不能完全做主，经常要受到方方面面的牵制。”

“近来，末将获悉梁主又要几路出兵，同时发动攻击。一路命董璋从石会关进攻太原；一路由霍彦威自相卫出发进攻镇定；再遣王彦章、张汉杰以禁军进攻郓州；而主力由段凝、杜晏球率大军与陛下您对阵，预计将在十月大举进兵。依我看来，梁军聚起来兵力可观，可是几路分兵后就嫌力量不足。愿陛下养精蓄锐，静等敌人分路进兵，到时候只要以精兵五千，从郓州出发，直取梁都汴京，可得出其不意之效，定能一举破城，生擒梁主！然后传檄而定四方。如此，用不了一个月，就可以一举击灭大梁！”

李存勖听罢，内心大喜。他开始认真地考虑这个进兵方案。同时，也时刻关注着梁军的最新动向。

九月里，梁军的战略实施有所提前，段凝率五万精锐已经进驻到临河（今河南濮阳岷西）以南。王彦章则按计划领兵一万进驻到郓州和兖州（今山东兖州）境内。一切行动完全如同康延孝所述。李存勖从这些调动中一则确认康延孝的情报是否属实，二则也看出朱友贞的确有以下意图：段凝在黄河北岸牵制唐军主力，王彦章去收复郓州，然后梁军再分兵进取镇州与定州，并以一部伺机袭击晋阳做战略策应。

如果让朱友贞这样按部就班地实施下去，攻略汴京将依然会是一场你来我往、旷日持久的战争。那么抛弃大军，轻骑突进，从郓州突破，迂回到梁后方，奇袭汴京呢？这个进兵方案到底可不可行？梁兵聚集则势众，分兵则势薄。这是个绝佳的机会！这个念头一直萦绕在李存勖的脑海之中。不过现在的他已经没有办法像从前那样能轻易地下决心，因为胡柳陂之战也是类似的战略思想，那是李存勖对此类方案做过的第一次重大尝试。他放弃与贺瑰大军的对峙，率军直取梁都汴京，可是那一战在战略上最终失败了。

胡柳陂之战，李存勖的精兵几乎损失了一半，老将军周德威也殁于此役。也就是从这次失利之后，李存勖为自己的冒险举动十分后悔，他因周德威之死，曾对着诸将痛哭当场，大叫：“痛失良将，吾之错也！”言之凿凿，记忆犹新。胡柳陂之战，一个印象极其深刻的前车之鉴。从此李存勖也不再考虑类似这样冒险的进兵方略。现在康延孝却把这个颇具诱惑力的方案提到了台面上，这使李存勖动用奇兵进袭汴京的念头从内心深处又开始蠢蠢欲动。一方面往事历历在目，另一方面机会千载难寻。究竟这个方案是不是可行呢？李存勖纠结来纠结去，还是拿不定主意。

此时李存勖“后唐”的内政形势也不容乐观。自从德胜渡之战败于王彦章之后，军需物资大量损失，后方州郡不得不对百姓加重赋税，以保证部队的供给。可是这种竭泽而渔的做法却引起了领地里人心浮动，部分地区的百姓大量逃亡，土地荒芜，租税难以完纳，各地方官对此也无计可施。后唐的国库开始变得空虚，目前的军事储备不足以支持半年，这样的局面使唐军难以与梁进行长期的僵持战争。此时的李存勖禁不住怀念起了张承业，他虽然倔强，但是内政实务极其能干。以前张承业活着的时候,内政上从来也没有出现过这样的问题。他总能做到量入为出,把国家财税用到刀刃上。治国实在是一门艺术啊。

李存勖思来想去,决定反向思考看看。就是如果不采用奇袭之策,会怎么样,自己会失去什么?当人难以抉择的时候,这样思考会是一个很好的理清思路的办法。李存勖如此一想就发现,那样的话与梁的战争可就不是一天两天了。虽然现在梁军的主帅段凝是一个平庸的将军,但是对峙这样的局面,段凝是可以维持下去的。而自己因为物资跟不上就很可能要中止军事行动了。大军退回魏州的话,已经到手的相州怎么办,郓州这个位置绝佳的要地又怎么办?守又守不了,丢弃又太可惜!万一这两年又遇到北方契丹人的进攻,其结果就会更糟,目前很多对梁取得的战果都不得不放弃。如果不想是这样的结果,那么就只能速战速决。速战速决就是出奇兵制胜。

想到这些,李存勖有了偏向,为了稳妥起见,他决定再召集群臣商议一下。当李存勖把这个方案提出来讨论的时候,却听到了一片截然相反的声音。担任幽州知州多年,有着丰富政事经验的宦官马绍宏甚至进言道:"郓州城外全都是敌人的国土,对于我军来说,郓州就是一块没有根基的飞地,一座难以坚守的孤城。我们为了它不得不花费大量的人力物力,实在是得不偿失啊!这座城池对于我们来说是有不如无!臣建议不如用郓州与梁交换卫州与黎阳一带,然后我们与梁罢兵讲和,两国以黄河为界,休养生息,等到我国财力充足时,再兴兵伐梁也不为迟。"

他提出的这种建议,立即得到不少将领的支持。与朱梁议和?这是李存勖从来没有考虑过的事情。父亲遗命灭梁,他就是做不到也还罢了,怎么能与父亲的仇敌议和!李存勖默然不语,半晌,他只说了一句:"如此一来,朕就要死无葬身之地了。"诸将大惊,不敢言语。

斥退众将后,李存勖召郭崇韬单独商议,想听听他的意见。郭崇韬严肃地说道:"这整整十五年来,陛下栉风沐雨,不解鞍甲,历尽千辛万苦,为的就是报仇雪恨。现在主公已经继位称帝,受命于天,正所谓名正言顺,奉天讨贼!"

"借用天时地利、费尽心力才得来的郓州,却因为守不住而要放弃,这定然使天下人对陛下失去信心,如此又怎么能让天下百姓相信陛下能尽有中原呢?如若此时不战,待到以后物资用尽、人心离散、军无战意,虽唐梁以黄河为界,又有谁为陛下守之?"

"臣曾经仔细地问过康延孝有关汴京的事情,度己料敌,日夜苦思,臣认为成败的关键,就在今年!现在,梁军精兵都在段凝的手中,大军压在我们的南境,他们还占据着黄河天险,定然以为我军无法渡河,所以他们会疏忽在境内腹地的防御。王彦章率部进攻郓州,依我看,他也没有足够兵力与我军在郓州决战,他大概会认为郓州被我军攻占不久,人心不稳,希望在他率兵压境时出现内乱,然后有机可乘。可现在事实证明,郓州在李嗣源的手中毫无纰漏,王彦章暂时也不会有什么办法。”

“段凝乃庸才,不能当机立断,更没有什么可怕的。臣从各处消息中证实汴京城里没有太多部队。如果陛下让一部分人马坚守杨刘,自己率精兵从朝城出发,经东阿,抵达郓州,然后迅速迂回,直扑汴京,如此定能长驱直入,汴京城中空虚,朱友贞他们一定望风而逃,我们就能一鼓而下!”

“若能生擒朱友贞,则大梁诸地的守将,自然可以不战而降了。若不用此奇策,待我军粮草用尽,后果将不堪设想。这件事其他人的建议断不可从,如果陛下不擎天独断,大功何由可成!俗话说:‘当道筑室,三年不成’。自古帝王都是天子,陛下自有天命护佑,请不要再犹豫了。”

李存勖听了郭崇韬的一番话,不由得长叹一声:“此话正合朕意!”李存勖深知这一进兵方案实属冒险,成功和失败的可能都很大。因为此时大梁的国力已经大不如前了,其大部分兵力都放在黄河南岸与唐军对峙,汴京中腹极为空虚,如果李存勖能趁梁军主力不备,从黄河下游的郓州一举杀到汴京(今河南开封),那战争就结束了!但是风险与收益成正比,唐军毕竟是要深入大梁腹地作战,而郓州与汴京中间隔着数百里,一旦段凝发现了唐军的意图,回师救援,以数万的军力调头迎击深入敌后的李存勖孤军,那这场仗能打出一个什么结果也就很难说了,李存勖能不能活着回来都不一定。

尽管此方案如此凶险,依目前的局面,李存勖实在是无法割舍。成功的话,他可以一举攻下大梁的都城,并且很有可能生擒梁帝朱友贞,因此而彻底灭亡大梁。万一失败呢,他自己不是战死,就是成为梁军的俘虏,而后唐可能也就不复存在了!这一次赌注的筹码是国运以及主君的性命。胜的人得到大梁、后唐的所有疆土,也可以等同说是大半天下!败的人就必须赔上自己和一家老小的性命!李存勖的理性还在告诉他要慎重,赌还是不赌?除了李存勖可能没有谁敢赌,因为面对这样大的赌注,没有哪一个主君能如此任性。

我们设身处地地想想,当时李存勖已经称帝,选择划江而治、舒舒服服地及时享乐也未尝不可。一般人即便有父亲遗愿在身,但在现实的安逸和时间面前往往都会淡忘掉。何况当时大梁的整体实力并非在后唐之下,为完成三箭之誓而去赌命,有这个必要么？战争再打个十几年也不耽误他的享受，何必要拿自己和全家人的性命去赌呢？

不过，李存勖却是千古罕见的。他敢赌。不知道他为何这么选择，但他对郭崇韬说了这辈子最霸气外漏的话。“大丈夫得则为王，失则为虏，这件事没什么好考虑的了，就这么定了。”胜则生，败则死。这就是李存勖一生的铁血规则。乱世也是这样嘲弄着败亡的人。

后唐同光元年（公元923年）十一月一日，兴唐府之东的别离滩。

枪槊如林，一万军士静默地立在晨风中，他们身边八匹雄骏战马并列拉着的大车上，沉重的巨盾堆叠成小山一样。风中扬着黑龙般嚣张的唐军大旗，这是后唐皇帝李存勖的旗帜，这位看上去更适合作为一军总帅气质的皇帝立马于大旗之下，黑色的战衣曳风飞扬。他的对面是一顶十八人的大轿，红杠黑漆，用黄金箔片剪作叶子和贴片，两重珠帘挡住了轿中的人。“陛下定能战无不克，平安归来。”轿中的人道，是一个娇媚的女子声音。李存勖不答，只在马上深情长凝。

“取我的琴来。”轿中人又道。守候在轿后的年轻禁卫带马前进几步，捧上长琴。一个使女从竹帘中走出，大轿极高，落地还有两人的高度，使女俯身从禁卫手上接琴回去。几声试弦声，轿中的人低声道：“仿古人意，琴歌以送征人。”轿中人缓缓而歌，声音明晰清越，辞意简约，全是祝愿三军武运昌隆之意。歌声止住，轿中人低声道：“诸位将士都有父老妻儿，都是为了自己和家人征战，还有人在故乡等待，望诸位效忠皇帝，凯旋而归。”立刻有军士放声高呼：“夫人祈愿，诸位将士效忠皇帝，凯旋而归！”声震十里，一万将士放声齐呼。“代三军谢夫人赐此恩典。”李存勖身后大将出列在鞍上躬身行礼道。

“将皇子带到前面来，朕有些话要当着三军将士的面，对皇后、皇子说。”李存勖言语间神色变得格外坚毅。魏国夫人刘氏的大轿和皇长子李继岌都来到三军前面李存勖的身旁。李存勖沉默了一会儿，面对三军对妻儿交代道：“朕此行，意在灭梁，不计生死，成者，抚平天下；败者，决不生还！汝等可聚于宫中，如闻事不济，当放火而焚之！”李存勖这是在出兵前，先把后事交代好，告诉自己的老婆孩子，也告诉全体将士，这就是最后一仗了，一旦战败，就阖家殉国。说完他凝视良久，转身带马奔驰起来，拔出剑指向前方，三军跟随他大声呼吼，皮鞭声和战马的嘶吼声里，大军缓缓开拔。

同光元年（公元923年）十一月，李存勖带劲锐甲骑万余出击郓州，此刻天下人尚且不知这一次军事行动带来的惊天变化。对于历史上以孤注一掷、冒险著称的皇帝李存勖来说，或许他想要的只是一种刺激，一种极度的人生体验，追求成功时的巨大满足。也确实有这么一种人，他们不能太久没有获得征服感。他们的战马不能因停止奔驰而长出肥膘，他们的武器就算不常使用也需要磨砺。这些人明白自己是在慢慢地老去，他们停下脚步少征战一天，就少一分机会去开疆扩土，他们不愿意去过停下脚步的生活。所以他们披甲上马，在疆场上驰骋。

"我们能做的，仅仅是在这条路上走得更远，绝不能回头。胜利未必在前方，但失败一定在身后。"带着如此觉悟的李存勖在冒险进击。具有同样觉悟的敌人也开始了决绝的行动。再怎么隐瞒，唐军万余精锐前往郓州，这个表面普通，实则事后令天下震惊的消息，在十日后就传到了正前往郓州的梁军王彦章所部营地。密信所用的桦树皮卷迅速送到了王彦章的手中。

夜幕即将降临，王彦章在灯下缓缓打开了桦皮卷。他连续读了三遍，确认了这个事实。"李存勖已经离开了兴唐府，正向郓州进军，应该已经过了杨刘渡，到达了东阿。对汴京里面那些废物来说，这样的事情是无论如何都做不出来的吧，李存勖真有一颗霸主之心，这个野心勃勃的家伙也真是天才啊！"王彦章赞叹了一声，脸上却有几许悲戚之色。

"怎么办，难道我们继续前往郓州么？"身旁的参谋感觉惶恐。他只是觉得汴京和郓州这几百里的距离上，王彦章这支唯一可以阻击李存勖的部队已经远不能等同于黄河大营段凝手下的精锐之师，无论人数、配备、士气都大不如前。"不用去了，汴京的蠢货们……当务之急是阻击李存勖。只要在这里压下他的势头，延缓他的步伐超过十天，李存勖的命运，就将在此终结了！"

时间是同光元年（公元 923 年）十一月，李存勖领万余精骑离开兴唐府之后，从朝城渡过黄河，向东阿方向快速推进，意图抵达郓州后，打通郓州和大梁汴京之间的通道。李存勖的行军地图上，必须突破郓州以南附近的梁城中都，才算是打通了突袭汴京的路。而王彦章，是天下共知的大梁忠臣、勇将，也是唐军一直以来的劲敌。他所率领的数千兵马是大梁京城外最后的倚仗。计划已然敲定，依旧在试图拯救大梁的猛将王彦章要在这里拖住唐军的步伐，以自己为壁垒，看能否把李存勖永久地留在这里，无论是尸体，还是灵魂。是年，李存勖三十八岁。

十一月十三，李存勖和驻守郓州的李嗣源合流后，唐军已接近两万人，这支军马正缓缓地移动在平原上。李存勖立马在一处山头上，正远眺着四处的地形，身后紧紧跟随的人是李从珂,他将自己善用的长刀挂在腰侧,常在李存勖周边护卫。他原先在父亲李嗣源手下职司,但因为李存勖的喜爱,就被调到中军,暂时作为随军的亲军将领。而在李嗣源的叮嘱下,李从珂恪守禁军的所有要则,所以他身不解甲已经数日。李嗣源则在山下负责指挥兵马,责任更重。这里地形大部分是平原,偶有丘陵、山坡出现,向中都进发的唐军已经在这一带推进了三日,此时的李存勖安坐马上,正淡然地望着天地尽头的薄云。

“中都城是小城,防御力很弱,中都之后,汴京之前,全部是一马平川的地形,那数百里的距离上再没有什么可以阻挡我们的了。明日就开始疾行,骑军可以率先抵达汴京城下,恐怕段凝到那个时候都还没有回过神来。”李存勖随手在马鞍上抚摸着冰冷的铁质刀鞘,扭头看着这个青年爱将,淡淡笑道:“这条路线当是最快的,我们这一次全靠天吃饭啰!”

李从珂心里微微一动。陛下像是在说笑,可是这次杀出郓城之前,军中把收集到的所有大小地图全部送到陛下跟前,结合其他军情,不知连续研究了多久,才决定了突袭汴京的线路。李存勖闲来指点江山,说起附近县镇、山河仿佛他就在此地生活一般。

“李从珂去传我令,明日经过中都城后,骑军就要一路疾驰,务必在五日间抵达汴京扎营!”“是!”李从珂接过参军递过的帅令,调转战马,待拔起插在地上的钢槊就要下山。突然间,他愣了愣,然后紧攥钢槊,耳朵贴在上面凝神地听了听,脸色变了:“陛下!有人在附近行军,越来越近,最多不过二十里!”契丹兵马行军,战士们习惯于头枕马鞍入睡,靠着地面震动就可以判断附近是否有大军行动,经验丰富的人甚至可以推断对方的人数和距离。李从珂曾在幽州对抗契丹骑军,这种技巧在那时候已经学会。眼下这杆钢槊上传来的震动,并不像是一直经过的唐军所持续发出的声音。

李存勖仔细确认了一下,点了点头。身后的亲卫随即取下马上的长弓,张弓搭箭,一支鸣镝升空示警!是令三军立刻拉开阵势,准备布防。两人旋风一样奔驰而下,此时军中雄浑的号角声已响。当他们抵达前军锋线上的时候,平原尽头的地平线上已经升起了隐隐的尘烟。

弩手、步兵在偏后的方位结成了鱼鳞阵,这是步卒经典的攻防俱佳的阵形,骑军在前阵散布成长长一线,中阵人马最多,也是最厚,还混杂有不少重骑。此时所有人都能清楚地感觉到来自脚下的震动。“十里,”李存勖低声道,“蹄点混乱……莫非……”远处白色大旗一振,上面赫然一个“王”字,终于映入了李存勖的眼睛,果然是王彦章的部队。

“是条汉子！”李存勖轻抚腰间剑柄，“天下英雄相遇，总是令人如此心潮澎湃……这个王彦章可是令我们火烧过眉毛的人咯！若是他兵力足够，还真的没那么好对付呢。”李存勖脸上挂着笑容，却并不轻敌。

“难道他不知道退守汴京才能多拖延一些时日吗，不过既然来了，且先去打个照面吧。”“王彦章，他的铁枪军都被调到相州前线去了吧。”李从珂问。他记得这个敌军大将已经在国内的斗争中失势，被剥夺了大量的兵权。

李存勖笑道：“朱友贞纵有如此大将，也奈我何？朱梁那些猛将智士，又有哪一个不在他周围小人的淫威下弓腰屈膝？王彦章这样少的兵马也要来阻挡，真是傲骨铮铮的人啊！”说完低声叹息，仿佛透着几分敬佩和惋惜。李存勖猛一挥手：“开阵门，待我见见王铁枪！”

唐军御前银枪军冲出三百尺外一齐押住了战马，马蹄下卷起的尘土一阵飞扬，弓骑从阵中奔出，排列在阵前虚引长弓。两军阵前立着两匹马和它们的主人。居左的李存勖黑盔黑甲，一身火色大氅透着满身的英武，两眼沉凝地看着前方。而对面百米外，战马上则是一个全身笼罩在赤铜色战甲中的将领，马鞍一侧挂着一张乌木大弓。两方军马狂潮一般的气势隔着数百步推逼而来，众将士已是全神贯注，战意弥漫。

身着赤铜甲的王彦章沉默片刻，隐藏在战盔下的眼神依然桀骜不羁，只是多了几分岁月的风霜和一丝悲凉。“是李存勖亲临么？”王彦章立马高呼，他不再粗鲁地称李存勖为李氏小儿，却以姓名称呼，足见对对手的认可。

“铁枪将军王彦章？”随风传来的声音仿佛金铁的低鸣。

“哈哈哈哈，我王铁枪的名字能够被你所记，也是此生不虚了！”

“一枪如飞，双枪无碍，这都是名动四方的武勇！不过，你手下战兵不过五千，不回护汴京，却来这里做甚？你是故意来此求死的吗？”

“正是来会会你，不在这里，难道要让我在京城的死牢里和你见面吗！”

“你是名动天下的大将，明知我军战力，何必故意寻死！做此匹夫之举又有何用，索性降了我大唐吧！”李存勖见此好男儿、一等一的良将，心中大起爱才之意。

“我不过是匹夫之身，只因为主公恩德，才使我位列上将。我与你交战十数年，今日若兵败力穷，无话可说，唯死而已！纵然你可怜我，放我一条生路，可我又拿什么面目去见天下人？朝为梁将，暮为唐臣，此我所不为也！”

“你的勇气我记住了！”李存勖坦然回应：“本来我最担心的就是你这一路兵马，

如果有坚城依托，恐怕我胜你不易。不过你今日到此，确是自蹈死路了。”说到这里，李存勖冷笑一声：“我知道，以朱友贞的性格，你若不战，便是死罪！如此说来，我想你营中的监军也没有擅自回京这个胆子。”

“你果然敏锐，即便我想避开唐军锋芒，回撤京城，朝中定然会有一个畏敌避战的罪名等着我，反不如堂堂正正痛快一战！”“好！”李存勖大笑道：“答得痛快！久闻你的名字，没有让我失望！王彦章，既然有战意，何不催马上前？”王彦章也笑道：“久闻你一手槊术已经冠盖华北。彦章向往已久，今日有幸相逢，且让我领教领教罢！”

李存勖脸上有些沾落雪霜的长眉一挑，炽热的眼眸冷凝下来。风卷黑旗，旗角扬起，这一瞬，李存勖手中已经多出了一柄长槊。一双筋骨有力的手握紧笔直的槊柄，远远长过普通枪尖的槊刃则在马侧闪亮出一道锋锐的寒芒。梁军一方，军士将一杆乌铁长枪呈在王彦章马前。王彦章在大梁号称“宇内枪术第一人”，他此战特意将冲阵用的双枪换成对单挑战有利的名枪。此枪曾是朱温重金购置，赐予王彦章的武器，号“破岳”。两军主帅隔空对望，两股无形的气势迸出，仿佛天色都有了变化，原本飘荡的云朵都汇聚起来在上空翻滚。

“倾力一战，亦是人生快事。”王彦章淡淡一笑，一骑独自推进。

风声在每个人的耳边扫过，战马迈着小步噔噔噔地作响，两军阵前所有人都不约而同地屏住了呼吸，一种紧张的情绪在众人的心中凝集起来，这一次的对决究竟会怎样？李存勖面沉如水，手一提缰绳，轻轻拨马向前……突然间，他跃马长啸，陡然加速，单人单骑，却仿佛带出了千军万马的奔腾气势！

面对李存勖的断然冲锋，王彦章胯下的战马同样一声长嘶，向着李存勖对冲而去，双方的鼓手这才反应过来，鼓槌纷纷敲下，鼓声齐鸣，直上云霄！两人奔马交错，刹那间，枪槊交击。两骑急驰带起的力量全部被施加在武器上，一声巨响，枪槊仿佛就要在撞击中断裂，顿时两人都觉得胳膊发麻，一股血气上涌，两股力量竟然不相伯仲。

“你身居九重，尚且如此英勇，我不得不承认一代新人胜旧人了。”相持中王彦章还能感叹。“王将军年高许多，如此也不易了。”李存勖冷笑道：“可惜却是明珠暗投。”

李从珂远远望去，只见两骑并列奔驰，李存勖掌中钢槊将大片的槊影砸向王彦章，王彦章左挡右架。而身在槊影中的王彦章却更清楚地感觉到每一下俱是千斤般的压力。握着钢槊的李存勖仿佛力无止境，每一招都带着凄厉的风啸，每一招都使尽全力，足以砸断筋骨。这就是李存勖手中那柄钢槊的威力，唐军的鼓声震人心魄，齐声呼喝，声势大涨，李存勖槊势更显霸道，占尽了上风。但是李存勖再强，却也破不开王彦章的防御。

战马长嘶，霸槊纵横，王彦章不为所动。李存勖心中吃惊，他马上对决，往往数槊之内见胜负，而这次交手转眼已经过了二十回合，王彦章不仅打出了铁壁般的防御，还能有隐隐的反击之势。李存勖愈发留神，亦愈发兴奋，连续几次杀招都被对方化解后，两个人动作都缓了下来，忽然暂时停手，带马拉开距离互相对视。此时两军主将阵前相对，却无人听得见他们在说什么，一切的声音都被压在平原上涌动的风流中。

王彦章深深吸了一口气，说道："这些年，你霸武河东，不惜压榨百姓，兵压我大梁。为了你的皇图霸业，流血漂橹，这么做，值吗？""皇图霸业？"李存勖一阵长笑，答道："不错，这天，早已垮塌；就如这太阳，也渐西沉！前朝大唐已经落幕，现在的朱氏大梁也同样腐朽不堪了。纵然是人血如潮，白骨如山，也要创立属于我的皇图霸业！"

"我所想的是要一个新的平安时代，这就是我的梦想！王彦章，你所效力的朱家会将这平安时代给予万千百姓么？"李存勖盯着王彦章的眼睛，傲然道："我所要做的，就是打垮你，拿下汴京，创立霸业！到时候，唐、梁乃至全天下，都只有一个天下……或许朱温也这么想过，但是却只能是我来实现！"

"就算这个世上，永远不会有平安的时代，总是一场，又一场的战争……"李存勖双目如炬，痛快吼道，"那我也要战斗！无需什么理由！"

话音才落，李存勖忽然带马前突。人借马力，长槊破风击出，王彦章全力举起铁枪，枪锋强硬地迎上钢槊，枪身再次锁住了李存勖的攻势。李存勖回身一刺，槊势如高山流水，没有丝毫的滞涩，一往无前。王彦章全身一震，看见那道寒光势不可挡地袭来！他拼尽全力推动枪杆，把李存勖的力量卸在了一边。两人肩甲相撞，交错而过，分别驰向战场的两侧。

就在此时，蓄势已久的李从珂已经驱动战马扑了出去！他在其父李嗣源的授意下趁李存勖与王彦章分开的时机，索性带动骑军，发起了冲锋！无数黑袍黑甲带着烟尘，如同一道黑色的巨潮在旷野上翻涌。大梁的军士们眼睁睁地看着这片铁黑色的波涛依地势起伏向他们滚滚而来！"鸦军黑潮！"梁军的阵营中不知道是谁发出了嘶哑绝望的声音，而他的声音立刻淹没在碾压而来的铁蹄声里。鸦军黑潮，李存勖最引以自傲的骑军冲锋，这股乌黑潮水漫过的土地上只剩下无尽的尸骨。

是役，王彦章力尽被俘，所部全灭。整个大梁东线上，唯一一支成建制、上规模的军队彻底消失。这支军队的溃败也就使李存勖脚下那条通往大梁汴京的道路上更加光明起来。

汴京易主

中都城(今山东汶上)被唐军一鼓而下,在俘虏营里,李存勖见到伤重躺在床上的王彦章,对他说:“听说你曾经常把我当成小孩子来轻视,看样子今天算是服气了吧!”王彦章没有说话,李存勖感受到对方沉默下的悲凉,便亲自赐药,命人给他包扎伤口,但是无论怎样示好,王彦章都是坚拒不降。

之后,李存勖忍不住又对李嗣源说:“你再去说服他一次,或许他能听。”当李嗣源到达王彦章的床前时,王彦章开口就称呼他为“邈佶烈”,“邈佶烈”是李嗣源的小名,王彦章故意如此,以示轻蔑,这样也是不让对方开口劝降。李嗣源见其意甚坚,只好怏怏而去。

在离开中都城之前,李存勖再去看他,并故意问王彦章:“我这次直抵汴京,此战能赢否?”王彦章淡淡答道:“段凝手上还有六万精兵,他那个人虽然没有什么本事,但他身受朱友贞大恩,绝对不会投降你,一定会拼命援救,所以我认为你很难攻下汴京。”李存勖还是不甘心,他命人用轿子抬着王彦章随军而行,到了兴城,王彦章说伤口痛楚难忍,坚请留下。李存勖见状,知道终究无法说服,只好狠下心来,下令将王彦章杀死。

王彦章求仁得仁,从容就死,一代名将就此身亡。

王彦章虽然死去,但他最后那番话还是让李存勖产生警惕。毕竟汴京乃大梁都城,墙高池深,一旦攻之不下,拖上十天半月,待段凝回军来救,在坚城下腹背受敌,唐军又深入敌境,后果自然堪忧。对此,李存勖举行了最后一次军事会议。这次会议上产生了新的声音,尽管最初的疑虑已经被打消,但是许多将领对直接兵击大梁京城之事还是心存畏惧,他们认为:“汴京毕竟是前所未有的巨城,人口基数庞大,难度恐怕在预想之外。大梁东境的部队都集中在段凝的手中,许多城池都近乎空城一般,如果我们向大梁东部地区进攻,一定可以轻易拿下山东诸地。与其冒险攻打汴京,不如先向东拓展领土,然后再伺机以动,这可以说是万全之策。”

会中,康延孝与众将的意见不同,他坚决主张直接进攻汴京。最后,李嗣源发言,他支持康延孝的说法:“我军兵贵神速,敌军无法预料,王彦章一战兵败,段凝未必及时知晓。而且就算他知道了,依他的个性,也不会马上相信。他一定会在半信半疑中犹豫个两三天。在他确认了我军的真实动向后，再赶紧发兵去救汴京，也来不及了。”

“因为有黄河的阻碍，他不可能直路进兵，梁军不得不绕行到白马渡过河。数万大军仓促之下，哪里能弄到那么多的船只，所以他们一时之间定然难以渡过黄河。而我们从这里到汴京看着很远，但其实很近，中间并没有山川险阻，如果我军日夜兼程，几日就可到达，届时恐怕段凝的人马还没有离开他的防区呢！说不定等朱友贞被我们生擒活捉了，他都还没有反应过来。康延孝说得很对，我军应该毫不犹豫进攻汴京！请陛下率大军徐行，我率千骑为陛下前驱！”

“陛下，这时就该一鼓作气，直接拿下汴京！”康延孝也从旁坚持，到了这地步就没有迟疑的必要了。李存勖听完，完全认可这个决策，当即下令：“令李嗣源率三千骑军为先锋，日夜兼程，务必五日内，抵达汴京城下！我领帐前银枪军必在一日内与其汇合，其余各步营皆需轻装突进，途中不可懈怠，我等齐力，共取梁都！”“诺！”王者之令，排山倒海，唐军精锐两万果断开拔，直逼大梁的心脏：汴京！

两日内，唐军大队就到达曹州（今山东菏泽市），梁守将不战而降。此时，唐军从东线杀来的消息已由王彦章的败军传回汴京，满朝上下一片慌乱！原本的汴京皇宫，满是奢华的殿堂内曾经全都弥漫着富丽堂皇之气，充满生杀予夺的威严。但是现在，朝堂各处，乃至角落中都仿佛透着衰败。黄袍加身的朱友贞，不时咳嗽着，人一下子憔悴了许多。廷议的情况让他极其失望，他希望能找出一个对策，结果偌大一个朝廷竟然没有一个大臣能说出话来。朱友贞不知道，这个时候让他们说什么呢，他们又能说出什么呢？到这个时候，说什么都晚了！

于是，朱友贞只得含泪对敬翔说道：“相国奇谋，多有良策，只是此前我被小人蒙蔽，不能尽信，如今悔之已晚。唯望老相能不以怨怼，献计退敌。”敬翔长叹，含泪答道：“先帝不以臣之鄙陋，委臣以重任，至今已有三十余年。臣虽名为宰相，其实就是朱家的老奴，视陛下有如郎君。臣前后献言，皆出自于忠心。”

“陛下初用段凝之时，臣力言不可，结果小人朋比，以至今日之祸。现在唐军近在眼前，段凝远居河上，相救不及。臣想请陛下弃城避祸，陛下必然不肯听从。又想请陛下出城迎战，陛下又绝非李亚子对手。到了现在，就算是张良、陈平复生，也难以给陛下献出退敌之计！事到如今，老臣只求陛下能赐我一死，因为我实在是不忍心看到宗庙之亡也！”说罢放声痛哭，朱友贞也不禁为之黯然泪下。此刻的朱友贞早已方寸大乱，史书上称，他当即痛哭，大呼“国运已断！”

散朝之后，朱友贞心中烦乱，却想起了一桩事，一个人。就是他的堂兄邵王朱友诲(朱温大哥朱全昱之子),此前有人告发说朱友诲有反叛之心,当时便将他囚禁起来,一直关在牢里。朱友贞两只眼睛紧紧盯着手里的密报,脸上满是愤懑。他面前跪着一个官员,此刻正垂着头,眼观鼻,鼻观心。不敢抬头去看上面这一位。

"好一个朱友诲、朱友谅、朱友能,真是自寻死路!"朱友贞将手里的密报狠狠地砸在地上。见他发怒,这个官员越发屏住呼吸,连大气都不敢出一口了。今日朱友贞脾气越发不稳,已经杖毙了好几个近侍。"朕已给了机会!想不到家国存亡关头,他们还在背后说朕的坏话,还想乘机夺了这个位置,可是以你们跳梁小丑的实力,又挡得住李存勖的大军么?"朱友贞冷冷说着。

刚才得到的情报,无非是朱友诲、朱友谅、朱友能,这几个得封闲散王爵的堂兄弟对他的一些非议,这让本就心里愤怒的朱友贞,更加恼火了。若是平日,朱友贞或许只是轻蔑不屑。不过,现在在他看来,这些不成器的堂兄弟是在磨刀霍霍向自己的后颈比画着。朱友贞的身体里弥漫着绝望的气息,生怕自己的堂兄弟们会趁机作乱。于是,一纸令下,将在狱中的朱友诲就地处决。然后朱友贞又一不做、二不休,又把朱友诲的两个哥哥广王朱友谅、惠王朱友能一并赐死。俗话说:"要让他灭亡,先让他疯狂。"朱友贞完美地演绎了灭亡前的疯狂,屠刀径自在自家人颈上落下。下达了处决令,朱友贞瞥了一眼下面跪着的官员,放缓了语气,有些疲倦地说:"郑卿,起来吧。"

郑珏,历任弘文馆校书、集贤校理、监察御史等,后来入汴京为补阙、起居郎,召入翰林,累迁至礼部侍郎充职。郑珏文章美丽,旨趣雍容,算得上是朱友贞手底下的心腹官员之一。他当然知道梁帝现在心情不佳。往常还会说上几句安慰话的他,这时却不敢乱说,生怕一言不合,就自取其祸。

郑珏应诺之后,没有立即起身。"陛下,有一件事,臣不知该不该说。"略微犹豫了片刻,郑珏向朱友贞开口。"有事便讲,郑卿为何如此犹豫?"朱友贞面色微冷。郑珏忙道:"陛下,臣想着一法,若是实在不行,陛下可以将玉玺交给臣,臣拿去诈降李存勖,看能不能说得他退军,或许拖得几日也说不定。"实际上,郑珏心里多一层盘算,无论能不能劝阻得李存勖前进的脚步,至少献上传国玉玺是可以自保的。

"这么说……"闻听此言,朱友贞脸色有些犹豫,不久又变得更加冷了,直盯盯地看着对方道:"事到如今,我倒不心疼这个玉玺了,就是不知道等李亚子拿了玉玺,肯不肯撤军?此事,郑卿可有几分把握?"郑珏脑海里迅速闪过朱友贞刚才的脸色变化,低头急思,方才说道:"这是没有办法中的办法,恐怕把握不大。"朱友贞看着他,面沉似水,再没有提刚才的话题,只吩咐道:"多加注意官员里的情况,若有变故,随时报与朕知。”郑珏答应后，叩首告退，这才堪堪躲过一劫，如果他刚才强行回答是，恐怕已经身首异处了。

坐靠在上首的朱友贞脸显现疲态，下令杀了几个堂兄弟后，他找来几个自认为靠得住的心腹，对他们厚加赏赐，又让他们换上百姓的衣服，带上用蜡丸封存的密诏，命其出城，去召段凝回京勤王。但他没想到的是，这些亲信出城之后，立刻一哄而散，拿着财物跑得一干二净。唯一一个出城后认真赶往段凝驻地求救的外戚张汉伦，在到达滑州时，不慎从马上摔下，扭伤了脚踝，当他拼命挣扎着到达黄河边上时，却又无法找到船只渡过，只有望河兴叹！

朱友贞慌张、暴怒、恍惚的白天过去了。天色已暗，夜晚来临。这时有亲信建议朱友贞放弃汴京，先到段凝军中避难，与前线大军待在一起，不必担心保卫的军力不够。可是身旁的都指挥使皇甫麟说：“段凝原本就不是将才，他的官职都是侥幸获得的。在目前这种危难情况下，依靠他临敌决策，转败为胜，实在是太难了。况且，段凝听说王彦章兵败被擒，一定会吓得胆气全无。怎么能肯定他必然会为陛下尽忠死战呢？”

朱友贞一直都是聪明人，前面能听出郑珏的心声，现在自然也听得出皇甫麟的弦外之音。段凝绝不是李存勖的对手，不但众臣都清楚这一点，就是朱友贞自己也明白这一点。让段凝率大军与李存勖死战，而且是在都城陷落的情况下与敌人作战，这无异于把段凝推向一条十分艰险、困难的道路。如果段凝不是绝对忠诚，他会不会在朱友贞来到他的部队避难以后，凭着自己手中的兵权发动政变，把朱友贞抓起来，并以此作为见面礼向李存勖投降呢？想到这里，朱友贞不寒而栗。于是，他否定了去段凝军中的建议。

很快，又一种建议冒了出来：“放弃汴京，迁都洛阳。”这样一来，李存勖即使攻克了汴京，也不过是得到了一座重要城市而已。大梁只是经历了一次屈辱的大败，而不会因这一战的失败而亡国。也许这对于朱友贞来说是唯一可行的方案。这个方案本质就是逃跑，虽说就算跑出去，也不见得就能扭转乾坤，但只要人还没死，事情就有变数，

朱友贞对此也很犹豫。他已经感觉到了，大梁汴京的满朝文武已经被打怕了。这么些年的战事，梁军就一直被唐军压着打，数次战役，最终一个胜利的都没有。群臣早已是上下无战心，连抵抗的勇气都已经丧失。而且，似乎大臣们都已经做好了投降的心理准备，朱友贞十分担心，即便他就是逃出汴京了，也会被当成邀功的筹码给送回来，如果这样，还跑个什么劲。此时真的是大势已去，事不可为。如果仔细体味下敬

翔话语中的滋味，就会发现敬翔也何尝不明白迁都避祸基本等同于苟延残喘，所以他也没有去力争实施。真是一生事业赴之流水，令人无比叹息。

朱友贞思前想后，还是无法决定是否出逃。于是找来头号心腹赵岩，问他怎么看。赵岩答道："国事形势如此，陛下离开此宫，谁心可保？"意思是：事情到了这个程度，你在城里待着还是皇帝，一旦跑出去谁还会忠于你？朱友贞正觉得满城都是生出异心的人，听完此话，深觉有理，便彻底打消了离城逃命的念头。果不其然，当夜，朱友贞亲自把玉玺拿入寝宫保管，结果当他半夜起床哭泣时，突然发现玉玺竟然不见了，仔细一查，原来有亲随扈从逃离，悄悄偷走，大概已拿去献给了唐军。

第二日，朱友贞任命汴京尹王瓒（曾统领大军与李存勖黄河交锋）总领防务，决心拼死守到最后一刻。就在唐军火速前进的时候，汴京城已经勉强安排了防务，王瓒连下谕令安排守城，虽然唐军来袭，城内不少达官贵人于昨日夜间纷纷出逃的消息被有些人故意宣扬出去，所以城中负责皇室防卫的禁军"控鹤军"大多失去了斗志。王瓒下令捕杀了城内不少散布谣言的"奸细"，这才勉强稳住了军心，王瓒长久以来主持过军政两事，所以控鹤军将领都愿意听命，只是八千未经战事的禁军对于汴京城来说并不足够，兵力不足令王瓒十分为难，后来只得驱使城中青壮男子上城作战，等到李存勖前哨军抵达的时候，汴京城似乎已经可以勉强一战了。

第三天，当东方的朝阳刚刚露出云层，在破晓的曙光中，千余黑衣黑甲的剽悍骑士由远及近，为首的一个黑衣将领提马立在一个小山坡上，远远地看着威严耸立的汴京城，其他的骑士各自分散开来，片刻之间就都不见了踪影，只留下那黑衣将领和十几个亲卫。过了片刻，四野传来隐隐约约的号角声，那个黑衣将领接过亲卫递过来的号角，呜呜吹响，声音凄厉激昂，城上的守军都觉得心情异常紧张，虽然守城将领连连呵斥，仍然不时传来惊呼声，而远处的唐军骑士却是森然而立，毫无声息。

又过了片刻，远处传来大地剧烈颤动的声音，数千只马蹄践踏地面的隆隆巨响，震得人耳鼓生疼，片刻之间，从地平线处涌出仿佛成千上万的黑甲骑士，初时可以看到他们都是三五成群的散兵阵列，而就在他们冲向汴京城的数里路程之内，可以明晰地看到他们由散列汇聚成密集而有序的战列的过程，那是一个宛如行云流水的过程，在离汴京千步之外戛然而止。接着战阵从中而分，一个黑甲骑士缓缓走了出来，他身上披着暗红色的大氅，在他身后，一个亲卫骑士挥开大旗，上面是血红的飞扬"唐"、"李"大字。旌旗展开的瞬间，那铁甲洪流中到处响起悠远豪迈的号角声，冲天的杀气，摄人的威严，让汴京守军都不由心寒。

一个识字的梁军老卒眯着眼睛看向那旌旗，叹息道："唐旗李字，还有大批金枪御林军，真的是唐皇来了，听说他是百战百胜的神人，咱们真的能守住汴京么？"在他旁边一个新招募来的小伙忐忑不安地跟着问道："不会是其他姓李的唐将么，皇帝都是在宫中听文看戏的，还会亲自上战场？"

梁军老卒白了他一眼道："你知道什么，唐皇原来就是晋军里的大将军，后来才当的皇帝，整个地盘都是他一刀一枪杀出来的，所以才那么厉害，另外他还有一支'帐前金枪军'，那是原来银枪军改称过来的，都是万夫不当的战士！"新兵羡慕地道："大哥你知道的可真多。"梁军老卒得意地道："那当然，老子当年在黄河北岸作战的时候见过唐皇的御林军，那时候咱还在先锋营里哩。"

"啪，啪！"两声皮鞭着肉的声音传来，那个梁军老卒惨叫一声扑倒在地，众人回首，看见督战队的一名军官虎视眈眈地看着自己，那名军官厉声道："竟敢扰乱军心，若非大敌当前，本官先取了你的狗命！"那个老卒连忙爬了起来，道："小人不敢，小人不敢。"待到督战官走远了，老卒吐出口里的血沫，恶狠狠地低声骂了几句。

王瓒站在城墙上往下看，心里盘算着，敌人虽然悍勇，但是现在似乎还不到五千人，若是出城迎敌，能够将其击退的话，那么岂不是可以大涨士气。想到这里，他低声问身边的控鹤军统领："敌军也只有五千左右，我们是否可以出战？"统领答道："我等禁军骑兵不多，还是守城的好。"王瓒皱皱眉，这时城外的敌军高声邀战。王瓒下令不许出城，只将檑木滚石准备好，等待敌军攻城。

远远地看着汴京，李存勖轻轻一笑，说道："我料他们不敢出城。"他身边的李从珂问道："陛下，我们只带了骑兵来，又该如何攻城呢？"李存勖笑道："放心吧，我可没准备用骑兵攻城，汴京虽然坚固，可惜军心已经涣散，昨日夜间，先抵达的各队游骑已经截杀、俘获了不少人，里面大鱼不少嘞，有些人为了活命已急着答应让城里的亲友作为内应，我已经下令献城者不杀有赏。今日我们就在这里示威就行了。对了，我们派去城门的人马是不是已经换成了梁军的衣甲旗号？"

李从珂奉承道："原来这批东西是用在这里，陛下厉害！真是活用了那批没骨气的废物，夺城门的事就交给我吧，我马上去看看他们准备得怎么样了！"李存勖微笑点头，表示同意。他的三千金枪卫，都是身经百战的虎贲死士，这次他带的一万人就是在"帐前银枪军"的基础上整编的兵马，其精锐程度远远胜过寻常的梁军，更不用说汴京那些只会鱼肉百姓的控鹤军了。

这一日，李存勖只命人在城下耀武扬威，王瓒不敢出战，守军士气更是消沉。到了黄昏，李存勖率军回营休息，王瓒见其退走，这才松了一口气。他回到府中，盘算着这样的情况能坚持几天，想着明天还要准备些什么，胡乱吃了一些东西，就和衣在书房睡下，只是睡得很不安稳，从噩梦中惊醒了好几次。

突然，王瓒一下惊醒，他擦擦额上的冷汗，然后就听到由远及近传来的呼喊声和叫骂声。他坐起身来，房门被推开了，一个家人冲了进来，见他醒着，惊骇地喊道："大人，不好了，城内的控鹤军反了！"王瓒腾地站了起来，推开窗子，果然外面传来清晰可闻的叫喊声，有人大喊"敌军进城了！"也有人大喊"皇帝都跑了，我们还卖命做什么！"大多的言语听不清楚，但是有人在叫骂，有人在煽动，王瓒顿时心寒如冰。就在这时，他看见城中四处开始起火，火焰冲天，一时间他呆呆地看着火光，喃喃地不知道说些什么。

与此同时，汴京东门被偷袭，城门很快被打开了！唐军的铁骑闯关而入，没有多久汴京的大街小巷上都能看到黑衣黑甲的骑士，在冲天的火光中，他们的到来宛若鬼魅一般恐怖，街道上到处都是人喊马嘶，梁军官兵开始还涌向城门，想要将敌军赶出去，但是在唐军残酷的杀戮下，很快就败退了，满街的残兵败将开始了逃命，甚至还有残军开始闯入民宅杀戮掠夺，汴京城，很快就在血火中颤抖呻吟。

宫中的朱友贞得到消息后，连日来麻木枯槁的面容上露出悲痛欲绝的神色，他全身颤抖，绝望地对身旁的护卫将领皇甫麟说："李氏是我们朱家的世仇，朕绝对不可以投降。与其等着李存勖来杀，倒不如自己解决。朕没有勇气自杀，请爱卿砍下我的头！"皇甫麟一听，大惊失色，哭着说："臣不敢奉此诏！臣愿为陛下死战，与唐军同归于尽！"

但是朱友贞死志已决，反而慢慢平静下来。他盯着皇甫麟的眼睛，然后缓缓说道："你不这么做，难道是想将朕出卖给唐军吗？"皇甫麟面露苦涩，想要辩解，却偏偏无法出口，只得长叹一声，拔剑想要自杀明志，却被朱友贞一把拉住。朱友贞拉着他，突然高声大笑，过了一会儿，才止住笑声道："好，好，那让朕与爱卿一同上路吧！"在朱友贞决绝决然的坚持下，皇甫麟对朱友贞跪下，行过大礼，然后将其一剑刺死，随后皇甫麟挥剑自刎，气绝倒地。

梁帝死，梁都破。迅速控制了汴京城的唐军开始整顿城中的秩序，所有投降的梁军被驱赶到城外营中监禁，趁乱打劫的乱军被杀死，悬挂头颅示众，所有的平民都得到闭门不出的谕令，火势也在唐军的指挥下被扑灭，然后控制了城门和城中要害的唐军开始盘查城内的住户。凡是大梁皇族和五品以上的官员都被吩咐闭门，不许外出，大街小巷从一片混乱中迅速变为死寂，凡是擅自外出的人都会被问罪。

金銮殿大学士敬翔、崇政院使李振、外戚张汉杰、张汉伦、张汉融等人俱在城中被严密控制。反而是身为户部尚书的赵岩，作为朱友贞最宠信的人，在城破的前一天，就弃朱友贞于不顾，急匆匆地偷出城门，跑到许州（今河南许昌）找节度使温韬避难去了。

到了次日午时，李存勖入城了。他看着次序井然、恢复如常的街道，在威风凛凛的亲军簇拥下，他感觉自己就如同在梦中一般。尽管在一路行军途中，李存勖就预感到自己快要胜利在握了，然而当这一切终于成为现实的时候，当他第一步跨入梁京城大门的时候，胸中突然涌起一股无法形容的巨大喜悦，这股喜悦冲击着他全身每一个毛孔！

浑然如在梦中呵！朱友贞已经死了，唐军已经完全控制了梁都，李存勖已经实现了父亲李克用的遗愿，把这个与李氏家族敌对近二十年的国家灭亡了。这一刻，李存勖实现了他一生中的梦想，也完成了李家父子两代人的心愿。

这一年，李存勖三十九岁，这也是他继任晋王的第十五年。在过去的十五年中，李存勖以其坚定不移的意志，和一往无前的决心，在长达两千多个日日夜夜里，宵衣旰食、栉风沐雨、血染征袍。这是一段多么难忘的岁月，但在今天，终于被他走到了终点。此时此地，已近不惑之年的李存勖，凭借其超凡绝伦的智慧，和无坚不摧的勇力，经过十五年不间断的浴血奋战，最终一举推翻了称霸中原十七年之久的朱氏王朝。从此脚踏黄河两岸，威加六合八荒，成为了中国大地无可争议的最高统治者。

在面对前来迎接他入城的李嗣源时，李存勖依然沉浸在内心狂喜的大潮中，他忍不住抱住李嗣源，激动地说道："我能得天下，全是你们父子的功劳，当与尔共之！"没想到此句一语成谶，李嗣源和李从珂将在未来先后成为后唐第二任、第四任皇帝。此乃后话。

汴京府尹王瓒也带着大梁的文武百官在此迎接李存勖，他匍匐于地，伏拜请罪。王瓒此前做过梁之"北面行营招讨使"，跟李存勖曾在黄河边上恶战连连，所以见了李存勖十分惶恐，但没想到李存勖亲自下马，将他扶了起来，说道："你我两家世代姻亲（王瓒是王重荣之侄，王重荣曾与李克用忧患与共，交情颇厚），为人臣者各为其主，何罪之有？"并未怪罪于他。

李存勖率领的唐军在数万梁国官民恭顺的迎接下，士气高昂地进入了汴京城。伴随梁国京城的陷落，皇帝朱友贞的死亡，大梁就好比一个突然失去心脏，全身瘫痪的巨人。虽然中枢已经不在，但是在广大的土地上，各地梁军仍旧存在着巨大的潜力。对此，李存勖一律采取了安抚的态度。

最先对李存勖表示臣服的是大梁的宋州节度使袁象先与陕州留后霍彦威，李存勖命他们仍旧在自己的军镇中任职。同时下令，凡是原大梁治下的节度使、观察使、防御使、团练使、刺使，以及各军中所属的将校，只要是肯投降的，一律无罪，而且其官职一律不加变动。于是大梁的五十余名节度使纷纷上表称臣。原大梁统治下的广袤地区就这样兵不血刃、十分顺利地归入了后唐的版图。

李存勖对待掌军的梁将既往不咎，并不意味着对原大梁朝堂上的百官就一律赦免。他将其中的不少人贬到地方上去做司马、司户这样的小官，这一次被贬的有：萧顷为登州司户、陆崇为安州司户、郑珏为莱州司户、姚凯为复州司马、封翘为唐州司马、李怿为怀州司马……因为这些人都曾是旧唐王朝的臣子，可是却与朱温一同狼狈为奸，篡夺大唐江山，李存勖对此类人等非常鄙视，自然由此降职。

后唐辉煌

既然汴京大势已定，就要细说一下大梁朝重要人物的结局了。第一个就是段凝，作为大梁“北面行营招讨使”的他得到朱友贞已死的消息后，立刻率五万大军在滑州（今河南滑县）解甲投降，被李存勖赐以锦袍、御马。

李存勖自从就任晋王以来，跟大梁足足打了十五年的仗，之所以会这么困难，就是因为他的这些对手，从李思安、王景仁、刘寻、杨师厚、王瓒到王彦章，虽然他们能力也有高低之分，但是都足以称得上是享誉一时的名将。直到碰见这个半吊子的段凝，终于算是撞大运了，仅在段凝正式受任北面行营招讨使的三个月后，李存勖就攻破了汴京，所以某种程度上，“神一般的对手（李存勖）”完全可以把这个对朱友贞来说“猪一般的队友（段凝）”称为李存勖一仗定乾坤的“头号功臣”。

不管怎么说，总算是利用段凝军事部署的破绽，彻底拿下了汴京。所以，李存勖对段凝也确实不错，将他任命为滑州留后，后升任泰宁军节度使，并赐名李绍钦（我们书中一直使用旧名段凝），仍让他统率大部梁军。作为降将，其麾下还有五万多人，算是一支很大的部队了。

段凝本人也很上路，接旨后立即赴汴京谢恩，而且出入朝堂谈笑风生，神态自若,俨然以后唐功臣自居,一面通过李存勖喜欢的伶人(即戏子)景进来贿赂魏国夫人刘玉娘,以固恩宠。另一方面,段凝又奏请李存勖,称“故梁奸人赵岩、张汉杰、李振等十余人侮弄权柄,残害生灵,请皆族之。”段凝本来和这些人同属一党,到这时不但不加救援,反而趁其蒙难,落井下石,以表忠心,实在是让人寒心。而段凝对此不但毫无愧意,反而洋洋自得,搞得梁国旧臣皆恨不能“龁其面,抉其心”。郭崇韬曾对李存勖告诫:“凝亡国败军之将,奸谄难状,不要信也。”可惜,李存勖没有听进去。

第二个大牌人物是后梁的西京留守张全义,兼河阳节度使,晋封梁之魏王(即前文在洛阳接朱友贞令毒杀刘寻的人),这个人在历史上是有些争议的。他出生在“世为佃农”的家庭,曾在县里做小吏,得到历练。张全义在朱温治下受封河南尹,治理洛阳。

那时的洛阳,经过多年战乱,仅存断壁残垣,破败不堪。

张全义初到洛阳时,那里“白骨蔽地,荆棘弥望,居民不满百户。全义麾下,才百余人,相与保中州城。四野俱无耕者。”张全义从他的部下中选出一十八人为屯将,每人发给一面旗一张榜,到周围十八县的残存墟落树旗张榜,招抚流散逃亡的民众,劝耕农桑,恢复生产。张全义为政宽简,除杀人者要偿命处死以外,其余都从轻处罚。史称其“无严刑,无租税,民归之者如市,又选壮者教以战阵,以御寇盗。数年之后,都城坊曲,渐复旧制。诸县户口,率皆归复,桑麻蔚然,野无旷土。”

这明显说明张全义对洛阳一带百姓的治理颇有成效,恢复了大量生产,让民众生活有了难得的保障。这种在五代战乱时期,为民着想的官员实属少见。洛阳周围三十里内,若有蚕麦丰收的农家,张全义一定亲自到访,召来全家老幼,赏给酒食衣料,表示慰劳。“民间言张公不喜声伎,见之未尝笑,独见良麦佳茧则笑耳。由是邻里有无相助,故比户皆有蓄积,凶年不饥,遂成富庶焉。”就是指他不喜欢饮酒听曲、和美女作乐,只有看到优质麦田、上好蚕茧时才会难得地笑上一笑。对于有田地荒芜的,他就召集民众查问原因,有的人因为缺牛耕地,他便协调有牛的邻里负责助耕。

张全义受到非议,是因为他在汴京陷落后,立刻从洛阳赶去觐见李存勖,史称其“泥首待罪”。由于之前他就通过其弟张全武秘密与唐军方面交往,所以李存勖待他很客气,“抚慰久之”,这说明他早就和敌军暗通款曲,非人臣之道。张全义一方面表示自己“曾栖恶木,曾饮盗泉,实有瑕疵”,称自己过去一不小心依附了朱温,他改去朱温所赐之名“宗奭”,并热烈邀请李存勖到洛阳行郊天之礼,公开表示效忠新朝。另一方面他和段凝用一样的办法,通过关系厚赂刘玉娘,竟至使刘玉娘认他为义父,真可以说是费尽心机。经过这些手段，张全义在后唐也受到尊崇，被封为齐王，任命为中书令、河南尹并兼领河阳节度使。手握大权后，张全义处理政务渐渐没有了早年的勤勉，变得十分马虎。史书曾记载："凡百姓词讼，以先诉者为得理，以是人多枉滥，为时所非"。此外，他与河南的一个县令罗贯有私愤，便通过刘皇后在李存勖面前说罗贯的坏话，结果导致罗贯被杀，"冤枉之声，闻之远近"。这些当然是在《新五代史》上记载的后话。

虽然张全义在个人操守、私怨处理上很有些问题，卑身曲事以求自保，这些手法还有走的门路与段凝一般无二，但是，他主动来汴京朝见李存勖，并献上币、马千计，这样一来，洛阳古都也就"和平解放"，以非常完整的方式保护下来，无论对洛阳百姓还是文化建筑来说，都免去了一劫。

这里还要交代朱温墓葬的下场，因为这个和张全义也有关系。大家都知道，李克用、李存勖和朱温、朱友贞一族结仇数十年，争霸天下三十载，无数家人、后辈、同袍、部属都卷入这场纠葛中，血流了无数，死者也无数！李克用临死前虽然交代了三件大事，但是最最让他上心和惦念的还是和朱温的仇怨了结吧！在这样的情况下，李存勖对朱温的陵墓会有好待遇么？

朱温葬在洛阳（今河南洛阳市伊川县白沙乡），李存勖得洛阳后，便要下令将朱温斫棺焚尸，即挖开地面，破开棺材，拉出朱温的尸体进行焚烧。这时新降的张全义并没有像段凝一样，对故主落井下石，他冒着极大的风险劝谏李存勖道："朱温虽然是国之深仇，但其人已死，刑无可加，灭其满门，足以为报，何必再污辱他的尸体呢？请求陛下免去对朱温的掘墓扬灰，以向天下人表示您仁慈的品德。"李存勖听完，也就将此事高高提起，轻轻放下，仅下令将朱温墓地的地表建筑铲平，灭其宗庙神主。可以说这个结果，还是要明显好于朱温生前对此类状况的预期。

我们如果站在张全义的立场来思考一下，你会发现他劝谏的这个举动极为难得。他主动投降，献上财物，又暗中行贿权奸，在李存勖面前赶紧改名，表示悔过，并主动迎奉李存勖搞祭天仪式的大排场；这一切的一切不就是为了给李存勖及后唐高层们表示我跟朱温大梁一点关系都没有了！彻彻底底地划清界限，从今以后我就只效忠后唐了！而这样的一切手段，在他劝谏的话出口后，都有可能全部失效。每一句劝说都有可能让李存勖大怒，从而连累自己身首异处！或者好一点，也让李存勖心中对他的效忠打上一个大大的问号，为将来留下一个祸患。

一旦李存勖以后因为某件事不满，心中嘀咕起来，再扯上此事，就有可能是灭门的祸端。所以这样的事，段凝是万万不肯做的，张全义却做了。明知朱温是什么样的一个人，和唐帝李存勖一家有怎样的恩怨，和唐军上下有怎样的血仇，他都清楚。明知这样做其实对自己也没什么好处，也帮不了朱温家的子孙（都死了），他也清楚，但他还是忍不住做了，出言劝谏了。所以这样一个人能做到这一步，对比他的同僚们，从人性上来考量实在也不能苛求他更多了！

幸好李存勖不仅听了他的话，也没有多想什么，作为一个在马上得天下的皇帝，李存勖有这个气度。不过，李氏对朱氏仇怨的终结需要一个仪式。李存勖把朱友贞的头颅割下，以漆保存，用匣子装好，送入祖庙祭祀父亲李克用。李存勖终于可以交回李克用的另一支箭了。这已经是第三支箭了！亦是最后一支，交上这支箭的李存勖踌躇满志，享受着胜利者的荣光，因为胜利，才有余裕，他才能在汴京继续笑对诸多心情复杂到万千的梁臣。帝座上，手握生杀大权，真是爽啊！一片降臣，人为刀俎，我为鱼肉，这滋味不好受啊！

我们交代的第三批重要人物是两个人，在朱温时代被倚为左右智囊，内政计略无处其右的两个人，大家可能猜出来了，就是金銮殿大学士敬翔、崇政院使李振二人。敬翔，官知崇政院事，后迁梁兵部尚书及金銮殿大学士，从大梁的角度来看，他无疑就是人品与智慧共存的首席战略人物，辅佐朱家父子三十余年，屡立奇功，不光是给李存勖，就是李存勖的父亲李克用，都造成了极大的麻烦。

李振，官知崇政院事，祖居西域（中亚撒马尔罕，昭武九姓的安国），他是唐朝中兴功臣李抱真的曾孙，作为朱温的核心幕僚，主导了“长安政变”、“骗杀节帅”等阴谋行动，是被先唐旧臣称之为“唐室鸱枭”的谋略家。

两人早年都参加了科举考试，也同样名落孙山。两人对旧唐王朝科举考试中的腐败现象深恶痛绝，由此，李振对旧唐王朝的官僚们极为怨恨，所以才有了他杀害旧唐大臣裴枢等七人的“滑州投河”事件。两人带着类似的经历和对旧唐王朝的认知，先后投入朱温阵营中，因为智谋相当，两人一边竞争，一边惺惺相惜，一起在朱温时代被重用到炙手可热，一起在朱友贞时代被冷落到门可罗雀。但在李存勖即将开启的新时代，他们二人的选择截然不同。

唐军入城的时候传旨，发布“赦免令”，声称将所有大梁降臣这类人的罪过全部免去。这时敬翔正卧床在府。李振得知消息后兴冲冲地跑过来，说道：“这下好了，新天子赦去了我等罪过，你快与我一同去进宫见驾。”

敬翔怒道：“你我二人同为宰相，君昏不能谏，国亡不能救，新天子如果问起我们作为,我们有什么脸面?以何辞相对?"其言掷地有声,如金石相击。李振一愣,没想到老友会如此斥责,他满面羞愧,一言不发地退了下去。

到了晚上,有家仆来报于敬翔称:"崇政使李太保入朝觐见了!"敬翔听罢一声长叹道:"李振徒有大丈夫之名,我们与李存勖世代为仇,我与他还一同谋划破敌,没想到到了现在这种地步,少主(朱友贞)死于国门,纵使李亚子不肯杀我,又让我拿什么面目再入国门啊!"说罢,当夜敬翔自缢而死,慷慨殉国。

李振拜见了李存勖,数说自己的罪过,屈膝低头,远没有了当初被视为鸱枭时的那些威风和骨气。后唐重臣郭崇韬后来点评说:"人们都说李振是一代奇才,我今天看他也不过是一个普通人而已!"

由于段凝等人在背后连下狠手,将李振归为头号战犯,李振虽然屈膝认罪,但终究没有逃过一死,不久,他和族人就被全部处死。求死的死了,不想死的也死了。敬翔之死体现了中国传统文人的风骨:士为知己者死。此举令后人感叹。其实当初朱温死去的时候,敬翔在大梁的政治生命上也就死了。虽然他很有气节,但是仔细想想亦是悲哀。一个有能力的人依附于另一个有能力的人才能充分发挥他的才华,这本不是理想的方式。理想的情况应该是个人的能力可以在相对公平的社会制度下得以自由地发挥。

最后我们再说两人:赵岩、温韬。最能给梁帝朱友贞出主意的租庸使赵岩,他也是朱友贞最相信的人了,可以说大梁一多半江山都毁在他的手里。就是这么一个朱友贞心腹中的心腹,就在城破的头一天,赵岩对左右人说道:"我素来待温韬不薄,此去相投,必不负我!"然后赵岩"逾垣而逸",急匆匆地逃到许州(今河南许昌)避难。结果刚到许州,就被时任许州节度使的温韬斩掉了首级,送回了汴京,这也是赵岩应得的下场。朱友贞最信任赵岩,可是赵岩害得他失去了国家;赵岩最信任温韬,可是温韬害得他失去了性命。世事之可笑可叹,多是如此!

温韬我们在前文提到过,他在历史上留名千古,大书特书的,是他盗墓的本事。他盗掘唐皇陵是有案可稽的。例如:"唐诸陵在境者悉发。"——《旧五代史·温韬传》;"华原贼帅温韬聚众,唐帝诸陵发之殆遍。"——《资治通鉴》。

唐太宗李世民死后,把《兰亭序》等众多珍贵的书画真迹作为陪葬品,带进了昭陵。昭陵如此大名鼎鼎,自然也逃不过温韬的毒手。搞笑的是,不通文墨的温韬在把一批书画作品带出昭陵后,看上的却不是价值连城的书画作品,而是装裱在外的华美绸缎。他让手下将上面的绸缎全部撕下来,而把作品扔掉,真正是五代版的"买椟还珠”。当代史学界推测，王羲之的《兰亭序》真迹从此不再出现，很可能就是让温韬给撕毁了。不过，让人不解的是，在温韬逐一登记的盗宝中，却无此贴。

温韬可以称得上是中国历史上最大的盗墓贼。民国时期的孙殿英和他比起来也是小巫见大巫。其一：温韬所盗陵寝之多，堪称有史载之最。唐朝诸帝的十七个陵寝竟然被他全部光顾，只剩下武则天的乾陵逃得一难。其二：胆大包天却又惧怕鬼神。这一条是这个人有些矛盾的地方。温韬也曾在光天化日之下大规模挖掘乾陵，不料三次上山均遭风雨大作，致使其工程不得进行，只得改期。可后来每次准备挖掘乾陵时，都会出现风雨交加的天气，他的属下提醒他，这有可能是鬼神相护之故。于是，温韬不敢再继续挖下去，遂绝了此念。此人甘冒天下之大不韪，公然盗墓，并将所盗物品编成名册公之于众，其胆量之大令天下所有盗墓者都为之咋舌。

从史载的温韬生平来看，这是一个狡诈嬗变的人物。他对朝代的更替看得很开，谁的势力强大一些就依靠谁。不过在动荡的年代这也是不得已的生存之道。在最高统治者的眼里，他是一个无法令人信任的下属。今天你能够反梁，明天就能反唐。今天你能盗先唐的陵寝，明天就有可能盗我的陵墓，这样的人，在非常时期还有些利用价值，在大局平定后是一定不能让其活下去的。温韬的毁灭，其根源还是他没有掌握好尺度。早年盗陵的臭名，嬗变的个性注定为统治者不喜，虽然他有大批的宝藏来打点上下，甚至也贿赂到李存勖的宠妃刘玉娘之处，保得一时平安，但最后还是逃脱不了一死。郭崇韬曾点评他：“此劫陵贼尔，罪不可赦！”几年后，最终温韬还是被第二任后唐皇帝(明宗)李嗣源流放德州，后赐死。

此外，在朱友贞时期分掌权要、作威作福的外戚张汉杰、张汉伦、张汉融几人被李存勖同日处死。汴京城中这段时间内不断上演死死生生，悲欢离合的戏码。这一切全部源于李存勖所领“后唐”的崛起。当一切尘埃落定，让胜利的狂欢在李存勖及唐军阵营中多流荡一阵的时候，我们来回顾一下这辉煌一刻的诞生过程：

李存勖将朱温所建的“后梁”覆灭，前后用了十七年的时间，其间战局波澜起伏，荡气回肠，最后终于获得全胜。最终一战，李存勖奇袭汴京的计划，从初定到全部实施，仅一个多月的时间，这是中国古代战争史上长途奇袭、速战速决的著名战例。

唐军取胜有两个重要的原因：一是准确无误的情报及据此制定正确的作战计划。二是李存勖的坚定决心与果断性格，在众将观点大有分歧的情况下，能够排除不利意见，专心致力于既定计划的实施。此外，他充分地发挥了唐军骑兵快速机动、擅长奔袭的特点，中途不分散兵力固守一地，更不过多逗留，昼夜兼程地抓住战机，一举成功。

在《通鉴纪事本末》中，毛泽东曾如此点评汴京之战：“康延孝之谋，李存勖之断，郭崇韬之助，此三人者，可谓识务之俊杰！”梁唐双方对峙近二十年，终以唐胜梁败而告终，从战略角度进行分析，可以看出后唐方面慢慢形成的各种优势。

李存勖在父亲死后整顿军纪、收揽民心、巩固后方，从而提高了整体国力，奠定了坚实的经济基础。李存勖非常善用军将，如周德威、李嗣昭、李嗣源、李存审、李存璋、阎宝、李建及等人，这些都是勇猛善战的大将，全部都被委以过重任，特别是周德威、李嗣昭、李嗣源三人，总是在独当一面，他们都有决定一条战线上重大行动的擅专之权，而这在大梁一方看来完全是一种奢望。所以李存勖虽然常常面临两线、三线，乃至多线对敌的不利状况，但是各军仍然能在同一个战略目标的基础上灵活出击，相互援护，屡建奇功。

在晋军时期，李存勖对文臣也是如此，重用忠诚且有政略的张承业就是一例。张承业不但保证了军队物资的供应、调度，还在李存勖完全放权的前提下，对内政治理进行变革，实施了大量对生产有利，对百姓安定生活有益的行政制度。

相比之下，在这方面，朱温父子却逊色许多，朱温随意兼并河北诸镇，滥杀无辜，导致中立地区（例如镇州王镕、定州王处直）归附唐军一方，弱己强敌。他的儿子朱友贞虽然不像他说的那样，如猪狗一样无能，也有些才干，但仅限于权谋之术，不懂用兵之道，更谈不上雄才大略。在危难之际无识人之智慧，也无放手用人之气量，终于将自己和后梁一起推向了灭亡。

具体到战略战术上，李存勖明显胜朱友贞许多。他攻略燕幽，拉拢河北诸镇，利用他们与朱温的矛盾，最终平定了河北地区，这是先易后难，逐步壮大自己的战略方向。在战术方面李存勖采用了兵力集中，形成局部优势，力争全胜的打法，伤其十指不如断其一指，他北上消灭刘守光解除后顾之忧，又调集重兵趁魏州兵变之机夺取魏博之地。最后，李存勖扬长避短，充分利用骑兵野战优势，诱敌出来打歼灭战，避免了攻城消耗的不利之处。用骑兵直捣汴京更是最大限度地发挥了骑兵奇袭的优势，所以才获滔天之功。

通过对他们的比较，我们便能看出“后梁”和“后唐”胜败的结局是很合乎情理的。区别如此之大，优势如此明显，所以灭梁不久，李存勖就轻易地稳住了大梁的局势，而此时中华大地上的整体形势对他来说也是很有利的。

早在朱温篡唐时，就有反梁四镇之说，即河东李克用、淮南杨渥、凤翔李茂贞、西川王建。这四镇都是当时的大军阀,以河东李克用为首,列为同一阵营。其他南方割据政权,都附属于后梁,算作是另一阵营。也就是说当时中华大地上是以反梁和附梁为依据划分出两大阵营的。那么当李存勖覆灭大梁后，这两大阵营的界限也就彻底消除了,各路藩镇纷纷遣子入朝,奉表归顺,这里面有:楚、前蜀、吴越、南平、南汉、吴。虽然这些割据势力是在名义上臣服,实际上还是自己管自己,但这个局面要比朱温称帝的时候好得多。

为什么朱温一代枭雄称帝,尚有反梁四镇,李存勖称帝则一片奉迎叫好之声呢?这大概有以下几个原因:

其一,李存勖得天下名义上非常“正”。因为朱温篡唐立国,这种行为不符合当时的伦理及道德规范,所以遭到不少门阀世家、地方豪族、文人士子以及旧唐各级官吏的抵制。而李存勖则是灭梁开国,他也从未做过朱温的臣子,所以这种开国方式堂堂正正,任谁也说不出半个“不”字。

其二,李存勖百战灭梁,靠的是实打实的战力,不是投机取巧,更不是阴谋、背叛、暗杀。他每走出一步,获取的胜利,都被当时的天下人看得清清楚楚。

晋阳破晓,王位之争;

潞州解困,力挽狂澜;

柏乡野战,用兵所长;

魏博之争,故布疑阵;

德胜渡之战,血涌激流;

悲风胡柳陂,名将之殇;

杨刘之战,巧取郓州;

汴京最终战,赌命奇袭,一战定乾坤!

李存勖这一步步从血海火山,刀枪剑戟中走来,无比豪壮雄奇!相比朱温一贯的背信弃义、阴险狡诈,当然也就更能为世人所接受。何况,李存勖自继任晋王以来,灭梁、平燕、败契丹,百战百胜,几乎从未打过败仗,每一战他都身在最前线,这是当时所有身在顶端的“王者”都做不到的,所以他被世人视为天运所佑,武运昌隆之人。特别是等到李存勖灭梁之后，他大圆满地完成了父亲李克用留下的所有心愿。这个在民间广为传颂的“三箭之誓”的故事,就极富有快意恩仇的传奇色彩。这一切,对于当时那个绝对崇尚武力的年代,给人所造成的震撼力是可想而知的。

李存勖完成了父亲的心愿,达成了家族的巅峰目标。他不单拥有了华北和中原,也成为了整个天下的统治者，成了大唐的继承人。在这个奋力厮杀的过程中，他的军事生涯也走到了辉煌的顶峰。他在连年征战的生活中，经历了无数险恶、无数血腥、无数刺激；可以说，战争已经成为李存勖生活的一部分，当他达成一生为之奋斗的目标后，他会做些什么？如果是你，你会做些什么？

有人说过：世界上智者只会做好两件事；一、努力达成目标；二、达成目标后，珍惜得到的一切；就好比追求到心爱的女子后，最应该做的就是珍惜。达成梦想后，人会变得怎样？一千个人或许有一千种回答。不过，我们来说一点共性，大多数人绷紧的神经都会放松下来，选择享受，狠狠地享受！是的。李存勖大概也是这么觉得，再没有什么达摩克利斯之剑悬在头上，再没有什么可以威胁到他的人和事，天上地下，已经唯他独尊！他已经登上权力之巅，他感觉到的是一览众山小，他感觉不到的是高处不胜寒。

对于李存勖来说，生活还有另一重改变。曾经，战斗就是他生活中的一切。离开了战场，他几乎就不知道应该如何来寻找生活的新意义。这也是战争在李存勖身上留下的后遗症，作为他百战百胜的回报，就是他完全厌弃了平平淡淡的生活。帝王的生活平不平凡？平不平淡？每一天都能有期待的东西出现？还是每一刻都有无法预料的刺激出现？战场上残酷的重口味不是每个人都能适应，反过来，平淡生活的无趣也不是每个人都能容忍。有些人就是觉得这样生活没有意义，没有意思。

什么才是真正有意义、有意思的人生，这是个千百年来哲人学者们不断探究却得不出一致结论的问题。对现在的我们来说，这个问题的答案大概已经没有什么意义，因为多元化的社会自然有多元化的解释，不同的价值观自然也引导着各自不同的人生。也许，对于普普通通的我们来说，平平淡淡才是真正的生活。当然，李存勖不会这么认为。经历了无数的战役，习惯于逆着箭雨、亲自冲锋、享受冒险与意外的他，认为平平淡淡是人生中一种最无法忍耐的折磨。他要的是神奇。要的是刺激。

第九章 灯火楼台

伶官乱政

如果人生的每一天里都需要用刺激来填满，那么刺激本身也将变得乏味。李存勖似乎对平淡的生活充满了厌倦，提不起精神；他需要更多新奇的东西，才能激发出身心活力。以前，作为晋军的主帅，勇冠三军的骁将，他可以统兵出征，亲自到前线上去体会搏命的激荡，在充满战火与鲜血的胜利中，去体会巨大的满足。可是现在不同了，最强大的对手已经灭亡，作为后唐王朝的新皇帝，他根本不可能再亲临战场了。每天里他该做什么呢？他有的是过人的精力，就算是享受也要享受出不一样的人生。

那个年代没有网游、电玩、电影、TV、动漫、小说、手机、ipad！让人有代入感的娱乐项目，只有一样，就是：戏剧。于是，李存勖疯狂迷上了角色扮演。对他来说，戏剧也许就是和平时期最为神奇的东西了。它通过令人陶醉的故事，把人们代入另外一个身份。作为观众，他们在欣赏别人的故事；作为演员，他们在体验另一种人生。李存勖甚至可以在表演中忘记自我，似乎自己就是他所表演的那个人物，这种人格心理上的交叉式体验让他感到戏剧的妙不可言。

李存勖是沙陀人，这一民族原本就是一个能歌善舞的民族，当他们动情地唱起粗犷豪放的歌曲时，他们忘记了一切忧伤。就像曾经大草原、马匹牛羊是他们生活所必需的一样，唱歌也是他们生活中不可或缺的组成部分。李存勖自小在这样的氛围中成长，所以他也像每一个沙陀人一样喜爱唱歌。甚至在军队建设中，李存勖亲自填词，引入了军歌，以致敌军听到“鸦军”士气高昂的歌声而变色。与过去沙陀族将领不同的是，他在少年时代深受儒家思想的影响，所以本民族原有的奔放曲调对于他来说仅仅是抒情，他更加喜欢的是自唐玄宗时期发展起来的梨园艺术。

唐玄宗曾挑选全国闻名的艺术家们组成水平冠绝一时的皇家乐队，甚至亲自参加演出，著名的《霓裳羽衣曲》和《霓裳羽衣舞》就出自他的手。因为训练班都在梨园里举行，所以后世把戏剧界称为“梨园”。因此，戏剧、曲艺界一直把李隆基尊崇为鼻祖。由于器乐的发展，也由于唐代诗歌艺术的发达，所以二者相辅相成，相互促进，到了晚唐就形成了戏剧。以歌唱诗句为主，有乐器配合，表演历史故事或者是当时发生的一些趣闻。这些专门从事这种表演的艺人，就被称为“伶人”。对这种艺术形式李存勖十分沉迷，达到了乐此不疲的地步。

欣赏的基础是理解水平要到位。李存勖作为马背上的皇帝算是有相当的文学造诣了。例如，早年他曾填词《如梦令》：“曾宴桃源深洞，一曲舞鸾歌凤。长记别伊时，和泪出门相送。如梦，如梦，残月落花烟重。”译文：曾记得欢宴在桃源深洞，那一曲清歌伴着凤鸟般舞姿飞动。总是记得依依惜别的时候，你满含泪水出门相送。多像一场梦，多像一场梦，残月在天，落花遍地云烟一重重。

李存勖的天性里最厌烦的是束缚，他依靠本能把束缚自己的东西毫不犹豫地摒弃、甩开，这样的行为体现了他性格中的感性，也造就了更多的轻狂。无论什么，他总是喜好亲自上手尝试，对于他来说，只有亲自参与才是最激动人心的，也是最刺激的。李存勖开始学习表演。在他“醉过方知酒浓，爱过方知情重”的投入下，很快他就可以熟练地参与表演了。为此，李存勖给自己取了一个很中二的艺名：“李天下”。

于是，在后唐历史上就出现了这样一幕，当大臣们为了国家政务请见的时候，他们得通过戏剧演员们问一问，皇帝是不是已经演出完毕，已经卸装休息。由此，在李存勖身边的伶人们深得其宠信，他们不仅可以在与皇帝闲谈中参与军国大事，而且他们的意见往往不经意间就可以起到左右决策的地步。

其中一名伶人名叫景进，就具有这样的能量，成为地道的“天子近臣”。一向在沙场上驰骋的李存勖对于深居宫中很不习惯，有时候，他很想知道宫墙外发生的趣闻。

景进发觉后，便投其所好，常常把一些市井中的新闻讲给李存勖听，而其中不乏荒诞怪僻之辞。对于重口味猎奇故事，李存勖和现代人一样没有太大抵抗力，最喜欢听这些，可是他也意识到，如果让他的文武百官们知道，会有损于他的威严。于是，每当景进给他开故事会的时候，他总是把随从支开，与景进一个人私聊。

景进费尽心机要的就是这样的结果，他不但可以借此干预朝政，也可以开启打小报告模式。凡是跟他有过节的，他就大加诬陷；凡是对他跪舔的，他就在皇帝面前多多美言，日积月累下来，李存勖对此竟然相信了不少。这样一来，朝中大臣和各路藩镇都争相巴结景进，就连当时的三司使（主管财政的高级官员）孔谦也称其为“八哥”，对他以兄礼事之，可见其影响之大。所以，景进虽然只是一个伶人，但隐然间已是内宫“权臣”。

当然，不是每一个伶人都如此狡诈，他们更多的共同点是逢迎皇帝，制造马屁。历史上一个叫敬新磨的伶人就是这方面别出心裁的高手。一日，李存勖演戏中，一时兴起高声喊起自己的戏名：“李天下！李天下何在？”谁知话音刚落，敬新磨就跑上去，揪住李存勖便扇了两耳光。侍从们都被这一大胆犯上的举动吓呆了，他们做梦也想不到，竟然有人敢动手打皇帝，这可是灭族的大祸！李存勖也被耳光打得一怔，不知敬新磨是什么意思。

敬新磨板着脸说道：“理天下是皇帝的事情，你一个戏子怎么能当得起这个称呼呢？”他是利用“李”字与“理”字的谐音，暗示着天下只是李存勖一个人的天下，决不能有另外一个人与他相提并论。他打了李存勖，是为了制止他的喊叫，讲究个忌讳。这实际上是一个大胆的马屁。结果，李存勖不仅没有责罚敬新磨，反而更加宠信他了。敬新磨见此方奏效，后来又换汤不换药，再来一次。

某日，他给李存勖表演完毕，当时殿中养了很多大狗，他离开时，有一狗跟在后面追咬。敬新磨又趁机开起李存勖的玩笑，倚柱大喊道：“陛下不要放孩子咬我！”（意指李存勖是狗父）李存勖听罢大怒，取过墙上弓箭就要射杀他。

敬新磨见状大喊道：“陛下不要杀我，我与陛下本是一体，杀我不详！”李存勖一愣，这是什么鬼，便问之。敬新磨答道：“陛下开国，改元同光，所以天下人都称你为‘同光帝’，‘同’乃‘铜’也，‘敬’为‘镜‘也，臣叫敬新磨，不就是一面刚开光的铜镜吗？陛下如果杀了我，那‘同’也就没有光了。”这又是个谐音的搞怪段子，李存勖听完觉得有点意思，哈哈大笑，挥挥袖就饶了他。

敬新磨这个家伙，除了在伶人中算胆肥的，爱开李存勖的玩笑之外，倒也没有什么恶行，有时还能做点好事。一次，李存勖带着众伶人去中牟县打猎，踩坏了民田。中牟县令看见了急忙过来劝阻，这一下败了李存勖的兴致，一怒之下就要让护卫拿下处刑。敬新磨见势不好，赶紧带着众伶人主动去把该县令抓了过来，押到李存勖的马前，大声责问道："你身为朝廷命官，明知道陛下喜欢打猎，为什么还要让百姓们耕种土地，交纳赋税？为什么不让他们放弃耕种、忍饥挨饿？这样陛下养的鹰犬不就可以在田地里任意捕猎了吗？"

李存勖听完，发现敬新磨语含规劝，不禁莞尔一笑，随即便将县令无罪释放。每一个皇帝都有业余爱好，如果适当，不但不会影响朝政，反而会有一定的促进作用。可是令人遗憾的是，戏剧对于李存勖来说不只是业余爱好，而是他主要消磨精力的所在，偏偏治国被他草率从事，却更像是一种消遣。后唐朝政上的混乱也正是从这里开始。

沉迷戏剧只是一个引子。伶人，在当时本来是地位极低的阶层，现在却因成为皇帝的爱好而身价大增，竟然作为参与朝堂大事的政治力量浮出台面。景进作为伶人之首就官至"银青光禄大夫"、"检校左散骑常侍"兼御史大夫、上柱国，红极一时。他所举荐的亲信毫无寸功就被外放为一郡长官。郭崇韬闻之，力劝李存勖，称如此处理不公，置那些血战余生，功勋卓著，尚未得到封赏的将士们于何地。李存勖沉默半晌，面有不快，虽然承认自己封赏伶人不当，但以"天子一言，岂能变更"为由，坚持按此封赏。

渐渐的，原来出身十分低微的伶人们成了常在皇帝身边的伴当。他们可以在一天大部分时间里轻易见到皇帝，而大臣们却是难得见到他们的"圣明天子"，这些细微之处累积起来就在朝臣与伶人之间形成了心理上的失衡。对于伶人们来说，这种做梦也想不到的奇遇自然不会放过，吃相上更不会礼让三分，他们只会尽量利用这种特殊身份为自己谋利，而这必然使原本就看不起他们的大臣们更加不满，双方常常产生正面冲突，李存勖却往往站在伶人一边，这就使朝臣普遍对皇帝感到不满。

要知道，当时受过良好教育的官员们对于伶人可远不像李存勖那样欣赏。在他们的眼中，伶人只不过是权贵人家的一种玩物。当他们不得不向眼中的玩物，家奴般的伶人们表示敬意的时候，心中必然涌起屈辱的痛苦。官员们的自尊受到了损害，百姓的利益受到盘剥，李存勖给了伶人们太高的地位，无论是伶人们自己，还是国家的臣民对此都接受不了。官僚集团和受宠的伶人群体，两方内心上根深蒂固的矛盾，利益上的冲突，权力上的斗争都给后唐帝国造成了统治上的裂缝，这让后唐的官僚集团普遍地减弱了对李存勖的忠诚。

如果说宠信伶人是李存勖松懈下来，犯的第一个错。那么第二个错误，也是相同性质的，紧随而来。即：以宦官为耳目，倚为亲信。同光元年（公元923年），李存勖称帝灭梁后，应张全义之请，迁都洛阳。由于内宫缺乏人手，他下了一道旨：除皇家以外，不论贵贱，任何人家不得使用宦官，凡是目前所存的宦官，一律送入宫中。随着这道命令的执行，李存勖宫中的太监人数就从五百人迅速突破了千人。

有人也许会问，内宫不一直都是由宦官管理么？这有什么问题，传统而已啊。其实不然。远的不说，就在大唐天佑年间，朱温诛杀宦官后，宫内的诸司使就开始由士子担任，由他们管理内宫各项事务。李存勖在这一点上是恢复了旧制，这些工作重新被宦官们接管过来，给他们接近皇帝，干涉朝政创造了有利环境。接下来才是李存勖的昏招。他像旧李唐王朝一样，派遣宦官们到各地去作监军，监视统兵的将领，每当各地节度使出征或是赴京时，军镇里的大权就归这些监军掌管，所以搞得各路大将十分不满。

明知各藩镇都不满意，李存勖为什么要这么做呢？我们都知道："马上得天下，不能马上治之。"历来成功的开国帝王们也都明白这一点，他们不可能依靠只是擅长沙场征战的将军们来治理国家，所以必须大量起用文臣，也就是那些熟悉儒家道理，能处理郡县政务的官吏，只有他们才真正地知道如何让国家在安定中发展。

可是这种过渡通常并不太平。将军们不想失去权力，权力的丧失会在心理上、安全感上带来巨大的失落，动乱往往由此而生。这也就是为什么在中国历史上每一个王朝的第二代或第三代君主当政时，经常出现军权变更导致的动荡。能不能顺利完成这一时期的过渡，实际上成为一个新王朝能不能长期生存下去的考验。

李存勖就是处在这样一个过渡期中，他开始降低大将们在国家政治生活中的作用了，可是取而代之的却不都是深知治国之术的文臣，而是一无所知的宦官和伶人。平心而论，比起有些朝代，李存勖在对宦官的使用上还没到达到最严重的程度，自张承业死后，就没有哪一个宦官能独掌内政大权。国家权力的决策人员里，也没有宦官的身影。不过尽管如此，以宦官为爪牙，为臂指，已然是大大不妥了。

高高在上的李存勖渐渐遗忘了曾经的戎马岁月，渐渐遗忘了同袍之间的友谊，他甚至开始对重将们的忠诚产生了怀疑。除了监视各地藩镇以外，派出去的宦官们还有着种种其他任务，例如去监察地方行政人员，去征收特种负税，去管理皇室产业，去传达旨意。实际上，我们从李存勖的所作所为中可以看出一种心理上的倾向，他是要宦官们来成为耳目、四肢，成为他意志的传达者，来帮助他运行庞大的王朝。李存勖为什么偏偏要用宦官呢？而且这不是一个孤立的现象，很多皇帝都喜欢这么干。

为什么皇帝们都喜欢使用宦官呢？大体是因为皇帝都这么想吧：

一、宦官们身体上存在着人为的缺陷，基本都没有家庭，没有子女，因此他们不会为子孙谋利益，而只会从皇帝利益出发思考问题。

二、他们没有社会地位，不论他们升到什么阶层，要解除其权力，只是皇帝一句话的事。从本质上讲，他们只是皇帝的家奴，他们的权力来源只能在皇帝身上，所以不必担心他们尾大不掉。

三、他们不像正统的官僚集团那样，是通过对国家的贡献，或者是个人拥有的才能而获得官职与权力的，他们的权力与地位只是来自于他们主人的赏赐。与那些自以为是的官员们相比，宦官们更容易体会到皇恩浩荡，也自然会更加地感恩图报。

所以皇帝们总是觉得宦官便于控制，因为他们可以随时随地剥夺他们手中的权力，乃至性命。在皇帝眼中，宦官好比一条狗，叫咬谁就咬谁，犯了众怒，打死平息就好，反正皇帝始终是英明的，宦官搜刮入皇家的财富也不会再吐出去。有如此手下既可背锅挡箭，又可充作耳目，岂不爽哉。

这么想粗粗一看似乎没什么问题，可是这都是皇帝们的一厢情愿，想当然耳。没有家庭，没有子女，宦官从心理上没有温暖、没有依靠，于是他们就会更加自私自利，而不会在乎丝毫的国家利益。没有才干，没有社会地位，宦官们随时可能失去他们的一切，于是他们就更加需要讨得帝王们的欢心，以图自保，而最终的结果就是把皇帝们蒙在鼓里，把不利于他们的信息隔离在宫外，因为只有这样他们才可以有所依仗。

他们身体上存在缺陷，手中的权力随时可能失去，加上宦官中的绝大多数都没有受过正常的教育，所以当他们手上拥有权力的时候，他们想的不是国家的长治久安，老百姓的安居乐业，职务内的优良业绩，而只是个人的当前享乐。所以，李存勖起用宦官最大的收获就是：树起了一道无形的墙，将自己与朝臣、大将们隔开。外放的宦官们自动结党揽权，与各地藩镇为敌，对于不顺他们意的将军们，他们想尽一切办法打击。所以这群监军太监让后唐王朝武将群体的忠诚值也在不停地往下掉。

为了让权力留在手中，宦官们就要博得皇帝的绝对信任。最简单、有效的方法就是：讨好皇帝，皇帝能说的、不能说的要求统统要办到。比这些更关键的是要善于发现皇帝的潜在需求，就是皇帝自己都没意识到，你一挠就搔到皇帝的痒处了！宦官们不懂军国大事,不能在这些方面刷贡献值,所以他们只好在吃喝玩乐上找亮点、搞创新。

男人除了事业,最爱征服什么?自古以来权贵们都共同热爱什么?不用说,你肯定猜对了,人性从未变过。当李存勖进入洛阳,住进了宽大的宫殿,享受着帝王身份带来的巨大成就时,他第一个想到的是不是扩充他的后宫,这个不好说,不过在这庞大的宫殿建筑群中偶尔才有寂寥稀落的美女身影出现,估计让他起了不适应之感。

宦官们猜想皇帝不好意思自己开这个口,琢磨这微妙心理半天,他们想了个办法,找来一个借口。先诈称宫中夜里闹鬼,当李存勖准备让法师来捉鬼的时候,他们对李存勖说:"我们以前侍候过咸通、乾符天子,在那个时候,后宫人数不下一万,人多则阳气盛,所以从来没有听说过有鬼出现。可是现在后宫里大部分都空着,所以才出现了鬼物游荡。我们认为这不是请法师就可以解决问题的。想从根本上解决问题,只能是扩充后宫的人数。"李存勖一听,为之心动,随即下令宦官王允平与伶人景进一起负责这件事,挑选民间美女入宫。

这一次,伶人与宦官两个群体的联合行动取得了相当不错的业绩。在很短时间内,他们就征集了三千名年轻貌美的女子,用成队的车马运入宫中。这么多美女是如何选来的李存勖并没有过问,这么懂事的亲信办事,哪有不放心的。

就在美女运达洛阳的时候,负责京畿治安的官员张宪上奏:"各地妇女走失的有上千人,或许是陛下的扈从部队军纪不严、暗中拐虏所致……"李存勖毫不理会,身为天子,给后宫补充一些美女又算什么。他或许不知这些宦官在外狐假虎威,趁机从民间强抢上千民女来充实后宫,导致这其中有不少人竟然是将士妻女。此事弄得京城上下、朝野内外怨声载道,无数人齐齐愤怒。

时光荏苒,在伶人、宦官、美女围绕下尽情享乐的时光流逝得是如此飞速,转眼就来到了同光二年(公元924年)。这一年始,在宦官们的建议下,李存勖决定把国库分成内外两库。国家正常的租税收入,即各州县缴纳的赋税,归入外库;各地方官吏贡奉给皇帝的财物入内库。国家的日常军政开支从外库支出,皇帝本人的玩乐、宴游及赏赐左右亲信的花费从内库支出。

这种制度表面上似乎公私分明,国家的开销是国库支出,皇家消费是内库承担,可实际上这只不过是李存勖的一厢情愿。试想一下,如果你是一名地方官,知道皇帝把各地方官私人进献的财物单独建立一个库来保存,这不就意味着地方官对皇帝的进献绝不是可有可无的事情了,而与国家正常税收一样,是必不可少的,而且从获得皇帝的好感这个角度来说,给皇帝进贡则更加重要。所以,当这样的内、外库建立起来后,老百姓的负担明显加重,被堂而皇之地多番压榨。很多情况都是地方官宁可不完成国家的税收,或者挪用国家赋税也一定要保证足够多的财物去进贡,其结果自然是外库虚竭无物,而内库金帛堆积如山;皇帝有享乐的钱而国家正常开支却不能保证。

地方官对于内库进贡一事绝不马虎,想尽一切办法征敛财物。很多官员就在李存勖下令免去当年赋税的情况下仍旧征收当年的赋税,然后将这笔钱贡入皇帝的内库,于是在人民中产生了严重的不良后果,百姓对皇帝的诏书以及所谓的"德政"也渐渐失去了信心。李存勖作为皇帝的公信力,广大群众对他的拥戴基础都在一块块地剥落……当李存勖依然沉醉在自己的胜利中时,其他人也在属于自己的命运轨道上前行。

洛阳,皇宫内庭,春寒料峭。

"怎么会这样?这么会这样!"魏国夫人刘玉娘气急败坏,她在殿内从这头走到那头,不停地重复着这句话,侍女小心翼翼地跟在身后,伶人景进沉默地坐在一旁。

"袁建丰简直是个蠢货!"刘玉娘转身看见侍女手里捧着一个黄铜的手炉,盛怒中一掌拍翻了,对着心腹景进大吼起来,"什么时候不好!偏偏就是在立后的当口,居然就把那个破老头带来了!让老头子大摇大摆进了宫!还敢在我面前邀功,说他就是我的父亲刘山人?你说会不会是韩氏、伊氏她们在幕后搞的鬼?若不是我心生一计,对皇上只说,妾去乡时,略可记忆,父已不幸死于乱兵,妾当时环尸恸哭而去,此田舍翁安得至此!岂不是就让其他人活生生瞧了笑话去!"侍女屏住呼吸,不敢多言。

"魏国夫人息怒,"景进缓缓地开口:"以我看来,卫国夫人韩氏(正室)、燕国夫人伊氏(侧室)两人位份虽在夫人您之上,但这并不是问题,只要说动皇上先依序册封,给她们妃位即可,这样先将二人排除在立后之外;关键的是,在那之后需要有强有力的人来出面上奏立你为后,皇上虽然专宠你一人,但这出面说话之人必须是朝堂重臣才行,如此方可让皇上顺水推舟,做成此事。"

"谁?有谁可为此上奏?"刘玉娘猛地转头看着景进。"左丞相,豆卢革,他专求长生修炼之术,平日花费巨大,曾有求于我,平日我亦与他多有联系,此事只要金银足够或可将其说动。"景进自觉当上光禄大夫以后,气度已大有改观,不由自信地说,"以我看,今日这老汉认亲之事,皇上在旁似乎已然信了几分,你看那裨将袁建丰口口声声只道确是当年此老头将女儿(刘玉娘)交予他的。"

“我怎有这样的父亲！”刘玉娘怒喝，“我已经让人鞭挞这个老头，堂堂后位是这样一个将女儿卖出的卑贱之人能破坏的么？何况他根本就不是我的父亲！”景进对刘玉娘的否认自动过滤，仿佛没有听到一般，继续轻声说道：“不过，皇上或许会信，夫人您想，袁建丰一个大老粗，神色上不像作假，老头看上去与您又有几分相像还死死咬定，此事若全然不认，事后皇上或许会责怪夫人亲情淡薄，为人冷漠，若是因为这个失了帝心就不好了，所以我们还要加些小手段。”

刘玉娘望向大殿顶上的藻井，脑海里转了又转，一字一顿，语调森寒道：“好！天生我刘玉娘就是要登上这皇后之位！景先生有何妙计可以教我？”

“我们还有一个人必须要说动，若是此人和豆卢革一同上书，事情就有了八分把握，”景进举起旁边的一杯茶，缓缓饮尽，“到时候，夫人手握后宫大权，受到关照的人就是在下了。这次我想办法劝动皇上，让皇上来你这里逗趣，如此……定能消去亲情淡漠的隐患，我只有一个小小的担心，只是不能确知，能帮助我们的这个人，到底能跟我们一起走多远。”景进的语气幽幽。

同一天在郁闷的人还不少，甚至是惴惴不安。认亲不成，反被女儿叫人殴打的老头算一个。还有一个就是裨将袁建丰，他本期待父女相认，得享认亲大功。没想到若不是惊动皇帝，出面劝阻，这魏国夫人的亲父险些被活活打死。好狠的心，好狠的女人！作为事情的见证人，当他被皇帝询问的时候，直吓得如木雕泥塑一般，那一刻，他无论如何也想不到事情会是这样。如果那个老头被判定是骗子，自己是不是会被当成骗子的同谋？如果追究起来，欺君之罪可就够得上灭族的处分了。袁建丰为自己的命运忐忑着。

起初，李存勖对此也感到很不理解。他知道刘玉娘入宫以后，一直都以为生父已经死于乱军之中了，所以一开始，李存勖对于这位凭空掉下来的岳父并不相信，但是他想一般也没有人胆子那么大，敢来故意冒充，因为一旦失败会死得极惨。所以，李存勖找来当年刘玉娘买身的将领，来帮助辨认。这个将领正是袁建丰，他一眼就认出，当年正是在这个老头子的身边，自己带人强买走了一个美丽的小姑娘，没想到她后来成为魏国夫人。凭感觉，李存勖相信这个老人不是骗子，而且袁建丰也已经认定。可是刘玉娘这是怎么了？是完全没有印象了吗？

当晚，李存勖与景进闲聊时提到此事，景进从中给刘玉娘圆场许多，提到女人的一些苦衷，还说魏国夫人对于皇上劝阻鞭挞老人一事是极为感激的。最后，景进建议陛下何不去看看魏国夫人。李存勖明白过来，知道是刘玉娘嫌自己家门寒酸，害怕被其他人嘲笑,心里一边感叹女人的小心思,一边也有心逗弄一下她。他马上叫来儿子李继岌准备一番,两人都身穿破衣,头顶破帽,手里拄着拐杖,来到刘玉娘门前,对里面怪声喊道:“刘山人前来认女了!”

刘玉娘听到喊声后,一副气急败坏的模样,手拿一把笞板,亲自跑出门外,劈头就打,结果一看竟是李存勖,顿时傻眼,愣在当场,只是她出门的时候穿得单薄,轻柔的丝袍贴在曲线玲珑的身体上,几乎成了半透明的,双腿优美修长,一只脚上的鞋子大概跑得快掉在屋内,纤足赤裸着。此时站在这里吃惊地看了李存勖一下,发现对方呆呆地盯着自己,刘玉娘低头看了看自己若隐若现的丰挺胸口,似乎想到什么,羞得面红耳赤,不敢抬起头,只是怯怯说道:“没看过人家啊……”这话语像是很大胆地说出来,声音不高颇为娇嗔。

随后人又跑了回去,躲在屋里不敢见人,刘玉娘坐在镜前,一头青丝一下舒展开来,只坐在那里看着铜镜之中一张柔美的瓜子脸颊,三分清澈、三分成熟、三分妩媚,然后镜中的她嘴角微微上扬,仿佛露出一分笑意。特别是看到李存勖亦步亦趋来到身后的时候……刘玉娘成功化解认女风波,继续得宠时,另一个人也在为取得皇帝的宠信而苦恼。这个人我们有一阵没有说到他了,他可是“后唐”王朝中举足轻重的人物。

权力倾轧

郭崇韬,自从进入汴京后,他的心态也产生了一些变化,很有些自满得意起来。在灭梁一役的论功中,他被李存勖认定为首功,由此被任命为镇州和冀州的双节度使,加封为赵国公,而且令所有朝臣眼红的是,他还获赐免死铁券。这可是能代代相传,保佑家族的好东西。随着地位的显著升高,作为第一朝臣的郭崇韬威望大增,文臣武将对他都大为恭顺。在这样的情况下,他的行为开始随意起来,没有了年轻时刚做中门使的谨慎。

进入汴京后,很多后梁降臣给他送了不少财物,郭崇韬都坦然笑纳。身边有亲友提醒他,郭崇韬则说:“我职务显要,俸禄和赏赐巨万,这点东西根本没有放在眼里,但是大梁却是贿赂成风;现在大梁已亡,众臣刚刚投奔过来,如果我坚决拒绝,那么他们心里就会不安。我本无私心,东西放在我这里,就等于放在公库,国家用时我自会献上。”话说得这么拽,他真的做到了吗?答案是:做到了。

果然,在李存勖举行郊礼大典的时候,郭崇韬把家产如数贡献出来,用以赏赐众将和大臣们。不过正是这样一件拉风的举动,最近被朝中政敌加以利用,被他们安上了两个污名进行宣扬。一收受贿赂,暗自结党;二以私产为公用,以获得超过皇帝的天下贤名。严格说起来,这两个罪名事实都不成立,不过是诛心之论罢了。不过,郭崇韬为官多年,深知诛心之论的厉害,尤其是第二项罪名,往大里说可就是有篡权之意;所以,他对此耿耿于怀。君心在手,圣眷在握,本才是他的写照;但是,灭梁后这一年多以来,他和李存勖出现了一系列不和谐的事情。

夏日酷热,难以忍受,李存勖更是到处找避暑的地方,他常选择高楼避暑,却都不甚如意。宦官提议:“现在大内的楼观,还不及昔日长安大臣的私宅高。旧唐有‘大明’和‘兴庆’两宫,楼观达数百座之多,都是雕梁画栋,高得指云蔽日,那样的话自然就凉快了,而现在,陛下的皇宫却没什么遮挡烈日的高楼,所以才没有纳凉的地方。”李存勖听了,有些不满,负气地说:“朕现在富有天下,怎么能连一座高楼也建不起呢?”于是,他马上命人开始建造。

郭崇韬进宫想劝谏停止,李存勖见到他却先感叹道:“今年实在酷热难忍,朕原来在黄河边上和敌人对垒时,行宫里也是湿热得很,但那时却感觉不到,现在安然居于深宫,却无法忍受暑热,为什么呢?”李存勖是暗示郭崇韬,要他明白现在天下大定,正是修筑宫殿的时候了,希望郭崇韬能如宦官一般主动提出这个建议。

没想到,郭崇韬毫不识趣,却直言道:“陛下昔日在战场上时,中原尚未平定,那时陛下废寝忘食,心在战事,所以不管是酷暑还是严寒,都毫不在意。现在天下大定,中原一统,天天就只有吃喝享受,没有什么牵挂,到了夏季,纵使高楼百尺,宫殿九重,也没有办法忘掉酷热的!希望陛下能常常回想艰难创业的时候,那么今年的暑热就可以变得凉爽了。”

这一下李存勖被噎住了,说不出话来,他没有想到郭崇韬也会抢白自己,而且管钱管得这么紧。郭崇韬这儿走不通,于是,李存勖就让宦官们用内库的钱去建造高楼。郭崇韬知道后,再次奏道:“宫内大兴土木,浪费财物,而中原有的地方正闹着灾害,百姓肚子尚且吃不饱,臣乞请停建。”李存勖不听。

郭崇韬发现自从他当初反对设立内库之后,李存勖就不怎么听他的劝告了。国库空虚时,他奏请出内库财物贴补,李存勖沉吟半天,终究还是不允。渐渐的,国事上的诸多分歧让郭崇韬感觉到李存勖和他变得疏离起来。凡事有坏的一面,也会有好的一面,对郭崇韬而言,由于伶人和宦官不懂国事,李存勖称帝后又愈发懒得打理,所以郭崇韬发觉此时正是独揽大权的好时机。他借此拿出手段,对能威胁到他地位的人进行排挤打压。

就在这个局势下,一日,景进前来拜访。郭崇韬听到禀报后,对儿子郭廷诲笑道:“正瞌睡,枕头就到了。”三人坐定,闲谈中慢慢进入了正题,景进以国事繁复,请求指点一二开始撩拨。郭崇韬心知关键处要来了,故意心灰意冷地说:“国事什么的就罢了,我辅佐陛下得罪了许多人,常为他们所诬陷,我想回避一下去地方上做官,免得以后大祸临头。”

郭廷诲一听,不知是父亲欲进反退的策略,急忙反对道:“父亲大人,不可如此!蛟龙失水,则蝼蚁能制之。自古名位已到现在这个地步的人,一旦无权,就等于人为刀俎,我为鱼肉,要想避祸,还是想想别的办法吧!”郭崇韬作犹豫状:“奈何……”

“大人一心为国,还受宵小所诬,实在令在下感慨!”景进见时机已到,乘机进言:“在下有一法,可令诸多跳梁小丑无机可乘;不如大人趁现在皇后未立之机,上奏请立魏国夫人刘氏为后,迎合陛下之心,到时不但陛下高兴,魏国夫人也会感佩于大人。事若有成,届时内有刘氏相助,外有陛下为您做主,那些小人又能对您怎么样呢!”

“果然说到点子上了,各取所需么。”郭崇韬心中笑道,两人一番议论,达成共识。在得知豆卢革已经被景进说动,唯等他这里的决定时,事情已经没有了悬念。

同光二年(公元924年)三月,枢密使郭崇韬、宰相豆卢革上章言魏国夫人刘氏贤良淑德当立为后,庄宗大悦。同光二年四月己卯,皇帝御文明殿,遣使册刘氏为皇后。

皇后受册,乘重翟车(后妃乘坐的以雉羽为饰的车子),卤簿(帝王驾出时扈从的仪仗队)、鼓吹,见于太庙。封韩氏为淑妃,伊氏为德妃。后位之争方息。

表面上看起来,郭崇韬这一步似乎走得不错,从近处看皇帝高兴了,自己固宠了,与豆卢革的关系也得到加强;从远期看郭崇韬还得到了一个强大盟友,皇后刘玉娘和伶人之首景进;参与事件的几方都有得利,玩了个大共赢。除了破坏掉韩氏、伊氏的皇后之梦,似乎也没有伤害到什么人。其实不然,哪怕从纯私利角度来看,郭崇韬这一步棋都值得大大地商榷。

什么叫“小人得志便猖狂”,“贪得无厌、翻脸不认人”,“只有永远的利益,没有永远的盟友”,这一切后果都会在未来体现,所以郭崇韬肯定没有明白一个道理:宁可要一个君子做对手,也不要一个小人做盟友。因为一旦曾经的盟友站到敌对面时,小人的贪婪和无耻会超出你的想象。

当时的他并没有这么觉得。走完这一步后,郭崇韬觉得安定了许多,因为他一直在针对性地排挤一些故人,也不希望四面竖敌。在这政治斗争中,他被反击、非议的地方也不少。这件事不过是他稳固帝宠的一部分,一手抓国政,抓权力,一手抓圣眷,要让皇帝肯定他贡献的同时,也要放手给他更多的权力。

是的,大丈夫岂能一日无权!梁灭后,后唐朝堂上原来的大将、重臣已经故去了不少。周德威死于胡柳陂。李嗣昭、李存进、阎宝、史建瑭死于镇州。石君立死在汴京。

当初辅佐李存勖登位,参与晋阳兵变的李存璋(历任河东马步都虞侯兼军城使,检校太傅,大同军节度使,应、蔚等州观察使)已经于后梁龙德二年(公元922年)病死于云州任上,李存勖不忘李存璋辅弼征战之功,追赠其为太保、平章事。

李建及(帐前银枪军的统领,后为代州刺史)由于为人豪爽,喜以家财散士卒,监军宦官韦令图密报言:"建及得士心,惧有异志,不可令典牙兵。"李存勖信之,不再重用,李建及郁郁不得志,怏怏而卒。

最后剩下的两名元老级大将威信极高,就是:李嗣源和李存审。作为枢密使,其职务上的重责就是对军事权力的掌控。郭崇韬当然不会让这二人影响到自己的地位,早在一年前他就开始采用不同的策略分别对待两人了。李嗣源在率唐军入汴京后,论功位至"中书令",后又受赐铁券,进位"太尉",表面上一时荣宠无比。不过,郭崇韬并不担心他,因为李嗣源已经受皇上所忌。当李嗣源率先攻破梁都汴京,迎接李存勖时,李存勖大悦,曾拥抱李嗣源道:"吾有天下,由公之血战也,当与公共立!"可是皇帝的位置只有一个,这是可以共享的么?当然不可以。所以,李嗣源必然获"功高震主"之罪。

此后,李存勖再不提当初冲动时说过的话,只常对左右说:"吾于十指取天下!"也就是指他得天下全靠自己,这就在心理上一举抹杀了李嗣源的功劳,当然又因为有这种骄矜心态的存在,使李存勖不再去关心底层将士们的生活状况,进而使得军士们的不满情绪愈加强烈。因此,郭崇韬已发现皇帝派心腹朱守殷(诸军马步都虞侯,德胜渡之战出场过)暗中监视着李嗣源的起居,朝中小人们猜度着皇帝心意,因此也时常攻讦李嗣源。对此,郭崇韬有时候禁不住也会感叹一下,受到群宵飞语毁谤的不只是自己一个人呐,所以他认定李嗣源已经是过气人物,不构成威胁。

接下来就是李存审了,这是和李存璋一样有从龙之功的大将,而且李存审军功卓著,军事才能也属翘楚,比起李嗣源他更胜出一筹的是一直都很受李存勖的信任。

所以,他在同光元年(公元923年)李存勖迁都洛阳后,就能升迁为中书令及检校太师,可以开府仪同三司、食邑千户,而且被封“当朝忠烈扶天启运功臣”。

当时皇帝这样封赏李存审,郭崇韬和许多文官认为是有问题的,理由是李存审在汴京战役开始的时候,正抱病任幽州卢龙节度使,担起守卫北面边疆之重任,并未参与对梁作战,无大功于收复中原,但是李存勖不顾群臣不满,执意这样封赏。所以,郭崇韬十分忌惮李存审在皇帝身边的影响力,所以这次收到李存审在北疆请求回京治病休养的文书后,故意压下不许。李存审多次请求回京面圣的奏章,也被宫中的景进在郭崇韬的授意下,扣住不放,让李存勖丝毫不知。

这样的事情已经持续了一年多。后来,李存审的妻子郭氏在洛阳偶遇郭崇韬,哭着痛斥道:“我的夫君一直以来为国家奔驰效命,与你又是乡里旧识,现在你竟然忍心弃他在北疆边荒之地等死,实在是何等的无情无义!”郭崇韬听后顿感惭愧,面上无光,但回府后恼羞成怒,又迁怒于李存审,将其屡上的奏章全数压下,一概不许他请朝京师。如今,李存审病情加剧,便上奏恳求最后一次面见皇上李存勖,亦不许。

李存审伏在床枕上叹曰:“我历事两位君主,至今已经几十载,有幸见证到天下全归李家,如今无论四方蛮夷都可以入朝觐见圣上;敌亡国丧主之将,也无不跪倒在京城大殿,但是唯独我却被排除在外,岂不是命运弄人!”。此话传入郭崇韬耳中,他思忖李存审既然命不久矣,此时也就不怕他争权,心中稍有松动,方肯奏请皇帝让他入觐面圣。

可惜诏告未至,同光二年(公元924年)五月十五日,李存审便卒于幽州官舍。李存审的遗言中陈述了不获圣上面觐的苦处,言词凄婉,李存勖闻讯后悔悼良久,废朝三日,又追赠其为尚书令,谥号“同忠烈扶天启运功臣”,天成年间配飨庄宗庙廷,追封为“秦王”。

郭崇韬成功排挤掉的人还有一个旧臣,就是宦官马绍宏。马绍宏,原先位在郭崇韬之上,曾与孟知祥同为中门使,当周德威战死后,马绍宏曾任幽州知事。同光元年(公元923年)李存勖灭梁称帝,大封群臣。这时宦官马绍宏与郭崇韬资格最老,功劳同样深厚,而马绍宏的资历高于郭崇韬,所以很多人都认为至少此二人当同为枢密使。不过,郭崇韬可不这么想,若两人同为枢密使,日后马绍宏必然分权,一定难以驾驭。因此,郭崇韬拿出一个办法,他成功推荐了一个人,资历比他低,功勋比他少,也是皇帝信任的宦官之一。这个人就是张居翰。

在李克用时代,张居翰曾受重用,他常年和李嗣昭搭档,两人共事效果极好,李嗣昭每次出征,便让张居翰留后。张居翰抚绥士卒,护理百姓,一切都治理得井井有条。在天祐四年(公元 907 年)的潞州之战中,张居翰与李嗣昭率领士卒,登城拒守。朱温多次给张居翰、李嗣昭写信,劝二人投降,并许诺如若来降,定不吝爵禄之赏。两人不为所动,焚其诏书,斩其使者,固守经年。城中军民衣服不继,赖张居翰等惨淡经营,多方运筹,民心才安定下来,终于坚持到李存勖来援,为潞州留存立下了大功。他虽然是宦官,但李克用特意调三千燕军为其亲军,张居翰平日除了训练士兵外,每年春天还"课人育蔬种树,敦本惠农",所以颇受当地百姓欢迎。

张居翰心性淡泊,平日寡言少语,他清楚自己虽然位在枢密使,但和郭崇韬远不能相比,他只不过是郭崇韬用作卡位的棋子,随人俯仰而已,实际上自己手中没有任何权力。每次商议国家大事,张居翰都不发表自己的意见,只是唯唯诺诺,十分低调,这样,他才得以保全性命,没有遭到郭崇韬的迫害。在后唐时期,有两名宦官可以说有堂堂君子之风,在宦官群体中卓立不凡,为后人留下表率。一人为张承业,另一人就是张居翰,他的故事将在同光四年时再次出现。

被排挤下来的宦官马绍宏被改任为宣徽使,所以他对郭崇韬极其痛恨,常郁郁侧目于郭崇韬,暗中联合其他宦官形成了一股反对郭崇韬的势力。郭崇韬、马绍宏斗法,相互明枪暗箭的时候,另一个名叫孔谦的小官吏径直偷偷地爬了上来。

他本是魏州的一个小吏,因善于察言观色,腿勤眼活,就得到了上司的青睐。他在筹措军需用品的事务中聚敛了大量钱财,供奉给了皇帝,因此被评为绩效优异,很快就做到了洛阳租庸副使的位置,在这个位置上他经手的钱财已然大增。由此,他发现若是身为正使,权力更是无有制约,随随便便就可以轻松捞取巨额财富。(解释:后唐时期,各地方的"租庸使"主持各地区的税政,类似于今天各地区的税务局长和财政局长,掌握着国家的经济命脉。)"副"这个字太碍眼了,他决心要去掉,必须的!

当下孔谦的顶头上司是张宪(洛阳租庸使),为人清正廉洁,他明显成了孔谦的第一个绊脚石。孔谦会怎么办呢?排挤一个人,有多种办法。通常都是找准对方的弱点,然后施以残酷斗争、无情打击,让他不得不败下阵来。不过孔谦用的法子比较特殊,用的是三十六计中的"调虎离山"。

当他知道汴京首席财政长官的职位空缺后,他主动找到大权在握的郭崇韬推荐自己的上司。孔谦进言道:"汴梁乃军事重地,必须朝中重臣前往镇守,而遍观朝中大臣,非张宪不可。"郭崇韬一想觉得有理,便向李存勖建议,把张宪调派到了汴京。

不过孔谦没有好好想想,洛阳租庸使这么一个肥缺,郭崇韬怎么可能不拿这个东西做筹码换取一些政治资本！通常一个重要职位出现空缺一定会让各个政治团体都伺机而动，坐上这个职位的候选人除了能力以外，有时候被考虑的更多因素在于权力平衡，甚至涉及政治力量背后的交易。所以当另一位朝堂大佬表示对这个职位有兴趣后，郭崇韬和他达成了协议。孔谦幻想自己就此上位的泡沫破灭了，任命下来，新任洛阳任租庸使由豆卢革兼任。孔谦如意算盘落空，十分失望。

不过，他没有放弃，为了搬掉这第二块绊脚石，孔谦十分留意其弱点，暗中保留了豆卢革不少不法证据，半年后，孔谦再一次开始了"逆袭"。他求见郭崇韬，再次反应工作问题，意思是豆卢革身为公相，政务繁忙，这边很多账簿、事务都来不及处理，非常影响公务，而且豆卢革利用职权，已经擅自挪用公款达数十万钱。郭崇韬详谈后，得知其证据留存，便让孔谦先行离去。

郭崇韬细细考量过后，认定了两个结论。一个是可以借此事将洛阳租庸使这个权力从豆卢革身上收回，证据确凿，只要给对方足够的暗示，豆卢革自然明白该怎么做，都已经捞了几十万钱了，也该懂得见好就收的道理。何况这次是对方自己吃相不好，怪不得别人。二是孔谦此人用心不良，其人必不可用。结果，事情的发展再次让孔谦失望，豆卢革主动辞职，让出了这个肥缺。李存勖让郭崇韬推举一人时，郭崇韬建议调张宪回洛阳来担任，汴京的职务交给户部尚书王正言兼任。

这一次，张宪即将再次成为孔谦的上司。第二次的失败，让孔谦明白了自己在郭崇韬心里的地位，他没有放弃，只是改变了策略。很快，他第三次出手了。

这一次他把宝压在了豆卢革的身上，他对其进言，意思是："钱谷细事，一健吏可办。汴京乃军事重地，非张宪不行。洛阳这里如果实在找不到理想的租庸使人选，可以让王正言担任，比起让王正言去汴京就任更合适。"孔谦盘算，王正言行事不耐繁浩，簿领纵横，触事遗忘，易于控制，自己做不成正史，索性让他来做，自己从旁控制，虽无正使之名，却可拥有洛阳租庸使之实。而且有他孔谦在后面，可以将洛阳租庸使的权力悄悄划归回豆卢革的控制范围中。

这一次孔谦成功站队，豆卢革采取了他的建议，经过适当运作将洛阳租庸正使的职位放到了王正言的身上。又经过不到半年时间，王正言任礼部尚书，调往汴京后，孔谦便顺理成章地在洛阳升任正职。对他来说，这真是功夫不负有心人，处心积虑的成功上位。"福兮祸所伏，祸兮福所倚。"单就孔谦当下的人生状态来说，可谓煌煌一时。也正是：吸金大权一朝独揽，便将敲骨吸髓用到极处。

孔谦的吸金大法之一就是把李存勖的惠民政策当成一纸空文，凡是下诏免除赋税的地方,孔谦并不执行,而是变着法儿照旧征收,这就在百姓中形成了一种印象:皇帝的话不可信。他的这种做法为李存勖搞到了钱,但也失去了民心。得民心者得天下,失民心者失天下。李存勖并不是不知道这个道理,可是他却不知道他正在失去这一切。

孔谦的吸金大法之二:他发明了一种新的生财之道。他以政府的名义借钱给穷困的百姓,对于到期无力偿还的人,逼着他们以丝抵债,并乘机把丝的价格估得十分低廉,无疑是对广大百姓趁火打劫,落尽下石。

卢质(翰林学士承旨、权知汴州)曾经为此事上书,请求废止孔谦的做法:"梁赵岩为租庸使,举贷诛敛,结怨于人。今陛下革故鼎新,为人除害,而有司未改其所为,是赵岩复生也!今春霜害桑,茧丝甚薄,但输正税,犹惧流移,况益以称贷,人何以堪!臣惟事天子,不事租庸,敕旨未颁,省牒频下,愿早降明命。"李存勖收到了奏疏,却对此事没有一个明确的态度。尽管他知道孔谦的所作所为并不正确,但是孔谦能使他有充足的经费享乐,从这一点上来说,李存勖离不开孔谦。

从此以后,孔谦如鱼得水,既克扣军饷,又制定严酷的苛敛之法,不顾民怨沸腾,重敛急征,在满足私欲的同时也极力满足着皇帝的欲望,很快被李存勖赐下"丰财赡国功臣"的称号。围绕着租庸使这把交椅,孔谦可谓是费尽心机,做上这把交椅之后,更是把租庸使的职能发挥得淋漓尽致。最终皇天有眼,这位孔兄也因此送上了"卿卿性命"。不知道那个时候的他会不会想到昔日的无限风光。当然那是在后唐第二任皇帝任上的事情了。现在的他正是处在核心权力圈,意气风发的阶段。

"孔谦魏州孔目吏,庄宗图霸,以供馈军食。谦有力焉,既为租庸使。曲事嬖幸,夺宰相权。专以取敛为意,剥削万端,以犯众怒伏诛。"——出自《北梦琐言》

每一个人都在追求自己的利益,或者说为自己信奉的价值观在博弈。皇帝、皇后、宦官、勋臣、权臣、藩镇……就在他们的各种博弈下,后唐开始了没落。博弈落子的群体中唯独没有人民,因为人民上不了棋盘,自古百姓就是圈里的羊,是一茬茬被收割的韭菜,是一切利益的根本来源。

第十章 灭蜀朝食

势如破竹

李存勖建立的“后唐”就在体制崩坏下不可避免地迅速衰弱，而王朝的表象却是无比的强大。作为皇帝，李存勖没有察觉到这一点，不过大概他发现了一个很严重的问题，国家内部的矛盾越来越不可调和，各集团的利益都得不到满足，人人都怨气冲天，对现状没有人感到满意。

他感到困惑。这是怎么一回事？为什么国家越大，财富反而越来越少呢？到处是请求使用内库补贴国家财政的奏折。灭梁后这不过才两年的时间，家底就见空了？既然没有办法节流，那就开源吧。开源最好的办法是什么？抢劫？对，没错！这是北方邻居契丹最常用的办法。不过，要玩就玩个大的，打个劫不够用，再像灭梁一样再灭掉一个割据势力，获得的资源就足够安定整个帝国了。李存勖看着地图的北方，进行着思考。

在前几次与契丹骑兵的较量中，他已经清楚地认识到契丹军的实力。作为一名战场上杀出来的皇帝，李存勖知道，他的部队无法轻易战胜契丹人，充其量也只能是两败俱伤。从事畜牧业的契丹人流动性极强,他们的战术简单来说就是,利则进,不利则走。他们可以随时集中起优势兵力,出现在后唐的北部边境上,令唐军防不胜防。当唐军集中优势兵力进攻时,契丹军又会在转眼之间消失得无影无踪,使唐兵无功而返。与契丹作战,唐军根本得不到任何好处。

况且,契丹居住在遥远的漠北草原中,既没有对他的后唐构成实际上的威胁,也不妨碍他完成统一全国的大业。既然选择发动外部战争来转移内部矛盾,同时获取财富、疆土,那么满足以下条件的势力就可当成嗷嗷待宰的肥猪了!第一,有钱,有地,足够肥,一嘴下去能满嘴流油的;第二,实力不强,好打,能用最少的代价获取最大的利益;第三,取得该地后对攻略其余势力有帮助,在战略层面上,对后续计划要有优势加成作用。李存勖的目光看着后唐南方界线上一列排开的几个政权,脸上露出了微笑。

同光二年(公元 924 年)客省使李严受命出使蜀地。蜀帝王衍与之在上清宫相见,李严其人明敏多艺能,习骑射,颇知书而辩,对答之中音辞清亮,陈唐兴复功德之盛,蜀人听之皆竦动。进入成都城时,全城的士庶男女,成群结队,夹道来看。李严看到蜀地人富物丰,也亲眼所见王衍及一行重臣生活十分骄奢淫逸。

回唐后,李严被李存勖召见,问及蜀中情况,答曰:"衍童稚荒纵,不亲政务,斥远故老,昵比小人。其用事之臣王宗弼、宋光嗣等谄谀专恣,黩货无厌,贤愚易位,刑赏紊乱,君臣上下专以奢淫相尚。以臣观之,大兵一临,瓦解土崩,可翘足而待也!"用一句话来形容蜀帝,李严笑答:"王衍,呆童耳!"说到这里,李严谈了几个趣闻,有关王衍引领的流行风。

例一,好戴大帽。蜀人富有而喜好游玩,前蜀民俗原本爱戴小帽子,仅仅盖住头顶,低头即掉,民间称之为"危脑帽"。王衍认为这不吉利,禁止戴这种小帽子。王衍自己喜欢戴大帽子,每次微服在民间游玩时,人们凭借他所戴的帽子就能识别他,于是王衍命令全国都戴大帽子,由此大帽风流行蜀地。

例二,醉妆效仿。王衍喜欢包裹尖巾,其形状像锥子。后宫嫔妃都戴金莲花冠,穿道士的服装,酒醉后摘掉帽子,发髻散向两边,再在脸上涂上红色的脂粉,称之为"醉妆",举国上下都争相效仿。

例三,爱扮神仙。王衍曾与太后、太妃一起游览青城山,在宫人的衣服上面都画上云霞,望上去飘飘然好像是神仙。王衍自己创作《甘州曲》,用来描述他们貌似神仙的姿态。王衍还时常在上下山谷歌唱,让宫人附和。

这些趣闻可以生动表现出王衍孩童般玩乐的性格,其实他老爸(前蜀开国皇帝王建)为此曾担心不已。当王衍还是太子的时候,有一次王建听到他与诸皇子在一起玩乐的喧笑声,就无限忧虑地说:“我百战而得来的天下,这些孩子能守得住吗?”这跟朱温简直是同一个感受。事实证明,王建的担心并不是过虑。王建最终选择王衍为接班人,还是因为他长得方面大耳,面貌颇似王建,加上宠爱其母徐贤妃所致。

当王衍正式成为蜀主以后,他的最大政绩就是给亲戚们封了一大串的王:王素弼为钜鹿王、王宗瑶为临淄王、王宗绾为临洮王、王宗播为临颍王、王宗侃为安乐王、王宗裔为琅琊郡王。自此之后,王衍就把政务都交给王宗弼(前蜀大将、王建养子,时任巨鹿王)和一并亲戚、宦官掌管,而他自己则开始了专职的游乐生涯。通宵达旦地畅饮欢歌,有时他深夜坐船回宫,命宫女举着上千的大蜡烛,把水面照得如同白昼一般。设立锦布障,在其中蹋球。日日夜夜地燃着各种香料,当他感到厌烦的时候,又下令燃皂荚以改变空气的味道。爱化装到酒楼、妓院去玩,也顺路抢些民女回来。

有一次,蜀军使王承纲的女儿正要出嫁,王衍见她长得美丽,就不容分说抢入宫中。当王承纲上章请求把女儿还给他的时候,王衍为此大怒,就把王承纲流放外地。还有一次,大臣何康的女儿出嫁,被王衍看见,也强拉回宫,不过这次貌似客气些,赏给她丈夫家帛布一百匹。王衍兴致所至,就命亲信与宫中美女肆意调情,相互挑逗,他自己也跟着放荡淫肆,与群臣“同乐”。

在蜀地,卖官鬻爵已经成为官营的正当买卖,钱多者得,这一条已经完全变成显规则。和后唐不同的是,王衍对亲信手下更是无下限地“慷慨”。文思殿大学士、礼部尚书韩昭曾经对王衍说,他想要扩建自家府第,但苦于钱不凑手,请求王衍把通州、渠州、巴州、集州等州的一些小官位送给他去卖,他好以卖得的钱修私人宅院。对于这样荒唐的请求,王衍居然也照样批准。

其他人一看,居然还有这样的神操作。有一就有二,有便宜不占是傻瓜。内给事欧阳晃因为嫌自己的府第太狭小,竟然放火烧毁西邻的百间营房,然后强行占地用以扩建,对此王衍听闻也一笑置之。在古代君王的心目中,“国”与“家”是两个完全相同的概念。他的国属于他的家,他的家也就是他的国,国中所有的一切,也就是他家的私有财产,既然是他的私有财产,他当然可以拿来送给他喜欢的人。只不过君臣如此放纵,还是不多见。

很快,蜀地的有识之士都已经意识到“末日危机”了。知制诰李龟祯劝谏道:“君臣沉湎,不忧国政,臣担心北方的强敌会因此进犯。”宣徽北院使宋光葆上奏:“唐军边界频动，宜早做准备。”当王衍在宣华苑与群臣饮酒时，嘉王宗寿极力劝谏，陈说国家有灭亡的危险，说到动情处，痛哭失声。近臣韩昭与潘在迎等人却对王衍说：“嘉王酒醉后总是很伤感啦。”王衍也就不以为然。渐渐的，甚至王宗弼的儿子王承班也在暗中悲叹：“蜀地倾覆，吾家亦危。”

就在王衍不知死活，高高兴兴率太后嫔妃游历青城山的时候，李存勖正在开会决定一件大事：进军灭蜀。但凡开会，必有议题，李存勖点题。本次要议的就是：伐蜀，谁任主将？“威胜节度使李绍钦有盖世奇才，虽孙、吴不如，但可当此大任。”宣徽使马绍宏（资深宦官、郭崇韬政敌）马上提议。（他说的李绍钦就是段凝，段凝投降后，被赐名李绍钦，以后文中仍以段凝叙述）郭崇韬一看，你马绍宏想任用私人，这万万不行，便出言反对：“此人是亡国之将，奸谄无比，怎可挂帅？”

排除郭崇韬和马绍宏之争来看，郭崇韬对段凝的认知基本是准确的，当初他力劝李存勖不要厚待段凝，曾弄得两人十分不愉快。最后李存勖怒曰：“朕为卿所制，都不自由！”郭方才放弃。今日御前会议，郭崇韬在要害问题上毫不含糊，坚决不让步。李存勖回想了一下段凝的军事才能，也觉得其人靠不住。他不觉想起一人，问道：“李嗣源如何？”郭崇韬一听此言，庆幸自己早有准备，赶忙应道：“契丹国势正盛，李总管不能轻离河朔，否则无人能防异族入寇。”

对于李嗣源，郭崇韬一直在排挤打压，因为他虽然和李嗣源在军中齐名，但李嗣源资历更老，战功也高他许多，所以郭崇韬在此前就已经奏请让李嗣源带兵去幽州负责防务（李嗣源时任成德军节度使），目的就是让他远离朝廷，去北边背锅。

正因为如此，郭崇韬非常不愿意李嗣源挂帅伐蜀，此时便抛出早已准备好的对策：“现在魏王（指李存勖的长子李继岌）已经成年，依臣之见，应由魏王挂帅伐蜀。”这一句话是他针对李存勖心理活动的妙策，完全说到皇帝的心坎里了。因为李存勖也对李嗣源顾忌日深，不到万不得已不会令其再掌大权，再立举世大功。否则日后功厚难赏、臣强主弱，又该如何是好？特别是下一代又能靠什么让这些重臣俯首听命呢？

“兵者，国之大事也。死生之地，存亡之道，不可不察也。”出于对战争的深刻了解和谨慎，李存勖才不由自主地想到军事才能卓著的李嗣源。听到郭崇韬的提议，李存勖眼中一亮，心中一喜，如此甚好！“就依爱卿所言，不过魏王年幼，还需一员上将辅佐。”李存勖思虑片刻后说道：“没有比郭卿更合适的了！”

结果这次出征的统帅就定为：魏王李继岌和枢密使郭崇韬。平心而论，郭崇韬这个建议也不是没有道理，甚至是于己于国都十分有利。但正是这么一个十分合理的安排，却最终演变成了一场撼动后唐统治的滔天大祸。李存勖亲自开出以太子和郭崇韬为核心的征蜀成员名单：

西川四面行营都统李继岌(太子)

东北面行营都招讨、制置使郭崇韬

蕃汉马步军都排阵斩斫使兼马步军都指挥使康延孝(赐名李绍琛)

都供军转运应接使李继严

左厢马步都指挥使董璋

右厢马步都指挥使毛璋

西川管内招抚使李严

中军马步都指挥监押(监军)李从袭

魏王府通谒李廷安、吕知柔

参预都统军机任圜(原任工部尚书)、李愚

同光三年(公元925年)九月,后唐军发动最为精锐的六万甲士,开始了灭蜀之战。

这时一场令所有割据势力关注的战争。南平政权的高季兴(治所江陵)、吴越王钱镠(割据两浙十三州)、南吴的杨行密、南汉的刘岩以及湖南楚王、福建闽王等都往蜀中派遣大批谍报人员,获取信息密切推演此战的趋向。在战争伊始,他们的推演结论都比较相似,那就是:唐军虽悍、克蜀不易,旷日持久、国力不继。

虽然李存勖三年前奇迹般击灭大梁,可是没有人会相信他的后唐军还能在短时期内吞并蜀国。不是因为蜀军战力强大,而是因为蜀地的地势险要,易守难攻,李存勖的精锐一向以骑军为主,长于野战,必须在平原上驰骋,才能充分发挥他们的战斗力。当他们在崇山峻岭之间蜿蜒而行的时候,骑兵反而不如步兵灵活。当他们放弃战马,徒步向占据着地利优势的蜀兵发起进攻时,唐军占上风的可能性并不大。

何况蜀地交通极为不便,唐兵远来作战,军需物资的运送是一个不易解决的难题。后唐王朝日益骄奢的风气让各地势力也有所耳闻,这样下去,单算物资的消耗,李存勖能吃得消吗？而且蜀中尚有几只前任蜀主王建置办起来的“牙军”、“亲骑军”,史书是这样记载的:“建起自利阆,亲骑军四百余人,皆拳勇之士,执紫旗,各有名号,凡战不利,辄麾紫旗以副之,莫不披靡。”王建还建有“决胜都”、“威信都”、“破浪都”

等兵马，分布于成都、川西各处。

长期战斗下去，习惯北方野战的后唐军能是吃苦耐劳的蜀军对手吗？很多人认为，李存勖的精兵会被拖在蜀中，战争将持续很久。这样下去，战局对李存勖将是越来越不利。而蜀主王衍只要紧闭大门，在战争初期不要进行战略决战，选择一关一隘的消耗战，拖延下去就可以了，时间一长，必然会产生对王衍有利的机会。不过，李存勖不这样认为。他相信他可以轻松征服蜀地，因为他是上天眷顾的人。当然，他那么自信和派出将领的豪华阵容以及精锐兵马有不少关系。在战略上藐视一切敌人，在战术上重视所有细节。李存勖自信满满的同时，毫不保留地把虚招、实招一拨拨发了出去。

在出兵前，李存勖为了迷惑王衍，故意派李彦稠入蜀修好。王衍对此深信不疑，他一方面派他的翰林学士回访后唐；另一方面下令，命屯于威武的关宏业所部，屯于武定、武兴的刘潜部，屯于天雄的王承骞部，屯于金州的王承勋部，都统统撤回成都，以表示对李存勖和平诚意的回应。

安排完这些，王衍觉得累了，他要赶紧离开成都，到秦州去玩玩。因为之前宦官王承休（容貌俊秀，善于戏谑）曾对王衍说过："秦州可是个出美女的地方，我到那里去选美来进献给陛下。"于是王衍就任命王承休为天雄军节度使，并加封"鲁国公"。

王承休来到秦州以后，地方上的公务一概不问，只马上动手兴建行宫。强夺民间女子入宫，教以歌舞，绘出美女的图像，让同党韩昭（礼部尚书）转交给王衍；又献上秦州的花木图，极力形容秦州山川、风土之美。在王承休的劝诱之下，王衍决定巡游秦州。群臣一听，这个关键时刻，你还要出远门去玩？自然不安得很，纷纷劝谏。对此，王衍一律不听。大将王宗弼上表劝谏，王衍看也不看，就把他的表章丢在地上。皇太后以绝食哭劝，王衍玩心坚决，不为所动。

他之所以执意东巡，其中还有着一个私人的小秘密。王承休虽是宦官，但他娶有一名妻子，模样十分美丽，身姿格外迷人，以前王承休在成都任职的时候，王衍就与其夫人有私情（或许是王承休故意安排迎合）。现在她随同王承休到秦州任上去已经相当时日了，见到王承休请他东巡的表章，王衍情不自禁地想起了遥远的那个"红颜"。

自古危难见直臣，前秦州节度判官蒲禹卿上表近两千字，大意为："秦州乃少数民族聚集之地，且地方多瘴疠，若陛下巡幸那里，一定会使当地因为供奉物资而更加困顿。这样导致民众疲惫，将给北方的李唐以可乘之机。"

"先帝（指王建）未曾无故出游，可是陛下却屡次出宫，任意游玩。从历史上看，凡是喜好游玩的皇帝，几乎没有一个有好下场，秦始皇、隋炀帝就是最好的例子。先帝艰难创业，为的是基业代代相传。陛下自小生活在富贵之中，如今更加耽于酒色，如此怎对得起先帝？”

这份表章，王衍连是否看到都不好说，我们只知道他的宠臣之一礼部尚书韩昭对蒲禹卿居高临下地威胁道：“我就先收下你的表章，等到主上回到成都以后，再让狱卒一个字一个字地问你，这上面都是些什么意思。”可见其跋扈，可见其嚣张。不过嚣张的代价是什么，估计大家也猜出来了。向来只有一时的嚣张，没有一世的嚣张。蜀地破后，韩昭被杀。

在韩昭的认知中，蜀地险峻是不可能被攻破的，他曾作有一诗：“闭关防老寇，孰敢振威棱；险固疑天设，山河自古凭。”从中也可以感知到他凭险自固的短视。王衍君臣对李存勖一点都不了解，但反过来，李存勖对王衍的一举一动十分清楚，不说蜀地里面大量潜伏的暗谍，单说对王衍个人的分析、把握就很到位。对蜀攻略之所以信心满满，如此成功在握，就在于后唐君臣一致认定王衍本人是一个水平极差的对手，而蜀国的朝臣除了贪婪、毫无效率以外全无一丝生气。当然，若是没有唐军这个外力，或许还可以貌似太平地维持下去。李存勖一看对方如此傻兮兮，竟如此回报我的“诚意”，看来不吞并你都对不起你的智商了。

就是在这样一种局势下，王衍离开了成都。当他行至汉州的时候，武兴节度使王承捷报告说唐兵大举入侵，王衍却以为这是大臣为了劝阻他出游而想出来的办法，是想假称唐兵入境，把他诓回成都。于是王衍对唐军进犯的所有加急战报一律置之不理。他故意大言不惭地说：“唐军来了也好，正好展示一下我们蜀军的实力！”他以为朝臣都在逗他玩呢。

唐军的攻势如火如荼，而所有的加急战报都压在王衍的御案上，他每天忙于饮酒作乐，毫不理会战事。各地蜀军都得不到关于战争的指示，基层将领只能凭借有限的资源被动防御。没有后勤物资支援，没有战略意识统一，没有配合、没有情报、没有最高指挥。蜀军一盘散沙，一团乱麻。蜀边境州县基本上只能是看着邻县被唐军攻克，接着是自己在没有任何外援的情况下也被拿下。蜀军好比失去了大脑，四肢再强壮，瞎乱挥舞又有什么用呢。

同光三年(公元925年)9月底，大散关，黄昏已至，柔和的光线，倾洒在这座要城外墙上。城楼上升起的缕缕白烟，扭曲着向着高处飘去。这时的关隘，已然在战火洗礼下，变得破败不堪。本来坚固的城池外墙，被投石机轰出了无数缺口，城门那里，两扇大门还没有被修理,布满无数裂痕的厚重木门被人随意放置在一旁,地上满是木门上掉落下来的碎渣,颓败地散落一地。因为战事结束不久,空气中蔓延着极为刺鼻的血腥味。

“楼船夜雪瓜洲渡,铁马秋风大散关”。这座位于秦岭北麓,因其扼南北交通咽喉,自古为“川陕咽喉”的要塞上插着一面新的旗帜:“唐”。郭崇韬率领中军进入了这座历史悠久的关隘。他一边勒马缓缓而行,一边指着关旁险峻奇绝的山势,对两旁的将领感叹道:“今天我们通过这里进入蜀地,如果以后不能取得最终胜利,恐怕就再也回不来了啊!诸君需与我共同努力,立下千古传颂的战功!”这时的他没想到,这无心之语却终究应在自己身上。

“从现在开始,我军粮饷后勤就是重中之重,万万不可忽视,每日进展必报与我,前锋部队则应该先攻取凤州,夺取敌人的粮食辎重用以供应我军!”诸将有些不同意见,认为蜀地险固,不可以长驱直入,以防不测;而应该徐徐而进,稳扎稳打,一边前进一边谨慎观察敌军动向。既然已攻破大门,就不要冒险进击了罢!郭崇韬对此问参赞李愚。李愚答:“一路上蜀军士气低落,指挥无序,看来蜀中百姓都知道王衍荒淫,怎么会为他出力死战呢?我们正应该抓住蜀中人心离散的时机,火速进兵,以风雷之势,席卷破胆之敌!即使敌方地势险要,毫无斗志又有谁能坚守住呢?所以进兵速度决不可缓!”郭崇韬大笑,遂传令全军不可懈怠,全力出击。

十月初,唐军先锋大将康延孝一路进兵,势如破竹,先占威武城,招降蜀军指挥使王景思,又克凤州、取固镇、降兴州,得粮二十万斛,首告大捷!郭崇韬收到捷报,喜对李愚道:“你说得很对,得此粮草,吾无忧矣!”唐军威势大增,让前线蜀将压力山大。

蜀武兴城,节度使府。王承捷皱着眉头,走入花园中,其身后两名心腹将校紧紧跟随。节度使府华宇连片,高堂厅阁重重叠叠,里面的园林也很宽阔。这是十几年来,拆了周围许多住宅,才得以营造出来的规模,别的不说,单是走廊中,用的就是纹理细腻的木料,不远处,还有一个大池塘,亭台楼阁隐藏在树荫中,显示了很高的品位。可惜,这样的华宅,只怕不再属于自己了吧?王承捷暗暗想着,转眼就是十数年,这些时日真的和梦一样。

使他有这个想法的,是不久前的战斗。唐军果然名不虚传!当他们以士气高昂的战阵冲向凤州城楼,造成一片火海和惨叫的那一刻,在城上指挥的王承捷早已经怔住了。说起来,蜀地向来偏安一隅,相比较中原群雄,蜀军并没有太多的战斗经验。而且自古以来，蜀军的战斗力也算不上一流。可是让王承捷万没想到的是，两军差距竟然如此之大，只是一个时辰，守军就死伤惨重，四散溃败。虽由得力亲军护卫他杀出城来，可凤州的防务竟然如此不堪一击！只这一仗，就毁了王承捷力抵唐军的信心！

“送往成都的急报，如泥牛入海，完全没有回音，这仗该怎么打？”王承捷想着，“真是想不到！唐军竟然如此厉害！你二人说说看，事到如今，该当如何？”王承捷长叹一声，向自己的两个心腹问道。总不能自己主动提出投降吧，再说，王承捷心里还有些犹豫。对于投降的待遇，他并不十分担心，唐灭梁的汴京之战中，这类没有坚决抵抗的节度使都是官任原职，最多可能调任别地担任太守，不过，这也是他有些不舍的原因。这是他经营多年的城池和府第啊！

下面座位上的两人互相对视一眼，都犹豫起来。王承捷见此情景，指着一人提问：“喏，你先说说看！”被点名的倒霉下属只得站起身，朝上首的王承捷行礼道：“大人，唐军虽骁勇，却并不残暴，到了此时，也未尝没有缓和之法。”“你的意思是说，让本将归降唐军？”王承捷起身背手，原地踱起步来。好一会摇头道：“不妥，不妥，李存勖虽平定梁地，军力雄厚威望满天下，但蜀主待我不薄，要此时就归降于唐……此决心，不好下啊！”

“大人，唐军战力非同寻常，我军目前不足一万，打下去恐怕是玉石俱焚啊，何况李存勖继任晋王后，短短十年间，便灭梁、平燕、击退契丹，亦可见其实力强悍，现在兵临城下，我们又能抵御几时，一旦郭崇韬率大军来碾压，恐怕万事休矣！”另一名属将的建言让王承捷眉头故意皱了起来。

演戏就得演全套。王承捷虽是王衍亲封的节度使，却没什么忠君效死的想法，能安稳地待在任上过的快活，才是他的目标，真要归降的时候，挑好归降对象，也是有讲究的。对家宅富贵不舍是一方面，更重要的是可不要今日方才归降，来日便被抄夺了家产，拿走了权力。这次入蜀的唐军主帅是有两个人吧……

这时，忽然有军士来报：“禀报将军，唐军派来的使者，说要面见大人。”

“唐军来使，莫非是来劝降的？”王承捷脸色阴郁，望着下面跪报的军士，脸上一阵青一阵白，这算什么？先在凤州用武力打败我，再来言语威胁？王承捷的两名心腹将校又交换了一下眼色，不由得看出了对方眼中的惊愕，同时还有一丝惊喜。他们已不想与唐军为敌，自家事自己清楚，王承捷的帐下没有什么能与唐军大将抗衡的人物。平日里倚仗的山川地势以及坚固城池在持续的猛攻下，也不可能维持太久。此刻，听闻唐军派来了使者，二人怎能不暗喜。

"大人,既然唐军派来了使者,不如见他一面,看看到底所为何事。"属将赶紧凑到王承捷身旁建议。"此言极是,反正见一面也无害处,唐军如此凶悍,若是断然拒绝,岂不是断了最后的退路?"另一人几乎要口不择言。

"可是,若对方提出让本将归降……"王承捷流露出犹豫之色。"大人,要知道唐已有天下其半,李存勖已算是天下之主,武兴只是一郡,即便归降唐军,大人也不会被人耻笑。以一郡之地抵抗天下强军,即便是李存勖本人也做不到这点。不如让使者进来,也可试探一下对方心意。"两名属下继续体贴地劝说。王承捷本来就有些心动了,想想的确如此,大梁这么多兵权在握的节度使都归降了李存勖,唐军已是家大业大,自己就是归降了他,也未必不能继续在此担任郡守。

"如此……也好。"王承捷神色凝重,缓缓点了点头。

形势比人强,弱者无外交。王承捷在蜀中虽也是一方节度使,但在气势上已不自觉地弱了一大截。随着他的一声有请,一位容貌俊秀,脸色从容、沉着的文士从外面大步而入。此人正是访蜀期间让朝臣惊叹的李严。李严一亮相,气势上就让王承捷暗暗一惊,暗道中原果然多俊杰,随便拉出一个,看上去都不凡啊!

"西川管内招抚使李严,奉我家太子及招讨使之命,前来与将军商谈要事。"李严冲迎出来的人一拱手,语气不卑不亢,气度沉静,让人不由心生好感。李存勖手下都是这样的官员,也难怪可以在十余年之内便平定了朱梁偌大之地!王承捷如此感慨。

"原来是李大人,请入座叙话。"王承捷也是大族出身,对于这样的儒雅之士,向来态度不错。说实际,李严的劝降分析,从大势出发并没有多少惊奇之处,无非就是说自家如何强大,现在已初战告捷,为唐军将士考虑,希望减少伤亡,还望王承捷配合;但若是顽抗下去,只怕对双方都不好。这些利害剖析并不复杂,可是王承捷的神情依然凝重。这就是对方的底牌了。

许多历史故事把谋士说客形容得过于厉害,好像一张嘴就所向披靡,实际上都是借着大势来获得成果。弱小者说降强大者,自古未有。根据李严的说法,承诺王承捷归降唐军后,还可继续留任此地为官(这是李存勖对有兵权降将的一贯做法),当然几年之后转到其他地方任职,或者高升也是常理。李严说得很简单,也很明了。他们的这番交谈,只用了不到半个时辰,最后王承捷同意请降。

本来在这时,事情就结束了,但李严特意问王承捷一句,你以何功求降。王承捷一怔:"交出户籍易旗,不就行了吗?"李严说着:"这只是本分,仅仅保其官位,可是现在我主人才益多,就算保了官位,也没有功劳,王大人应多出些力气,多得圣眷,为宗族日后计才是。”

王承捷想了想，说道：“我为节度使十数年。还算有些威望，愿助大军安抚降顺，一月之内必使属地上下尽服太子及招讨使大人。”又接着说：“族中大户，我能使他们捐钱捐物，犒劳雄师。”李严微笑道：“这能使圣上喜悦，但是却还不够……”王承捷不是那种情商刷下限的武将，他立刻顺势问着：“在下愚钝，望大人教我！”

李严眼睛里含着笑，答道：“我军既下凤州，后必入蜀中腹地，节度使大人在蜀中十数年，必有益于太子及招讨使大人，若是在这方面下功夫的话，圣上必高看一眼。”王承捷听了，心中一宽，的确，自己在蜀中腹地有的是人脉和关系，在这方面帮助郭崇韬平蜀自然会起到别人难以替代的作用。蜀中首降之臣，舍我其谁？王承捷这样想着，心中一喜，当下设席宴请李严。

次日，王承捷便大开城门，迎接唐军入城。王承捷的投降可以说是唐军伐蜀第一阶段的结束，其下辖蜀地凤、兴、文、扶四州皆归唐所有，唐得军粮四十万斛。由此，唐军不必再为蜀道艰险，运粮不便而发愁了，唐军从蜀军中夺取的粮草已足以使大军支持数月。

到了这个地步，王衍才如梦初醒，意识到后唐已经对蜀地发起灭国之战。他来到利州，亲眼见到了前线退下来的败兵，对当前战事一面倒的局面，王衍束手无策。此时已由“巨鹿王”晋封为“齐王”的王宗弼对王衍进言：“东川、山南军力还算齐整，陛下只要以重兵守住利州，唐兵绝不敢孤军深入。”王衍接受了他的建议。命随驾清道指挥使王宗勋、王宗俨，以及侍中王宗昱为三招讨，统兵三万迎敌。

从这时起，蜀中的抵抗开始稍微有序起来。这个阶段，从蜀军反击角度来看，不能说完全没有机会。当时很多人都觉察到一点，唐军虽然已经顺利攻入蜀地，而且在物资上斩获不少，但是总的来说，在蜀中仍然是立足未稳。对于唐军骁骑来说，出现在他们面前的是一片十分陌生的土地。习惯于在平原上纵横驰骋的唐军，第一次长时间在连绵不断的崇山峻岭中穿梭作战。唐军平日的战术方式很难全部发挥出来，而且他们的武器装备也不能完全适应山地的作战。

随着入蜀大军的节节深入，唐军将士对“蜀道难，难于上青天”的体会日益加深。先坚壁清野，待唐军粮尽退兵时从后掩袭，这依然是蜀军取胜的常规战略。这也正是郭崇韬所担心的。好在蜀军士气已然不振，普遍厌战。各地蜀军对于王衍特别优待的禁军“龙武军”十分不满，常常传出这样的牢骚：“龙武军平时的粮饷都是我们的几倍，这个时候怎么不上去御敌呢！”这样的牢骚，这样的情绪在部队中相互传染，士气低落得一发不可收拾。与唐军接阵，蜀军常常是不战自溃，乃至不战而降。

康延孝一路南下，在长举城收降蜀军都指挥使程奉琏，并让其承担了沿途铺路架桥的辅助任务，大军的跟进变得更加顺畅。康延孝所部如同一把利刃，势如破竹地切入蜀中腹心，在三泉(今四川广元东北)遇到三招讨所率的蜀军主力，一战之下，大破“三招讨”，蜀军战死五千余人，三万人马被击溃，康延孝再夺十五万斛粮草，彻底解决了伐蜀大军粮草不足的问题，又立大功。

王衍接到败报后，采取以下举动：一、他立刻从利州连夜西逃；二、命令王宗弼(齐王兼中书令、判六军诸卫事)死守利州；三、下令破坏了桔柏津的浮桥(此桥通往绵竹，为成都的重要屏障)；四、下令将战败的三招讨处死；他的这一举动无疑在向蜀地的军民表示：前线我是不待了！你们给我顶住，顶不住的砍头！这一行动本身就证明了王衍不过是一个没有胆气和担当的主君。他对战争极为恐惧，他甚至没有待在前线鼓舞将士的勇气，这和戎马一生的李存勖形成鲜明对比。

王衍的行为在蜀军中引起强烈的反响，各地的守将都失去了坚守的信心，而坚守不出，打一城一池的持久战正是蜀军取胜的关键。王衍自己就是散布失败气息的源头，蜀中各地军将信心全失，纷纷大起异心。这次致书郭崇韬的蜀军大将是宋光葆(武德留后)，他想把自己卖个好价钱，信中表示愿意率部投降，但是希望唐军主力不要进入他的辖区，他希望能保持领地内的统辖和稳定。若郭崇韬不答应这个条件，他就率部死战。

对于这样的条件，郭崇韬怎么能不答应呢？他正需要从内部瓦解蜀军，以便唐军可以速战速决。他很清楚战争一旦拖下去，就会增加许多变数。郭崇韬给宋光葆回了信，语气温和，表示完全接受宋提出的条件，并且保证只要宋光葆投降，就可以保证他原有辖区内的统治权。十月底，宋光葆便正式易帜，宣布投降唐军。征蜀唐军的最高统帅李继岌前往兴州接受了宋光葆的投降。于是，梓、绵、剑、龙、普五州之地兵不血刃地成为后唐的属地。

如同郭崇韬预料，开了宋光葆的头，好事滚雪球一般接踵而至。十一月底，(蜀武定节度使)王承肇以洋、蓬、壁三州投降；(蜀山南节度使)王宗威以梁、开、通、渠、麟五州投降；(蜀阶州刺使)王承岳以阶州投降。征蜀唐军半月间不战而得，一举收获十四州。随着几个重要节度使的投降，蜀地在唐军面前如同敞开了胸怀的美女，唐军一路急不可耐地扑了上去，一路上缴获了无数军用物资，不必再担心运输是不是跟得上前进的步伐。川中天险也随着蜀将们的投降而不复存在。

让中国大地上其他吃瓜势力大跌眼镜的是：战事进行到这个阶段，生生见证了远道而来的唐军在蜀地站稳了脚跟，战局对于唐军越来越有利。在这样一种投降的潮流中，蜀地的各级官吏都在为今后的命运做着选择。

话说回去，原本秦州（今甘肃天水市）的王承休正满心欢喜地等着王衍的驾临，没想到王衍携众数千人，从剑阁出发巡游，却在兴州（今陕西略阳县）遇到前来进攻的唐军，王衍率众狼狈逃回成都。得此消息后，王承休心中一直不安，对唐军大举伐蜀不知如何应对。他身为蜀地天雄军节度使，帐下尚有万名骁勇果敢的战士，称"龙武都"。是战是降，尚需一决。苦恼中，王承休找来副节度使安重霸仔细商议。

安重霸，北方人，善骑射作战，富有谋略。他进言道："剑门天下之险，敌虽有精兵，不可过也。然公受国恩，闻难不可不赴，愿与公俱西！"意思是：剑阁地势险要，唐军虽然勇猛，一时半会也无法拿下。大人您深受蜀王大恩，现在国难当头，怎么可以不去救驾？我愿意与您一起回军共赴国难！"一番话说得慷慨激昂，大义凛然。王承休听之动容，加之他平素信任安重霸，认为其言之有理，故依从之，并将"龙武都"及新召集的近万名士卒归于安重霸麾下。

安重霸又建议，为了避免与唐军发生正面大战，大军可以从文州、抚州一带行军。对此王承休开始有些疑虑，因为这一地区多是羌族居住地。当时羌人与汉人之间关系十分紧张，他们名义上虽然是秦州辖区，可是实际上却没有哪一个政权管得了他们，处于独立中的羌人还一直与汉族有着军事冲突，进入他们的居住区就意味着很可能会受到攻击。对此安重霸建议，可以用财物来买路。羌人收了财物，就不会再干涉他们过境。对此王承休也很自然地相信了。王承休不仅认为安重霸忠心无二，也信任他的办事能力，这些事情交给他去办是不会错的。就是在这样一种心态下，王承休等来了安重霸准备妥当的汇报，也迎来了大军最终开拔的这一天。

当日，全城百姓为他到城外送行。祭天地、举旗、沥酒；隆重的仪式一项项进行，完毕后王承休上马，宣布大军启程。这时安重霸在大批亲卫的簇拥下，突然对王承休说道："国家费了好大力气才得到秦、陇二州，如果我也随着大人一起回朝，这里却由谁来镇守呢？请您率大军回朝罢，我愿意为大人在这里留守！"

王承休万万想不到安重霸会来这么一手。他已经宣布大军启程了，他无法当着全军将士及全城百姓的面来个一百八十度的大转弯，改变自己刚刚做出的"忠勇勤王"的决定。看着凶气逼人的安重霸，他也无胆气当场翻脸，毕竟此人掌军多年，此刻言语上并无罪过，听起来也是为国事着想。所以王承休无奈中只有让安重霸率一半军马留下,他自领一万两千人马回成都。

安重霸早就看出王承休性格中的软弱,所以他刻意设计,让王承休箭在弦上,不得不发。如此一来,安重霸顺理成章地成为秦、陇二州的最高长官,拥兵自重、割据一方。之后不到一年,他便将秦、成等州献于李存勖,确保了自身的荣华富贵。而王承休自踏上回蜀之路起,就极不顺利,沿途遭遇羌人部落的不断袭击,加之士气低落,兵士多有逃亡,回到成都时,一万两千人已经折损大半。更倒霉的是,他到达成都的时候,成都已然陷落,早被唐军所占,王承休远道而来竟然只能是投降而已。

其人结局如何,后面再说。我们先回到当前战局。时隔不久,又有两个蜀军节度使投降了唐军。一个是武信节度使兼中书令王宗俦,一个是昭武节度使林思谔。所以遂、合、渝、昌、泸五州又轻松落入了唐军的掌握中。

困坐成都的王衍对于战局已经没有任何的办法了,他把希望全都寄托在王宗弼的身上。此时的王宗弼却收到一封信。一封重要的信,来自郭崇韬。原来面对一批批投降的蜀军,郭崇韬甚至也对伐蜀之战失去了最初的谨慎和兴奋,他发现这场战争完全没有挑战感,一点都不刺激。现在无须攻城,只靠劝降就能保证部队一日千里的进军态势。当郭崇韬对上蜀军最后的主力——王宗弼的兵马时,他提笔给对方写了一封信,为他详细说明利害关系,劝他投降。王宗弼陷入了沉思。

哀哉蜀灭

郭崇韬在用政治手段解决问题的时候,康延孝这把唐军尖刀正在用锋刃扫光阻碍。

桔柏津被蜀军烧毁后,康延孝造舟渡河,顺势取下了绵州;王衍又切断绵江浮桥,康延孝和李严率前锋劲锐马不停蹄,径直来到江边。

此刻已入夜,一个个就地取材的简单火炬,闪亮着火焰,照耀了整个岸边。在赶来的康延孝面前,是两千名排列整齐的唐军骁骑,刀光和火炬同在,个个手持锋利之刃,排着阵势,不发一言,杀气肃然,他们在休整两个时辰,饱餐一顿后等候着康延孝的命令。

康延孝在一个坡地上,远望过去,看见河对面鹿头关上灯火昏暗,关外敌营人影闪动,但兵马人数不多,行动中仿佛有惊惶之意。看来这几日的突进完全出乎了蜀军意料。于是康延孝向将士们开口笑道:“胜利在战前就决定了。大家都知道,这些时日我们的进军速度非常快,拿下许多地方,可是要清楚我们对蜀地的控制力还十分有限,如果遇到敌军集结抵抗,我们的处境将会很快变得不利,因为我们是深入的孤军。”

“可是敌军能集结起来吗?不能!在绵州城,守军不敢和我们交手,跑掉了!库存物资被烧光,老百姓被迁走,仅仅只敢给我们留下一座空城!大家看这里,绵江上的浮桥被毁,船只被烧,虽然我们没有船只,但我们有马,这样的小河能挡住我们的前进吗!”康延孝继续鼓励将士说:“我们孤军深入,利在速战。现在正应该乘蜀人吓破胆的时候进兵对岸的鹿头关,蜀人慌乱下会很快投降。如果我们修好浮桥再进兵,耽误上几天,敌军一旦得到增援,就会死守此关,我们就会付出更多兄弟的性命作为代价!”

“将士们!非常之时,当用非常之手段,也当有非常之勇略!随本将骑马强渡,破敌夺关吧!”康延孝说完,率先向河中跃马踏浪。士气高昂的唐军纷纷举刀,齐齐向河中冲去,仿佛前面依然是平坦大道一般!河岸上爆发的登陆战不过三刻,蜀军就已崩溃,上岸的唐军毫不留情地迅速收拢,河岸之上,尸横遍野。

从后赶来的李严全身铠甲,见到此景感慨道:“或许这就是蜀中最后的抵抗了!”他当然十分清楚,建立前蜀的王建家,已经不可避免地走上了灭亡之路。他迅速向康延孝提议:“我军应乘胜追击,一鼓作气拿下关口!”康延孝大笑道:“正该如此!”

战场上的时机是一瞬间的事情,康延孝下达的指令全踩在点上,毫无差错,出击的蜀军被消灭后,仓皇失措的鹿头关被唐军一鼓而下。这时才松懈下来的康延孝回想起刚才在敌阵中的险境。周围尽是举刀拼杀的人,满地全是血和残肢,自己为了生存在杀戮中逼出了最大的实力。那一刻,毫无怜悯,对血腥也毫无感觉,一切都似乎变成一场深沉的噩梦,所有的存在都不再真实,只有手握钢刀才感觉到了一丝安心。

无论是胜利者,还是失败者,论个体都渺小如尘,在这乱军之中,生死不由自主,唯有“拼命”二字而已。“这就是武将的生存之道,大丈夫正当于刀剑上寻快意!”康延孝将这淡淡的忧郁转化为满胸的豪气,他大步向前,佩刀在身侧撞击着甲叶发出铿然有力的回响。

继鹿头关失守后,汉州又被康延孝攻取,成都门户大开。这接二连三的败报终于让王宗弼下了决心。王宗弼此时与安重霸的想法无有差别。投降是必然的,关键是如何来投降。仅仅是表示对新主君的效忠、归顺,在他们二人看来都不足够,因为这样不能给新主君留下深刻的印象，不利于日后的"发展"。他们要在投降中为新主君立下大功，这才是立命的根本，就如安重霸为李存勖献上了秦、陇二州。

现在，王宗弼思前想后，决定要夺取全部蜀地，至少也要获得蜀地的最高领导权，然后再以领导者的姿态携地投诚。此事若成，在李存勖那儿应该算是大功一件了吧。王宗弼在撤回成都的途中遇到了战败而归的三招讨（王宗勋、王宗俨、王宗昱），收拢残军后，他取出王衍下令处死三人的诏书，交给他们看，三人一见，都吓得伏地痛哭。王宗弼这才好言抚慰，表示自己绝没有执行诏书之意，相反，究其战败的根本还是在王衍那儿，只要三人听从自己安排，便无性命之忧。

三人见状，毫不犹豫地投入王宗弼阵营，一起谋划后续行动。回到成都，王衍犹如抱救命稻草一般赶来军中慰问。这一来便被王宗弼顺势扣下，然后将其家族成员全部拿下，统统软禁在蜀都西宫中。王宗弼随即自称"西川兵马留后"，成功取得了蜀地的最高统治权。

王宗弼是一个怎样的人，是顺应大势，慧眼识天下？还是政治投机？是为蜀地百姓计，以免受刀兵之灾？还是卖主求荣，顾自身富贵？这些看他得势后的举动就清楚了。首先，他命令手下军士进入义兴门，将王衍内库的财物全部都搬到自家府库中。敛财之心一点都不掩饰，一定要保证自己获得最大利益。

其次，他立刻派人备齐酒水、米肉，前去慰劳唐军。这一次他遇到的是李严，使者赶紧将王宗弼准备的矫诏（假借王衍名义书写的诏书）拿给李严看，李严一看大喜，诏书的内容总结起来就六个字："大军一到，立降。"这可是王宗弼保证自己日后权位的关键献礼。

在向新主表示投诚效忠之后，王宗弼想到了一件关键的事。这件事如果在唐军入城后就没法做了。那就是：大清洗。也就是常说的公报私仇。他对唐军假称蜀地的君臣们，尤其是他本人，早就想投诚后唐，只是因为宋光嗣、景润澄，宣徽使李周辂、欧阳晃，礼部尚书韩昭（兼文思殿大学士、成都尹）等人迷惑蜀主王衍，坚持抵抗，所以才导致今天的这个局面。他以这么一个十分能取悦征服者的借口杀了这批素来与他不和的朝臣，把他们的首级送到后唐军中邀赏。

他的这一残酷举动使蜀地大臣们纷纷恐惧起来，他们为了讨好王宗弼以便保住自己的脑袋，都不惜倾家荡产地给王宗弼送重礼（如蜀中书令徐延琼、果州团练使潘在迎、嘉州刺史顾在珣等）。王宗弼非常得意自己的这一手。量小非君子，无毒不丈夫。这一招真是一举多得，既除去了自己的政敌、仇家，解决了日后与自己争宠的人，又大大发了一笔横财。

与此同时，唐军大队也在迅速向成都推进。古道漫漫，旌旗如火，一支衣甲鲜明的铁骑护着一辆大型马车在官道上行进，道路两旁黍麦离离，却是渺无人烟，非是这一带的百姓皆已逃走。事实上，唐军闪电奔袭，这里的百姓根本没有逃走的机会，现在无人只是因为在一个时辰之前，已经有人奉命将这里道路扫清，以免发生任何意外。

李继岌坐在马车当中，两侧帘幕挑起，沐浴在蜀地宁静的秋色之中，在上千铁骑的保护下，他根本不担心再会有抵抗的蜀军出现，他饱览沿途风光，悠闲如同秋日出游。在他从德阳启程之时，郭崇韬率主力和康延孝、李严已经合兵一处，大举向成都推进，沿途俱是唐军各部，现在的蜀军根本没有办法派出一支千人以上的军队越过唐军的重重封锁，只待成都受降事了，大军休整一段时间，就可以开始考虑班师回朝了。吞并西川之后，后唐就可以全力对付荆楚、吴越等地势力，相较下强弱悬殊，胜算可期。

想到这些，李继岌不免有些踌躇满志，这大好的未来都将是他这个太子的啊！这时，耳边传来轻叹之声，李继岌回头一瞧，监军宦官李从袭面上露出不少愁容，李继岌不由有些诧异，入蜀后战事愈发顺利，还有什么可担心的，这亲信宦官却是怎么了？

李从袭似乎是看出了李继岌的疑惑，于是解释道："殿下，虽然您名义上是征蜀大军的主帅，可是军中的一切事务都是由郭崇韬来决定。每日里各将军都奔走于郭崇韬门前，而殿下的营帐外却冷冷清清。从前两军胜负未分时，郭崇韬尚还将军情决断通报一二给您，如今大局已定，郭崇韬急于收服降臣，竟然径自先入成都，收买人心。待殿下入城时，不知蜀中降臣还有几人能以殿下号令为尊？"

"素闻蜀主王衍贪财好色，臣听闻王宗弼已将蜀主财货，娇妻美妾全数收走，选取精良送与郭崇韬，若是他们二人内外联手，莫说殿下目前只是储君，就是圣上亲来，也难免会被他们蒙蔽。虽然蜀中军事尚需依赖郭崇韬，也在情理之中，但是这抚地安民，选任官吏就应该是殿下的分内之事了，就是和郭崇韬有些分歧又有什么关系，总好过日后蜀地变成他私家后院般来得妥当。"

李继岌听后，不以为意地道："你过虑了，郭崇韬是何等人物，怎会如王衍一般爱财，你可曾听过伪梁节度使行贿他时，他曾说过的话？"李从袭笑道："愿闻其详。"

李继岌道："他曾言，自己位兼将相，圣上给的俸禄数目庞大，花不完的，哪里还要靠这一点点外财来致富。可是伪梁地区原本就贿赂成风，现在河南各地的节度使又都是伪梁旧官，曾与皇上对战多年，如果他不肯收下伪梁旧官的贿赂，这些旧臣会因此担心受到清算，所以他才会收下这些贿赂。如此一来，各地纷纷投诚，人心安定。他只不过是把朝廷的财物放在他个人的家中，暂时性地代朝廷收存一下罢了。”

李从袭苦笑道：“殿下，有些人行事表面总是有道理的，且说后来这些财物可献纳给了圣上？”李继岌答道：“父皇举行郊天大典的时候，郭崇韬率先献十万缗，以为群臣表率。”

李从袭微微一愣，有所保留地提醒李继岌：“此次灭蜀，所获必丰，臣只望殿下多有留心，另外尽量注意蜀臣倾向，人心可畏啊！”李继岌微笑答道：“关于蜀臣，我自有分数，卿不必多虑。”

当李继岌一行距离成都还有两日行程的时候，遇到了王宗弼派来的欢迎代表，其子王承班和犒劳唐军的队伍，王承班带了不少蜀主宫中的珍宝献给李继岌，同时还备下一份大大的礼单，交谈中尽是恭顺之意，只在末了，王承班转达王宗弼请求，是不是可以任命家父为西川节度使。李继岌一副早已料到的神情，哈哈一笑，答道：“我入主成都后，这些东西就自然是我家的东西了，怎么？你要用我家的东西来送给我？”他收下了东西，打发王承班回去，却没有对王宗弼做出任何许诺。

王承班回去后，将李继岌颇为不善的态度如实告知父亲，然后忧心忡忡地表示：“如此看来，殿下对我们家可是不满啊！”王宗弼毫不担心，给儿子分析了一下，我们家先后给郭崇韬、李继岌都送了重重的大礼，为的就是两边都下注，两边都给面子。你细想一下，伐蜀大军虽然以李继岌为帅，但主要谋划和执行都是郭崇韬说了算，实权都在郭崇韬身上，平蜀的大功也在郭崇韬身上，现在郭崇韬麾下大军都是唐军精锐，远离京城，你说是郭崇韬的话管用，还是一个相当于吉祥物的太子说话管用？

“就算现在郭崇韬说话管用，可是太子若是举荐他人统领西川，唐帝难免会听信太子的话吧。”王承班仍有担心。“这不太可能。”王宗弼稳稳地说道。“刚才我不是说过了么，郭崇韬功高过人，一直是唐皇的股肱之臣，又大军在外，我看此人才气横溢又傲气十足，换了你是李存勖，你是愿意听儿子的话惹怒这样一个将在外君令有所不受的重将，还是采用郭崇韬的建议，好生安抚他，同时安抚蜀地？”

“如此看来，唐帝即便不高兴也会采用郭崇韬举荐的人，隐忍一时，待其班师回朝，交回兵权再说？”“正是如此。”“若是郭崇韬回朝后，唐帝下令改任别人镇守西川怎么办？”王宗弼见儿子还有几分不安，大笑道：“只要让我一日当上西川节度使，还怕伺候不好皇帝，压不住这群降臣？再说到时候，我无有过错，朝廷岂能朝令夕改、言而无信？”王承班点头称是，心结顿去。

说完李继岌、王宗弼,我们来说说郭崇韬。这时的他已经理所当然地住进王宗弼为他精心准备的豪华府邸,凡王宗弼送来的财物、美女统统收下,一概不拒。在他看来,这些都是自己应该得到的。他在蜀中会见降臣,享受着征服者的优越感,也以自己的名门出身而倨傲不已。郭崇韬这种血统高贵的贵族心态来源于洛阳执政时期。

一次,郭崇韬与豆卢革、韦说二人一起闲谈,提到了前李唐王朝的中兴名将,汾阳王郭子仪(平定安史之乱的著名军事家、政治家)。豆卢革问郭崇韬:"汾阳王本来是太原人,后来他家从太原迁到了华阴。您老家是在雁门,你们离得那么近,又都姓郭,您是不是他们本家里的呢?"

郭崇韬乘机说道:"我们家在战乱中丢失了家谱,可是我小时候听老人们说起过,我们家与汾阳王确是本家,从汾阳王传到我这一代只有四辈人。"豆卢革立刻吹捧道:"如此说来,汾阳王还是您的先祖呢!"由此开始,郭崇韬就以名门嫡传子自居。血统高贵用来自我标榜也就罢了,问题是这不仅仅成为他个人的一种骄傲,他还把这种观念体现在他的政务执行上。

例如在用人问题上,郭崇韬不再是以个人的才能为标准,而是以其门第为准绳。他提拔了一大批名门贵族的子弟,这里面不乏昏庸无德之人。郭崇韬甚至公开对出生平民的下属说:"我很了解你的才能,可是你家的门第实在是太低,我不敢委你以重任,以免受到名门大族的嘲笑。"他把以前落后腐朽的门阀士族制重新恢复起来。这样越来越多不学无术的贵族子弟占据着后唐的官位,把朝廷的政策搞得一塌糊涂。

这基本就是南北朝时期门阀政治的重现。出身于名门大族的子弟,不论是否有着真才实学,仅仅是根据其血缘,就可以获得朝中重要官职,权重位尊。而平民子弟即使才华过人,立有大功,也只能是居于门阀贵族之下。南北朝时期,流行着这样的话:"上品无寒门,九品无士族"。非但如此,门阀士族与寒门之间还绝不可以通婚,甚至不可以同坐在一张桌前。当时皇权依赖于门阀士家的支持,也不得不认可士家大族这种政治上的特权。

发展到唐王朝时,士族已经衰落了。原因不仅仅是其本身的腐朽无能,也与旧唐王朝统治者的政策有关。在旧唐王朝强盛的时候,就曾不止一次地重修士人族谱,依靠皇权的力量,对哪些家族属于士族,都处于什么等级做出新的规定。在这场皇权与门阀士族的斗争中,皇权胜出,得到加强。郭崇韬所起用的就是这样一批原本没落的人,除了血统并无特长。渐渐的提拔起来的旧贵族子弟成为后唐政治生活中的主流,为了保证他们家族的权力与地位,这些人千方百计地排挤着有识之士。这就慢慢形成了后唐低效、无能、充满内斗的官僚队伍。这也是后唐时代，公务员系统“近亲繁殖”的重要表现。

话题扯回来，郭崇韬心目中留守西川，保蜀地一方平安的人选是谁呢？会是尽力卖好的王宗弼么？抑或是他自己？还是麾下的亲信部将？郭崇韬难道就一点不担心成为皇帝心中那个“将在外，君令有所不受”的忌惮人物么？以其人之智，会遗漏这个么？答案揭晓：当然不是。

郭崇韬早在出发前就考虑到这一点，三国钟会之事当为前车之鉴，中央对地方必然提防，皇帝对领重兵在外的大将必然心有不安。（注：公元263年，三国时期钟会伐蜀汉成功，被中央所忌，后欲据蜀自立，与蜀汉降将姜维共谋其事，却因部下的反叛而死于兵变。）即使与自己相交多年，君臣合谊的李存勖也是一样。所以郭崇韬早在征蜀出发前，就给李存勖举荐了一人可当西川留守的大任。此人就是先晋王李克用的女婿，前任中门使孟知祥。

在大晋时期，任中门使的人常因政争得罪人而被杀，孟知祥处于自保，便请求更换职务。李存勖便任命孟知祥为马步军都虞侯，但要求他推荐可以担任中门使的人。孟知祥推荐了郭崇韬，郭崇韬由此一路上位、平步青云，因此很感激他。

公元923年（后唐同光元年），晋王李存勖称帝，建立“后唐”，将太原府升格为北都，此时的孟知祥被任命为太原尹、北都留守。郭崇韬就在这个关键时候对孟投桃报李，也是向李存勖显示忠心，表示自己对西川没有念想，他推荐的人既要让李存勖信任，也要自己信得过，而且才能必须卓著，不能让西川出乱子。

临行前，郭崇韬进言道：“臣本无才，勉强当此重任，凭陛下在四海的威望和众将士的舍死苦战，此次伐蜀定会得胜还朝。陛下若选人治理蜀中，或可用孟知祥，其人忠信且有谋略，朝中如果缺人辅佐，张宪、李琪和崔居俭都可重用。”所以郭崇韬心有腹案，他同李继岌一样礼物照收不误，但对王宗弼毫无实际动作，只是假意答应，好言抚慰，暂时将其稳住而已。

同光三年（公元925年）12月15日，王宗弼亲自到汉州迎接李继岌，陪同他到成都。历史性的一刻终于到来！早就成为阶下囚的王衍，率文武百官在成都城中举行了投降仪式。蜀国作为一个政权正式宣布灭亡。这个短命的前蜀朝廷只经历了两个君主的统治，一个是先主王建，另一个就是后主王衍。

从后唐正式出兵，到王衍出城迎降，这中间仅仅只有七十天。总的来说，这次出兵平蜀，对后唐而言是场极大的胜利。在短短的七十天内，后唐就取得了：十个节度军镇;六十四个州;二百四十九个县;降兵三万;甲仗物资七百万;粮三百五十三万斛;钱一百九十二万贯;金银共二十二万两;珠宝犀象两万,纹锦绫罗五十万。战果收获之丰,唐军威名之盛,一时间天下震动!

明眼人看来,在李存勖成功灭蜀以后,中国大地上的割据态势就发生了巨大变化,现在已经出现了一个非常强大的军事核心,这是自先唐灭亡以后一直不曾发生的事情。在华夏这片广阔大地上,虽然时常出现分裂、割据,但是统一的趋势一直就是历史主流。中国人在动乱中最大的愿望总是同样的两个字:“统一”。动乱的时间越久,人民对统一的呼唤也就越强烈。没有一个统治者不注意这片迫切的呼声。各方君主为成为全中国的统治者而战。

历朝历代的君王都想站到权利的巅峰上去。李存勖也是如此,有着野心勃勃的“中国梦”。他的心中也存在着统一天下的愿望。灭蜀以后,他的这种愿望更加强烈,因为他已经看到这个梦想就在眼前了。李氏后唐的实力在灭蜀以后达到了前所未有的巅峰,无论是疆土还是兵力都远远地超出了江南的诸多势力,均势已经被彻底打破,随之而来的很有可能就是后唐对剩下割据势力的一一碾压,然后一统天下。李存勖在盼望着。但是,他不知道这场胜利是他人生中的最后辉煌。

眼下李存勖吞梁灭蜀,后唐的军事力量受到所有势力的高度关注。割据湖南的楚王听到蜀国灭亡的消息以后,上表给李存勖说:“愿意交出印信,以保残年。”因为此时后唐的国土已经对楚地形成了半包围的格局,唐军不单可以从北路进兵,南下攻楚,还可以从蜀地发兵,从西路顺江而下。在军事战略上,楚国在唐军的两路夹击之下很难摆脱灭亡的命运。

当蜀国灭亡的消息传到江陵时,南平国主高季兴正在吃饭,他大惊之下,筷子都飞了出去,愣着回神好久,方才悠悠叹道:“本想坐收渔翁之利,才没有相助王衍,这是老夫的失误啊!”臣下梁震劝高季兴道:“主公不必如此忧虑,唐主得蜀地后定会日益骄横,中原之乱也就为期不远了,焉知此事是福不是祸呢?”

同时,远在扬州的吴国司马严可求对此事的评价更为具体:“听说李存勖得中原以后,志气骄满,管束部下不得其法,不出几年,唐国定有内乱!”天下诸多眼光长远之人在一旁洞若观火,身在局中之人却是沾沾自喜。

第十一章 如梦似幻

惊天狂杀

回顾后唐得蜀后的胜利清单，可以说是发了一大笔横财。然而，靠战争所掠夺得来的巨大财富，并没有化解掉李存勖身边的危机，因为这些胜利带来的财富只属于主君和前方有功的将士，而后方广大官兵的生活并没有因此而改善，所以后唐国内的军队、百姓不满情绪依然强烈。

在此时，李存勖又因为郭崇韬带走的是国内最主要的精兵猛将，所以内心里一直有些不安，渐渐开始担心郭崇韬异地生变，在蜀中另起炉灶。而郭崇韬呢，此前很讨厌李存勖身边那些伶人和宦官，动不动就要给这些人脸色看，他曾经对太子李继岌说："他日殿下继承皇位的时候，就是骟马都不要骑，更不要任用宦官。应该把宦官全部从官吏中剔除，一律改用读书人。"

这样的谈话被宦官吕知柔偷听到，悄悄传开后，所有的宦官都将郭崇韬作为头号大敌，必欲置之死地而后快。此处郭崇韬与东汉末年大将军何进诛宦之乱有些类似，都是行事不够谨慎，过早拉仇恨所致。所以京城里伶人和宦官们就在郭崇韬出兵伐蜀时，常常在李存勖跟前大肆告状。李继岌身边的宦官们也是郭崇韬的敌对势力，这一帮贪财的小人，见郭崇韬的门前车水马龙，送礼巴结的人络绎不绝，自己却没有机会捞到一点油水，他们就千方百计地在李继岌面前挑拨是非，陷害郭崇韬。罗织的罪名从目中无太子、大权独揽、独断擅专开始，慢慢向贪污腐化、勾结蜀臣、图谋不轨这些危险的区域滑去。这样一来，郭崇韬身边的危机就在不知不觉中积累密布起来。

冰冻三次非一日之寒。李继岌听得久了，半信半疑之间，决定要刷一下存在感，竖立自己在蜀中一言可决的新形象。快速立威的最好办法就是：杀鸡儆猴。“要让你们这些蜀臣知道，这里究竟是谁说了算！”李继岌的三板斧开始了。

第一板斧，砍了王承休的头！为什么要选他杀呢？首先，王承休官位够大，曾任蜀中强镇节度使，也是王衍的宠臣，杀了他足够震慑其他降臣，可以成功传递这样的信息：不要以为官大的就不会杀哦，我想杀谁就杀谁！

其次，王承休要兵没兵（从秦、陇回师成都时，兵力从一万两千降至两千，沿途被羌人所袭，士气大落，逃兵无数），要地无地（安重霸已领秦、陇二州降于李存勖），钱粮俱无。所以说白了，就是没有价值，毫无威胁嘛。所以李继岌要借一颗人头来立威，那王承休的脑袋就是最合适的。但这种想法是不能宣之于口的，李继岌要找一个借口。

于是他叫来王承休问道：“居大镇，拥强兵，何以不拒战？”意思是：你作为重要军镇的节度使，手中握有重兵，为什么不与我军作战呢？王承休一听，不与唐军交战，难道还成罪过了？心中虽然不满，但仍恭顺地答道：“是因为大王神武，小臣不敢。”

李继岌继续挑刺：“那么为什么不早点投降呢？”回答：“因为大王的军队没有进入我的辖区。”这也是实情，当时唐军直接入蜀，没有攻打秦、陇二州，总不好责怪人家没有主动投降吧。再说，这个理由也杀不了人。

“你率领多少兵马进入羌人地区？”“一万两千人。”

“回到成都的有多少将士？”“两千余人。”

李继岌拍案，鸡蛋里挑骨头，终于找到一个杀你的理由了！“无能之人，你应该为那屈死的一万将士偿命啊！”

王承休摸不着头脑，死的都是蜀军，干你唐军何事，这不是对你们有利的么？不过，他来不及细想，慌忙求饶，但李继岌早有决定，挥挥手，径直拖出去斩了，人头高悬，满城展示。存在是因为有价值，淘汰是因为价值丧失。过去的价值不代表未来的地位。王承休的死，就是如此。当你的死就是当权者最大的利益时，你还能期待活着么。

李继岌的第二板斧指向了王衍，处理蜀君乃是体现大权更替的重要标志。李继岌不久前进入成都时，王衍带着棺材和蜀臣，绑缚自己到七里亭迎降。李继岌安抚王衍说一定会上表父皇封你作王，苍天在上，绝不食言。在做出了这样的许诺以后，他要来了李存勖对王衍的赐诏，诏书大意为：我一定分封土地爵位给你，定不会薄待，日、月、星在上可以作证，一言既出，决不骗人！

同光四年（公元 926 年）正月，王衍拿上诏书高高兴兴地上路，前往京城洛阳，随行的有他的宗族和旧臣王锴、张格、庾传素、许寂、李旻（翰林学士）等人，加上一些将佐的家眷，共有数千人。没想到，半途走到长安的秦川驿时，变故发生了！

原来，伶人景进对李存勖进了谗言："蜀地虽然已经收入囊中，可是还谈不上太平。王衍家族庞大，且他们在蜀地割据多年，党羽成群，留之必然有害，一旦有变，王衍将成为反唐的一面旗帜，倒不如现在就将他们斩草除根，连同随行人员全数杀个干净。"李存勖随即改变命令："王衍一行，并从杀戮。"

对于这种背信弃义，杀戮投降人员的行为，后唐的官员中不少是反对的，可是他们惧于景进的权势，不敢进谏。唯有一人，见之心有不忍。他就是前文提到过的有堂堂君子之风的著名宦官，现任枢密使张居翰。

张居翰在复查诏书时，认为王衍既已投降，现在李存勖又出尔反尔，将其斩首，实在不合天理，而且一杀就是数千人，令人咋舌！他甘冒奇险，将诏书贴在柱子上，进行篡改。将其中"诛衍一行"中的"行"字，改写成一个"家"字，然后将圣旨发了出去。擅改诏书是要冒诛九族的大风险，所幸的是，负责处决的中使向延嗣根本没有想到张居翰居然有勇气偷改诏书，因而接到圣旨时并未怀疑。更何况后来国生大变，军情急切，羽檄飞驰中李存勖自顾不暇，当然也无心追究此事了。

向延嗣来到驿站，就按着诏书中的意思，把王衍及族人全部杀死，王衍被杀时，年仅二十八岁。王衍的母亲徐氏临刑时大叫："我儿以一国家迎降，反被杀戮，信义何在？天理循环，恶有恶报，我感到你们的大祸也不远了！"王衍的小妾刘氏，鬓发如云，颇有姿色，行刑的人心有所动，打算借故赦免她，但她说："家丧国亡，宁死不受污辱！"美女从容就死。

其余随同人员数千人都因为张居翰更改的这一个字而侥幸捡回了性命。张居翰几年后便辞朝归隐长安，于天成三年（公元 928 年）病死，终年 71 岁。天幸好人有好报，乱世得善终。张居翰不恃势招事揽权，冒死更改诏书以救无辜，在宦官中不失为正人君子，以致文豪欧阳修对他也是称赞不已。他曾评论道："承业（即张承业）之论，伟然可爱，而居翰更一字以活千人。君子之于人也，苟有替焉，无所不取。吾于斯二人者有所取焉。”

处理完王衍的事情后，李继岌的第三板斧就要落下来了。这板斧子可是要害，马上就该解决留守西川的人事问题了。就在郭崇韬、李继岌两方阵营开始打擂，相互猜疑的敏感时期，王宗弼火上浇油，让双方的疑忌之火陡然一下烈焰熊熊！这把油浇起来似乎很简单，其实手段极其阴险，根本不易察觉。

王宗弼率领蜀地降官们去见李继岌，向他汇报蜀中的情况，最后表示希望郭崇韬能留下来治理西川。王宗弼为什么这么做？他难道不知道这会让李继岌误会么？以为是郭崇韬和他勾结，故意让其营造郭留蜀的舆论环境吗？这不是故意挑起太子和郭崇韬的矛盾么？这些，王宗弼都知道，都门儿清。这么做，只因为他已经断定：郭崇韬在敷衍他，李继岌在鄙视他。这两种态度都完全不是将他留任西川节度使的节奏啊！既然如此，就不得不出奇招，希望能搅乱局面，渔翁得利。

王宗弼是个聪明人，他换位思考了一下，如果自己是李存勖，肯定不会将太子李继岌放在西川这么远离中央的地方担任地方长官；而且，李继岌意在皇位，根本也看不上这个位置。那会不会是郭崇韬留下呢？或者正是因为郭崇韬想要这个位置，所以与王宗弼留任的计划产生冲突，故而对他敷衍？当然，还有一种可能就是郭崇韬夹袋里有人，早就考虑将西川留后这块肥肉交给自己的亲信部将了。

王宗弼想来想去，越发觉得后面两点的可能性相当的大，他开动脑力推演了一下：

一、先让李继岌对郭崇韬产生猜疑，认为郭有染指西川之意，这样太子就会上奏给李存勖，如此可利用太子提前压制郭崇韬的潜在计划，这属于“借力打力”。

二、太子和郭有了矛盾，那么处于中立又熟悉蜀中事务，在降臣中威望最高的自己就成了两方都想拉拢的“香饽饽”，有利于提升自己的存在价值。

三、更重要的一个机会是，远在洛阳的李存勖若是既不听太子的一面之词，也不很相信郭崇韬的话，就有相当可能让自己先行担任蜀中留后。大军班师回朝势在必行，就在眼前了，这个大势无论是太子还是郭崇韬都改变不了，有哪个皇帝会放任大军悬外，久屯不战！所以，留守西川的机会就在眼前，时机就在眼前。

王宗弼决定“行险一搏”，要干这“挑拨离间”之事。李继岌毕竟年轻，面对王宗弼的请求，他本能地产生排斥，对郭崇韬的猜忌一下浮上心头，他对此事的处理是：态度坚决地拒绝了王宗弼的请求。

早就对郭崇韬怀恨在心的李从袭（宦官监军）乘机对李继岌进言道：“自破蜀以

来，郭崇韬父子专权蛮横，将吏宾客趋走其盈庭，而都统府惟大将晨谒，牙门阒然！蜀之贵臣大将，自王宗弼已下，皆争以蜀宝货、伎乐奉崇韬父子，而魏王殿下所得，匹马、束帛、唾壶、麈柄而已！现在郭竟然唆使蜀地大臣上言，留其镇守西川，其心难测啊！殿下不可不早做防备。"

李继岌对此也有同感，但是他感觉对郭崇韬必须有个交代。李继岌怀着疑心去拜访郭崇韬，对他说到王宗弼请求一事："陛下倚侍中如衡、华，尊之庙堂之上，期以一天下而制四夷，必不弃元老于蛮夷之地。此事非予敢知也。"意思是说：皇上倚重您，几乎是一天也离不开您，他怎么肯把您这样的元老放在边远偏僻的地方当官呢！况且这样的大事也不是我可以做主的。还是让蜀臣上表，让皇上裁定此事吧。这话分明就是暗示他认为郭崇韬才是这项举动的幕后主使。

听李继岌如此说来，郭崇韬心中益发不满。郭崇韬什么人，李存勖手下第一重臣，奇袭灭梁以佐命之臣功居第一，赐铁券，恕十死。一路上来，靠的就是谋略过人，胆识过人。他眼珠一转就识破了王宗弼的心计。心中大恨，立刻就展开反击。李继岌身为太子，郭崇韬不好报复，但是对王宗弼一个卑躬屈膝、毫无廉耻的降臣还有什么手软的！你居然惹上我，给我下烂药，那你就去死吧！

在郭崇韬的授意下，蜀军降将宋光葆（任蜀中武德留后，举数州之地降唐）上表弹劾王宗弼诬害、残杀宋光嗣、韩昭等蜀中旧臣。随后，在郭崇韬给李存勖的奏本中一一列数了王宗弼贪财残暴的种种劣行，祸害蜀中，不杀不足以平民愤。而且郭崇韬告知李存勖，蜀中国库的财物有大量被王家贪污，所剩并不足以重赏整个伐蜀唐军，所以唐军士兵多有不满，军心浮动。综上所述，郭崇韬请旨将王宗弼一族全部正法，家产充公。

从李存勖的立场上来看，王宗弼身为蜀中首席重将，不动刀兵就降唐，做人必无节操，他是信无节操之人还是信自己的股肱之臣？这不言而喻了。况且，是安抚大军重要，还是安抚你一个降臣重要？所以一念之间，王宗弼全族已然是死人了。我们也可以再次明白，在中国，最高统治者的金口玉言才是做人、活人、发家、发达的根本准则，乃至成为升斗小民、官吏的人生信仰。这个东西的形成就好比上例，算是有相当的历史原因的。国家制度无法保障私人权利的时候，统治者的一句话，可兴你，亦可灭杀你到渣！随意性之大可见一斑。

同光三年（公元 925 年）十二月二十八日，在征得李继岌同意后，郭崇韬指控王宗弼、王宗勋、王宗渥不忠，将他们族诛，抄没家产。史载，前蜀官员大部分都痛恨王宗弼出卖国家，被其迫害的人们争着撕咬他尸体的骨肉，以泄心头之恨。这一段就是王宗弼"火中取栗"，最后"身死族灭"的故事。

王宗弼想的不少，似乎想的也没错，可是他低估了郭崇韬，也看错了郭崇韬。更主要的是他看错了自己！此正是"机关算尽太聪明，反误了卿卿性命！"政治投机者的下场，在历史上多是如此。你知道这世上什么东西最难懂吗？没错，就是人心。人心是最不能直视的，也是最难明白的。外界的任何因素都能影响人心，影响人们的判断，最后得到不一样的结果。

各位看官，接下来发生的事情就更加符合以上的陈述，也更加诡异，谁都没有想到一场天下为之惊异的纷乱已逼到眼前了！究其根本，这是必然的，当冰山以偶然的姿态浮出水面的时候，水面下的庞大早已是不争的事实。偶然是取决于契机，必然是因为事物发展到了一个爆发的坎，不爆发不足以彰显这个世界的运行规律。

王宗弼是死了，死在自己的贪心之下，死在权力斗争的夹缝之中。他是死了，可也拉开了郭崇韬和李继岌斗争的高潮之幕。伐蜀唐军中两位最高统帅相互猜疑、相互斗法，这种情况已经不是一天两天了，这样的环境很容易滋生出投机的小人，这又导致了事情进一步的恶化。

此时，蜀中的情况是大局已定，小处不稳。唐军虽然完全控制了成都，可是由于两军交战导致蜀中各地治安环境恶化，败逃的溃军流窜到县、乡、村里，一时间各地群盗蜂起。郭崇韬担心大军班师以后，这些盗匪将会更加猖獗，成为大患。所以他推迟了回帅的计划，暂且留在蜀中剿匪。同时也更多地沉浸在征服者的快乐之中。可是他忘了，这样的做法让一个人很不安。

远在京城的皇帝：李存勖，非常的不安。李存勖感受不到蜀中匪情肆掠，他不明内情；他只知道你郭崇韬在灭蜀以后迟迟不回，手握精兵强将意欲何为？情绪不安中，他派了一名亲信宦官，就是向延嗣，前往成都，专程催促郭崇韬班师。

"延嗣至成都，崇韬不出迎，及见，礼益慢，延嗣怒。"我们看到史书上这样记载的时候，应该也意识到事情要坏了。郭崇韬作为朝廷中枢重臣，向来看不起宦官，又自认为兵权在握，自然毫不礼遇向延嗣，完全没有去迎接。等到与向延嗣见面时，郭崇韬高高在上，态度傲慢，这下让向延嗣更加愤怒。郭崇韬这种连表面功夫都不做的桀骜态度，大大刺激了这位天子近臣。

监军李从袭感同身受地猜到了向延嗣的心结，乘机向他哭诉："魏王李继岌可是太子，而郭崇韬身为太子下属，却如此地专权，实在有些僭越。郭崇韬的儿子郭廷海近来总与军中大将，还有蜀地名臣在一起饮酒开宴，听说他们常常在宴会中指天为誓，也不知道是在谋划些什么。近来郭崇韬还唆使蜀臣们上书，请求留他镇守蜀地，不知是何居心。现在军中将校都是郭氏的党羽，太子犹如寄身于虎口之中，万一有什么意外事情发生，我等真不知道死在何处了！”

向延嗣回朝以后，一方面向李存勖汇报郭崇韬的骄横之态；一方面也把李从袭的这番话添油加醋地汇报给刘皇后。刘皇后一听，不禁为自己的儿子担心起来，一见李存勖就哭着请求他务必下旨处置郭崇韬，赶紧救一救李继岌。李存勖为此很烦恼。身边的人都在说郭崇韬的坏话，现在连皇后也这样了。

王宗弼联名蜀降臣的上书让李存勖大为不满，里面请郭崇韬留任一事算是勾动了他的心结，待后来见郭崇韬请旨杀了王宗弼，李存勖方才放下心来。没多久，王衍上京前也上书请郭崇韬留任，李存勖不得不再次嘀咕，你们蜀人都是怎么了，郭崇韬灭蜀，你们应该恨他才是啊，怎么一个两个都希望他留下？这到底是你们的意思，还是郭崇韬的意思呢？当然，王衍一族很快也被全部杀掉了。这一次，亲信向延嗣去视察一遍回来也说：郭崇韬有异心。这就让李存勖三起疑忌。他结合儿子李继岌、监军李从袭发来的报告，结论都是一致的。儿子、老婆、亲信、监军，无论在京城的还是远在蜀中的都在反对郭崇韬。说郭崇韬好话的不是没有，但都是蜀中降臣，他们的话能信么？一群没骨头唯利是图的家伙！

李存勖想了半天，虽然所有证词都对郭崇韬不利，但他还是觉得郭未必是要另起山头。这么多年，李存勖完全知道郭的才干和功绩，说其为股肱之臣，毫不为过，大概他也是一时昏了头了，给朕要起脾气来了。李存勖对此越发不满。很快又一份报告，让他内心的天平再次倾斜。

李存勖拿着统计文书不满：“人们都说蜀中富庶，金银珠宝不计其数，怎么向京城的供奉这么少呢？”向延嗣趁机说道：“臣问过很多蜀人，都说蜀地的珍宝大半进了郭崇韬的府内，估计郭崇韬捞到黄金上万两，白银四十万两，名马有一千匹，还有王衍的美姬六十，乐工一百，犀玉宝带一百条。他的儿子郭廷诲也聚敛金银十万两之多，绝色的艺妓七十，其他的财物更是应有尽有。而魏王府却只得到几匹马而已，更不要说国库了。”说这番话的时候，一丝不易察觉的刻毒从他眼底掠过。

李存勖思度片刻，不由得怒容满面，当即传令：“命孟知祥入见。”李存勖觉得自己不能放任郭崇韬不管了，他迅速任命孟知祥为成都尹、剑南西川节度副大使，行使节度使职权，前往蜀地替换郭崇韬。李存勖在宫中设盛宴款待孟知祥，对孟知祥嘱咐道："朕听说郭崇韬有异心，你到成都后，给朕就地处置！"

孟知祥心中一个咯噔，他是个慎思笃行的人，对当下让他火速任职的用意十分清楚，不过他还是谨慎劝道："郭崇韬乃是国家有功之臣，按理说不应该生出二心，也不应当由臣随意处置。等臣去往成都后观察一下，如果有什么问题，便送他回京城来，交由陛下圣裁。"李存勖觉得此言有理，便同意了。

宴后，李存勖猛然想起孟知祥是举荐郭崇韬任中门使之人，而郭又是举荐孟就职西川留守之人，心里不禁很有些放心不下，若是孟知祥顾及旧情，有所瞒报，必会误我西川大事！李存勖迅速叫来亲信宦官，时任衣甲库使的马彦圭火速前往蜀中，前去调查郭崇韬是否已经开始班师，如班师则罢，假如郭有意再次推迟，则马上报与自己知晓。

事情发展到这里，郭崇韬和李继岌相互猜疑已经延伸到李存勖这里了。就事论事而言，目前还没有到局势失控的地步。可是小人的作祟会让事态发展迅速向悬崖边上飞速滑去！历史的偶然性就此产生。

宦官马彦圭估计也和其他宦官一样对郭崇韬素有矛盾，他临行前干了件极阴险的事情。他到刘皇后那里说："我听向延嗣说到太子在蜀地的情况，可说是十分危急，祸乱一旦发生，太子的性命堪忧！可是现在皇上当断不断，事情的成败只在刹那，我怎么可能在数千里之外事事都向皇上请旨后再行动呢？"刘皇后一听，大为慌乱，向李存勖请求让马彦圭随机应变、便宜行事的权力。李存勖没有昏庸到政治智商为零的地步。他拒绝了刘皇后的请求。他回绝道："郭崇韬之事都是传言，事情的真假还没有弄清楚，怎么可以轻易决断，郭崇韬乃国家重臣，怎可由宦官随意处置！"

刘皇后一见无法得手，便自己悄悄写了一道教令交给马彦圭（皇后的命令叫教令），命令他交给李继岌，教令中明确让李继岌杀掉郭崇韬。马彦圭得到皇后的手书，心里有了底。他在行到石壕的时候追上了去蜀地赴任的孟知祥，连夜敲开孟知祥的门，向他宣读了诏书，命令他火速赶到蜀中辖区，准备应变。送走马彦圭以后，孟知祥勃然变色，神情不安，忍不住长叹道："国将大乱了！"心中也多了几分盘算。

且说马彦圭暗中赶到成都，径直找到李继岌，向他宣布了皇后的教令，要立即布局，杀死郭崇韬父子。李继岌不肯，他说："大军即将出发了，郭崇韬父子无罪，我们怎么可以做这样的负心事！你们不要再多说了，况且此事也没有父皇的诏书，凭着皇后的一封书信就杀了国家重臣，怎么可以呢！"

李从袭等人一见李继岌持如此态度，大为惊恐，一旦事情败露，自己这干人等必是灭门大祸,郭崇韬手握兵权,又一直极度厌恶宦官,若是说不动李继岌,此生休矣!于是,马彦圭、李从袭(监军)连同魏王府通谒李廷安、吕知柔等一众宦官轮番哭谏:“事情已经到了这个地步,殿下万万不可后退了! 万一让郭崇韬知道了皇后来信要杀他,他必然在回朝的途中发动兵变,到那时,情势逆转,人为刀俎、我为鱼肉,殿下的性命可就不保了! 国家的局势就更加不可收拾了! ”在他们的不断劝说下,最终李继岌表示同意。

次日,郭崇韬收到下人通报,称李继岌要其入王府,有要事相商。郭崇韬毫无察觉,放心前往。魏王府第周围,街道空无一人,异乎寻常地安静。李继岌登高楼以避之,崇韬入,升阶。

在踏上高楼的顷刻,郭崇韬感觉到一阵轻风拂面而来,自己长袖飘飘、大权在握,人生如此潇洒,如此美好。感叹间继续迈步向上,头微微向侧面偏向的刹那,他忽然瞥见脸侧冒出一柄铁挝,身后突显一人,正是李继岌的贴身护卫李环,此人两眉止不住地跳动,眼神里有一种杀手的残忍,这张脸似在奋悦,似在惋惜。

接着就是铁器一闪。“呼哧! ”一颗人头爆开了血花,向上飞了起来,惊愕的脸容在刹那间凝结! 郭崇韬睚眦欲裂地看见了他自己挺拔的背影,失去控制,脖颈上还余狰狞的半颗头,正“扑哧”地喷洒着无数鲜血,如天降血雨洒落下来!

同光四年(公元 926 年)初,李继岌从者李环挝碎其首,郭崇韬亡。(挝:古代的兵械之一,形式奇特,长一丈三尺,柄端安一大拳,拳握一笔,纯以铁制,其重量不亚于斧钺。挝的使用方法融有长矛、大斧等长柄重械的技法。)郭崇韬蜀中两子郭廷诲、郭廷信俱被捕杀。

高大的身躯,结束于倒下。璀璨的生命,结束于谋杀。郭崇韬已死,后唐最有权力的大臣已死。此刻,距离他起兵入川只过了四个月,离他进入成都只不到两个月,距离他杀掉王宗弼只过了一个月。然而,就是这一段短暂的旅程,已经足以使他从一人之下,万人之上,无限风光的位置直接跌落到头颅破碎,亲子被杀的悲惨境地。

郭崇韬献计奇袭汴州,数十年的梁晋争霸,没想到最后八日灭梁。他以谋议佐命之臣功居第一,赐铁券,恕十死。旬月平巴蜀,宣畅军威几至极尽。他的智谋,他的激情,他的名声,他的魅力,都将长存于历史的记忆。他最后这场悲惨至极的遭遇,让后世之人无不感喟叹息。叹息的不只是英杰被谗,首领莫保,也是后唐帝国变乱的开始,更是李存勖生命终结的催魂曲。

一件事情的发生会推动更多事情的发生,就好像多米诺骨牌一样。魏王掌书记李崧得知郭崇韬被杀的消息以后，大惊失色，见到李继岌就说："现在大军在距离京城数千里的地方，没有皇上的旨意，殿下就私杀重臣，万一激起兵变，该当如何？殿下怎么可以这样糊涂！难道你就不能忍到他回洛阳以后再动手吗？"

面对质问，刚完成谋害大事的李继岌面色惨白，一时无语，半晌才道："你说得对。可是现在我后悔也来不及了，您看现在怎么办？"李崧无奈之下连召几名笔法精湛的书吏，撤去楼梯，在楼上火速伪造出一封皇帝诏书，诏书上宣称郭崇韬罪大恶极，阴谋叛国，已命太子就地正法。然后李崧以魏王府名义宣布：首恶已诛，其余将士不受牵连，各营无有变动，继续班师回京。

诏书公布以后，军中哗然，群情汹汹，虽然在各营将官的弹压下无有兵变，但从高级将领到中基层军官都暗自议论，人心大为浮动。郭崇韬死后，征蜀军中最杰出的军事将领就数康延孝了，他一方面对郭死之事非常震惊，他对郭崇韬抱有极大同情，这样的大功臣说杀就杀了，不明不白地悲惨死去，简直太草菅人命了吧！康延孝和郭崇韬一样，在灭梁之战中立有大功，又一起携手平蜀，他对郭的才华也深为佩服。所以这件事让他感同身受，对洛阳那些颠倒黑白的宦官有了深深的惧意。另一方面他还抱有一丝期待，想着郭崇韬死后，自己的职位会不会有所上升。

因为在平蜀战役结束以后，他和郭崇韬为了战功封赏问题，起了矛盾。康延孝的职位是"蕃汉马步军都排阵斩斫使，兼马步军都指挥使"，手下大将董璋的职位是"左厢马步都指挥使"，虽然董璋位在康延孝之下，但董璋是郭崇韬的亲信。郭崇韬每有军事，常独召董璋计议，而不问康延孝。这下麻烦了，上司隔开你，直接和你的下属讨论工作，这是怎么一回事？军中重大决策，常常是董璋先知道，身为上级的康延孝后知道。这个信号对康延孝极不友好，你们联合起来是要架空我么？还要借此打击我的威望？你们这样搞下去我怎么带队伍？你们当我是空气，目中无人啊！

时间一久，康延孝对董璋极为不满，曾威胁道："平蜀之战，我有大功，可是你暗中去郭公那里谗言，阴谋害我，我作为你的上级，难道就不能以军法杀了你吗？"董璋一听，更是怀恨，密报给郭崇韬，加大排挤康延孝的力度。结果论功下来，让康延孝大失所望，军中将领战功第一的居然是：董璋！而且郭崇韬表示已上表皇帝，授董璋为东川节度使！这就是开府建衙的节奏啊！

康延孝十分恼怒，对毛璋（右厢马步都指挥使）抱怨道："吾冒白刃，犯险阻，拼死血战，方才平定两川，董璋何功，怎么能让他当首功！"毛璋也心有同感，两人联袂来见郭崇韬，故意说："东川重地，宜择良帅，工部尚书任圜文武才干，甚洽众心，请表为东川帅。”不好意思推荐自己，就拿别人说事，反正表示对董璋任命的不满。

郭崇韬一听，大怒之，骂道：“康延孝，你是想造反吗？怎么敢不服从我的命令！”两人惶恐而退。未几，郭崇韬为李继岌所害，康延孝这才感到头上的大山去掉，见了董璋常取笑他：“公复首鼠何门？”意思是：现在你还能拍谁的马屁呢？璋俯首祈哀而已。一看又是一个能屈能伸的小人典型。康延孝完全小看了董璋的投机水平，他很快投靠了更加有力的人物：李继岌，至少当前表面是这样。为了让李继岌满意，不久，董璋便接下了一个其他将领都不愿意做的活。正是这个事，刺激到了康延孝，让他断绝了一切幻想，决心和后唐彻底决裂。

事情要从朱友谦牵连进郭崇韬一案中说起。时任“西平王”的朱友谦镇守河中，对李存勖忠心耿耿。他历年来加封太尉、太师、尚书令，赐铁券、恕死罪。其子朱令德为遂州节度使，朱令锡为忠武军节度使，另外其部属将校为刺史者十余人，恩宠之盛，时无与比。朱友谦和郭崇韬私交不错，也看不惯宦官、伶人弄权的嘴脸，加上他自认为与皇帝有旧，关系不错，所以对宦官与伶人们的索贿行为从不予理睬，没想到，这就种下了灭门灾难的种子。

当郭崇韬率军征蜀的时候，为了表示对中央这一军事行动的支持，朱友谦在河中也举行了阅兵，并派他的儿子朱令德率兵随郭崇韬出征。这样一件极能表现忠心的事，到了景进口中却被歪曲成是心怀不轨的表现。景进对李存勖谗言道：“朱友谦心有反意，陛下请细想，当初朝廷大举发兵伐蜀，朱友谦以为阴谋暴露，误认为大军是要讨伐他，因此赶忙在河中举行阅兵，聚集兵马备战。郭崇韬之所以敢在蜀中逗留不回，就是因为他与河中朱友谦有密约，两处相应，一同举兵。现在郭崇韬被处死了，朱友谦一定心怀不满，更有为郭氏一族复仇之意！”李存勖初疑其事，但周围人都这么说，众口铄金，积毁销骨，时间一长渐渐有些信了。

朱友谦听到这些谣言以后，要进京辩白。他的亲信们都劝他不要去。如果他在河中，有地盘，有军队，李存勖倒也不敢轻易与他翻脸。相反，如果他到了洛阳，就如鱼上浅滩，任人宰割了。可是朱友谦却不认为此行有什么危险，他说：“郭公有大功于国，而以谗死，我不自明，谁为我言！”他相信自己入京面见李存勖，当面把事情陈说清楚，李存勖就会将这些奸臣治罪。于是单车入朝。

景进一看正好，一不做二不休，制作伪证，告朱友谦谋反。这一次李存勖完全相信了朱友谦和郭崇韬合谋之说，大怒之下令朱守殷率军夜围其馆，将朱友谦捆绑至徽安门外处死。又命远在蜀中的李继岌处死朱令德。命郑州刺使王思同处死朱令锡。

命令河阳节度使夏鲁奇(赐名李绍奇)率军赴河中处死朱友谦全家。天子一怒,人头滚滚。

夏鲁奇赶到河中的时候，朱友谦的妻子张氏率全家及仆从二百余人迎见夏鲁奇,并说:“朱家服罪,望不要滥及无辜。”夏鲁奇表示同意。张氏就把家中的百余名仆人遣散,她自己与朱家的族人一百余人受刑而死。临刑前,张氏取出李存勖赐下的免死铁券,对夏鲁奇淡淡地说:“这是皇帝去年赐给我家的。我是妇道人家,不认识字,不知道上面写的是什么。”夏鲁奇脸上发烧，心中为李存勖背信弃义的行为大感羞愧。只好一言不发,别过头去,下令处斩。

自古免死金牌都是废纸一张,要想真正免死,一靠实力,二在统治者的一念之间。死的不只是朱友谦一家。朱友谦的旧将史武等七人当时都已官居刺使,也同时被扣上谋反的罪名处死。谋略过人的郭崇韬被冤杀,忠心的朱友谦也被自己的“天真”害死了。可是李存勖杀人的刀似乎停不下来,依然向其他人脑后飞旋而去。

千里烽火

没多久,朝堂内外流传一个谣言,郭崇韬、朱友谦谋逆案中还有一个主谋即将显形。

这个险恶的谣言最终飘到了李嗣源的头上,如同不散的阴魂。李嗣源自从被召回京城后,就一直被李存勖放在眼皮底下看着,从未离开过洛阳。但是谣言从宫外传到宫内,李存勖很快对他起了疑心,特派亲信朱守殷(诸军马步都虞侯)监视李嗣源的起居,一举一动都不放过。李嗣源感觉套在自己脖子上的绳索在慢慢收紧了,或许某一天就会变成索命的白绫。

自从郭崇韬、朱友谦死后,他常于黑暗中醒来,恍恍惚惚,浑不知身之所在。只有在睡梦中他才能解脱,才有安慰,他化身为步卒,化身为劲骑,化身为主帅,在广袤的山河、大地上纵横驰骋。军伍的雄壮、战士的悲歌弥漫在他的整个生命里,在梦里他与义父李克用同在,与十万晋军同在。

然而,他醒来了,在醒来的那一刻,一切梦幻全部消散,于是,他又不得不回到现实,回到如同牢笼的府邸,回到在死之前似乎都无法破除的被监视的生活中。清醒的瞬间,他怅然若失,寂寞胜雪。作为夺取汴京的指挥官,作为千里奇袭的勋臣,他本应该像他所希望的那样生活，至少有权利保障自己的安全，还有所爱的人的生命，想到这里，他看看身边柔顺如同小猫一般的女子。想到当初打动他的却不只是她的容貌。

那时，洛阳城中的日子让他郁闷，他便去城郊凭吊一位故人，一位德智并重的名将，也是一位值得尊敬的对手。他来到刘寻墓前，却看到了茕茕倩影与草木低声细语，还有对着冰冷的墓碑流露出来的眷恋。李嗣源怦然心动了。心中的柔软让这幕深情触动了。历尽乱世沧桑的他最需要的不是美女逢迎，而是有那么一个无论男人处于什么情况都能不离不弃，等他回家的女人。有这么一个女人就够了。这位踯躅在刘寻的墓旁，风吹袂起的女子在李嗣源的眼中有如仙子临风，遗世独立，那一幕的深情让李嗣源不能自拔。

也许是同为大将的男人气概，同样朴素简单的生活方式，同样谦虚宽仁的成熟心态，同样执着真诚的追求，他同刘寻有太多的相似，这一切慢慢打动了花见羞。一年多以后，李嗣源终于赢得了的花见羞的首肯，正式迎娶了她。现在的李嗣源只想一心一意和心爱的人厮守下去，如果让他放弃一切来换取安宁平静的生活，他毫无异议。然而，似乎永没有这样的一天了。郭崇韬已经死了，标志着一切都因之改变。虽然郭崇韬一直在排挤他，但是毕竟两人同是建国的元老，只要李嗣源放弃进入权力中心，像这样被边缘化下去，他相信郭崇韬至少会保他无虞，可是郭死后。谋逆大案牵连甚众，许多原来和郭崇韬、朱友谦走动略多的人都惶惶如丧家之犬。

他还记得小时候义父李克用曾拍着他的头，安慰他，别怕，有我；还记得青山口之战时，李克用告诉他，在这世上，只有你的兄弟们，可以互相倚靠，一起平定天下。

他还记得连同手下五百将士被李克用授予“横冲都”称号时的热血沸腾；还记得在李克用葬礼之上，李存勖的冷静坚强；还记得晋阳变革时，李存璋面对豪绅污吏的铁面。

他还记得幽州力敌契丹时，李存审迎战敌军主力时的刚毅果决；还记得当初胡柳陂战前，周德威黝黑的脸上那丝抹不去的无奈。

他还记得当他离开晋阳，冒险奔袭汴京之时，李存勖嘱咐他，兄弟你必须给我活着回来！如今，他还这么想么……曾经的李存勖早已经如同陌生人一般，而今皇宫重重深似海，李嗣源竟无法能见上他一面。兄弟已然情断，安可续乎？

郭崇韬、朱友谦一案的屠杀，让李嗣源心中深感悲凉，那些兄弟之间的鲜活记忆，俯仰之间，已为陈迹。这几年在洛阳如同圈禁的生活意味着什么？这府外日夜监视的暗探又代表什么？这皇宫内外流言纷起的浪潮还要吞噬些什么？还敢继续往下想吗？去追问黑暗深处的后果，去探寻心灵深处的黑暗？

李嗣源不寒而栗，他是真的不敢再想下去了。李嗣昭、周德威、李存审、李存璋、张承业、郭崇韬等大批故交勋臣都死了，不会再有老朋友、老战友并肩作战，抵御风雨了，他所能够依靠的只有自己。林欲静而风不止。权力的游戏丑陋无比，而他却必须参与，即使说自己放弃不玩了，也没有人相信。你的存在就是威胁，只有毁灭你才能消除威胁。要退出游戏，除死外，别无他法。李嗣源该如何在满城风雨中生存，朱友谦的死，给了他最后的警醒。

一日，奇怪的事情发生了。负责监视他的朱守殷登门拜访，请摒去左右仆从后，朱守殷劝道："位高人臣者身危，功盖天下者不赏；公可谓位高而功著矣。宜自图归藩，无与祸会也！"意思是说：你功高震主，威望太大，应该想办法回到自己领地去避避祸。

李嗣源明白现在的局面，只有活下去，保存住自己，再谈别的才有意义。而李嗣源的痛苦就在于，他如果想要活下去，他就必须想办法证明自己的忠诚，必须向杀害郭、朱的凶手低头屈膝。我的忠诚都已经到了需要被证明的地步了吗？需要证明的忠诚，还能称之为忠诚吗？李嗣源悲叹。

洛阳虽大，他却已经不敢再轻易相信任何人。郭崇韬死后，朝堂上冷血般的风平浪静，没有人敢仗义执言，仿佛什么事情也不曾发生过，这让李嗣源十分寒心。没有人选择公义，没有人敢于抗争。所有人都选择了对现状的默认。曾经亲密无间的晋军猛将，曾经同袍血战的先王义子，在皇帝的眼中，他们何尝不也是挑战宝座的人？至于朱守殷，自从上位以后，恃恩骄恣，凌侮勋旧，与伶人景进互相勾结，权势熏天。今日你这般劝说，岂知内里安的什么心思。于是，李嗣源只淡淡回答："吾洛阳一匹夫尔，何能为也！"

对于李嗣源来说，这三年来的边缘化就是他人生中的另一场修行。不同于沙场惨烈的血战，在洛阳的修行却是忍耐，或者说是必须平静地接受现实。是啊，功高震主，李存勖身边的宦官、伶人随时会制造冤案，用来邀功请赏，在他们的眼中，李嗣源大概不是一个令人震慑的名将，而是可以踩踏的垫脚石吧。在他头顶上始终悬着一把达摩克利斯之剑，他将长期生活在死亡的边缘，一步走错，将立即坠入万劫不复的深渊。

好在人类最大的精神寄托就是希望，生活的动力就在这里。李嗣源很清楚，李存勖无缘无故地连杀大将，在军中已经引起了极大的恐慌，各级将领都在为自己的性命和利益仔细谋划。从高层到底层，人人都对皇帝充满了不信任的情绪。后唐的朝政带着一种诡异的姿态，扭曲地运行着。现在的后唐军犹如一堆干柴，只要有人在上面落一个火苗，就会熊熊燃烧起来。点这一把火的人会是谁呢？这个人的出现，恐怕不会太久了。庄子曰：小人以身死利，士以身死名，大夫以身死家，圣人以身死天下。利益醺醺的时代，自然有无数小人前赴后继。黑夜已然最暗，曙光即将见于天际。无论如何，坚持下去。先谨慎地活下去吧！李嗣源默默地想着。

庆幸的是，他并没有等多久，事情就发生了突变。因为点火的人出现了。谁也没想到，第一个发生兵变的地方，不在蜀中，也不在朱友谦曾经镇守的河中。兵变发生在贝州(今邢台市清河县，位于河北省东南部)。

一支戍守边塞瓦桥关期满的后唐军正途经贝州。(瓦桥关今河北平原中部，雄县城西南，唐末置此关以防契丹，在这关的东北面又连置益津关和淤口关，合称“三关”。)这支兵马原本是要返回邺城，因为其中官兵全都来自魏博地区(即邺城附近)；他们在到达贝州后，突然收到停止前进的命令，让他们留在当地屯田。这些将士在艰苦的边关抵御契丹数年，好不容易等到期满归乡，现在一纸令下，竟然变得有家难归。李存勖签发此项命令的背后原因是，后唐国库空虚，邺城仓库中空空如也，拿什么支付军饷，拿什么奖赏这些戍边归来的将士，拿什么安顿他们？所以李存勖决定拖延一阵是一阵，先让部队停在贝州，后面再说。没想到，这项草率的决定点燃了王朝崩溃的大火。

停留在贝州的戍边军中有一名下级军官叫皇甫晖，为人勇猛且无赖，夜间在军中赌博，连连告输，十分郁闷，得知归乡无望后，便与士卒策谋叛乱，他劫持了部队的都将杨仁晸，并对他说：“唐能够灭梁而得天下，正是因为有了我们魏博兵的支持！我们兵甲不离身、马不解鞍已经十多年了！天下都已安定，皇帝却不顾念我们劳苦功高，反而对我们更加猜忌，派我们远赴边塞驻守。这样也就罢了，如今皇帝丝毫不顾我们长期戍边之苦，离家如此之近，却不能回去，这实在欺人太甚！”

“将士们思归心切，公应当和我们一起回魏州去，再上书奏明皇上我们思乡心切。如果皇上发怒不听我们的，我们就干脆占据家乡，以我等武勇足以起事，说不定还能飞黄腾达呢！”杨仁晸反对说：“你们错了！现在明主在上，天下一统，精兵锐甲，不下数十万，你们都是有家属的人，怎么会说这些谋反的话？”皇甫晖一看此人不是一条心，立刻就杀了他，另外推选一个将官做首领。此将也不答应，又被皇甫晖杀之。然后皇甫晖提着两颗脑袋直接去见指挥使赵在礼，赵在礼一见乱军势大，知道不能拒绝，遂从之，当即便任命皇甫晖为马步军都指挥使。

皇甫晖率数百人马，在贝州城中大肆抢掠，到一百姓家中，问其姓，百姓答："姓国。"晖说："我就是要破国。"便杀尽百姓全家。又到一百姓家中，问其姓，百姓说："姓万。"晖说："我只杀万家就够了。"又杀光其全家。贝州于一夜间尽毁。

同光四年(公元926年)二月，北方军情急报：魏博乱军拥立赵在礼，发动兵变，南取临清、永济、馆陶，直逼邺城！就在北边燃起烽火的时候，南边蜀中也发生了重大变故。在杀死郭崇韬以后，李继岌就是征蜀军的最高指挥官。他留下李仁罕、潘仁嗣、赵廷隐、张业、武漳、李延厚，六将军镇守蜀中，自己和任圜率大军启程回朝。

在大军回朝的途中，李继岌安排康延孝的部队殿后，与主营相距十数里。当李继岌接到旨意要处死朱令德(朱友谦的儿子)时，他便让新投靠他的董璋率部去捕杀。康延孝在后营得知此消息后，愣在当场。郭崇韬之死尚在眼前；朱友谦被杀就犹如当头棒喝；眼下在征蜀军中兢兢业业、毫无二心的朱令德也要命丧当场！望着帐下曾是郭崇韬、朱友谦旧部的将领们一张张疲惫而恐慌的面孔，想到自己经历与郭、朱类似，康延孝顿时心中大恸。

自从踏上归途以来，他一路上心事重重，毫无归心似箭之感。康延孝很担心，回朝对于他来说可能是一个更大的陷阱，他会不会躲不过接下来的新一轮清洗？对这道捕杀令心有悲戚，又得知执行者是董璋，而且董璋在率部队路过康延孝的大营时又毫不进营拜见上司，一副靠山在后有恃无恐的模样，康延孝不觉悲凉中升起一股怒火。

几杯烈酒入怀，犹如火焰腹中烧，康延孝乘着酒意忍不住对他的部将们说："南灭梁，西定蜀，都是郭崇韬在出谋定计，而由我在冲锋陷阵。说到去逆效顺，与晋成掎角之势，最终平梁，这也是朱友谦的功劳。如今郭、朱二人都无罪过，却皆被冤杀，且被族诛，莫非回朝之后下一个就轮到我了！冤哉，冤哉，为之奈何？"

康延孝的部下多是河中人，听到他这么说，部将焦武等人忍不住痛哭起来，说道："西平王朱公有什么罪，却被满门抄斩！史武等人有什么罪，却也受到牵连！我们回去以后，一定是与史武等人一样的下场。将军，我们誓死也不要回去了！"

一时间，众将纷纷跪倒，放声大哭，请求留驻当地，勿要回朝。康延孝于无希望时见光明，于无路处见援兵。世态虽然炎凉，终归还有同病相怜的人相互扶持。当他眼见朝不保夕、几乎要被谗害之时，好在仍有下属共赴危境，互相支撑，共同走下去。

于是，康延孝率他的部队私自脱离了李继岌的大军，返回了蜀中。这次反身入蜀，他就势占据了汉州（今四川省广汉市），自称西川节度使、三川制置使，声称奉李存勖所命，来接管蜀地。同时，他在汉州火速扩兵，仅仅数天的时间，部队就扩充到了三万人。

北有皇甫晖、赵在礼在魏州造反，南有康延孝率部将侯弘实、李肇在蜀中作乱。萦绕在洛阳朝堂内的幽幽阴火一下化为烈焰噬骨，让习惯了内斗、习惯了谗言、习惯了台面下尔虞我诈的宦官、伶臣、官僚们一下惊慌失措起来。

我们先来说北边，赵在礼叛军直逼邺城之时，邺城的最高军事长官是史彦琼，此人也是伶人出身，时任武德使，他把持了魏博地区六州的全部军政大权。与他搭班子的文臣是曾担任过礼部尚书的王正言，在史彦琼威福自用，将佐骄横的邺城里，王正言说话毫无底气。加之其人年老体衰，不耐繁浩，簿领纵横，触事遗忘，不过是一个挂名牌坊而已。《旧五代史》上记载："廪帑出纳，兵马制置，皆出彦琼，将佐官吏，颐指气使，正言不能以道御之，但趑趄听命。"

当邺城都巡检孙铎得知赵在礼兵变以后，他求见史彦琼，请求打开武库，给各营兵士配发武器，编组人马上城守备。史彦琼的首先反应却是孙铎别有用心。在确认赵在礼叛乱的消息后，他依然对这一消息半信半疑，他对军中将领疑忌甚深，因为他的威权只是来源于皇帝的任命，本身的威望、能力、功勋、魅力完全无法服众，没有皇权在后的支持，他什么都不是，仅仅靠皇家信任维持着他在邺城榨取财富的权力。让你们把兵拿实在了，我怎么办，我的安全就越发没有保障了！所以史彦琼坚决拒绝了孙铎的请求，理由是："叛军现在在临清，从临清到这里还得好几天，不必这么早做准备。况且，邺城乃是大城，给叛军加几个胆子，也必不敢来犯！"

孙铎皱着眉头，继续劝道："叛军作乱一定会乘我不备，日夜兼程地前来偷袭，怎么会像正式行军那样慢慢前进呢！说起来有好几天路程，但实际上准备时间已经不多了！我们应该马上做准备。请大人率兵上城守卫，我领精锐在城外埋伏。待叛军来到城下，我与大人里外应合，前后夹击，叛军必当溃散，届时我们大可一举消灭他们。如果一定等到他们来到城下再作打算，就为时晚矣！万一城中再有奸人作其内应，事情可就不好办了。"史彦琼肚子里暗道：本座信不过的正是你们！嘴上却说："我们到时候四门紧闭，仔细守住城池就行了，何必出城，不可浪战！"两人争执了半天，不欢而散，邺城仍旧是一座没有设防的城市。

当夜，赵在礼率叛军至。史彦琼大惊，急登北门，见叛军呼声震天，只觉势大滔天，惊恐下弃城而去，单骑逃往京师。群将无首，邺城一片混乱，很快城门大开，魏博军镇的中心——邺城就如此轻易陷落。

史彦琼弃城而逃，叛军入城大肆抢掠。这时的王正言在干什么呢？说起来他也是官僚习气集于一身的典范，他急召书吏，叫他们赶紧代笔写奏章。属下一听差点没当场晕死过去，这个时候你还写个毛啊，就知道写公文，写太多脑残了吧。一个书吏大着胆子，苦笑道："大人明鉴，贼已杀人纵火，邺城已陷，何奏之有！"王正言这才如梦初醒，吩咐找马出逃，可已经为时已晚。

第二天，王正言带着邺城属官在府外列队拜见赵在礼。《资治通鉴》上记载："正言索马，不能得，乃帅僚佐步出府门谒在礼。"赵在礼见原礼部尚书如此给面子，不禁也自觉要拿出有德之主的架势，回礼道："尚书重德，勿自卑屈，余受国恩，与尚书共事，但思归之众，仓卒见迫耳。"意思是说：你德高望重，没有什么罪过，我一直深受国家大恩，这次只是因为急着回到家乡，不得已起兵罢了。对王正言厚加慰抚，继续让其当牌坊，为叛军洗白。由此，魏博六州局势糜烂，赵在礼叛军势成。后人点评：此祸实由彦琼启而纵之也。

北边闹得正欢，我们再来说说南边。李继岌也很心烦，他知道父皇的精兵大都在征蜀军中，康延孝一作乱，他就无法如期回到洛阳。为了尽快平叛，他和众将商议后布置了三路精兵合力围剿康延孝。

第一路：任圜为副招讨使，与都指挥使梁汉颙，齐率精骑七千击剑门；

第二路：新任东川节度使董璋，提精锐两万攻其老巢汉州；

第三路：新任的西川节度使孟知祥负责节制李延厚、李仁罕等军四万二千人，在蜀中各地对康延孝形成钳制。三路兵马，分进合击，务必在汉州合围，击破康延孝！

李继岌考虑到自己率余下的部队回师，兵力太少，对于平定魏博之乱也没有多大用处，倒不如暂时留在西川，等着孟知祥等人平定康延孝的叛乱，然后再率大军回朝；而且，如果平叛的部队失利，他还可以就近支援，所以李继岌留在利州（今四川省北部广元市）等候进展。

这个决定本身并没有什么过错，军事布置上也毫无缺陷。只不过，此时的李继岌万万也不会想到这里就是他的埋骨之地，他今生今世再也回不到京城，再也见不到他的父皇。天理循环，因果报应；李继岌的母亲，万分关爱儿子的刘玉娘也想不到事情最终会是这样的结果。南线的战争已经不是唐军和蜀军的厮杀，而是唐军自己的厮杀。骁勇善战的唐军将士挥戈相对，好比左右手互搏，远比当初平蜀来得惨烈。

后唐将士的血在南线平白挥洒的时候，北边魏博的形势更加恶化了。依靠魏博兵平定天下的李存勖十分清楚,魏博军历来剽悍,经常发动叛乱,战争经验异常丰富,其战斗力不可低估,要平定这次叛乱,必须依靠他手下的强军。所以他接连不断地派使臣去西川催促李继岌速速回师。可是，没想到康延孝之乱打破了他调兵平叛的构想。李继岌平乱的部署报上来,李存勖喜忧参半,喜的是平蜀之策无有不妥,如此下去,蜀中战事就可再度完结;忧的是主力部队陷在南线战场,一时半会无法撤回,看来平定魏博之乱是指望不上了。

无奈之中,李存勖派出勇将元行钦(曾为刘守光大将,与李嗣源血战,中其八箭,不支而降,后被李存勖收为亲信,赐名李绍荣)为邺都行营招抚使,率部两千,前去邺城平叛。从这儿我们可以看出,两千人马,与其说是武力平叛不如说是做个姿态,或者说不得已必须打起一个平叛的大旗，已昭示中央平叛的决心，不禁要做给魏博六州看,也是做给各地看,做给天下人看。

元行钦来到邺城南门列阵,这个时候有个情势对他是非常有利的,因为赵在礼自身的反意并不坚决,更多的是受乱军挟持,为保命不得已而为之。赵在礼看到元行钦带来的劝降诏书后,也送羊送酒给唐军,并登上城楼对元行钦说:"将士们长年累月离开父母家人,这次实在是思家心切,所以才在没有皇上诏书的情况下私自回城,结果导致皇上的误解,我们对此追悔莫及！请将军为我们在皇上面前多多美言,代为转达我们的真实意思,如果可以免去将士们的死罪,谁不会改过自新呢！"

元行钦爽快答应:"天子一定会理解你们的,这只不过是一时冲动,将士们都有守卫边关、保卫社稷的功劳,这些小小的过失必然会赦免！"赵在礼很高兴地接受,把李存勖的诏书展示给将士们看。

没想到,这时产生了一个突发状况,身为叛乱的幕后推动者,已身为大将的皇甫晖从旁大步迈出,一把夺过诏书,唰唰唰几下,撕得粉碎,撒向天空,对着城内将校大声喊道:"这些都是假的,统统是骗人的！投降的人就等着被秋后算账吧！今天你们放下刀,明天就会被砍掉脑袋！"下面军士一时大噪,有愿降的也有不愿降的。总归此事涉及全城叛军的性命,赵在礼、皇甫晖各执一词,始终搭不成统一。事情就这么僵持着。

李存勖接到回报,听说自己的诏书在大庭广众之下被撕得粉碎,不由觉得颜面无存,如此朝廷的颜面何在？天子的威严何在？大怒之,遂命令元行钦:"破城之日,无遗！"这道命令传到叛军的耳中,他们对和平解决完全失去了信心。既然皇帝说破城之日不留一个活口,那我们就死守给你看！

邺城与中央的彻底决裂,导致河北各地对李存勖不满的将士也纷纷投入到叛军阵营中去，一时间，邢、洺诸州也有不少军马相继举旗反叛。因此以赵在礼为首的叛军势力一天天地强大起来。受此事件的影响，星星之火开始蔓延，这一带从旧唐王朝末年起就是全国最不平静的地区。现在大片的土地上重新掀起了叛乱的高潮。民心、军心全失，国家的统治基础仿佛一夜间就全然崩塌，帝国北方已然烽烟四起，风雨飘摇。李存勖失败的经济政策，腐化的官僚体系，失败的军队管理全部在此时浮现出来。几年下来，事情就累积到了这个地步。最后他刚愎自用，意气用事的屠城指令更是激起了巨大的反抗浪潮。反噬已经成为一种必然。

他忘掉了他本不该忘掉的事情。就在八年前，他已犯过同样的错误。在魏博这片流满鲜血的战乱之地，战败愧死的阎宝、中箭身亡的李嗣昭，血洒沙场的李存进都曾让他一度痛哭自省，二度痛彻心扉，三度痛心疾首。今天，当他在九五之尊的位置上习惯了千千万万人叩拜的时候，昔日张文礼之乱带来的伤痛早已化作云烟，他只是想快意地宣泄，杀光这些挑战他，违逆他的人！忘记过去的人，只会被过去狠狠地报复。

同光四年（公元 926 年）初春，后唐京城洛阳。

这是全年最好的时节之一，春天蔓延开的各种色调慢慢融汇在一起，这种生机美得让人沉醉。通常到了这个时节，达官贵人会雇了梭船，在天未亮的时候暖一壶酒，沿着城郊潺潺河水漂流而下，船漂过沿途山野风光，酒杯在手，令船家掀开帘子，就能看见河滩之上光雾春色齐共融的景象。这几年在这个时节，李嗣源也往往乘船去河上消磨一天，他带着一壶酒一张弓就在水上漂着，懒洋洋地眺望远方，悠闲地和船家说话。只要时间待得足够，暗里监视他的人就会看到一身散袍、一口佩剑、一张猎弓的李嗣源带着些许酒气登上岸来。

这几日桃花依旧笑起了春风，李嗣源想到旧事，嘴角含笑，仰头看着天窗外流过的浮云，听着水从屋顶滴落的声音。昨夜下了一场小雨，早晨起来这间屋顶就漏水了，从他搬到这座院子里来一直就是这样，他也浑不在意，从未修整。李嗣源有时候也会想这就是他的后半生么？说他参与谋反的谣言也流传了一个半月了，有鼻子有眼，说得跟真事一般。连在外监视他的探子看着这位昔日位高权重的将军都有些疑惑，怎么也不像一个野心勃勃，意图谋反的人啊。为什么这么判断？很简单啊，谁见过门可罗雀三年，冷清得不能再冷清，无人拜访的人还能谋反的。

这一次，意外来了一个访客，很年轻精干的样子。站在这间墙角漏雨的书房，访客抬眼看着四处极其简朴的布置，低低地叹了口气，“一住三年，这散淡的活法真是大人适应的么。有的时候我不得不佩服将军的耐心。”“都快成罪臣了，还要挑三拣四的么？”李嗣源起身，走近窗边，淡然道：“不过是想不想得开的事，屋外探哨密布，你倒是大摇大摆地进来，不怕受牵连么？”

“我小心得很，朱守殷今日派来值守的小校是我的人，他对将军的仰慕之心和在下一样，再说，这点险都不冒一下怎么够意思嘛。”访客话里带着一股笑意，他掀起头上雨衣的兜帽，露出一张英气逼人的脸来，只是有些懒洋洋的，倒有几分郭崇韬早年的气质。他一身上下都是唐军精骑的制式甲胄，外面的大氅透着风尘仆仆的味道。“怎么这个时候来？你原在郭崇韬帐下任职，离开蜀地跑到洛阳来见我，冒的险太大了。”

“我这次来京是公务。我持有蜀中各州的军报前来上报，你以为我是个假信差么？”年轻访客笑着，给李嗣源递过一个油纸包。李嗣源打开来看，里面是炸得酥脆的花生米。访客又从那袭笼罩全身的大氅下拿出一个瓦瓶，打开塞儿，浓郁的酒香就溢了出来。李嗣源嘴里嚼着一粒炸花生米，笑道：“你的大氅用处真多。”

“就图它一个宽敞。”访客说，“早上才进的城，顺路在早市上买的，边吃边说才有劲。”“安重诲，没想到你还记得我的口味。”李嗣源就着瓦瓶饮了几口酒，“你在征蜀军里混得春风得意吧？居然被委以回京的重任。”

安重诲摇头道：“未必有那么春风得意，这个肥缺是我花钱买的，为了来见将军一面。”李嗣源拿着瓦瓶的手停顿了一下，“有什么事那么紧急？”

“按照将军以前的吩咐，石敬瑭派去魏博的人都有情报传回。有消息表明，魏博的乱兵彻底反了，看着去平乱的兵马少，他们闹得更凶。我汇总了一下南北两边的军情，这次回来就是觉得该给将军说说，考虑一下动身的时机了。”

李嗣源详细问了征蜀军中的情况，也了解了邺城叛军的消息，他微微点头，眯起的眼睛里有一缕锐光。“康延孝，他算是归降梁将中最有军事才华的人，出征平蜀后我就再没有见过他，不知道他后来领多少人马。从太子的部署来看，这次主力几乎是全部出动了，孟知祥、董璋、李仁罕、李延厚都是知兵的人物，康延孝在蜀中征发的新兵太多，估计很难挺过这次围攻。”

“是这样么，三路人马里面有一路是任圜领兵，任圜善论议纵横，未必知兵，结果或许还有变数吧？”

李嗣源正色回答道：“你有所不知，任圜虽是文臣，但其人曾追随李嗣昭在胡柳坡与梁军激战，获得大胜，皇上曾叹‘儒士亦破体邪？仁者之勇，何其壮也！’，李嗣昭生前也曾对我说过，无有任圜，潞州亦不可坚守一年之久，我观此人颇有大才，只要他用兵稳健，康延孝必败。”

安重诲见李嗣源对此人评价颇高，心有不甘道：“康延孝与将军共立灭梁大功，戎马多年，多有奇计，岂是用兵稳健就可破之？”李嗣源拍拍眼前的年轻人，笑道：“你我年岁相差虽大，却也是莫逆知交，你可知伐蜀七分在军事，而平康延孝之乱七分在政事的道理？”

李嗣源用酒在桌面上简单画出三路进军路线，然后解释道：“军事上，孟知祥一路足以压制康延孝的势力范围，其人是我朝大将，康必不能敌，用奇无用。其二，蜀中乃新降之地，其地、其民、其降军皆非康延孝这些时日所能消化的，要转换成战力更非可能，听起来征集的人数虽多，但本质依然是两股唐军之间的战斗。三路兵马从蜀地北、西两个方向齐齐下手，每一路俱是唐军劲旅，康延孝如何能敌？其三就是政事首重了，政事之重在于人心，我唐军家眷、故乡多在北方，任圜只要想办法安定蜀地百姓，收乱军之心，这战就立于不败之地了。若是时间给得久些，怕是叛军兵马自己就会散去小半。”

说到这里，安重诲接过话头，说道：“在蜀中时，我就感觉太子有些迫不及待，当时不知道为什么，似乎他们也面临很大的压力，否则不会三路全部出动，太子在利州反而没有留太多兵马。这次我回来和石敬瑭的人一汇合，互通有无，原来是因为魏博六州反了，京城要速调征蜀军平河北之乱。相比魏州的这次叛乱，康延孝之乱不过是脚上的小毛病。如果让魏州邺城的叛军坐大，这才是真正的大麻烦。”

“这次皇上派去平魏博之乱的都有谁？”李嗣源问道。

“只有元行钦一人，所部不过两千兵马。”

“看来短期内邺城之乱平定不下来。元行钦性情急躁，一介武夫而已，他并不善于攻心，想要获得叛军的信任就更不可能。”李嗣源沉吟了一会儿，接着说：“最大的问题还是在皇上，只要他派遣一个威望足够，信誉良好的重臣，给予临事擅专之权，用怀柔之策安抚乱军，或许就可火速解决这个问题。”

“这……正是将军的机会吧？”安重诲露出笑意。李嗣源沉默了，虽然他对自己南北两线形势的推断很有信心，但是若不是安重诲偷来相会，告知这许多消息，这么久了，他都不知道战事详情，换了以前，他大概已率大军开始四面征讨了吧。都已经三年多了，李存勖对自己的猜忌依然深如渊潭，他虽然理解但还是颇为心寒。

“你们又有了什么布置？怎么能肯定我一定会同意走？”李嗣源喝着酒，淡淡地问。他相信，既然安重诲敢冒险来见他，劝其脱逃，必然是和石敬瑭等人有所安排。

安重诲想了想，笑道："都说将军智勇宽仁，我看还要加上一条，明察秋毫！将军能猜透那么多人的心思，哪能不能猜透我的心思？"李嗣源横瞥了他一眼："你饮酒太多，心思糊涂，好比一摊烂泥，我猜不出来。"

安重诲哈哈一笑，将酒倒在碗里痛饮一口，用袖子擦了擦嘴，说道："皇上身边宠信的，说话有影响力的人，已疏通得差不多了。这个关头，谁都怕叛军坐大，都怕领军出征，都想待在皇帝身边；反之，真正担心国事糜烂的人也会尽力配合我们。"安重诲说着说着眼睛就发亮了。"哦？"李嗣源眉峰一动。

"我们只要这般就可以了……"安重诲详细地说了下去。

仔细听完后，李嗣源叹了口气，"不知道该不该庆幸，没想到我还得利用他们的贪婪，也没想到你和石敬瑭现在居然会走通这些路线。"

"所有人都不会一成不变。"安重诲说完这句话，沉默了一阵，才淡淡地说："我初遇将军的时候，也不过只是一个懂得埋头冲锋的士兵。"

李嗣源跟着沉默了好一会儿，突然说："安重诲，我有没有对你说过我歇下来想好好种片地？""有印象，不过将军提到这些的时候总是在大战之后，让人琢磨不透。"

"我觉得我本来应该是个种地的老农，喝多了乡里的劣酒就躺在山坡上看天，看远处山坡上一层层的田，山下里有很清澈的池塘，一个山村就围着池塘，几栋茅屋，黄昏的时候炊烟慢慢地升起来。"李嗣源漫不经心地说，"很美的，让人怀念，看着看着就想这么睡过去。"安重诲静静地听着，不说话。

"安重诲，误国乱政的奸贼按律该如何？"李嗣源忽然转头看着对方。"误国乱政乃是大罪，按我朝律，当斩。"李嗣源笑笑，仰头长长地舒了一口气，"反正现在我经常就看着那片天，日影东升西落，天空的颜色就不断变化，云慢慢地流过，有时候还有一只鸽子会在树枝上歇脚，咕咕咕地叫，看着看着，还是想这么睡过去啊。"

安重诲默默地想了一会儿，咧嘴一笑："那将军就好好睡一觉，醒过来就会变天了！我这个信差得先告退了，还得去拜见皇上，送达西南军情呢。"安重诲的脚步声慢慢消失在院落尽头，李嗣源靠在榻上，仰望窗外天空的双眼已经阖上，仿佛睡熟了一般。

看完详细军报的李存勖这几天里越来越觉得：如果让邺城的叛乱成为一种象征，成为一面反抗他的旗帜继续飘扬下去的话，北方的局势会乱得一发不可收拾。朱友谦的三子朱廷徽曾为澶州刺史，其人已经潜逃，说不定河中军心不稳的事情就和他有关。不能再让邺城叛军这样如骨在喉了！李存勖想到要亲自率军平叛。

没想到，刚一提这个念头，无论伶人、宦臣还是大臣、后妃都苦苦劝阻。"京师重地，不能没有皇上坐镇啊，现在兵力微弱，一旦御驾在外有所闪失，国家就要倾覆了啊！”李存勖不无悲哀地叹道：“将军中已无人可以担此重任啊。”“有人可以啊！李嗣源可以啊！”众人都纷纷这么表示。让李嗣源重掌军权，李存勖无论如何都不放心。他还是说：“李嗣源是我爱将，朕也不想让他去冒险。他可以留在我的身边，作为参赞。”

“可是，其他人确实不行啊！让李嗣源出征，实为权宜之计！给他的兵马并不多，皇上不必担心。若胜之，是皇上用人得当；若不胜，也是李嗣源一大罪状，令其出征，并无害处啊！”亲信、宠臣、大臣们都同意这项选择。李存勖思考了很久。河朔一带的局面越来越乱，再不以快刀斩乱麻之势平定叛乱，后果实在是不堪设想。迫在眉睫之际，他再三权衡后也不得不起用李嗣源了。

同光四年（公元926年）三月，李嗣源受命平河北之乱。三年多以来，他第一次离开京城洛阳。出发的时候，他背后跟着五百个精壮的年轻人，清一色的唐军黑甲，清一色的锋锐长刀，每人马上都有红缨似火的长矛，他们都是李嗣源来自“横冲都”的子弟兵。李嗣源几年前在数万部伍中选拔了这些年轻人，亲手教会他们使用刀枪，告诫他们战场上的规矩，也把他们看作自己的子弟。李嗣源不相信京城交给他的军队，他只相信自己带出来的将士，从一个普通士兵到后唐最有名的大将，李嗣源的心底深处一直把自己看作是一个将士。他坚守着一种悍勇将校特有的骄傲，冷淡地对待从京城划归他的两千“帐前银枪军”。

在洛阳城三十里外，他的女婿石敬瑭也带有五百个人，在等着他。他们每一个都穿着唐军常穿的黑披大氅，有一匹跟随自己奔波四方、互通心意的战马，一张自己从不离身的弓和一袋子破甲箭。大部分时候他们安分守己，一直在各自驻地蛰伏，这次接到了李嗣源传递的命令才会出现在这里。这五百名“左射军”的神射手曾和“横冲都”一样是专属于李嗣源的军队，任何人都不得轻视这支部队，几百名神弓手也许不足以击溃一支骑兵，可是在平原上他们任何人都能用一支破甲箭在百步外杀死任何一个指定的敌人。

李嗣源放弃兵权时，就把这支令人骄傲的部队化整为零，分成各个小队，大部分安置在石敬瑭的队伍中，小部分分散在别的军队中。从而把威胁和实力隐藏其间。两队人马会合后，人流开始向北方进发，大量马蹄声和兵器铠甲的撞击声此起彼伏，相互呼应，李嗣源默默地听着这两种久违的声音，发觉乍听起来完全不同的节奏却有着一模一样的气质，两者微妙地融合在一起，时而低沉下去，时而又像旷野上空飘飞的云朵仿佛就要飞扬九霄。

李嗣源离开京城后不到十日，蜀中传来战报。在三路夹击下，康延孝不得已只得据守汉州。任圜与其余两路会师后，多用老弱兵马排与前阵挑战，另伏精兵以阵后，康延孝中计出战，结果大败，退回城中死守。任圜纵兵火攻，城破，康延孝率亲信十余骑出逃绵州，被何建崇追上活捉，押于槛车之中。李存勖看完顿时觉得有些后悔。因为蜀中大捷，若战报早到几日，他必不放李嗣源出洛阳。

康延孝被擒后，孟知祥曾带着酒食前去囚车中探望，看着康延孝在其中神色漠然，负枷而坐，孟知祥眼中闪着惋惜之色。康延孝虽然镣铐未除，却是下了囚车，两人径直坐在路边枯树下，周围兵将被吩咐在百步之外，不得近身。

康延孝神色平静，似乎不在意这一身镣锁，可是孟知祥却能隐隐从他眼睛深处看出那种英雄末路的苦痛和委屈。孟知祥喝了几杯闷酒，轻轻叹了口气，问道："康将军素来得诸人敬重，郭崇韬入蜀时也视将军如同左膀右臂，况且从梁朝投诚我朝以来，将军已经官居节度使，平蜀之战又立大功，何愁不富贵？为何返身入蜀，骤举叛旗，行此下策，结果竟至如此呢？"

康延孝苦笑道："康某不过是征蜀军中普通一将，想不到孟将军竟然如此推重，康某愧不敢当。"接着他舔了舔干裂的嘴唇，惨然道："郭崇韬乃佐命之臣，功在第一，况且此次入蜀，完全是在他的谋划下，方才轻取东西两川；可是，如此功臣一旦被诬，就无罪被诛、满门俱戮！那么像我等这样的人，还能祈望保全性命么？所以我左思右想，不敢回朝耳！堂堂大丈夫怎能被小人所害，束手就缚非我本色！今日之事，乃天不佑我，亦其命也，夫复何言！"

孟知祥心中一动。他虽然是出身大晋时代的嫡系将领，但也一贯看不起宦官、伶人，对他们也有得罪。只不过比起郭崇韬这类炙手可热的权臣，他可以说低调许多，也没有插手过太多的政务。这次来蜀中担任节度使要职，本想牧守一方百姓，保一方平安就好，怎知蜀中事情跌宕起伏，来此后发现军心浮动，民心不稳，各项国事已经艰难至此。他目光深沉，面色隐含悲痛，那是感同身受的神色。孟知祥默然不语，看着手上的大酒杯，任由复杂的心境如同杯中美酒般晃荡不定。他不禁扪心自问，若两人易地而处，又该如何抉择？

很快任圜率军回京，半途中，宦官向延嗣带来李存勖诏令，下令将康延孝处刑。同光四年（公元 926 年）三月，康延孝兵败被杀，成为继郭崇韬、朱友谦后第三位死于谋逆罪名的名臣。这与李嗣源提兵出京师只是当月前后脚的事。

当天空中最后一线光明被暮色吞没。火烧一般的云霞黯淡下去，铁灰色的阴影占据了半个天空，黑夜终于来临。三千唐军匆匆行军，唐军大旗下，李嗣源立马眺望，衣甲鲜亮的石敬瑭与他并肩而立。

“你只带三百‘横冲’，三百‘左射’，人数够么？”李嗣源转头看着同样身经百战的女婿。“有心算无心，足够了。”石敬瑭自信地答道。

“你和我一起去邺城，会更加稳妥。”

“不必了，河北之乱天下共知。汴梁城中驻军不过千人，虽然其地尚远离乱军，但城中早已谣言纷起，人心惶惶。我持平乱兵符，入城安定人心，已占有大义，以数百虎贲足以控城。只要岳父大人在邺城进展顺利，大事可定！”

李嗣源沉吟不语，石敬瑭见其仍犹豫不决，忍不住说道：“岳父，这次连两千银枪军都站到了我们这一边，您完全没有想到吧！他们一样大都是魏博人，除了表面华丽的铠甲，其实什么都没有得到，天子对他们的待遇早就不如以前了，人心向背已经再明显不过了！退一万步讲，就算你可以回京向皇上解释，也不会有好的结果！犹豫不决乃是兵家大忌。我此时趁势南下，可轻易拿下汴梁，这是得天下的要害之处，得此名城则大事可成。”

“我去邺城，叛军就一定会听我的？你不怕事情有变么？”李嗣源抚摩着战马笑问道。石敬瑭大笑起来，他看着李嗣源直言道：“邺城么，岳父您从来就没有担心过，我为什么要去担心！”

李嗣源眺望着远方，忽然哈哈大笑。他的身上只是一件陈旧的甲衣，披风已经洗得发白，骑乘的斑毛马稳沉但并不神骏。唯一例外的是马鞍上露出的半截战刀，古朴沉重，有一股肃杀之气。

“小子，你给我好好活着，汴梁再会！”李嗣源说完，如同雄狮一般气势迸发。背影中带着狂野，笑意中透着决然，纵马呼啸而去，再不回头！他和石敬瑭两路人马分道而行，烟尘滚滚卷起，径直奔向天地尽头。

绛霄一决

十日后，后宫中，远来的琴声枯涩，自有一股冷冽的气息，像是一道极细的冰泉从高处垂落。浅绿、淡红、纯白的花圃里稍显高处的锦台上端坐着白衣的年轻伶人，他屈膝跪坐在细竹席上面，面前小桌上摆着一壶淡酒和两只晶莹剔透的薄胎瓷杯。

他色如白玉的手指轻扣琴弦，一心一意地弹奏着。

今日，是皇后赏春的日子。本是闲情叙谈，把酒赏花的好气氛。但是自从平蜀大捷后，朝中接连爆出郭崇韬、朱友谦谋逆大案，跟着又是蜀中康延孝谋反，邺城魏博军叛乱。一件坏事接着一件，局势越来越糟糕，皇帝的脾气也越来越不好。城内公卿世家和豪商大族都忧心忡忡，内心里满是阴云密布。

传言李嗣源领军千人抵达邺城附近后，并不与元行钦所部合流，两军各自分驻一地，不久元行钦传来密报，称李嗣源与城内叛军信使来往频繁，明为招降，实不知所谋为何。因此早朝上，李存勖心事重重，群臣也纷纷乱乱，大家都无有得计。无奈之下，李存勖抛出最终方案：御驾亲征。欲以天子之威，携京城御林军两万，亲往邺城，剿灭叛军。

得知此消息的刘玉娘依如往常，她命人在花园中用绸缎围起“锦障”，席地而坐，煮酒赏花。清冽池边狭长的皇家花园中，锦障长围，乱人眼目，酒香缥缈，闻起来也令人醺醺欲醉。奏乐的白衣伶人精通丝竹，遥坐在锦台高处弹琴。琴声如水，不染尘埃。

“此琴声若何，可入君耳？”锦障深处一小桌后的刘玉娘，美艳不可方物，她淡淡问道。“声形俱全，琴技卓绝，并非臣弟刻意吹捧，听说陛下也非常喜欢。”听琴的人约二十七八岁，身形俊朗，眉眼间竟有几分类似李存勖，他正意态慵懒地在一旁半卧，语气中并不恭敬。

“哦？比你如何？”“世俗的曲子，臣弟还有些自信。不过听他弹奏古曲，枯涩高玄，俯仰天地，是古人旷达境界，在下非十年不敢望其项背。”

“哦，你也有称赞人的时候呢。”刘玉娘笑了一声：“那他比我如何？”

青年眉眼一挑，仿佛从笑声中听出一丝柔腻，脸上浮出得意的神色，竟然靠近刘玉娘，几乎贴在身侧：“琴技可不是皇后所长哦。”刘玉娘悠悠地叹息一声：“看来我是比不上他了。”青年的一只手竟然出人意料地抚上眼前这堪堪一握的细腰，五指张开，自然而然地碰触到弹性十足，无限美好的臀背之上，虽然隔着丝滑的绸缎，但其触感同其下的柔嫩肌肤几乎没有差别。

“你胆子真是越来越大了……”话虽严厉，可气息透出的却是丝丝娇媚。“皇后恕罪，臣实在是情难自禁……”青年一副见惯不惊的模样，却装作全身颤抖，退后一步在皇后的裙下做磕头状。“你还知道让我恕你的罪，你眼里这算有我么？”刘玉娘打趣笑道。

这时，锦障上出现了一个人影，却不敢进来，只是跪在外面：“皇后，朝中又有大事报来。”“怎么说？”刘玉娘神色一变。“前日，石敬瑭率领千骑诈入汴京，已控制全城，举旗反叛。他与魏博叛军共同宣称拥立李嗣源；河中各城俱按兵不动，似乎在观望风色。元将军无法，因惧怕被邺城叛军和李嗣源内外夹击，已经率军后撤，并急报皇上速调人马。”

“真是蠢材呀！元行钦已集中上万人马，竟然杀不得一个李嗣源。”刘玉娘一阵嘲讽，“居然还退避三舍了，都说他是当世猛将，都猛到退回洛阳了！”报信的锦衣奴仆和远远奏琴的白衣伶人都战战兢兢地跪着，不敢出一丝声响。刘玉娘起身在锦障中行得几步，忽然转向身旁的青年说道：“李存渥，你以为皇上此次亲征，胜负如何？”

“陛下天纵之才，乃我朝第一人。若说全天下有人可以摘下李嗣源的首级，那就非皇上莫属。”“呵，你就会拍马屁。”刘玉娘有些忧虑，“你久在京师，未逢大战，怎可断必胜无疑，何况陛下对李嗣源忌惮多年，足见此人难以对付，只怕……”

“皇后莫要担忧，若……局势有变，臣弟自当带八百骑携皇后去太原避难。”

“你怎么忽然变得会说话了？”刘玉娘垂下眼帘想了片刻，忽然笑着从腰间取出了雪白的手帕给他擦汗，“你今天的话，人家可全部都记得，假如真有那么一天，千万不要忘了哦！”李存渥笑而不应，一把搂过刘玉娘到怀中，五指抚在柳腰上撩开她的裙角，很自然地深入到臀缝之中。这一刻的香艳旖旎中却仿佛有妖魔在低笑，伴随喉咙中诱人的呻吟，又像有人在偷偷窃笑一般，在和风中飘忽而过。

李存勖不知道后宫发生的事。他现在只知道手上已经没有大将可以派了。御驾亲征，只不过是说得好听一点而已。其实就是迫不得已的最后一搏。在发布御林军总动员后，李存勖叫来李嗣源在京城的义子：李从璟。此时李存勖站在御台上，再无一个多月前的从容模样，额头新增的皱纹几乎成了“川”字。

细想起来，当初他与李嗣源共入汴京城时，曾说过“天下与尔同享！”后来却百般忌惮，几将其软禁起来；不久前又令其讨伐邺城，却成了放虎归山。现在回想起却是两次犯了错，对这样的人，要么早早杀之，免有后患；要么待之如兄弟，尽心笼络。可惜的是，本是义兄为后唐出生入死，却因自己猜疑薄情而终究反目，悔之晚矣！这次找来李从璟，也只是想死马当活马医，权当一试耳！

李存勖对李从璟吩咐道：“尔父于国有大功，忠孝之心，朕自明信。今定为乱军所逼，尔宜自往宣朕意，毋使自疑。”意思是：“我知道你父亲对国家有大功，忠诚为国，如今只不过是被乱军所逼，不得已而为之，你前去邺城传达我的意思，不要让你父亲有所疑虑。”李从璟骁勇善战，禀性又谦恭知礼，一向为李嗣源看重，听完李存勖的命令后，当即表示愿去邺城转达皇上好意，若事情终不可挽回，定当回来护卫陛下，不负李存勖对他的一片信任。李存勖喜之,赐其名李继璟,收为自己的义子。

只不过,这番动作完全没有起到效果,且不谈李从璟是不是两面三刀,也不谈李嗣源听了此番言语是否回心转意,而是此番话根本就没有传达到李嗣源的耳中!反而让李嗣源在举起反旗的道路上越走越远。这是为什么?因为元行钦把李从璟擅自杀掉了,直接在营中斩杀!李从璟连李嗣源的面都没有见到。而李嗣源在得知李从璟被杀后,痛哭道:“我儿有何负国?有何负元?竟被杀之!”遂立誓必杀元行钦!

我们现在已经弄不清楚元行钦为什么要下此毒手。是不相信李从璟?还是他想掩盖什么?或者干脆是想彻底逼反李嗣源,让他无法回头?不管怎样,李存勖接连收到的一封封急报,悉数来源于元行钦,字里行间全部是李嗣源兵变的举动。

“赵在礼已拥戴李嗣源为主,号称‘帝河北’!”“李嗣源已领军占黎阳!”“李嗣源领两千军入汴梁!”“其义子李从珂于曲阳(今河北曲阳)、盂县(今山西盂县)等地举兵,意图与叛贼合流。”

李嗣源和李存勖两人终究走到了历史的两端。有你无我,你生我死,无可奈何。同光四年(公元926年)三月末,后唐皇帝李存勖尽发两万五千御林军,离开洛阳,向汴京进发。

地平线上一座雄伟浩瀚之城,汴京。

黑衣之人默默立在城外一座陈旧的望楼上,背着双手迎风眺望。晨风卷起他一身汰洗旧了的黑色战衣,远远看去,整个人像是一只临风傲然的黑鹰。挎刀军校策马飞驰而来,在楼下滚身下马,单膝跪地:“大将军,京城探报传来,御林军共计两万五千人已于两日前开拔,估计今日可抵达万胜镇扎驻。”黑衣将军颇有些沧桑感的眉宇一扬,“陛下来了没有?”

“据探报称,军中已竖立起御驾战旗。”此时,李从荣和一名风尘仆仆的官员停马在望楼下,拾级而上,直登顶层。黑衣将军凭栏远望,并不回头看他们。

“父亲,京城大军到了?”李从荣上去在其父肩后站定。

“老了,”李嗣源摇摇头,答非所问。“头发也白了。”李从荣看着昔日意气风发的父亲,当年头发满把漆黑,如今已经白了一小半。脸上还留有年轻时候的英武之气,但是眼角间的皱纹却是明明白白的有如刀刻。李嗣源不说话,以马鞭敲了敲望楼围栏,抖起阵阵尘灰,默默地眺望着远处的树林。转身回望后方汴京城墙的箭楼上,绣着黑色“李”字的大旗迎风招展,有如一团黑色火焰。

“单凭城中这三千人的实力,根本挡不住装备精良的御林军,幸好父亲带出来的两千银枪军竟然投效了我们，加上这几日我们已备足了滚木、垒石、弓弩，面对这两万多的禁军，我们还是能够守住不少时日。”

“少将军说得是，有了这几日的准备，汴京这座大城皇上已很难拿下了。”李从荣身旁的官员口音带着川蜀的味道。李嗣源知道此人是从蜀地吸收进唐军中的新血，只有出类拔萃的表现才能在这么短的时间里受到重用，并被派遣到他这儿来观察刺探，借以判断北方形势。

李嗣源不动声色，只是问道：“那依你所言，很难拿下并不是拿不下，若是长期围城，我们是必败了？”“兵力不足，暂时坚守而已，只要挺过一个月，别说三万人，就是三十万人，也是枉然！”蜀地来的使者带有当地人的痛快劲，爽直答道：“临行前，诸位大人都对此战极为关注，皆以为大将军或是坚守为上。”

李从荣在旁不满道：“孟大人（孟知祥）远在川蜀，怎知这里情形，如果父亲要正面对决，我认为李存勖有一半的机会要葬身在这里。”李嗣源没有回应儿子的话，他静静地看了川蜀使者一会儿，然后说：“你家大人真的希望陛下死？”

“相比起来，还是希望你们能够坚持得长久些。”对方坦然回答。李嗣源听完不再说话，袖手在栏前眺望着远处的高大城墙，目光一直越过城楼上的猎猎黑旗去向天尽头的浮云。

此时李存勖所率的步卒正在向汴梁进发，数百辆辎重大车居中，军士手持武器徒步跟随，在阴霾的天空下缓缓推进。大军沿着起伏不定的丘陵汇成长长的蛇形，去向大地尽头卷云低回的地方。“风萧萧兮易水寒，壮士一去兮不复还。”李存勖的心里就是这么感觉的。一路上看着士气低落，怨气越来越重的军士，他深切体会到了什么叫着积重难返。

出发前，他曾命令大开内库，犒赏全军。负责内库的宦官张容哥打开库房，一间间望去竟是空空，库中财货十去七八，留存无几。前去领取犒赏的将领们一见如此，再也忍耐不住，当即斥责张容哥：“江山社稷混乱至此，都是你们这些太监的罪过！”甚至有的军官“唰”的抽出刀来就要斩杀张容哥，在一片劝阻、咒骂、拉扯的纷乱之中，张容哥悲愤地说：“这些年，皇家用度可曾少过？财物的账目混乱又有谁清查过？剩下的财物都被搬到刘皇后那儿，都是她的吝啬才弄到今天这个地步，可是现在却都把过错推在我的身上！看来黑锅背上身，我不被碎尸万段才奇怪呢！我也不要眼睁睁等着去受那样的下场。”说完这话，他撞墙自尽。内库已尽，李存勖只好勉强收拢些财物赏赐给军中将领。

有的将领直言不讳道："皇上这几年起的楼够多，拉扯进后宫的将士妻女也多，都不知道我们日子是怎么过的，现在要将士用命，这对全军的重赏是万万缺不得的！"

为了尽力收拢军心，行军途中，李存勖只好和颜悦色地安慰士兵们，并说："魏王刚刚从西川发来文书，即将给京城送来五十万两金银，抵达以后我会把这批财物全部赏给你们。"可是，李存勖得到的回应却是："陛下现在才想起来赏赐我们，已经晚了！这些年乡里苛政杂税，家里妻离子散，即使现在赏了，又有什么用！"李存勖听了，沉默不语，暗自流涕。

想当年，三千死士，如饿狼扑食，以水为酒，饮血或伤，剑锋万千寒光，搏一杯生死之觞！而现在，怨声载道，人心散乱，天地之间，黯淡无光，一幅昏庸之徒的末路景象。苍天呐！你要我何去何从？

黄昏时分，得知李嗣源在汴京待战，李存勖军止于万胜镇，与元行钦等诸将登道旁古墓，置酒高歌，相顾泣下。李存勖对元行钦诸人说道："卿等从我久，富贵急难无不同也。今兹危蹙，而默默无言，坐视成败。我至荥泽，欲单骑渡河，自求总管，卿等各陈利害。今日俾我至此，卿等何如？"意思是说："你们跟我很多年了，一向共富贵同患难，现在危难如此，大家都不说话，我也不知道你们是怎么想的，实在不行，我就一个人渡河去见李嗣源，如果你们有别的想法，还望直言相告！"

李存勖乃是马背上得天下的皇帝，得汴京消息后，已对战局毫无信心。若只是对上邺城的叛乱，他觉得不过是时间问题；而对上李嗣源的叛乱，他深知这位兄长的用兵水准。结合当下，早已无望，此时这么说不过是要元行钦等人表个态，若是连这身边宠信的猛将都不支持自己，那还不如对李嗣源束手就擒好了。

元行钦泣而答道："臣本小人，蒙陛下看重，位至将相。危难之时，不能报国，虽死无以塞责。"当下与诸将百余人，皆解髻断发，置之于地，誓以死报。得此结果后，李存勖稍稍心安。其实，看似众将一心哀痛江山社稷崩溃如斯，实则各自哭着各自的悲伤罢了。人生各有各的不幸，于是各有各的哭法。明知无法取胜，就不做无谓的战斗，带着这样一只军心纷乱的部队，硬要攻击汴京弄不好算是给李嗣源白送兵马吧。

第二天，李存勖心灰意冷，下令撤回洛阳。无果而返。他现在思考的是如何保住京城，而不是剿灭叛乱。李存勖没有预见到这是他最后一次领兵出征，他的人生将迎来最后的篇章。我们不知道这个时候倍感压抑、失落的李存勖有没有好好思考过，反省过；体验被人背弃滋味的他有没有好好地想过，究竟是为什么？为什么现在拥有至高权力的他反而远远不如当初作为晋王的时候，那时他凝聚士气、人心的能力可以说是一呼百应、千应、万应！他不知道，正是权力腐蚀了他。

权力是什么？有些人可能以为权力是一种稳固的结构，是威权之所在，是一个我们必须去讨好的东西。哪里是这么回事哦。历史告诉我们，权力只是一种动态平衡，是君臣之间、上下级之间达成的一种共识。忠君报国，尽职尽责这一切都是双方有共识的时候，才会被唤醒的东西。在往日，你还是铁桶江山，统治稳固的时候，你可以作威作福，大发淫威，折辱你的手下，摧折部属的傲骨，似乎也没有什么报应。可是，一旦形势变化，王朝风雨飘摇的时候，被你亲手破坏的上下级达成的共识就再也无法恢复，其后果就是部属人心离散，众人冷眼等着看你去死。

话题转回来，李存勖这一次草草收尾的出兵行动未经一仗，却依然有着巨大的损失。两万五千兵马出发，回来的时候只剩下堪堪一万五千人，有一万人在途中开了小差、擅自脱队，甚至有成建制的整队脱离。回到京城后，这样的情况没有好转。李存勖坐在依然堂皇的御座上，早已没有了当初的感觉。

面前放着的几份报告，让他一直眉头紧锁。第一，李继岌、任圜的唐军主力远在西川，还在路上慢慢地爬，不知道又发生了什么变故。第二，以邺城为首的河朔叛乱一浪接着一浪。第三，李嗣源的前锋石敬瑭部已经逼近汜水，兵锋直指洛阳。经过朝议，李存勖制定了一份临时战略：先派兵控制住汜水，阻石敬瑭部于对岸；同时收拢散兵，与其相持。待征蜀大军回来后再与李嗣源决战。这一次，李存勖决心死守汜水关。

在他出战前，他必须营造一个尽可能稳固的后方。他开始整顿剩下来的军队，他将骁勇善战的四千将士集结在四个指挥使下面，赐号“从马直”，同时将“从马直”里面查出有叛乱意图，以牙将王温为首的几名将校全部斩杀。主将由德胜桥之战时涌现出来的勇将郭从谦担任。这些年是李存勖将郭从谦一路从“小校”、“军使”、“指挥使”上提拔起来的，这次任命他为这支最后劲锐的统领，而且由其负责整编和临战准备工作。

另外李存勖给心腹将领朱守殷（蕃汉马步军都虞侯）下令，让其率本部兵马准备随驾出征。这一切似乎很顺利地进行着。

同光四年（公元926年）五月十五日，出阵的日子到了。清晨，李存勖在宫中吃完早饭，正准备前往五凤门外检阅“从马直”。突然，宫外侍卫传来急报：郭从谦煽动御林军造反了！正带领“从马直”的兵马攻打兴教门！李存勖及身边等人都是脸色大变！他面色急剧变化，片刻才道：“郭从谦怎会反了朕？”

杀回来报信的正是禁军列校王全斌（前文中曾随郭崇韬筑城血战），他战袍带血,年轻的脸上神情冷峻,沉声道:“郭从谦说他向来视郭崇韬为叔父,又是睦王李存义的养子,称要为被冤杀的郭崇韬和李存义报仇!”李存勖愕然,顿时无语。很快远远传来的喊杀声开始变得清晰起来,李存勖转过身来一看,身边瞬息间只剩下十数人而已,其余宫中仆从等俱作鸟兽,一并散去。

这一刻,李存勖稳定住了心神。周围人仍在震惊不已,他神色却已变得冷静,看了身边众人,叹道:“今日之祸,实乃我之过也!”散员都指挥使李彦卿,亲卫何福进等人皆苦涩地答道:“愿与陛下共进退!”

李存勖又看向王全斌。王全斌跪下施礼道:“末将就是粉身碎骨也要保护陛下杀出重围。”李存勖点点头,对他说道:“你一片忠心,朕很明白,交给你一项关键任务,与朕生死攸关,你速去宣仁门命朱守殷直入中宫,速速来援,与我会合!”王全斌得令离去。余下人等火速召集侍卫,披甲备战。

李存勖一身戎装,大步走出殿门,扫视着仓促之下武装起来的众人,人数已经聚集了百人,里面有不少平日跟随身侧的亲卫,他慨然道:“都是朕连累你们,现在郭从谦谋逆,意图杀害朕,诸位随朕突围,乃是九死一生,勖无以为报,唯有当天立誓,若是孤幸免于难,诸位都是孤患难之交,必有重赏!若是有胆怯者,可以留下投降,本王绝不怪罪。”众人都知道这是最后时刻,全部沉声喝道:“陛下身系国家社稷,臣等肝脑涂地,万死不辞!”李存勖一挥手,在最后这百余人的护卫下当先上马,疾驰而出。

这时,宫中已传来震耳欲聋的喊杀声,四处火把纷飞,点燃了宫中各处建筑、布闱之物,火光中,人人脸上都多了几分狰狞,增添了几分血勇。在兴教门外,“从马直”叛军凭着强大战力已经夺下宫门,郭从谦已经亲自杀向中宫。他现在率领的千名骑兵是可以完全控制的武力,并不是一时兴起,乘乱谋利的乱兵,也不是被裹挟造反,心存犹豫的禁军,他用此铁杆精锐便可大大减少李存勖逃脱的可能。

就在他们心焦如焚,刚刚杀到中宫的时候,出乎意料的是中宫大门已经敞开,李存勖身穿猎装轻甲,手执马槊,高声道:“郭从谦谋反,意图杀害我李存勖!朕乃天子,焉能被小人所害,凡我大唐子民,不可受奸人挑唆。”言罢,在李彦卿,何福进左右护持下,率领数十骑冲杀而上。

火光下,一袭黑衣亲卫和身穿青色衣甲的“从马直”迎头相遇,李存勖一声大喝,手中马槊闪动,将围上来的叛军扫荡开去,两队人马初一接战便鲜血四溅。李存勖大喝道:“我乃天子,谁敢拦我!”手中的武器连闪,刺杀了一个叛军,这些叛军固然反意已坚,但是面对威名已久的李存勖,不自觉的战意就低落几分,只在瞬息之间,李存勖指挥的小队人马已经冲垮了叛军的前阵。

站在远处的郭从谦一皱眉,他立刻下令让身边的兵马张弓齐射,不分敌我,朝着李存勖所在之处集火射击。刹那间,箭如飞蝗,李存勖身前身后人马顿时倒下一片。惨呼,马嘶声到处响起,叛军中也有许多人当场丧命,李存勖无从躲避,只得拨打箭支,终究一时无力,坐骑中箭,被摔下马来。

圈外叛军们见皇帝落马,顿时大声鼓噪,个个高喝扑上,欲建奇功！就在这时,一个黑色身影瞬息间扑到李存勖身侧,手中的佩刀化作铜墙铁壁,身形闪动,刀光如帘,然后接连传来几声惨叫,三个叛乱的禁军都被黑衣人劈中要害,当即身亡！可是他们疯狂地扑进,也在黑衣人的身上留下了痕迹,他身上的衣甲也已经是片片碎裂,丝丝血迹从下渗透出来。

李存勖定心一看,原来仍是王全斌,周围只有他和亲卫仍在死战,并没有任何援兵杀到。李存勖此刻冷峻的面容上异常失望,若没有朱守殷的援军,根本无法冲出宫门。这百余人在不到一炷香的时间里已经阵亡不少,若是继续在殿外苦战,根本撑不下去了。于是,李存勖高声道:“王全斌,给朕杀开一条血路,去往绛霄殿。”王全斌高声领命,协同李彦卿等忠心卫士,一阵发喊,护着李存勖齐齐向近旁的绛霄殿冲去。这一拼命,竟然杀得叛军步步后退,李存勖一干人等终于进入绛霄殿楼台,占据阶梯、转楼、天台进行固守,方才喘得一口气。

李存勖在得知王全斌无法冲出重围,前往宣仁门调兵后,并没有多么遗憾。这时宫中大火四起,浓烟滚滚已经多时。宣仁门距中宫并不远,若是朱守殷有心来援,早就该领兵抵达了。此时仍然不见一兵一卒,必然不会来了。

楼下一部分叛军将绛霄殿困住,人人都杀红了眼,谁都想把李存勖的人头揣进自己兜里。很显然,谁杀了皇帝,谁便能够史册流芳,不过这东西并不实惠,对他们也毫无吸引力,他们真正在乎的是,一旦杀了李存勖,立此大功,立即便有了一辈子也享用不尽的荣华富贵。财帛动人心,重赏有勇夫。另一部分乱军已经失去了控制,开始大肆在宫中四处劫掠。

李存勖在高处向下望去,对王全斌叹道,看来他们真的很想杀我。王全斌勉强安慰,称陛下上获天佑,必能过此难关。李存勖笑了笑,并不相信。他已经绝望了,没有人会来救他们,整个洛阳都是他的敌人,整个河朔都是他的敌人,要不了多久,在李嗣源的旗帜下,整个大唐都将是他的敌人。

半个时辰后,叛乱的禁军开始了最后的冲击,不知从何处调来的小型投石机竟也运到了宫中。石弹裂空呼啸、高速袭来！半空中凡有碰触，箭枝立碎，石弹划过一道弧线，无可阻挡地飞越数十米，准确击中楼台的第三层，只听得“轰！”的一声闷响，装饰华丽的楼台围栏顿时散作大片大片的废柴碎木，石弹最后砸入的楼阁墙体中隐隐有断肢鲜血显露。何其恐怖的力量，竟用在了泱泱皇宫之中！

一直握刀指挥的郭从谦表情变得狂热，似乎已经看到李存勖粉身碎骨的场面，他再次挥手下令：“强弩队，齐射！”这支准备用着汜水关防守的强弩队在将领的一声低喝下，上百名军士保持半跪姿势，右手早已放开刀柄，平端威力巨大的军用弩箭，瞄准楼台上层迅速扣动扳机。上百根弩箭闪电般射穿犹在火风中零落飘舞的落叶，准确地进行着覆盖射击。弓弦一次次“嘣，嘣”地剧烈弹回，一支接一支的利箭仿佛无休止地不停射出。致命的瞬间终于到来，“噗”的一声闷响，一根羽箭扎进李存勖的胸膛！

箭头仿佛在高速旋转着，锐利的簇锋瞬间撕裂护甲，直直到箭羽之前再无阻碍，竟是狠狠射穿了他的身体！李存勖坚定的手掌握着高速弩箭的后端，手心震得有些发麻，胸膛上的弩箭直达后背，他愣了一愣，像站不稳的孩子一般，身影踉跄，晃动两下，然后向后摔到。终于，楼下的人看到上面最为瞩目的身影倒了下去，不由得爆发出震天的欢呼！

这一刻，李存勖感到胸膛被重重撞击，胸前硬生生的撕裂感让他痛苦地呻吟，接着伤口在烧疼，那股热度竟变成了滚烫。李存勖下意识低头看去，只见一根羽箭没胸而入，黑衫护甲外残留着一小截箭杆和箭羽，鲜血浸染，就像是开了一朵红色的花。他死死盯着胸前黑衫上湿润的红花，本是坚毅的脸上显现出一抹错愕，遂即转化为苦笑。他的身体跌倒在地板上。头面对天空，眼前晃动的是一张张惊惶、绝望的面孔。

李存勖感觉到王全斌似乎正抱着自己，呼喊什么，他的泪珠跌落在自己脸上，这个坚毅冷峻的军校居然也会大哭不止？李存勖觉得自己的神思渐渐开始迷茫，浑身轻飘飘的没有重量，若干次他已经感觉似乎嘴里在喝着什么。

“好渴…”他觉得自己做了一个梦，梦有一生那么长；

梦里他还在三垂冈，柳丝飘摇，看见父亲与众将举杯痛饮；

梦里他看见了潞州，好惨烈的烽火；看见了柏乡的野河，水波潋滟；看见了胡柳陂，尸骸遍地；看见了黄河岸边的德胜城，许多人在欢呼！

看见了在滔滔黄河中顺流而去的大梁舰船，上面烈焰冲天！熊熊燃烧的大火映亮了他充满野心的脸庞……李存勖也看见了张承业、李嗣昭、周德威、李存审、李存璋、李存进、阎宝、史建塘……那是他生命中辉煌的日子，也是他生命中快乐的日子！

再也不会有了,一去不复返了!

往事如梦,时而模糊,时而清晰。脑海里慢慢变得空白,李存勖只觉得眼前的一切那么熟悉,似乎很久以前他就躺在这里。看着箭支在上空飞舞,听着它们叮叮咚咚地扎进木板。李存勖竭尽全力也只能勉强抓着王全斌的胳膊,他的嘴唇抖动:"全斌……""陛下,"王全斌的声音在颤抖。在他眼里,李存勖依然是他从军时那位永不战败的"传奇缔造者"。

"活下去……好好……活下去……"李存勖喃喃地说着。脑海里的混沌终究无法抗拒。最后这一刻,李存勖如释重负地叹了一口气,他等待的时刻终于到了。冥冥中迎接他的笛声像是飘在细风里的一条线,时而低迷,时而飞扬,全然没有章法和节奏可循,吹笛的人像是那个多年前仿佛要白首相知的故人。

不败的身躯,结束于战阵;璀璨的生命,终结于叛乱。

同光四年(公元926年)五月十五日,李存勖停止了呼吸,后唐庄宗死了。

此时,距离他在汴京称帝(同光元年,公元923年)不过三年;距离晋阳继位(开平二年,公元908年)也不过18年;离他出生(公元885年)也只过了41个春秋。然而,这一段波澜壮阔的人生旅程已经足以让他成为一个传奇。李存勖曾经率领着他的将士们走遍了半个中国。幽州灭燕,俘虏刘守光;北抗契丹,击退辽太祖;中原大战,汴京覆梁;西进两川,蜀地臣服。

一生中,他依靠手中的刀剑完成了许多人都有过的帝王梦。在他的生命中,充满着冒险、刺激、猜疑、绝望,也充满着权力、财富、宫殿、美女。他在其中快乐地享受过,也在其中痛苦地挣扎过。无论是苦还是乐,他的生命都足够浓烈、丰富。人生就是一个过程,有得有失,但对于智者,生死之间有取舍,生死之外无得失,如此才可以将功名利禄视作等闲。

不过,大多数的我们都不是"智者"。我们不是机器,不是程序,只要我们是人,就不可能总是做出"正确"的选择,因为对人来说,很多事是分不出对错的。人生中无数这样的抉择决定了我们将去向何方,没有必要在事后去衡量自己是否选错了道路,假设和后悔都没有意义。因为那些刹那间的决断,就已经真正决定了我们是谁。

理想的人生不是拥有什么,而是事事有选择,时时有回转,将人生活成精彩故事,而不是励志故事。李存勖用他手中的刀剑一次次做出选择,用自己的经历决定了他是谁,无论如何,他身体力行地践行了这一切。

对于有血有肉的他来说,人生更像是一段冒险旅程,是一段体验各种情感的旅程。一切人生的情感,李存勖都深深地体验过。他经历着超过常人太多的喜、怒、哀、乐。他的冒险,他的战绩,他的名声,他的魅力,他的得与失,他的功与过,都将于那个时代一起沉淀下去。他喜欢雄壮激昂的大场面,而他一生中最后的大场面,就是自己生命的陨落。他为了刺激而生。无数次感受风在耳边呼啸,箭在脸旁穿梭的他终于将他的死,演绎成了一场举世华丽的落幕,让无数后人无不为之感慨。

振衣千仞岗,濯足万里流。当年如此豪气的他就此离开了人世。在他离开我们的最后,我们用他自己的诗词以为凭吊:忆仙姿(又名《如梦令》)

曾宴桃源深洞,一曲舞鸾歌凤。
长忆别伊时,和泪出梦相送。
如梦,如梦,残月落花烟重。

死去的人已经死去,活着的人尚且不知还能否继续活下去。王全斌见李存勖没了呼吸,大哭之。他替李存勖揩去面上曾咳出的鲜血,将其尸身倚坐在廊庑下,仿佛李存勖只是走得累了,停下来,略微休息一下。四十二岁的人生经历,怎么说也不能算是很久,可是对于李存勖来说,他似乎是走了很久,很久,走得累了,甚至也走得厌倦了。厌倦了就永久沉睡吧!

对于李存勖来说,历史已经结束,而对于另一些人,只是刚刚开始。听到王全斌的哭声,还在据守死战的卫士们都知道发生了什么事情。心中一愣后,他们就都明白了,天子已经死了。他们一直是在为李存勖而战,现在李存勖不在了,他们怎么办?这个时候,所有还活着的护卫都收到王全斌的喝令,"所有人往绛霄殿南角聚集!""放弃北楼,将陛下亡故的地方烧个干净!所有地方全部点燃,沿途四处点火!"

王全斌悲伤的面容除了泪痕已变得沉静,他就要开始为自己的生存而战了!一路狂奔,撤到绛霄殿南侧一角后,他迅速检查了自己全身的装备,甲胄、绳子、佩刀,靴子里的匕首、焙烙(封闭在陶罐里的火油),禁军配备的骑兵弩,他摸了摸自己背后的火把,四只浸满灯油的火把用绳子拴着,随时能抽出来,和他左右腰的两柄刀一样顺手。

"准备好了么?"他环顾随后不久便赶到此地的卫士。沿途的大火,不断倒塌的廊柱对杀入殿中的乱兵起到重要的阻碍作用,不过即使这样,能到达这里活下来的也只有二十几个武功过硬,运势强悍的将士,有的是护卫服饰,有的是禁军铠甲,有的甚至罩了一身宫中仆从的短袍。大家经过短暂的整理,齐齐答道,"好了!"王全斌在他们面前看过去，看着这群不惧生死，忠心到最后一刻的人，全都是勇武刚毅的战士。“叛军见陛下中箭，纷纷鼓噪，都来冲北楼，意图争功！此刻外围南角最是薄弱，大家随我一起博命，杀出一条活路！”王全斌握紧手中刀剑，冲到最前，最后的一句话是：“随我来，一起活下去！”

当这一小群人打开南侧门如同野狼一般冲出，迅速消失在一片火海、浓烟、乱兵中时，还有一个人没有离开李存勖死去的地方，就是五坊伶人善友，李存勖生前最喜欢的伶人之一。

他看着眼前大火在楼阁中熊熊燃起，俊秀清朗的脸上显得异常平静。他像一个幽魂在这片即将噼啪焚尽的地方游荡，他将所有能在楼阁中找到的乐器拿将出来，一件接一件地堆放在仿佛睡去的李存勖身体上，然后他拣起最后一件，清了清嗓子，弹起了李存勖生前最爱听的曲子，唱起了歌。歌声，器乐声，火焰的噼啪声，各种各样混乱的响声，伴随着不远处的兵器撞击声，显得既美妙，又诡异。一曲歌毕，他默默将乐器堆点着了火。

“人生如戏，戏如人生……这难道不正是陛下最喜欢的吗？好刺激的人生！好诡异的命运……”五坊伶人善友，他无言凝视着火光中的各种乐器，听着四面八方传来的声音，如斯想着。不久，他便被烈焰团团包围，吞噬进去，与庄宗同焚于绛霄殿中……

写到这里，本书主人公已经离我们远去。历史的浪潮滚滚向前，不会因某个人的死亡而停下半分脚步。后续的发展大都是顺理成章、符合历史发展规律的，但在下于这里也想多交代一些人的结局，毕竟一幅时代画卷不是由某一两个人撑得起的；而且我相信大家对有些人的最后归宿还是希望了解的。

终章　新的时代

时间回到熊熊大火熔皇城的节点……皇宫受袭，朱守殷一直按兵不动，坐观成败，听到李存勖身亡的消息后，方才驰入宫中。他放纵军士大肆劫掠，并派人出城，前去迎接李嗣源。听闻李存勖死后，皇后刘玉娘命人焚毁嘉庆殿，带着大量金银钱财，和李存勖之弟李存渥随同其卫队八百骑兵出逃宫城，前往太原。刘玉娘声称在那边造筑尼寺出家，实则过着双宿双飞的快活日子。

不过数日，李嗣源便入洛阳，被群臣拥戴监国。李嗣源一入京城，第一件事便是派人从灰烬中找到了李存勖的一些零星尸骨，在其身亡处大哭一场，痛悼多年兄弟之情，并将其葬于雍陵。李存勖死后谥曰“光圣神闵孝皇帝”，庙号为唐庄宗。李嗣源做的第二件事就是将刘玉娘赐死。这个导致李存勖国政败坏的元凶之一并没有逃过惩罚，她死后，于后晋天福五年，被追谥号为“神闵敬皇后”。与刘玉娘私奔至太原的李存渥则被部下所杀。

得知父皇身亡，李嗣源监国后，李继岌欲退保凤翔，但众军不听号令。兵权尽在任圜、孟知祥等重臣之手。匆匆行至渭河，西都留守张抃已断浮桥，李继岌不得度，乃循河而东，至渭南，左右人心散乱，随从皆溃。

李从袭对李继岌说道：“大势已去，福不可再，王宜自图。”李继岌徘徊泣下，对自己身旁的护卫李环说：“吾道尽途穷，子当杀我！”李环正是当初击碎郭崇韬头颅的力士。李环在李继岌手下效力多年，压根没有想到会接到这种命令，他久久迟疑，不忍下手，只好再次求证这道听起来十分荒谬的指令，他对李继岌答道：“吾不忍见王，王若无路求生，当踣面以俟。”意思是：正面对着你，我实在下不去手，如果你真的决定要我这样做，就背对我做好准备吧！李继岌做好准备，在帐中面榻而卧，李环从后缢杀之。

不知道李继岌死的时候有些什么念头，是否会后悔。若不是当初他私杀郭崇韬，怎么会落到今天这个田地！从一个前途无量，众星捧月的太子殿下到必须自己结束生命的悲惨境地。李继岌死后，任圜率军从后至，葬继岌于华州之西南。

不久，公元926年6月，李嗣源于洛阳即皇位，改元“天成”，史称“后唐明宗”。待李嗣源即位，任圜率征蜀之师终于回到京师，当年出发之时的六万虎贲之士，经历伐蜀之战、平康延孝之乱，最终只有二万余人回到故土。李嗣源抚慰久之，问任圜继岌何在，任圜具言继岌死状，李嗣源感慨万千。李嗣源深觉任圜才华出众，便任其掌平章事兼判三司，任三司使（三司即盐铁、户部、度支，判三司相当于财政大臣）。

李嗣源上台后实行了一系列的整顿。首先从节减开支出发，裁撤了大量人员，一反李存勖在世时的奢侈之风。禁止中外诸臣进献珍奇玩物。后宫只留老成宫女100人，宦官30人，鹰坊20人，御厨50人，教坊（乐队）100人。宫廷供奉机构如此简单，这在历史上也是十分少见的。李嗣源对待属下一向谦虚和蔼，登基后不喜欢臣下阿谀奉承，下令免除“诸道节度、刺史、文武将吏、旧进月旦起居表”。经常“召文武百辟极言时政时失”，借此提醒自己，约束不当的行为。

当然，同李存勖一样，作为百战余生武将出身的皇帝，性格中断然少不了杀伐果敢的特性，朝堂上一场血腥清洗自然是少不了的。不过这场清洗斩杀了不少在李存勖时代大肆敛财，贪腐乱政的人物，一时间国内上下，军民百姓俱感大快人心。

豆卢革，行台左丞相。罪名是：庸才窃居高位且专求长生修炼之术，致使政事多有错乱。先被贬，后赐死。

段凝，著名的后梁降将，原任邓州节度使，后被李嗣源流放至辽州赐死。

景进，伶人之首，庄宗时代官至检校左散骑常侍兼御史大夫、上柱国，乱政的元凶之一，被处死。（注：宫中凡有官位的伶人全部被李嗣源下令杀掉。）

孔谦，“丰财赡国功臣”，租庸使，被处死。李嗣源对此所发的敕书中写道：“使生灵涂炭，军士饥寒，成天下之疮痍，极人间之疲弊！”尽管如此，李嗣源还是宽恕了他的家属，只没收了其家产并没有牵连九族。

温韬，长安刺史，前文提过的“盗墓名人”，被赐死。

韦说，豆卢革举荐之大臣，罪名结党乱政，被赐死。

最后，我们再特意交代两个人的历史结局。王全斌：护卫至庄宗死后，他大哭一场，突围而去，待李嗣源即位，重新任命王全斌为禁军列校。后晋初（后唐王朝之后的朝代，五代之三），王全斌以战功升“护圣指挥使”。后周时（五代时期最末的一个朝代），他跟随周世宗平定淮南，任“右厢都指挥使”。宋初，王全斌又以其勇猛善战受到重用，因功升任“安国军节度使”。

开宝九年（公元976年），宋灭南唐，江南基本统一。四月，宋太祖特意召见王全斌对他说：“朕顷以江左未平，虑征南诸将不遵纪律，故抑卿数年，为朕立法。今已克金陵，还卿节钺。”授其为武宁军节度使，赐银器万两、钱千万。同年六月，王全斌去世，时年69岁，以宋代开国大将的身份走完这一生。

朱守殷：李嗣源继位后，因为朱守殷有献洛阳的迎立之功，便升他为“中书门下平章事”、“河南尹、判六军诸卫事”。次年，朱守殷叛乱，被石敬瑭破之，朱守殷知事不济，尽杀其族，引颈命左右斩之。最终与李继岌落得同一个下场。

李嗣源杀尽贪官、伶人后，又命各地节度使杀尽宦官，并撤掉由宦官专任的监军一职。这些举动迅速有效地防止了腐败的滋生。接着，李嗣源废除了李存勖时期的许多扰民政策，尽量给百姓减轻负担。我们在这里举几例了解即可：

第一，废除了一些地方上巧立名目的捐税，如“省耗”，即粮食和银子征收、运输中的损耗。第二，为防止地方官吏从中牟利，李嗣源下令将账簿直接送到省里（相当于朝廷直属的部级单位),由直辖部门来征收赋税和徭役。如果查处有人隐瞒田亩数,则加倍征收,同时奖励举报人。第三,免去了原来每亩五文的道桥税。第四,将酒曲(酿酒的原料)税从五文减少到三文。第五,限制高利贷。债主得到的利息如果已经达到本金的数额,就禁止再收利息,只准收回本金。如果累计收取的利息达到本金的两倍,就不准再收,等于是债务解除。

李嗣源的治理原则用十二字来概括就是:“开明改革,严惩贪官,以民为本”。在这样的机制下,后唐全境如同沸腾的一锅开水熄了火,很快地平静了下来。百姓们有了希望,有才能的人有了上升空间,军队有了稳定的待遇,似乎一切又恢复了安定。后世的人们谈起李存勖,常常会有疑惑和感叹。为什么貌似文武双全,有胆有识的李存勖就能在三年中昏庸至此,三年河东变河西,好比一只雄狮被放进豪华的羊圈,他也就变成了无力的绵羊。不过,无论评价是英雄或者昏君,无人可以否认,在拨动五代乱世战火的群雄手中,有一只不平凡的手是属于李存勖的。

他的理想、他的志向、他的性格最终化为焚烧他自我世界的烈焰。当年他骑着雄壮的战马要去拯救这片天下,却发现自己的马蹄下踩满了弱者的尸骨。李嗣源也是一样,他继承了李存勖的后唐,也继承了李存勖的初衷,同样要以一个顶天立地的强者来改变这个世界。他在李存勖的基础上,尤其注重关心百姓,知过能改,自身不喜声色,对此,李嗣源自信而坚定地在后唐全境推行着自己的德政。

而此时此刻,帝国西南的蜀中,西川节度使孟知祥那双漆黑如墨的眼睛仰望着空中唳转的飞鹰,正在缥缈难测的宿命中,等待新上任的监军李严的到来。后唐时代的俊杰们即将开始新的碰撞。上苍那双冥冥之手在时光长河中,不断拨转他们的方向。舞台上最为耀眼的英雄已经落幕,更多的角色将会有机会站立在历史的聚光灯下,将一身耀眼的权力光芒,混着暗影下的阴谋,战火与白骨,豪情与泪水,一同洒向这片大地。

有人说,人生中最大的乐趣来自于,做一些别人认为你做不到的事。也有人说,我们一路奋战,不是为了改变世界,而是为了不让世界改变我们。在某种程度上,李存勖几近完美地用自己的人生来诠释了以上两句话,无论他有多么任性或是愚蠢。而现在,轮到了李嗣源来继续书写历史新的篇章……

大事纪年表

乾宁二年（公元 895 年）	李存勖时年十一岁，因随父李克用入朝献捷，受到唐昭宗的夸赞。
开平二年（公元 908 年）	李克用病逝，李存勖沉着平乱，顺利袭封晋王，时年二十四岁。
	是年，潞州大战爆发。
开平四年（公元 910 年）	晋与成德、义武两镇结为反梁同盟，李存勖为盟主。
开平五年（公元 911 年）	柏乡会战爆发，李存勖击败梁军名将王景仁。
乾化二年（公元 912 年）	梁帝朱温被其子朱友珪所杀，诸子帝位争夺激烈。
乾化三年（公元 913 年）	晋军尽取幽燕之地，俘获刘仁恭、刘守光父子。
	朱温四子朱友贞联合赵岩、杨师厚等人，争夺帝位成功。
乾化五年（公元 915 年）	天雄军节度使杨师厚病故，魏博生乱。
	故元会战爆发，李存勖击败梁军智将刘寻，梁晋战略形式发生逆转。
贞明二年（公元 916 年）	契丹大可汗耶律阿保机称帝，定都上京，史称“辽太祖”。
	同年，入侵幽州，大破晋名将周德威。
贞明三年（公元 917 年）	李嗣源、李存审驰援幽州，浴血奋战，将契丹击退。

贞明四年(公元 918 年)	李存勖亲率晋军主力进驻胡柳陂,与梁军名将贺瑰激战,晋军伤亡惨重,周德威战死。
贞明五年(公元 919 年)	德胜渡南北城之争,梁晋两军夹河百余战,成战略对峙态势。
贞明六年(公元 920 年)	河中节度使朱友谦叛梁降晋,同州之战爆发。 同年,刘寻被害。
龙德元年(公元 921 年)	成德军将领张文礼据镇州兵变,给李存勖造成了惊人的损失。
龙德二年(公元 922 年)	幽州卢文进叛乱,引契丹军为援,李存勖果敢出击,击退契丹,俘获耶律阿保机之子。
同光元年(公元 923 年)	李存勖接受诸镇劝进,于魏州称帝,时年三十九岁,史称“后唐”。 同年,汴京灭梁之战爆发,一战定乾坤。
同光二年(公元 924 年)	李存勖实行内外府库制,朝政日渐腐败。
同光三年(公元 925 年)	李存勖遣大军伐蜀,不过数月,蜀国灭亡,南方诸国惊惧。郭崇韬于蜀中被皇后、宦官构陷所杀,征蜀军内乱。
同光四年(公元 926 年)	魏博军将赵在礼叛乱,随即邺城、邢州、沧州等地烽火四起。 同年,洛阳兴教门之变,李存勖中流矢,死于绛霄殿,时年四十三岁。 李嗣源于洛阳即皇位,改元“天成”,史称“后唐明宗”。